test
Jahrbuch 2016

Über 110 Tests und Reports

Editorial

Ist den Urteilen der Stiftung Warentest noch zu trauen? Nicht erst seit dem Skandal um die manipulierten Abgaswerte bei Volkswagen ist klar: Wer testet muss auch mit Täuschungsversuchen und Manipulationen rechnen. Testergebnisse entscheiden über den Verkaufserfolg von Produkten, über Gewinn oder Verlust, über Arbeitsplätze. Schwer zu glauben, dass Anbieter nicht jede Möglichkeit nutzen, um ihre Produkte im Test bestmöglich in Szene zu setzen.

Von Anfang an haben wir darauf geachtet Bedingungen zu schaffen, die es Unternehmen, die sich nicht dem fairen Wettbewerb stellen, so schwer wie möglich zu machen. Wir kaufen anonym im Handel ein und nehmen Dienstleistungen verdeckt in Anspruch. Präparierten Testmustern ist so der Weg ins Prüflabor ebenso versperrt wie einer Vorzugsbehandlung unserer Testkunden. Wir prüfen zwar in Anlehnung an einschlägige Normen den Energieverbrauch von Staubsaugern, Kühlgeräten oder Waschmaschinen, ersetzen praxisferne Verbrauchs- und Leistungsmessungen aber durch Alltagsbedingungen: So messen wir die Saugleistung mit leerem, zusätzlich mit vollem Staubbeutel; den Stromverbrauch beim Lagern, aber auch beim Einfrieren von Kühlgut; den Energie- und Wasserverbrauch nicht nur im werbewirksamen Ökoprogramm, sondern auch bei der energieintensiven Normalwäsche .

Mehr noch. Wir ändern regelmäßig Testbedingungen und erschweren so, dass Hersteller ihre Produkte auf unsere Prüfverfahren optimieren. Und wir kaufen Produkte systematisch nach und testen ob sich die Qualität nicht verändert hat. Nur dann darf der Anbieter weiter mit unserem guten Namen werben. Sie können sich auf Ihre Stiftung Warentest verlassen.

Ihr
Peter Gurr
Stellvertretender Chefredakteur test

Inhalt
2016

FOTO: SHUTTERSTOCK

1 Geld und Recht
Digitaler Nachlass ... 6
Energieausweis ... 7
Erbrecht im Ausland ... 8
Fahrrad versichern ... 9
Freiwillige Beiträge zur Rente ... 10
Haushaltshilfen ... 11
Hunde und Recht ... 12
Pflegeversicherung ... 13
Rechte am eigenen Bild ... 14
Rechte im Supermarkt ... 15
Unfälle von Kindern ... 16
Versicherungsbeiträge ... 17
Versteigerungen ... 18

2 Ernährung
Biolebensmittel ... 19
Christstollen ... 21
Gourmetöle ... 24
Grüner Tee ... 27
Hackfleisch ... 30
Kaffeekapseln ... 33
Mineralwasser ... 36
Pizza ... 39
Räucherlachs ... 43
Schokoeis ... 46
Senf ... 49
Spaghetti ... 52

3 Kosmetik
BB-Cremes ... 55
Concealer ... 57
Elektrische Kinderzahnbürsten ... 59
Körperöle ... 61
Mineralöle in Kosmetika ... 63
Nagellackentferner ... 66
Sonnenschutzmittel ... 69
Zahnpasta ... 72

4 Computer
Daten löschen im Internet ... 77
Datenkrake Google ... 78
Drucker ... 80
Druckertinte ... 83
E-Book-Reader ... 86
Onlinevideotheken ... 88
PC-Monitore ... 90
Sicherheitssoftware (Virenschutz) ... 92
Smartwatches ... 94
Tablets ... 96
Windows 10 ... 100

5 Telefon
Babyfone ... 101
DECT-Schnurlostelefone ... 103
DSL-Tarife ... 105
E-Mail-Dienste ... 106
Handyreparatur ... 108
Internet Serviceprovider ... 110
Messenger-Apps ... 112
Mobilfunknetze ... 114
Smartphones ... 116
Smartphone-Tarife ... 120

6 Bild
Fernseher ... 121
Fotobücher ... 125
Kameras ... 127
Sat-Empfänger ... 133

7 Ton
Digitalradios ... 135
Funklautsprecher ... 137
In-Ohr-Kopfhörer ... 139
Mini-HiFi-Anlagen ... 141
Soundbars und Soundplates ... 143

8 Haushalt
Bohrmaschinen und Schrauber ... 145
Durchlauferhitzer ... 148
Gefriergeräte ... 150
Geschirrspüler ... 152
Geschirrspülmittel ... 155
Geschirrspültabs ... 158
Haartrockner ... 160
Imprägniermittel ... 162
Kaffee-Kapselmaschinen ... 164
Kochfelder ... 166
Küchenmaschinen ... 169
Lampen ... 171
Lattenroste ... 175
Lichterketten ... 177
Matratzen ... 179
Pfannen ... 183
Saugroboter ... 185
Staubsauger ... 187
Wäschetrockner ... 189
Waschmaschinen ... 191
Wasserfilter ... 193

9 Garten
Garten- und Astscheren ... 195
Pflanzenversender ... 198

10 Freizeit
Elektrogrills ... 200
Fahrradhelme ... 202
Fahrradschlösser ... 204
Fahrradtrainer ... 207
Ferienunterkünfte buchen ... 209
Hundefutter ... 211
Kinderspielzeug (Sicherheit) ... 214
Kinderwagen ... 217
Laufschuhe + CSR ... 219
Laufschuhkauf ... 222
Reisebüros ... 224
Skihelme mit Visier ... 226

11 Verkehr
Autokindersitze ... 228
Carsharing ... 231
Navi-Apps ... 233
Navigationsgeräte ... 235
Sommerreifen ... 237
Winterreifen ... 240

12 Gesundheit
Akupunktur ... 243
Augenoptiker ... 244
Früherkennung von Prostatakrebs ... 246
Kontaktlinsenanpassung ... 247
Medikamente gegen Fußpilz ... 249
Patientenakte ... 250
Professionelle Zahnreinigung ... 252
Wechseljahresbeschwerden ... 254
Zahnimplantate / Beratung ... 256

Adressen und Impressum
Anbieteradressen ... 258
Serviceadressen ... 275
Impressum ... 288

FOTOS: STIFTUNG WARENTEST; A. PLEWINSKI

Unser Rat

Nehmen Sie den digitalen Nachlass in Ihr Testament auf. Bestimmen Sie, wer im Fall Ihres Ablebens Zugriff auf Ihre Onlineaccounts erhalten soll. **Hinterlegen Sie Nutzernamen und Passwörter** sicher geschützt in einem Tresorprogramm. Der Zugriff auf Ihr E-Mail-Konto ist besonders wichtig, dort laufen Fäden zusammen. Legen Sie fest, welche Webprofile Ihre Erben löschen oder erhalten sollen.

Das Leben nach dem Tod

3/2015 Facebook, Twitter, Google, GMX und Co.
So kommen Erben an die Webprofile und E-Mails ihres Toten.

Paul ist tot, Herzinfarkt, ganz plötzlich. Er lädt auf Facebook noch zur Party ein, während Freunde längst ihr Beileid posten. In Pauls E-Mail-Account laufen Rechnungen und Mahnungen ein, aber die Erben kommen nicht ran. Paul hat seine Passwörter mit in den Tod genommen. Ohne die Zugangsdaten haben es die Erben schwer. Soziale Netzwerke wie Facebook und Twitter, aber auch E-Mail-Dienste wie Yahoo gewähren keinen Zugang. Erst nach langwieriger Korrespondenz und beglaubigter Legitimation als Erben lassen sich Webseiten löschen oder in einen Gedenkstatus versetzen.

Vorsorge hilft Erben

Wer vorsorgt, macht es seinen Erben leichter. Nutzernamen und Passwort ermöglichen den direkten Zugriff auf E-Mail-Konten und Webprofile. Fehlen diese Daten, müssen die Erben einige Dokumente zusammentragen: Facebook verlangt beispielsweise eine Sterbeurkunde oder den Link zu einer digitalen Todesanzeige. Twitter fordert neben der Sterbeurkunde eine Ausweis- oder Führerscheinkopie des Erben und eine notarielle Beglaubigung, aus der die Kontaktdaten des Erben und seine Beziehung zum Verstorbenen hervorgehen. Der Bezahldienst PayPal erwartet Sterbeurkunde, Ausweiskopie und einen amtlichen Erbschein.

Hilfe, Tipps und Denkanstöße zum Thema Digitaler Nachlass gibt der Bundesverband der Verbraucherzentralen online unter www.machts-gut.de.

Testament gilt handschriftlich
Formulieren Sie alle Regeln zu Ihrem digitalen Nachlass persönlich von Hand. Nur ein handschriftliches Testament ist rechtswirksam. Unterzeichen Sie persönlich, am besten mit einem Zeugen, der ebenfalls unterschreibt. Geben Sie Ihren Angehörigen einen Hinweis auf Verbindlichkeiten wie digitale Abos, Apps und Onlineverträge, die nach Ihrem Tod gekündigt werden sollen.

FOTO: PLAINPICTURE, THINKSTOCK (M)

Unser Rat

Einen **Energieausweis** brauchen Sie, wenn Sie Ihre Immobilie verkaufen oder vermieten wollen. Wurde der Bauantrag nach dem 31. Oktober 1977 gestellt oder hat das Gebäude mehr als vier Wohnungen? Dann reicht ein **Verbrauchsausweis** für unter 100 Euro. Für andere Immobilien ist ein **Bedarfsausweis** vorgeschrieben. Er gilt als zuverlässiger, kostet aber 300 bis über 500 Euro.

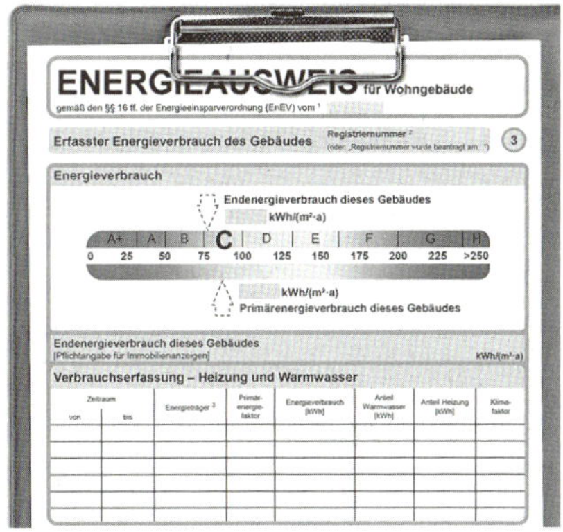

Kein Bußgeld riskieren

2/2015 Seit 1. Mai 2015 droht Eigentümern ein Bußgeld, wenn sie ihre Immobilie ohne Angaben aus dem Energieausweis inserieren.

Wie viel Kraftstoff ihr Auto verbraucht, wissen die meisten genau – was Heizung und Warmwasser kosten, dagegen nur wenige. Dabei sind die Unterschiede zwischen energetisch sanierten Häusern und ungedämmten Altbauten riesig.

Für Transparenz soll der Energieausweis sorgen. Wer eine Immobilie verkaufen oder vermieten will, muss das fünfseitige Dokument seit 2009 erstellen lassen und vorlegen können. Die Novelle der Energieeinsparverordnung (EnEV 2014) hat die Vorgaben nochmals verschärft.

Spätestens wenn Kauf- oder Mietinteressent die Wohnung besichtigen, müssen Eigentümer den Ausweis vorlegen oder ihn deutlich sichtbar aushängen. Nach Vertragsabschluss muss der Eigentümer dem Käufer oder Mieter den Ausweis oder eine Kopie davon geben. Ausgenommen sind nur Baudenkmäler und Gebäude mit nicht mehr als 50 Quadratmeter Nutzfläche.

Die meisten Eigentümer können zwischen zwei Ausweistypen wählen *(siehe „Unser Rat")*: Der Vergleichsausweis basiert auf dem tatsächlichen Energieverbrauch der vergangenen drei Jahre. Der deutlich teurere Bedarfsausweis zeigt den berechneten Energiebedarf des Hauses. Das ist erheblich aussagekräftiger, erfordert aber Messungen und Analysen durch einen Fachmann.

Info schon in der Immobilienanzeige

Liegt der Energieausweis bereits vor, muss schon die Immobilienanzeige Angaben daraus enthalten. Eigentümer müssen den Energieverbrauch oder -bedarf benennen, den für die Heizung genutzten Energieträger – etwa Gas oder Öl – sowie das Baujahr des Hauses. Seit Mai 2014 ausgestellte Ausweise zeigen zudem, wie bei Haushaltsgeräten, eine Effizienzklasse. Die gehört ebenfalls in die Anzeige.

Achtung: Wer den Ausweis gar nicht, nicht rechtzeitig oder unvollständig einem Kauf- oder Mietinteressenten vorlegt, kann mit einem Bußgeld bis zu 15 000 Euro bestraft werden. Das Gleiche gilt seit 1. Mai 2015, wenn Pflichtangaben aus dem Energieausweis in Immobilienanzeigen fehlen. ■

Unser Rat

Nicht nur neue Testamente brauchen eine Rechtswahlklausel, die sicherstellt, dass Ihre Staatsbürgerschaft auch künftig bestimmt, welches Erbrecht nach Ihrem Tod greift. Auch **Alt-Verfügungen** müssen für die Anerkennung im Ausland **überarbeitet** werden. Eine notarielle Beurkundung ist unnötig. Es genügt, das handschriftlich zu ergänzen. Sie, aber auch Ihr Partner müssen unterschreiben.

Abschied mit fatalen Folgen

6/2015 Eine neue EU-Verordnung soll das Erbrecht harmonisieren. Das kann für Deutsche, die viel im Ausland sind, schwierig werden.

Seit dem 17. August 2015 greift bei Erbfällen mit Auslandsbezug eine neue EU-Verordnung. Sie gilt in allen Mitgliedstaaten der EU außer in Dänemark, Großbritannien und Irland. Für Deutsche, die dauerhaft oder zeitweise im Ausland leben, hat das erhebliche Auswirkungen.

Bislang gab es in der EU keine einheitliche Regelung, welches Landesrecht in grenzüberschreitenden Erbfällen gilt. Deutsche Staatsbürger wurden normalerweise nach deutschem Recht beerbt. Wo sie lebten und starben, war erst einmal egal. Kompliziert wurde es, wenn der Nachlass Immobilien enthielt. Dann konnte zusätzlich die Rechtsordnung eines anderen Landes zum Tragen kommen – je nachdem, wo sich Haus oder Wohnung befand.

Ausländisches Erbrecht kann gelten

Selbst wer in der Heimat ein eindeutiges Testament erstellt und seine Lieben nach bestem Wissen und Gewissen abgesichert hat, muss fürchten, dass ausländische Behörden seinen letzten Willen nicht oder nicht vollständig umsetzen. Besondere Probleme bekommen Eheleute, die sich per „Berliner Testament“ gegenseitig zu Alleinerben einsetzen und die gemeinsamen Kinder vorläufig enterben.

Ehepaare, die auf Nummer sicher gehen wollen, sollten eine Rechtswahlklausel einbauen. Sie stellt sicher, dass die Staatsbürgerschaft auch künftig bestimmt, welches Erbrecht nach dem eigenen Tod greift. ■

Individuelle Lösung besser
Oft sind maßgeschneiderte Nachlassregeln besser als Testamente von der Stange. Denkbar ist es zum Beispiel, dass Eheleute schon zu Lebzeiten Vermögen auf die Kinder übertragen. So können sie Freibeträge mehrfach nutzen. Die Summen entsprechen denen der Erbschaftsteuer; die Freibeträge leben aber bei Schenkungen mit warmen Händen alle zehn Jahre wieder neu auf.

FOTO: F1ONLINE / B. HOLDEN

Unser Rat

Ist Ihr Rad weg, erstatten Sie umgehend **Anzeige bei der Polizei**. Melden Sie den Diebstahl außerdem gleich Ihrem **Versicherer**. Machen Sie folgende Angaben: Art Ihres Fahrrads, Hersteller, Rahmen- und eventuell Kodiernummer, Kaufpreis und aktueller Neupreis. Außerdem müssen Sie beschreiben, wann Sie ihr Rad zuletzt gesehen haben, wo es abgestellt und wie es abgeschlossen war.

Den Drahtesel schützen

7/2015 Ist das Fahrrad geklaut, kann allenfalls eine gute Versicherung trösten. Radliebhaber sollten vor Vertragsschluss einige Fragen klären.

Es gibt zwei Wege, das eigene Rad zu versichern: Der erste ist ein günstiger – die Hausratversicherung. Teurer wird es mit einer speziellen Fahrradversicherung.

Hausrat- oder Fahrradversicherung?

Wie Möbel und Kleidung sind auch Fahrräder über die Hausratpolice abgedeckt, wenn sie in der Wohnung oder in einem abschließbaren Keller stehen. Dafür ist keine ausdrückliche Erwähnung in der Police erforderlich. Steht das Rad aber draußen im Hof, vor der Kneipe oder am Bahnhof, greift die Versicherung nur, wenn der Besitzer den Fahrradschutz vertraglich vereinbart hat. Den kann er ab 20 Euro extra pro Jahr für ein oder mehrere Räder abschließen. Eine sehr gute Hausratversicherung inklusive Fahrradschutz ist für weniger als 100 Euro pro Jahr zu bekommen *(Tarifvergleich unter www.test.de/hausrat)*.

Tipp: Die Hausratversicherung ist eine Neuwertversicherung. Sie muss Ihnen den Wert ersetzen, den Sie aufbringen müssten, um Ihr Rad wiederzubeschaffen. Legen Sie der Schadensmeldung also auch Rechnungen für den Austausch von Teilen bei.

Fahrradpolicen zu teuer

Spezielle Fahrradversicherungen sind teuer. Mehrere hundert Euro pro Jahr müssen Radliebhaber für den Diebstahlschutz zahlen, je nach Wert ihres Rades. Manche Policen leisten auch bei Schäden durch Vandalismus, Unfälle oder Stürze. Das kostet aber extra. ■

Was genau wird versichert?
Diese Fragen sollte der Radbesitzer vor Vertragsabschluss klären – egal ob für die Hausrat- oder die spezielle Fahrradversicherung: Wie viel ist das Rad wert? An welchen Orten und zu welchen Uhrzeiten soll das Rad versichert sein? Nachts? Draußen? Im Ausland? Wie muss es abgeschlossen sein, damit der Versicherer zahlt, wenn es weg ist? Nur abgeschlossen oder irgendwo fest angeschlossen?

Unser Rat

Wer freiwillig Beiträge in die gesetzliche Rentenversicherung einzahlen möchte, muss das **beantragen**. Ein Formular gibt es im Internet unter www.deutsche-rentenversicherung.de (Suchbegriff „V060"). Die Deutsche Rentenversicherung informiert unter der kostenlosen Telefonnummer 0800 1000 4800. Eine persönliche **Beratung** können Interessenten auch im Internet vereinbaren.

Die Überraschung

7/2015 Für Mütter, Beamte im Rentenalter und Frührentner lohnen sich freiwillige Einzahlungen in die gesetzliche Rentenversicherung.

Lange Zeit war mancher froh darüber, für die Altersvorsorge statt der gesetzlichen Rente vermeintlich renditestärkere, kapitalgedeckte Geldanlagen wählen zu können. Die Niedrigzinsphase lässt die Auszahlungen aber schrumpfen. Die umlagefinanzierte Rentenversicherung steht hingegen vergleichsweise gut da. Bestimmte Gruppen dürfen Extra-Einzahlungen tätigen:

Beamte

Für sie bieten freiwillige Beiträge in die gesetzliche Rentenversicherung eine gute Alternative zur privaten Rentenversicherung. Sind sie vor September 1950 geboren, können sie sich nur noch 2015 eine gesetzliche Rente gegen Einmalzahlung sichern. Für Beamte mit privater Krankenversicherung bringt das mehr als eine private Sofortrente oder Rürup-Rente.

Mütter und Väter

Wenn sie nicht die fünf Jahre Mindestversicherungszeit für eine gesetzliche Rente erreichen, sollten sie die fehlenden Zeiten freiwillig auffüllen. Dies zahlt sich schnell aus, da die angerechneten Erziehungszeiten dann tatsächlich Rentenzahlungen bringen.

Früher in Rente

Eigentlich dürfen Pflichtversicherte keine freiwilligen Beiträge zur gesetzlichen Rentenversicherung leisten. Ausnahme: Sie gehen früher in Rente und wollen entstehende Abschläge ausgleichen. ■

Sofortrenten im Vergleich
Für einen Einmalbeitrag in die gesetzliche Rentenversicherung von 20 000 Euro bekommt ein Beamter mit privater Krankenversicherung im Ruhestand 87 Euro im Monat ausgezahlt. Außerdem spart er Steuern, weil er den Beitrag absetzen kann. Mit dem gleichen Beitrag würde er bei einer privaten Rente 68 Euro bekommen. Eine zusätzliche Steuerersparnis würde es dann nicht geben.

Unser Rat

Die **kostenlose Vermittlungsplattform** der Minijob-Zentrale im Internet www.haushaltsjob-boerse.de hilft bei der Suche nach einer Haushaltshilfe. Das **Finanzamt** erkennt 20 Prozent der Kosten im Jahr an, maximal 510 Euro. Als Nachweis bescheinigt die Minijob-Zentrale zu Jahresbeginn das Arbeitsentgelt und die Abgaben des Vorjahres. Oft ist ein Minijob günstiger als Schwarzarbeit.

Eine ganz saubere Sache

5/2015 Oft ist es günstiger, eine Putzhilfe ordentlich anzumelden, als sie schwarz arbeiten zu lassen. Weniger riskant ist es sowieso.

Es ist verlockend, eine Haushaltshilfe bar zu bezahlen. Unterm Strich sparen aber oft diejenigen, die sie legal beschäftigen. Sie können einen Teil ihrer Ausgaben steuerlich absetzen. Schwarzarbeit kann außerdem teuer werden, wenn etwas schiefläuft.

Ist eine Reinigungskraft selbstständig und hat ein Gewerbe angemeldet, stellt sie Rechnungen. Die Auftraggeber dürfen nicht bar zahlen, wenn sie die Ausgaben in der Steuererklärung geltend machen wollen.

Die Minijob-Anmeldung ist einfach

Eine Putzhilfe ohne Gewerbe müssen Auftraggeber als Arbeitnehmerin anmelden. Bei kurzzeitiger Beschäftigung oder höchstens 450 Euro Entgelt im Monat auf geringfügiger Basis im Privathaushalt reicht das Formular „Haushaltsscheck" *(siehe Kasten)*. Für Wohnungseigentümergemeinschaften oder bei Jobs in Gewerberäumen kommt das einfache Verfahren aber nicht in Frage.

Die Minijob-Zentrale berechnet die Abgaben und zieht sie ein. Maximal 14,54 Prozent des Arbeitsentgelts trägt der Arbeitgeber. Auf den Minijobber entfallen 13,7 Prozent, wenn er nicht von der Rentenversicherungspflicht befreit ist. Die Minijob-Zentrale zieht auch den Teil beim Arbeitgeber ein. Der zahlt entsprechend weniger aus.

Minijobbern stehen Arbeitnehmerrechte wie bezahlter Urlaub zu. Brutto 8,50 Euro Mindestlohn pro Stunde gelten generell auch im Haushalt. Genaueres findet sich unter www.der-mindestlohn-gilt.de. ■

Anmelden eines Minijobbers

Das Formular **„Haushaltsscheck"** zur Anmeldung eines Minijobbers bekommen Sie bei der Minijob-Zentrale, 45115 Essen, Tel. 03 55/2 90 27 07 99. Sie können es auch online ausfüllen unter www.minijob-zentrale.de, Menüpunkt „Haushaltshilfe anmelden". Von Ihrem Bankkonto zieht die Minijob-Zentrale alle fälligen Abgaben am 31. Januar und 31. Juli für das vorausgegangene Halbjahr ein.

FOTO: THINKSTOCK

Unser Rat

Absolut wichtig ist für Hundebesitzer eine **Tierhalter-Haftpflichtversicherung**. Die Schäden, die ein Hund zum Beispiel im Straßenverkehr anrichten kann, können für den Halter **existenzgefährdend** sein. Die Versicherungssumme sollte mindestens 3 Millionen Euro pauschal für Personen- und Sachschäden betragen. Günstige Versicherungsverträge kosten meist 60 bis 90 Euro pro Jahr.

Im Hausflur an die Leine

3/2015 Was Hunde dürfen und was nicht, legen viele Städte in Verordnungen fest. Häufig müssen aber Gerichte entscheiden.

Dass Hunde im Treppenhaus an die Leine müssen, regeln einige Bundesländer per Gesetz. In Berlin und Schleswig-Holstein zum Beispiel herrscht Leinenzwang in privaten Treppenhäusern von Mehrfamilienhäusern sowie auf Zuwegen von Wohnhäusern. Wer sich nicht daran hält, zahlt Bußgeld, bis zu 600 Euro sind möglich.

Viele Bundesländer regeln in Gesetzen oder Verordnungen, wo Hunde anzuleinen sind. Noch strengere Regeln stellen viele Städte auf. Mancherorts gilt Leinenpflicht für die gesamte Innenstadt, im Regelfall aber vor allem in Grünanlagen, auf Spielplätzen, Liegewiesen, Sportflächen und Friedhöfen.

Reizthema Hundekot

Viele Städte und Gemeinden legen fest, dass Hundebesitzer Hinterlassenschaften einsammeln müssen, wenn ihr Hund auf der Straße sein Geschäft macht. Einige Kommunen, etwa Offenbach, schreiben sogar vor, dass Hundehalter die entsprechenden Plastiktüten immer bei sich haben sollen. Die Bußgelder liegen oft zwischen 35 und 100 Euro und mehr. Der Halter kann sich sogar strafbar machen wegen umweltgefährdender Abfallbeseitigung. Denn Hundekot kann eine Infektionsgefahr darstellen.

Wer sich ärgert, dass Hundedreck nicht weggemacht wurde, kann beim zuständigen Ordnungsamt anrufen. Aber auch ohne Anruf gehen Mitarbeiter der Ordnungsämter Streife und verhängen Bußgeld, wenn Tierhalter den Hundekot nicht einsammeln. ■

Herrchen haftet nicht immer

Wer auf einen Hund zugeht, um ihn zu streicheln, muss selbst aufpassen. Das erklärte das Oberlandesgericht Celle einem Vater, dessen zehnjähriger Sohn gebissen wurde. Er wollte einen Münsterländer streicheln, den der Besitzer vor einem Laden angeleint hatte. Dass so etwas bei einem Tier passieren kann, muss jeder wissen, auch ein zehnjähriger Junge (Az. 22 Ss 9/02).

FOTO: THINKSTOCK

Unser Rat

Kräftig erhöht wurde in diesem Jahr auch der Zuschuss für **Umbaumaßnahmen** in Wohnung oder Haus. Diese können dazu beitragen, dass Pflegebedürftige länger in ihrem Umfeld bleiben können. An Maßnahmen wie etwa der behindertengerechten Umgestaltung des Badezimmers beteiligt sich die Pflegekasse jetzt mit bis zu **4 000 Euro pro Umbau**. Das sind 1 443 Euro mehr als bisher.

Mehr Hilfe für alle

1/2015 Zum 1. Januar 2015 haben sich die Leistungen für die Pflege zuhause deutlich verbessert.

Im Jahr 2015 sind die Leistungen in allen Pflegestufen erhöht worden. Vor allem aber kamen neue Leistungen dazu – insbesondere für Demenzpatienten. Die Reform soll pflegenden Angehörigen die Organisation des Alltags erleichtern. Entlastung verspricht die Ausweitung von Leistungen.

Menschen mit Pflegestufe 0 dürfen nun die Angebote der Tages- oder Nachtpflege nutzen. Dabei werden Pflegebedürftige tagsüber oder in der Nacht in einer Pflegeeinrichtung betreut. In der anderen Zeit werden sie von Angehörigen oder einem Pflegedienst zuhause versorgt.

Antragsteller von Stufe 0 bis III

Beide Dienste, Tages- oder Nachtpflege, können nun voll neben dem bisherigen Pflegegeld und den Pflegesachleistungen in den Stufen 0 bis III beansprucht werden. Für Pflegebedürftige in Stufe 0 zahlt die Pflegekasse ab 2015 für Tages- und Nachtpflege monatlich 231 Euro.

Aufgestockt wurden auch die Leistungen für die Kurzzeit- und Ersatzpflege – von 1550 auf 1612 Euro pro Jahr in allen Pflegestufen. Eine Kurzzeitpflege kann bis zu vier Wochen im Jahr dauern. Sie kommt nach einem Klinikaufenthalt infrage, wenn unklar ist, ob der Patient zuhause zurechtkommen würde. Dann übernimmt zunächst eine Pflegeeinrichtung die Versorgung.

Angehörigen verschafft das Luft. Sie können in dieser Zeit gegebenenfalls einen Umzug ins Heim planen. ■

Leistungen kombinieren

Pflegeangebote lassen sich ab 2015 flexibler kombinieren. Angehörige, die die Ersatzpflege nicht komplett beanspruchen, können den Rest für eine Verlängerung der Kurzzeitpflege nutzen und auf bis zu acht Wochen ausdehnen. Dafür stehen zusammen 3 224 Euro zur Verfügung. Umgekehrt können unverbrauchte Beträge bei der Kurzzeitpflege für die Ersatzpflege eingesetzt werden.

Unser Rat

Ob das **Hochladen** von Bildern auf die eigene Facebook-Seite schon als Veröffentlichung gilt, hängt davon ab, wer und wie viele sich die Fotos ansehen können. Haben nur Freunde Zugriff auf die Bilder und sind es nicht mehr als 100, hat der Nutzer die Fotos eher **nicht öffentlich** zugänglich gemacht. Sicher ist das aber nicht. Bitten Sie lieber um **Erlaubnis,** bevor Sie Bilder anderer hochladen.

Im Bilde sein

6/2015 Gefilmt und fotografiert wird ständig. Die Aufnahmen landen schnell im Internet. Vorsicht, das ist nur selten erlaubt.

Jeder darf selbst bestimmen, ob er fotografiert oder gefilmt werden will und vor allem, ob die Aufnahmen öffentlich gemacht werden dürfen. Das Recht am eigenen Bild ist Bestandteil des allgemeinen Persönlichkeitsrechts.

Wer es missachtet, riskiert, dass er Schadenersatz zahlen muss: Zum Beispiel könnten das die Kosten des Anwalts sein, den der Abgelichtete beauftragt hat, damit das Foto aus dem Netz verschwindet. Für unerlaubt veröffentlichte Nacktaufnahmen etwa kann zusätzlich zu den Anwaltskosten eine Geldentschädigung in Höhe von durchschnittlich 1000 bis 5000 Euro drohen.

Keine Veröffentlichung ohne Erlaubnis

Fotografieren fürs private Album ist eigentlich immer erlaubt. Wenn der Fotograf aber zielgerichtet Fremde ablichtet, sollte er vorsichtig sein. Das Kunsturhebergesetz – es gilt auch für Privataufnahmen – schreibt zwar nur vor, dass Fotos anderer Personen ohne deren Erlaubnis nicht veröffentlicht werden dürfen. Dennoch ist schon das Ablichten eines anderen an dessen allgemeinem Persönlichkeitsrecht zu messen und unter Umständen rechtswidrig.

Zum Beispiel greifen Nackt- oder Intimfotos oder Bilder vom völlig betrunkenen und hilflosen Partygast in das Persönlichkeitsrecht ein und sind verboten. Das gilt auch für heimliches Knipsen oder Filmen, etwa mit einer versteckten Kamera, die dem Abgelichteten verborgen bleiben soll. ■

Spezielle Erlaubnis ist nötig

Hat jemand die Erlaubnis zum Fotografiert- oder Gefilmtwerden gegeben, ist das keine Zustimmung zur Veröffentlichung. Dafür ist eine spezielle Erlaubnis erforderlich. Das gilt für jede Internetseite sowie für soziale Netzwerke und klassische Medien. Bei Kindern müssen immer die Eltern mit dem Foto einverstanden sein. Ältere Kinder ab etwa 14 Jahren müssen zusätzlich selbst zustimmen.

FOTO: THINKSTOCK

Unser Rat

Eine kurze Unachtsamkeit, ein Stolpern – schon stürzt die Sektflaschen-Pyramide. Missgeschicke sind peinlich – und teuer. Kunden müssen alle **Schäden ersetzen**, die sie im Supermarkt verschulden. Zerschellt nur ein Gurkenglas, zeigen sich Einzelhändler meist kulant. Bei höheren Summen springt die **private Haftpflichtversicherung** ein. Eine Police sollte jeder besitzen (www.test.de/haftpflicht).

Der Einkaufs-Knigge

9/2015 Probieren, sortieren, hantieren: Viele vermeintliche Selbstverständlichkeiten sind im Supermarkt eigentlich verboten.

Die Deutschen lieben ihre Supermärkte. Eine Umfrage des Bundeslandwirtschaftsministeriums belegt: Mehr als die Hälfte der Verbraucher ist mindestens einmal pro Woche dort. Die Nielsen-Marktforschung fand heraus: 37 Prozent sehen im Supermarkt-Einkauf „ein vergnügliches Ereignis, das mehrere Stunden dauern kann".

Dass der Freizeitspaß zwischen Obst- und Wursttheke juristisch streng reglementiert ist, bedenken wohl die wenigsten. Und leisten sich so manchen Lapsus. An unbezahlten Keksen knabbern? Verboten. Der Kassiererin oder dem Kassierer das lästige Kleingeld hinkippen? Nicht ohne weiteres möglich.

Keine Eier tauschen

Selbst wer nur ein paar frische Eier kaufen will, sollte genau aufpassen, wenn er Fehler vermeiden will. Zwar dürfen Kunden den Karton öffnen, um nachzusehen, ob der Inhalt heil ist. Kaputte Eier auszutauschen ist aber untersagt. Grund: Jeder Eierkarton hat eine Chargennummer. Sie enthält Hinweise zu Größe und Lagerung der Eier und lässt Rückschlüsse auf Erzeuger und Packstation zu. Bunt durchmischte Packungsinhalte stiften also Verwirrung und können andere Verbraucher benachteiligen.

Auch beim Bezahlen geht nicht alles: Wer mehr als 50 Münzen aufs Fließband kippt, kann abgewiesen werden. Mehr Kleingeld müssen Kassierer pro Einkauf nicht akzeptieren. So müssen Kunden einiges wissen, damit sie im Supermarkt Könige sind. ■

Großeinkauf
Das Mineralwasser ist im Sonderangebot – da kommen manche Kunden auf die Idee, sich einen Vorrat für das nächste halbe Jahr anzulegen und die Kisten zuhause zu stapeln. Doch mitunter platzt der geplante Großeinkauf spätestens an der Kasse. In der Regel dürfen Kunden im Supermarkt nur „haushaltsübliche Mengen" einkaufen. Was „haushaltsüblich" ist, dürfen die Händler selbst entscheiden.

FOTO: THINKSTOCK

Unser Rat

Unfälle melden. Auch wenn es nur ein aufgeschlagenes Knie ist – melden Sie selbst Kleinigkeiten der gesetzlichen Unfallversicherung. So sichern Sie Ihrem Kind Leistungen, falls es wider Erwarten zu **Spätfolgen** kommt – etwa, weil eine Wunde sich entzündet. Teilen Sie Ärzten oder Zahnärzten mit, wenn der Unfall in Kita oder Schule oder auf dem Weg passiert ist.

Blaulicht und Tatütata

4/2015 Mehr als eine Million Kinderunfälle zählt die gesetzliche Unfallversicherung pro Jahr. Betroffene bekommen viel Unterstützung.

Bundesweit rund 1,3 Millionen Unfälle gab es 2013 in Kitas, Schulen und Hochschulen, auf dem Weg dorthin oder zurück nach Hause. In den Einrichtungen selbst sowie auf dem Hin- und Heimweg stehen Kinder und junge Leute unter dem Schutz der gesetzlichen Unfallversicherung. Sie bietet mehr als die gesetzlichen Kassen. Neben ärztlicher Behandlung, Reha und psychologischer Betreuung zahlt sie auch für Unterricht am Krankenbett, gewährt Zuschüsse zu Wohnungsumbauten oder sogar eine lebenslange Rente, wenn ein Gesundheitsschaden sich nicht auskurieren lässt.

Leistungen ein Leben lang

Die Unfallversicherung soll Folgen für Ausbildung oder Erwerbsleben möglichst gut ausgleichen. Dafür stehen verunglückten Kindern und Eltern während des gesamten Prozesses spezielle Ansprechpartner zur Seite. Bei schweren Unfällen beraten die Experten sogar im Hinblick auf die spätere Berufswahl. Diese Betreuung ist für Betroffene oft eine große Erleichterung.

Streit um Wege und Umwege

Der Schutz auf Hin- und Rückweg in eine Einrichtung schließt auch besondere Veranstaltungen wie Ausflüge oder Aufenthalte in Schullandheimen ein. Bei Wegeunfällen müssen Gerichte immer wieder klären, ob und wann ein Kind einen Umweg machte, denn dann entfällt der Schutz. Die Antwort fällt, je nach Alter des Betroffenen, unterschiedlich aus. ■

Lebenslange Nachsorge
Auch bei kleineren Unfallschäden begleiten Unfallkassen ihre Versicherten lebenslang. Das ist viel wert. So schätzen Experten die Kosten für einen ausgeschlagenen Zahn im Lauf des Lebens auf 10 000 bis 20 000 Euro. Braucht jemand später beispielsweise ein Implantat, zahlt die Krankenkasse kaum etwas dazu. Für einen deutlich größeren Teil der Kosten kommt die Unfallversicherung auf.

Unser Rat

Wenn Sie den **Versicherungsschein** erhalten haben, müssen Sie spätestens zwei Wochen danach den ersten Beitrag überweisen. Sonst darf der Versicherer vom Vertrag zurücktreten und Sie sind ungeschützt, sollte etwas passieren. Solange Sie keine **Mahnung** erhalten haben, können Sie die Zahlung nachholen und haben Anspruch auf die vereinbarten Leistungen, danach läuft eine Frist.

Stress vermeiden

1/2015 Wer Beiträge nicht pünktlich zahlt, kann Ärger mit der Versicherung bekommen. test zeigt Wege aus der Klemme.

Eigentlich ist es ganz einfach: Der Kunde zahlt Beiträge und ist dafür im Schadenfall versichert. Doch schon eine zurückgebuchte Lastschrift kann dazu führen, dass es stressig wird. Ob ein Monatsbeitrag versehentlich nicht gezahlt wurde oder ob jemand ernsthaft in der finanziellen Klemme steckt: In jedem Fall ist es dann wichtig, schnellstmöglich Kontakt mit der Versicherungsgesellschaft aufzunehmen.

Nachzahlen hilft meistens

Kunden können meist nachzahlen. Selbst wenn in der Zwischenzeit ein Versicherungsfall eingetreten ist, kann der Versicherer dann nicht die Leistung verweigern. Auch wer eine Mahnung erhalten hat, behält den Schutz, wenn er schnell reagiert. Wirksam ist eine Mahnung ohnehin nur, wenn geforderte Beiträge, Verzugszinsen und Mahnkosten einzeln aufgeschlüsselt sind.

Die Zahlungen einfach einzustellen, ist dagegen gefährlich. Kunden können dann ihren Versicherungsschutz verlieren. Die Beitragsschulden verschwinden dadurch nicht. Selbst wenn der Versicherer einen säumigen Zahler rauswirft, kann er Außenstände – samt Verzugszinsen und Inkassokosten – noch über ein Mahnverfahren eintreiben. Besser ist es daher, sich mit dem Versicherer auf eine zeitweilige Stundung der Beiträge zu einigen. Lebens- und Rentenversicherungen können auch beitragsfrei gestellt werden, ohne dass der Kunde das bis dahin angesammelte Guthaben verliert. ■

Bei Zahlungsschwierigkeiten

In einen finanziellen Engpass kann jeder einmal geraten. Die Zahlung von Versicherungsbeiträgen dann einfach zu stoppen, bringt aber nur Ärger. Besser ist es, sich mit der Gesellschaft in Verbindung zu setzen. Stecken Sie nur vorübergehend in der Klemme, fragen Sie Ihren Versicherer, ob er Ihnen die Beiträge für einige Monate stundet. Sortieren Sie Ihre Policen nach Wichtigkeit.

FOTO: ALLESALLTAG

Unser Rat

Bei **Online-Auktionen** von Fundsachen gibt es alles: von Musikinstrumenten, Werkzeugen und Schmuck bis zum Gebrauchtwagen. Kunden können im Netz häufig mehrere Tage lang bieten. Wer **lange Wege** scheut, sollte sich im Vorfeld einer Auktion informieren, woher das Objekt der Begierde stammt: Meist müssen erfolgreiche Bieter ihre Beute im Fundbüro der jeweiligen Stadt abholen.

Hammerpreis

1/2015 Schnäppchenjäger sollten einige Regeln beachten, wenn sie bei Versteigerungen bieten.

Koffer, Taschen, Spielsachen, Klamotten, MP3-Player, Digitalkameras sowie Fahrräder und Schlafsäcke gehören zum Angebot öffentlicher Fundsachenversteigerungen. Nicht nur Verkehrsbetriebe, auch Fluggesellschaften, Kommunen und die Deutsche Bahn versteigern Fundsachen.

Für Schnäppchenjäger kann sich das Mitsteigern lohnen. Um Enttäuschungen zu vermeiden, sollten Verbraucher sich aber auf eine Auktion gut vorbereiten – und die Besonderheiten der Versteigerer kennen.

Elektrogeräte wie MP3-Player, Spielekonsolen oder Kameras kommen einzeln unter den Hammer. Viele andere Artikel werden in Großpackungen verkauft. Jedes erfolgreiche Gebot wird meist mit 15 Prozent Gebühren plus Mehrwertsteuer belegt. Ein MP3-Player, der für 20 Euro unter den Hammer kommt, kostet damit am Ende 23,57 Euro.

Beliebte Elektrogeräte und Fahrräder

Einzeln erhältliche Elektrogeräte sind – neben Fahrrädern – besonders begehrt. Ausprobieren können Interessierte kaum einen Apparat – die Batterien sind meist leer. Bilder fremder Leute wird aber niemand auf einer Kamera finden.

Neben Versteigerungen in einem Auktionshaus gibt es Fundsachenversteigerungen auch im Internet. Onlineversteigerungen finden beispielsweise auf www.sonderauktionen.net, www.justiz-auktion.de und www.zoll-auktion.de statt. Auch die Stiftung Warentest versteigert regelmäßig ihre Testprodukte. ■

Eingeschränkte Käuferrechte

Bei Fundsachen-Auktionen sind die Rechte der Verbraucher stark eingeschränkt. Es gilt der Grundsatz: gekauft wie gesehen. Ausprobieren können Interessierte kaum einen Apparat, gleichzeitig wird keine Gewähr übernommen, dass zum Beispiel ersteigerte Elektrogeräte funktionieren. Auf Widerrufs- und Gewährleistungsrechte sowie Garantie sollte daher niemand hoffen.

FOTO: FOTOLIA / WESEETHEWORLD

Unser Rat

Unsere Auswertung von 50 Lebensmitteltests ergab: In der Gesamtqualität liegen Biolebensmittel und konventionelle Ware nahezu **gleichauf**. Auch in den Urteilen für **Aussehen, Geruch und Geschmack** lieferten sich Bio- und herkömmliche Kost ein Kopf-an-Kopf-Rennen. Einen klaren Vorsprung haben **Bioobst** und **Biogemüse: Pflanzenschutzmittel** sind für sie so gut wie **kein Problem**.

Der große Biovergleich

12/2015 Ist Bio besser als konventionelle Lebensmittel? Das Fazit nach 50 Tests: In der Gesamtqualität nicht, in einzelnen Bereichen durchaus.

Die ökologische Landwirtschaft steht für einen respektvollen Umgang mit Natur und Lebewesen. Ihre Erzeugnisse haben den Ruf, besser, schmackhafter und gesünder zu sein. Was davon bleibt übrig, wenn Ökoprodukte auf Herz und Nieren geprüft werden? Wenn sie blind verkostet, im Labor auf Zusammensetzung und Schadstoffe analysiert werden?

Gesamtqualität: Beide nah beieinander

Dann kommt heraus: Bio und Nicht-Bio unterscheiden sich in ihrer Gesamtqualität nicht wesentlich. Biokost ist nicht besser als herkömmlich hergestellte Ware. Diese Bilanz ziehen wir nach 50 Lebensmitteltests seit Anfang 2010. 1020 konventionell und 217 ökologisch hergestellte Lebensmittel flossen in unsere Auswertung ein.

Tendenziell haben konventionelle Lebensmittel die Nase leicht vorn: Sie bekamen mehr sehr gute und gute Gesamturteile. Beim Bio-Check vor fünfeinhalb Jahren war das ähnlich *(siehe test 6/2010)*. Dennoch hat sich seither was getan. Die Qualität beider Gruppen ist gestiegen. So bekamen Bioprodukte seit 2010 häufiger gute und befriedigende Gesamturteile – und dafür weniger ausreichende und mangelhafte. Für die herkömmlichen Produkte gilt dasselbe.

Geschmack: Es steht unentschieden

Viele Biokäufer sind überzeugt: Bio schmeckt anders, aromatischer und ursprünglicher. Stimmt das? Unsere neutralen Verkostungen ▶

Gesundheitsvorteile umstritten

Enthalten Bioprodukte mehr gesunde Inhaltsstoffe? Das ist strittig: Die Newcastle University verkündete kürzlich, Biofeldfrüchte hätten mehr gesunde Polyphenole. Die Universität Stanford urteilte nüchtern: Was Inhaltsstoffe und Gesundheitsvorteile beträfe, seien Unterschiede zwischen Bio- und normaler Kost gering. Aber: Laut einer Umfrage essen Biokäufer bewusster, leben ausgewogener.

FOTO: SHUTTERSTOCK, THINKSTOCK (M)

zeigen: Einen spezifischen Biogeschmack gibt es nicht. Produkte mit Bio-Logo schmeckten genauso gut oder mittelmäßig wie die ohne. Der Anteil an sehr guten Noten im Prüfpunkt Sensorik seit 2010 war in beiden Gruppen – konventionell wie ökologisch hergestellt – gleich hoch. Bei den Bioprodukten waren unter anderem Hackfleisch, schwarze Oliven und Schinken im Geschmack sehr gut, bei herkömmlichen Produkten junger Gouda, Salami-Pizza, Senf und geräuchertes Forellenfilet.

So klar wie bei gemischtem Hackfleisch war der Unterschied selten: Da zählten vier Bioprodukte zu den Besten. Alle rochen und schmeckten kräftig nach Fleisch.

Schadstoffe: Bio nicht per se gefeit

Viele Bioanhänger glauben, Bioware sei weniger schadstoffbelastet. Unser Bio-Check offenbart: Bioware ist nicht vor Schadstoffen gefeit, vor allem nicht vor Verunreinigungen aus der Produktion. In schwarzem und grünem Tee fanden wir potenziell krebserregende Substanzen wie Anthrachinon und polyzyklische aromatische Kohlenwasserstoffe, kurz PAK. Diese entstehen zum Beispiel beim Trocknen der Teeblätter. Die Prüfer kamen ihnen in herkömmlichen Tees auf die Spur – und auch in Bioware.

Zwar verdiente seit 2010 mehr als jedes dritte Bioprodukt die Schadstoffnote sehr gut. Doch die konventionelle Konkurrenz hielt mit und stand in der Schadstoffbewertung insgesamt sogar besser da. Bioanbieter müssen – genauso wie konventionelle – ihre Produktionsprozesse weiter verbessern.

Pestizide: Bio klar im Vorteil

Deutlich positiver fällt die Bilanz für Bio bei der Pestizidbelastung aus: Bioobst und -gemüse ist besonders sauber. Das belegen Untersuchungen, in denen wir nach Rückständen von Pflanzenschutzmitteln fahnden. In 85 Prozent der Bioware konnten wir keine Pestizide nachweisen – bei der konventionellen Ware fanden wir nur bei 21 Prozent keine Pestizidrückstände.

Anders als Schadstoffe wie die PAK werden Pflanzenschutzmittel gezielt eingesetzt. Sie sollen Pflanzen vor Unkraut und Schädlingen schützen. Ökolandwirte verzichten bewusst auf chemisch-synthetische Mittel. Sie halten Schädlinge anders in Schach, Schmetterlingsraupen zum Beispiel mit dem Bakterium Bacillus thuringiensis.

Bioware glänzte in unseren Pestizid-Untersuchungen etwa bei exotischen Früchten wie Ananas und Mangos, bei Limetten und Zitronen. Doch nicht immer ging es sauber zu. In einem abgepacktem Bio-Salat und in mehreren Bio-Basmatireis wiesen wir Pestizide nach, die für Bio nicht erlaubt sind.

Bislang gelten für Bioobst und -gemüse dieselben Pestizid-Höchstgehalte wie für konventionelle Ware. Die Biobranche orientiert sich freiwillig an einem deutlich strengeren Wert von 0,01 Milligramm pro Kilogramm. Zurzeit wird in der EU diskutiert, einen eigenen Pestizidgrenzwert für Bioware verpflichtend einzuführen.

Tierschutz: Bioanbieter stark engagiert

Nicht nur Biokäufer sind kritisch und bohren: Wo kommt das Lebensmittel her, wie wurde es produziert? Wir überprüften seit 2010 die gesellschaftliche Verantwortung der Anbieter von Hähnchenbrustfilet, Lachs und Orangensaft in einem CSR-Test *(Corporate Social Responsibility, test.de/csr)*, daneben auch in einem Test von regionalen Produkten. Ergebnis: Bioanbieter arbeiten oft transparent, kennen Lieferanten gut – meist besser als viele konventionelle.

Biobetriebe folgen strengeren Kriterien. So engagierten sich nur die Anbieter von Bio-Hähnchenfleisch insgesamt stark für Soziales, Umwelt – und vor allem Tierschutz. Die Tiere in Biobetrieben wirkten während unserer Besuche zufriedener und entspannter als in konventionellen Ställen. Auch im Test von regionalen Eiern und Milch bewiesen Bioanbieter, dass sie viel fürs Tierwohl tun. Regional hergestellte Eier und Milch mit Biosiegel waren doppelt stark. ■

Unser Rat

Alle Dresdner Stollen im Test schnitten insgesamt gut und sensorisch sehr gut ab. Die besten sind von **Emil Reimann** (8 Euro – alle Preise pro Kilo) und **Lafer Confiserie Collection** (20 Euro). Der beste Marzipanstollen kommt von **Niederegger** (22 Euro). Er war wie der von **Emil Reimann** (20 Euro) sensorisch sehr gut. Günstiger und gut: die Marzipanstollen von **Edeka** (5 Euro) und von **Real** (6,60 Euro).

Ein Fest für den Gaumen

12/2015 Jeder zweite der 18 Stollen im Test schnitt gut ab. Alle 5 Dresdner sowie 2 von 13 Marzipanstollen waren geschmacklich spitze.

Der Dresdner Christstollen ist der wohl bekannteste und ein klassischer Butter-Rosinen-Stollen. Fünf Vertreter des sächsischen Kulturguts haben wir für unseren Test ausgewählt – zusammen mit 13 Marzipanstollen. Darunter sind bekannte Marken zu teilweise gehobenen Preisen, aber auch Stollen vom Discounter für knapp 3 Euro pro Kilo. Die Hälfte schnitt gut ab – alle Dresdner Stollen sowie 4 der 13 Marzipanstollen. Der Rest war befriedigend, mit Ausnahme der Stollen von Norma und Aldi (Nord). Sie schafften nur ein Ausreichend.

Die Dresdner haben es drauf

Besonders wichtig beim Stollen ist der Geschmack. Alle 5 Dresdner erreichten in diesem Punkt die Note sehr gut. Sie schmeckten sehr aromatisch, nach Butter, ausgewogen nach Trockenfrüchten. Die Stollen von Emil Reimann und Lafer Confiserie Collection fielen sensorisch besonders positiv auf. Den Unterschied bei den Dresdnern macht vor allem der Preis – sie kosten zwischen 6 und 20 Euro pro Kilo.

FOTO: K. KOOPS

Von aromatisch bis leicht gärig

Die Marzipanstollen unterscheiden sich sowohl preislich, als auch geschmacklich. Gerade die Ware vom Discounter überzeugte im wichtigsten Prüfpunkt nicht: Schlusslichter waren die Stollen von Norma und Aldi (Nord). Das Aldi-Produkt roch leicht essigsäuerlich und schmeckte leicht gärig. Der Stollen von Norma hatte eine sehr kompakte, feuchte und rissige Krume; er schmeckte leicht ▶

Aufschneiden und lagern

Schneiden Sie Christstollen nicht am Ende, sondern von der Mitte aus an. Schieben Sie die zwei Hälften danach passgenau wieder zusammen; so trocknen die Schnittstellen nicht aus. Christstollen mag es kühl, trocken und dunkel. Lagern Sie ihn in der Originalverpackung oder eingewickelt in Haushaltsfolie – zum Beispiel im Schlafzimmer, dort ist es in der Wohnung meist am kühlsten.

test Christstollen I 12/2015								
www.test.de	Preis ca. (Euro) / Inhalt (g)	Mittlerer Preis pro kg ca. (Euro)	Sensorische Beurteilung	Schadstoffe	Mikrobiologische Qualität	Verpackung	Deklaration	test-QUALITÄTSURTEIL
Gewichtung			55 %	20 %	5 %	5 %	15 %	100 %
Dresdner Christstollen								
Emil Reimann Dresdner Stollen (MHD: 31.03.2016)	8,00 / 1000	8,00	++	+	+	○	○	GUT (1,7)
Lafer Confiserie Collection Dresdner Christstollen Original (MHD: 28.02.2016)	20,00 / 1000	20,00	++	+	++	+	○	GUT (1,7)
Dr. Quendt Dresdner Christstollen (MHD: 14.01.2016)	7,00 / 1000	7,00	++	+	+	+	+	GUT (1,8)
Dresdner Backhaus Dresdner Christstollen (MHD: 28.02.2016)	15,00 / 750	20,00	++	+	+	○	○	GUT (2,0)
Vadossi Original Dresdner Christstollen (MHD: 15.01.2016)	6,00 / 1000	6,00	++	+	+	○	○	GUT (2,1)

Bewertungsschlüssel der Prüfergebnisse: ++ = Sehr gut (0,5–1,5). + = Gut (1,6–2,5). ○ = Befriedigend (2,6–3,5). ⊖ = Ausreichend (3,6–4,5). — = Mangelhaft (4,6–5,5). **Bei gleichem Qualitätsurteil Reihenfolge nach Alphabet.** MHD = Mindesthaltbarkeitsdatum. **Einkauf der Prüfmuster:** September 2015.

brotartig und flach – die Festtagslaune hebt das nicht. Zwei andere Marzipanstollen waren dafür sehr aromatisch: Einer kommt von Emil Reimann aus dem Stollenmekka Dresden, der andere von Niederegger aus der Marzipanhochburg Lübeck.

Rohmasse hat höchsten Mandelanteil

Mit 20 und 22 Euro je Kilo sind beide nicht billig, enthalten aber auch Marzipanrohmasse – die höchste Qualitätsstufe bei Marzipan. Die wird aus blanchierten und geschälten Mandeln hergestellt, die mit bis zu 35 Prozent Zucker versetzt sein dürfen. Alle anderen Stollen sind mit Edelmarzipan gefüllt. Das klingt gut, heißt aber, dass der Mandelanteil im Marzipan geringer ist. Edelmarzipan besteht zu mindestens 70 Prozent aus Rohmasse, der Rest ist Zucker. Die besten preiswerten Marzipanstollen für 5 und 7 Euro pro Kilo bieten Edeka und Real. Sie waren geschmacklich und gesamt gut.

Benzol-Fund gibt Rätsel auf

Schadstoffe in den Stollen trüben die Festtagslaune kaum. Die Schimmelpilzgifte Ochratoxin A und Aflatoxine sowie gesättigte Mineralöle (MOSH) fanden wir etwa nur in sehr geringen Mengen. Die besonders kritischen aromatischen Mineralöle (MOAH) waren nicht nachweisbar.

Das Marzipan haben wir zusätzlich auch auf Benzol untersucht. Benzol ist krebserregend. Wir atmen es hauptsächlich durch Abgase oder Zigarettenqualm ein. In 9 Marzipanstollen konnten wir es nachweisen, jedoch lediglich im Spurenbereich. Im Prüfpunkt Schadstoffe ist daher kein Stollen schlechter als befriedigend. In der Umwelt entsteht Benzol durch Verbrennungsprozesse, im Marzipan möglicherweise aus dem Aromastoff Benzaldehyd der Bittermandeln. In den Marzipanstollen von Niederegger, Emil Reimann, Edeka und Real ließ sich Benzol nicht nachweisen.

test Christstollen II 12/2015

www.test.de	Preis ca. (Euro) / Inhalt (g)	Mittlerer Preis pro kg ca. (Euro)	Sensorische Beurteilung	Schadstoffe	Mikrobiologische Qualität	Verpackung	Deklaration	test-QUALITÄTSURTEIL
Gewichtung			55 %	20 %	5 %	5 %	15 %	100 %
Marzipanstollen								
Niederegger Marzipan-Stollen (MHD: 31.01.2016)	11,00 / 500	22,00	++	+	++	○	○	GUT (2,0)
Emil Reimann Marzipanstollen (MHD: 27.02.2016)	5,00 / 250	20,00	++	+	+	○	○	GUT (2,1)
Edeka Edelmarzipan Stollen (MHD: 11.01.2016)	2,49 / 500	5,00	+	+	++	○	○	GUT (2,4)
Real Quality Edel-Marzipan Stollen (MHD: 21.01.2016)	3,30 / 500	6,60	+	+	+	○	○	GUT (2,5)
Lieken Urkorn Edel-Marzipan-Stollen (MHD: 19.02.2016)	4,50 / 750	6,00	+	○	+	○	+	BEFRIED. (2,6)
Lidl/Favorina Edel-Marzipan Stollen[1] (MHD: 31.01.2016)	2,99 / 1000	2,99	+	○	+	○	+	BEFRIED. (2,7)
Bahlsen Marzipan-Stollen (MHD: 03.01.2016)	3,50 / 400	8,75	+	○	+	○	○	BEFRIED. (2,8)
Aldi Süd / Wintertraum Edelmarzipan-Stollen[2] (MHD: 21.01.2016)	2,99 / 1000	2,99	○	○	+	○	+	BEFRIED. (2,9)
Kuchenmeister Stollen Edel-Marzipan (MHD: 11.01.2016)	2,79 / 1000	2,79	○	○	+	○	+	BEFRIED. (2,9)
Netto Marken-Discount / Santa Claus in Town Edelmarzipan Stollen (MHD: 15.01.2016)	2,99 / 1000	2,99	○	○	++	○	○	BEFRIED. (2,9)
Penny / Douceur Edel-Marzipan Stollen[2] (MHD: 13.01.2016)	2,99 / 1000	2,99	○	○	+	○	○	BEFRIED. (3,0)
Norma / Goldora Edelmarzipan-Stollen[3] (MHD: 21.02.2016)	2,99 / 1000	2,99	⊖	○	+	○	○	AUSREICH. (3,7)
Aldi (Nord) / Reichsgraf Edelmarzipan-Stollen[4] (MHD: 18.02.2016)	2,99 / 1000	2,99	⊖*)	○	++	○	○	AUSREICH. (4,0)

Bewertungsschlüssel der Prüfergebnisse: ++ = Sehr gut (0,5–1,5). + = Gut (1,6–2,5). ○ = Befriedigend (2,6–3,5). ⊖ = Ausreichend (3,6–4,5). — = Mangelhaft (4,6–5,5). **Bei gleichem Qualitätsurteil Reihenfolge nach Alphabet.**
***) Führt zur Abwertung.** MHD = Mindesthaltbarkeitsdatum.
1) Hergestellt von Conditess. **2)** Hergestellt von Kuchenmeister. **3)** Hergestellt von Wiener Feinbäckerei Konrad Demmer. **4)** Hergestellt von Wefa.
Einkauf der Prüfmuster: September 2015.

Keine leichte Zwischenmahlzeit

Butter, Marzipan, Zucker alles im Überfluss: Stollen sind die gebackenen Kalorienbomben. Für die schlanke Linie ist Christstollen nichts, schon wegen des hohen Fettgehalts. 100 Gramm Dresdner haben im Schnitt 417 Kilokalorien, durchschnittlich 398 sind es bei Marzipanstollen. Für Naschkatzen empfiehlt sich nach dem Genuss ein etwas längerer Adventsspaziergang. ■ Anbieter Seite 258

2 Gourmetöle

Unser Rat

Sieben Öle schnitten insgesamt gut ab: das Bio-Leinöl von **Alnatura** (11,80 Euro – alle Preise je Liter), die Bio-Walnussöle von **Rapunzel** (65 Euro) und **Fandler** (55,60 Euro), die Bio-Sesamöle von **Alnatura** (15,80 Euro) und **Rapunzel** (18 Euro) sowie die Bio-Arganöle **Selection** von **Edeka** (60 Euro) und **Bio Planète** (80 Euro). Von den Traubenkernölen im Test ist keines empfehlenswert.

Viele sind ihr Geld nicht wert

9/2015 11 von 25 Gourmet-Ölen bekamen die Note mangelhaft, auch das teuerste im Test. Schuld sind Schadstoffe und Kritik am Geschmack.

Feinschmecker nutzen sie ebenso wie Gesundheitsbewusste: besondere Speiseöle wie Argan-, Lein-, Sesam-, Traubenkern- oder Walnussöl. Im Test enttäuschten viele der 25 geprüften Gourmet-Öle entweder geschmacklich – oder sie enthielten schädliche Stoffe. Von bedenklichen Lösemitteln bis zu krebserregenden und erbgutverändernden Substanzen war alles vertreten. Zwei Leinöle hätten gar nicht verkauft werden dürfen – wegen zu hoher Gehalte an polyzyklischen aromatischen Kohlenwasserstoffen (PAK). Beim Traubenkernöl International Collection ließen die Laborergebnisse auf eine Verfälschung mit fremdem Speiseöl schließen.

Mal stichig-modrig, mal käsig

Die Bio-Leinöle von Aldi (Nord) und Rewe rochen und schmeckten fehlerhaft nach ätherischen Ölen und Tanne; eines davon war zudem stichig-modrig.

Die mit 95 Euro und 112 Euro pro Liter teuersten Produkte im Test, zwei Arganöle, rochen und schmeckten deutlich käsig. Solche sensorischen Fehler können durch Schäden an den Rohstoffen bei Ernte, Lagerung oder Produktion entstehen. Bei kaltgepresstem Öl lassen sich Fehler in Geruch und Geschmack kaum korrigieren.

Immerhin können die Tester sieben gute Öle empfehlen – alle unraffiniert und mit EU-Biosiegel. Im Test sind viele Bioprodukte vertreten, eine Qualitätsgarantie ist das Biosiegel aber nicht. Auch sechs mangelhafte Produkte tragen es. ■ **Anbieter Seite 258**

Gesundheit: Rapsöl sticht alle aus

Lein- und Walnussöle sind gesund, da sie wenig gesättigte Fettsäuren enthalten, aber viel Alpha-Linolensäure. Die ist lebensnotwendig. Traubenkern-, Sesam- und auch Arganöl bieten keine herausragenden Vorteile für unsere Gesundheit. Olivenöl ist wegen seines hohen Ölsäuregehalts zu empfehlen. Das gesündeste Speiseöl generell ist aber Rapsöl. Es hat das beste Fettsäurespektrum.

FOTO: STIFTUNG WARENTEST

test Lein- und Walnussöl 9/2015

www.test.de	Inhalt (ml) / Mittlerer Preis ca. (Euro)	Preis pro Liter ca. (Euro)	Sensorische Beurteilung	Chemische Qualität	Schadstoffe	Verpackung	Deklaration	test-QUALITÄTSURTEIL
Gewichtung			**45 %**	**15 %**	**20 %**	**5 %**	**15 %**	**100 %**
Leinöle								
Alnatura Lein Öl nativ (MHD: 03/2016) Bio	250 / 2,95	11,80	+	+	○	+	+	**GUT (2,2)**
Eden Leinöl, Bio-Vegan (MHD: 06.09.2015) Bio	250 / 3,50	14,00	○	+	⊖ 1)	+	⊖ *)	**AUSREICH. (3,6)**
Aldi (Nord) / GutBio Leinöl (MHD: 25.09.15) Bio	250 / 2,29 2)	9,15	— *)	+	○	+	○	**MANGELH. (5,0)**
Rewe Bio Leinöl (MHD: 08/2015) Bio	250 / 3,50	14,00	— *)	+	+	+	+	**MANGELH. (5,0)**
Kunella Feinkost Bio-Leinöl (MHD: 25.08.15) Bio	250 / 2,89	11,60	+	++	— *)3)	+	⊖	**MANGELH. (5,5)**
Neuco Linosan Leinöl (MHD: 10.09.2015) Bio	100 4) / 3,20	32,00	+	+	— *)3)	+	⊖	**MANGELH. (5,5)**
Walnussöle								
Rapunzel Walnuss Öl (MHD: 07.02.16) Bio	100 4) / 6,50	65,00	+	+	+	+	+	**GUT (2,0)**
Fandler Bio-Walnussöl (MHD: 01.04.2016) Bio	250 / 13,90	55,60	+	+	+	+	○	**GUT (2,3)**
Bio Planète Walnussöl (MHD: 11-2015) Bio	100 / 6,80	68,00	+	+	+	○	⊖ *)	**BEFRIED. (2,8)**
International Collection Walnussöl (MHD: 09.09.2016)	250 / 5,05	20,20	+	⊖ *)5)	⊖ 1)	○	+	**AUSREICH. (4,0)**
Kunella Feinkost Reines Walnußöl (MHD: 20/02/016)	100 / 1,14	11,40	+	— *)6)	⊖ 7)	○	⊖	**MANGELH. (5,0)**
La Tourangelle Huile de Noix Walnussöl 8) (MHD: 25/02/2017)	250 / 6,50	26,00	+	⊖ 9)	— *)10)	++	+	**MANGELH. (5,0)**

Bewertungsschlüssel der Prüfergebnisse: ++ = Sehr gut (0,5–1,5). + = Gut (1,6–2,5). ○ = Befriedigend (2,6–3,5). ⊖ = Ausreichend (3,6–4,5). — = Mangelhaft (4,6–5,5). **Bei gleichem Qualitätsurteil Reihenfolge nach Alphabet.**
***) Führt zur Abwertung.** MHD = Mindesthaltbarkeitsdatum.
1) Wir wiesen einen erhöhten Gehalt des Weichmachers DEHP nach. Er ist für Gegenstände, die mit Erzeugnissen wie Speiseöl in Berührung kommen, seit 2007 verboten. **2)** Von uns bezahlter Einkaufspreis. **3)** Das Öl ist aufgrund des Gehaltes an PAK nicht verkehrsfähig: Es überschreitet den zulässigen Höchstgehalt für krebserregendes Benzo(a)pyren und auch den für die Summe der kritischen PAK4. **4)** Auch in anderen Gebindegrößen erhältlich. **5)** Wir wiesen 3,3 % Transfettsäuren im Öl nach, die bei der Raffination entstehen. Wegen des negativen Einflusses auf den Fettstoffwechsel des Menschen halten wir die in anderen Ländern geltende Grenze von 2 % für angebracht. **6)** Wir wiesen 12,6 % Transfettsäuren im Öl nach, die bei der Raffination entstehen. Wegen des negativen Einflusses auf den Fettstoffwechsel des Menschen halten wir die in anderen Ländern geltende Grenze von 2 % für angebracht. **7)** Wir wiesen bei der Raffination entstehende Glycidyl-Ester in erhöhter Menge nach. Das daraus berechnete freie Glycidol gilt als wahrscheinlich krebserregend. **8)** Nachdem wir dem Anbieter (Feinkost Dittmann) unsere Messergebnisse mitgeteilt haben, hat er nach eigenen Angaben die Auslieferung des Öls gestoppt, bis er das Weichmacherproblem gelöst hat. **9)** Das Öl zeigte bereits chemische Veränderungen in Richtung Oxidation.
10) Wir wiesen bei der Raffination entstehende Glycidyl-Ester in erhöhter Menge nach und berechneten daraus freies Glycidol. Es gilt als wahrscheinlich krebserregend. **Einkauf der Prüfmuster:** April/Mai 2015.

test Sesam-, Traubenkern- und Arganöl 9/2015

www.test.de	Inhalt (ml) / Mittlerer Preis ca. (Euro)	Preis pro Liter ca. (Euro)	Sensorische Beurteilung	Chemische Qualität	Schadstoffe	Verpackung	Deklaration	test-QUALITÄTSURTEIL
Gewichtung			45 %	15 %	20 %	5 %	15 %	100 %
Sesamöle								
Alnatura Sesam Öl (MHD: 03-2016) Bio	250 / 3,95	15,80	+	++	++	+	+	GUT (1,6)
Rapunzel Sesamöl (MHD: 20.04.16) Bio	250[1] / 4,50	18,00	+	++	++	+	○	GUT (1,9)
Bamboo Garden Asia Sesam-Öl (MHD: 30/09/2015)	100 / 2,79[2]	27,90	+	○*)	○	○	○	BEFRIED. (3,0)
International Collection Sesamöl (MHD: 07 04 2017)	250 / 5,25	21,00	+	○	⊖*)3)	○	○	AUSREICH. (3,6)
Mazola Feines Sesamöl (MHD: 09.03.2016)	100 / 0,99[2]	9,90	+	+	—*)4)	○	○	MANGELH. (5,0)
Traubenkernöle								
Vitaquell Traubenkernöl, Neutraler Geschmack[5] (MHD: 11.05.16)	250 / 5,00	20,00	+	○	⊖*)6)	+	○	AUSREICH. (4,0)
Brändle Vita Traubenkernöl (MHD: 08.2016)	500 / 3,30	6,60	+	○	—*)7)	+	⊖	MANGELH. (4,6)
International Collection Traubenkernöl, Mildes Öl (MHD: 13 09 2016)	250 / 3,60	14,40	+	—*)8)	+	○	+	MANGELH. (5,5)
Arganöle								
Edeka Selection Argan Öl (MHD: 03.06.2016) Bio	250 / 15,00	60,00	+	++	○	○	○	GUT (2,3)
Bio Planète Arganöl[5] (MHD: 05-2016) Bio	250 / 20,00	80,00	+	++	++	+	⊖*)	GUT (2,5)
Argan Argan Arganöl (MHD: 31-07-2017) Bio	250 / 16,50	66,00	+	++	⊖*)9)	+	⊖	BEFRIED. (3,5)
Argand' Or Arganöl[5] (MHD: 17-05-2017) Bio	250 / 27,90	112,00	—*)	++	⊖9)	○	⊖	MANGELH. (5,0)
Vitaquell Arganöl[5] (MHD: 01.07.16) Bio	250 / 23,70	95,00	—*)	++	⊖9)	+	⊖	MANGELH. (5,0)

Bewertungsschlüssel der Prüfergebnisse: ++ = Sehr gut (0,5–1,5). + = Gut (1,6–2,5). ○ = Befriedigend (2,6–3,5). ⊖ = Ausreichend (3,6–4,5). — = Mangelhaft (4,6–5,5). **Bei gleichem Qualitätsurteil Reihenfolge nach Alphabet.**
***) Führt zur Abwertung.** MHD = Mindesthaltbarkeitsdatum.
1) Auch in anderen Gebindegrößen erhältlich. **2)** Von uns bezahlter Einkaufspreis. **3)** Der Gehalt an MOAH war deutlich erhöht. Wir wiesen außerdem das Lösemittel Hexan nach – wenn auch in einer Menge, die deutlich unter dem erlaubten Restgehalt für extrahierte Öle liegt. **4)** Wir wiesen Ethylbenzol, Toluol und verschiedene Xylole nach. Diese aromatischen Kohlenwasserstoffe sind unerwünscht und vermeidbar. **5)** Laut Anbieter inzwischen Etikett geändert. **6)** Wir wiesen bei der Raffination entstehende 3-MCPD- und Glycidyl-Ester in erhöhter Menge nach. Das daraus berechnete freie Glycidol gilt als wahrscheinlich krebserregend und das freie 3-MCPD als möglicherweise krebserregend. Außerdem war der Gehalt an MOAH deutlich erhöht. **7)** Wir wiesen aromatische Kohlenwasserstoffe (MOAH) nach: insgesamt 10 mg/kg. MOAH gelten als potenziell krebserregend und sind vermeidbar. **8)** Verschiedene Analysenwerte (Fettsäuremuster, Triglyceridspektrum, Vitamin-E-Gehalt) sind untypisch für Traubenkernöl und lassen auf mindestens 10 % fremdes Speiseöl schließen. **9)** Wir wiesen einen erhöhten Gehalt des Weichmachers DEHP nach. Er ist für Gegenstände, die mit Erzeugnissen wie Speiseöl in Berührung kommen, seit 2007 verboten.

Einkauf der Prüfmuster: April/Mai 2015.

Unser Rat

Fünf Tees waren nur sehr gering mit Schadstoffen belastet: **Alnatura Grüner Tee Sencha** (3,85 Euro, alle Preise pro 100 Gramm), **Teekanne Hochland** (6,25 Euro), **Gepa Grüntee Ceylon** (7,40 Euro) – alle drei im Beutel, außerdem die Teekapseln **Special.T by Nestlé Sencha** (13,20 Euro) und das Pulver **Emcur Bio Matcha** (83 Euro). Mit Ausnahme von Teekanne tragen sie alle das EU-Biosiegel.

Ach du grüne Neune!

10/2015 Keiner der 25 Tees war frei von Schadstoffen. Einige waren so stark belastet, dass sie auf Dauer die Gesundheit gefährden können.

Das Gleiche in Grün: Im November 2014 fand die Stiftung Warentest schon einmal kritische Substanzen in Tee – und zwar in schwarzem Tee, in sehr geringen bis hohen Mengen. Der Test von grünem Tee vom Herbst 2015 kommt zum gleichen Ergebnis.

Die Tester haben 25 Grüntees ausschließlich auf Schadstoffe untersucht: Keiner war frei von unerwünschten Substanzen. 7 waren so stark belastet, dass sie mangelhaft abschnitten. Für 7 weitere reichte es nur zur Note ausreichend. Eine akute Gesundheitsgefahr besteht zwar nicht, für passionierte Teetrinker lässt sich aber langfristig ein Gesundheitsrisiko durch einige der Schadstoffe nicht ausschließen. Der Test zeigte auch, dass sich hohe Schadstoffgehalte in Tee vermeiden lassen. Denn 5 Produkte – 3 Tees im Beutel, 1 Kapseltee und 1 Matcha – schnitten gut ab, die besten losen Tees befriedigend.

Von Anthrachinon bis Mineralöl

Alle Tees im Test waren mit Anthrachinon, polyzyklischen aromatischen Kohlenwasserstoffen (PAK) und Mineralölbestandteilen belastet. Besonders auffällig waren die Funde an Pyrrolizidinalkaloiden. Diese potenziell krebserregenden Stoffe gelangen vermutlich über versehentlich mitgeerntete Wildkräuter in den Tee. Die Tester konnten sie in neun Tees nachweisen. Sechs davon schnitten wegen hoher Konzentration mangelhaft ab: die Tees im Beutel von Aldi Süd, Kaufland, Penny, Norma, Meßmer und Netto Marken-Discount. ▶

Was ist eigentlich Matcha?
Matcha ist ein Pulvertee aus gemahlenen Grünteeblättern. Sie wachsen in die letzten Wochen vor der Ernte im Schatten. So produzieren sie viel Chlorophyll, das für die typische grüne Farbe des Tees sorgt. In Japan gehört Matcha seit Jahrhunderten zur traditionellen Teezeremonie. Das Pulver wird aufgegossen und dann mit einem Bambusbesen, dem Chasen, aufgeschlagen, bis Schaum entsteht.

test Grüner Tee I 10/2015

www.test.de		Mittlerer Preis ca. (Euro) / Inhalt (g)	Preis ca. (Euro) pro 100 g	SCHAD-STOFFE
Beutel				
Alnatura Grüner Tee Sencha, Bio[1] (MHD: 01/2018)	Bio	1,15 / 30	3,85	+
Gepa Grüntee Ceylon[3)4)] (MHD: 31-10-2017)	Bio	3,70 / 50	7,40	+
Teekanne Hochland Grüner Tee (MHD: 03.2017)		2,19 / 35[2)]	6,25	+
Edeka Grüner Tee Sencha (MHD: 04.2017)		0,99 / 35	2,83	O
Starbucks Coffee China Green Tips Full-Leaf Green Tea (MHD: 16JUL2016)		5,95 / 27	22,00	O
Lidl / Lord Nelson Grüner Tee Pur[5)] (MHD: 04.03.18)		0,89 / 44[6)]	2,03	⊖
Quieta Bio Grüner Tee (MHD: 01.2017)	Bio	1,72 / 36	4,80	⊖
Aldi Süd / Westcliff Grüner Tee[5)] (MHD: 17.02.18)		0,79 / 44[6)]	1,81	—
Kaufland / K-Classic Grüner Tee[1)] (MHD: 05.03.18)		0,89 / 44[6)]	2,03	—
Meßmer Feinster Grüner Tee[8)] (MHD: 26.03.18)		1,79 / 44[6)]	4,10	—
Netto Marken-Discount / Captains Tea Grüner Tee nach asiatischer Tradition (MHD: 27.03.18)		0,89 / 44[6)]	2,03	—
Norma / Cornwall Grüner Tee Natur[5)7)] (MHD: 24.03.18)		0,89 / 44[6)]	2,03	—
Penny/Mayfair Grüner Tee Natur[5)] (MHD: 03.03.18)		0,89 / 44[6)]	2,03	—

Bewertungsschlüssel der Prüfergebnisse: ++ = Sehr gut (0,5–1,5). + = Gut (1,6–2,5). O = Befriedigend (2,6–3,5). ⊖ = Ausreichend (3,6–4,5). — = Mangelhaft (4,6–5,5). **Bei gleichem Schadstoffurteil Reihenfolge nach Alphabet.**
MHD = Mindesthaltbarkeitsdatum.
1) Laut Anbieter inzwischen Deklaration geändert. **2)** Auch andere Gebindegrößen erhältlich.
3) Laut Deklaration Fairtrade-Produkt. **4)** Naturland. **5)** Hergestellt von Ostfriesische Tee Gesellschaft Laurens Spethmann GmbH & Co. KG. **6)** Wert gerundet. **7)** Laut Anbieter wurde die Ware aus dem Verkauf genommen.
8) Laut Anbieter inzwischen Produkt geändert. **Einkauf der Prüfmuster:** Mai 2015.

So viel geht in den Teeaufguss über

Wie riskant die Schadstoffe für den Verbraucher letztlich sind, hängt bei Tee davon ab, wie viel davon im Aufguss landet. Pyrrolizidinalkaloide können nach Auffassung des Bundesinstituts für Risikobewertung vollständig in den Teeaufguss übergehen. Anthrachinon geht anteilig über, zu etwa einem Drittel. PAK oder Mineralölbestandteile hingegen landen praktisch nicht im Teeaufguss, zeigten die Laborprüfungen.

Angerührt statt aufgegossen: Matcha

Anders sieht es bei Matcha-Tee aus: Er wird nicht aufgebrüht, sondern aus Grünteepulver angerührt. Die schlecht wasserlöslichen PAK und Mineralölbestandteile werden somit also vollständig mitgetrunken. Aus diesem Grund haben die Tester die zwei Matcha-Tees im Test in diesen Prüfpunkten strenger bewertet als die anderen Grüntees. Einer davon gehörte trotzdem zu den besten Tees im Test.

Ein grüner Tee war nicht verkehrsfähig

Einer der schlechtesten Tees im Schadstofftest war der lose chinesische Special Gunpowder G 601 aus dem Asialaden. Die Tester fanden darin höhere Rückstände von einem Pflanzenschutzmittel als zulässig. Der Tee hätte nicht verkauft werden dürfen. Gefährlich für die Gesundheit ist dieser Fund aber nicht – selbst dann, wenn alles von dem Stoff in den Teeaufguss übergehen würde.

test Grüner Tee II 10/2015

www.test.de	Mittlerer Preis ca. (Euro) / Inhalt (g)	Preis ca. (Euro) pro 100 g	SCHADSTOFFE
Lose			
Aldi (Nord) / Westminster Tea Grüner Tee China Chun Mee Klassik[1] (MHD: 18 02 17)	2,49 / 250	1,00	O
dm / Das gesunde Plus Grüner Tee Chun Mee[2] (MHD: 19.02.17)	1,95 / 200	0,98	O
Tea Gschwendner Grüner Tee Nr. 700 Japan Sencha (MHD: 13.02.2018) Bio	6,50 / 100	6,50	O
Tee Handelskontor Bremen Grüner Tee Bio Japan Fancy Sencha (MHD: 01.06.2017) Bio	6,35 / 100	6,35	O
Abtswinder Grüner Tee Chun Mee[3] (MHD: Ende: 03/2018) Bio	3,50 / 100	3,50	⊖
Kusmi Tea Gunpowder Green Tea (MHD: 02/2018)	13,00 / 125	10,40	⊖
Rossmann / King's Crown Grüner Tee Gunpowder (MHD: 30.04.2017)	2,49 / 250	1,00	⊖
Chinesischer Grüner Tee CAP Special Gunpowder G 601 (MHD: 31.12.2016)	1,09[4] / 125	0,87	—
Kapseln			
Special.T by Nestlé Sencha Shizuoka Organic Green T.[5] (MHD: 24.12.2015) Bio	3,70 / 28	13,20	+
Aldi Süd / Expressi Tee Grüner Tee[6][7] (MHD: 06 2016)	2,79 / 40	7,00	⊖
Pulver (Matcha)			
Emcur Bio Matcha[8] (MHD: 02/2017) Bio	9,95 / 12[9]	83,00	+
Imogti Bio House Blend Matcha[10] (MHD: 31.03.2017) Bio	25,00 / 100[9]	25,00	⊖

Bewertungsschlüssel der Prüfergebnisse: ++ = Sehr gut (0,5–1,5). + = Gut (1,6–2,5). O = Befriedigend (2,6–3,5). ⊖ = Ausreichend (3,6–4,5). — = Mangelhaft (4,6–5,5). **Bei gleichem Schadstoffurteil Reihenfolge nach Alphabet.**
MHD = Mindesthaltbarkeitsdatum.
1) Hergestellt von Markus Kaffee GmbH & Co. KG. **2)** Laut Anbieter inzwischen Deklaration geändert.
3) Laut Deklaration Fairtrade-Produkt. **4)** Von uns bezahlter Einkaufspreis. **5)** Laut Deklaration für das Special.T System.
6) Hergestellt von K-fee System GmbH. **7)** Laut Deklaration für Expressi Kapselmaschinen oder ein beliebiges K-fee System.
8) Laut Anbieter inzwischen Deklaration und Verpackungsgröße geändert. **9)** Auch andere Gebindegrößen erhältlich.
10) Laut Anbieter inzwischen Verpackungsgröße geändert. **Einkauf der Prüfmuster:** Mai 2015.

Auch Biotees sind schadstoffbelastet

Vier der fünf guten Grüntees im Test waren Bioprodukte. Eine Garantie für gute Qualität ist das Biosiegel aber nicht. Zwei weitere Biotees schneiden befriedigend ab, drei ausreichend. Denn Schadstoffe aus der Umwelt, Herstellung, Lagerung oder dem Transport können biologisch und konventionell erzeugte Lebensmittel gleichermaßen belasten. Im Bioanbau tabu sind aber chemisch-synthetische Pflanzenschutzmittel. Und tatsächlich: Rückstände von Pestiziden waren in fünf von neun Biotees nicht nachweisbar, in den vier anderen nur in sehr geringen Mengen. Sie erfüllen damit immer noch die Anforderungen, die der Bundesverband Naturkost Naturwaren (BNN) an Bioprodukte stellt. ■ Anbieter Seite 258

Unser Rat

Das beste abpackte Hackfleisch von **Bio+** war geschmacklich sehr gut, mit 12 Euro fürs Kilogramm aber recht teuer. Günstiger war das beste tagesfrische Hackfleisch von der Theke bei Edeka für 4,50 Euro. Es bot saftiges Mundgefühl plus kräftig aromatischen Fleischgeschmack und -geruch. Die Keimbelastung beider Produkte war unauffällig; dennoch sollten sie nicht roh verzehrt werden.

Halb und Halb

2/2015 Nur knapp jedes zweite gemischte Hackfleisch im Test schnitt gut ab. Viele Produkte enthielten potenziell krankmachende Keime.

Hackfleisch halb und halb – das ist nicht nur gemischtes Hack von Schwein und Rind, sondern trifft auch auf die Testergebnisse zu. 10 der insgesamt 21 Produkte waren gut. Sie rochen und schmeckten allesamt im gebratenen Zustand gut bis sehr gut. Die Prüfer verkosteten das Fleisch nur zubereitet. Von rohem Hack, etwa gewürzt als Mett auf dem Brötchen, raten wir ab: Im Test enthielt etwa jedes zweite Produkt potenziell krankmachende Bakterien, darunter zum Teil antibiotikaresistente Keime. Rohes Hack ist besonders für Kleinkinder, Schwangere und Immungeschwächte riskant.

Bio schlägt konventionell

Die Tester untersuchten abgepackte Produkte, aber auch Hackfleisch von Bedientheken im Supermarkt, das für den Verzehr am gleichen Tag bestimmt ist. Sieger war das tagesfrische Hack von der Bedientheke bei Edeka, dicht gefolgt vom abgepackten, länger haltbaren Biohackfleisch Bio+, das Kaufland und Real anbieten. Auch die meisten anderen Bioprodukte überzeugten. Vorn beim abgepackten Hack: Bio+, Gut Bio von Aldi (Nord), Packlhof und Lidl Biotrend, inzwischen laut Lidl durch Landjunker Bio ersetzt.

Zu viele Keime im teuren Hack

Ein Biohackfleisch fiel deutlich aus der Reihe: eines der teuersten Produkte im Test – Königshofer von Dennree. Darin fanden die Prüfer eine deutlich erhöhte Anzahl von potenziell krankmachenden E.coli-Bakterien.

Küchenhygiene beachten

Damit Keime sich nicht in der eigenen Küche ausbreiten können, sollte das Hack nicht mit anderen Lebensmitteln in Berührung kommen. Verbraucher sollten Hände, Geschirr und Geräte vor und nach der Zubereitung gründlich reinigen. Tagesfrisches Hack sollte am gleichen Tag, abgepacktes spätestens am Verbrauchsdatum verzehrt und bis dahin bei maximal 2 Grad gelagert werden.

FOTO: STIFTUNG WARENTEST

test Gemischtes Hackfleisch 2/2015

www.test.de	Preis je Kilogramm ca. (Euro)	Sensorische Beurteilung	Fleischqualität	Mikrobiologische Qualität	Verpackung	Deklaration	test-QUALITÄTSURTEIL
Gewichtung		30 %	25 %	25 %	5 %	15 %	100 %
Tagesfrisch und am Herstellungstag zu verbrauchen							
Edeka[1)] Einkaufsdatum 09.09.2014	4,50	++	+	+	Entfällt		**GUT (1,7)**
Real / Der Meistermetzger[1)] Einkaufsdatum 03.09.2014	5,50	++	+	+	Entfällt		**GUT (1,9)**
Kaiser's Tengelmann / Birkenhof[1)] Einkaufsdatum 09.09.2014	5,95	+	+	+	Entfällt		**GUT (2,4)**
Karstadt Feinkost / Perfetto[1)] Einkaufsdatum 08.09.2014	7,00	+	++	⊖*)	Entfällt		**BEFRIED. (3,1)**
Galeria Kaufhof / Lust auf Genuss[2)] Einkaufsdatum 08.09.2014	6,50	○	+	⊖*)	+	○	**AUSREICH. (3,8)**

Bewertungsschlüssel der Prüfergebnisse: ++ = Sehr gut (0,5–1,5). **+** = Gut (1,6–2,5). ○ = Befriedigend (2,6–3,5). ⊖ = Ausreichend (3,6–4,5). **—** = Mangelhaft (4,6–5,5).
***) Führt zur Abwertung. 1)** Lose Ware. **2)** Selbstbedienungsware. **Einkauf der Prüfmuster:** September 2014.

E.coli wiesen die Tester auch im abgepackten Produkt Bauernglück von Aldi (Nord) nach. Das tagesfrische Hack von Galeria Kaufhof und Karstadt Feinkost war mit auffällig vielen Enterobakterien belastet, die zum Verderb führen können.

Salmonellen im Norma-Produkt

Salmonellen können schon in kleiner Anzahl krank machen. Sie sollten in Lebensmitteln gar nicht vorkommen. Doch die Prüfer fanden Salmonellen in allen vier untersuchten Proben des Hackfleischs von Norma/Gut Bartenhof. Es schnitt mikrobiologisch am schlechtesten ab und gehörte auch insgesamt mit nur ausreichendem Qualitätsurteil zu den vier schlechtesten Produkten.

Verkauft werden durfte es trotz der Salmonellen. Denn sie sterben beim gründlichen Durchbraten (minimal zwei Minuten bei mindestens 70 Grad Celsius) ab. Vom Fleisch geht dann keine Gefahr mehr aus. Auf allen Fertigpackungen im Test stand: „Nicht zum Rohverzehr geeignet“ oder „Nur durchgegart verzehren“. Diesen Hinweis sollte jeder ernst nehmen, wie der Test zeigt.

Resistente Keime mit Folgen

Durchgaren schützt auch vor antibiotikaresistenten Keimen. Die Tester fanden zwei Typen: MRSA und ESBL-bildende Keime. Als Ursache gilt der bei Nutztieren häufige Einsatz von Antibiotika. Sie töten viele Erreger ab, doch die resistenten Keime bleiben. Aus Ställen und Schlachthöfen gelangen sie aufs Fleisch. Geraten ESBL-bildende Keime etwa bei der Zubereitung in offene Wunden, drohen schlecht behandelbare Infektionen. Im Test werteten wir das Urteil Mikrobiologie um eine halbe Note ab, wenn wir resistente Keime nachwiesen. Auch zwei Bioprodukte – Packlhof und Lidl/Biotrend – waren betroffen. Die EU-Ökoverordnung schränkt Antibiotika in der Bio-Tierhaltung zwar ein, resistente Keime können dennoch auf Bio-Fleisch geraten – etwa wenn Bio-Tiere im gleichen Betrieb geschlachtet werden wie konventionelle. ■ Anbieter Seite 258

2 Hackfleisch

test Gemischtes Hackfleisch 2/2015

www.test.de	Mittlerer Preis ca. (Euro) / Inhalt (Gramm)	Preis je Kilogramm ca. (Euro)	Sensorische Beurteilung	Fleischqualität	Mikrobiologische Qualität	Verpackung	Deklaration	test-QUALITÄTSURTEIL
Gewichtung			30%	25%	25%	5%	15%	100%
Abgepackt und mehrere Tage haltbar								
Bio+ Verbrauchsdatum 09.09.2014 Bio	2,99 / 250[1]	12,00	++	+	++	+	○	GUT (1,8)
Aldi (Nord) / Gut Bio Verbrauchsdatum 08.09.2014 Bio	3,20 / 400	8,00	++	○	+	+	+	GUT (2,0)
Packlhof[2] 17.09.2014 Verbrauchsdatum 17.09.2014 Bio	5,15 / 345[3]	14,90	++	++	+	○	○	GUT (2,0)
Lidl / Biotrend[4] Verbrauchsdatum 08.09.2014 Bio	2,79 / 350	8,00	++	○	+	+	+	GUT (2,2)
Kaufland / Purland[5] Verbrauchsdatum 04.09.2014	2,19 / 500[1]	4,40	+	○	+	○	+	GUT (2,3)
Aldi Süd / Müller Fleisch[5] Verbrauchsdatum 22.09.2014	2,19 / 500	4,40	+	○	+	+	+	GUT (2,4)
Lidl / Landjunker[5] Verbrauchsdatum 08.09.2014	2,19 / 500	4,40	+	○	+	+	+	GUT (2,5)
Eberswalder Verbrauchsdatum 05.09.2014	2,19 / 500	4,40	+	○	○	+	○	BEFRIED. (2,6)
Netto Marken-Discount / Gut Ponholz Verbrauchsdatum 05.09.2014	2,19 / 500	4,40	○	○	○	+	+	BEFRIED. (2,8)
Aldi Süd / Müller Fleisch Verbrauchsdatum 22.09.2014 Bio	3,20 / 400	8,00	○	○	○	+	+	BEFRIED. (2,9)
Edeka / Gut&Günstig[6] Verbrauchsdatum 08.09.2014	2,19 / 500	4,40	○	○	+	○	○	BEFRIED. (2,9)
Aldi (Nord) / Bauernglück Verbrauchsdatum 11.09.2014	2,19 / 500	4,40	○	○	⊖*)	○	+	BEFRIED. (3,1)
Dennree / Königshofer[6][7] Verbrauchsdatum 10.09.2014 Bio	3,60 / 250[1]	14,40	⊖*)	○	⊖	○	○	AUSREICH. (4,0)
Norma / Gut Bartenhof Verbrauchsdatum 03.09.2014	2,19 / 500	4,40	+	○	⊖*)	+	○	AUSREICH. (4,0)
Penny / Mühlenhof[5] Verbrauchsdatum 08.09.2014	2,19 / 500	4,40	⊖*)	○	○	+	+	AUSREICH. (4,0)
Rewe / ja![5] Verbrauchsdatum 10.09.2014	2,19 / 500	4,40	⊖*)	+	○	+	+	AUSREICH. (4,0)

Bewertungsschlüssel der Prüfergebnisse: ++ = Sehr gut (0,5–1,5). + = Gut (1,6–2,5). ○ = Befriedigend (2,6–3,5). ⊖ = Ausreichend (3,6–4,5). — = Mangelhaft (4,6–5,5). **Bei gleichem Qualitätsurteil Reihenfolge nach Alphabet.**

***) Führt zur Abwertung.**

1) Auch andere Gebindegröße erhältlich. **2)** Bioland. **3)** Variable Einwaage. **4)** Laut Anbieter durch Nachfolger Landjunker Bio Hackfleisch ersetzt. **5)** Laut Anbieter inzwischen Deklaration geändert. **6)** Laut Anbieter inzwischen geändert. **7)** Naturland.

Einkauf der Prüfmuster: September 2014.

Unser Rat

Nespresso Vivalto Lungo (37 Cent je Kapsel) schnitt am besten ab. Der Kaffee lässt sich nur in Nespresso-Maschinen brühen. In die passen auch preiswertere gute Kapseln: **DE Senseo Capsules Lungo, Dallmayr Capsa Lungo Belluno** (je 30 Cent). **Lavazza, Aldi Süd, Cremesso** und **Tassimo** bieten ebenfalls gute Kapseln. Sie sind in Maschinen mit dem jeweiligen System nutzbar (s. S. 164).

Nespresso legt Latte hoch

11/2015 Der beste Kaffee im Test kommt aus Nespresso-Kapseln. Doch es gibt gute Alternativen, etwa von DE Senseo, Dallmayr oder Lavazza.

Die Kaffeekapsel in die passende Maschine legen, Knopf drücken und in nicht mal einer Minute fließt frisch gebrühter Kaffee in die Tasse. Die simple und saubere Art der Kaffeezubereitung hat mächtig Erfolg: Der Verkauf von Kapseln hat sich in Deutschland von 2005 bis 2014 verzwanzigfacht. Den Trend hat der Lebensmittelkonzern Nestlé mit seinen Nespresso-Kapseln für Nespresso-Maschinen entfacht.

Heute finden sich viele Traditions- und Discountermarken auf dem Kapselmarkt, wo kleine Kaffeeportionen teuer verkauft werden. Die Stiftung Warentest hat 14 Produkte der Sorten Caffè Crema, Lungo und „Kaffee" geprüft. Je die Hälfte schnitt insgesamt gut oder befriedigend ab; fast alle waren sensorisch gut, zwei sogar sehr gut.

Kapsel muss zum System passen

Wer Kaffeekapseln kauft, kann nicht frei wählen. Die Kapsel muss zur Maschine passen. Am wenigsten Wahlfreiheit lassen Kapseln, die nur für ein Maschinensystem bestimmt sind wie Cafissimo und Tassimo.

Konkurrenz für Nespresso-Kapseln

Eine solche Abhängigkeit bestand ursprünglich auch beim Nespresso-System. Doch Nestlé büßte den Patentschutz für seine Kapseln vor Gericht ein. Seither dürfen Nachahmer ihre Kapseln etwa als „kompatibel mit dem Nespresso-System" ausloben. Sechs solcher Nachahmerkapseln – alle preiswerter als das Original – waren im Test. Es zeigte sich, dass vier davon tadellos in ▶

Das Müllproblem

Mindestens zwei Materialschichten umhüllen jede Kaffeeportion: erst die Kunststoff- oder Aluminiumkapsel, dann eine Schachtel oder ein Beutel. Einige Kapseln stecken in einem Extra-Beutelchen. Das macht viel mehr Müll als etwa durch 500-Gramm-Röstkaffeepakete anfällt. Benutzte Kapseln, die in der gelben Tonne landen, werden immerhin dem Recycling zur Verfügung gestellt.

FOTO: A. PLEWINSKI

test Kaffeekapseln I 11/2015

www.test.de	Kaffeegewicht pro Packung / Kapsel (g) (laut Deklaration)	Preis pro Packung ca. (Euro) / Kapselanzahl	Mittlerer Preis pro Kapsel ca. (Cent)	Sensorische Beurteilung	Probleme bei der Zubereitung	Schadstoffe	Verpackung[1]	Deklaration	test-QUALITÄTSURTEIL
Gewichtung				60 %	0 %	20 %	10 %	10 %	100 %
Kapseln für Maschinen mit Nespresso-System									
Nespresso Vivalto Lungo (MHD: 29.02.16)	60 / 6,0	3,70 / 10	37	++	Keine	○	○[2]	○	GUT (2,1)
DE Senseo Capsules Lungo[3] (MHD: 14/10/15)	52 / 5,2	2,99 / 10	30	+	Keine	○	⊖[5]	○	GUT (2,4)
Dallmayr Capsa Lungo Belluno (MHD: 06 2016)	56 / 5,6	2,95 / 10	30	+	Keine	○	○	⊖[6]	GUT (2,5)
Jacobs Momente lungo Delicato (MHD: 09.09.2016)	56 / 5,6	2,99 / 10	30	+	Keine	○	⊖[5]	○	BEFRIEDIGEND (2,8)
Netto Marken-Discount Cafèt Lungo[3] (MHD: 09.16)	K. A. / 5,0	1,74 / 10	17	++	Keine	⊖*[7]	○	⊖[8]	BEFRIEDIGEND (3,2)
Lidl / Bellarom Azzurro Lungo[4] (MHD: 14/12/15)	52 / 5,2	1,74 / 10	17	+	Häufig*[9]	○	⊖[5]	○	BEFRIEDIGEND (3,4)
Aldi (Nord) / Moreno Lungo[10] (MHD: 04.08.16)	80 / 5,0	2,79[11] / 16	17	+	Häufig*[9]	○	⊖[12]	○	BEFRIEDIGEND (3,5)
Kapseln für Dolce-Gusto-Maschinen									
Nescafé Dolce Gusto Dallmayr Prodomo (MHD: 29.02.2016)	112 / 7,0	4,30 / 16	27	+	Keine	○	⊖[5]	○	BEFRIEDIGEND (2,8)

Bewertungsschlüssel der Prüfergebnisse: ++ = Sehr gut (0,5–1,5). + = Gut (1,6–2,5). ○ = Befriedigend (2,6–3,5). ⊖ = Ausreichend (3,6–4,5). — = Mangelhaft (4,6–5,5). **Bei gleichem Qualitätsurteil Reihenfolge nach Alphabet.**
***) Führt zur Abwertung.** MHD = Mindesthaltbarkeitsdatum. K. A. = Keine Angabe.
1) Bei der Verpackungsbewertung konnte keine Umweltbelastung der Kapselverpackungen einbezogen werden.
2) Einziges Produkt im Test, dessen Kapsel aus Aluminium besteht. Innen trägt die Kapsel – wiederum als einzige – eine PVC-haltige Folienbeschichtung. **3)** Produkt ist laut Deklaration mit dem Nachhaltigkeitssiegel UTZ zertifiziert.
4) Laut Anbieter heißt das Produkt inzwischen Modena. **5)** Im Verhältnis zu einer Kapsel/einer Portion halten wir das gesamte Verpackungsvolumen für viel zu groß. **6)** Unter anderem ist die Lesbarkeit durch die weiße Schrift auf gelbem Untergrund schlecht. Werbeaussagen zur sensorischen Beschaffenheit sind übertrieben. **7)** Die Acrylamidbelastung ist mit 328 µg/kg die höchste im Test. Das entspricht 73 % des EU-Richtwertes für gerösteten Kaffee (450 µg/kg). Acrylamid entsteht beim Rösten. Es gilt für Menschen als möglicherweise krebserregend. **8)** Vorgeschriebene Gesamtfüllmenge ist nicht angegeben. Zudem befindet sich die verpflichtende Bezeichnung des Lebensmittels versteckt unter der umgeklappten Rückenschweißnaht. **9)** Bei der Zubereitung – insbesondere im Rahmen der technischen Maschinenprüfungen – gab es häufig Probleme wie etwa Verformung der Kapseln oder Schwankungen in der Getränkemenge. Die Prüfungen wurden jeweils an mehreren Maschinen mit insgesamt 150 Kapseln durchgeführt – Probleme gab es bei mindestens jeder vierten.
10) Laut Deklaration ist der Anbieter Mitglied beim Common Code for the Coffee Community Association (4C).
11) Von uns bezahlter Einkaufspreis. **12)** Im Verhältnis zu einer Kapsel/einer Portion halten wir das gesamte Verpackungsvolumen für zu groß. **Einkauf der Prüfmuster:** April/Mai 2015.

test Kaffeekapseln II 11/2015

www.test.de	Kaffeegewicht pro Packung / Kapsel (g) (laut Deklaration)	Preis pro Packung ca. (Euro) / Kapselanzahl	Mittlerer Preis pro Kapsel ca. (Cent)	Sensorische Beurteilung	Probleme bei der Zubereitung	Schadstoffe	Verpackung[1]	Deklaration	test-QUALITÄTSURTEIL
Gewichtung				60 %	0 %	20 %	10 %	10 %	100 %
Kapseln, die jeweils nur zu einem speziellen Maschinensystem passen									
Lavazza A Modo Mio Caffè Crema Lungo Dolcemente[6] (MHD: 30/01/2017)	128 / 8,0	6,00 / 16	38	+	Keine	○	○	○	GUT (2,4)
Aldi Süd / Expressi Caffè Crema Lungo[3] (MHD: 10 2016)	124 / 7,8	2,79 / 16	17	+	Keine	○	○	○	GUT (2,5)
Cremesso of Switzerland Crema[2] (MHD: 30.09.16)	96 / 6,0	4,00[4] / 16	25	+	Keine	○	○	○	GUT (2,5)
Tassimo Jacobs Krönung (MHD: 05 03 2016)	104 / 6,5	4,80 / 16	30	+	Keine	○	⊖[5]	+	GUT (2,5)
Netto Marken-Discount Cafèt Crema Classico Der Klassische[2] (MHD: 30.09.16)	88 / 5,5	2,79 / 16	17	+	Keine	⊖*)[7]	○	+	BEFRIEDIGEND (3,1)
Tchibo Cafissimo Caffè Crema (MHD: 10.01.2016)	80 / 8,0	2,69 / 10	27	○	Keine	○	○	⊖[8]	BEFRIEDIGEND (3,1)

Bewertungsschlüssel der Prüfergebnisse: ++ = Sehr gut (0,5–1,5). + = Gut (1,6–2,5). ○ = Befriedigend (2,6–3,5). ⊖ = Ausreichend (3,6–4,5). — = Mangelhaft (4,6–5,5). **Bei gleichem Qualitätsurteil Reihenfolge nach Alphabet.**
***) Führt zur Abwertung.** MHD = Mindesthaltbarkeitsdatum.
1) Bei der Verpackungsbewertung konnte keine Umweltbelastung der Kapselverpackungen einbezogen werden.
2) Produkt ist laut Deklaration mit dem Nachhaltigkeitssiegel UTZ zertifiziert. **3)** Laut Deklaration ist der Anbieter Mitglied beim Common Code for the Coffee Community Association (4C). **4)** Von uns bezahlter Einkaufspreis. **5)** Im Verhältnis zu einer Kapsel/einer Portion halten wir das gesamte Verpackungsvolumen für zu groß. **6)** Laut Anbieter heißt das Produkt inzwischen „Caffè Crema Dolce". **7)** Die Acrylamidbelastung ist mit 305 µg/kg die zweithöchste im Test. Das entspricht 68 % des EU-Richtwertes für gerösteten Kaffee (450 µg/kg). Acrylamid entsteht beim Rösten. Es gilt für Menschen als möglicherweise krebserregend. **8)** Keine Herkunft und kein Tassenvolumen angegeben. Zudem teils sehr unübersichtlich gekennzeichnet. Die Werbeaussagen zur sensorischen Beschaffenheit sind deutlich übertrieben.
Einkauf der Prüfmuster: April/Mai 2015.

Nespresso-Maschinen passten, die auch im Gerätetest waren *(siehe Seite 164)*. Zwei hatten häufig Probleme: Die von Aldi (Nord) und Lidl wurden nicht richtig angestochen, verformten sich, der Kaffee tröpfelte nur spärlich. Eines haben alle Kaffees im Test gemeinsam: Sie enthalten Acrylamid und Furan. Die Schadstoffe entstehen beim Rösten, gelten als möglicherweise krebserregend. Experten sehen im flüchtigen Furan kein akutes Gesundheitsrisiko. Für Acrylamid fordern sie, die Gehalte möglichst gering zu halten. Im Test gab es zweimal hohe Acrylamid-Gehalte zu kritisieren. ■

Anbieter Seite 258

Unser Rat

Gut gekennzeichnet, unkritisch für Immunschwache, ohne oberirdische Verunreinigungen und sensorisch gut (2,0): Das sind die Medium-Wässer **Gaensefurther Schloss Quelle** (46 Cent), **Rosbacher** (58 Cent), **Thüringer Waldquell** (50 Cent) und die Classic-Wässer **Abenstaler Quelle Spritzig** (36 Cent), **Extaler Mineralquell Classic** (49 Cent), **Römerwall Classic** (41 Cent), alle Preise je Liter.

Nah an der Quelle

6/2015 Rein, mineralstoffreich, aus der Region – so werben traditionelle Wässer. Im Test überzeugten viele, drei waren nicht „ursprünglich rein".

Mineralbrunnen vermarkten ihre klassischen Marken gern mit regionalem Bezug: Extaler Mineralquell pocht auf die besondere Mineralisierung seines Wassers durch die „Geologie des Weserberglandes", Rheinfels Quelle erklärt, sein Wasser entstehe „unterhalb des Naturschutzgebiets Rheinaue". Die Tester haben 20 traditionelle Mineralwassermarken der Sorten Medium und Classic untersucht – alle teurer als Mineralwässer vom Discounter. Das Ergebnis: Die Markenwässer enthalten durchschnittlich mehr Mineralstoffe als die Mineralwässer vom Discounter, die wir bei früheren Tests mitgeprüft haben. Drei Markenwässer wiesen oberirdische Verunreinigungen auf.

Wenn der Brunnen nicht dicht ist

Oberirdische Verunreinigungen können über die Landwirtschaft, Haushaltsabwasser, Industrie und Krankenhäuser erst ins Grundwasser dringen, dann in tiefere Schichten. Ins Mineralwasser gelangen die Stoffe, wenn etwa der Brunnen einer Quelle fehlerhaft ausgebaut ist. Im Test fanden wir in Harzer Grauhof Medium, Glashäger Classic und Original Selters Classic oberirdische Verunreinigungen. Es waren Abbauprodukte von Pestiziden und Korrosionsschutzmitteln. Die Gehalte im Nanogramm-Bereich bedeuten zwar kein Gesundheitsrisiko, weisen aber auf einen unzureichenden Schutz der Quelle hin. Sie widersprechen der Verbrauchererwartung an ein ursprünglich reines Mineralwasser. ■ Anbieter Seite 258

Mehrweg aus der Region

Traditionsbrunnen füllen Mineralwasser meist in Mehrwegflaschen ab. Sie lassen sich nach Rückgabe spülen und neu befüllen – Flaschen aus Kunststoff etwa 25 Mal, aus Glas 50 Mal. Egal, ob Kunststoff oder Glas – das Umweltbundesamt empfiehlt Mehrweg aus der Region. Ab Transportstrecken von 200 Kilometern punktet Kunststoff-Mehrweg.

FOTO: THINKSTOCK

test Natürliche Mineralwässer: Medium 6/2015

www.test.de	Quelle und Quellort laut Deklaration	Flaschengröße in Liter / Flaschentyp	Preis pro Liter / pro Flasche ca. (Euro)	Sensorische Beurteilung	Mikrobiologische Qualität	Eignung für Immungeschwächte[1]	Oberirdische Verunreinigungen	Deklaration
Ohne oberirdische Verunreinigungen								
Carolinen Medium (MHD: 13.07.15)	Ursprungsquelle / Bielefeld[2]	1,00 / PET-EW	0,47 / 0,47	+[8]	Alle Produkte entsprechen den mikrobiologischen Anforderungen der Mineral- und Tafelwasser-Verordnung.	Ja	Wir fanden keine Hinweise auf Verunreinigungen aus oberirdischen Schichten – keine Süßstoffe, keine Arzneimittel, keine Pflanzenschutzmittel, keine Korrosionsschutz- oder Antiklopfmittel oder jeweilige Abbauprodukte davon.	+[2]
Christinen Medium[4] (MHD: 30.10.16)	Teutoburger Bergquelle / Bielefeld	0,75 / Glas-MW	0,63 / 0,47	+[9]		Nein[5]		○
Ensinger Sport Medium (MHD: 26.11.17)	Ensinger Mineralquelle / Ensingen	0,70 / Glas-MW	0,63 / 0,44	+[9]		Ja		○
Felsensteiner Medium (MHD: 04.09.15)	Felsensteiner Quelle / Dinslaken	1,00 / PET-MW	0,33 / 0,33	+[8]		Ja		+
Gaensefurther Schloss Quelle Medium (MHD: 24.08.15)	Schloss Quelle / Gaensefurth	1,00 / PET-EW	0,46 / 0,46	+[9]		Ja		+
Rosbacher Medium (MHD: 03.09.15)	Rosbacher Ur-Quelle / Rosbach vor der Höhe	1,00 / PET-MW	0,58 / 0,58	+[9]		Ja[3]		+
Spreequell Medium (MHD: 20.11.15)	Keine Angabe / Bad Liebenwerda	1,00 / PET-MW	0,44 / 0,44	○		Ja[3]		○
Staatl. Fachingen Medium (MHD: 15.10.17)	Staatl. Fachingen / Fachingen	0,75 / Glas-MW	0,92 / 0,69	+[9]		Ja		○
Thüringer Waldquell Medium[6] (MHD: 26.08.15)	Thüringer Waldquell / Schmalkalden	1,00 / PET-MW	0,50 / 0,50	+[9]		Ja[3]		+
Mit oberirdischen Verunreinigungen								
Harzer Grauhof Medium[6] (MHD: 11.2016)	Harzer Grauhof Brunnen / Goslar	0,75 / Glas-MW	0,53 / 0,40	+[9]		Nein[5]	Acesulfam-K, Cyclamat, Pestizide	⊖[7]

Bewertungsschlüssel der Prüfergebnisse: ++ = Sehr gut (0,5–1,5). + = Gut (1,6–2,5). ○ = Befriedigend (2,6–3,5). ⊖ = Ausreichend (3,6–4,5). — = Mangelhaft (4,6–5,5). **Reihenfolge nach Alphabet.**
EW = Einweg. MW = Mehrweg. MHD = Mindesthaltbarkeitsdatum.
1) In einer Zusatzprüfung haben wir alle in den Produkten enthaltenen Keime untersucht und die Wässer mit Blick auf Säuglinge, alters- oder krankheitsbedingt Immungeschwächte strenger beurteilt als nach der Mineral- und Tafelwasserverordnung. Ja: Eine Gesundheitsgefährdung für Immungeschwächte ist ausgeschlossen. Nein: Eine Gesundheitsgefährdung ist zwar unwahrscheinlich, aber unter besonderen Umständen nicht auszuschließen. Die Gefährdung geht von der Anzahl und/oder der Spezies der festgestellten Keime aus. Eine besondere Gefährdung könnte eintreten, wenn Immungeschwächte das Wasser durch Verschlucken in die Lunge bekommen, es zum Inhalieren benutzen oder es zum Beispiel durch Verschütten in offene Wunden gelangt. **2)** Korrigiert am 28.05.2015. **3)** Wir haben keine Keime nachgewiesen. **4)** Laut Anbieter Produktbezeichnung in Christinen Bio Medium geändert. **5)** Wir fanden Keime, die für Immunschwache gefährlich werden könnten. **6)** Laut Anbieter inzwischen geändert. **7)** Die Deklaration ist nur ausreichend, weil wir die Bezeichnung „natürliches Mineralwasser" aufgrund der nachgewiesenen oberirdischen Verunreinigungen für fragwürdig halten. **8)** Sensorisch gut (2,5). **9)**Sensorisch gut (2,0). **Einkauf der Prüfmuster:** Dezember 2014.

test Natürliche Mineralwässer: Classic 6/2015

www.test.de	Quelle und Quellort laut Deklaration	Flaschengröße in Liter / Flaschentyp	Preis pro Liter / pro Flasche ca. (Euro)	Sensorische Beurteilung	Mikrobiologische Qualität	Eignung für Immungeschwächte[1]	Oberirdische Verunreinigungen	Deklaration
Ohne oberirdische Verunreinigungen								
Abenstaler Quelle Spritzig (MHD: 01 12 16)	Abenstaler Quelle / Elsendorf	0,70 / Glas-MW	0,36 0,25 /	+[7]	Alle Produkte entsprechen den mikrobiologischen Anforderungen der Mineral- und Tafelwasser-Verordnung.	Ja	Wir fanden keine Hinweise auf Verunreinigungen aus oberirdischen Schichten – keine Süßstoffe, keine Arzneimittel, keine Pflanzenschutzmittel, keine Korrosionsschutz- oder Antiklopfmittel oder jeweilige Abbauprodukte davon.	+
Bad Liebenwerda Mineralquellen Spritzig (MHD: 17.11.15)	Bad Liebenwerda Mineralquelle / Bad Liebenwerda	1,00 / PET-MW	0,46 0,46 /	○		Ja[3]		+
Elisabethen Quelle Spritzig[2] (MHD: 03.09.15)	Elisabethen Quelle / Rosbach	1,00 / PET-MW	0,58 0,58 /	+[7]		Ja[3]		○
Extaler Mineralquell Classic (MHD: 25.04.16)	Extalerquelle / Rinteln	0,70 / Glas-MW	0,49 0,34 /	+[7]		Ja		+
Fürst Bismarck Classic (MHD: 08.2016)	Fürst Bismarck Quelle / Aumühle	0,70 / Glas-MW	0,54 0,38 /	+[6]		Ja		+
Lichtenauer Mineralquellen Spritzig (MHD: 11.08.15)	Lichtenauer Quelle / Lichtenau	1,00 / PET-MW	0,53 0,53 /	+[7]		Ja[3]		○
Rheinfels Quelle Klassik (MHD: 03.12.15)	Rheinfels Quelle / Walsum	1,00 / PET-MW	0,45 0,45 /	+[7]		Ja		○
Römerwall Classic (MHD: 19.11.15)	Römerwall Quelle / Walsum	1,00 / PET-MW	0,41 0,41 /	+[7]		Ja[3]		+
Mit oberirdischen Verunreinigungen								
Glashäger Classic (MHD: 04.06.15)	Glashäger Quelle / Bad Doberan	1,00 / PET-MW	0,53 0,53 /	+[7]		Ja[3]	Korrosionsschutzmittel	⊖[4]
Original Selters Classic (MHD: 07.15)	Selters Mineralquelle / Löhnberg-Selters	1,00 / PET-MW	0,59 0,59 /	+[6]		Ja[3]	Acesulfam-K, Cyclamat, Korrosionsschutzmittel	—[5]

Bewertungsschlüssel der Prüfergebnisse: ++ = Sehr gut (0,5–1,5). + = Gut (1,6–2,5). ○ = Befriedigend (2,6–3,5). ⊖ = Ausreichend (3,6–4,5). — = Mangelhaft (4,6–5,5). **Reihenfolge nach Alphabet.**
EW = Einweg. MW = Mehrweg. MHD = Mindesthaltbarkeitsdatum.
1) In einer Zusatzprüfung haben wir alle in den Produkten enthaltenen Keime untersucht und die Wässer mit Blick auf Säuglinge, alters- oder krankheitsbedingt Immungeschwächte strenger beurteilt als nach der Mineral- und Tafelwasserverordnung. Ja: Eine Gesundheitsgefährdung für Immungeschwächte ist ausgeschlossen. Nein: Eine Gesundheitsgefährdung ist zwar unwahrscheinlich, aber unter besonderen Umständen nicht auszuschließen. Die Gefährdung geht von der Anzahl und/oder der Spezies der festgestellten Keime aus. Eine besondere Gefährdung könnte eintreten, wenn Immungeschwächte das Wasser durch Verschlucken in die Lunge bekommen, es zum Inhalieren benutzen oder es zum Beispiel durch Verschütten in offene Wunden gelangt. **2)** Laut Anbieter inzwischen Deklaration geändert.
3) Wir haben keine Keime nachgewiesen. **4)** Die Deklaration ist nur ausreichend, weil wir die Bezeichnung „natürliches Mineralwasser" aufgrund der nachgewiesenen oberirdischen Verunreinigungen für fragwürdig halten. **5)** Die Auslobung „Inbegriff für Ursprünglichkeit und Reinheit" auf dem Produkt widerspricht den nachgewiesenen oberirdischen Verunreinigungen. **6)** Sensorisch gut (2,5). **7)** Sensorisch gut (2,0). **Einkauf der Prüfmuster:** Dezember 2014.

Unser Rat

Die besten Tiefkühlpizzen waren klassische, eher teure Markenprodukte: **Original Wagner Die Backfrische Salami** (2,89 Euro), **Dr. Oetker Pizza Tradizionale Salame** (2,66 Euro), **Alnatura Pizza Salami Bio** (2,79 Euro) und **Dr. Oetker Die Ofenfrische Salami** (2,68 Euro). Die gute und preiswerte **Aldi (Nord)/Mama Mancini Edel-Salami** für 83 Cent je Pizza war am fett- und energieärmsten.

Heiß und knusprig

4/2015 Rundum aromatisch, knuspriger Boden – damit überraschen einige Tiefkühlpizzen im Test. Doch die besten haben viel Fett und Salz.

Sattmacher für Eilige, Studentenessen, Notreserve – Tiefkühlpizza ist sehr beliebt, vor allem die Sorte Salami. Elf Pizzen verspeiste jeder Deutsche 2013 im Durchschnitt. Im Test von 27 Salami-Pizzen fanden sich einige Produkte, die selbst hohen kulinarischen Ansprüchen genügen: Ihr Belag war besonders aromatisch, der Boden außen durchgängig knusprig und innen luftig-locker. Dazu gehören die Tradizionale und die Ofenfrische von Dr. Oetker, die Alnatura Pizza Salami, aber auch Die Backfrische und die Steinofen-Pizza von Original Wagner, wobei beide laut Anbieter eine neue Rezeptur haben. 19 Pizzen schnitten gut ab, 6 befriedigend, eine ausreichend, eine mangelhaft.

Die Referenz vom Pizzastein

Massive Kritik hatten die Tester am Boden der Pizza Casa Romantica. Er war stark mit Weißöl belastet. Die Lebensmittelindustrie darf es als technisches Öl für Geräte nutzen. Sie muss aber sicherstellen, dass nichts ins Produkt gelangt. Viel Weißöl in Pizza hieß: mangelhaft, auch ohne Gesundheitsgefahr.

Viel Fett, Kalorien und Salz

Viel Fett und Kalorien – vier Pizzen waren deshalb ernährungsphysiologisch nur ausreichend, darunter die schwere Ofenfrische von Dr. Oetker. Sie überschritt auch das täglich empfohlene Salzlimit von 6 Gramm, ebenso die Traditzionale von Dr. Oetker und die Pizza von Alnatura. Die Pizzen von Aldi (Nord) und Norma punkteten mit weniger Fett und Kalorien. ■ Anbieter Seite 258

Die Vergleichspizza
Für die sensorische Prüfung backten wir eine Referenzpizza. Das Rezept für 4 Personen: 5 g frische Hefe in 300 ml lauwarmem Wasser auflösen. Mit 500 g Weizenmehl, 12 g Salz mischen. 15 Minuten kneten, Teig abdecken, 18 Stunden bei Raumtemperatur gehen lassen. Zwei Kugeln formen, weitere drei Stunden stehenlassen. Fladen formen, belegen, 9 Minuten auf einem Pizzastein backen.

test Salamipizza I 4/2015

www.test.de	Mittlerer Preis ca. (Euro) / Stück pro Packung	Mittlerer Preis pro Pizza ca. (Euro)	Sensorische Beurteilung	Ernährungsphysiologische Qualität[1]	Schadstoffe	Mikrobiologische Qualität	Verpackung	Zubereitungsempfehlungen	Deklaration	test-QUALITÄTSURTEIL
Gewichtung			45 %	20 %	10 %	5 %	5 %	5 %	10 %	100 %
Mit Weizenteig										
Original Wagner Die Backfrische Salami, im Steinofen vorgebacken[2] (MHD: 05.2015)	2,89 / 1	2,89	++	○	++	++	+	+	○	GUT (1,8)
Dr. Oetker Pizza Tradizionale Salame[3] (MHD: 05/2015)	2,66 / 1	2,66	++	○	+	++	+	+	+	GUT (1,9)
Alnatura Pizza Salami, im Steinofen gebacken (MHD: 31.03.2015) Bio	2,79 / 1	2,79	++	○	+	++	○	+	+	GUT (2,0)
Dr. Oetker Die Ofenfrische Salami[3] (MHD: 04/2015)	2,68 / 1	2,68	++	⊖[4]	++	++	+	+	○	GUT (2,0)
Aldi (Nord) / Mama Mancini Edel-Salami im Steinofen gebacken[3] (MHD: 17.03.2015)	2,49 / 3	0,83	+	+	++	++	+	+	+	GUT (2,2)
Aldi (Nord) / Mama Mancini Pizzeria Salame[3] (MHD: 11.04.2015)	2,49 / 2	1,25	+	○	++	++	+	+	+	GUT (2,2)
Lidl / Trattoria Alfredo Deliziosa Salame im Steinofen gebacken (MHD: 02.05.2015)	2,49 / 3	0,83	+	○	++	++	+	○	+	GUT (2,2)
Original Wagner Steinofen Pizza Salami[2] (MHD: 04.2015)	2,69 / 1	2,69	++	○	+	++	+	+	○	GUT (2,2)
Original Wagner Unsere Natur Steinofen Pizza Salami[3] (MHD: 05.2015) Bio	3,60 / 1	3,60	+	○	++	++	+	+	+	GUT (2,2)
Eismann Pizza Salami[5] (MHD: 04/2015)	15,00[6] / 5	3,00[6]	+	○	+	++	+	++	○[7]	GUT (2,3)

Bewertungsschlüssel der Prüfergebnisse: ++ = Sehr gut (0,5–1,5). + = Gut (1,6–2,5). ○ = Befriedigend (2,6–3,5). ⊖ = Ausreichend (3,6–4,5). — = Mangelhaft (4,6–5,5). **Bei gleichem Qualitätsurteil Reihenfolge nach Alphabet.**
MHD = Mindesthaltbarkeitsdatum.

1) Bewertet wurde eine ganze Pizza als Hauptmahlzeit für verschiedene Altersgruppen.
2) Laut Anbieter inzwischen Rezeptur und Deklaration geändert. **3)** Laut Anbieter inzwischen Deklaration geändert.
4) Mit gut 400 g schwerste Pizza im Test, dadurch als Hauptmahlzeit für Kinder und Erwachsene zu energiereich, zu fett, zu salzig. **5)** Laut Anbieter inzwischen geändert. **6)** Preis inklusive Lieferung frei Haus.
7) Einziges Produkt im Test, das noch keine Allergenkennzeichnung trägt.

Einkauf der Prüfmuster: August/September 2014.

test Salamipizza II 4/2015

www.test.de	Mittlerer Preis ca. (Euro) / Stück pro Packung	Mittlerer Preis pro Pizza ca. (Euro)	Sensorische Beurteilung	Ernährungsphysiologische Qualität[1]	Schadstoffe	Mikrobiologische Qualität	Verpackung	Zubereitungsempfehlungen	Deklaration	test-QUALITÄTSURTEIL
Gewichtung			45 %	20 %	10 %	5 %	5 %	5 %	10 %	100 %
Mit Weizenteig										
Rewe Beste Wahl Salami Pizza Classica mit Edel-Salami[2] (MHD: 04.15)	1,85 / 1	1,85	+	○	+	++	○	+	○	**GUT (2,3)**
Dr. Oetker Ristorante Pizza Salame[3] (MHD: 03/2015)	2,40 / 1	2,40	+	○	+	++	+	+	+	**GUT (2,4)**
Kaiser's Tengelmann/A&P Pizza Edel-Salami[4] (MHD: 30.04.2015)	2,49 / 3	0,83	+	○	++	++	○	○	+	**GUT (2,4)**
Kaufland / K-Classic Steinofen-Pizza Edel-Salami (MHD: 31.05.2015)	0,83 / 1	0,83	+	○	++	++	+	+	+	**GUT (2,4)**
Lidl / Trattoria Alfredo Steinofen Pizza Edel-Salami (MHD: 06.04.2015)	2,49 / 3	0,83	+	○	++	++	+	○	+	**GUT (2,4)**
Norma / Villa Gusto Steinofen Edelsalami[3] (MHD: 04.2015)	2,49 / 3	0,83	+	+	++	++	+	+	○	**GUT (2,4)**
Bofrost Pizza con Salame, im Holzofen gebacken (MHD: 09 04 15)	6,95[5] / 2	3,50[5]	+	○	+	++	+	+	+	**GUT (2,5)**
Edeka / Gut & Günstig Edelsalami Steinofen Pizza[2] (MHD: 30.04.2015)	2,49 / 3	0,83	+	○	++	++	○	○	+	**GUT (2,5)**
Netto Marken-Discount / Mamma Gina Steinofen Edelsalami Pizza[6] (MHD: 30.04.2015)	2,49 / 3	0,83	+	○	++	++	○	+	○	**GUT (2,5)**

Bewertungsschlüssel der Prüfergebnisse: ++ = Sehr gut (0,5–1,5). + = Gut (1,6–2,5). ○ = Befriedigend (2,6–3,5). ⊖ = Ausreichend (3,6–4,5). — = Mangelhaft (4,6–5,5). **Bei gleichem Qualitätsurteil Reihenfolge nach Alphabet.**
MHD = Mindesthaltbarkeitsdatum.

1) Bewertet wurde eine ganze Pizza als Hauptmahlzeit für verschiedene Altersgruppen.
2) Laut Anbieter inzwischen geändert.
3) Laut Anbieter inzwischen Deklaration geändert.
4) Laut Anbieter nicht mehr erhältlich.
5) Preis inklusive Lieferung ins Haus. Von uns bezahlter Einkaufspreis.
6) Laut Anbieter inzwischen Produktbezeichnung und Deklaration geändert. Neue Bezeichnung: Mondo Italiano.

Einkauf der Prüfmuster: August/September 2014.

test Salamipizza III 4/2015

www.test.de	Mittlerer Preis ca. (Euro) / Stück pro Packung	Mittlerer Preis pro Pizza ca. (Euro)	Sensorische Beurteilung	Ernährungsphysiologische Qualität[1]	Schadstoffe	Mikrobiologische Qualität	Verpackung	Zubereitungsempfehlungen	Deklaration	test-QUALITÄTSURTEIL
Gewichtung			45 %	20 %	10 %	5 %	5 %	5 %	10 %	100 %
Mit Weizenteig										
Hasa Italissimo Salame Steinofen-Pizza (MHD: 30.04.2015)	1,59 / 1	1,59	+	○	++	++	○	○	○	**BEFRIEDIGEND (2,6)**
Penny Pizza Salami[2] (MHD: 04.2015)	2,49 / 3	0,83	○	○	+	++	○	+	○	**BEFRIEDIGEND (2,8)**
Rewe / Ja! Pizza Salami[2] (MHD: 04.2105)	2,49 / 3	0,83	○*)	○	++	++	○	+	○	**BEFRIEDIGEND (3,0)**
Aldi Süd / Riggano Pizzeria Pizza Salame (MHD: 30-04-2015)	2,49 / 2	1,25	○	⊖[4]	+	++	+	+	+	**BEFRIEDIGEND (3,1)**
Aldi Süd / Riggano Steinofen Edel-Salami[5] (MHD: 04-04-2015)	2,49 / 3	0,83	○	⊖[6]	+	++	+	+	○	**BEFRIEDIGEND (3,1)**
Real / Tip Pizza Edelsalami[7] (MHD: 04.2015)	2,49 / 3	0,83	⊖*)	○	++	++	+	⊖[8]	+	**AUSREICHEND (4,0)**
Casa Romantica Pizza Salami[2][9] (MHD: MAI/2015)	1,39 / 1	1,39	+	⊖[4]	–*)[10]	+	+	+	+	**MANGELHAFT (5,0)**
Glutenfrei										
Schär Bontà d' Italia Pizza Salame, gluten-free, wheat-free[2] (MHD: 07/06/2015)	4,50 / 1	4,50	○	○	++	++	+	⊖[11]	⊖*)[3]	**BEFRIEDIGEND (3,3)**

Bewertungsschlüssel der Prüfergebnisse: ++ = Sehr gut (0,5–1,5). + = Gut (1,6–2,5). ○ = Befriedigend (2,6–3,5). ⊖ = Ausreichend (3,6–4,5). – = Mangelhaft (4,6–5,5). **Bei gleichem Qualitätsurteil Reihenfolge nach Alphabet.**

***) Führt zur Abwertung.** MHD = Mindesthaltbarkeitsdatum.

1) Bewertet wurde eine ganze Pizza als Hauptmahlzeit für verschiedene Altersgruppen.
2) Laut Anbieter inzwischen geändert.
3) Zutatenverzeichnis nicht korrekt, unter anderem fehlt die Angabe von Kochsalz und Rauch in der Salami.
4) Produkt ist für alle Altersgruppen als Hauptmahlzeit zu energiereich und zu fett.
5) Laut Anbieter Auslaufmodell.
6) Produkt ist für Kinder und Erwachsene als Hauptmahlzeit zu energiereich und zu fett.
7) Laut Anbieter durch Nachfolger Tip Pizza mit Edamer und Salami ersetzt.
8) Angegebene Backzeit reicht bei weitem nicht aus, wir mussten die Pizza 20 statt 10 bis 12 Minuten backen, um sie überhaupt verkosten zu können.
9) Angeboten zum Beispiel bei Netto Supermarkt.
10) Wir stellten eine hohe Belastung mit Weißöl fest, hauptsächlich im Pizzaboden. Diese ist technologisch vermeidbar und widerspricht der guten Herstellungspraxis. Von einer gesundheitlichen Gefahr ist nicht auszugehen.
11) Zubereitungsanleitung nicht wie vorgeschrieben mit Worten erklärt, nur in Form von Piktogrammen.

Einkauf der Prüfmuster: August/September 2014.

Unser Rat

Bestes Produkt im Test: der norwegische Zuchtlachs von **Lidl/Odin Seafoods** (1,65 Euro – alle Preise pro 100 Gramm). Knapp dahinter: **Laschinger/Räucherlachs Premiumqualität** (2,07 Euro) – laut Anbieter inzwischen geändert. Bester Wildlachs: der **Rote Königslachs** von der Bedientheke im **KaDeWe.** Mit 16,80 Euro ist er aber deutlich teurer als der Lidl-Lachs. Alle drei schnitten sensorisch sehr gut ab.

Das Büffet ist eröffnet

1/2015 Guten Räucherlachs können Feinschmecker in den unterschiedlichsten Preiskategorien erwerben. Schlechten leider auch.

Lachs gilt vielen als König der Fische – und in der geräucherten Variante thront er auf Festtagsbüfetts. Unter den 20 Produkten im Test waren 16 aus Zuchtlachs und 4 aus Wildlachs für 1,65 Euro bis 16,80 Euro je 100 Gramm. So unterschiedlich wie die Preise war auch die Qualität: Die Ergebnisse reichten von sehr gut bis mangelhaft.

Sehr gute Qualität für wenig Geld

Acht Produkte im Test waren sensorisch gut, drei sogar sehr gut. Darunter auch der teuerste: der wilde Königslachs aus dem KaDeWe. Qualitativ wurde er seinem stolzen Preis durchaus gerecht. Testsieger war jedoch der günstige Zuchtlachs von Lidl/Odin Seafoods. Sensorisch verdiente er eine glatte Eins.

Listerien und Nematoden im Lachs

Im Räucherlachs von Norfisk Delikatessen wiesen die Tester in einer Packung Listerien nach. Das Produkt hätte so nicht verkauft werden dürfen. Diese Bakterien können für Schwangere, Neugeborene oder Immungeschwächte gefährlich werden.

Anders als Zuchtlachs kann Wildlachs von Fadenwürmern (Nematoden) befallen sein. Diese Parasiten sind in geräuchertem Lachs zwar tot, wünschenswert sind Wurmleichen im Fisch aber nicht. Im Wildlachs von Krone Fisch lag die Nematodenzahl im noch tolerierbaren Bereich. Der Wildlachs von Stührk war deutlich stärker befallen. Das Produkt ist laut Anbieter inzwischen geändert. ■ Anbieter Seite 258

Kühl aufbewahren, fix verbrauchen
Räucherlachs ist ein empfindliches Produkt. Kaufen Sie ihn daher nur nach Bedarf. Achten Sie schon im Laden darauf, dass er gut gekühlt lagert. Auch zuhause gehört er in den Kühlschrank, bei maximal 7 Grad Celsius. Essen Sie den Räucherlachs am besten schon einige Tage vor Ablauf der Verbrauchsfrist. Angebrochene Packungen sollten Sie spätestens am nächsten Tag aufbrauchen.

FOTO: STIFTUNG WARENTEST

2 Räucherlachs

test Räucherlachs I 1/2015

www.test.de	Mittlerer Preis ca. (Euro) / Inhalt (g)	Preis ca. (Euro) pro 100 g	Sensorische Beurteilung	Schadstoffe	Mikrobiologische Qualität	Nematoden	Verpackung	Deklaration	test-QUALITÄTSURTEIL
Gewichtung			45 %	15 %	15 %	5 %	5 %	15 %	100 %
Zuchtlachs									
Lidl / Odin Seafoods Norwegischer Räucherlachs[2] (22 08 2014)[1]	3,30 / 200	1,65	++	+	+	Kommen bei Zuchtfischen praktisch nicht im Muskelfleisch vor. Wir haben in keinem Produkt Nematoden nachgewiesen.	+	+	SEHR GUT (1,5)
Laschinger Räucherlachs Premiumqualität[3] (02.09.2014)[1]	3,10 / 150	2,07	++	+	++		+	+	GUT (1,7)
Kaufland Räucherlachs classic Thekenware[4] (08.08.14)[1]	3,50 / 100	3,50	+	+	++		+	+	GUT (1,9)
Aldi (Nord) / Rookhus Echter Räucherlachs (05.08.2014)[1]	3,30 / 200	1,65	+	+	+		+	+	GUT (2,0)
Frische Paradies / Vidal Hohenunkel Schottischer Räucherlachs (21.08.14)[1]	9,00 / 200	4,50	+	+	+		+	○	GUT (2,1)
Friedrichs Original Rauch-Lachs[5] (20.08.14)[1]	4,00 / 100	4,00	+	+	++		+	⊖[6]	GUT (2,2)
Karstadt Feinkost / Perfetto Schottischer Rauch-Lachs Thekenware[4] (13.08.14)[1]	6,00[7] / 100	6,00	+	+	+		+	+	GUT (2,2)
Krone Fisch Räucher-Lachs (30.07.2014)[1]	3,90 / 200	1,95	+	+	++		+	+	GUT (2,2)
Nordsee Ikarimi-Räucherlachs Thekenware[8] (05.08.14)[1]	8,00 / 100	8,00	+	+	+		+	+	GUT (2,2)
Real / Tip Räucherlachs in Scheiben (30.07.2014)[1]	3,30 / 200	1,65	○*)	+	++		+	○	GUT (2,5)

Bewertungsschlüssel der Prüfergebnisse: ++ = Sehr gut (0,5–1,5). + = Gut (1,6–2,5). ○ = Befriedigend (2,6–3,5). ⊖ = Ausreichend (3,6–4,5). — = Mangelhaft (4,6–5,5). **Bei gleichem Qualitätsurteil Reihenfolge nach Alphabet.**

***) Führt zur Abwertung.**

1) Verbrauchsdatum laut Deklaration. **2)** Nicht in allen Filialen erhältlich. Laut Anbieter Rezeptur verändert durch Zusatz des Säureregulators Natriumlactat. **3)** Laut Anbieter inzwischen geändert. **4)** Es wurden verpackte vorgeschnittene Lachsseiten gekauft. **5)** Laut Anbieter Deklaration geändert. **6)** Identitätskennzeichen auf Außen- und Innenverpackung unterschiedlich. **7)** Von uns bezahlter Einkaufspreis. **8)** Es wurden verpackte ganze Lachsseiten gekauft.

Einkauf der Prüfmuster: Juli bis August 2014.

test Räucherlachs II 1/2015

www.test.de	Mittlerer Preis ca. (Euro) / Inhalt (g)	Preis ca. (Euro) pro 100 g	Sensorische Beurteilung	Schadstoffe	Mikrobiologische Qualität	Nematoden	Verpackung	Deklaration	test-QUALITÄTSURTEIL
Gewichtung			45 %	15 %	15 %	5 %	5 %	15 %	100 %
Zuchtlachs									
Top Mare Räucher-Lachs[2] (31-07-2014)[1]	3,30 / 200	1,65	○*)	+	+	Kommen bei Zuchtfischen praktisch nicht im Muskelfleisch vor. Wir haben in keinem Produkt Nematoden nachgewiesen.	+	○	BEFRIED. (2,6)
Penny / Berida Echter Räucherlachs[3] (11 08 2014)[1]	3,30 / 200	1,65	○	+	+		+	⊖[4]	BEFRIED. (2,7)
Norfisk Delikatessen Bio-Räucherlachs (08.08.2014)[1] Bio	2,99 / 100	2,99	○*)	+	+		+	+	BEFRIED. (3,0)
Bio-verde Nordatlantik Lachs mild geräuchert[5] (07.08.14)[1] Bio	5,80 / 100	5,80	○	+	+		+	⊖[6]	BEFRIED. (3,1)
Aldi Süd / Norfisk Delikatessen Premium Skandinavischer Räucherlachs[5] (23.08.2014)[1]	3,30 / 200	1,65	⊖	+	⊖*)7)		○	⊖[6]	AUSREICH. (4,3)
Norfisk Delikatessen Räucher-Lachs (11.08.2014)[1]	3,30 / 200	1,65	○	+	—*)8)		+	⊖[6]	MANGELH. (5,0)
Wildlachs									
KaDeWe Roter Königslachs Wildlachs-Filet Thekenware[9] (07.08.14)[1]	16,80 / 100	16,80	++	+	++	++	+	+	GUT (1,7)
Friedrichs Kodiak Wildlachs, smoked[10] (08.08.14)[1]	6,00 / 100	6,00	⊖*)	+	○	++	○	○	BEFRIED. (3,5)
Krone Fisch Sockeye Wildlachs[2] (06.08.2014)[1]	4,70 / 150	3,15	⊖*)	+	+	⊖[11]	○	⊖[6]	AUSREICH. (4,0)
Stührk Alaska Wildlachs[5] (20.08.2014)[1]	3,50[12] / 50	7,00	+	+	+	—*)13)	○	○	MANGELH. (5,0)

Bewertungsschlüssel der Prüfergebnisse: ++ = Sehr gut (0,5–1,5). + = Gut (1,6–2,5). ○ = Befriedigend (2,6–3,5). ⊖ = Ausreichend (3,6–4,5). — = Mangelhaft (4,6–5,5). ***) Führt zur Abwertung.**
1) Verbrauchsdatum laut Deklaration. **2)** Laut Anbieter inzwischen Deklaration geändert.
3) Laut Anbieter neue Bezeichnung „Räucherlachs in Scheiben" und Deklaration geändert.
4) Viele kleine Deklarationsmängel führen in der Summe zur Abwertung. **5)** Laut Anbieter inzwischen geändert.
6) Auslobung als Premium-, Superior-, Feinschmecker-Qualität oder Ähnliches passt nicht zu den sensorischen Testergebnissen. **7)** Am Verbrauchsdatum erhöhter Gehalt an Enterobakterien. **8)** Am Verbrauchsdatum Listerien in einer von fünf Packungen nachgewiesen. **9)** Es wurden verpackte ganze Lachsfilets gekauft. **10)** Laut Anbieter Deklaration geändert.
11) In zwei von drei Packungen je zwei Nematoden nachgewiesen. **12)** Von uns bezahlter Einkaufspreis.
13) In 12 von 16 Packungen zwei bis zehn Nematoden nachgewiesen.

Einkauf der Prüfmuster: Juli bis August 2014.

Unser Rat

Häagen-Dazs Classics Belgian Chocolate (11,10 Euro, alle Preise je Liter) bestach im Test mit sehr guter Sensorik, liegt insgesamt vorn. Laut Anbieter ist es heute anders deklariert. Günstiger, auch gut und laut Anbieter mit unveränderter Rezeptur zu haben sind **Cremissimo Chocolat** (3,90 Euro), **Bofrost Von Meisterhand** (4 Euro), **Mövenpick** (4,20 Euro), und **Real Quality Amatissimo** (2,54 Euro).

Eine Sünde wert

5/2015 Sieben Produkte im Test sind gut. Vorne liegt Häagen-Dazs. Es verzaubert Schokofans mit einer frischen Sahnenote und vielen Raspeln.

Ein Schokoladeneis zum Niederknien schmeckt aromatisch, süß und kräftig nach Schokolade, fühlt sich im Mund anhaltend cremig, glatt und geschmeidig an. Die Stiftung Warentest hat sich 20 Produkte in Haushaltspackungen vorgenommen. Die Preisunterschiede sind enorm: Beim Discounter gibt es Schokoeis schon für 1,49 Euro pro Liter. Die gleiche Menge Häagen-Dazs Classics Belgian Chocolate kostet gut 11 Euro. Viele Eisliebhaber zahlen diesen Preis gern – sie bekommen dafür das beste Eis im Test. Sensorisch schnitt Häagen-Dazs sehr gut ab, ebenso wie Cremissimo Chocolat, das Bioeis Gildo Rachelli und das inzwischen nicht mehr erhältliche Magnum Chocolate.

Florida und Gelatelli nur ausreichend

Sieben Eismarken sind insgesamt gut, 10 der 20 Produkte schneiden nur befriedigend ab. Das liegt etwa daran, dass sie geschmacklich nicht überzeugen oder zu viel versprechen. Insgesamt nur ausreichend schneiden Florida Eis Chocolate und Gelatelli-Schokolade-Premium-Eiskrem von Lidl ab.

Florida nur mit Kakao

Der Grund: Steht wie bei Florida „mit Schokolade" auf der Packung, muss diese auch drin sein. Die Zutatenliste von Florida führte aber nur Kakao auf. Auch die Laboranalysen ließen nicht auf Schokolade schließen.

Prinzipiell muss Schokoeis keine Schokolade enthalten, Kakao reicht. Schokostückchen sind zudem keine Garantie für Genuss: Bei den Eiscremes der Discounter Netto

Keine Bewertung für Aldi Süd

Die Analyse der Grandessa-Eiscreme von Aldi Süd warf Fragen zur Deklaration auf. Die Prüfer konnten weder nachvollziehen noch im Labor nachweisen, wie und woraus das laut Zutatenverzeichnis enthaltene „natürliche Schokoladenaroma mit anderen natürlichen Aromen" hergestellt wurde. Aus diesem Grund wurde die Deklaration nicht bewertet und auch kein test-Qualitätsurteil vergeben.

FOTO: STIFTUNG WARENTEST

test Schokoladeneis I 5/2015

www.test.de	Eissorte	Mittlerer Preis ca. (Euro) / Inhalt (ml)	Mittlerer Preis pro Liter ca. (Euro)	Sensorische Beurteilung	Chemische Qualität	Mikrobiologische Qualität	Verpackung	Deklaration	test-QUALITÄTSURTEIL
Gewichtung				60 %	15 %	5 %	5 %	15 %	100 %
Häagen-Dazs Classics Belgian Chocolate[1] (MHD: 16.10.15)	Eiscreme	5,55 / 500	11,10	++	+	++	○	○	GUT (1,6)
Cremissimo Chocolat (MHD: 08/2016)	Eis	3,50 / 900	3,90	++	+	++	+	○	GUT (1,8)
Bofrost Von Meisterhand Schokosplitter Art. Nr. 1021 (MHD: 24/12/15)	Eis	7,95 / 2 000	4,00	+	+	++	+	○	GUT (2,1)
Mövenpick zartschmelzende Chocolate Chips mit knackigen Schokostückchen[1] (MHD: 09.2015)	Eis	3,80 / 900	4,20	+	+	++	+	○	GUT (2,2)
Rewe Beste Wahl Choco Chip[2] (MHD: 02/16)	Eis	1,99 / 900	2,21	+	○	○	+	+	GUT (2,2)
Penny / Rios Premium Schokolade[3] (MHD: 11/15)	Eiscreme	1,49 / 1 000	1,49	+	+	+	+	+	GUT (2,4)
Real Quality Amatissimo Schoko-Chips (MHD: 05/2016)	Eis	2,29 / 900	2,54	+	+	++	+	○	GUT (2,5)
Aldi (Nord) / Mucci Premium Schokolade mit Schlagsahne[3][4] (MHD: 12/05/16)	Eiscreme	1,49 / 1 000	1,49	○	+	++	+	+	BEFRIED. (2,6)
Gildo Rachelli (Demeter) Gelato Biologico al Cioccolato Schoko Eis[3] (MHD: 15/01/2016) Bio	Eis	5,00 / 500	10,00	++	+	+	○	⊖*)	BEFRIED. (2,6)
Kaufland / K-Classic Schokolade Eiscreme (MHD: 10/07/16)	Eiscreme	1,49 / 1 000	1,49	○	+	++	+	+	BEFRIED. (2,6)

Bewertungsschlüssel der Prüfergebnisse: ++ = Sehr gut (0,5–1,5). + = Gut (1,6–2,5). ○ = Befriedigend (2,6–3,5). ⊖ = Ausreichend (3,6–4,5). — = Mangelhaft (4,6–5,5). **Bei gleichem Qualitätsurteil Reihenfolge nach Alphabet.**
***) Führt zur Abwertung.** MHD = Mindesthaltbarkeitsdatum.
1) Laut Anbieter inzwischen Deklaration geändert. **2)** Laut Anbieter inzwischen geändert. **3)** Laut Anbieter inzwischen Rezeptur und Deklaration geändert. **4)** Hergestellt von R&R Ice Cream. **Einkauf der Prüfmuster:** November/Dezember 2014.

Marken-Discount und Lidl fühlten sich die Stückchen im Mund trocken-pulvrig an.

Vanille oder nicht?

Einige Anbieter loben „natürliches (Bourbon-)Vanillearoma“ aus. Bei Lidl war es jedoch nicht enthalten. Die Prüfer wiesen Hauptaromastoffe der Vanille nur in so geringen Mengen nach, wie sie von Natur aus auch in Kakao vorkommen. Hingegen fehlten charakteristische Begleitstoffe aus der Vanilleschote. ■ Anbieter Seite 258

test Schokoladeneis II 5/2015

www.test.de	Eissorte	Mittlerer Preis ca. (Euro) / Inhalt (ml)	Mittlerer Preis pro Liter ca. (Euro)	Sensorische Beurteilung	Chemische Qualität	Mikrobiologische Qualität	Verpackung	Deklaration	test-QUALITÄTSURTEIL
Gewichtung				**60 %**	**15 %**	**5 %**	**5 %**	**15 %**	**100 %**
Magnum Chocolate[1] (MHD: 04 2016)	Eiscreme	3,70 / 450	8,20	++	○	++	⊖*)2)	○	**BEFRIED. (2,6)**
Norma / Riva Eis-Spezialitäten Premium Schokolade mit Sahne (MHD: 13/06/16)	Eiscreme	1,49 / 1000	1,49	○	+	++	++	+	**BEFRIED. (2,7)**
Eismann Schoko Art. Nr. 1066[3] (MHD: 11-2015)	Eis	8,50 / 3000	2,83	+	+	++	+	⊖*)	**BEFRIED. (2,8)**
Edeka / Gut & Günstig Eiscreme Schokolade mit Schokoladenstückchen[4] (MHD: 30/03/16)	Eiscreme	1,49 / 1000	1,49	○	+	++	+	+	**BEFRIED. (3,0)**
Botterbloom Classic Zartschmelzendes Schokoladen Eis[3] (MHD: 08/08/16)	Eis	1,09 / 1000	1,09	+	+	++	○	⊖*)	**BEFRIED. (3,2)**
Roggenkamp Organics Feinste Bio-Eiscreme Schokolade[5] (MHD: Sept 2015) Bio	Eiscreme	5,50 / 500	11,00	+	+	++	○	⊖*)	**BEFRIED. (3,2)**
Netto Marken-Discount / Romanza Schoko-Creation[3] (MHD: 31.01.2016)	Eiscreme	1,49 / 1000	1,49	⊖*)	+	++	+	+	**BEFRIED. (3,5)**
Florida Eis Chocolate[3] (MHD: 07.05.15)	Milcheis	5,00 / 500	10,00	+	+	++	○	—*)6)	**AUSREICH. (3,8)**
Lidl / Gelatelli Schokolade Premium Eiskrem[7] (MHD: 31.05.2016)	Eiscreme	1,49 / 1000	1,49	⊖	+	++	+	⊖*)	**AUSREICH. (3,9)**
Aldi Süd / Grandessa Schokolade mit Schlagsahne[8)9)] (MHD: 01-2017)	Eiscreme	1,49 / 1000	1,49	○	+	+	+	Nicht bewertet[10)]	**NICHT VERGEBEN**[10)]

Bewertungsschlüssel der Prüfergebnisse: ++ = Sehr gut (0,5–1,5). + = Gut (1,6–2,5). ○ = Befriedigend (2,6–3,5). ⊖ = Ausreichend (3,6–4,5). — = Mangelhaft (4,6–5,5). **Bei gleichem Qualitätsurteil Reihenfolge nach Alphabet.**
***) Führt zur Abwertung.** MHD = Mindesthaltbarkeitsdatum.
1) Laut Anbieter nicht mehr erhältlich. **2)** Aufgrund des kegelförmigen Soßenkerns ist eine Entnahme von Eis mit Soße schwer möglich – nur nach Stürzen des gesamten Bechers. **3)** Laut Anbieter inzwischen Deklaration geändert.
4) Mit Schlagsahne. **5)** Laut Anbieter inzwischen Rezeptur und Deklaration geändert.
6) „Mit Schokolade" deklariert, aber laut Zutatenliste und Analyse keine enthalten. Laut Analyse nur 2 % Kakaopulver enthalten anstatt 5 % wie in der Zutatenliste angegeben. Weitere Deklarationsmängel.
7) Hergestellt von DMK Eis. **8)** Hergestellt von Ysco. **9)** Laut Anbieter inzwischen geändert.
10) Aromakennzeichnung nicht plausibel. **Einkauf der Prüfmuster:** November/Dezember 2014.

Unser Rat

Knapp vorne liegt der Senf der **Monschauer Senf Mühle** (20,70 Euro – alle Preise pro Liter). In Aussehen, Geruch und Geschmack heimste er eine glatte Eins ein – genauso wie der Senf der **Schwerter Senfmühle** (22 Euro). Auch **Kühne** (4,30 Euro), **Löwensenf** (5,55 Euro), **Develey** (4,75 Euro) und **Bautz'ner** (1,80 Euro) waren sensorisch sehr gut und schnitten im Gesamturteil gut ab.

Tradition, die man schmeckt

7/2015 In einer historischen Mühle entsteht der beste von 20 gelben Scharfmachern. Knapp dahinter landeten Senfe bekannter Marken.

Die Deutschen lieben Senf. Laut einer Umfrage verwendet ihn gut jeder Vierte täglich oder mehrmals pro Woche. Fast jeder Zweite greift immerhin mehrmals pro Monat zu. Mit Abstand am meisten verkauft wird hierzulande der mittelscharfe Senf. Im Test waren 20 dieser – auch Delikatesssenf genannten – Produkte vertreten, darunter bekannte Marken wie Bautz'ner, Develey, Kühne, Löwensenf und Thomy, außerdem zwei Zubereitungen aus historischen Senfmühlen sowie Handelsmarken. Das Ergebnis ist respektabel: 13-mal gab es gut gut, 7-mal befriedigend.

Von aromatisch bis unausgewogen

Guter Senf muss nicht teuer sein. Es kann sich dennoch lohnen, mehr Geld auszugeben: Die Produkte der historischen Senfmühlen Monschau und Schwerte kosten mehr als 20 Euro pro Liter. Sie schafften aber auch eine glatte Eins in unserem wichtigsten Prüfpunkt, der sensorischen Beurteilung, in der es vor allem um Geruch und Geschmack geht. Aromatisch und komplex – so beschrieben die Verkoster die beiden Senfe aus Steinguttöpfchen. Senfnote und Säure wirkten im Gesamteindruck bei beiden harmonisch und aufeinander abgestimmt.

Schlechtester in dieser Disziplin war der Bio-Senf von Byodo. Er schmeckte unausgewogen essigsäuerlich und leicht bitter; das reichte sensorisch gerade noch für die Note befriedigend. Laut Anbieter ist das Produkt inzwischen aber geändert. ▸

Richtig lagern und verwenden
Senf ist ein sehr haltbares Lebensmittel. Aber: Bei zu viel Lichteinfluss verliert er seine Farbe, Wärme nimmt ihm die Schärfe. Am besten aufgehoben ist er deshalb im Kühlschrank. Die Gewürzpaste passt zu Fleisch- und Fischgerichten, peppt Suppen und Soßen auf. In Salatdressings wirkt er wie ein Emulgator, denn er verbindet die eigentlich unvereinbaren Zutaten Essig und Öl.

test Mittelscharfer Senf I 7/2015

www.test.de	Gebindeart / Inhalt (ml)	Mittlerer Preis ca. (Euro)	Mittlerer Preis pro Liter ca. (Euro)	Sensorische Beurteilung	Schadstoffe	Verpackung	Deklaration	test-QUALITÄTSURTEIL
Gewichtung				50 %	25 %	10 %	15 %	100 %
Monschauer Senf Mühle Delikateßsenf (MHD: 12.07.16)	Steinguttopf / 335[1)]	6,95	20,70	++	+	⊖[2)]	○	GUT (1,7)
Kühne Senf mittelscharf fein-würzig (MHD: 15.09.15)	Glas / 250[1)]	1,07	4,30	++	+	+	○	GUT (1,8)
Original Löwensenf medium würzig (MHD: 09.08.15)	Glas / 250	1,39	5,55	++	+	+	+	GUT (1,8)
Schwerter Senfmühle Adrian-Senf mittelscharf (MHD: 01.02.2016)	Steinguttopf / 250[1)]	5,50	22,00	++	+	⊖[2)]	○	GUT (1,8)
Develey Mittelscharfer Senf (MHD: 29.09.15)	Glas / 250	1,19	4,75	++	+	+	○	GUT (2,0)
Neuco Delikatess Senf mittelscharf (MHD: 29.10.2015) Bio	Tube / 100	1,99	19,90	+	+	+	+	GUT (2,0)
Rewe / ja! Senf mittelscharf[3)] (MHD: 15.09.15)	Glas / 250	0,29	1,16	+	+	+	+	GUT (2,0)
Alnatura Delikatess Senf mittelscharf (MHD: 28.10.15) Bio	Glas / 190	1,45	7,65	+	+	+	+	GUT (2,2)
Bautz'ner Senf mittelscharf[4)] (MHD: 05.08.15)	Becher / 200	0,36	1,80	++	○[5)]	+	○	GUT (2,2)
Händlmaier Mittelscharfer Senf[4)] (MHD: 18.10.15)	Standflasche / 225[1)]	0,99	4,40	+	+	+	○	GUT (2,2)
Thomy Mittelscharfer Delikatess Senf (MHD: 12.2015)	Tube / 200	1,05	5,25	+	+	+	○	GUT (2,2)
Aldi (Nord) / Genuss Krone mittelscharfer Tafel-Senf[6)] (MHD: 10.12.15)	Glas / 200	0,49	2,45	+	+	+	○	GUT (2,4)
Edeka / Gut & Günstig Delikatess Senf mittelscharf (MHD: 03.10.15)	Glas / 250	0,29	1,16	+	+	+	○	GUT (2,4)

Bewertungsschlüssel der Prüfergebnisse: ++ = Sehr gut (0,5–1,5). + = Gut (1,6–2,5). ○ = Befriedigend (2,6–3,5). ⊖ = Ausreichend (3,6–4,5). — = Mangelhaft (4,6–5,5). **Bei gleichem Qualitätsurteil Reihenfolge nach Alphabet.**
MHD = Mindesthaltbarkeitsdatum.

1) Auch andere Verpackungen erhältlich. **2)** Ohne Originalitätssicherung: Das Produkt hat keinen Schutz, der garantiert, dass die Verpackung noch nicht geöffnet wurde. **3)** Hergestellt von Gritto-Werken. **4)** Laut Anbieter inzwischen Deklaration geändert. **5)** Geringe Menge eines Pestizids nachgewiesen. Diese liegt deutlich unterhalb des gesetzlichen Höchstgehalts und ist nicht gesundheitsgefährdend. **6)** Hergestellt von v. d. Heiden Düsseldorfer Senf.

Einkauf der Prüfmuster: Januar/Februar 2015.

test Mittelscharfer Senf II 7/2015

www.test.de	Gebindeart / Inhalt (ml)	Mittlerer Preis ca. (Euro)	Mittlerer Preis pro Liter ca. (Euro)	Sensorische Beurteilung	Schadstoffe	Verpackung	Deklaration	test-QUALITÄTSURTEIL
Gewichtung				50 %	25 %	10 %	15 %	100 %
Aldi Süd / Kim Delikatess Senf mittelscharf[1)2)] (MHD: 23.08.15)	Glas / 250	0,29	1,16	○	+	+	○	**BEFRIEDIGEND (2,7)**
Born Senf mittelscharf (MHD: 13.07.15)	Becher / 200[3)]	0,46	2,30	○	+	+	○	**BEFRIEDIGEND (2,7)**
Penny Delikatess Senf mittelscharf (MHD: 15.08.15)	Glas / 250	0,29	1,16	○	+	+	○	**BEFRIEDIGEND (2,7)**
Tonoli Delikatess-Senf mittelscharf (MHD: 15.10.15)	Tube / 200	0,89	4,45	○	+	+	○	**BEFRIEDIGEND (2,7)**
Baumann's Senfmanufaktur Delikatess-Senf mittelscharf (MHD: 19.11.15)	Glas / 200	1,29	6,45	++	⊖*)4)	+	○	**BEFRIEDIGEND (3,0)**
Byodo Mittelscharfer Senf[5)6)] (MHD: 09.03.16) Bio	Glas / 200[3)]	2,09	10,50	○*)	+	+	○	**BEFRIEDIGEND (3,0)**
Altenburger Original Senf mittelscharf (MHD: 30.10.15)	Becher / 200	0,29	1,45	+	+	+	⊖*)7)	**BEFRIEDIGEND (3,1)**

Bewertungsschlüssel der Prüfergebnisse: ++ = Sehr gut (0,5–1,5). + = Gut (1,6–2,5). ○ = Befriedigend (2,6–3,5). ⊖ = Ausreichend (3,6–4,5). — = Mangelhaft (4,6–5,5). **Bei gleichem Qualitätsurteil Reihenfolge nach Alphabet.**
***) Führt zur Abwertung.** MHD = Mindesthaltbarkeitsdatum.
1) Hergestellt von Süko. **2)** Laut Anbieter durch Nachfolger ersetzt. **3)** Auch andere Verpackungen erhältlich.
4) Pyrrolizidinalkaloide nachgewiesen. Sie sind möglicherweise krebserregend. Der Gehalt gilt als wenig bedenklich, aber unerwünscht. **5)** Bioland. **6)** Laut Anbieter inzwischen geändert. **7)** Unter anderem Zutatenverzeichnis unvollständig: Gewürze sind nicht aufgeführt, es wurde aber das Gewürz Kurkuma mikroskopisch und analytisch nachgewiesen.
Einkauf der Prüfmuster: Januar/Februar 2015.

Schadstoffe meist kein Problem

In der Schadstoffprüfung fielen nur zwei Produkte auf. Der Bautz'ner Senf war gering und damit weit unter den gesetzlichen Höchstmengen mit einem Pestizid belastet. Im Senf der Baumann's Senfmanufaktur haben die Tester sogenannte Pyrrolizidinalkaloide nachgewiesen. Diese sekundären Pflanzenstoffe können beispielsweise in Unkraut vorkommen, das zwischen den Senfpflanzen wächst. Sie gelten als möglicherweise krebserregend. In Lebensmitteln sind sie daher unerwünscht.

Der mikroskopische Unterschied

Durchaus verbreitet im Senf ist Kurkuma. Vielen industriell hergestellten Produkten wird das Gewürz, auch Gelbwurz genannt, zugegeben. Es sorgt vor allem für Farbe.

Unter dem Mikroskop betrachtet unterscheiden sich die Senfe aus Monschau und Schwerte von allen anderen Produkten. Ihre Zellstrukturen zeugen vom speziellen Mahlverfahren bei ihrer Zubereitung. Beide werden in historischen Senfmühlen mit 400 Kilogramm schweren Mahlsteinen vermahlen. ■

Anbieter Seite 258

Unser Rat

Die besten klassischen Spaghetti im Test heißen **K-Classic** von **Kaufland.** Geschmacklich überzeugten **Mondo Italiano** von **Netto Marken-Discount** etwas mehr. Beide sind mit 49 Cent je 500-Gramm-Packung sehr günstig. Weitere gute Helle: etwa **Barilla** für 1,59 Euro, **Aldi Süd, Rewe** und **Norma** für 49 Cent. Die besten Vollkorn-Spaghetti stammen von **Dennree** – mit Biosiegel für 99 Cent.

Lang, dünn, begehrt

9/2015 Welche Spaghetti sind die besten? Überraschung: Eine günstige deutsche Handelsmarke stiehlt italienischen Markenanbietern die Schau.

Welche Spaghetti haben das meiste Aroma, kleben nicht nach dem Kochen und sind frei von Schadstoffen? Im Test traten 25 Produkte an: 20 klassisch helle aus Hartweizen, 3 aus dunklem Vollkorn und 2 ohne Gluten. Um die vorderen Plätze konkurrierten deutsche Marken wie Bernbacher und Riesa, italienische wie Barilla und De Cecco sowie günstige Handelsmarken.

Zwei geschmacklich sehr gut

Fans von Spaghetti dürfen sich freuen: Es gibt viele gute und befriedigende. Den ersten Platz der Hellen nehmen die K-Classic-Spaghetti von Kaufland ein. Sie schnitten in allen Prüfpunkten gut und sehr gut ab. Dabei sind sie sehr bissfest, erinnern im Geschmack an Vollkorn. Hergestellt wurden sie in Italien. Nur zwei Marken waren in Aussehen, Geruch und Geschmack noch besser: Mondo Italiano von Netto Marken-Discount und die Bio-Vollkornspaghetti von Dennree. Das Schlusslicht in der Gesamtwertung bildeten die Spaghetti von Strauss Innovation. Sie sind laut Anbieter nicht mehr erhältlich.

Vollkornnudeln besonders gesund

Gesund, aber gewöhnungsbedürftig sind Vollkornspaghetti. Das liegt an ihrem Kleie-Geschmack. Sie sehen dunkler aus als die Hellen, fühlen sich im Mund rauer und körniger an, schmecken aromatisch, leicht süßlich und leicht nussig. Kalorien haben sie etwa genauso viele wie die hellen – um die 350 Kilokalorien je 100 Gramm –, aber deutlich mehr Ballast- und Mineralstoffe.

Siegeszug begann vor 100 Jahren

Die Geschichte der industriell hergestellten Hartweizennudeln begann vor rund 100 Jahren. Damals erfand der Italiener Fereol Sandragne die erste komplette Nudelproduktionsanlage. Infolgedessen wurde italienische Pasta zur Massenware – und zum Exportschlager. Heute werden Nudeln hoch standardisiert hergestellt: vom Teigmischen bis hin zum Trocknen. Das gilt auch für Spaghetti.

FOTO: STOCKFOOD / FSTOP

test Spaghetti I 9/2015

www.test.de	Laut Deklaration hergestellt in	Mittlerer Preis ca. (Euro) pro 500-g-Packung	Sensorische Beurteilung	Schadstoffe	Mikrobiologische Qualität	Verpackung	Deklaration	test-QUALITÄTSURTEIL
Gewichtung			45 %	30 %	5 %	5 %	15 %	100 %
Hartweizen-Spaghetti								
Kaufland / K-Classic Spaghetti (MHD: 02 2018)	Italien	0,49	+	++	++	+	+	GUT (1,8)
Barilla Spaghetti N.5 (MHD: 01.09.17)	Italien	1,59[1]	+	+	++	+	○	GUT (2,1)
Aldi Süd / Cucina Spaghetti (MHD: 19 02 2018)	Italien	0,49	+	+	++	+	+	GUT (2,2)
Netto Marken-Discount / Mondo Italiano Spaghetti (MHD: 08/03/2018)	Italien	0,49	++	○	++	+	+	GUT (2,2)
Rewe / Ja! Spaghetti[2] (MHD: 31.01.2018)	Italien	0,49	+	○	++	+	+	GUT (2,3)
Norma / Villa Gusto Spaghetti (MHD: 28/01/2018)	Keine Angabe	0,49	+	○	++	+	+	GUT (2,4)
Biozentrale Hartweizen Spaghetti[3] Bio (MHD: 15.12.2017)	Keine Angabe	1,79	○	+	++	+	+	GUT (2,5)
Penny Spaghetti (MHD: 12 01 2018)	Italien	0,49	○	+	++	+	+	GUT (2,5)
Mamma lucia Pasta classica Spaghetti Nr. 5 (MHD: 14 02 2018)	Italien	0,99	+	○	++	+	+	BEFRIED. (2,6)
Real / Tip Spaghetti (MHD: 06.12.17)	Keine Angabe	0,49	○	○	++	+	+	BEFRIED. (2,7)
Lidl / Combino Original italienische Spaghetti[4] (MHD: 07/02/2017)	Italien	0,49	○	○	++	+	+	BEFRIED. (2,8)
3 Glocken Genuss Pur Spaghetti (MHD: 26.01.2018)	Deutschland	1,46	○	○	++	+	+	BEFRIED. (2,9)
Aldi (Nord) / D'Antelli Spaghetti[5] (MHD: 19.01.17)	Deutschland	0,49	○	○	++	+	+	BEFRIED. (2,9)

Bewertungsschlüssel der Prüfergebnisse: ++ = Sehr gut (0,5–1,5). + = Gut (1,6–2,5). ○ = Befriedigend (2,6–3,5). ⊖ = Ausreichend (3,6–4,5). — = Mangelhaft (4,6–5,5). **Bei gleichem Qualitätsurteil Reihenfolge nach Alphabet.**
***) Führt zur Abwertung.** MHD = Mindesthaltbarkeitsdatum.
1) Auch in der 1-kg-Packung erhältlich. **2)** Hergestellt von Pastificio Antonio Pallante. **3)** Laut Anbieter inzwischen nicht mehr im Angebot. **4)** Hergestellt von Pasta Zara. **5)** Hergestellt von Erfurter Teigwaren.
Einkauf der Prüfmuster: März/April 2015.

Luftblasen und gebrochene Stücke

Trotz standardisierter Produktion (*siehe S. 52 unten*) laufen nicht alle Spaghetti einwandfrei vom Band. Bei den Nudeln von Riesa oder Jamie Oliver fielen – im ungekochten Zustand – etwa Luftblasen sowie ungleich lange und gebrochene Stücke auf. Solche Mängel entstehen, wenn sich Grieß und Wasser beim Teigmischen ungenügend verbinden oder die Nudeln nicht langsam von innen nach außen trocknen. Ebenso waren die meisten Spaghetti nicht frei von Schadstoffen: Wir wiesen vor allem das Schimmelpilzgift Deoxynivalenol und Mineralölbestandteile nach. Gesundheitlich bedenklich war kein Produkt. ■ Anbieter Seite 258

test Spaghetti II 9/2015

www.test.de	Laut Deklaration hergestellt in	Mittlerer Preis ca. (Euro) pro 500-g-Packung	Sensorische Beurteilung	Schadstoffe	Mikrobiologische Qualität	Verpackung	Deklaration	test-QUALITÄTSURTEIL
Gewichtung			45 %	30 %	5 %	5 %	15 %	100 %
Hartweizen-Spaghetti								
Jamie Oliver Spaghetti (MHD: 11/2017)	Italien	1,79[8)]	○	○	++	+	○	BEFRIED. (2,9)
Buitoni Spaghetti 72 (MHD: 02.2018)	Italien	1,39	○	++	++	+	⊖*)9)	BEFRIED. (3,0)
Edeka / Gut & günstig Spaghetti Nr. 5 (MHD: 13.02.2018)	Keine Angabe	0,49	○	○	++	+	+	BEFRIED. (3,0)
De Cecco Spaghetti N. 12 (MHD: 14 12 17)	Italien	1,89	+	+	++	+	⊖*)10)	BEFRIED. (3,1)
Bernbacher Bella Pasta Spaghetti No. 01 (MHD: 25.02.17)	Deutschland	1,49	○	⊖*)1)	++	+	+	BEFRIED. (3,5)
Riesa Hartweizen Nudeln Schlemmerliebling Spaghetti[2)] (MHD: 28.01.17)	Deutschland	0,89	⊖*)	○	++	+	+	BEFRIED. (3,5)
Strauss Innovation Pastificio G. Di Martino Spaghetti[3)] (MHD: 12/12/2016)	Italien	1,99	○	+	++	+	⊖*)4)	AUSREICH. (3,6)
Vollkorn-Spaghetti								
Dennree Spaghetti Vollkorn Bio (MHD: 04/01/2018)	Italien	0,99[5)]	++	+	++	+	+	GUT (1,8)
Alnatura Vollkorn Spaghetti Bio (MHD: 12/01/2018)	Italien	0,95	+	○	++	+	+	GUT (2,4)
Barilla Spaghetti N.5 Integrale 100 % Vollkorn (MHD: 01 04 2016)	Italien	1,89	+	○	++	+	○	BEFRIED. (2,7)
Glutenfreie Spaghetti								
Lidl Spaghetti Glutenfrei[6)] (MHD: 15.12.2017)	Deutschland	1,49	○	○	++	+	+[7)]	BEFRIED. (2,8)
Seitz glutenfrei Spaghetti (MHD: 19.01.2018)	Deutschland	2,79	○	○	++	+	○	BEFRIED. (2,9)

Bewertungsschlüssel der Prüfergebnisse: ++ = Sehr gut (0,5–1,5). + = Gut (1,6–2,5). ○ = Befriedigend (2,6–3,5). ⊖ = Ausreichend (3,6–4,5). — = Mangelhaft (4,6–5,5). **Bei gleichem Qualitätsurteil Reihenfolge nach Alphabet.**
***) Führt zur Abwertung.** MHD = Mindesthaltbarkeitsdatum.
1) Erhöhte Belastung mit Mineralöl (MOSH) festgestellt. **2)** Laut Anbieter Deklaration geändert.
3) Laut Anbieter nicht mehr im Angebot. **4)** Mehrere Mängel: u. a. angegebene Kochzeit zu kurz, ohne Kochanleitung, Mindestschriftgrößen teilweise nicht eingehalten. **5)** Auch in der 1-kg-Packung erhältlich. **6)** Hergestellt von Seitz.
7) Nicht kennzeichnungspflichtige Spuren einer gentechnischen Veränderung knapp über der Nachweisgrenze von 0,1 Prozent nachgewiesen. **8)** Von uns bezahlter Einkaufspreis. **9)** Mehrere Mängel: durch mehrsprachige Ausführung sehr unübersichtlich, kaum lesbare Schrift mit schlechtem Kontrast, Kochanleitung in kleinen Symbolen.
10) Mehrere Mängel: u.a. Deklaration überwiegend nur in italienisch und englisch, durch mehrsprachige Ausführung sehr unübersichtlich und teilweise schlecht lesbar, Kochanleitung in kleinen Symbolen.

Einkauf der Prüfmuster: März/April 2015.

Unser Rat

8 von 13 BB-Cremes halten die Haut gut feucht und schützen auch vor UV-Strahlen. Die BB-Creme **Medipharma Cosmetics** (3,10 Euro, alle Preise pro 10 Milliliter) schnitt am besten ab, gleichauf mit **Olaz Total Effects** (2,60 Euro) – laut Anbieter ist dieses Produkt aber inzwischen geändert. Auch gut und günstiger: **Rossmann/ Rival de Loop** (60 Cent), **Essence** (1,33 Euro) und **Nivea** (1,48 Euro).

FOTO: STIFTUNG WARENTEST

Eine für alles

1/2015 Sie sollen Makel kaschieren, vor UV-Strahlen schützen, für einen frischen Teint und Feuchtigkeit sorgen. Können die Cremes all das?

Fahler Teint, rote Nase, Augenschatten – die Lösung für Probleme wie diese erhoffen sich manche von BB-Cremes. Die zwei Buchstaben stehen für Beauty Balm, also „Schönheitsbalsam" oder Blemish Balm – frei übersetzt: „Creme, die Makel kaschiert".

Sie sollen die Haut mit Feuchtigkeit versorgen, einen natürlichen Teint verleihen, Unreinheiten kaschieren und vor UV-Strahlung schützen. Stiftung Warentest hat 13 BB-Cremes geprüft: acht waren gut, eine befriedigend. Biotherm, Garnier, Kiko und Maybelline Jade schnitten mangelhaft ab, sie fielen beim Sonnenschutz durch.

Schönmacher aus der Tube

Ebenmäßige Haut ist eines der wichtigsten Werbeversprechen der Cremes, das Gesicht soll nicht geschminkt wirken. Alle Produkte ließen den Teint gleichmäßiger wirken als vorher. Die meisten getesteten Cremes verschönern den Teint für sechs bis acht Stunden. Im Praxistest mit 20 Probandinnen konnte nur die CV Face BB Cream der Drogeriekette Müller nicht mithalten.

Kann Tagescreme ersetzen

Die Versorgung der Haut mit Feuchtigkeit prüften die Tester mit einem Corneometer. Das Gerät misst unter standardisierten Bedingungen die Feuchtigkeitsanreicherung in der äußersten Hautschicht. Fazit: Die Cremes von Kiko, Biotherm und Müller schwächelten. Alle anderen eignen sich zur täglichen Pflege, eine Extra-Tagescreme ist oft überflüssig. ■

Anbieter Seite 260

Für UV-Schutz lieber Sonnenmilch

Steht ein Sonnenschutzfaktor auf Cremes, muss darauf Verlass sein. Aber: Nur 9 der 13 BB-Cremes schützen wie versprochen vor UVB- und zudem ausreichend vor UVA-Strahlung. Generell gilt: Weil man die getönten BB-Cremes üblicherweise aus optischen Gründen nicht so dick aufträgt, sollte jeder bei intensiven Sonnenbädern lieber eine Sonnencreme verwenden – und zwar reichlich.

3 BB-Cremes

test BB-Cremes 1/2015

www.test.de	Farbton laut Anbieter	Sonnenschutzfaktor laut Anbieter	Inhalt in ml	Mittlerer Preis ca. (Euro)	Preis pro 10 ml ca. (Euro)	Feuchtigkeitsanreicherung	Anwendung (u. a. kosmetische Eigenschaften, Pflege)	Sonnenschutz	Stabilität	Verpackung	Deklaration/Werbeaussagen	test-QUALITÄTSURTEIL
Gewichtung						25 %	35 %	20 %	5 %	5 %	10 %	100 %
Medipharma Cosmetics Olivenöl BB Creme	Zart Getönt	20	50	15,60	3,10	+	+	+	++	++	○	**GUT (2,1)**
Olaz Total Effects 7 in one BB Cream[1)]	Dunklerer Hautton	15	50	13,00	2,60	+	+	+	++	+	○	**GUT (2,1)**
Astor Skin Match Care BB Cream Beauty Balm	200 Nude	25	30	7,00	2,33	+	+	+	++	⊖[2)]	⊖[3)]	**GUT (2,2)**
Clarins BB Skin Perfecting Cream	02 Medium	25	45	34,00	7,55	+	+	+	++	+	○	**GUT (2,2)**
Nivea BB.Cream 5-in-1 Blemish Balm	Mittel bis Dunkel	10	50	7,40	1,48	+	+	+	++	+	○	**GUT (2,2)**
Rossmann / Rival de Loop Beauty Balm Multi-Effekt Pflege 6 in 1	Mittel	15	50	2,99	0,60	+	+	+	++	+	○	**GUT (2,2)**
Essence All-in-one BB Cream	02 Natural	30	30	4,00	1,33	+	+	+	++	⊖[2)]	○	**GUT (2,3)**
La Roche-Posay Hydreane BB Cream Blemish Balm	Mittel bis Dunkel	20	40	17,50	4,40	+	+	+	++	⊖[2)]	⊖[4)]	**GUT (2,3)**
Müller / CV Face BB Cream Gesichtspflege	Mittlerer Hauttyp	15	50	2,95	0,59	○	○	+	○	+	○	**BEFRIED. (2,6)**
Biotherm Aquasource BB. Cream	Medium to gold	15	30	26,00	8,65	○	+	—*)	++	⊖[2)]	—[5)]	**MANGELHAFT (5,0)**
Garnier BB Cream Miracle Skin Perfector 5 in 1 Blemish Balm	Mittel bis Dunkel	15	50	6,95	1,39	+	+	—*)	++	⊖[2)]	—[5)]	**MANGELHAFT (5,0)**
Kiko BB Cream	04 Medium	15	30	8,90	2,97	○	+	—*)	++	+	—[6)]	**MANGELHAFT (5,0)**
Maybelline Jade Dream Fresh 8-in-1 BB Cream[7)]	Medium	30	30	8,95	2,98	+	+	—*)	++	⊖[2)]	—[8)]	**MANGELHAFT (5,0)**

Bewertungsschlüssel der Prüfergebnisse: ++ = Sehr gut (0,5–1,5). + = Gut (1,6–2,5). ○ = Befriedigend (2,6–3,5). ⊖ = Ausreichend (3,6–4,5). — = Mangelhaft (4,6–5,5). **Bei gleichem Qualitätsurteil Reihenfolge nach Alphabet.**

***) Führt zur Abwertung.**

1) Laut Anbieter inzwischen geändert. **2)** Mogelpackung. **3)** Keine Inhaltsstoffliste auf dem Produkt vorhanden. **4)** Mehrere Deklarationsmängel. **5)** Kein ausreichender UVA-Schutz vorhanden. **6)** Sonnenschutzfaktor nicht eingehalten. **7)** Laut Anbieter nicht mehr erhältlich. **8)** Sonnenschutzfaktor nicht eingehalten und kein ausreichender UVA-Schutz vorhanden.

Einkauf der Prüfmuster: Juni bis August 2014.

Unser Rat

Das insgesamt gute Testfeld führt **Mac Pro Longwear Concealer Cache-Cernes** im Pump-Spender mit Qualitätsurteil 1,6 knapp an (20,50 Euro für 9 Milliliter). Er punktete als einziges Produkt mit sehr guten kosmetischen Eigenschaften. Die günstigere Alternative ist der **Maybelline Everfresh Concealer** mit Schwämmchen (4,45 Euro für 7,5 Milliliter). Er deckt ebenfalls sehr gut ab.

Schattenspieler

11/2015 Dezent kaschiert, können Augenringe verschwinden. Alle Concealer im Test deckten gut ab – einige sogar zu niedrigen Preisen.

Die meisten Frauen, aber auch Männer, wählen spezielle Abdeckkosmetik, um Augenringe zu kaschieren. Für 16 dieser Concealer – vom englischen Wort für verbergen – haben unsere Tester beurteilt, wie sie abdecken, wie lange diese Wirkung anhält, ob sich die Produkte einfach anwenden lassen. Die gute Nachricht: Alle getesteten Produkte decken mindestens gut ab und lassen sich leicht anwenden. Im Labor bestimmten wir den Gehalt an Schwermetallen und die mikrobiologische Qualität. Alle Produkte waren in diesen Punkten unauffällig.

Anwenden ohne Probleme

Ob Schwämmchen, Pinsel, Tube, Pumpspender oder Stift: Die Tester kamen mit allen gut klar. Die Concealer von Essence, Max Factor, Rossmann und Yves Rocher ließen sich sogar sehr gut anwenden.

Ärgerlich, weil unnötig: Manche Anbieter stellen nicht sicher, dass der Kunde tatsächlich ein unbenutztes Produkt erhält. Die Concealer von dm und Essence haben keine Originalitätssicherung wie etwa einen Klebestreifen oder Folienummantelung. Solche Verpackungen bewerten wir als mangelhaft. Etwas besser, aber immer noch nicht ideal geschützt, sind Concealer in einem Karton. Auch sie bekommen dafür Punktabzug: befriedigend. Übers Verpackungsziel hinaus schießt Lancôme: Der große Karton des Effacernes Longue Tenue täuscht über die tatsächliche Größe der Tube hinweg – eine Mogelpackung. ■ **Anbieter Seite 260**

So tragen Sie Concealer auf
Den richtigen Farbton wählen Sie anhand Ihrer Make-up-Farbe. Er sollte mindestens eine Nuance heller sein. Experten empfehlen, mit dem Concealer ein Dreieck in Richtung Jochbein zu ziehen. So können Sie später den Übergang zu den Wangen sanfter gestalten – am besten mit Pinsel oder Schwämmchen. Wenn Sie ein Schwämmchen verwenden, lieber nicht wischen, sondern abrollen.

FOTO: MAURITIUS IMAGES / ONOKY

test Concealer 11/2015

www.test.de	Inhalt in Gramm bzw. Milliliter / Mittlerer Preis ca. (Euro)	Mittlerer Preis pro Gramm bzw. Milliliter ca. (Euro)	Kosmetische Eigenschaften	Anwendung	Deklaration und Werbeaussagen	Verpackung	Mikrobiologische Qualität	Schwermetalle	test-QUALITÄTSURTEIL
Gewichtung			**70 %**	**20 %**	**5 %**	**5 %**	**0 %**	**0 %**	**100 %**
Mac Pro Longwear Concealer Cache-Cernes	9,0 / 20,50[1)]	2,28	++	+	+	○	**Nicht zu beanstanden**	**Nicht zu beanstanden**	**GUT (1,6)**
Catrice Re-Touch Light-Reflecting Concealer	1,5 / 3,95	2,63	+	+	○	+			**GUT (1,7)**
Max Factor Mastertouch Under-eye Concealer[2)]	1,5 / 9,95	6,65	+	++	⊖[3)]	++			**GUT (1,7)**
Maybelline Everfresh Concealer	7,5 / 4,45	0,59	+	+	+	++			**GUT (1,7)**
Rossmann / Rival de Loop Natural Touch Concealer	6,0 / 2,49	0,42	+	++	○	++			**GUT (1,7)**
Astor Perfect Stay Concealer 24h + Perfect Skin Primer	6,5 / 6,45	0,99	+	+	○	++			**GUT (1,8)**
Manhattan Wake Up Concealer	7,0 / 2,95	0,42	+	+	○	++			**GUT (1,8)**
Yves Saint Laurent Touche Éclat	2,5 / 35,00	14,00	+	+	+	○			**GUT (1,8)**
Lancôme Effacernes Longue Tenue	15,0 / 33,00	2,20	+	+	○	⊖[4)]			**GUT (1,9)**
L'Oréal Perfect Match korrigierender Concealer	5,0 / 5,95	1,19	+	+	⊖[5)]	++			**GUT (1,9)**
Yves Rocher Zéro Défaut[6)]	1,4 / 6,85[1)]	4,90	+	++	○	++			**GUT (1,9)**
Artdeco Mineral Fluid Concealer	3,5 / 15,80	4,50	+	+	○	○			**GUT (2,0)**
Dr. Hauschka Concealer	2,5 / 13,50	5,40	+	+	○	++			**GUT (2,2)**
Kiko Dark Circle Concealer	5,0 / 8,90[1)]	1,78	+	+	○	○			**GUT (2,2)**
dm / Alverde Concealer	8,5 / 2,45	0,29	+	+	○	–[*)7)]			**BEFRIEDIGEND (2,9)**
Essence Stay all day Concealer 16h	7,0 / 2,45	0,35	+	++	⊖[8)]	–[*)7)]			**BEFRIEDIGEND (3,1)**

Bewertungsschlüssel der Prüfergebnisse: ++ = Sehr gut (0,5–1,5). + = Gut (1,6–2,5). ○ = Befriedigend (2,6–3,5). ⊖ = Ausreichend (3,6–4,5). – = Mangelhaft (4,6–5,5). **Bei gleichem Qualitätsurteil Reihenfolge nach Alphabet.**

***) Führt zur Abwertung.**

1) Von uns bezahlter Einkaufspreis.

2) Laut Anbieter Bezeichnung in „Mastertouch All Day Concealer" geändert.

3) Unter anderem keine Angabe zur Nennfüllmenge.

4) Mogelpackung.

5) Angaben auf dem Produkt teilweise schlecht lesbar.

6) Produkt laut Anbieter nicht mehr im Sortiment.

7) Keine Originalitätssicherung.

8) Unter anderem überzogene Werbeaussage zur Haltbarkeit.

Einkauf der Prüfmuster: April bis Juni 2015.

Unser Rat

Gut waren **Kids' Power Toothbrush Mickey Mouse** für Kinder ab 3 Jahre (26,90 Euro) sowie die **Stages Power elektrische Zahnbürste** für ab 5-Jährige (18,90 Euro) – beide von **Braun Oral-B.** Ebenfalls gut, aber nur im Modus für Schulkinder, waren die **Philips Sonicare For Kids** (47 Euro) sowie die **Beurer Janosch Kinder Schallzahnbürste** (40 Euro). Letztere ist laut Anbieter nicht mehr erhältlich.

Putzen wie die Großen

1/2015 Eine Putzmaschine, Fall- und Dauerprüfung sowie 30 eifrige Kinder im Einsatz: Nur wenige Zahnbürsten bewährten sich im Test.

Mickey, der Janosch-Tiger, Barbie und Co. machen elektrische Kinderzahnbürsten zum Hingucker im Bad. Doch werden die Kinderzähne damit sauber? Kommen die Kleinen mit der Technik zurecht? Stiftung Warentest hat elf Modelle geprüft.

Fünf sind mangelhaft

Die gute Nachricht: Etliche Modelle im Test waren an die Bedürfnisse des Nachwuchses angepasst – dank weicher Borsten, handlicher Griffe oder weniger Schwingung. Einige Hersteller bieten zudem Bürsten oder Einstellungen für zwei Altersstufen: Schul- oder Kita-Kinder. Die schlechte Nachricht: Nur vier Bürsten waren gut. Fünfmal hieß es mangelhaft. Häufigster Grund: schlechte Zahnreinigung. Und die Barbie-Bürste fiel durch, da sich der Bürstenkopf nicht wechseln ließ. Sobald die Borsten zerstrubbelt sind, landet das Gerät im Müll.

Putzmaschine im Dauereinsatz

Beim wichtigsten Kriterium, der Zahnreinigung, bewirkte das Modell von 3 Suisses am wenigsten, das Janosch-Gerät in der Variante für Schulkinder am meisten. Die gleiche Janosch-Bürste enttäuschte allerdings in der Einstellung für Kita-Kinder: Im „Soft"-Modus mit kleinem Bürstenkopf war die Zahnreinigung nur mangelhaft.

Ähnlich bei Philips Sonicare For Kids: Sie war gut mit der Einstellung für ältere Kinder, aber nur ausreichend im Modus für die Kleineren. ■ **Anbieter Seite 260**

Lange Lebensdauer

Fast alle Geräte bestanden den Belastungstest: eine Dauerprüfung, die eine sechsjährige Benutzung durch zwei Personen simuliert, eine Tauchprüfung in Wasser und den Sturz aus 70 Zentimetern Höhe. Als nicht wasserdicht erwiesen sich nur die Janosch-Bürste und die von dm, außerdem auch die mitgelieferte Sanduhr von 3 Suisses. Diese zerbrach darüber hinaus beim Falltest.

FOTO: LOX FOTO

3 Elektrische Kinderzahnbürsten

test Elektrische Kinderzahnbürsten 1/2015							
www.test.de	Benutzungsvariante	Altersempfehlung des Anbieters in Jahren	Mittlerer Preis ca. (Euro)	Zahnreinigung	Handhabung	Haltbarkeit, Umwelteigenschaften	test-QUALITÄTSURTEIL
Gewichtung				**60 %**	**30 %**	**10 %**	**100 %**
Beurer Janosch Kinder Schallzahnbürste[1] JZA 70 Art.-Nr. 954.10	Bürstenkopf für Kinder über 7, Putzmodus „medium“	Über 7	40,00	++	○*)	○	**GUT (2,1)**
	Bürstenkopf für Kinder von 4 - 7, Putzmodus „soft“	4 bis 7	40,00	–*)1	○	○	**MANGELH. (4,6)**
Braun Oral-B Kids' Power Toothbrush Mickey Mouse D10.513K		Ab 3	26,90	+	+	++	**GUT (2,1)**
Braun Oral-B Stages Power elektrische Zahnbürste D12.513K		Ab 5	18,90	+	○*)	++	**GUT (2,1)**
Philips Sonicare For Kids HX6311/07	Putzmodus für ältere Kinder[2]	Ab 4	47,00	+	+	++	**GUT (2,2)**
	Putzmodus für kleinere Kinder[2]		47,00	⊖*)	+	++	**AUSREICH. (3,7)**
Braun Oral-B Stages Power Batterie-Zahnbürste DB4.510K, Type 3744		Ab 5	8,90	○	○	○	**BEFRIED. (2,8)**
dm / Dontodent Kids Akku[3]		Ab 3	9,95	○*)	○	○	**BEFRIED. (3,1)**
Rossmann / Perlodent Batterie-Zahnbürste Yakari[4]		Ohne spezifische Altersempfehlung	6,00	⊖*)	⊖	○	**AUSREICH. (4,1)**
Aldi (Nord) / SHG dent Kinderzahnbürste zum selber gestalten[5] ZB 2013.14			8,00[6]	–*)	○	○	**MANGELH. (4,6)**
Carrera SpongeBob Schwammkopf Zahnbürste[7] 9314022			15,00[6]	–*)	○	○	**MANGELH. (4,6)**
3 Suisses Gingo biloba Elektrische Zahnbürste[7]			11,70[8]	–*)	○	○	**MANGELH. (4,9)**
Colgate Barbie Toothbrush[1]			15,00[6]	⊖	○	–*)9)	**MANGELH. (5,0)**

Bewertungsschlüssel der Prüfergebnisse: ++ = Sehr gut (0,5–1,5). + = Gut (1,6–2,5). ○ = Befriedigend (2,6–3,5). ⊖ = Ausreichend (3,6–4,5). – = Mangelhaft (4,6–5,5). **Bei gleichem Qualitätsurteil Reihenfolge nach Alphabet.**

***) Führt zur Abwertung.**

1) Laut Anbieter nicht mehr erhältlich. **2)** Laut Gebrauchsanleitung. **3)** Laut Anbieter Ladestation, Handstück und Verpackung verändert. **4)** Laut Anbieter durch Nachfolger Perlodent Kinder Batterie-Zahnbürste Madagascar ersetzt. **5)** Aktionsware ab 22.05.2014. **6)** Von uns bezahlter Einkaufspreis. **7)** Bezogen über Amazon.de. **8)** Von uns bezahlter Einkaufspreis. Preis ohne Batterien. **9)** Bürstenkopf nicht austauschbar.

Einkauf der Prüfmuster: April bis Juni 2014.

Unser Rat

Knapp ganz vorn im Test lag das reine Bio-Arganöl von **Arganhain** für 19,80 Euro (Preise pro 100 Milliliter). Es verbesserte die Hautfeuchtigkeit ähnlich gut wie eine Lotion. Das schafften auch die Mischöle von **Dr. Hauschka** (21,30 Euro) und **Rossmann/Wellness & Beauty** (2,83 Euro). Auch die Körperöle von **dm/Alverde** für 3,85 Euro und von **Weleda** für 14 Euro schnitten insgesamt gut ab.

Ölen statt cremen

3/2015 Drei der neun Pflanzenöle im Test versorgen die Haut gut mit Feuchtigkeit. Das teuerste Öl war verdorben und daher mangelhaft.

Hergestellt aus Argansamen, Mandel-, Granatapfel- oder Sonnenblumenkernen: Wie gut tun pflanzliche Öle der Haut wirklich? Neun exemplarisch ausgewählte Produkte hat die Stiftung Warentest geprüft: Fünf Öle schnitten gut ab, drei befriedigend und eins mangelhaft.

Sieger und Verlierer sind zwei Arganöle

Arganöle stehen bei der Körperpflege hoch im Kurs. Bei zwei Produkten im Test handelte es sich um reine Arganöle. Mit einem glatten Gut ist das Arganöl von Arganhain der Testsieger. Die Konkurrenz von Jislaine fiel hingegen durch. Der Grund: Arganöl riecht eigentlich säuerlich, saatig und leicht strohig. Beim Öl von Jislaine überlagerte ein käsiger, stichiger Fehlgeruch diese charakteristischen Noten. Es war verdorben. Laut Anbieter ist das Öl inzwischen geändert.

Drei für gute Hautfeuchtigkeit

Wie gut die Öle die Haut vor Feuchtigkeitsverlust schützen können, überprüften die Tester mit einem Corneometer. Es misst die Hautfeuchtigkeit in der äußersten Hautschicht – an den Unterarminnenseiten der Probandinnen. Die Tester verglichen eine mit Öl behandelte Hautpartie mit einer unbehandelten. Auch eine Standardlotion mit guter Feuchtigkeitsanreicherung diente zum Vergleich. Fazit: Die Öle von Arganhain, Dr. Hauschka und Rossmann sorgen für eine deutlich bessere Hautfeuchtigkeit und pflegen ähnlich gut wie die Standardlotion. ▶

Keine Hinweise auf Verfälschung

Einen Hinweis auf Verfälschung fanden die Tester bei keinem der Öle, die laut Deklaration den Hauptbestandteil der Mischungen ausmachen. Auch die beiden reinen Arganöle bestanden die Authentizitätsprüfung.
Tipp: Achten Sie bei Öl-Mischungen auf die Reihenfolge in der Inhaltsstoffliste (INCI oder Ingredients). Das Öl, das an erster Stelle steht, macht den größten Anteil im Produkt aus.

test Pflanzliche Körperöle 3/2015

www.test.de	Inhalt (ml) / Mittlerer Preis ca. (Euro)	Preis für 100 ml ca. (Euro)	Kosmetische Qualität	Handhabung	Sensorische Beurteilung	Verunreinigungen	Verpackung	Deklaration und Werbeaussagen	test-QUALITÄTSURTEIL
Gewichtung			55 %	10 %	5 %	15 %	5 %	10 %	100 %
Arganhain Reines Bio-Arganöl[1]	100[2] / 19,80	19,80	+	+	+	++	○	+	**GUT (2,0)**
Dr. Hauschka Rosen Pflegeöl[3)4)]	75 / 16,00	21,30	+	++	+	+	⊖	+	**GUT (2,1)**
dm / Alverde Aroma Pflegeöl Kokos[3)5)]	100 / 3,85	3,85	+	++	+	+	⊖	+	**GUT (2,3)**
Rossmann / Wellness & Beauty Körperöl mit kaltgepresstem Jojobaöl und Sheabutter	150 / 4,25	2,83	+	+	+	○	⊖	○	**GUT (2,3)**
Weleda Sanddorn Pflegeöl[3]	100 / 14,00	14,00	+	+	+	○	++	+	**GUT (2,4)**
Dresdner Essenz Naturell Hautöl Granatapfel / Grapefruit[4]	100 / 6,00	6,00	+	○	+	○	⊖	+	**BEFRIEDIGEND (2,7)**
Lavera Orange Feeling Körperöl Bio-Orange & Bio-Sanddorn[3)6)]	50 / 6,95	13,90	○	○	+	○	⊖	○	**BEFRIEDIGEND (2,9)**
Primavera Aloe Vera Öl bio Feuchtigkeitsspendend[3)7)]	100 / 13,50	13,50	○	+	+	+	○	⊖[8]	**BEFRIEDIGEND (2,9)**
Jislaine Bio-Arganöl Anti-Aging Pflege für Haut, Haare und Nägel[1)9)]	80 / 20,00	25,00	○	+	—*)	○	○	○	**MANGELHAFT (5,0)**

Bewertungsschlüssel der Prüfergebnisse: ++ = Sehr gut (0,5–1,5). + = Gut (1,6–2,5). ○ = Befriedigend (2,6–3,5). ⊖ = Ausreichend (3,6–4,5). — = Mangelhaft (4,6–5,5). **Bei gleichem Qualitätsurteil Reihenfolge nach Alphabet.**
***) Führt zur Abwertung.**
1) Naturkosmetik-Siegel: Ecocert. **2)** Auch in anderen Verpackungsgrößen erhältlich. **3)** Naturkosmetik-Siegel: Natrue. **4)** Naturkosmetik-Siegel: BDIH. **5)** Laut Anbieter inzwischen Verpackungsdesign und Deklaration geändert. **6)** Laut Anbieter nicht mehr erhältlich. **7)** Laut Anbieter inzwischen geändert. **8)** Auf der Flasche steht „Gewinnung: Mazeration in kaltgepresstem Öl", doch das Produkt erweist sich in der Analyse als wärmebehandelt. **9)** Der Anbieter hat zum Zeitpunkt der Veröffentlichung die Belastung mit dem Weichmacher DEHP bestätigt und „einen Verkaufsstopp aller bisherigen Chargen" veranlasst. Inzwischen ist das Produkt laut Anbieter geändert. **Einkauf der Prüfmuster:** September bis Oktober 2014.

Vermeidbare Verunreinigungen

In acht der neun pflanzlichen Öle fanden die Tester unterschiedliche Mineralölbestandteile. Diese Verunreinigungen stammen wahrscheinlich aus Schmier- oder Weißölen, die für Maschinen in der Produktion eingesetzt werden, oder auch direkt aus der Umwelt. Sie sind vermeidbar. Stark verunreinigt mit Mineralölen waren die Produkte nicht. Wie viel und welche der Mineralölbestandteile aber durch die Haut dringen könnten und wie der Körper sie verstoffwechselt – darüber lassen sich derzeit keine wissenschaftlich gesicherten Aussagen treffen *(siehe Mineralöle in Kosmetika Seite 63)*. Einige Öle waren außerdem gering mit PAK oder dem Weichmacher DEHP verunreinigt. ■ **Anbieter Seite 260**

Unser Rat

In allen 25 kosmetischen Produkten im Test, die mit Mineralöl hergestellt sind, fanden die Tester kritische Substanzen. Einige davon gelten sogar als potenziell krebserregend. **Von mineralölhaltiger Lippenpflege rät die Stiftung Warentest ab**, weil sie über den Mund direkt in den Körper gelangen kann. Wer auf Nummer sicher gehen will, sollte auch andere mineralölhaltige Kosmetika meiden.

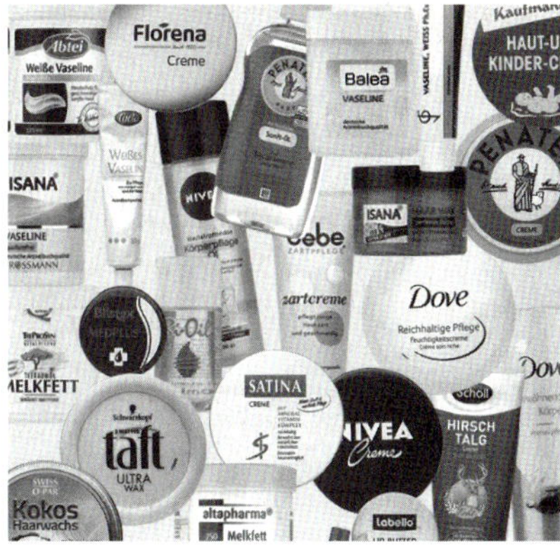

Unter Verdacht

6/2015 Im Test: 25 exemplarisch ausgewählte Kosmetika, die auf Mineralöl basieren. Alle waren mit kritischen Substanzen belastet.

Der genaue Blick auf die Inhaltsstoffliste vieler Kosmetikprodukte verrät: Sie basieren auf Mineralöl. Eigentlich sollten sie frei von Bestandteilen sein, die möglicherweise kritisch für die Gesundheit sind. Doch der Test 25 exemplarisch ausgewählter Kosmetika, die laut Deklaration Mineralöl enthalten, zeigt, das dem nicht so ist. Die Stiftung Warentest hat Körperöle, Cremes, Baby- und Lippenpflege, Hairstylingprodukte und Vaselinen geprüft – darunter Marken wie Bebe, Blistex, Dove, Labello, Nivea und Penaten. Alle waren hoch mit kritischen Substanzen belastet: den aromatischen Kohlenwasserstoffen, Mineral Oil Aromatic Hydrocarbons, kurz MOAH genannt. Sie stehen im Verdacht, Krebs zu erregen.

Spezialfall Lippenpflege

Zwar steht eine abschließende gesundheitliche Bewertung noch aus. Doch laut der Europäischen Behörde für Lebensmittelsicherheit, Efsa, könnte die MOAH-Fraktion ein „karzinogenes Risiko" darstellen. Die Efsa erachtet die Aufnahme von MOAH durch die Nahrung deshalb als „potenziell besorgniserregend". Diese Einschätzung kann auf Lippenpflegeprodukte auf Mineralölbasis übertragen werden. Denn sie gelangen über den Mund direkt in den Körper. Wegen der Ergebnisse raten die Tester von Lippenprodukten, die mit Mineralöl hergestellt werden, ab. Auch Vaseline sollte nicht am Mund verwendet werden. Selbst Cremes können über die Hände in den Mund gelangen. ▶

Begrifflichkeiten kennen
Ob ein Produkt Mineralöl enthält, steht in der Inhaltsstoffliste auf der Verpackung. Es verbirgt sich meist unter folgenden Begriffen: Cera Microcristallina (Microcristallina Wax), Ceresin, Mineral Oil, Ozokerite, Paraffin, Paraffinum Liquidum, Petrolatum.
Tipp: In Naturkosmetik darf Mineralöl per se nicht eingesetzt werden. Auch bei konventioneller Kosmetik gibt es genug Alternativen ohne den Zusatz.

FOTO: STIFTUNG WARENTEST

test Mineralöle in Lippenpflegeprodukten 6/2015

www.test.de	Inhalt (Milliliter)	Preis (Euro)	MOAH gemäß Analyse (Prozent)[1]
Labello Lip Butter Vanilla & Macadamia	19,0	2,65	**0,6**
Carmex Classic	4,9	1,99	**0,7**
Blistex MedPlus	7,0	1,95	**1,4**

Die Produkte sind innerhalb der Gruppen nach aufsteigendem Gehalt an MOAH sortiert.
1) MOAH steht für „Mineral Oil Aromatic Hydrocarbons". Die Summe ergibt sich aus den einzelnen analysierten Fraktionen. Die Prozentangaben beziehen sich auf das Gewicht (Gramm pro 100 Gramm Produkt).
Einkauf der Prüfmuster: Februar bis April 2015.

Warum Mineralöle eingesetzt werden

Seit Jahrzehnten verwenden Kosmetikhersteller Rohstoffe aus Mineralöl als Basis der Rezepturen – Öle, Vaseline, Wachse. Die haben viele Vorteile: Sie sind sehr haltbar und preisgünstig, können in gleichbleibender Qualität produziert werden und verursachen keine Allergien. Von ihrem Ausgangsstoff, dem Erdöl, unterscheiden sie sich deutlich. Es wird in mehreren Schritten gereinigt und aufbereitet. So entstehen farb- und geruchlose Rohstoffe, die frei von MOAH sein sollten. Als Verunreinigungen in Lebensmitteln sind MOAH bereits vor Jahren in den Fokus gerückt. Der Kosmetikbranche hätte klar werden müssen, dass durch mineralölhaltige Rohstoffe eine MOAH-Belastung bestehen könnte.

Alle Produkte im Test hoch belastet

Die Analytiker der Stiftung Warentest haben für den Test eine Methode weiterentwickelt, die zum Nachweis von MOAH in Lebensmitteln erprobt ist. Das Ergebnis: In sämtlichen ausgewählten Kosmetika wiesen sie MOAH nach. Der geringste Gehalt lag bei 0,005 Prozent. Das klingt wenig, ist aber das Achtfache dessen, was die Tester jemals an MOAH in Lebensmitteln gefunden haben – in Schokolade aus Adventskalendern. Die höchsten Belastungen hatten die Vaselinen mit bis zu 9 Prozent MOAH. Das entspricht dem 15 000-Fachen der Funde bei Lebensmitteln. Kein Wunder, denn Vaseline besteht ausschließlich aus Mineralöl. Das enthält zum größten Teil gesättigte Kohlenwasserstoffe – Mineral Oil Saturated Hydrocarbons, kurz MOSH genannt. Sie gelten zwar nicht als krebserregend, sind aber auch nicht unkritisch: Gelangen sie in den Körper, können sich einige davon im menschlichen Gewebe einlagern. Die möglichen gesundheitlichen Folgen sind nicht geklärt.

Auch Aufnahme durch Haut möglich

Wie viele und welche Mineralölbestandteile durch die Haut dringen, lässt sich derzeit nicht eindeutig sagen. Johnson & Johnson, Hersteller von Penaten und Bebe, verweist auf Studien, nach denen Mineralölsubstanzen nur in die äußerste Hautschicht eindringen. Zweifel daran lässt eine Untersuchung von Wissenschaftlern des Kantonalen Labors Zürich aufkommen. Sie stellten fest: Bei stillenden Frauen, die Brustsalben oder Vaseline auf Brust und Warzen cremten, stieg der Mineralölgehalt in der Muttermilch schnell und deutlich an. Die Autoren schlussfolgern, dass die Mineralöle durch die Haut gedrungen sein müssen. Selbst Anbieter im Test bewerben ihr Produkt mit einem Tiefeneffekt: Das Melkfett von TeeProSyn zum Beispiel „dringt rasch ein und wirkt bis in tiefe Hautschichten". ■ **Anbieter Seite 260**

test Mineralöle in Körperpflege- und Hairstylingprodukten

www.test.de	Inhalt (Milliliter)	Preis (Euro)	MOAH gemäß Analyse (Prozent)[1]
Vaseline			
Abtei Weiße Vaseline	125	2,95	4,8
dm / Balea Vaseline	125	1,25	4,9
Caelo Weißes Vaselin	50 g[2]	2,48	5,9
Bombastus Vaseline, Weiß Ph.Eur.	30	1,95	6,6
Rossmann / Isana Vaseline	125	1,29	9,0
Spezialcreme			
Scholl Hirschtalg Creme	100	2,95	0,5
Penaten Creme	150	2,45	3,2
TeeProSyn Melkfett mit Teebaumöl	250	2,29	3,4
Rossmann / Altapharma Melkfett mit Ringelblumenextrakt	250	1,49	8,0
Hairstyling			
Schwarzkopf 3 Wetter taft Ultra Wax	75	1,35	2,2
Rossmann / Isana Haar Wax Extra starker Halt	75	1,29	2,8
Swiss O-Par Kokos Haarwachs mit reinem Kokosöl	100	1,95	2,8
Babypflege			
Penaten Baby Sanft-Öl	200	2,45	0,02
Kaufmann's Haut- und Kinder-Creme	75	2,15	1,7
Allzweckcreme			
Florena Creme	150	1,45	0,07
Nivea Creme	75	1,15	0,2
Satina Creme[3]	150	1,95	0,3
Bebe Zartpflege Zartcreme	100	1,45	0,4
Dove Reichhaltige Pflege Feuchtigkeitscreme	150	1,85	0,5
Körperöl			
Dove Verwöhnendes Körperöl mit Sheabutter und Vanilleduft[4]	150	7,95	0,005
Nivea Hautstraffendes Körperpflege-Öl	200	7,99	0,03
Bi-Oil Hautpflege-Spezialist[5]	60	9,95	0,3

Die Produkte sind innerhalb der Gruppen nach aufsteigendem Gehalt an MOAH sortiert, bei gleichem Gehalt nach Alphabet.

1) MOAH steht für „Mineral Oil Aromatic Hydrocarbons". Die Summe ergibt sich aus den einzelnen analysierten Fraktionen. Die Prozentangaben beziehen sich auf das Gewicht (Gramm pro 100 Gramm Produkt).
2) Keine Milliliter-Angabe auf der Verpackung. **3)** Laut Anbieter inzwischen Rezeptur geändert.
4) Laut Anbieter durch Nachfolger ersetzt.
5) Laut Anbieter „für Narben, Dehnungsstreifen, ungleichmäßige Hauttönung, reife Haut, trockene Haut".

Einkauf der Prüfmuster: Februar bis April 2015.

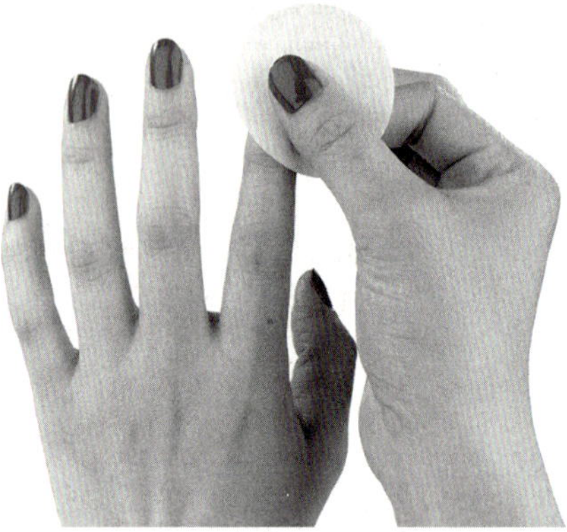

Unser Rat

Am besten im Test waren die acetonhaltigen Nagellackentferner **dm/Ebelin fruchtig-frischer Duft** (52 Cent, alle Preise je 100 Milliliter) und **Rossmann/Isana Mandelduft** (39 Cent). Sie entfernen roten Nagellack und lassen sich gut anwenden. Die besten Entferner ohne Aceton sind die befriedigenden Produkte **dm/Ebelin Mandelduft** (76 Cent) und **Maybelline Jade Express Nails** (2,24 Euro).

Da geht der Lack ab

6/2015 Flüssiger Nagellackentferner schneidet im Test besser ab als Pads, Tücher und Schwämme. Mit Glitzerlack hatten alle Probleme.

Welcher Nagellackentferner reinigt am besten? Flüssige Produkte, getränkte Pads im Tiegel, einzeln verpackte Nagellackentferner-Tücher oder Schwämme in der Dose? Die Stiftung Warentest schickte 15 Produkte in den Härtetest. Sie sollten einen schwer entfernbaren roten Nagellack sowie einen hartnäckigen Glitzer-Effektlack möglichst schnell und gründlich lösen. Keiner schafft dies besser als befriedigend. Auch insgesamt schneiden nur zwei gut ab.

Testsieger von dm und Rossmann

Die flüssigen Nagellackentferner Ebelin fruchtig-frischer Duft von dm und Isana Mandelduft mit pflegendem Öl von Rossmann sind die besten im Test. Sie entfernten den roten Nagellack vergleichsweise schnell und fühlten sich auf den Nägeln gut an. Keine Glanzleistung zeigten die beiden hingegen beim silbernen Glitzernagellack.

Drei Entferner mit Aceton

Sowohl die Testsieger als auch Cien Classic von Lidl enthalten Aceton. In Beauty-Blogs und Foren sind sich viele Nutzer einig: Aceton schade Nägeln mehr als andere Lösemittel. Diese Annahme bestätigen Experten nicht. Erwiesen ist lediglich, dass Aceton künstliche Nägel aus Acryl trüben kann.

Verbotener Stoff deklariert

Schlechtester Testkandidat: der Nagellackentferner in der Dose von Jolifin. Das liegt vor allem daran, dass der Anbieter sein Produkt

Immer das Fenster öffnen

Nagellack sollte nur **bei geöffnetem Fenster** entfernt werden, so ziehen die **Dämpfe der Lösemittel** schneller ab. Besonders gut löst sich der Lack, wenn ein getränktes Pad **für einige Sekunden** auf den Nagellack gedrückt und danach über den Nagel gewischt wird. Keinesfalls sollten Nutzer die Hände in eine Schüssel mit Nagellackentferner hängen. Das schadet Haut und Atemwegen.

FOTO: STIFTUNG WARENTEST

test Nagellackentferner I 6/2015

test.de	Inhalt (ml bzw. Stück) / Mittlerer Preis ca. (Euro)	Preis pro 100 ml bzw. Stück ca. (Euro)	Entfernen	Anwendung (Hautgefühl, Dosierbarkeit u. a.)	Chemische Qualität	Verpackung	Deklaration und Werbeaussagen	test-QUALITÄTSURTEIL
Gewichtung			55 %	20 %	10 %	5 %	10 %	100 %
Flüssig								
dm / Ebelin Nagellackentferner fruchtig-frischer Duft	125[1)] / 0,65	0,52	○	+	+	+	+	**GUT (2,4)**
Rossmann / Isana Nagellackentferner Mandelduft mit pflegendem Öl	125[1)] / 0,49	0,39	○	+	++	+	○	**GUT (2,5)**
dm / Ebelin Nagellackentferner acetonfrei Mandelduft	125 / 0,95	0,76	○	+	+	+	+	**BEFRIEDIGEND (2,6)**
Lidl / Cien Nagellackentferner Classic[2)3)]	200 / 1,49	0,75	○	+	+	○	○	**BEFRIEDIGEND (2,6)**
Maybelline Jade Express Nails Acetonfreier Nagellackentferner Mit Avocadoöl	125 / 2,80	2,24	○	+	+	○	○	**BEFRIEDIGEND (2,6)**
Lidl / Cien Nagellackentferner acetonfrei[2)]	200 / 1,49	0,75	○	+	○	○	⊖[4)]	**BEFRIEDIGEND (2,8)**
Sante Naturkosmetik Nagellackentferner Mit Bio-Orangenöl[5)]	100 / 5,95	5,95	○	+	+	○	○	**BEFRIEDIGEND (2,9)**

Bewertungsschlüssel der Prüfergebnisse: ++ = Sehr gut (0,5–1,5). **+** = Gut (1,6–2,5). ○ = Befriedigend (2,6–3,5). ⊖ = Ausreichend (3,6–4,5). **—** = Mangelhaft (4,6–5,5). **Bei gleichem Qualitätsurteil Reihenfolge nach Alphabet.**
1) Auch in anderen Packungsgrößen erhältlich. **2)** Hergestellt von Mann & Schröder GmbH.
3) Laut Anbieter inzwischen geändert. **4)** Produkt gemäß Deklaration „acetonfrei", enthält laut Analyse Spuren von Aceton.
5) Naturkosmetik-Siegel: BDIH. **Einkauf der Prüfmuster:** Dezember 2014 bis Januar 2015.

mit zwei verschiedenen Inhaltsstofflisten verkauft. Beunruhigend: Auf einer davon deklariert er ein verbotenes Lösemittel; das war dann aber gar nicht enthalten, wie die Laboranalyse zeigte. Auch dass Informationen auf der Verpackung teils falsch geschrieben waren oder fehlten, kritisierten die Tester. Der Anbieter hat den Jolifin-Entferner inzwischen vom Markt genommen.

Zehen passen nicht in die Dose

Von den drei Produktgruppen stießen vor allem die Schwämme bei den Probandinnen auf wenig Gegenliebe: Sie schneiden in der Anwendung am schlechtesten ab: Um Nagellack zu entfernen, müssen Nutzer Finger oder Zehen in die Dose mit dem getränkten Schwamm stecken und darin so lange drehen, bis der Lack herunter ist. An den Füßen funktionierte das nicht – die Zehen der Probandinnen passten nicht in die kleinen Dosen. Ärgerlich: Auf keinem Produkt steht ausdrücklich, dass es sich nicht zum Entfernen an den Fußnägeln eignet. Im Gegenteil, der Schwamm Nails Hands Feet Easily Clean von Douglas verspricht sogar in seinem Namen, sich auch für die Füße zu eignen. Das kostete ihn Punkte in der Deklaration. ▶

3 Nagellackentferner

test Nagellackentferner II — 6/2015

www.test.de	Inhalt (ml bzw. Stück) / Mittlerer Preis ca. (Euro)	Preis pro 100 ml bzw. Stück ca. (Euro)	Entfernen	Anwendung (Hautgefühl, Dosierbarkeit u. a.)	Chemische Qualität	Verpackung	Deklaration und Werbeaussagen	test-QUALITÄTSURTEIL
Gewichtung			55 %	20 %	10 %	5 %	10 %	100 %
Pads und Tücher								
Rossmann / Isana Nagellackentfernerpads acetonfrei	30 Stück / 0,99	0,03	○	+	+	+	○	**BEFRIEDIGEND (2,7)**
dm / Ebelin Nagellackentfernerpads Acetonfrei fruchtiger Duft	30 Stück / 0,95	0,03	○	○	+	+	○	**BEFRIEDIGEND (3,0)**
Rossmann / Isana Nagellackentfernertücher acetonfrei mit Aloe Vera	10 Stück / 0,99	0,10	○	○	+	+	⊖[1]	**BEFRIEDIGEND (3,0)**
Schwämme								
dm / Ebelin professional Nagellackentferner Express Acetonfrei	75 / 1,95	2,60	○[2]	○[3]	+	○	○	**BEFRIEDIGEND (2,9)**
dm / P2 Hands & Nails Express nail polish remover acetonfrei[4]	50 / 3,95[5]	7,90	○[2]	○[3]	+	○	○	**BEFRIEDIGEND (3,0)**
Douglas / nails hands feet easily clean express nail polish remover acetone free	75 / 7,00	9,35	○[2]	○[3]	+	○	⊖[6]	**BEFRIEDIGEND (3,2)**
Essence quick & easy sponge nail polish remover acetone-free	75 / 2,95[5]	3,95	○[2]	○[3]	+	○	○	**BEFRIEDIGEND (3,3)**
Jolifin Nagellackentferner in Dose[7]	100 / 5,00	5,00	○[2]	○[3]	+	○	—*)[8]	**AUSREICHEND (4,1)**

Bewertungsschlüssel der Prüfergebnisse: ++ = Sehr gut (0,5–1,5). + = Gut (1,6–2,5). ○ = Befriedigend (2,6–3,5). ⊖ = Ausreichend (3,6–4,5). — = Mangelhaft (4,6–5,5). **Bei gleichem Qualitätsurteil Reihenfolge nach Alphabet.**

***) Führt zur Abwertung.**

1) Anders als deklariert reicht bei den verwendeten Lacken ein Tuch nicht für 10 Nägel. **2)** Note bezieht sich nur auf die Lackentfernung an den Fingernägeln, da Produkt nur an diesen verwendbar. **3)** Note bezieht sich nur auf die Anwendung an den Fingernägeln, da Produkt nur an diesen verwendbar. **4)** Produkt laut Anbieter nicht mehr im Sortiment. **5)** Von uns bezahlter Einkaufspreis. **6)** Trotz Auslobung „Feet" nur an den Fingern anwendbar. **7)** Laut Anbieter nicht mehr erhältlich. **8)** Deklaration fehlerhaft, zudem mit zwei unterschiedlichen Deklarationen erhältlich.

Einkauf der Prüfmuster: Dezember 2014 bis Januar 2015.

Aceton-Spuren im acetonfreien Cien

Auch auf die Versprechen des acetonfreien Cien-Nagellackentferners von Lidl können sich Verbraucher nicht hundertprozentig verlassen. Die Prüfer wiesen darin Spuren von Aceton nach. Der Vergleich mit den acetonfreien Produkten im Test zeigt, dass Spuren nicht sein müssen. Deshalb konnte der als acetonfrei verkaufte Cien-Entferner in der chemischen Qualität nicht besser als befriedigend sein, in der Deklaration ist er ausreichend. Belastbare Hinweise darauf, dass Aceton die Nägel stärker austrocknet als zum Beispiel das meist in acetonfreien Produkten verwendete Ethylacetat, gibt es jedoch nicht. ■ **Anbieter Seite 260**

Unser Rat

Vorn im Test und mit Sonnenschutzfaktor 30: **Douglas Sun** (6,50 Euro, alle Preise je 100 Milliliter) sowie **Cien Sun Classic** von **Lidl** (1,16 Euro) und **Today Sun** (1,25 Euro), eine Eigenmarke von **Penny** und **Rewe**. Die guten mit Schutzfaktor 50: das transparente **Sun Spray von Eucerin** (10,20 Euro), laut Anbieter jetzt geändert, und das Spray **Nivea sun Protect & Refresh** (6,50 Euro) aus der Aerosoldose.

Die Schutzgarde

7/2015 Sonnenmilch, Spray oder Lotion – fast alle Produkte im Test schützen vor UV-Strahlen und spenden Feuchtigkeit. Nur zwei versagen.

Bikini, Brille und Badetuch sind eingepackt – fehlt nur noch die richtige Sonnencreme. Im Test haben sich viele Mittel bewährt: Fast die gesamte Schutzgarde hält die ausgelobten Sonnenschutzfaktoren 30 und 50 ein. Nur zwei Produkte fielen durch.

Sonnenmilch am besten

Neben Sonnenmilch aus Flasche und Pumpsprühflaschen nahmen die Tester erstmals auch transparente Sprays aus Aerosoldosen unter die Lupe. Gute Vertreter gab es bei allen Anwendungsformen. Knapp vorn liegt die klassische Sonnenmilch mit gleich drei Kandidaten: Douglas Sun, Cien Sun Classic von Lidl und Today Sun, eine Eigenmarke von Penny und Rewe – alle mit Schutzfaktor 30. Sie liefern den versprochenen UV-Schutz und halten die Haut sehr gut feucht.

In der Kategorie Pumpsprühflasche liefert Nivea Sun das beste Produkt. Das transparente Sun Spray von Eucerin liegt nur knapp dahinter und schützt mit Faktor 50. Bei den Aerosoldosen siegen die Sprays von dm und Rossmann mit Schutzfaktor 30. Das kühlende Sonnenspray von Nivea Sun mit Faktor 50 schützt ebenfalls gut.

Eco und Tiroler Nussöl mangelhaft

Die beiden vergleichsweise teuren Produkte von Eco und Tiroler Nussöl schnitten mangelhaft ab. Die Eco-Sonnenlotion bietet einen zu niedrigen UVA-Schutz. Die Sonnenmilch von Tiroler Nussöl fiel beim Konservierungsbelastungstest durch. Dabei wird geprüft, ▸

Nicht ins Gesicht sprühen

Wer allein am Strand liegt, muss dank Aerosolsprays keine Fremden ums Rückeneincremen bitten – sie funktionieren auch über Kopf. Nachteil: Die Dosen stehen unter Druck, dürfen sich nicht zu stark erhitzen, Alkohol und Treibgas machen sie leicht entzündlich. In Kinderhänden sind Aerosolsprays nicht sicher, Kinder könnten sich den feinen Nebel ins Gesicht sprühen und einatmen.

test Sonnenschutzmittel I 7/2015

www.test.de	Inhalt in ml / Mittlerer Preis ca. (Euro)	Preis pro 100 ml ca. (Euro)	Einhaltung des Sonnenschutzfaktors (UVB)	UVA-Schutz	Feuchtigkeitsanreicherung	Anwendung	Entnahme bei 20 °C/40 °C	Mikrobiologische Qualität	Anwendungshinweise	Werbeaussagen, Beschriftungen	test QUALITÄTSURTEIL
Gewichtung			30 %	10 %	20 %	10 %	10 %	5 %	10 %	5 %	100 %
Sonnenschutzfaktor 30											
Douglas Sun Sonnenmilch	200[1)] / 13,00	6,50	+	+	++	+	+	++	++	+	**GUT (1,6)**
Lidl / Cien Sun Sonnenmilch Classic[2)]	250 / 2,89	1,16	+	+	++	+	+	++	++	+	**GUT (1,6)**
Penny und Rewe / Today Sun Sonnenmilch[3)]	200[1)] / 2,49	1,25	+	+	++	+	++	++	++	++	**GUT (1,6)**
Edeka / Elkos sun Schutz & Bräune Sonnenmilch[3)4)]	250 / 5,00	2,00	+	+	++	+	++	++	++	+	**GUT (1,7)**
La Roche-Posay Anthelios W Gel Bei empfindlicher Haut	100 / 16,90	16,90	+	+	++	+	++	++	++	○	**GUT (1,7)**
dm / Sundance Sport Transparentes Sonnenspray	200 / 4,95	2,48	+	+	+	+	++	++	++	+	**GUT (1,8)**
Nivea sun Pflegendes Sonnenspray[5)]	200 / 11,00	5,50	+	+	++	++	+	++	+	+	**GUT (1,8)**
Rossmann / Sun Ozon Sonnenspray active mit Frische Erlebnis Transparent	200 / 4,80	2,40	+	+	+	+	++	++	++	++	**GUT (1,8)**
Aldi (Nord) / Ombra Suncare Light Touch Sonnenspray[3)]	200 / 3,45	1,73	+	+	○	+	+	++	++	+	**GUT (2,1)**
Annemarie Börlind Sun Sport Kühlendes Sonnen-Spray	100 / 16,50	16,50	+	+	○	+	+	++	++	○	**GUT (2,1)**
dm / Alverde sensitiv Sonnenmilch[6)7)]	200 / 6,95	3,50	+	+	+	○	+	++	+	+	**GUT (2,1)**
Lancôme Soleil Bronzer Glättende Sonnenschutzmilch zum Sprühen	200 / 35,00	17,50	+	+	○	+	○	++	++	○	**GUT (2,1)**
Müller / Lavozon Sonnenspray Wet Skin[8)]	150 / 5,45	3,65	+	+	○	+	+	++	++	+	**GUT (2,1)**
Garnier Ambre Solaire Wet Skin Sonnenschutz-Spray[9)]	200 / 10,00	5,00	+	+	○	+	+	++	++	–*) 10)	**BEFRIED. (2,7)**
Piz Buin Wet Skin Transparent Sun Spray	150 / 13,00	8,70	+	+	○	+	+	++	+	–*) 10)	**BEFRIED. (2,8)**

Bewertungsschlüssel und Fußnoten siehe Tabelle Sonnenschutzmittel II. **Einkauf der Prüfmuster:** März 2015.

test Sonnenschutzmittel II 7/2015

www.test.de

	Inhalt in ml / Mittlerer Preis ca. (Euro)	Preis pro 100 ml ca. (Euro)	Einhaltung des Sonnenschutzfaktors (UVB)	UVA-Schutz	Feuchtigkeitsanreicherung	Anwendung	Entnahme bei 20 °C/40 °C	Mikrobiologische Qualität	Anwendungshinweise	Werbeaussagen, Beschriftungen	test-QUALITÄTSURTEIL
Gewichtung			30 %	10 %	20 %	10 %	10 %	5 %	10 %	5 %	100 %
Sonnenschutzfaktor 50											
Eucerin Sun Spray Transparent[11)]	200 / 20,40	10,20	+	+	+	+	+	++	++	○	**GUT (1,9)**
Nivea sun Protect & Refresh Kühlendes Sonnenspray	200 / 13,00	6,50	+	+	+	+	+	++	+	+	**GUT (2,0)**
Eco Sonnenlotion für sensible Haut[12)]	100 / 19,90	19,90	+	–*)	+	○	+	++	++	–13)	**MANGELHAFT (5,0)**
Tiroler Nussöl Sonnenmilch original[9)]	150 / 22,90	15,30	+	+	○	+	+	–*) 14)	++	+	**MANGELHAFT (5,0)**

Bewertungsschlüssel der Prüfergebnisse: ++ = Sehr gut (0,5–1,5). + = Gut (1,6–2,5). ○ = Befriedigend (2,6–3,5). ⊖ = Ausreichend (3,6–4,5). – = Mangelhaft (4,6–5,5). **Bei gleichem Qualitätsurteil Reihenfolge nach Alphabet.**
***) Führt zur Abwertung.**
1) Auch andere Gebindegrößen erhältlich. **2)** Hergestellt von WIN Cosmetic. **3)** Hergestellt von Emil Kiessling.
4) Laut Anbieter inzwischen Deklaration geändert. **5)** Laut Anbieter inzwischen geändert.
6) Naturkosmetik-Siegel: NaTrue. **7)** Laut Anbieter inzwischen Verpackungsdesign und Deklaration geändert.
8) Hergestellt von Aerox. **9)** Laut Anbieter nicht mehr erhältlich. **10)** Anwendungs- und Sicherheitshinweise schlecht lesbar.
11) Laut Anbieter Rezeptur inzwischen verändert. **12)** Naturkosmetik-Siegel: EcoCert.
13) Kein ausreichender UVA-Schutz vorhanden. **14)** Konservierungsbelastungstest nicht bestanden.
Einkauf der Prüfmuster: März 2015.

wie gut die Produkte mit solchen Keimen fertig werden, die von außen hineingelangen können. Das Tiroler Nussöl ist laut Anbieter nicht mehr erhältlich.

UVA-Strahlen sorgen für Falten

Während UVB-Strahlen ungeschützte Haut verbrennen, lassen UVA-Strahlen sie frühzeitig altern und fördern Falten. Langfristig können beide zu Hautkrebs führen. Der Schutzfaktor bezieht sich auf UVB-Strahlen. Produkte müssen aber auch vor UVA-Strahlen schützen. Das können sie nur, wenn der UVA-Schutz mindestens ein Drittel so hoch ist wie der Schutzfaktor. Die Lotion von Eco hielt das Verhältnis nicht ein.

Sprays ohne Nanopartikel

Fast alle geprüften Produkte aus der klassischen Sonnenmilchfraktion setzen UV-Filter in Form von Nanopartikeln ein. Auf gesunder oder sonnenverbrannter Haut stuft der Wissenschaftliche Ausschuss für Verbrauchersicherheit der EU-Kommission sie als unbedenklich ein. Was geschieht, wenn sie auf verletzte Haut, etwa aufgekratzte Mückenstiche, gelangt, ist ungeklärt. Eingeatmet können Nanoteilchen aber die Lunge schädigen und krebserregend wirken, darauf deuten Tierversuche hin. In sprühbaren Mitteln sollten sie daher vorsorglich nicht eingesetzt werden. Keines der Sprays im Test hat Nanopartikel deklariert. ■ Anbieter Seite 260

Unser Rat

Sehr gute Universalzahnpasten sind zum Beispiel **Theramed Complete Plus** (1,02 Euro je 100 Milliliter) mit hohem Abrieb oder **Dental** von **Kaufland/K-Classic** (45 Cent), geeignet für empfindliche Zähne. Kinder bis 6 Jahre liegen etwa mit **dm/Dontodent Kids** (65 Cent) und **Elmex Kinder-Zahnpasta** (2,88 Euro) richtig, größere Kinder mit **Elmex Junior** (2,72 Euro) und **dm/Dontodent Junior** (65 Cent).

Stark gegen Karies

5 + 12/2015 Wir prüften Zahncremes für Groß und Klein. Viele schützen sehr gut vor Karies. Kinderzahnpasta sollte frei von Zink sein.

Mit oder ohne Fluorid – daran scheiden sich bei Zahnpasta die Geister. In unseren Tests ist das eine der entscheidenden Fragen. Denn ohne Fluorid gibt es keinen ausreichenden Kariesschutz. Jahrzehntelange Anwendung und zahlreiche Studien haben den Nutzen des Spurenelements nachgewiesen: Fluorid kann in den Zahnschmelz eindringen, dort gebunden werden und dem Zahn verlorengegangene Mineralien zurückgeben. So wird Karies verhindert.

Mangelhaft, da ohne Fluorid

Zwei der 19 Universalzahnpasten mit Kräutergeschmack im Test – Yalia und Logodent der Hersteller Dennree und Logocos Naturkosmetik – kamen ohne Fluorid daher und waren deshalb mangelhaft. Keiner ihrer anderen verwendeten Inhaltsstoffe kann Karies effektiv vorbeugen. Auf die restlichen 17 Rundum-Zahnpasten für Erwachsene war bei der Kariesprophylaxe Verlass. Sechs schnitten im Qualitätsurteil sehr gut ab, darunter sehr preiswerte. Der Testsieger heißt Theramed Complete Plus. Er entfernte Zahnverfärbungen besser als die Konkurrenz. Im Labor ermittelten die Prüfer für die Pasta einen hohen Abrieb. Das liegt an der Art der Putzkörper. Alle Zahnpasten enthalten sie für die mechanische Reinigung. Die Putzkörper in Theramed Complete schmirgeln die Zahnoberfläche kräftig ab. Die Paste eignet sich daher eher für unempfindliche Zähne. Auf den Tuben steht meist nicht, wie stark der Abrieb ist. Das ist aus Nutzersicht ▶

800 Putzeinheiten an Rinderzähnen
Wie effektiv die in Zahnpasten enthaltenen Putzkörper **Verfärbungen** entfernen, prüfen Wissenschaftler an **Rinderzähnen** – sie sind menschlichen Zähnen sehr ähnlich. Die Rinderzähne werden zum Beispiel **Tee, Kaffee, Sojabrühe** und **Eisenchlorid** ausgesetzt, dann mit den Testzahnpasten **800-mal geputzt**. Die Prüfer vergleichen das Reinigungsergebnis mit einer Referenzpaste.

test Universalzahnpasta für Erwachsene I 5/2015

www.test.de	Mittlerer Preis ca. (Euro) / Inhalt (Milliliter)	Preis pro 100 Milliliter ca. (Euro)	Abrieb (gemessen)	Kariesprophylaxe durch Fluorid	Entfernung von Verfärbungen[1]	Mikrobiologische Qualität	Verpackung	Deklaration und Werbeaussagen	test-QUALITÄTSURTEIL
Gewichtung				50 %	25 %	5 %	5 %	15 %	100 %
Hoher Abrieb									
Theramed Complete Plus, umfassende Mundhygiene	1,02 / 100	1,02	Hoch	++	++	++	+	+	SEHR GUT (1,3)
Netto Marken-Discount / Diadent Zahncreme Kräuter Fresh[2)3)]	0,45 / 125	0,36	Hoch	++	+	++	+	○	SEHR GUT (1,5)
Mittlerer Abrieb									
Aldi Süd / Friscodent Kräuter[2)]	0,45 / 125	0,36	Mittel	++	+	++	+	+	SEHR GUT (1,5)
Lidl / Dentalux Complex 3 Kräuter Fresh[2)]	0,45 / 125	0,36	Mittel	++	+	++	+	+	SEHR GUT (1,5)
Signal Sport Gel Fresh	0,75 / 75	1,00	Mittel	++	+	++	+	+	SEHR GUT (1,5)
Aldi (Nord) / Eurodont Kräuter Fresh[4)5)]	0,45 / 125	0,36	Mittel	++	+	++	+	+	GUT (1,6)
Müller / Sensident Kräuter[4)6)]	0,45 / 125	0,36	Mittel	++	+	++	+	○	GUT (1,6)
Penny / Alldent Zahncreme Kräuter[2)]	0,45 / 125	0,36	Mittel	++	+	++	+	+	GUT (1,6)
Rossmann / Perlodent Med Kräuter	0,45 / 125	0,36	Mittel	++	+	++	+	+	GUT (1,6)
Blendax Anti-Belag 3-fach Schutz	1,19 / 100	1,19	Mittel	++	+	++	+	○	GUT (1,7)
Denn's Biomarkt / Yalia Dental Zahncreme Pfefferminze[7)]	1,99 / 75	2,65	Mittel	−*)	+	++	+	+	MANGELHAFT (5,0)
Logodent Daily care Zahncreme Bio Pfefferminz[7)8)]	2,95 / 75	3,95	Mittel	−*)	+	++	+	+	MANGELHAFT (5,0)

Bewertungsschlüssel der Prüfergebnisse: ++ = Sehr gut (0,5–1,5). + = Gut (1,6–2,5). ○ = Befriedigend (2,6–3,5). ⊖ = Ausreichend (3,6–4,5). − = Mangelhaft (4,6–5,5). **Bei gleichem Qualitätsurteil Reihenfolge nach Alphabet.**

***) Führt zur Abwertung.**

1) Durch z. B. Nahrungs- und Genussmittel, Zigarettenrauchen.
2) Hergestellt von Dental-Kosmetik.
3) Laut Anbieter durch Nachfolger Diadent Zahngel Kräuter ersetzt.
4) Hergestellt von Durodont.
5) Laut Anbieter durch Nachfolger Eurodont Mint Fresh ersetzt.
6) Laut Anbieter durch Nachfolger Sensident Zahncreme Kräuter ersetzt.
7) Naturkosmetik-Siegel: BDIH.
8) Naturkosmetik-Siegel: Natrue.

Einkauf der Prüfmuster: November bis Dezember 2014.

test Universalzahnpasta für Erwachsene II 5/2015

www.test.de	Mittlerer Preis ca. (Euro) / Inhalt (Milliliter)	Preis pro 100 Milliliter ca. (Euro)	Abrieb (gemessen)	Kariesprophylaxe durch Fluorid	Entfernung von Verfärbungen[1]	Mikrobiologische Qualität	Verpackung	Deklaration und Werbeaussagen	test-QUALITÄTSURTEIL
Gewichtung				50 %	25 %	5 %	5 %	15 %	100 %
Niedriger Abrieb									
Kaufland K-Classic / Dental Kräuter[2]	0,45 / 125	0,36	Niedrig	++	++	++	+	+	**SEHR GUT (1,4)**
Blend-a-med Complete Plus Milde Frische[4]	0,95 / 75	1,27	Niedrig	++	○	++	+	+	**GUT (1,6)**
dm / Alverde Naturkosmetik 5 in 1 Zahncreme Nanaminze[3)5]	1,75 / 75	2,33	Niedrig	++	○	++	+	+	**GUT (1,7)**
Real Quality Zahncreme classic	0,79 / 75	1,05	Niedrig	++	○	++	+	+	**GUT (1,8)**
Colgate Komplett Extra Frisch	1,05 / 75	1,40	Niedrig	++	○	++	+	○	**GUT (1,9)**
dm / Dontodent Kräuter	0,45 / 125	0,36	Niedrig	++	○	++	+	○	**GUT (1,9)**
Norma / Dentabella Kräuter[2]	0,45 / 125	0,36	Niedrig	++	○	++	+	○	**GUT (1,9)**

Bewertungsschlüssel der Prüfergebnisse: ++ = Sehr gut (0,5–1,5). + = Gut (1,6–2,5). ○ = Befriedigend (2,6–3,5). ⊖ = Ausreichend (3,6–4,5). — = Mangelhaft (4,6–5,5). **Bei gleichem Qualitätsurteil Reihenfolge nach Alphabet.**
1) Durch z. B. Nahrungs- und Genussmittel, Zigarettenrauchen. **2)** Hergestellt von Durodont. **3)** Naturkosmetik-Siegel: Natrue. **4)** Laut Anbieter inzwischen Produktbezeichnung in Blend-a-med Complete Milde Frische geändert. **5)** Laut Anbieter inzwischen Rezeptur geändert. **Einkauf der Prüfmuster:** November bis Dezember 2014.

aber wünschenswert. Für sensible Zahnhälse wäre ein eher niedriger Abrieb sinnvoll, wie ihn die darin sehr gute Dental Kräuter von Kaufland/K-Classic bietet. Auffällig viele Pasten mit niedrigem Abrieb entfernten Verfärbungen sonst nur befriedigend. Das könnte mit verwendeten Putzkörpern zusammenhängen.

Kinderzähne brauchen starken Schutz

Gerade Kinderzähne müssen zuverlässig vor Karies geschützt werden – der noch weiche Zahnschmelz braucht Fluorid. Im Test standen 17 Kinderzahnpasten für Milchzähne und 12 Juniorzahnpasten für bleibende Zähne. Unser Fazit: Viele schützen sehr gut vor Karies. Zwei Kinderzahnpasten fielen durch, weil sie kein Fluorid enthielten. Wieder waren es Naturkosmetikanbieter, diesmal Lavera und Weleda. Drei Juniorzahnpasten enthielten nicht genügend Fluorid.

Von 500 bis 1 500 ppm Fluorid

Kinder- und Juniorzahncremes unterscheiden sich im Fluoridgehalt. Laut Deutscher Gesellschaft für Zahn-, Mund- und Kieferheilkunde sollen Kinderzahncremes maximal 500 ppm (parts per million, Teile pro Million) Fluorid enthalten. Das soll unter anderem das Risiko für weiße Schmelzflecken, die Fluorose, senken. Mit Juniorzahnpasten können sowohl bleibende Zähne als noch vorhandene Milchzähne geputzt werden. Sie enthalten mehr Fluorid – im Test zwischen 970 und den bei uns maximal erlaubten 1500 ppm. Dieser Maximalgehalt entspricht dem für Erwachsene – deshalb könnten 6- bis 12-Jährige problemlos auch die Zahncreme ihrer Eltern verwenden. Die kostet oft auch deutlich weniger. Juniorzahncreme trifft aber eher den Geschmacksnerv der Kinder und ist milder.

test Juniorzahnpasta 12/2015

www.test.de	Mittlerer Preis ca. (Euro) / Inhalt (Milliliter)	Preis pro 100 Milliliter ca. (Euro)	Abrieb (gemessen)	Kariesprophylaxe durch Fluorid	Entfernung von Verfärbungen[1]	Verpackung	Deklaration und Werbeaussagen	Mit Zinkzusatz	test-QUALITÄTSURTEIL
Gewichtung				65 %	10 %	5 %	20 %	0 %	100 %
Elmex Junior	2,04 / 75	2,72	Mittel	++	+	+	+	Nein	SEHR GUT (1,4)
dm / Dontodent Junior mit Fluorid und mildem Minz-Geschmack	0,65 / 100	0,65	Niedrig	++	○	+	+	Nein	SEHR GUT (1,5)
Signal Junior Beyblade Mild & Cool Minze	1,59 / 75	2,12	Mittel	++	○	+	+	Nein	SEHR GUT (1,5)
Signal Junior Mia and Me Mild & Cool Minze	1,59 / 75	2,12	Mittel	++	○	+	+	Nein	SEHR GUT (1,5)
El-Cemed Cool Fresh Zahncreme mit Bubblegum Aroma	1,59 / 75	2,12	Mittel	++	+	+	○	Nein	GUT (1,6)
Odol-med3 Junior Fresh Mint	0,95 / 50	1,90	Niedrig	++	○	+	○	Nein	GUT (1,7)
Theramed Junior Fluorid Zahnpasta, Erdbeer	1,73 / 75	2,31	Sehr niedrig	++	○	⊖	○	Nein	GUT (1,9)
Müller / Sensident Junior Zahngel Apfel-Minz Geschmack[2]	0,55 / 75	0,73	Niedrig	○	○	+	+	Nein	BEFRIEDIGEND (2,8)
Kaufland / K-Classic Dental Junior Mint[2]	0,49 / 75	0,65	Niedrig	○	○	+	○	Nein	BEFRIEDIGEND (3,0)
Kaufland / K-Classic Dental Junior Exotic[2]	0,49 / 75	0,65	Niedrig	○	○	+	○	Nein	BEFRIEDIGEND (3,0)
Rewe / Today Dent Junior Kariesschutz Junior[3]	0,65 / 75	0,87	Niedrig	++	○	+	+	Ja*)[4]	AUSREICHEND (4,0)
Rossmann / Perlodent Med Junior Zahncreme Minzgeschmack	0,49 / 75	0,65	Niedrig	+	○	+	+	Ja*)[4]	AUSREICHEND (4,0)

Bewertungsschlüssel der Prüfergebnisse: ++ = Sehr gut (0,5–1,5). + = Gut (1,6–2,5). ○ = Befriedigend (2,6–3,5). ⊖ = Ausreichend (3,6–4,5). — = Mangelhaft (4,6–5,5). **Bei gleichem Qualitätsurteil Reihenfolge nach Alphabet.**

***) Führt zur Abwertung.**

1) Durch z. B. Nahrungs- und Genussmittel. **2)** Hergestellt von Durodont. **3)** Hergestellt von Dental-Kosmetik.
4) Nach einer Empfehlung des Bundesinstitutes für Risikobewertung sollen Zahnpasten speziell für Kinder oder Jugendliche keinen Zinkzusatz enthalten. **Einkauf der Prüfmuster:** Juni bis Juli 2015.

Problematische Zinkzusätze

Die Kinder- und Juniorzahnpasten von Rewe und Rossmann enthielten Zink. In Mundhygieneprodukten wirkt das Spurenelement gegen Plaque, Zahnstein, Mundgeruch und Zahnfleischentzündungen. Das Bundesinstitut für Risikobewertung empfiehlt für Kinder jedoch zinkfreie Mundhygieneprodukte, um mögliche Überdosierungen zu vermeiden. Kinder und Jugendliche nehmen meist bereits über die Nahrung die empfohlene Tageshöchstmenge an Zink auf. Wir haben die zinkhaltigen Pasten deshalb abgewertet. ■

Anbieter Seite 260

test Kinderzahnpasta 12/2015

www.test.de	Mittlerer Preis ca. (Euro) / Inhalt (Milliliter)	Preis pro 100 Milliliter ca. (Euro)	Kariesprophylaxe durch Fluorid	Verpackung	Deklaration und Werbeaussagen	Mit Zinkzusatz	test-QUALITÄTSURTEIL
Gewichtung			65 %	5 %	30 %	0 %	100 %
dm / Dontodent Kids mildes Fluoridzahngel mit Erdbeergeschmack	0,65 / 100	0,65	++	+	+	Nein	SEHR GUT (1,4)
Elmex Kinder-Zahnpasta	1,44 / 50	2,88	++	+	+	Nein	SEHR GUT (1,4)
Müller / Sensident Kids Zahncreme Himbeer-Geschmack	0,55 / 75	0,73	++	+	+	Nein	SEHR GUT (1,4)
Nenedent Kinderzahncreme, homöopathieverträglich mit Fluorid	1,95 / 50	3,90	++[1)]	+	+	Nein	SEHR GUT (1,4)
Nenedent Kinderzahncreme mit Fluorid	1,15 / 50	2,30	++[1)]	+	+	Nein	SEHR GUT (1,5)
Signal Milchzahn-Gel Capt'n Sharky	1,59 / 50	3,20	++	+	+	Nein	SEHR GUT (1,5)
Signal Milchzahn-Gel Prinzessin Lillifee	1,59 / 50	3,20	++	+	+	Nein	SEHR GUT (1,5)
Odol-med3 Milchzahn Mild Mint	0,95 / 50	1,90	++	+	○	Nein	GUT (1,6)
Kaufland / K-Classic Dental Kids Berry[2)3)]	0,49 / 75	0,65	++	+	○	Nein	GUT (1,7)
Lidl / Dentalux Kariesschutz for Kids Freche Orange[4)]	0,65 / 100	0,65	++	+	○	Nein	GUT (1,7)
Putzi Zahncreme für Kinder, Enthält wertvolles Calcium	0,89 / 50	1,78	+	+	+	Nein	GUT (2,0)
Putzi Zahncreme für Kinder, Fruchtiger Erdbeergeschmack	0,89 / 50	1,78	+	+	○	Nein	GUT (2,3)
Rewe / Today Dent Kids Milchzähne[4)]	0,65 / 75	0,87	++	+	+	Ja[*)5)]	AUSREICHEND (4,0)
Rossmann / Perlodent Kids Madagascar Zahncreme, Minzgeschmack	0,49 / 75	0,65	++	+	+	Ja[*)5)]	AUSREICHEND (4,0)
Rossmann / Perlodent Kids Zahngel, Erdbeergeschmack	0,49 / 75	0,65	++[6)]	+	+	Ja[*)5)]	AUSREICHEND (4,0)
Lavera Basis Sensitiv Zahngel mit Bio-Erdbeere und Bio-Himbeere[7)]	2,49 / 75	3,30	–[*)]	+	○	Nein	MANGELHAFT (5,0)
Weleda Kinder-Zahngel[7)]	3,95 / 50	7,90	–[*)]	○	⊖[8)]	Nein	MANGELHAFT (5,0)

Bewertungsschlüssel der Prüfergebnisse: ++ = Sehr gut (0,5–1,5). + = Gut (1,6–2,5). ○ = Befriedigend (2,6–3,5). ⊖ = Ausreichend (3,6–4,5). – = Mangelhaft (4,6–5,5). **Bei gleichem Qualitätsurteil Reihenfolge nach Alphabet.**

***) Führt zur Abwertung.**

1) Enthält Xylitol, das den Kariesschutz der Fluorverbindung unterstützt. **2)** Hergestellt von Durodont. **3)** Laut Anbieter Rezeptur und Packungsgröße geändert. **4)** Hergestellt von Dental-Kosmetik. **5)** Nach einer Empfehlung des Bundesinstitutes für Risikobewertung sollen Zahnpasten speziell für Kinder oder Jugendliche keinen Zinkzusatz enthalten. **6)** Enthält Calciumglycerophosphat, das den Kariesschutz der Fluorverbindung unterstützt. **7)** Naturkosmetik-Siegel: Natrue. **8)** Unter anderem Aussagen wie z. B. „klinisch getestet". **Einkauf der Prüfmuster:** Juni bis Juli 2015.

Unser Rat

Selbst löschen. Kommentieren Sie möglichst nur in Foren und auf Webseiten mit Löschfunktion. Wer eigene Beiträge bereut, kann sie per Löschfunktion selbst wieder entfernen.
Helfen lassen. Gibt es keine Löschfunktion, kontaktieren Sie den Anbieter des Forums oder der Webseite. Wer die Mühe scheut, kann einen Löschdienst mit dem Schriftverkehr beauftragen (siehe Kasten unten).

Holt mich da raus

2/2015 Das Internet vergisst nichts. Es sei denn, wir achten auf unsere Daten und beharren im Einzelfall auf Löschung. Eine kurze Anleitung.

Kompromittierende Fotos, verräterische Links und peinliche Kommentare: Die eigenen Spuren im Internet können den Ruf ruinieren oder sogar den Job kosten. Wer sie loswerden möchte, braucht viel Zeit, Hartnäckigkeit und etwas Glück.

Löschen in sozialen Netzwerken

Bei Postings in sozialen Netzwerken ist Eigeninitiative der beste Weg. Es beginnt mit der Vorsorge: Kommentieren und posten Sie nicht unbedacht. Nie unter Zeitdruck und nicht im Zorn. Prüfen Sie Ihre Texte, bevor Sie sie freigeben. Nutzen Sie die Meldefunktionen bei Facebook und Co, wenn sich unerwünschte Inhalte von Freunden auf Ihrer Webseite finden. Bis auf Twitter reagierten alle Netzwerke im Test wie versprochen. Sie löschen die Verknüpfung auf der Seite des Meldenden und der Beitrag verschwindet dort. Wer in Newsportalen und Foren kommentiert, sollte Webseiten mit Löschfunktion bevorzugen, das spart Mails oder Briefe an den Forumsbetreiber, wenn Ihr Posting wieder verschwinden soll.

Komplett löschen ist schwer

Kompliziert wird die komplette Löschung von Fotos und Texten, die Freunde oder Fremde eingestellt haben. Die Verknüpfung auf der Seite des Abgebildeten lässt sich zwar entfernen, die Inhalte bleiben aber auf der Seite des Einstellenden erhalten. Wenn der sich weigert zu löschen, bleibt im Zweifelsfall nur der Rechtsweg. Manchmal hilft der Druck mithilfe eines Anwalts. ■

Melde- und Löschdienste

Soziale Netzwerke wie Facebook und Co. bieten Meldefunktionen für unerwünschte Inhalte. Damit können Sie verknüpfte Inhalte auf Ihrer Seite automatisch entfernen lassen.
Löschdienste wie DeinGuterRuf.de, reputation-defender.de und Web-Killer.de vermarkten das Löschen als Dienstleistung. Für rund 30 bis 200 Euro pro Auftrag mahnen Sie die Löschung bei Webanbietern an.

FOTO: THINKSTOCK; STIFTUNG WARENTEST; PLAINPICTURE (M)

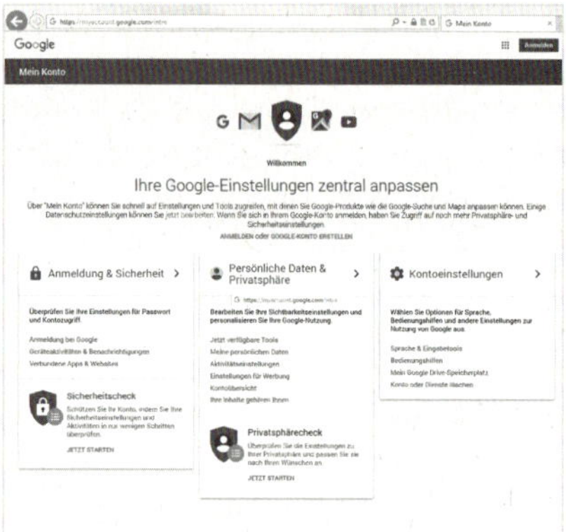

Unser Rat

Eine Schwäche des Google-Portals „Mein Konto“ ist seine Unübersichtlichkeit. Manche Informationen und Einstellungsoptionen sind nur mit viel Geduld zu finden. Wem das zu kompliziert ist, der sollte den **Privatsphärecheck** und den **Sicherheitscheck** nutzen, den „Mein Konto“ bietet. Diese Funktionen führen den Surfer durch die wichtigsten Punkte zum Thema Datenschutz bei Google.

Googles Röntgenblick

8/2015 Von einem, der auszog, das Fürchten zu lernen: test-Redakteur Martin Gobbin hat recherchiert, wie sehr Google ihn durchleuchtet.

Einbrechen können Sie bei mir am besten wochentags zwischen 9 und 18 Uhr. Da bin ich 7,128 Kilometer von zuhause entfernt – sagt mein Bewegungsprofil von Google. Wo ich wohne, erfahren Sie darin auch. Alternativ können Sie vielleicht auf meine Kosten online shoppen gehen: In meinem Google-Profil ist mein Paypal-Konto angegeben – falls ich für beide das gleiche Passwort verwende, steht Ihrem Einkauf nichts mehr im Wege. Einzige Voraussetzung: Sie müssen meine Googlemail-Adresse herausfinden und mein Passwort knacken.

Was Google alles weiß

Meine Anschrift und viele weitere persönliche Daten stehen in „Mein Konto“ (https://myaccount.google.com). Diese Plattform hat Google im Juni geschaffen. Jeder, der ein Google-Konto hat, kann sich dort einloggen, über ihn gesammelte Daten einsehen und Einstellungen anpassen.

An sich ist „Mein Konto“ also eine gute Sache: Der Internetriese gibt hier einen Einblick in Teile dessen, was er von mir weiß. Damit verdeutlicht „Mein Konto“ aber auch das besorgniserregende Ausmaß von Googles Datenhunger: Neben meiner Privatadresse kennt der Konzern auch den Sitz meines Arbeitgebers und meinen aktuellen Aufenthaltsort. Dank meines Kalenders weiß Google sogar, wo ich wann sein werde.

Da die Datenkrake jede meiner Suchanfragen speichern kann und weiß, welche Apps ich nutze, dürfte Google auch voll im Bilde

Doppelte Absicherung beim Login
Findet ein Krimineller Nutzername und Passwort meines Google-Kontos heraus, kann er meine Daten stehlen. Sicherer ist die „Bestätigung in zwei Schritten“. Hierbei muss ich zusätzlich einen Code eingeben, den Google mir auf mein Handy schickt. Alternativ kann ich auch einen Sicherheitsschlüssel nutzen. Um mein Konto zu knacken, bräuchte der Datendieb mein Handy oder den Schlüssel.

sein über meine politische Ausrichtung, meine sexuellen Präferenzen, mein Gehalt, meinen gesundheitlichen Zustand sowie meine Wünsche und Sorgen.

Zudem durchsucht Google meine E-Mails maschinell, kennt die Kontaktdaten von Verwandten, Freunden und Kollegen sowie meine Zahlungsdaten für Paypal und Visa.

Wozu Google meine Daten verwendet

Google gewinnt mit all diesen Informationen ein umfassendes Bild von mir. So kann der Konzern seinen Werbekunden anbieten, mir personalisierte, auf meine Interessen zugeschnittene Anzeigen einzublenden. Für die werbenden Firmen ist das hilfreich, denn so wissen Hersteller von Lippenstiften und Luxusautos, dass es rausgeschmissenes Geld wäre, mir ihre Anzeigen zu unterbreiten. Betreiber von Kinos, Filmverleihen oder Onlinevideotheken hingegen wissen, dass die Chance recht hoch ist, dass ich als Filmfan die beworbenen Angebote auch tatsächlich nutzen werde.

Die Daten, die Google über mich sammelt, helfen Firmen, effektiver Werbung zu betreiben – und die daraus entstehenden Einnahmen ermöglichen es Google, mir zahlreiche Dienste wie Googlemail, Youtube oder Google Maps gratis anzubieten.

Personalisierte Werbung ist also nicht von Natur aus negativ. Sie kann aber dazu führen, dass ich mich wie ein gläserner Nutzer fühle, der seine Privatsphäre verliert. Zudem kann die Werbung in Einzelfällen menschliche Beziehungen schädigen – etwa wenn die Anzeigen den Lebenspartner auf regelmäßige Besuche von Erotikseiten hinweisen oder wenn der Chef sieht, dass sich ein Angestellter für Jobbörsen interessiert.

Welche Gefahren bestehen

Die wirklichen Bedrohungen liegen aber anderswo: Meine persönlichen Daten könnten verkauft oder gestohlen werden. Wer in den Besitz meiner Daten gelangt, kann damit allerlei anfangen: Potenzielle Vermieter, Kredit- oder Arbeitgeber könnten mich abblitzen lassen – etwa falls ich auf der Suche nach einer neuen Wohnung bin und der Makler erfährt, dass ich regelmäßig nach praktischen Tipps google, wie ich mir eine heimische Hanftplantage aufbauen kann.

Für Geheimdienste und autoritäre Staaten sind die Daten hilfreich beim Ausspionieren von Bürgern. Da es mitunter zu Fehlinterpretationen der erhobenen Daten kommt, könnten auch harmlose Onlineaktivitäten verdächtig wirken und staatliche Überwachungsmaßnahmen auslösen.

Kriminelle wiederum könnten die Informationen nutzen, um aus meinen Verhaltensmustern einen geeigneten Zeitpunkt für einen Einbruch oder eine Entführung zu bestimmen. Die Erpressung mit kompromittierenden Daten wäre eine weitere Möglichkeit für Verbrecher.

Wie Sie Ihre Daten schützen können

Gegen Googles Datenhunger hilft vor allem Datensparsamkeit. Was Sie online nicht preisgeben, kann Google auch nicht erfassen. Nutzen Sie außerdem auch andere Anbieter: Nicht nur Google stellt Suchmaschinen, E-Mail-Konten, Landkarten und Videos bereit. Verwenden Sie Google-Dienste, ohne sich dabei in Ihr Konto einzuloggen. Blockieren Sie Cookies oder löschen Sie diese regelmäßig. Unterbinden Sie mit Browser-Erweiterungen den Dienst Google Analytics, der Ihr Surfverhalten überwacht.

Vor Kriminellen können Sie sich schützen, indem Sie starke Passwörter erstellen oder die Zwei-Faktor-Authentifizierung nutzen *(siehe Kasten S. 78)*. Verwenden Sie für jedes Portal ein anderes Passwort und gestatten Sie Ihrem Browser nicht, Passwörter zu speichern. Deaktivieren Sie unter „Mein Konto" die Speicherung Ihrer Suchanfragen und Ihres Standortverlaufs und löschen Sie die bereits vorhandenen Protokolle.

Nähere Erläuterungen zu den genannten Tipps sowie weitere Ratschlage finden Sie auf www.test.de/google-daten. ■

Unser Rat

Bester Tintenstrahldrucker ist der **Canon Maxify iB4050** für 140 Euro, bester Tintenstrahl-Multifunktionsdrucker der **Canon Maxify MB5350** für 225 Euro. Bei den Farblaserdruckern siegt der **Samsung Xpress C1810W** für 212 Euro, bei den Farblaser-Multis der **Samsung Xpress C1860FW** für 355 Euro. Bester Schwarzweißlaser-Kombidrucker ist der **Samsung Xpress M2885FW** für 281 Euro.

Richtig Druck machen

4 + 9/2015 Tinte oder Laser, Schwarzweiß oder Farbe, nur drucken oder auch kopieren – im Test gab es Drucker für alle Anforderungen.

Ob im Büro oder daheim, für Textarbeiter oder Bildgestalter: Ein Drucker gehört dazu. Je nach Anforderungen bieten sich unterschiedliche Drucktechniken und Ausstattungen an. Wir stellen die 29 Drucker vor, die wir 2015 geprüft haben, und erklären, welche Geräte sich für wen eignen.

Tinte druckt die besten Fotos

Die erste Entscheidung bei der Druckersuche: Tinte oder Laser? Für Nutzer, die Wert auf perfekten Fotodruck legen, sind Tintenstrahler die erste Wahl. Zwar schaffen die besten Farblaser Fotos inzwischen auch in sehr ansehnlicher Qualität. Doch mit der Brillanz eines guten Tintendrucks können sie noch immer nicht ganz mithalten.

Dieses Jahr beeindruckten beim Fotodruck besonders zwei Epson-Geräte: Expression Photo XP-55 und Expression Premium XP-625 verblüfften mit ungeahnt detailreichen, farbtreuen und brillanten Fotos. Der Haken: Beide drucken ziemlich teuer. Für ein A4-Foto brauchen sie Tinte im Wert von 1,30 beziehungsweise 1,40 Euro.

Steht perfekte Fotoqualität weniger im Vordergrund, spricht viel für einen Farblaser. Diese Geräte liefern nicht nur Texte, sondern oft auch farbige Grafiken in besserer Qualität als Tintenstrahler. Wer nur Briefe, Rechnungen und andere Texte zu Papier bringt, setzt am besten auf einen Schwarzweißlaser. Die sind kompakter und in Anschaffungs- und Betriebskosten deutlich günstiger als Farblaserdrucker.

Druckt billig, aber nicht gut
Der Multifunktionsdrucker **Epson Ecotank L355** nutzt statt Tintenpatronen vier große Tintentanks, die der Nutzer selbst nachfüllt. Dafür bietet Epson **Tinte in Flaschen** an. Die Druckkosten sind sensationell niedrig: 9 Cent pro A4-Foto und 0,2 Cent pro Briefseite! Doch die Qualität überzeugt nicht. Fotos sehen gut aus, bleichen aber schnell aus. Textdrucke wirken unscharf, ausgefranst, flau.

test Drucker 4 + 9/2015

www.test.de	Mittlerer Preis ca. (Euro)	Drucken	Tinten- oder Tonerkosten	Handhabung	Vielseitigkeit	Umwelteigenschaften	test-QUALITÄTSURTEIL
Gewichtung		45 %	20 %	15 %	15 %	5 %	100 %
Tintenstrahldrucker							
Canon Maxify iB4050	140	+	+	○	+	+	**GUT (2,3)**
Epson Expression Photo XP-55	74	+	⊖	○	++	+	**GUT (2,4)**
HP Officejet Pro 6230	79	+	○	○	+	+	**GUT (2,4)**
Farblaserdrucker							
Samsung Xpress C1810W	212	+	○	○	+	+	**GUT (2,0)**
Dell C2660dn	181	+	○	+	+	+	**GUT (2,3)**
HP Color Laserjet Pro M252dw	240	+	○	+	+	+	**GUT (2,3)**
Brother HL-3152CDW	197	+	○	+	+	+	**GUT (2,4)**
Kyocera Ecosys P6021cdn	195	○	+	○	+	+	**BEFRIEDIGEND (2,6)**
Xerox Phaser 6022	206	+	⊖	+	○	+	**BEFRIEDIGEND (2,6)**

Bewertungsschlüssel der Prüfergebnisse: ++ = Sehr gut (0,5–1,5). + = Gut (1,6–2,5). ○ = Befriedigend (2,6–3,5). ⊖ = Ausreichend (3,6–4,5). — = Mangelhaft (4,6–5,5). **Bei gleichem Qualitätsurteil Reihenfolge nach Alphabet.** **Einkauf der Prüfmuster:** November 2014 bis Mai 2015.

Ob farbig oder Schwarzweiß: Bei der Druckqualität hängten dieses Jahr Laserdrucker von Samsung die Konkurrenz ab. Die Farblaser aus Korea beeindruckten dabei auch mit Fotodrucken, die denen guter Tintenstrahler schon recht nahekommen.

Schneller drucken mit Laser

Besonders bei komplexen Vorlagen arbeiten Laser schneller als die meisten Tintenstrahler. Ein A4-Foto drucken die besten Farblaser in 25 bis 30 Sekunden. Die Tintenstrahler brauchen zwischen einer und vier Minuten. So eignen sich Laser besser, um unter Zeitdruck größere Mengen zu drucken.

Doch nicht nur für Viel-, sondern auch für Gelegenheitsdrucker kann ein Laser attraktiv sein. Hintergrund: Wird ein Tintendrucker länger nicht genutzt, kann die Tinte im Druckkopf eintrocknen. Dann druckt das Gerät streifig oder gar nicht. Moderne Tintendrucker versuchen das zu verhindern, indem sie den Druckkopf regelmäßig spülen. So verbrauchen sie selbst dann teure Tinte, wenn sie gar nicht drucken. Anders bei Laserdruckern: Ihr Tonerpulver trocknet nicht ein und landet auch nach Monaten der Untätigkeit zuverlässig auf dem Papier.

Ist die Entscheidung zwischen Tinte und Laser gefallen, geht es um die Ausstattung. Wer nur drucken will, kauft einen reinen Drucker und spart so Platz und Geld. Immer beliebter werden Multifunktionsdrucker mit integriertem Scanner. Sie können Vorlagen aller Art in den PC einlesen oder ganz ohne Computer fotokopieren.

Im Jahr 2015 haben wir überwiegend Kombidrucker mit Fax geprüft. Noch immer legen viele Käufer Wert auf diese Technik. Besonders Handwerker und Freiberufler nutzen die Fernkopie für Aufträge und Rechnungen. Zudem bieten Kombidrucker mit Fax einen automatischen Vorlageneinzug, der auch beim Kopieren hilfreich sein kann. ▶

test Multifunktionsdrucker 4 + 9/2015

www.test.de	Mittlerer Preis ca. (Euro)	Drucken	Scannen	Kopieren	Tinten- oder Tonerkosten	Handhabung	Vielseitigkeit	Umwelteigenschaften	test-QUALITÄTSURTEIL
Gewichtung		20 %	10 %	15 %	20 %	15 %	15 %	5 %	100 %
Tintenstrahl-Multifunktionsdrucker ohne Fax									
Epson Expression Premium XP-625	117	+	+	+	⊖	○	+	+	GUT (2,5)
Canon Pixma MG6650	100	+	+	○	○	+	+	+	BEFRIED. (2,6)
HP Envy 5640	118	○	+	○	⊖	+	○	+	BEFRIED. (2,8)
Epson Ecotank L355[1)]	287	⊖*)	○	○	++	○	⊖	+	BEFRIED. (3,1)
Brother DCP-J4120DW	110	○	○	⊖*)	○	○	+	+	BEFRIED. (3,3)
Tintenstrahl-Multifunktionsdrucker mit Fax									
Canon Maxify MB5350	225	+	+	+	+	○	+	+	GUT (2,3)
Canon Maxify MB2350	137	+	+	+	○	○	+	+	GUT (2,4)
HP Officejet Pro 6830 e-All-in-One	132	+	○	○	○	+	+	+	BEFRIED. (2,6)
Epson Workforce WF-2660DWF	107	+	○	○	⊖	+	+	+	BEFRIED. (2,7)
HP Envy 7640	168	○	+	○	⊖	+	+	+	BEFRIED. (2,7)
Brother MFC-J4625DW	169	○	○	⊖*)	○	○	++	+	BEFRIED. (3,4)
Brother MFC-J5720DW	320	○	○	⊖*)	+	○	++	+	BEFRIED. (3,4)
Farblaser-Multifunktionsdrucker mit Fax									
Samsung Xpress C1860FW	355	+	++	○	○	+	+	○	GUT (2,3)
HP Color Laserjet Pro MFP M277dw	305	+	+	+	○	+	+	+	GUT (2,4)
Ricoh SP C250SF	256	+	+	+	○	○	+	+	BEFRIED. (2,6)
Brother MFC-9142CDN	315	+	+	○	○	○	+	+	BEFRIED. (2,7)
Schwarzweißlaser-Multifunktionsdrucker mit Fax									
Samsung Xpress M2885FW	281	+	++	○	+	+	+	+	GUT (2,0)
Canon i-Sensys MF217w	230	+	++	○	+	○	○	+	GUT (2,5)
Brother MFC-L2700DW	181	○	+	○	○	+	+	+	BEFRIED. (2,6)
HP Laserjet Pro MFP M127fw	185	+	+	○	○	+	○	+	BEFRIED. (2,6)

Bewertungsschlüssel der Prüfergebnisse: ++ = Sehr gut (0,5–1,5). + = Gut (1,6–2,5). ○ = Befriedigend (2,6–3,5). ⊖ = Ausreichend (3,6–4,5). — = Mangelhaft (4,6–5,5). **Bei gleichem Qualitätsurteil Reihenfolge nach Alphabet.**
***) Führt zur Abwertung.**
1) Besonderheit: Nutzt statt wechselbaren Tintenpatronen nachfüllbare Tintentanks.
Einkauf der Prüfmuster: November 2014 bis Mai 2015.

Alle Drucker im Test lassen sich per Lan-Kabel oder WLan-Funk an einen Netzwerk-Router anschließen und so ins Heimnetz integrieren. Dadurch können Nutzer von mehreren Rechnern auf sie zugreifen. Netzwerkdrucker lassen sich auch von Mobilgeräten wie Smartphone oder Tablet nutzen. Vorteil Lan: Die Kabelverbindung ist schneller, sicherer und stabiler. Vorteil WLan: Das Verlegen von Netzwerkkabeln entfällt. Darum kommt im Privatbereich meist WLan zum Einsatz. ■ **Anbieter Seite 262**

Unser Rat

Die **Pearl/iColor**-Patronen für den **Epson**-Drucker erreichen beinahe die Qualität der Originaltinte und sparen 70 bis 80 Prozent Druckkosten. Unter den Patronen für den **Brother** drucken nur die von **Ink Swiss** zuverlässig. Beim **Canon**-Drucker drucken die Patronen von **Pelikan** am besten, die auch guten von **Peach** sparen mehr. Auch auf dem **HP** druckt **Pelikan** am besten, **Agfaphoto** spart am meisten.

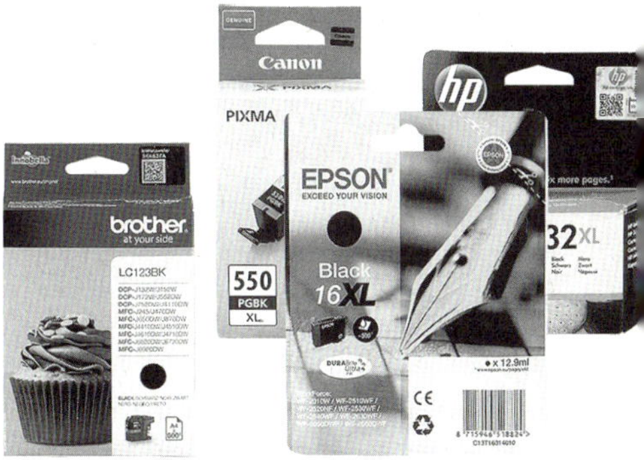

Zutritt verweigert

6/2015 Vier Fremdtinten im Test werden nicht zuverlässig vom Drucker erkannt. Andere drucken dagegen gut und sparen viel Geld.

Erkennen unmögl." Mit diesen lapidar abgekürzten Worten verweigert der Brother-Drucker die Zusammenarbeit mit Patronen von KMP und Peach. Ähnliche Probleme zeigen im Test die KMP-Patronen für den Canon- und die Armor-Patronen für den HP-Drucker. Seit 13 Jahren prüfen wir regelmäßig Druckertinte. Eine solche Häufung von Kompatibilitätsproblemen hat es dabei noch nie zuvor gegeben.

Vier fallen durch, andere sparen viel

Insgesamt haben wir 15 Fremdtinten für Drucker von Brother, Canon, Epson und HP geprüft und mit den Originalpatronen verglichen. Vier fallen mit der Note „Mangelhaft" durch, weil zu viele Exemplare nicht funktionierten. Immerhin: Die meisten anderen Fremdpatronen drucken zuverlässig und liefern eine ordentliche Qualität, einige bringen auch eine enorme Ersparnis.

Besonders attraktiv ist das Tintenangebot für den Epson: Als einziger arbeitet er problemlos mit allen Patronen. Drei von vier Fremdtinten liefern gute Drucke zu günstigen Preisen. Dabei spart die iColor-Tinte, die dem Original qualitativ am nächsten kommt, sogar 70 bis 80 Prozent!

Beim Canon schaffen alle Fremdtinten gute oder bessere Druckqualität. Doch sind ihre Ausdrucke wisch- und lichtempfindlicher als das Original. Wer mit dem Canon Fotos druckt, die durch viele Hände gehen oder an sonnigen Wänden hängen, nutzt besser Originaltinte. ■ **Anbieter Seite 262**

Auch Brother jetzt mit Chip

Im Vortest (test 3/2014) war Brother als letzter Anbieter noch mit einem Drucker vertreten, dessen Patronen nicht mit einem elektronischen Chip gegen Nachbau oder Wiederbefüllen gesichert waren. Entsprechend groß war das Angebot an guten Fremdtinten. Doch eine neue Generation von Brother-Druckern nutzt nun auch Patronen mit einem Chip – wie Canon, Epson und HP es schon länger tun.

FOTO: STIFTUNG WARENTEST

test Patronen für Tintendrucker I 6/2015

www.test.de	Mittlerer Preis der Schwarz-/ Farbpatronen ca. (Euro)	Kosten pro Textseite/ A4-Foto ca. (Cent)	Preisersparnis Schwarz/ Farbe ca. (Prozent)	Ausdrucke	Handhabung	Verpackung	test-QUALITÄTSURTEIL
Gewichtung				**70%**	**25%**	**5%**	**100%**
Brother: Originalset im Vergleich zu Fremdpatronen, geprüft mit Brother MFC-J870DW[1)]							
Brother LC123BK; LC123C; LC123M; LC123Y	25,00 / 3 x 16,00	4,5 / 170	0 / 0	+	+	○	**GUT (1,9)**
Ink Swiss[2)] SIB123B; SIB123C; SIB123M; SIB123Y	4,95 / 3 x 4,95	1,0 / 40	80 / 80	+	+	+	**GUT (2,2)**
KMP B41; B42; B43; B44	11,30 / 3 x 9,50	Zahlreiche Patronen wurden im Test vom Drucker nicht erkannt.					**MANGELHAFT (5,0)**
Peach B123 Black; B123 Cyan; B123 Magenta; B123 Yellow[3)]	5,00 / 3 x 5,00	Zahlreiche Patronen wurden im Test vom Drucker nicht erkannt.					**MANGELHAFT (5,0)**
Canon: Originalset im Vergleich zu Fremdpatronen, geprüft mit Canon Pixma MG5450[4)]							
Canon PGI-550XL PGBK; CLI-551XL BK; CLI-551XL C; CLI-551XL M; CLI-551XL Y	18,00 / 4 x 17,00	4,0 / 80	0 / 0	++	○	○	**GUT (1,9)**
Peach C550XL Black; C551XL Black; C551XL Cyan; C551XL Magenta; C551XL Yellow	5,90 / 4 x 5,90	1,5 / 25	60 / 70	+	○	+	**GUT (2,3)**
Pelikan C56; C57; C58; C59; C60	11,00 / 4 x 10,00	2,0 / 40	50 / 50	+	○	⊖	**GUT (2,3)**
Agfaphoto APCPGI550XLB; APCCLI551XLB; APCCLI551XLC; APCCLI551XLM; APCCLI551XLY	9,00 / 4 x 8,00	2,0 / 40	50 / 50	○	○	—	**BEFRIEDIGEND (2,8)**
KMP C89; C90; C91; C92; C93[4)]	11,30 / 4 x 9,50	Zahlreiche Patronen waren defekt oder wurden im Test vom Drucker nicht erkannt.					**MANGELHAFT (5,0)**

Bewertungsschlüssel der Prüfergebnisse: ++ = Sehr gut (0,5–1,5). + = Gut (1,6–2,5). ○ = Befriedigend (2,6–3,5). ⊖ = Ausreichend (3,6–4,5). — = Mangelhaft (4,6–5,5). **Bei gleichem Qualitätsurteil Reihenfolge nach Alphabet.**

1) Laut Brother auch einsetzbar für DCP-J132W, DCP-J152W, DCP-J172W, DCP-J552DW, DCP-J752DW, DCP-J4110DW, MFC-J245, MFC-J470DW, MFC-J650DW, MFC-J4410DW, MFC-J4510DW, MFC-J4610DW, MFC-J4710DW, MFC-J6520DW, MFC-J6720DW, MFC-J6920DW. **2)** Vertrieb über www.druckerzubehoer.de und www.handyzubehoer.de. **3)** Laut Anbieter Patronen inzwischen geändert. **4)** Laut Canon auch einsetzbar für Pixma iP7250, iP8750, iX6850, MG5550, MG5650, MG6350, MG6450, MG6650, MG7150, MG7550, MX725, MX925.

Einkauf der Prüfmuster: Januar bis März 2015.

test Patronen für Tintendrucker II 6/2015

www.test.de	Mittlerer Preis der Schwarz-/ Farbpatronen ca. (Euro)	Kosten pro Textseite/ A4-Foto ca. (Cent)	Preisersparnis Schwarz/ Farbe ca. (Prozent)	Ausdrucke	Handhabung	Verpackung	test-QUALITÄTSURTEIL
Gewichtung				**70 %**	**25 %**	**5 %**	**100 %**
Epson: Originalset im Vergleich zu Fremdpatronen, geprüft mit Epson Workforce WF-2540WF[2)]							
Epson 16XL Black; 16XL Cyan; 16XL Magenta; 16XL Yellow	19,50 / 3 x 15,50	4,5 / 170	0 / 0	+	+	–	**GUT (1,9)**
Pearl/iColor VM-3176; VM-3177; VM-3178; VM-3179	5,00 / 3 x 5,00	1,0 / 55	80 / 70	+	+	+	**GUT (1,9)**
Armor 478; 479; 480; 481	11,70 / 3 x 10,00	2,5 / 80	40 / 50	+	+	–	**GUT (2,3)**
Edding 312; 313; 314; 315	13,50 / 3 x 10,00	2,5 / 80	40 / 50	+	○	–	**GUT (2,3)**
Ink Swiss[1)] SIE1631B; SIE1632C; SIE1633M; SIE1634Y	3,95 / 3 x 3,95	1,0 / 35	80 / 80	○	+	+	**BEFRIEDIGEND (3,2)**
HP: Originalset im Vergleich zu Fremdpatronen, geprüft mit HP Officejet 6700 Premium e-All-in-One[3)]							
HP 932XL Schwarz; 933XL Cyan; 933XL Magenta; 933XL Gelb	26,60 / 3 x 13,00	3,0 / 70	0 / 0	+	+	+	**GUT (1,6)**
Agfaphoto APHP932BXL; APHP933CXL; APHP933MXL; APHP933YXL	10,00 / 3 x 7,50	1,0 / 35	70 / 50	+	+	○	**GUT (2,2)**
Pearl/iColor VM-4320; VM-4321; VM-4322; VM-4323	9,90 / 3 x 9,90	1,0 / 50	70 / 30	+	+	○	**GUT (2,2)**
Pelikan H89; H90; H91; H92	18,00 / 3 x 10,00	2,0 / 50	30 / 30	+	○	+	**GUT (2,2)**
Armor 501; 502; 503; 504	21,30 / 3 x 12,20	Zahlreiche Patronen wurden im Test vom Drucker nicht erkannt.					**MANGELHAFT (5,0)**

Bewertungsschlüssel der Prüfergebnisse: ++ = Sehr gut (0,5–1,5). + = Gut (1,6–2,5). ○ = Befriedigend (2,6–3,5). ⊖ = Ausreichend (3,6–4,5). — = Mangelhaft (4,6–5,5). **Bei gleichem Qualitätsurteil Reihenfolge nach Alphabet.**

1) Vertrieb über www.druckerzubehoer.de und www.handyzubehoer.de.

2) Laut Epson auch einsetzbar für Workforce WF-2520NF, WF-2530WF, WF-2010W, WF-2510WF, WF-2630WF, WF-2650DWF, WF-2660DWF.

3) Laut HP auch einsetzbar für Officejet 6100er Serie; 6600er Serie; 7100er Serie; 7600er Serie.

Einkauf der Prüfmuster: Januar bis März 2015.

Unser Rat

Die beste Handhabung bieten der sehr gute **Amazon Kindle Voyage** für 189 Euro und der gute **Amazon Kindle** für 79 Euro. Beide können kopiergeschützte Bücher nur von Amazon darstellen. Bestes Gerät für den konkurrierenden Adobe-Kopierschutz ist der **Tolino Vision 2** für 129 Euro. Eine noch etwas bessere Bildqualität bietet der **Kobo Aura H2O** für 179 Euro. Beide Geräte sind wasserfest.

Zwei Welten, zwei Sieger

2/2015 Die Welt der elektronischen Bücher ist in zwei Lager gespalten. Amazon Kindle Voyage und Tolino Vision 2 liegen jeweils an der Spitze.

Leseratten möchten sie nicht mehr missen: E-Book-Reader fassen den Inhalt ganzer Bücherschränke. Ihre Bildschirme sind auch bei Sonnenschein gut abzulesen. Die Schriftgröße lässt sich nach Wunsch anpassen. Wer sich ein Lesegerät zulegt, muss sich zwischen zwei Welten entscheiden. Zwei konkurrierende Kopierschutzsysteme dominieren den Markt für elektronische Bücher. Die E-Reader verstehen jeweils nur eines davon. Acht Geräte haben wir geprüft – zwei für Lesestoff von Amazon, sechs für den der Konkurrenz. In beiden Lagern schafft je ein E-Book-Reader ein Sehr Gut.

Beste Handhabung bei Amazon

Bei der Handhabung sind die Kindle-Geräte spitze. Bücher im vorinstallierten Shop finden, kaufen und laden, der Umgang mit Lesezeichen, die Suche im Buch – all das geht bei den Kindle-Readern noch etwas flüssiger von der Hand als bei den anderen Geräten. Doch die Sache funktioniert nur mit Büchern von Amazon – oder mit solchen ohne Kopierschutz. Geschützte Dateien anderer Anbieter zeigen die Amazon-Reader nicht. Wer sich einen Kindle kauft, bindet sich fest an den Dienst von Amazon.

Wem das nicht behagt, der hat die Wahl zwischen etlichen anderen E-Book-Portalen. Die meisten nutzten bisher den Kopierschutz von Adobe. Einige deutsche Anbieter haben sich zur Tolino-Allianz zusammengeschlossen. Ihr Tolino Vision 2 kommt den Kindles in der Handhabung am nächsten.

Abschied von Adobe DRM
Im Laufe des Jahres haben sich immer mehr Verlage vom komplizierten Kopierschutz von Adobe verabschiedet. Stattdessen versehen Buch-Portale, die E-Books bisher mit Adobe verschlüsselt haben, Bücher zunehmend mit kundenfreundlicheren **digitalen Wasserzeichen.** Die erlauben eine Zuordnung von Buchdateien zu einem Nutzerkonto, schränken aber die Nutzungsmöglichkeiten nicht ein.

test E-Book-Reader 2/2015								
www.test.de	Mittlerer Preis ca. (Euro)	Bild-qualität	Bücher laden	Hand-habung	Viel-seitig-keit	Kon-struk-tion	Akku	test-QUALITÄTS-URTEIL
Gewichtung		40%	10%	20%	10%	15%	5%	100%
Für Amazon-Kopierschutz								
Amazon Kindle Voyage[1)]	189	++	○	++	+	++	++	**SEHR GUT (1,4)**
Amazon Kindle (WP63GW)	79[2)]	○	○	++	○	+	++	**GUT (2,3)**
Für Adobe-Kopierschutz								
Tolino Vision 2	129	++	+	+	+	+	++	**SEHR GUT (1,5)**
Kobo Aura H2O	179[3)]	++	+	+	+	+	++	**GUT (1,7)**
Pocketbook Touch Lux 2[4)]	111	++	+	+	++	+	++	**GUT (1,7)**
Icarus Illumina (E653)[5)]	120	++	○	+	+	+	+	**GUT (2,0)**
Pocketbook Inkpad	199	+	+	○	++	++	++	**GUT (2,0)**
Icarus Excel (E1051)	340	○	○	⊖	++	○	○	**BEFRIED. (2,8)**

Bewertungsschlüssel der Prüfergebnisse: ++ = Sehr gut (0,5–1,5). + = Gut (1,6–2,5). ○ = Befriedigend (2,6–3,5). ⊖ = Ausreichend (3,6–4,5). — = Mangelhaft (4,6–5,5).
Bei gleichem Qualitätsurteil Reihenfolge nach Alphabet.
1) Auch erhältlich als Kindle Voyage 3G für 249 Euro: Kann Bücher von Amazon ohne zusätzliche Kosten für den Datentransfer auch per Mobilfunk laden. **2)** Preis für Modellvariante ohne Werbeeinblendungen. Auch erhältlich mit Werbeeinblendungen für 59 Euro. **3)** Mittlerer Onlinepreis ohne Versandkosten (Stand: 15. Dezember 2014).
4) Laut Anbieter durch Nachfolger Pocketbook Touch Lux 3 ersetzt. **5)** Laut Anbieter inzwischen geändert.
Einkauf der Prüfmuster: Oktober bis Dezember 2014.

Eine Besonderheit teilt der Tolino mit dem Kobo Aura H2O: Beide sind wassergeschützt. Einen halbstündigen Tauchtest in ein Meter tiefem Wasser überstehen sie problemlos. Die beiden Pocketbooks haben eine Funktion mit den Kindles gemein: Sie können Bücher auch per E-Mail empfangen. Dafür hat jedes Gerät eine eigene Mail-Adresse.

Grenzgänger als Notlösung

Die beiden Geräte von Icarus hätten das Zeug dazu, die Grenze zwischen den Kopierschutzwelten durchlässiger zu machen. Von Haus aus unterstützen zwar auch sie nur den Adobe-Schutz. Doch nutzen sie Googles Android-Betriebssystem. So könnte der Nutzer die Lese-App von Amazon installieren und so Bücher aus beiden Welten auf einem Gerät vereinen. In der Praxis taugt das aber nur als Notlösung. Der teure Icarus Excel ist schwer und unhandlich, sein Touchscreen lässt sich nur mit einem Eingabestift bedienen. Den handlicheren Icarus Illumina liefert der Hersteller ohne Google Play Store aus. Um die Kindle-App aufzuspielen, müsste der Nutzer sich die Installationsdatei beschaffen. Das ist nichts für Technikmuffel.

Statt das Problem zu lösen, unterstreichen solche Notlösungen: Die Kopierschützerei verkompliziert Leben und Lesen. Das hat inzwischen auch die Buchbranche verstanden: Seit einigen Monaten sind immer mehr E-Books ohne Adobe-Kopierschutz erhältlich *(„Abschied von Adobe DRM“, S. 86)*. Das macht den Umgang mit E-Books der Amazon-Konkurrenten einfacher und flexibler. Damit gewinnt die Konkurrenz gegenüber dem komfortablen, aber auch sehr abgeschotteten Amazon-System weiter an Attraktivität. ■

Anbieter Seite 262

Unser Rat

Die beste Note im Test erreicht der Einzelabruf von **Maxdome**. Der Angebotsumfang ist allerdings bei **Apple iTunes** größer – Apple wurde jedoch aufgrund deutlicher Mängel in seinen Geschäftsbedingungen abgewertet. Für das Leihen von Serien eignet sich das Abo von **Netflix** am ehesten. Abos bieten aber im Vergleich zu den Einzelabrufdiensten kaum aktuelle Blockbuster.

Die Auswahl ist ein Drama

3/2015 Onlinevideotheken liefern Filme und Serien per Internet bequem ins Wohnzimmer. Ihr Repertoire ist allerdings enttäuschend mager.

Wenn es draußen stürmt und regnet, macht der Gang zur Videothek keinen Spaß. Die gemütliche Alternative heißt Onlinevideotheken, auch als „Video on demand" bekannt. Der Zuschauer streamt den gewünschten Film via Internet auf Fernseher, Computer, Tablet oder Smartphone. Wenn er ihn denn findet. Das Repertoire der Plattformen lässt sehr zu wünschen übrig. Apple iTunes erreicht als einziger Dienst im Test die Note befriedigend für seinen Angebotsumfang, alle anderen sind ausreichend oder mangelhaft. Apple verschenkt den Testsieg aber mit deutlichen Mängeln in den Geschäftsbedingungen, daher liegt der Einzelabruf von Maxdome vorn.

Filmsuche endet oft erfolglos

Als Referenz diente eine große Berliner Videothek: Von 100 populären Filmen, die die Tester suchten, fanden sie dort 83. Unter den Onlinevideotheken kam iTunes mit 71 Treffern auf den höchsten Wert. Wer die Filme nicht einzeln bezahlen, sondern ein Abo abschließen möchte, hat noch weniger Auswahl: Von den 100 gesuchten Filmen fanden die Tester bei Amazon 22, die anderen Abo-Dienste boten noch weniger. Gerade Neuheiten gibt es oft nur im Einzelabruf, die Abos liefern eher Masse statt Klasse.

Auch Serienfans werden selten fündig: Das Netflix-Abo kam mit 25 von 98 gesuchten Serien auf den höchsten Wert. Im Einzelabruf war meist keine einzige der gesuchten Serien ausleihbar. ■ Anbieter Seite 262

Voraussetzung: schnelles Internet
Damit Videos flüssig laufen, braucht der Nutzer eine schnelle Netzverbindung. Von der Surfgeschwindigkeit hängt auch ab, welche Bildqualität der Stream erreicht. Für eine problemfreie Wiedergabe sollten folgende Werte erreicht ober überschritten werden: bei Standardauflösung (SD) 1 Megabit, bei Hochauflösung (HD) 2 bis 6 Megabit, bei Ultrahochauflösung (UHD) 25 Megabit pro Sekunde.

test Onlinevideotheken (Video on Demand): Abo 3/2015

www.test.de	Preis pro Monat (Euro)[1]	Angebots-umfang	Nut-zung	Bild- und Ton-qualität	Mängel in den AGB	Daten-sendungs-verhalten[2]	test-QUALITÄTS-URTEIL
Gewichtung		35 %	40 %	25 %	0 %	0 %	100 %
Amazon Prime Instant Video	7,99	⊖	○	++	deutlich*)	unkritisch	BEFRIED. (3,5)
Snap by Sky	3,99 / 6,99[3]	–*)	⊖	+	gering	unkritisch	AUSREICH. (3,6)
Maxdome Paket	7,99	–*)	+	+	keine	unkritisch	AUSREICH. (3,8)
Netflix[4]	7,99 / 9,99[5] / 11,99[6]	⊖	○	++	sehr deutlich*)	unkritisch	AUSREICH. (4,0)
Watchever	8,99	⊖	○	++	sehr gering	sehr kritisch*)	AUSREICH. (4,0)

Bewertungsschlüssel der Prüfergebnisse: ++ = Sehr gut (0,5–1,5). + = Gut (1,6–2,5). ○ = Befriedigend (2,6–3,5). ⊖ = Ausreichend (3,6–4,5). – = Mangelhaft (4,6–5,5). **Bei gleichem Qualitätsurteil Reihenfolge nach Alphabet.**
***) Führt zur Abwertung. Mängel in den AGB (allgemeine Geschäftsbedingungen):** keine, sehr gering, gering, deutlich, sehr deutlich. **Datensendungsverhalten:** unkritisch, kritisch, sehr kritisch.
1) Stand: Oktober 2015. **2)** Urteil bezieht sich auf die im gesendeten Datenstrom identifizierten Daten.
3) Der Tarif für 6,99 Euro ermöglicht zusätzlich einen Offline-Modus für mobile Geräte und die gleichzeitige Nutzung mit zwei Geräten. **4)** Laut Anbieter AGB inzwischen verändert. **5)** Der Tarif für 9,99 Euro bietet zusätzlich HD-Bildqualität und die gleichzeitige Nutzung mit zwei Geräten. **6)** Der Tarif für 11,99 Euro bietet zusätzlich UHD-Bildqualität und die gleichzeitige Nutzung mit vier Geräten. **Prüfzeitraum:** Oktober 2014 bis Februar 2015.

test Onlinevideotheken (Video on Demand): Einzelabruf 3/2015

www.test.de	Preisspanne für Leihe pro Film (Euro)[1]	Angebotsumfang	Nutzung	Bild- und Tonqualität	Mängel in den AGB	Datensendungs-verhalten[2]	test-QUALITÄTS-URTEIL
Gewichtung		35 %	40 %	25 %	0 %	0 %	100 %
Maxdome Einzelabruf	2,99 bis 5,99	⊖	○	++	keine	unkritisch	BEFRIED. (2,8)
Apple iTunes	0,99 bis 4,99	○	○	++	deutlich*)	unkritisch	BEFRIED. (3,1)
Telekom Videoload	0,99 bis 6,99	⊖	○	+	sehr gering	unkritisch	BEFRIED. (3,1)
Amazon Instant Video Shop	0,99 bis 6,99	⊖	○	+	deutlich*)	unkritisch	BEFRIED. (3,3)
Media Markt Videodownloadshop	0,49 bis 5,99	⊖	○	+	keine	unkritisch	BEFRIED. (3,3)
Microsoft Xbox Video	1,99 bis 5,99	–	○	++	sehr deutlich*)	unkritisch	AUSREICH. (4,3)
Sony Video Unlimited	K. A.	⊖	⊖	++	sehr deutlich*)	unkritisch	AUSREICH. (4,3)
Videociety	1,99 bis 5,99	–	○	+	sehr gering	sehr kritisch*)	AUSREICH. (4,4)

Bewertungsschlüssel der Prüfergebnisse: ++ = Sehr gut (0,5–1,5). + = Gut (1,6–2,5). ○ = Befriedigend (2,6–3,5). ⊖ = Ausreichend (3,6–4,5). – = Mangelhaft (4,6–5,5). **Bei gleichem Qualitätsurteil Reihenfolge nach Alphabet.**
Mängel in den AGB (allgemeine Geschäftsbedingungen): keine, sehr gering, gering, deutlich, sehr deutlich.
Datensendungsverhalten: unkritisch, kritisch, sehr kritisch. ***) Führt zur Abwertung.** K. A. = Keine Angabe.
1) Laut Anbieterbefragung. **2)** Urteil bezieht sich auf die im gesendeten Datenstrom identifizierten Daten.
Prüfzeitraum: Oktober 2014 bis Februar 2015.

Unser Rat

Testsieger im Breitbildformat 16:9 ist der **Dell U2715H** für 500 Euro. Er punktet mit sehr guter Handhabung. Der **Eizo FlexScan EV2736WFS3** für 620 Euro **bietet das beste Bild.** Besonders beeindruckend ist der Sehgenuss mit einem gewölbten Monitor. Unser **Kauftipp für** ein **Curved-Modell** gilt dem besten Monitor im Ultrabreitbild 21:9, dem **Dell U3415W.** Er kostet rund 755 Euro.

Auf in neue Dimensionen

5/2015 Riesengroß und rattenscharf: Geschwungene Computermonitore bieten mehr Sehgenuss als Notebook und Tablet.

Die Golden Gate Bridge in voller Breite und daneben noch Platz für alle wichtigen Werkzeuge des Bildbearbeitungsprogramms. Megabreite Computermonitore im Format 21:9 machen es möglich. Der beste 21:9-Monitor im Test, Dell U3415W, begeistert überdies mit einer neuen Technik namens „Curved“. Der Bildschirm ist gewölbt, er schmiegt sich links und rechts in Richtung Betrachter und zieht ihn förmlich ins Bild. Beim Test von Fernsehern hat uns „Curved“ noch kaltgelassen, weil der Effekt auf große Distanz nicht funktioniert. Beim Computermonitor ist das anders: Durch den geringen Betrachtungsabstand entfaltet sich der volle „Zauber“. Ergebnis: mehr Sehgenuss und entspannteres Arbeiten.

Platz für viele Programmfenster

Doch auch die Breitbildmonitore ohne Curved-Technik bringen mehr Komfort und Sehgenuss als Notebook und Tablet. Wir haben nicht nur extrabreite Schirme im Format 21:9 getestet, sondern auch klassische Geräte im Breitbildformat 16:9. Aus dieser Gruppe stammt der Testsieger. Der sehr gute Dell U2715H für rund 500 Euro punktet mit geringem Stromverbrauch und sehr guter Handhabung: einfach anschließen, einschalten und loslegen. Der 16:9-Testsieger ist etwa so groß wie ein kleiner Flachbildfernseher. Mit einer Bilddiagonale von 69 Zentimetern liefert der Monitor mehr Platz für Programmfenster und Werkzeugleisten als jedes Notebook.

Drei Schritte zum neuen Monitor
Form. Ein gewölbter Curved-Bildschirm zieht den Anwender ins Bild. Ideal für Spiele und Filme.
Auflösung. Monitore mit ultrahoher 4k-Auflösung brauchen viel Grafikpower, kenntlich an Schnittstellen wie: Thunderbolt, Displayport, HDMI 2.0.
Format. Zum Schreiben und Surfen reicht 16:9. Ultrabreite 21:9-Bildschirme bieten mehr Platz für viele Programmfenster gleichzeitig.

test Monitore 5/2015

www.test.de	Mittlerer Preis ca. (Euro)	Bilddiagonale ca. (cm)	Bildschirm gewölbt (Curved)	Bildqualität	Handhabung	Vielseitigkeit	Umwelteigenschaften	test-QUALITÄTSURTEIL
Gewichtung				55 %	25 %	10 %	10 %	100 %
Breitbild – Seitenverhältnis 16:9								
Dell U2715H	500	69	❑	+	++	++	++	SEHR GUT (1,5)
Eizo FlexScan EV2736WFS3	620	69	❑	++	+	+	+	GUT (1,6)
BenQ GW2765HT	395	69	❑	+	+	+	○	GUT (1,9)
Lenovo ThinkVision Pro 2820	375	71	❑	+	+	+	++	GUT (1,9)
Acer G277HUsmidp	370	69	❑	+	+	+	+	GUT (2,0)
Philips 275C5QHAW	320	69	❑	+	+	++	+	GUT (2,0)
Acer B276HKymjdpprz	660	69	❑	+	○	+	+	GUT (2,1)
Asus PB279Q	700	69	❑	+	○	+	+	GUT (2,1)
Samsung S27D590CS LED	320	69	■	+	+	+	○	GUT (2,1)
Iiyama ProLite B2888UHSU-B1	515	71	❑	+	○	+	+	GUT (2,2)
Medion Akoya X57299 (MD 21299)	400	71	❑	+	○	+	+	GUT (2,2)
HP Pavilion 27xi	241	69	❑	+	+	⊖	+	GUT (2,4)[1]
16:9 Apple								
Apple Thunderbolt Display	890	69	❑	+	+	++	○	GUT (1,8)
Ultrabreitbild – Seitenverhältnis 21:9								
Dell U3415W	755	87	■	+	+	++	○	GUT (1,7)
LG UltraWide 29UB55-B	330	73	❑	+	+	+	+	GUT (1,9)
LG UltraWide 34UC97-S[2]	985	87	■	+	○	+	○	GUT (2,1)
AOC U3477PQU	785	87	❑	+	○	++	○	GUT (2,2)
Samsung S34E790C LED	920	87	■	+	+	+	⊖*)	GUT (2,5)

Bewertungsschlüssel der Prüfergebnisse: ++ = Sehr gut (0,5–1,5). + = Gut (1,6–2,5). ○ = Befriedigend (2,6–3,5). ⊖ = Ausreichend (3,6–4,5). — = Mangelhaft (4,6–5,5). **Bei gleichem Qualitätsurteil Reihenfolge nach Alphabet.**
***) Führt zur Abwertung.** ■ = Ja. ❑ = Nein.
1) Laut Anbieter durch Nachfolger HP Pavilion 27cw ersetzt.
2) Laut Anbieter Software-Update für Multimonitorbetrieb verfügbar. **Einkauf der Prüfmuster:** Januar/Februar 2015.

Wer nur ab und zu mit mehreren Programmen gleichzeitig arbeitet, liegt mit einem 16:9-Monitor richtig. Neben dem Testsieger von Dell empfiehlt sich der FlexScan von Eizo: nicht ganz so gut in der Handhabung, aber noch besser im Bild. Der Eizo lässt sich besonders tief absenken: minimaler Abstand des Bildes zur Tischplatte nur 4,4 Zentimeter. Ein ergonomischer Vorteil.

Tipp: Stellen Sie den Monitor so ein, dass Sie von oben nach unten blicken. Diese Arbeitshaltung gilt als besonders entspannt und beugt Nackenschmerzen vor. ■

Anbieter Seite 262

Unser Rat

Das kostenlose **Avira Free Antivirus 2015** schützt gut vor Schadsoftware. Mehr Sicherheit, auch durch bessere Netzwerkkontrolle mit einer Firewall, kostet aber: Die **G Data Internet Security 2015** für 40 Euro pro Einzellizenz schützt als einzige im Test sehr gut. Ähnlich sicher aber mit besserer Netzwerkkontrolle ist **BullGuard Internet Security 2015** für 60 Euro zu haben (Lizenz für drei PCs).

Feindliche Übernahme

4/2015 Die E-Mail scheint von der Bank zu kommen, doch sie enthält Schadsoftware: Kostenpflichtige Programme schützen am besten.

Der Rubel rollt. Wie der japanische Hersteller von Sicherheitssoftware Trend Micro berichtete, verhökerten russische Kriminelle im Jahr 2013 gestohlene deutsche Kreditkartendaten für 6 Dollar das Stück. Sie besorgen sich diese Informationen vor allem über infizierte Webseiten und E-Mails mit gefälschtem Absender. Welche Software am besten schützt, zeigt der Test von 17 Internet-Sicherheitspaketen. Wir prüften die online erhältlichen Versionen in den Disziplinen Schutz, Handhabung und Rechnerbelastung. Den Testparcours absolvieren neun Programme gut. Zwei davon sind kostenlos: AVG Antivirus Free und Avira Free Antivirus.

G Data sichert am besten

Der Schutzwirkung gingen wir mit verseuchten Datenträgern, Mail-Anhängen, Websites und USB-Sticks auf den Grund. G Data Internet Security 2015 schützt als einziges Sicherheitspaket im Test sehr gut. Wie die nur knapp geschlagenen fünf anderen besonders guten Programme ist diese Schutzsoftware nur gegen Geld zu haben.

Die 2015er Sicherheitspakete finden im besten Fall 99 von 100 Schädlingen. Eine so hohe Erkennungsrate schien noch im Test 2014 utopisch. Allerdings ist schon ein erfolgreicher Angreifer einer zu viel. Beispiel „Phishing" (abfischen): Bei dieser Angriffsform erkannten die Sicherheitspakete im Schnitt nur etwa jeden zweiten Angriff. Die Abwehrquote von Bitdefender, Kaspersky und Norton beträgt immerhin 80 bis 90 Prozent.

Rettungs-CD

Onlinezugriffe sind verzögert, Werbefenster poppen auf, die installierte Sicherheitssoftware hilft nicht: Eine Rettungs-CD sorgt für Abhilfe. Sie startet und säubert den PC unabhängig vom Betriebssystem Windows. Bis auf Avast, BullGuard und McAfee bieten alle anderen im Test eine Rettungs-CD zum Herunterladen an. Besonders effektiv sind die von Eset, Kaspersky, Microsoft und Norton.

FOTO: STIFTUNG WARENTEST

test Sicherheitssoftware 4/2015

www.test.de	Preis für einjährige Einzelplatzlizenz					
	zum Herunterladen ca. (Euro)	im Handel ca. (Euro)	Schutz	Handhabung	Rechnerbelastung	test-QUALITÄTSURTEIL
Gewichtung			**50%**	**30%**	**20%**	**100%**
G Data Internet Security 2015	40,00	33,00	++	+	○	**GUT (1,8)**
Avira Internet Security 2015	38,00	27,30	+	++	+	**GUT (2,0)**
BullGuard Internet Security 2015	60,00[1)]	15,00[2)]	+	+	○	**GUT (2,0)**
AVG Internet Security 2015	45,00	30,00[2)]	+	+	+	**GUT (2,1)**
Eset Smart Security 8	35,00	35,00	+	+	+	**GUT (2,1)**
F-Secure Safe Internet Security 2015 mit Firewall Windows 8.1	35,00	35,00	+	+	+	**GUT (2,1)**
Avira Free Antivirus 2015 mit Firewall Windows 8.1	Kostenlos	Entfällt	+	+	○	**GUT (2,2)**
AVG AntiVirus Free 2015 mit Firewall Windows 8.1	Kostenlos	Entfällt	+	+	○	**GUT (2,3)**
Kaspersky Internet Security 2015	40,00	35,50	+	○	+	**GUT (2,3)**
Avast! Free Antivirus 2015 mit Firewall Windows 8.1	Kostenlos	Entfällt	+	○	+	**BEFRIED. (2,7)**
Norton by Symantec Norton Security 2015	30,00	35,50	○	○	+	**BEFRIED. (2,7)**
Bitdefender Internet Security 2015	50,00	32,00[2)]	+	⊖	○	**BEFRIED. (2,8)**
McAfee Internet Security 2015	85,00	19,00	○	○	+	**BEFRIED. (2,9)**
Avast! Internet Security 2015	40,00[3)]	Entfällt	○	○	○	**BEFRIED. (3,0)**
Trend Micro Internet Security 2015 mit Firewall Windows 8.1	37,50	21,00[2)]	⊖*)	+	○	**AUSREICH. (3,6)**
Microsoft Defender Windows 8.1	Kostenlos[4)]	Entfällt	⊖*)	⊖	++	**AUSREICH. (3,7)**
Panda Security Internet Security 2015	36,00	25,90	⊖*)	+	+	**AUSREICH. (3,9)**

Bewertungsschlüssel der Prüfergebnisse: ++ = Sehr gut (0,5–1,5). + = Gut (1,6–2,5). ○ = Befriedigend (2,6–3,5). ⊖ = Ausreichend (3,6–4,5). — = Mangelhaft (4,6–5,5). **Bei gleichem Qualitätsurteil Reihenfolge nach Alphabet.**
***) Führt zur Abwertung.**
1) Preis für Lizenz mit 3 PCs. **2)** Von uns bezahlter Einkaufspreis. **3)** Nur als Downloadversion erhältlich.
4) Bestandteil des Betriebssystems Windows 8.1. **Einkauf der Programme:** Oktober 2014.

Abwehr besser mit Internetverbindung
Manche Sicherheitspakete schwächeln im Offline-Modus, also ohne Internetverbindung. Wer etwa bei Freunden Daten von einem USB-Stick kopiert, ohne sein Notebook mit dem Internet zu verbinden, sollte bedenken: Das Schutzprogramm ist in dieser Situation ganz auf sich allein gestellt. Da schützen einige mehr schlecht als recht. Trend Micro schneidet bei dieser Prüfung nur mangelhaft ab, vier weitere erreichen gerade mal ein Ausreichend. Zwar lauern die meisten Gefahren im Internet, doch bei aktiver Internetverbindung schützen die Programme am erfolgreichsten. Sechs sind dann sogar sehr gut. ■ Anbieter Seite 262

Unser Rat

Smartwatches eignen sich vor allem für Multimedia-Fans. Am besten funktionieren die **Apple Watch** für 700 Euro und **Apple Watch Sport** für 450 Euro. Als einzige im Test lassen sie sich gut bedienen. Apples Uhren laufen aber nur mit iPhones. Nutzer von Android-Handys greifen am besten zu den smarten Uhren von LG mit gutem Display. Relativ günstig ist die **LG G Watch R** für 227 Euro.

Handlanger fürs Handy

10/2015 Die Minicomputer mit Zeitanzeige sind weitgehend vom Smartphone abhängig und bieten deshalb wenig Mehrwert.

So nah ist uns noch kein Computer gekommen. Die kleinen Bildschirme der Smartwatches sind am Körper befestigt, am Handgelenk ersetzen sie die herkömmliche Uhr. Diese neue Generation Uhren liefert aber viel mehr als nur die Zeit. Smartwatches deichseln Telefonate, Mails und Kurznachrichten, erinnern an Termine, zählen Schritte, manche messen den Puls, navigieren, zeigen das Wetter und mehr.

Macken haben alle Uhren

Unser Test offenbart allerdings: Die High tech-Uhren stecken noch in den Kinderschuhen, sie taugen bisher nicht für die breite Masse. Hauptsächlich sind sie Handlanger fürs Handy. Ohne Anbindung an ein Smartphone können die meisten fast nichts. Und selbst mit Anbindung ist vieles umständlicher als vom Mobiltelefon gewohnt.

Von zwölf Smartwatches im Test sind acht befriedigend, drei ausreichend und eine mangelhaft. Nur die Apple Watch und Apple Watch Sport schrammen knapp an einem guten Qualitätsurteil vorbei. Sie funktionieren spürbar besser als andere Uhren, aber auch von ihnen sollten Nutzer keine Wunder erwarten. Wer beim Kauf einer Smartwatch weiß, dass außer Nachrichten empfangen, ein bisschen Fitness und ein paar netten Spielereien am Arm nicht viel läuft, ist von den Uhren vielleicht sogar angetan. Wer jedoch auf einen Handyersatz hofft, wird ernüchtert sein. Und das bei stolzen Preisen von 140 bis 700 Euro.

Viele Akkus halten nur einen Tag
Smartwatches haben nicht viel Saft in ihrem kleinen Akku. Schlappe zehn Stunden hielt die Motorola in unserem Testszenario durch, acht weitere Uhren blieben unter 24 Stunden. Ausnahmen waren Pebble Time und Pebble Steel, die dank stromsparendem E-Ink-Display 95 und 160 Stunden liefen. Auch die Garmin-Uhr schaffte 120 Stunden am Stück. Viel Energie ziehen Fitness-Apps.

FOTO: STIFTUNG WARENTEST

test Smartwatches 10/2015

www.test.de	Mittlerer Preis ca. (Euro)	Funktion	Handhabung	Akku	Stabilität	Vielseitigkeit	Schadstoffe	Datensendungsverhalten[1)]	test-QUALITÄTSURTEIL
Gewichtung		30%	40%	10%	5%	15%	0%	0%	100%
Apple Watch 42mm	700	+	+	⊖*)	++	○	+	unkritisch	BEFRIEDIGEND (2,6)
Apple Watch Sport 42mm	450	+	+	⊖*)	++	○	++	unkritisch	BEFRIEDIGEND (2,7)
LG G Watch R	227	○	○	○	+	○	++	unkritisch	BEFRIEDIGEND (3,0)
LG Watch Urbane	315	○	○	○	+	○	++	unkritisch	BEFRIEDIGEND (3,0)
Samsung Gear S	315	+	○	⊖*)	+	+	++	kritisch	BEFRIEDIGEND (3,2)
Sony SmartWatch 3	171	○	⊖	○	+	○	++	unkritisch	BEFRIEDIGEND (3,3)
Asus ZenWatch	207	○	○	⊖*)	+	○	++	unkritisch	BEFRIEDIGEND (3,5)
Pebble Time[2)]	249	⊖	○	+	+	⊖	++	kritisch	BEFRIEDIGEND (3,5)
Pebble Steel[2)]	189	⊖	⊖	++	+	⊖	++	kritisch	AUSREICHEND (3,6)
Motorola Moto 360	198	○	⊖	⊖*)	+	○	++	unkritisch	AUSREICHEND (3,7)
Garmin Vivoactive[2)]	201	⊖	○	+	+	⊖	○	sehr kritisch*)	AUSREICHEND (4,3)
Alcatel Onetouch Watch[2)]	140	○	⊖	⊖	+	⊖	++	sehr kritisch*)	MANGELHAFT (4,8)

Bewertungsschlüssel der Prüfergebnisse:
++ = Sehr gut (0,5–1,5). + = Gut (1,6–2,5). ○ = Befriedigend (2,6–3,5).
⊖ = Ausreichend (3,6–4,5). — = Mangelhaft (4,6–5,5).
Bei gleichem Qualitätsurteil Reihenfolge nach Alphabet.
Datensendungsverhalten: unkritisch, kritisch, sehr kritisch.
***) Führt zur Abwertung.**
1) Das Urteil bezieht sich auf die im gesendeten Datenstrom identifizierten Daten.
2) Geprüft wurde mit einem Android-Smartphone. Funktionen und Bewertungen können unter iOS abweichen.
Einkauf der Prüfmuster: April bis Juni 2015.

Die Kommunikation ist im Vergleich zum Handy stark eingeschränkt. Richtig telefonieren können Nutzer nur mit den Uhren von Apple und Samsung. Wer nicht so gern auf eine Uhr einredet, kann Anrufe auf das Handy zurückleiten und dann via Headset plaudern. Die übrigen Uhren melden Anrufe nur, zum Teil lassen sich Telefonate auf der Smartwatch ablehnen oder stellvertretend fürs Handy annehmen.

Nachrichten wie SMS, Mails, Instant Messages und Neuigkeiten aus sozialen Netzwerken zeigen die Smartwatches an, aber nur auf der Samsung Gear S lassen sie sich dank virtueller Tastatur wie gewohnt beantworten. Die anderen Geräte haben keine Tastatur, viele bieten nur vorgefertigte Texte, Spaßbilder oder die Spracheingabe als Antwortmöglichkeit. Alcatel Onetouch und Garmin antworten gar nicht auf Nachrichten.

Die Fitnessfunktionen sind oft verlässlich. Fünf Uhren gaben den Puls fast EKG-genau an. Drei erfassten Distanzen sogar ohne GPS-Ortung korrekt, andere Uhren schafften das nur in Verbindung mit dem Handy und dessen GPS. ■ Anbieter Seite 262

Unser Rat

Das beste Tablet aus allen bisherigen Tests ist das **Samsung Galaxy Tab S2 8.0 LTE** für 475 Euro. Sein Display und sein Akku sind sehr gut, als Betriebssystem verwendet es Android. Unter den iOS-Geräten überzeugt das **Apple iPad Mini 4 WiFi+Cellular** zum Preis von 505 Euro am meisten. Für Windows-Fans eignet sich das **Microsoft Surface 3** am besten – es ist für 595 Euro erhältlich.

Evolution der Bildschirme

1 + 7 + 12/2015 Die Tablets von Apple, Samsung und Sony liegen in vielen Punkten gleichauf. Den Unterschied machen Samsungs Displays.

Herausragend brillante Displays – damit lassen die beiden Modelle aus Samsungs Tab-S2-Serie die Konkurrenten von Apple und Sony deutlich hinter sich. In puncto Rechenleistung, Akku und Ausstattung nehmen sich die Topgeräte von Apple, Samsung und Sony oft kaum etwas. Auch bei vielen Displayeigenschaften wie Auflösung, Leuchtkraft und Betrachtungswinkel spielen sie meist in derselben Liga. Abgehängt werden Apples iPads und Sonys Xperia-Modelle erst bei der Darstellung von Farben.

Hier punkten Samsungs Tab-S2-Geräte mit feineren Abstufungen und höheren Kontrasten. Verantwortlich dafür sind ihre exzellenten Amoled-Displays. Anders als die sonst üblichen LCD-Bildschirme arbeiten Amoled-Schirme mit selbstleuchtenden Pixeln statt mit einer Hintergrundbeleuchtung. Das ermöglicht vor allem ein satteres Schwarz, Farben strahlen intensiver. Displaynote für die beiden S2-Modelle: Sehr Gut.

Doch nicht alle Amoled-Displays sind so brillant: Das Dell Tablet Venue 8 und die erste Generation von Samsungs Tab-S-Serie haben auch Amoled-Bildschirme. Die überzeugen ebenfalls, kommen aber nur auf die Displaynote Gut.

Die Nr. 1 unter mehr als 120 Tablets

Das kompakte Samsung Galaxy Tab S2 8.0 hat einen besseren Akku als das etwas größere Schwestermodell Tab S2 9.7. Deshalb erhält es die beste Gesamtnote, die unsere Tablet-Experten je vergeben haben: 1,6. ▶

Auflösung ist nicht alles

Die Topmodelle haben oft beeindruckend hohe Pixelzahlen. Doch die garantieren nicht automatisch eine gute Bildqualität. In unser Urteil für das Display fließen viele Faktoren ein: zum Beispiel wie gut es Farben darstellt, wie es mit schnellen Bildwechseln umgeht, ob das Bild bei strahlendem Sonnenschein noch problemlos zu erkennen ist und wie es von der Seite betrachtet aussieht.

FOTO: STIFTUNG WARENTEST

test Tablets mit Android (kleine Modelle) 1 + 7 + 12/2015

www.test.de	Bildschirm-diagonale (cm)	Mittlerer Preis ca. (Euro)	Funktionen	Display	Akku	Handhabung	Vielseitigkeit	test-QUALITÄTSURTEIL
Gewichtung			25 %	25 %	20 %	20 %	10 %	100 %
17,2 bis 21,4 cm (6,8 bis 8,4 Zoll) Bilddiagonale								
Samsung Galaxy Tab S2 8.0 LTE (SM-T715)	20,3	475	+	++	++	+	+	GUT (1,6)
Samsung Galaxy Tab Active LTE (SM-T365)	20,4	420	+	+	++	+	+	GUT (1,9)
Samsung Galaxy Tab S 8.4 LTE (SM-T705)[1]	21,2	390	+	+	+	+	++	GUT (1,9)
Sony Xperia Z3 Tablet Compact (LTE) (SGP621DE)	20,3	440	+	+	++	+	+	GUT (1,9)
Dell Venue 8 7840 (CNV8701)[2]	20,8	355	+	+	++	+	○	GUT (2,1)
Huawei Mediapad T1 8.0 Pro (T1-821L)	19,4	204	○	+	++	+	+	GUT (2,2)
Asus Memo Pad 8 (ME581CL)	20,0	310	+	+	+	+	+	GUT (2,3)
HP Pro Slate 8 (K7X64AA)	20,0	645	+	+	+	+	+	GUT (2,3)
Lenovo Tab S8-50L (59427935)	19,9	226	+	+	○	+	○	GUT (2,5)
Alcatel Onetouch Hero 8 D820X	19,6	266	○	+	○	+	+	BEFRIEDIGEND (2,6)
Asus Memo Pad 7 (ME176C)	17,2	145	○	+	○	+	⊖	BEFRIEDIGEND (2,6)
LG G Pad 8.0 (WiFi)	19,5	159	○	○	+	+	○	BEFRIEDIGEND (2,6)
Nvidia Shield Tablet LTE[3]	19,8	380[4]	+	○	○	○	+	BEFRIEDIGEND (2,6)
Hisense Sero 8 Pro	19,5	185	○	+	○	+	⊖	BEFRIEDIGEND (2,7)
Lenovo Tab 2 A7-30 3G (59435970)	17,3	129	○	+	○	○	○	BEFRIEDIGEND (2,7)
Medion Lifetab P8311 (MD99443)	20,3	149	○	+	○	+	○	BEFRIEDIGEND (2,7)
Acer Iconia A1-840FHD (NT.L4JEE.004) (16 GB)[5]	19,5	192	+	+	○	○	○	BEFRIEDIGEND (2,8)
Acer Iconia One 8 B1-820 (NT.L9NEG.001)	19,8	179	○	+	○	○	○	BEFRIEDIGEND (2,8)
Dell Venue 7 (CNV701)[5]	17,5	139[4]	○	○	+	○	⊖	BEFRIEDIGEND (2,8)
Odys Syno	19,9	129	○	+	○	+	○	BEFRIEDIGEND (2,8)
Tolino Tab 8	20,3	143	+	○	⊖*)	○	⊖	BEFRIEDIGEND (3,4)
Pearl Touchlet SX7.slim	17,4	160	⊖*)	+	⊖	⊖	○	AUSREICHEND (3,7)

Bewertungsschlüssel der Prüfergebnisse: ++ = Sehr gut (0,5–1,5). + = Gut (1,6–2,5). ○ = Befriedigend (2,6–3,5). ⊖ = Ausreichend (3,6–4,5). — = Mangelhaft (4,6–5,5). **Bei gleichem Qualitätsurteil Reihenfolge nach Alphabet.**

***) Führt zur Abwertung.**

1) Laut Anbieter inzwischen mit Software-Update.
2) Laut Anbieter Software-Update auf Android 5.0.2 verfügbar.
3) Laut Anbieter neue Softwareversion verfügbar.
4) Preis laut Anbieter-Webseite.
5) Laut Anbieter nicht mehr erhältlich.

Einkauf der Prüfmuster: bis September 2015.

test Tablets mit Android (große Modelle) 1 + 7 + 12/2015

www.test.de	Bildschirmdiagonale (cm)	Mittlerer Preis ca. (Euro)	Funktionen	Display	Akku	Handhabung	Vielseitigkeit	test-QUALITÄTSURTEIL
Gewichtung			**25%**	**25%**	**20%**	**20%**	**10%**	**100%**
22,1 bis 27,7 cm (8,7 bis 10,9 Zoll) Bilddiagonale								
Samsung Galaxy Tab S2 9.7 LTE (SM-T815)	24,6	565	+	++	+	+	+	**GUT (1,7)**
Samsung Galaxy Tab S 10.5 LTE (SM-T805)[1]	25,5	465	+	+	+	+	++	**GUT (1,8)**
Samsung Galaxy Tab A 9.7 LTE (SM-T555)	24,7	305	+	+	++	+	+	**GUT (1,9)**
Sony Xperia Z4 Tablet LTE (SGP771)	25,5	655	+	+	+	+	+	**GUT (1,9)**
Lenovo Yoga Tablet 2 1050F (59426282)	25,2	269	+	+	++	+	○	**GUT (2,1)**
Asus Zenpad 10 LTE (Z300CL)	25,1	295	+	+	+	+	+	**GUT (2,3)**
HTC / Google Nexus 9[2]	22,5	345	+	+	+	○	○	**GUT (2,4)**
Archos 101 Helium 4G	25,6	219	+	○	○	+	+	**GUT (2,5)**
Asus Transformer Pad (TF303K)	25,1	249	+	+	+	+	○	**GUT (2,5)**
Medion Lifetab S10345 (MD99042)	25,1	220	+	+	○	○	+	**GUT (2,5)**
Acer Iconia Tab 10 A3-A20 FHD (NT.L5FEE.003)	25,2	198	○	+	○	+	○	**BEFRIED. (2,6)**
Acer Iconia Tab 10 A3-A30 (NT.LBHEG.001)	25,1	298	○	+	○	+	○	**BEFRIED. (2,7)**
Asus Transformer Pad (TF103CG)	25,5	266	○	○	○	+	○	**BEFRIED. (2,7)**
Acer Iconia Tab 10 A3-A20 HD (NT.L5DEE.003)	24,8	196	○	○	○	○	⊖	**BEFRIED. (2,8)**
HP 10 Plus 2201nn[3]	24,6	229[4]	○	○	○	+	⊖	**BEFRIED. (2,9)**
Medion LifeTab S10333 (MD98828)	25,5	219[4]	○	+	⊖*)	○	○	**BEFRIED. (3,1)**
Archos 101b Platinum	25,2	179	○	○	⊖*)	+	⊖	**AUSREICH. (3,7)**
Denver TAQ-10123	25,5	110[5]	○	⊖	⊖*)	⊖	–	**AUSREICH. (3,8)**
Blaupunkt Discovery 1000C	25,5	138	○	⊖*)	○	⊖	⊖	**AUSREICH. (4,2)**
Über 30 cm (12 Zoll) Bilddiagonale								
Lenovo Yoga Tablet 2 Pro 13" WiFi (1380F)	33,1	430	+	+	○	+	○	**GUT (2,5)**

Bewertungsschlüssel der Prüfergebnisse: ++ = Sehr gut (0,5–1,5). + = Gut (1,6–2,5). ○ = Befriedigend (2,6–3,5). ⊖ = Ausreichend (3,6–4,5). – = Mangelhaft (4,6–5,5). **Bei gleichem Qualitätsurteil Reihenfolge nach Alphabet.**

***) Führt zur Abwertung.**

1) Laut Anbieter inzwischen mit Software-Update.

2) Laut Anbieter neue Softwareversion verfügbar.

3) Laut Anbieter nicht mehr erhältlich.

4) Preis laut Anbieter-Webseite.

5) Onlinepreise ohne Versandkosten (Stand: 20.05.2015).

Einkauf der Prüfmuster: bis September 2015.

test Tablets mit iOS/Windows/Fire OS 1 + 7 + 12/2015

www.test.de	Bildschirm-diagonale (cm)	Mittlerer Preis ca. (Euro)	Funktionen	Display	Akku	Handhabung	Vielseitigkeit	test-QUALITÄTS-URTEIL
Gewichtung			25 %	25 %	20 %	20 %	10 %	100 %
iOS								
Apple iPad Mini 4 WiFi+Cellular (16 GB)	20,0	505	+	+	+	+	○	GUT (2,0)
Apple iPad Air 2 WiFi +Cellular (16 GB)	24,5	560	+	+	+	+	○	GUT (2,2)
Apple iPad Mini 3 WiFi+Cellular (16 GB)	19,8	470	+	+	+	+	○	GUT (2,3)
Windows								
Microsoft Surface 3 (64 GB, WiFi)	27,7	595	+	+	○	+	+	GUT (2,2)
Dell Venue 10 Pro 5055 (CNV1002)	25,6	360 2)	+	+	+	+	○	GUT (2,3)
Microsoft Surface Pro 3 (i5, 128 GB)	30,5	1 050	+	+	+	○	+	GUT (2,3)
Microsoft Surface Pro 3 (i7, 512 GB)	30,5	2 090	+	+	○	○	+	GUT (2,3)
Trekstor Surftab Wintron 10.1 3G pro	25,4	320	+	+	○	+	+	GUT (2,3)
Odys Wintab 9 plus 3G	22,5	218	+	+	○	○	+	GUT (2,5)
Odys Windesk 9 Plus 3G - V2	22,1	213 1)	○	○	○	+	+	BEFRIED. (2,7)
Trekstor Surftab twin 10.1	24,9	240	+	○	○	+	+	BEFRIED. (2,7)
Odys Wintab 10	25,5	218	+	○	⊖ *)	○	○	BEFRIED. (2,8)
Toshiba Encore 2 WT10-A-102	25,5	271	+	○	○	+	○	BEFRIED. (2,8)
Fire OS								
Amazon Fire HDX 8.9 (LTE) 2014	22,6	595 3)	+	+	+	○	○	GUT (2,4)

Bewertungsschlüssel der Prüfergebnisse: ++ = Sehr gut (0,5–1,5). + = Gut (1,6–2,5). ○ = Befriedigend (2,6–3,5). ⊖ = Ausreichend (3,6–4,5). — = Mangelhaft (4,6–5,5). **Bei gleichem Qualitätsurteil Reihenfolge nach Alphabet.**
***) Führt zur Abwertung.**
1) Onlinepreis ohne Versandkosten (Stand: 26.10.2015).
2) Preis laut Anbieter-Webseite.
3) Mit Werbung: 580 Euro. Preis laut Anbieter-Webseite.
Einkauf der Prüfmuster: bis September 2015.

Gutes muss nicht teuer sein

Wer sich eines der Topmodelle zulegt, zahlt oft mehr als 400 Euro. Sechs Geräte liefern aber gute Qualität für nicht mal 250 Euro: Das günstigste gute kleine Android-Tablet ist das Huawei Mediapad T1 8.0 Pro für 204 Euro. Unter den großen Androiden mit guter Note hat das Archos 101 Helium 4 G den niedrigsten Preis, es kostet 219 Euro.

Das für 218 Euro erhältliche Odys Wintab 9 plus 3G ist das günstigste gute Gerät für weniger als 250 Euro, das nicht mit Android, sondern mit Windows läuft.

Die geprüften Apple-Modelle aus dem Jahr 2015 liegen schon in der kleinsten Größe bei mindestens 470 Euro. Wer eine größere Variante oder eine mit mehr Speicher wählt, zahlt nochmals ordentlich drauf.

Das Amazon Fire HDX 8.9 kostet stolze 595 Euro und schränkt mit dem Betriebssystem Fire OS zugleich die Flexibilität seines Besitzers ein. ■ Anbieter Seite 262

Unser Rat

Windows-7- und Windows-8-Nutzer bekommen bis Juli 2016 **kostenlos** Windows 10. Alle anderen zahlen für die Vollversion der Home-Variante 135 Euro, für die Profiversion 279 Euro. Windows-8-Nutzer, die das Startmenü vermisst haben, sollten umsteigen. Genauso Windows-7-Nutzer, die an neuen Funktionen wie Sprachassistentin Cortana oder dem Internetbrowser Edge interessiert sind.

Schick, aber neugierig

10/2015 Das neue Betriebssystem wartet mit moderner Oberfläche und flinkem Internetbrowser auf. Kritik gibts am Datenschutz.

Mit vielen Neuerungen versucht Microsoft, die Nutzer für sein neues Betriebssystem Windows 10 zu begeistern. Nicht nur, dass es das neue System erstmals kostenlos für alle gibt, die bereits die Vorversionen 7 oder 8 installiert haben, auch einige neue Funktionen machen Windows 10 interessant. Allen voran die Sprachassistentin Cortana. Sie reagiert auf Sprachbefehle und soll ähnlich wie Apples Siri oder Googles Now Fragen beantworten oder Alltagsaufgaben erleichtern. Im Test klappte die Spracherkennung gut, allerdings muss Cortana noch dazulernen. Bei vielen Fragen öffnete sie die Suchmaschine Bing, anstatt direkt zu antworten.

Der neue, schnellere Internet-Browser Edge löst mit moderner Technik und Optik den angestaubten Internet Explorer ab. Er lief im Test flink und überzeugt zudem mit seiner Notizfunktion, dank der sich Webseiten sogar direkt mit Markierungen abspeichern lassen. Auch die neue Oberfläche punktet im Test. Sowohl Umsteiger von Windows 7 als auch Windows-8-Anwender finden sich schnell zurecht und können sie intuitiv bedienen. Technisch verlief auch der Umstieg von einem älterem Windows-7-Notebook und von Windows-8-Geräten im Test ohne große Probleme. Nutzer sollten vorher prüfen, ob alle Programme und Geräte mit Windows 10 kompatibel sind, und eine komplette Datensicherung anlegen, falls beim Installieren des neuen Betriebssystems doch etwas schiefgeht. ■

Kritik am Datenschutz
In den Voreinstellungen verrät Windows 10 viel über seine Nutzer. In den Einstellungen können Anwender im Punkt „Datenschutz" anpassen, welche App auf welche Nutzerdaten zugreifen darf. Wer Windows 10 nicht mit einem Microsoft-Konto verknüpft, verrät ebenfalls weniger über sich. Dann lassen sich neue Funktionen wie etwa die Sprachassistentin Cortana aber auch nicht mehr verwenden.

FOTO: STIFTUNG WARENTEST

Unser Rat

Klassische Babyfone funktionieren am zuverlässigsten, aber ihre Reichweite ist gering. Das beste ist **Philips Avent SCD501** für 52 Euro. Es überträgt gut und ist störfest. **Audioline Watch & Care** für 87,50 Euro überzeugte bei den Video-Babyfonen. Baby-Webcams und Babyfon-Apps haben eine hohe Reichweite. Die getesteten Kameras und Apps sind aber unzuverlässig.

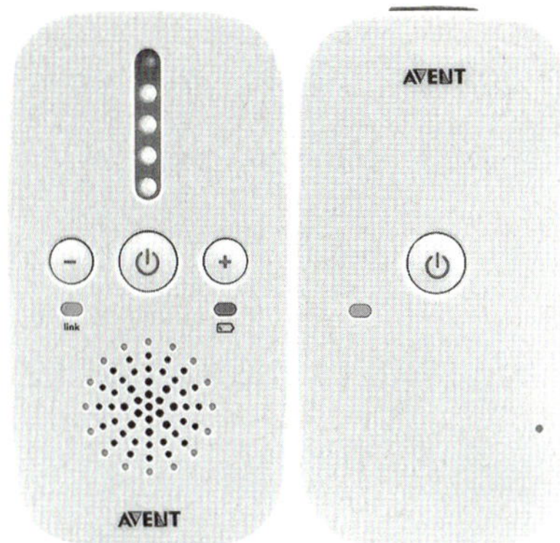

Schlaf Kindlein schlaf

5/2015 Klassische Babyfone, Baby-Webcams, Apps, Festnetztelefone – sie alle wachen über Babys Schlaf. Nicht auf jedes System ist Verlass.

Fünf Eigenschaften sind bei einem Babyfon besonders wichtig: Es muss zuverlässig und störfest sein, eine ausreichend große Reichweite haben, sich babyleicht bedienen lassen und der Elektrosmog sollte sich in Grenzen halten. Kein Gerät im Test vereint alle guten Eigenschaften. Geprüft haben wir 15 herkömmliche Babyfone mit und ohne Videoübertragung, 2 Baby-Webcams, 4 Babyfon-Apps und 3 schnurlose Festnetztelefone mit Babyfon-Funktion.

Webcam schlummert selbst

Am verlässlichsten sind klassische Babyfone, die sich oft auch leicht bedienen lassen. Sie haben aber nur eine geringe Reichweite. Mehr als ein paar Zimmer weit können sich Eltern nicht vom Kind entfernen.

Unendliche Weiten eröffnen die Baby-Webcams und Babyfon-Apps im Test – die Verbindung wird übers Handynetz oder Internet hergestellt. Zuverlässig warnen die Kameras und Apps aber nicht. Bei der Webcam Motorola Blink1 etwa riss die Verbindung zum Server des Anbieters zuweilen unvermittelt ab. Eine Alternative können schnurlose Festnetztelefone mit Babyfon-Funktion sein. Sie reichen weit und die Geräte im Test Gigaset CL540A/CL540H, Panasonic KX-TGH222 und Philips D605 Duo hüteten Babys Schlaf halbwegs verlässlich.

Positiv: Beim Elektrosmog unterschritten alle Testgeräte den Grenzwert des Bundes-Immissionsschutzgesetzes für elektrische Feldstärke deutlich. ■ Anbieter Seite 263

Apps alarmieren nicht akkurat

Babyfon-Apps laufen auf einem Smartphone oder Tablet im Kinderzimmer. Macht das Baby Geräusche, erhalten die Eltern einen Anruf. Im Test: die Apps Babyphon (Baby Monitor) von TappyTaps, Baby Monitor All-In-One von Marc Garcia Lloveras und Babyphone Duo von Kirstin Hofkens. Nicht eines der Programme löste zuverlässig Alarm aus. Immerhin sendete keine App unnötige Daten.

test Klassische Babyfone 5/2015

www.test.de	Mittlerer Preis ca. (Euro)	Über-tragung	Hand-habung	Akku	Umwelt-eigen-schaften	test-QUALITÄTS-URTEIL
Gewichtung		**45 %**	**25 %**	**10 %**	**20 %**	**100 %**
Nur Tonübertragung						
Philips Avent SCD501	52,00	+	○	Entfällt[1]	+	**GUT (2,3)**
Hartig+Helling Babyruf MBF 8181	68,00	○	+	○	+	**GUT (2,5)**
Reer Lyra	70,00	+	○	+	+	**GUT (2,5)**
Motorola MBP16	63,50	○	+	○	+	**BEFRIED. (2,6)**
Topcom Babytalker 3600	66,00	+	⊖*)	++	+	**BEFRIED. (2,6)**
Angelcare AC423-D	95,00	○	○	++	+	**BEFRIED. (2,7)**
Audioline Baby Care 12[2]	53,50	○	○	+	+	**BEFRIED. (2,7)**
Beurer BY 84	53,00	○	○	++	○	**BEFRIED. (2,9)**
Switel BCC 37	35,00	⊖	+	○	+	**BEFRIED. (2,9)**
Nuk Easy Control 200[3]	40,00	⊖	+	⊖*)	+	**AUSREICH. (3,6)**
Mit Videoübertragung						
Audioline Watch & Care V130	87,50	○	+	○	+	**GUT (2,5)**
Philips Avent SCD603	133,00	○	+	○	+	**BEFRIED. (2,8)**
Nuk Eco Control + Video[3]	154,00	○	○	○	+	**BEFRIED. (2,9)**
Motorola MBP27T	189,00	○	○	○	+	**BEFRIED. (3,0)**
Reer Apollo	104,00	⊖	⊖	○	⊖	**AUSREICH. (4,1)**

Bewertungsschlüssel der Prüfergebnisse: ++ = Sehr gut (0,5–1,5). + = Gut (1,6–2,5). ○ = Befriedigend (2,6–3,5). ⊖ = Ausreichend (3,6–4,5). — = Mangelhaft (4,6–5,5). **Bei gleichem Qualitätsurteil Reihenfolge nach Alphabet.**
***) Führt zur Abwertung.**
1) Keine Akkus mitgeliefert, keine Ladefunktion. **2)** Laut Anbieter nicht mehr erhältlich. **3)** Laut Anbieter inzwischen geändert.
Einkauf der Prüfmuster: Dezember 2014.

test Baby-Webcams 5/2015

www.test.de	Mittlerer Preis ca. (Euro)	Über-tragung	Hand-habung	Umwelt-eigen-schaften	Datensen-dungsverhal-ten der Apps[1]	test-QUALITÄTS-URTEIL
Gewichtung		**45 %**	**35 %**	**20 %**	**0 %**	**100 %**
Philips In.Sight (B120S/10) (App: In.Sight)[2]	170	+	⊖*)	+	**unkritisch**	**BEFRIEDIGEND (3,5)**
Motorola Blink1 (App: Monitor Everywhere)[2][3]	106	○	—*)	+	**unkritisch**	**MANGELHAFT (4,7)**

Bewertungsschlüssel der Prüfergebnisse: ++ = Sehr gut (0,5–1,5). + = Gut (1,6–2,5). ○ = Befriedigend (2,6–3,5). ⊖ = Ausreichend (3,6–4,5). — = Mangelhaft (4,6–5,5).
***) Führt zur Abwertung. Datensendungsverhalten der Apps:** unkritisch, kritisch, sehr kritisch.
1) Das Urteil bezieht sich auf die im gesendeten Datenstrom identifizierten Daten.
2) Für die Prüfung der Android-App haben wir das Smartphone Samsung Galaxy S5 (Android 4.4.2) verwendet, für die Prüfung der iOS-App ein Apple iPhone 6 (iOS 8.0.2). **3)** Laut Anbieter Auslaufmodell. **Einkauf der Prüfmuster:** Dezember 2014.

Unser Rat

Wer einfach ein Telefon braucht, wählt einen **Klassiker** wie Gigaset C430 (48 Euro). Komfortabel sind **Großtastentelefone** wie Panasonic KX-TGE210 und 220 (40 und 50 Euro) oder Telekom Sinus A 206 (59 Euro). Vielseitig und auf den Router abgestimmt ist ein **Internettelefon** wie das Fritz!Fon C4 (64 Euro). Eine Augenweide im Wohnzimmer sind **Designtelefone** wie das Philips Luceo M6651 (78 Euro).

Eine gute Verbindung

9/2015 Gute Schnurlostelefone sind ab etwa 30 Euro zu haben. Schicker und oft besser ausgestattet sind Designtelefone um 80 Euro.

Das Telefon ist alt, der Akku müde, die Tasten sind abgegriffen? Dann muss ein neues her. Wie wärs mit einem Großtastentelefon mit Lichtsignal und großer Schrift im Display wie beim Motorola CD 311 zum Preis von 48 Euro? Oder lieber ein Designtelefon im Retro-Look? Das Philips Luceo für 78 Euro könnte aus der Filmkulisse von Stanley Kubricks „2001: Odyssee im Weltraum" stammen. Direkt in die Zukunft führt ein Internettelefon wie das Telekom Speedphone 50 (57 Euro). Mit ihm lässt sich auch in HD-Qualität telefonieren: besonders rauscharm und klar.

Mit Metallrahmen für 144 Euro

Wir haben 21 schnurlose Telefone ins Prüflabor gebeamt. 16 Modelle erreichen gute Noten. Die günstigsten Guten kosten rund 30 Euro. Der Testsieger, Panasonic KX-TGE210 mit großen Tasten und gut lesbarem Display, ist für 40 Euro zu haben, das Schwestermodell mit Anrufbeantworter KX-TGE220 kostet 49 Euro. Teuerstes Telefon im Test ist das Gigaset SL400A Go im Handyformat mit großem Farbdisplay, Metallrahmen und HD-Option für rund 142 Euro.

Modelle mit außergewöhnlichem Design (Panasonic KX-TG320, 68 Euro) stehen ebenso zur Wahl wie Klassiker zum Telefonieren ohne Schnickschnack (Philips D4501, 30 Euro). Unser Testkompass auf der folgenden Seite führt zu den besten Modellen. Tipp: Wählen Sie den Telefon-Typ, der am besten zu Ihnen passt. ■ Anbieter Seite 263

Über 100 Telefone im Test
Ihr Wunschtelefon steht nicht in der folgenden Tabelle? Online gibt es noch mehr. Der Produktfinder Telefone zeigt mehr als 100 Modelle, die wir seit 2010 getestet haben: vom einfachen schnurlosen Telefon bis zum smartphone-ähnlichen Topmodell. Geräte für alle Anschlussarten, mit und ohne Anrufbeantworter. Gut 80 Testmodelle sind aktuell noch im Handel; **www.test.de/telefone.**

5 DECT-Schnurlostelefone

test Schnurlostelefone 9/2015

www.test.de	Typ	Mittlerer Preis ca. (Euro)	Telefonieren	Anrufbeantworter	Handhabung	Akku	Vielseitigkeit	Umwelteigenschaften	test-QUALITÄTSURTEIL
Gewichtung			30 %	15 %	20 %	15 %	10 %	10 %	100 %
Mit Basisstation für alle Anschlüsse[1]									
Panasonic KX-TGE210	Großtasten	40	+	Entfällt	+	+	++	+	GUT (2,0)
Gigaset C430	Klassisch	48	○	Entfällt	+	+	++	++	GUT (2,1)
Panasonic KX-TGE220	Großtasten	50	+	○	+	+	++	+	GUT (2,1)
Deutsche Telekom Sinus A 206 Comfort	Großtasten	59	○	○	+	+	+	++	GUT (2,2)
Gigaset C430A	Klassisch	59	○	+	+	+	++	++	GUT (2,2)
Philips XL4901	Großtasten	44	+	Entfällt	+	+	○	++	GUT (2,2)
Philips D4501	Klassisch	30	+	Entfällt	+	+	○	+	GUT (2,3)
Philips XL4951	Großtasten	52	+	○	+	+	○	++	GUT (2,3)
Panasonic KX-TGK320	Design	68	○	○	+	+	+	+	GUT (2,4)
Philips D4551	Klassisch	39	+	○	+	+	○	+	GUT (2,4)
Gigaset SL400A Go	Klassisch / Design	142	○	○	○	○	++	+	GUT (2,5)
Motorola CD301	Großtasten	39	+	Entfällt	+	+	○	○	GUT (2,5)
Motorola CD311	Großtasten	48	+	○	+	+	○	○	GUT (2,5)
Peaq PDP130	Großtasten	50[2]	+	○	+	○	+	+	BEFRIED. (2,6)
Philips Luceo M6651	Design	78	+	○	+	+	○	○	BEFRIED. (2,6)
Audioline Surf	Design	36	+	Entfällt	○	+	⊖	+	BEFRIED. (2,8)
AEG Boomerang	Design	92	○	⊖	○	+	⊖	+	BEFRIED. (3,0)
Grundig Seen	Design	66	○	○	⊖	○	⊖	+	BEFRIED. (3,1)
Ohne Basisstation für Router mit Dect-Funktion[3]									
Deutsche Telekom Speedphone 50[5]	Internet	57	○	Entfällt	+	+	++	+	GUT (2,2)
Gigaset A540 CAT[4]	Internet	38	○	Entfällt	+	+	+	+	GUT (2,2)
AVM Fritz!Fon C4[6]	Internet	64	○	+	+	○	++	++	GUT (2,3)

Bewertungsschlüssel der Prüfergebnisse: ++ = Sehr gut (0,5–1,5). + = Gut (1,6–2,5). ○ = Befriedigend (2,6–3,5). ⊖ = Ausreichend (3,6–4,5). — = Mangelhaft (4,6–5,5). **Bei gleichem Qualitätsurteil Reihenfolge nach Alphabet.**

1) Telefone mit analogem Anschluss. Sie passen zu analogen Telefonanschlüssen, ISDN-TK-Anlagen mit analogem Ausgang und zu modernen internetbasierten Telefonanschlüssen mit Analogbuchse am Router.
2) Von uns bezahlter Einkaufspreis.
3) Für internetbasierte Telefonanschlüsse (VoIP). Der Router übernimmt die Funktion der sonst üblichen Dect-Basisstation.
4) Geprüft mitTelekom Speedport W 724V (Router mit DECT-Basis).
5) Geprüft mit Telekom Speedport W 724V (Router mit DECT-Basis).
6) Geprüft mit AVM Fritz!Box 7490 (Router mit DECT-Basis).

Einkauf der Prüfmuster: Mai/Juni 2015.

Unser Rat

Wer zuhause preiswert telefonieren und im Internet surfen will, muss nicht unbedingt den Einsteiger-Tarif mit wenig Leistung wählen. Ein gutes Preis-Leistungs-Verhältnis haben etliche Angebote mit flottem Surftempo von etwa 16 Megabit pro Sekunde. Allerdings gilt: Studieren Sie vor Vertragsabschluss sorgsam die Fußnoten, achten Sie zum Beispiel auf zeitlich begrenzte Niedrigpreise.

Augen auf und durch

1/2015 Wer den Tarif oder Anbieter wechseln will, muss aufpassen wie ein Luchs. Zusätzliche Kosten lauern fast überall.

Wenn es um Tarife für Internet und Telefon geht, ist Kundenverwirrung gang und gäbe. Unser Vergleich von sechs überregionalen Telefon- und drei regionalen Kabelanbietern offenbarte ein Dickicht aus monatlichen Grund- und einmaligen Anschlusspreisen, Zusatzoptionen, Wechselprämien, Sonderrabatten und tückischen Ausnahmen.

Pauschalpakete für Gespräche ins Festnetz und Internet waren ab 20 Euro pro Monat zu haben. Telefonie plus Highspeed-Internet kostete mehr, zwischen 35 und 70 Euro monatlich. Internet über die Telefonleitung, per DSL oder über das TV-Kabel war preiswerter als über LTE. Diese teurere, aber schnelle Funkverbindung zum Netz lohnt sich, wenn der DSL-Anschluss zu langsam oder gar nicht verfügbar ist.

Der Konkurrenzkampf unter den Anbietern wird auch über Maximalgeschwindigkeiten bei der Internetnutzung ausgetragen. Kaum profilierte sich Kabel Deutschland am Markt mit einem Downloadtempo von 200 Megabit pro Sekunde, zog Mitbewerber Unitymedia Kabel BW nach. Beide Anbieter bringen das Internet übers TV-Kabel zum Kunden: Das ist häufig flotter als über die Telefonleitung. Schnelles Internet gibt es noch immer nicht für alle. In Ballungsgebieten ist die Versorgungslage deutlich besser als auf dem Land. Welches Tempo an ihrer Adresse erreicht wird, können Kunden auf der Internetseite des Anbieters abfragen. ■ Anbieter Seite 263

Auch Prämien haben Haken
Erst die Prämien versüßen den nervenaufreibenden Anbieterwechsel. Wenn es echte Prämien sind. Viele Anbieter ködern Interessenten mit Rabatten für Onlinevertragsabschlüsse. Prüfen Sie, ob das Geld gleich gutgeschrieben wird oder Sie weitere Leistungen einkaufen müssen. Einige Prämien gelten nur für Kunden, die noch in Konkurrenzverträgen stecken und doppelt zahlen müssten.

Unser Rat

Den besten Schutz von Kundendaten und E-Mails bieten **Mailbox.org** und **Posteo**. Beide Maildienste kosten monatlich einen Euro.
Ein etwas schlechteres Schutzniveau, aber eine gute Funktion und viele Zusatzdienste haben **GMX Promail** für 2,99 Euro monatlich sowie das kostenlose **Google Gmail**. Der „Patriot Act" verpflichtet Google aber zur Herausgabe aller Daten an US-Behörden.

Kleine Anbieter innovativer

2/2015 Anonymität der Kunden und Diskretion beim Umgang mit E-Mails setzen sich erst langsam durch.

Die elektronische Post kam mit kostenlosen Diensten in Mode. Heute sendet jeder Deutsche im Schnitt fast 20 E-Mails täglich. Eine Mail-Adresse ist unverzichtbar auch fürs Einkaufen im Internet, für den Zugang zu sozialen Netzwerken und für die Installation von Apps. Der Noch-Standard: Kunden zahlen nicht in Euro, sondern akzeptieren Werbung und meist auch die Verwertung der aus ihren Daten gespeisten Kundenprofile. Seit dem Skandal um NSA-Abhörpraktiken zählt neben schierer Funktionsfülle aber immer öfter auch die Sicherheit.

Bezahldienste leistungsfähig

Auf der Suche nach dem besten Dienst prüften wir 14 E-Mail-Konten darauf, wie sie funktionieren, welche Kundendaten sie erheben und worin sich kostenlose und Bezahldienste unterscheiden. Von den größten deutschen Anbietern Web.de und GMX prüften wir beide Varianten. Ihre Bezahlversionen sind funktionaler. Sie bieten beispielsweise mehr Speicherplatz als die kostenlosen Mailkonten, aber nicht mehr Datenschutz und Sicherheit. In unserer Schlusswertung liegen die besonders auf Schutz der Kunden bedachten Konten Mailbox.org sowie Posteo deutlich vor bekannteren Diensten wie GMX und Google. Mailbox.org und Posteo erheben nur wenige oder gar keine Kundendaten. Was sie nicht speichern, kann niemandem in die Hände fallen. Ihre Bezahldienste florieren – und definieren schon jetzt den E-Mail-Standard von morgen.

Voller Schutz: Nur in Handarbeit
Die Trendwende zu mehr Sicherheit ist da. Für wirklich sichere Übertragung müssten Kunden ihre Mails aber immer noch selbst verschlüsseln – so, dass nur der Empfänger sie lesen kann. Im Fachjargon heißt das Ende-zu-Ende-Verschlüsselung. Momentan ist sie nicht einfach einzurichten, vor allem nicht auf mobilen Geräten, also Smartphone und Tablet. Das wird sich hoffentlich bald ändern.

FOTO: THINKSTOCK (M)

test E-Mail-Dienste 2/2015

www.test.de	Preis pro Monat (Euro)	Technische Prüfungen	Schutz	Handhabung	Mängel in den AGB	Datensendungsverhalten der App	test-QUALITÄTSURTEIL
Gewichtung		**40 %**	**40 %**	**20 %**	**0 %**	**0 %**	**100 %**
Mailbox.org	1,00	+	+	+	**Keine**	**Entfällt**	**GUT (1,8)**
Posteo	1,00	+	+	+	**Gering**	**Entfällt**	**GUT (1,8)**
GMX Promail	2,99	+	O	+	**Keine**	**Unkritisch**	**GUT (2,3)**
Google Gmail	Kostenlos	+	O	+	**Sehr gering**	**Unkritisch**	**GUT (2,3)**
Yahoo Mail	Kostenlos	+	O	+	**Gering**	**Kritisch**	**GUT (2,4)**
Web.de Club	5,00	++	O	+	**Deutlich*)**	**Unkritisch**	**GUT (2,5)**
GMX Freemail	Kostenlos	O	O	+	**Keine**	**Unkritisch**	**BEFRIED. (2,6)**
Microsoft Outlook.com	Kostenlos	+	O	+	**Gering**	**Unkritisch**	**BEFRIED. (2,6)**
1&1 Mail	Kostenlos	+	O	+	**Sehr gering**	**Unkritisch**	**BEFRIED. (2,7)**
Telekom Freemail	Kostenlos	O	O	+	**Keine**	**Unkritisch[1]**	**BEFRIED. (2,7)**
Mail.de Freemail	Kostenlos	O	O	+	**Keine**	**Entfällt**	**BEFRIED. (2,9)**
Web.de Freemail	Kostenlos	O	O	+	**Deutlich*)**	**Unkritisch**	**BEFRIED. (3,4)**
AOL Mail	Kostenlos	O	O	+	**Gering**	**Sehr kritisch*)**	**AUSREICH. (4,2)**
Freenet Mailbasic	Kostenlos	O	O	O	**Sehr deutlich*)**	**Unkritisch**	**AUSREICH. (4,2)**

Bewertungsschlüssel der Prüfergebnisse: ++ = Sehr gut (0,5–1,5). + = Gut (1,6–2,5). O = Befriedigend (2,6–3,5). ⊖ = Ausreichend (3,6–4,5). — = Mangelhaft (4,6–5,5).
Bei gleichem Qualitätsurteil Reihenfolge nach Alphabet.
***) Führt zur Abwertung. 1)** Geprüfte App: Telekom Mail. **Verdeckte Inanspruchnahme:** Oktober 2014.

Sicherheit: Trendwende eingeleitet

Verglichen mit dem vergangenen Test von E-Mail-Diensten *(test 7/2009)* hat sich der Datenschutz deutlich verbessert. Gegen Identitätsdiebstahl, die Übernahme des E-Mail-Kontos, hilft inzwischen die Zwei-Faktor-Authentifizierung. Nach dem Einloggen fragt das Mailprogramm zum Beispiel nach dem Sicherheitskode, den es per SMS verschickt. Das bieten mailbox.org und Posteo, Google Gmail, Yahoo, Microsoft Outlook.com und Mail.de Freemail.

Einen hohen Datenschutzstandard versprechen die deutschen Maildienste unter anderem durch das Speichern der Nutzerdaten und E-Mails auf Servern im Inland. Wir haben es geprüft. Die Testergebnisse widersprechen dem nicht. AOL, Gmail, Outlook.com und Yahoo hingegen sind gemäß dem „Patriot Act“ zur Herausgabe aller Daten an US-Behörden verpflichtet.

Universalwährung Werbung

Auch ohne staatliche Aufforderung scannen die Anbieter alle Mails. Google verweist auf die Absicht, anhand der aus E-Mails herausgefilterten Vorlieben der Nutzer Werbung zielgenau zu schalten. Auf der Suche nach Schadsoftware scannen aber auch alle anderen Dienste die E-Mails ihrer Kunden. Yahoo hält Schadsoftware jedoch nur beim Mail-Abruf über den Internetbrowser zurück. Wer ein Mailprogramm wie Thunderbird nutzt, bekommt ausnahmslos auch Schadsoftware zugespielt. Letzte Sicherung: Der Virenschutz auf dem PC. ■ **Anbieter Seite 263**

Unser Rat

Alle Schäden beseitigten nur die Hersteller **Apple** und **Huawei** einwandfrei. Huawei brauchte aber sehr viel Zeit. Unabhängige Online-Reparaturdienste können in Einzelfällen Sinn machen. **Handyreparatur123** reparierte das iPhone preiswert und mit passablem Display, das aber kein Original war. Insgesamt gilt Vorsicht statt Nachsicht – eine gute Schutzhülle fürs Handy wirkt Wunder.

Im Falle eines Falles

4/2015 Ärgerlich, wenn das Smartphone herunterfällt und das Display splittert. Nur ein Hersteller repariert sehr gut und flott.

Wums, da liegt es am Boden. Hässliche Risse ziehen sich quer über den Bildschirm des Smartphones. Ein gesplittertes Display gehört zu den häufigsten Schäden bei Mobiltelefonen. Weil ein selbst verschuldeter Schaden nicht unter die gesetzliche Gewährleistung fällt, zahlt der Besitzer die Reparatur. Die Heilung des Handys ist oft ebenso schmerzlich wie der Sturz und seine Blessuren – das zeigt der Test von Smartphone-Reparaturservices.

Wenige Reparaturen überzeugten

Wir gaben 27 gebrauchte Smartphones mit einem Displayschaden und einer kaputten Kopfhörerbuchse in die Werkstatt – bei sechs Handyherstellern und drei unabhängigen Online-Reparaturdiensten. Jeder Anbieter erhielt drei Geräte. Nur die Hersteller Apple und Huawei beseitigten sämtliche Schäden einwandfrei. Alle anderen Dienstleister arbeiteten nachlässig, viele Rechnungen waren happig, die Genesung dauerte mitunter wochenlang. HTC verweigerte zweimal die Reparatur, dann flatterte ein Kostenvoranschlag über fast 500 Euro ins Haus. Hersteller Apple regulierte den Schaden am besten: Der Testsieger tauschte das ramponierte Smartphone gegen ein intaktes vom selben Typ aus. Andere Hersteller leisteten sich bei der Reparatur Schnitzer. Sony erledigte nur die Hälfte, LG löschte alle persönlichen Daten, bei Samsung lief es mittelprächtig, Huawei reparierte tadellos, brauchte aber sehr lange – im Durchschnitt 16 Tage.

Mister Minit als Handyheiler

Schuh- und Schlüsseldienst Mister Minit bietet auch Smartphone-Reparaturen an. Zwei Filialen prüften wir exemplarisch. Im ersten Fall hatte das Testhandy nach der Reparatur einen deformierten Lautsprecher, weshalb die Rückschale nicht mehr richtig saß. Im zweiten Fall wurde die Kopfhörerbuchse nicht fachgerecht repariert, sie knackte deutlich. In Ordnung waren die Displayreparaturen.

FOTO: STIFTUNG WARENTEST

test Reparaturservices für Smartphones 4/2015

www.test.de	Durchschnittliche Kosten (Euro, gerundet) / Defekte beseitigt	Durchschnittliche Dauer in Werktagen	Reparatur	Kundenorientierung	Mängel in den AGB[1]	test-QUALITÄTSURTEIL
Gewichtung			60 %	40 %	0 %	100 %
Reparaturdienste der Hersteller						
Apple	207 / ■	3	++	+	deutlich*)	GUT (2,0)
Huawei	176 / ■	16	+	○	gering	BEFRIEDIGEND (2,6)
Samsung	166 / ◪	10	○	+	deutlich*)[2]	BEFRIEDIGEND (3,1)
LG	127 / ◪	10	○	○	deutlich*)[2]	AUSREICHEND (3,9)
Sony	131 / ◪	8	⊖	○	deutlich*)[2]	AUSREICHEND (4,3)
HTC[3]	469[4] / ◪[4]	25[4]	–	–	keine	MANGELHAFT (5,4)
Unabhängige Online-Reparaturdienste						
Handyreparatur123	180[5] / ◪	7	○	○	gering	BEFRIEDIGEND (2,7)
Letsfix	143[5] / ◪	8	⊖	○	gering	AUSREICHEND (3,6)
Phonecare	185[5] / ◪	14	○	⊖	sehr gering	AUSREICHEND (3,6)

Bewertungsschlüssel der Prüfergebnisse:
++ = Sehr gut (0,5–1,5). + = Gut (1,6–2,5). ○ = Befriedigend (2,6–3,5).
⊖ = Ausreichend (3,6–4,5). – = Mangelhaft (4,6–5,5).
Bei gleichem Qualitätsurteil Reihenfolge nach Alphabet.
Mängel in den AGB (allgemeine Geschäftsbedingungen): keine, sehr gering, gering, deutlich, sehr deutlich.
***) Führt zur Abwertung.** ■ = Ja. □ = Nein. ◪ = Eingeschränkt.
1) In der Regel beauftragten die Hersteller Servicedienstleister mit der Reparaturdurchführung. In diesen Fällen prüften wir die allgemeinen Geschäftsbedingungen der jeweiligen Servicedienstleister.
2) AGB nicht bei allen geprüften Servicedienstleistern einheitlich, teilweise gibt es auch besser bewertete AGB.
3) Laut HTC wurde die Reparaturabwicklung inzwischen einem anderen Servicedienstleister übertragen. Umgestellt wurde im Februar 2015 von Arvato Services Solutions auf die Firma Regenersis. Unsere drei HTC-Testfälle bearbeitete Arvato.
4) Da bei HTC zwei Reparaturen abgelehnt wurden, bezieht sich diese Angabe auf die eine durchgeführte Reparatur.
5) Durchschnittspreis aus den Reparaturkosten für drei verschiedene Smartphone-Modelle (Apple, Samsung, Sony).
Erhebungszeitraum: Juli 2014 bis Februar 2015

Bei den herstellerunabhängigen Online-Reparaturdiensten lief auch nicht alles rund. Jeder Dienst bekam von uns je ein Handy von Apple, Samsung und Sony. Auf der Internetseite der Anbieter soll der Kunde den Schaden selbst diagnostizieren, ihn aus einem Menü auswählen und den Auftrag in den Warenkorb legen. Schwierig, wenn der Defekt im Menü nicht zu finden ist – wie etwa bei Handyreparatur123. Gut reparierte kein Onlinedienstleister. Handyreparatur123 arbeitete nicht in jedem Fall sorgfältig. Letsfix setzte zweimal die Kopfhörerbuchse nicht instand. Teils zeitraubend lief es bei Phonecare, der Service wechselte zudem unnötig einen noch leistungsfähigen Akku.

Neukauf kann sich lohnen

Wirtschaftlich sind etliche Test-Reparaturen nicht. Wir haben die Reparaturkosten mit dem Neukauf des gleichen Handy-Modells zum Schadenszeitpunkt verglichen. In einem Fall war die Reparatur nur 20 Euro preiswerter als das Neugerät. Am meisten sparen iPhone-Besitzer – wenn sie ihr Handy online reparieren lassen. ■ Anbieter Seite 263

Unser Rat

Den besten Internetanschluss lieferte **Kabel Deutschland**. Der Kabelanbieter punktet mit hoher Internetgeschwindigkeit, sein Kundenservice zeigte wie bei allen Anbietern Schwächen. Den schnellsten DSL-Anschluss bekamen Kunden der Telekom. Die Abwicklung fiel negativ auf. Wer auf die Funktechnik LTE setzt, kann bei Vodafone nach sehr kurzer Zeit ins Internet, mit beschränktem Volumen.

Technik okay, Service nicht

1/2015 Einen schnellen Internetanschluss wünschen sich viele, bis der geschaltet ist, kann es allerdings dauern – zum Teil viele Wochen.

Die Tochter schaut Youtube-Videos, der Sohnemann zockt Onlinegames und Papa lädt die Fotosammlung in den Cloudspeicher: Damit all das reibungslos funktioniert, braucht die Familie vor allem einen schnellen Internetanschluss. Der kann zum Beispiel über die Telefonleitung per DSL, über das TV-Kabelnetz oder per Funk via LTE im Haushalt geschaltet werden. Wie gut das klappt, hat die Stiftung Warentest bei zehn Anbietern ausprobiert. Außerdem prüften die Experten, ob beim Kunden auch die gebuchte Geschwindigkeit ankommt. Das Ergebnis ist gemischt: Zwar bekommen die meisten Internetnutzer im Mittel annehmbaren Surfspeed, der Weg zum Anschluss gestaltet sich aber besonders für DSL-Kunden schwierig. Wartezeiten von bis zu fünf Monaten mussten sich die Testkunden im Extremfall gefallen lassen.

Den schnellsten Anschluss lieferte im Test Kabel Deutschland. Kritik hingegen für Kabel BW. Statt der gebuchten 100 Megabit pro Sekunde bekamen die Kunden meist nur Geschwindigkeiten von 15 Megabit pro Sekunde, eindeutig zu wenig für die gebuchte Leistung. Nicht von ihrer besten Seite präsentierten sich die meisten Internet-Serviceprovider beim Thema Kundenservice. Probleme bereitete besonders im DSL-Bereich die Bereitstellung der Anschlüsse. Meist lag das daran, dass Technikertermine platzten. Hintergrund ist, dass die „letzte Meile", also das Stück Leitung vom grauen Kasten auf der Straße bis zum Hausanschluss,

Keine Geschwindigkeits-Garantie
Wie viel Surfspeed beim Internetkunden ankommt, hängt nicht nur von der gebuchten Geschwindigkeit ab. Die Auslastung des gesamten Internets und des Dienstes, den der Kunde gerade nutzen will, sind ganz entscheidende Faktoren. Nutzer sollten sich nicht von den Maximalversprechen der Anbieter blenden lassen. Sie können die hohen Geschwindigkeiten gar nicht garantieren.

FOTO: THINKSTOCK

test Internet-Serviceprovider 1/2015

www.test.de	Technische Leistung	Beratung und Abwicklung	Mängel in den AGB	test - QUALITÄTSURTEIL
Gewichtung	**60 %**	**40 %**	**0 %**	**100 %**
DSL				
Telekom Call & Surf Comfort[1)]	+	⊖	gering	**BEFRIEDIGEND (2,6)**
Congstar Komplett 2	+	⊖	sehr gering	**BEFRIEDIGEND (2,8)**
Tele2 Komplett	○	○	gering	**BEFRIEDIGEND (3,1)**
1&1 Doppel-Flat 16.000	+	○	sehr deutlich*)	**BEFRIEDIGEND (3,5)**
Telefónica O_2 DSL All-in M	Nicht bewertbar[2)]	⊖	gering	**Nicht bewertbar**[2)]
Vodafone DSL Zuhause M[3)]	Nicht bewertbar[4)]	⊖	sehr gering	**Nicht bewertbar**[4)]
Kabel				
Kabel Deutschland Internet & Telefon 25	++	○	gering	**GUT (2,3)**
Kabel BW 2play Plus 100[1)]	○	○	deutlich*)	**BEFRIEDIGEND (3,4)**
LTE				
Vodafone LTE Zuhause M	+	○	sehr gering	**GUT (2,4)**
Telekom Call & Surf Comfort via Funk S Standard[3)]	Nicht bewertbar[5)]	⊖	gering	**Nicht bewertbar**[5)]

Bewertungsschlüssel der Prüfergebnisse:
++ = Sehr gut (0,5–1,5). + = Gut (1,6–2,5). ○ = Befriedigend (2,6–3,5).
⊖ = Ausreichend (3,6–4,5). — = Mangelhaft (4,6–5,5).
***) Führt zur Abwertung.**
Mängel in den AGB (allgemeine Geschäftsbedingungen): keine, sehr gering, gering, deutlich, sehr deutlich.
1) Laut Anbieter Tarif nicht mehr im Angebot.
2) Weil Internetgeschwindigkeit und -stabilität nur vorläufig bewertet werden konnte.
3) Laut Anbieter maximale Geschwindigkeit für den Upload erhöht.
4) Weil Internetgeschwindigkeit und -stabilität sowie Telefoniesprachqualität und Rufaufbau nur für zwei von drei Testhaushalten bewertet werden konnten.
5) Weil eine Bewertung für Telefoniesprachqualität und Rufaufbau nur für zwei von drei Testhaushalten möglich war.
Stichtag für AGB-Prüfung: 3. November 2014. **Erhebungszeitraum:** Juni bis Dezember 2014.

oft der Telekom gehört. Bucht ein Kunde einen Internetzugang, muss häufig ein Telekom-Techniker kommen, den technischen Zustand der Leitung am Anschluß im Haus ausmessen und ihn freischalten.

Zudem waren viele Anbieter unflexibel, was die Laufzeit der Verträge angeht. Nur Congstar und Telefónica boten besonders kundenfreundliche Vertragslaufzeiten von einem Monat, 1&1 von drei Monaten. Alle anderen zwangen Kunden bei der Onlinebestellung in Zweijahresverträge. Auch Fragen, die Nutzer online oder in der Hotline stellten, konnten von den Mitarbeitern nicht zufriedenstellend beantwortet werden.

Ein Tele 2-Mitarbeiter forderte einen Testkunden sogar in rüdem Ton auf, sich lieber im Internet zu informieren. Bei der Telekom warteten Bestandskunden auch schon mal eine Viertelstunde, bis der richtige Mitarbeiter am Telefon war. Neukunden dagegen wurden von fast allen Internet-Serviceprovidern mit erhöhter Priorität behandelt: Wer einen neuen Anschluss bestellen will, hat meist innerhalb einer Minute einen Mitarbeiter an der Strippe. ■ **Anbieter Seite 263**

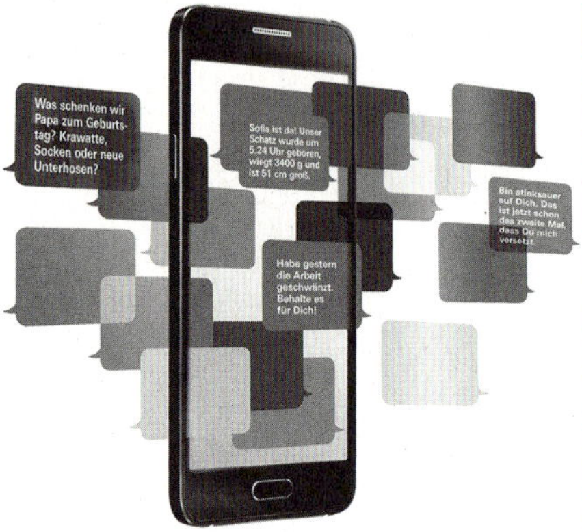

Unser Rat

Wählen Sie einen Messenger mit Ende-zu-Ende-Verschlüsselung, der Sie selbst entscheiden lässt, welche persönlichen Daten der Anbieter erhält. Beides bietet die kostenlose deutsche App **Hoccer.** Ihre Nutzer chatten anonym und unkompliziert. Dichtauf folgt **Threema** für 1,99 Euro, sie lässt sich noch leichter handhaben. **WhatsApp** bietet den meisten Komfort, greift aber auf viele Daten zu.

Ganz schön persönlich

8/2015 Via Kurznachricht senden Millionen intime Details an Freunde. Wie gut ist Privates bei Messengern geschützt? 18 Apps im Test.

Weltweit versenden Menschen per Handy Milliarden Instant Messages pro Tag. Die speziellen Kurznachrichten sind längst deutlich populärer als SMS. Prominentester Messenger ist der amerikanische Dienst WhatsApp. Ihn sowie acht weitere Apps haben wir jeweils für die Betriebssysteme iOS und Android geprüft. Unsere Tester wollten wissen, wie leicht die App-Anbieter – oder gar Hacker – an persönliche Daten von Messenger-Nutzern kommen.

So wenig wie möglich preisgeben

Als sich die Tester anschickten, die Verschlüsselung der Nachrichten von 18 Apps zu knacken, erlebten sie eine Überraschung. Alle waren so stark gesichert, dass sich keine Nachricht entziffern ließ. Auch reichten die Anbieter keine Nutzerdaten direkt aus der App heraus an Dritte weiter, damit diese etwa Werbeprofile bilden. Ob sie die Daten stattdessen vom eigenen Server an Externe weiterleiten, ist unklar. Gut ist die starke Verschlüsselung, weil Dritte nicht ohne Weiteres Privates ausspähen können. Wie aber gehen die App-Anbieter hinter „verschlossenen Türen“ mit den Daten ihrer Kunden um? Weil sich diese Frage nicht beantworten lässt, sollten Nutzer einen Dienst wählen, bei dem sie so wenig wie möglich von sich preisgeben. Von den geprüften Anbietern fordern nur Hoccer, Threema und ChatSecure wenige oder keine Daten von ihren Kunden. Als Einzige schneiden sie im Umgang mit persönlichen Daten gut ab.

Apples Sonderling iMessage

Ein typischer Messenger ist Apples iMessage nicht. Der Dienst ist in die Betriebssysteme iOS und MacOS integriert, Nutzer müssen ihn weder installieren noch einrichten. Die App ist recht einfach zu handhaben, greift aber alternativlos auf das Telefonbuch des Handys zu, um Chat-Partner ausfindig zu machen. Wenigstens lässt sich die Lesebestätigung deaktivieren, verschlüsselt wird Ende-zu-Ende.

FOTO: ANBIETER

test Messenger-Apps 8/2015

www.test.de	Preis (Euro)	Funktion	Handhabung	Umgang mit persönlichen Daten	test-QUALITÄTSURTEIL
Gewichtung		40 %	35 %	25 %	100 %
Android					
Hoccer	Kostenlos	+	+	+	**GUT (1,9)**
Threema	1,99	+	++	+	**GUT (2,0)**
Line	Kostenlos	○	+	○	**GUT (2,3)**
BlackBerry Messenger	Kostenlos	+	+	○	**GUT (2,5)**
ChatSecure	Kostenlos	+	○	+	**BEFRIEDIGEND (2,6)**
WhatsApp Messenger	0,89[1)]	+	++	⊖*)	**BEFRIEDIGEND (2,9)**
TextSecure Privater Messenger	Kostenlos	+	+	⊖*)	**BEFRIEDIGEND (3,1)**
Viber	Kostenlos	○	+	⊖*)	**BEFRIEDIGEND (3,1)**
Facebook Messenger	Kostenlos	○	+	⊖*)	**BEFRIEDIGEND (3,4)**
iOS					
Hoccer	Kostenlos	+	+	+	**GUT (1,9)**
Threema	1,99	+	++	+	**GUT (2,0)**
Line	Kostenlos	○	+	○	**GUT (2,3)**
ChatSecure	Kostenlos	+	○	+	**GUT (2,4)**
BlackBerry Messenger	Kostenlos	+	+	○	**GUT (2,5)**
Viber	Kostenlos	○	+	⊖*)	**BEFRIEDIGEND (3,0)**
WhatsApp Messenger	0,89[1)]	○	+	⊖*)	**BEFRIEDIGEND (3,0)**
Facebook Messenger	Kostenlos	○	+	⊖*)	**BEFRIEDIGEND (3,3)**
Signal – Private Messenger	Kostenlos	○	+	⊖*)	**BEFRIEDIGEND (3,3)**

Bewertungsschlüssel der Prüfergebnisse: ++ = Sehr gut (0,5–1,5). + = Gut (1,6–2,5). ○ = Befriedigend (2,6–3,5). ⊖ = Ausreichend (3,6–4,5). — = Mangelhaft (4,6–5,5). **Bei gleichem Qualitätsurteil Reihenfolge nach Alphabet.**
***) Führt zur Abwertung.**
1) Jährlich. Im ersten Jahr kostenlos. **Erhebungszeitraum:** Mai 2015.

WhatsApp liest automatisch die Telefonbücher seiner Nutzer aus. Angeblich greift der Dienst auf der Suche nach möglichen Chat-Partnern nur auf die Telefonnummern und nicht auf alle gespeicherten Infos wie Adressen, Mailadressen oder Geburtstage zu – ob das stimmt, ist ungewiss.

Auch die Nachrichten sollte ein Anbieter nicht mitlesen können. Der beste Weg, das zu verhindern, ist die Ende-zu-Ende-Verschlüsselung. Die Nachricht wird dazu auf dem Handy des Absenders automatisch verschlüsselt und erst beim Empfänger entschlüsselt. Hoccer, Threema, BlackBerry, ChatSecure und TextSecure/Signal werben mit einer Ende-zu-Ende-Verschlüsselung. Die anderen Anbieter verschlüsseln die Transportwege in Eigenregie. Sie wissen, wer was an wen sendet. Bei WhatsApp ist die Verschlüsselung unklar.

Neben der Verschlüsselung sollten Nutzer auf die Funktionen der App achten. Einstellungen wie die Lesebestätigung oder das Sichtbarmachen des Onlinestatus greifen in die Privatsphäre ein und sollten sich deaktivieren lassen. ■ **Anbieter Seite 263**

Unser Rat

Testsieger **Telekom** lag beim mobilen Internet wie beim Telefonieren vorn. **Vodafone** belegte in beiden Disziplinen den zweiten Platz. Beide boten innerhalb und außerhalb von Städten gute Internet- und Sprachverbindungen. Das Netz von **O_2**, in dem es im Testzeitraum die günstigsten Smartphone-Tarife gab, bot in Städten ebenfalls ein gutes Datennetz und schaffte insgesamt den dritten Platz.

Stadt, Land, Zug

11/2015 Telekom und Vodafone haben die besten Netze – in Städten und auf dem Land. O_2 liegt vor E-Plus. In der Bahn schwächeln alle vier.

Bei diesem Test sind die Prüfer ganz schön herumgekommen: 3800 Kilometer fuhren sie über Autobahnen und Landstraßen. In neun Städten waren sie mit dem Auto unterwegs. Berlin, Hamburg und München haben sie zu Fuß und mit öffentlichen Verkehrsmitteln erkundet. Zusätzlich legten sie diesmal 3400 Kilometer mit der Bahn zurück. Stets dabei: ein Messsystem mit zwölf Smartphones. Die bauten unentwegt Sprach- und Datenverbindungen auf, luden Webseiten und Youtube-Videos. Sie maßen zum Beispiel Aufbauzeiten von Telefonverbindungen und Webseiten sowie Sprachqualität und Datenraten.

Beste Klangqualität bei der Telekom

Anrufe aufbauen und ohne Störungen zu ende führen – in dieser Disziplin lagen Telekom und Vodafone etwa gleichauf. Innerhalb von Städten erzielte die Telekom eine etwas höhere Erfolgsrate als Vodafone, außerhalb lag Vodafone knapp vorn. Die meisten Verbindungsprobleme zeigte O_2 – besonders auf dem Land. Egal ob in der Stadt, auf dem Land oder im Zug – die durchschnittliche Klangqualität war im Telekom-Netz am besten.

Beim Telefonieren im Zug überzeugte kein Mobilfunknetz. Fast jeder dritte Anrufversuch scheiterte, oder das Gespräch brach wegen Störungen oder schlechter Sprachqualität ab. In den Waggons mit ihren metallbedampften Scheiben sind Handys offenbar einfach zu gut abgeschirmt.

Ein Anbieter, zwei Netze

Seit Oktober 2014 gehört neben **O_2** auch **E-Plus** zum spanischen Telefónica-Konzern. Technisch waren es zum Testzeitraum aber noch zwei getrennte Netze, die noch zusammenwachsen mussten. Als ersten Schritt hatte Telefónica ein sogenanntes „Roaming“ zwischen den UMTS-Netzen der beiden eingerichtet: O_2-Handys konnten auch das UMTS-Netz von E-Plus nutzen und umgekehrt.

test Mobilfunknetze 11/2015

www.test.de	Internet	Telefonieren	test-QUALITÄTSURTEIL
Gewichtung	60 %	40 %	100 %
Telekom	+	+	GUT (2,3)
Vodafone	+	+	GUT (2,5)
O_2	○	○	BEFRIEDIGEND (2,9)
E-Plus	○	○	BEFRIEDIGEND (3,1)

Bewertungsschlüssel der Prüfergebnisse: ++ = Sehr gut (0,5–1,5). + = Gut (1,6–2,5). ○ = Befriedigend (2,6–3,5). ⊖ = Ausreichend (3,6–4,5). — = Mangelhaft (4,6–5,5). **Prüfzeitraum:** Juli und August 2015.

Der Ausbau mit der modernen Datenfunktechnik LTE hat weiter Fortschritte gemacht. Sie ermöglicht sehr schnelle mobile Internetverbindungen. Mobilfunkanbieter bewerben LTE oft mit aberwitzig hohen Datenraten: Bis zu 300 Megabit pro Sekunde sollen sich über moderne LTE-Netze herunterladen lassen – ein Vielfaches dessen, was ein typischer DSL-Anschluss leistet. Diese Werte sind eher theoretischer Natur und für Smartphone-Nutzer kaum praxisrelevant. Für sie spielen andere Aspekte der LTE-Technik eine wichtigere Rolle: Sie entlastet die überfüllten UMTS-Netze und reagiert schneller auf Anfragen vom Handy, etwa um eine Webseite abzurufen.

Gut surfen mit Telekom und Vodafone

Und so schnitten beim mobilen Internet die beiden Netze mit Abstand am besten ab, die beim LTE-Ausbau am weitesten waren: Telekom und Vodafone. Innerhalb von Städten surften O_2-Kunden ähnlich schnell wie die von Vodafone. Dort bot O_2 inzwischen oft ebenfalls LTE. Und wo O_2 nicht über LTE verfügte, profitierten seine Kunden vielerorts vom UMTS-Netz des ehemaligen Konkurrenten E-Plus. Denn aufgrund des wechselseitigen Roamings zwischen E-Plus und O_2 konnten sich Handys mit Sim-Karten für diese beiden Netze auch in UMTS-Funkzellen des jeweils anderen einbuchen *(siehe „Ein Anbieter, zwei Netze", links)*.

Von dieser Regelung hatten O_2-Kunden die meisten Vorteile. Sie konnten das bessere UMTS-Netz von E-Plus nutzen. Im Test gingen fast 20 Prozent der Datenverbindungen von O_2 übers UMTS-Netz von E-Plus. In umgekehrter Richtung war es nur 1 Prozent.

Im Zug surft niemand schnell

Beim Internetsurfen im Zug konnte keines der vier Netze tolle Erfolgsraten vorweisen. Bei Telekom und Vodafone waren sie aber immer noch besser als bei O_2 und E-Plus. Beim Versuch, Seiten wie Facebook oder Spiegel.de anzusurfen, kam in den Telefónica-Netzen bei rund einem Drittel der Versuche keine erfolgreiche Verbindung zustande, bei Telekom und Vodafone waren es nur 15 bis 25 Prozent. Wenn die Seiten erreicht wurden, luden sie bei Telekom am schnellsten, bei E-Plus am langsamsten.

Der Test hatte einen klaren Sieger: Wer das beste Mobilfunknetz will, war bei Telekom am besten aufgehoben. Allerdings sind in den guten Netzen von Telekom und des Zweitplatzierten Vodafone die Handytarife auch relativ teuer. Die günstigsten Preise gab es im Testzeitraum im Netz von O_2 *(siehe auch Smartphonetarife, Seite 120)*. Und das bot zumindest innerhalb von Städten ebenfalls gute Telefon- und Datendienste. Für urbane, sparsame Smartphonenutzer war O_2 damit attraktiver als das Schwesternetz von E-Plus. ■ Anbieter Seite 263

Unser Rat

Das beste Smartphone des Jahres ist das **Samsung Galaxy Note 4** (555 Euro). Das Android-Gerät punktet mit seinem riesigen Display. Dank eines mitgelieferten Stifts können Nutzer sich leicht Notizen oder Markierungen etwa auf Internetseiten machen. Nur wenig schlechter ist das ebenfalls recht große **iPhone 6s Plus** (850 Euro). Es kann vor allen Dingen mit seiner Kamera überzeugen.

Das richtige Handy finden

3+8+10/2015 Für ein neues Smartphone müssen Interessierte schon lange kein Vermögen mehr ausgeben. So finden Sie das richtige Modell.

Am Smartphone führt kein Weg mehr vorbei. 46 Millionen Deutsche benutzen laut dem Marktforschungsunternehmens Comscore ein smartes Mobiltelefon. Nur noch Telefonieren wollen die wenigsten mit dem Handy. Zu groß ist der Mehrwert, den Zusatzfunktionen wie die eingebaute Kamera, die GPS-Navigation, E-Mail, Internetbrowser oder Musikspieler bieten. Damit der Smartphone-Interessent das richtige Gerät für seine Bedürfnisse findet, sollte er sich drei Fragen stellen: Welches Betriebssystem brauche ich? Wie groß soll das Gerät sein? Wie viel Geld möchte ich ausgeben?

Android, iOS oder doch Windows?

Die Frage des Betriebssystems sollten sich Smartphone-Käufer zuerst stellen, weil sie entscheidend dafür ist, wie die Bedienoberfläche aussieht, welche Apps zur Verfügung stehen und wie gut sich das Handy mit anderen vorhandenen Geräten verbinden lässt. Das Android-Betriebssystem von Google ist mit Abstand am weitesten verbreitet. Unzählige Apps stehen für das System zur Verfügung und es wird ständig weiterentwickelt. Im Androidbereich können Nutzer aus zahlreichen Smartphones in allen Preisklassen wählen. Viele Handyanbieter passen das Android-Betriebssystem aber noch individuell an ihre Endgeräte an. Das führt dazu, dass Updates, die das System zum Beispiel sicherer machen, nicht so schnell oder gar nicht zu Verfügung gestellt werden, wie bei anderen Betriebssystemen.

Ältere Geräte deutlich günstiger
Jedes Jahr kommen etliche neue Smartphones auf den Markt. Kaufinteressenten können aber viel Geld sparen, wenn sie nicht immer das Neueste vom Neuen erwerben. Unsere Tests zeigen, dass Smartphones, die ein Jahr alt sind, meist nicht wesentlich schlechter sind als ihre Nachfolger. Dafür sinkt ihr Preis deutlich, sobald das Nachfolgemodell auf dem Markt erscheint.

FOTOS: STIFTUNG WARENTEST

Das iOS-Betriebssystem findet sich nur auf Apple-Geräten wie den iPhones. Nachteil: Die Geräte sind recht teuer. Sein Bedienkonzept gilt aber als sehr einfach und auch für iOS stehen sehr viele Apps zur Verfügung. Beim Thema Datenschutzeinstellungen bietet iOS schon lange deutlich mehr Möglichkeiten als Android. So können Nutzer bei jeder App einzeln einstellen, ob sie beispielsweise auf die Kamera, das Adressbuch oder Standortdaten zugreifen darf. Bei Android soll eine solche Funktion erst mit der neuesten Version 6 eingeführt werden.

Wer neben dem Smartphone noch ein Tablet oder eine TV-Streamingbox oder einen Streaming-Stick nutzt, fährt gut damit, sich beim Smartphone für das gleiche System zu entscheiden. Apple-TV- oder iPad-Besitzer entscheiden sich also sinnvollerweise für ein iPhone, Besitzer eines Android-Tablets für ein Android-Smartphone. Das erleichtert die Synchronisation und Kommunikation der Geräte untereinander. Das dritte nennenswerte Betriebssystem ist Windows Phone. Es hat in Deutschland bislang nur eine geringe Marktbedeutung. Dementsprechend eingeschränkt war lange auch das Angebot von Apps. Mit der Einführung von Windows 10, das auch in einer Smartphoneversion vorliegt, könnte sich das ändern. Der Vorteil von Windows liegt dann darin, dass Nutzer das gleiche System auf dem PC oder Notebook, dem Tablet und dem Smartphone vorfinden. So müssen sie Apps zum Beispiel nur einmal kaufen und können sie auf allen Geräten nutzen. Ein Smartphone mit Windows 10 konnten wir allerdings dieses Jahr noch nicht testen. Es bleibt also abzuwarten, wie gut sich das neue System im Vergleich schlägt.

Für Hosentasche oder Handtasche?

Wurden Mobiltelefone über Jahre hinweg immer kleiner und handlicher, kehrt sich dieser Trend seit einiger Zeit um. Um das Surfen im mobilen Internet oder das Tippen von E-Mails auf dem Smartphone angenehmer zu machen, bauen die Anbieter zunehmend größere Smartphones. Manche sind so groß, dass sie kaum noch in die Hosentasche passen und eher etwas für die Handtasche sind. „Phablets“ werden sie auch genannt, weil sie schon fast an kleine Tablets erinnern. Zweifelsohne lässt sich auf diesen Geräten sehr gut im Internet surfen. Unser Jahrestestsieger, das Samsung Galaxy Note 4, fällt zum Beispiel in diese Kategorie. Für manche Nutzer dürften diese sehr großen Smartphones aber zu klobig oder zu schwer sein. Wer bereits ein Tablet besitzt, kann locker mit einem etwas kleineren Smartphone-Display leben.

Wie groß ist das Budget?

Die edelsten Smartphones kosten in der kleinsten Speichervariante 600 bis 700 Euro. Mit größerem Speicher erreichen Käufer eines aktuellen iPhones auch die Schallmauer von 1 000 Euro. So viel Geld muss es aber nicht sein. Gute Geräte gibt es bereits für 300 bis 400 Euro. Wer leichte Abstriche bei einzelnen Funktionen, zum Beispiel bei der Kamera, verkraften kann, findet auch für 200 Euro schon ein ordentliches Handy. Geld sparen lässt sich auch, wenn Interessierte zu einem Vorjahresmodell greifen *(siehe Kasten links)*.

Ohnehin sollten sich Handykäufer fragen, was sie mit dem Gerät genau machen wollen. Soll das Smartphone die Kompaktkamera ersetzen? Dann achten Sie auf eine gute Kameranote. Nicht nur die Zahl der Megapixel ist für die Bildqualität entscheidend. Soll das Smartphone als Musikspieler dienen? Dann sind ein großer Speicher und ordentliche mitgelieferte Kopfhörer sowie ein guter Klang nicht verkehrt. Auch das Navi könnte dem Smartphone weichen. Ein großes Display und im Idealfall eine vorinstallierte Navigationssoftware sind dann von Vorteil. Und wer einfach nur telefonieren will, sollte beim Kauf auf eine gute Netzempfindlichkeit achten. So findet am Ende jeder das passende Gerät. ■ **Anbieter Seite 263**

test Smartphones I — 3+8+10/2015

www.test.de	Betriebssystem	Mittlerer Preis in Euro ca.	Telefon	Kamera	Musikspieler	Internet und PC	GPS und Navigation	Handhabung	Stabilität	Akku	test-QUALITÄTSURTEIL
Gewichtung			15 %	15 %	5 %	15 %	10 %	20 %	5 %	15 %	100 %
Samsung Galaxy Note 4 (SM-N910F)[1]	Android	555	+	+	+	++	○	+	++	++	**GUT (1,8)**
Apple iPhone 6s Plus 16GB	iOS	850	+	+	+	++	+	+	+	+	**GUT (1,9)**
Samsung Galaxy Note Edge (SM-N915FY)[1]	Android	700	+	+	+	++	○	+	++	+	**GUT (1,9)**
Samsung Galaxy S6 32GB (SM-G920F)	Android	560	+	+	+	++	+	+	++	+	**GUT (1,9)**
Samsung Galaxy S6 Edge 32GB (SM-G925F)	Android	630	+	+	+	++	+	+	++	+	**GUT (1,9)**
LG G4	Android	520	+	+	+	++	+	+	+	+	**GUT (2,0)**
Apple iPhone 6s 16GB	iOS	735	+	+	+	++	+	+	+	○	**GUT (2,1)**
Samsung Galaxy Alpha (SM-G850F)	Android	425	+	○	+	++	+	+	++	○	**GUT (2,1)**
Sony Xperia Z3	Android	495	+	○	+	++	+	+	+	+	**GUT (2,1)**
Sony Xperia Z3 Compact[1]	Android	410	+	○	+	+	+	+	++	+	**GUT (2,1)**
Blackberry Passport	Blackberry OS	480	○	○	+	++	+	+	++	+	**GUT (2,2)**
LG G Flex 2[1]	Android	565	+	○	+	++	○	+	+	+	**GUT (2,2)**
Motorola Nexus 6 32GB[1]	Android	575	+	○	○[2]	+	+	+	++	+	**GUT (2,2)**
Nokia Lumia 830[1]	Windows Phone	283	+	○	++	+	+	+	+	+	**GUT (2,2)**
Samsung Galaxy A5 (SM-A500)	Android	290	+	○	+	++	+	+	+	+	**GUT (2,2)**
HTC Desire Eye	Android	430	○	○	+	++	+	+	+	○	**GUT (2,3)**
HTC One M9	Android	535	○	○	+	+	+	+	+	○	**GUT (2,3)**
Huawei Ascend G7	Android	254	+	○	+	++	+	+	+	+	**GUT (2,3)**
Samsung Galaxy A3 (SM-A300)	Android	221	+	⊖*)	+	++	○	+	+	+	**GUT (2,3)**
Samsung Galaxy Grand Prime (SM-G530)	Android	198	○	○	+	+	+	+	++	+	**GUT (2,3)**

Bewertungsschlüssel der Prüfergebnisse: ++ = Sehr gut (0,5–1,5). + = Gut (1,6–2,5). ○ = Befriedigend (2,6–3,5). ⊖ = Ausreichend (3,6–4,5). — = Mangelhaft (4,6–5,5). **Bei gleichem Qualitätsurteil Reihenfolge nach Alphabet.**

***) Führt zur Abwertung.**

1) Laut Anbieter Software inzwischen geändert. **2)** Kein Kopfhörer mitgeliefert. Dies floss negativ in die Bewertung ein.

Einkauf der Prüfmuster: bis September 2015.

test Smartphones II 3+8+10/2015

www.test.de	Betriebssystem	Mittlerer Preis in Euro ca.	Telefon	Kamera	Musikspieler	Internet und PC	GPS und Navigation	Handhabung	Stabilität	Akku	test-QUALITÄTSURTEIL
Gewichtung			15%	15%	5%	15%	10%	20%	5%	15%	100%
Blackberry Classic	Blackberry OS	355	+	○	+	+	+	+	+	○	GUT (2,4)
LG G3 s[1)]	Android	196	○	○	+	++	○	+	+	+	GUT (2,4)
Samsung Galaxy SIII Neo (GT-I9301I)	Android	192	○	○	+	+	+	+	+	+	GUT (2,4)
Amazon Fire Phone 32GB	Fire OS	199[3)]	○	○	+	+	+	+	+	○	GUT (2,5)
Motorola Moto X (2. Gen.)	Android	385	○	○	○[2)]	+	+	+	++	+	GUT (2,5)
Sony Xperia M2 Aqua	Android	222	+	⊖*)	+	++	+	+	++	+	GUT (2,5)
Sony Xperia Style	Android	257	+	⊖*)	+	++	○	+	++	+	GUT (2,5)
Yota Yotaphone 2 (YD201)	Android	660	○	○	+	+	○	+	+	+	GUT (2,5)
Huawei Ascend P7 Mini	Android	165	○	⊖*)	+	+	○	+	++	○	BEFRIED. (2,6)
HTC Desire 510	Android	148	○	⊖*)	+	+	+	+	+	+	BEFRIED. (2,7)
Samsung Galaxy Ace 4 (SM-G357)	Android	149	○	⊖*)	+	+	○	+	+	+	BEFRIED. (2,7)
Alcatel Onetouch Idol 2 Mini S (6036Y)	Android	146	○	⊖*)	+	+	○	+	++	○	BEFRIED. (2,8)
Motorola Moto G (2. Gen.)	Android	180	○	⊖*)	○[2)]	+	+	+	++	+	BEFRIED. (2,8)
Sony Xperia E3	Android	115	○	⊖*)	+	+	○	+	++	+	BEFRIED. (3,0)
Vodafone Smart 4 Turbo	Android	110	○	⊖*)	○	+	○	○	+	○	BEFRIED. (3,1)
Nokia Lumia 530[1)]	Windows Phone	78	+	⊖*)	+	○	+	○	+	○	BEFRIED. (3,2)
Microsoft Lumia 535[1)]	Windows Phone	101	○	⊖*)	○[2)]	○	○	○	+	○	BEFRIED. (3,3)
Samsung Galaxy Young 2 (SM-G130HN)	Android	69	○	⊖*)	+	○	○	○	+	⊖	AUSREICH. (3,6)
Huawei Ascend Mate 7	Android	385	○	○	+	++	○	+	–*)	+	AUSREICH. (3,9)

Bewertungsschlüssel der Prüfergebnisse: ++ = Sehr gut (0,5–1,5). + = Gut (1,6–2,5). ○ = Befriedigend (2,6–3,5). ⊖ = Ausreichend (3,6–4,5). – = Mangelhaft (4,6–5,5). **Bei gleichem Qualitätsurteil Reihenfolge nach Alphabet.**

***) Führt zur Abwertung.**

1) Laut Anbieter Software inzwischen geändert. **2)** Kein Kopfhörer mitgeliefert. Dies floss negativ in die Bewertung ein.

3) Preis laut Anbieter-Webseite. Nur mit Sim-Lock auf T-Mobile. Kosten für Entsperrung innerhalb von 24 Monaten nach Kauf 99,50 Euro.

Einkauf der Prüfmuster: bis September 2015.

Unser Rat

Dreifach-Flatrates mit unbegrenzten Gesprächsminuten und SMS lohnen sich vor allem für Plaudertaschen, die im Monat mehr als 500 Minuten telefonieren – oder sich um komplexere Tarifmodelle einfach keine Gedanken machen wollen. Wer weiß, dass er nur 200 bis 400 Minuten im Monat telefoniert, kann mit einem passenden **Volumentarif** sparen. In jedem Fall lohnt sich ein Preisvergleich.

Maßvoll oder unbegrenzt

10/2015 Dreifach-Flatrate oder Volumentarif? Der Vergleich von Smartphone-Tarifen zeigte, welches Modell für wen am besten passt.

Unendlich viel telefonieren, unbegrenzt SMS schreiben, pausenlos Surfen: Damit locken Dreifach-Flatrates. Doch längst nicht jeder reizt dieses Tarifmodell wirklich aus. Wer im Monat nur 200 bis 400 Minuten telefoniert, kann dies mit einem passenden Volumentarif noch günstiger tun. Das zeigte der Vergleich von Smartphone-Tarifen im Oktober 2015. Die günstigsten Dreifach-Flats waren ab 14,95 Euro im Monat zu haben, die günstigsten Volumentarife mit 200 Minuten und 200 SMS kosteten nur 9,95.

Große Preisunterschiede

Besonders bei den Flatrates lohnt ein Preisvergleich: Die Angebote der Netzbetreiber sind mit rund 30 Euro (O_2) bis 45 Euro (Vodafone) ziemlich teuer. Wer stattdessen zu einem Billiganbieter geht, kann je nach Netz zwischen 10 und 20 Euro im Monat sparen! Auch bei den Volumentarifen lohnt sich ein Preisvergleich.

Die günstigsten Tarife gab es im O_2-Netz. Doch ist der Preis nicht das einzige Kriterium. Wie der Test von Mobilfunknetzen *(S. 114)* bestätigt, gibt es zwischen ihnen deutliche Qualitätsunterschiede. Wer Wert auf ein möglichst gut ausgebautes Datennetz legt, sollte einen Tarif im Telekom- oder Vodafone-Netz wählen, auch wenn der etwas teurer ist. Wichtig ist auch die Mindestlaufzeit: 24-Monats-Verträge sind oft billiger, aber auch unflexibel. Wer jederzeit Anbieter oder Tarif wechseln will, wählt einen Vertrag ohne Laufzeit. ■ **Anbieter Seite 263**

Wieviel Datenvolumen?

Eine wichtige Größe ist das enthaltene monatliche Datenvolumen. Alle im Oktober geprüften Tarife bieten mindestes 1 Gigabyte. Neben fleißigem Surfen und Mailen deckt das auch gelegentliches Musikstreaming und den einen oder anderen Video-Clip ab. Wer solch datenintensiven Dienste nicht nutzt, sondern nur gelegentlich surft und mailt, kommt schon mit 200 bis 500 Megabyte im Monat aus.

FOTO: THINKSTOCK

Unser Rat

Jahresbester in 2015 ist der **Samsung UE55JS9090** mit 140 Zentimetern Diagonale für 2830 Euro. In der 102-cm-Klasse liegt der **Samsung UE40JU6550** für 665 Euro vorn. Gut und günstig ist der **LG 32LF5809** mit 81 Zentimeter für 380 Euro. Das beste Bild zeigt dank OLED-Technik der **LG 55EG9609** für 4700 Euro. Den besten Ton bietet der gleichgroße **Sony KD-55X9305C** für 2870 Euro.

Groß, teuer, gut

2 + 10 + 12/2015 Viele Fernseher überzeugen mit gutem Bild, entscheidend sind weder UHD-Auflösung noch Curved Design.

Die Rückschau auf den Testjahrgang 2015 zeigt Sieger und Verlierer. Abgeschlagen rangieren kleine Fernseher auf den hinteren Plätzen. Nur wenige, wie der Metz Linea 26 LED Media für 630 Euro, erreichen wenigstens ein befriedigendes Gesamturteil. Gute Noten heimsen vor allem Modelle ab 102 Zentimeter ein. Ein Gefälle gibt es auch bei der Ausstattung: Für das zukünftige Antennenfernsehen DVB-T2 HD sind derzeit eher die großen, hochwertigen Fernseher gerüstet. Andere ziehen nach.

Echte Hingucker sind die 140 Zentimeter Bilddiagonale messenden Fernseher mit den noch neuen Techniken OLED (LG 55EG9609) und Triluminos beziehungsweise Quantum Dot (Sony KD55X8505C sowie Sony KD-55X9305C und Samsung UE55JS9090). Sie markieren neue Bestwerte für die Bildqualität, dicht an der Grenze zum Sehr Gut. Diese Techniken könnten uns sogar noch bessere Bilder liefern. Das Stichwort dazu ist HDR, eine bei Fotografen schon länger beliebte Technik zum Erzeugen von Bildern mit besonders großem Kontrastumfang. Das wird in den kommenden Jahren auch bewegten Bildern mehr Brillanz geben. Noch ist die HDR-Technik allerdings Zukunftsmusik.

Keine kleinen Preise

Größe und Innovationen gehen ins Geld. Der LG 55EG9609 ist wegen OLED und des gebogenen Designs geradezu sündhaft teuer. Satte 4700 Euro sind für den Riesenfernseher fällig. Mit seiner Bildqualität schlägt ▸

HD-Fernsehen über Antenne

Die bisherige Empfangstechnik wird ab 2016 durch DVB-T2 HD ersetzt. Dann gibt es Antennen-TV hierzulande auch in HD. Voraussetzung ist ein HEVC-fähiges Gerät (High Efficiency Video Coding). Erkennungsmerkmal im Handel ist ein grünes Logo mit der Aufschrift „DVB-T2 HD". Antennenzuschauer sollten darauf achten. 20 der 47 vorgestellten Modelle sind schon fit für DVB-T2 HD (s. Tabellen).

test Fernseher 2 + 10 + 12/2015

www.test.de	Mittlerer Ladenpreis in Euro	DVB-T2 HD	Bild	Ton	Handhabung	Vielseitigkeit	Umwelteigenschaften	test-QUALITÄTSURTEIL
Gewichtung			40 %	20 %	20 %	10 %	10 %	100 %
54 bis 70 cm (22 bis 28 Zoll) Bilddiagonale								
Metz Linea 26 LED Media[1]	630	❑	○	○	+	○	○	BEFRIED. (2,8)
Samsung UE22H5670	259	❑	○	⊖*)	+	+	○	BEFRIED. (3,1)
Samsung UE28H4000	254	❑	○	○	+	⊖	+	BEFRIED. (3,1)
Grundig 22 VLE 5421 SG	219	❑	⊖	⊖*)	○	⊖	+	AUSREICH. (3,9)
Panasonic TX-24ASW504[1]	390	❑	⊖	–*)	+	+	+	AUSREICH. (3,9)
Telefunken L28H275A3	169[2]	❑	⊖	⊖*)	⊖	⊖	+	AUSREICH. (4,0)
Philips 22PFK4209	196	❑	⊖*)	⊖	⊖	⊖	+	AUSREICH. (4,1)
Philips 24PHK5619	273	❑	⊖	–*)	○	+	+	AUSREICH. (4,1)
TCL L28E4103	234	❑	⊖*)	⊖	⊖	⊖	+	AUSREICH. (4,1)
Toshiba 24W1434DG	176	❑	⊖	–*)	⊖	–	+	AUSREICH. (4,3)
Hisense LHD24D33SEU	194	❑	⊖*)	–	○	○	+	AUSREICH. (4,4)
Blaupunkt B23A207TC	150	❑	⊖*)	–	○	⊖	+	AUSREICH. (4,5)
81 cm (32 Zoll) Bilddiagonale								
LG 32LF5809	380	❑	+	○	○	+	○	GUT (2,3)
Samsung UE32J5550	360	■	○	○	+	+	○	GUT (2,5)
Panasonic TX-32CSW604W	485	❑	○	○*)	+	+	+	BEFRIED. (2,7)
Sony KDL-32R505C	375	❑	○	○*)	○	+	+	BEFRIED. (3,1)
Grundig 32 VLE 5520 WG	330	❑	○	○*)	○	⊖	+	BEFRIED. (3,2)
Philips 32PFK4100	315	❑	○	⊖*)	○	○	+	AUSREICH. (3,7)

Bewertungsschlüssel der Prüfergebnisse: ++ = Sehr gut (0,5–1,5). + = Gut (1,6–2,5). ○ = Befriedigend (2,6–3,5). ⊖ = Ausreichend (3,6–4,5). – = Mangelhaft (4,6–5,5). **Bei gleichem Qualitätsurteil Reihenfolge nach Alphabet.**
***) Führt zur Abwertung.** ■ = Ja. ❑ = Nein.
1) Laut Anbieter Firmware geändert.
2) Von uns bezahlter Einkaufspreis.
Einkauf der Prüfmuster: Oktober 2014 bis August 2015.

er aber alle anderen Fernseher 2015. Topmodelle mit der gleich großen Bilddiagonale von 140 Zentimeter (55 Zoll) gibt es auch schon für weniger Geld. So ist der Sony KD-55S8505C für 1960 Euro fast genau so gut wie der LG. Der Verzicht auf Größe spart noch mehr, wie der Samsung UE40JU6550 für 665 Euro beweist. Die hier vorgestellten 47 Fernseher mit 54 bis 140 Zentimeter Bilddiagonale zeigen unter anderem, welche Trends wichtig, welche neuen Techniken zukunftsweisend sind, und welche Sie beim Fernseherkauf getrost vergessen können.

Antennenfernsehen bald in HD

Eine erfolgreich beackerte Baustelle ist das Antennenfernsehen in HD-Qualität (siehe Kasten S. 121). Nach dem Ende der Diskussion um den neuen Fernsehstandard für Deutschland haben viele Fernseher, insgesamt 20 der 47 hier vorgestellten, einen DVB-T2-HD-Empfänger. Umgeschaltet wird sukzessive zwischen 2017 und 2019. Da gehört ein heute gekaufter Fernseher längst noch nicht zum alten Eisen – Antennengucker sind mit einem zukunftssicheren Gerät, erkennbar am grünen Logo DVB-T2 HD, gut beraten.

test Fernseher 2 + 10 + 12/2015

www.test.de	Mittlerer Ladenpreis in Euro	DVB-T2 HD	Bild	Ton	Handhabung	Vielseitigkeit	Umwelteigenschaften	test-QUALITÄTSURTEIL
Gewichtung			40 %	20 %	20 %	10 %	10 %	100 %
102 bis 109 cm (40 bis 43 Zoll) Bilddiagonale								
Samsung UE40JU6550	665	■	+	+	+	+	○	GUT (2,0)
Samsung UE40JU6580	790	■	+	+	+	+	○	GUT (2,0)
Loewe Connect 40 UHD	2580	■	+	+	+	+	○	GUT (2,3)
Sony KDL-43W755C	825	■	+	○	○	+	+	GUT (2,3)
Panasonic TX-40CXW704	840	■	○	+	+	+	+	GUT (2,4)
Panasonic TX-43CXW754	1160	■	+	○	+	++	+	GUT (2,4)
LG 43UF7709	805[3)]	■	+	○*)	+	+	+	GUT (2,5)
Sony KDL-40W705C	525	□	○	○	○	+	+	BEFRIED. (2,6)
Loewe Art 40 UHD	1680	■	+	⊖*)	○	+	+	BEFRIED. (2,8)
Grundig Sydney 42 CLE 8575 BL	780	□	+	⊖*)	○	+	+	BEFRIED. (3,0)
Philips 40PFK6300	640	□	+	○*)	○	○	+	BEFRIED. (3,0)
Grundig 40 VLE 6520 BL	440	□	⊖*)	○	○	+	+	BEFRIED. (3,1)
LG 40UF675V	595	□	○	○*)	○	○	+	BEFRIED. (3,1)
Hisense LTDN42K320UWSEU	440[3)]	□	⊖*)	○	⊖	+	○	AUSREICH. (3,8)

Bewertungsschlüssel der Prüfergebnisse: ++ = Sehr gut (0,5–1,5). + = Gut (1,6–2,5). ○ = Befriedigend (2,6–3,5). ⊖ = Ausreichend (3,6–4,5). — = Mangelhaft (4,6–5,5). **Bei gleichem Qualitätsurteil Reihenfolge nach Alphabet.**
***) Führt zur Abwertung.** ■ = Ja. □ = Nein.
1) Mittlerer Onlinepreis ohne Versandkosten (Stand: 18.08.2015).
Einkauf der Prüfmuster: Oktober 2014 bis August 2015.

Weniger 3D, Probleme mit der Kurve

Ein Beispiel für eher verschmähte Techniken ist 3D: Noch vor Kurzem zeigten praktisch alle Fernseher Bilder mit Tiefenwirkung. Die Ausnahme waren kleine Fernseher und einige wenige Einsteigermodelle. Heute sind Freunde des räumlichen Bildes besser im Kino aufgehoben. Dort stören sich Zuschauer weniger an der 3D-Brille. Brillenlose TV-Techniken haben sich nicht durchgesetzt. Nur noch 13 der hier vorgestellten 47 Modelle können 3D-Bilder darstellen.

Noch recht neu sind Geräte mit gebogenen Displays (curved). Wir stoßen uns am scheinbaren Eigenleben von Reflexionen auf der Bildschirmoberfläche. Diese Eigenart des Designs lenkt vom Fernsehen ab. Das Versprechen vom intensiveren Seherlebnis kurviger Displays bestätigten unsere Prüfungen nicht. Käufer schreckt womöglich der Preis: 2870 Euro kostet der Sony KD-55X9305C, nur 1960 Euro der vergleichbare, aber flache Sony KD-55S8505C.

Mehr Bildpunkte auf der Mattscheibe

Die Ultrahochauflösung (UHD) bietet satte acht Millionen Bildpunkte (Englisch: Pixel) – viermal so viele wie das bisher übliche Full HD mit zwei Millionen. Erst hatten nur besonders große TV-Modelle ab 140 Zentimeter Bilddiagonale eine so hohe Auflösung. Inzwischen werben auch 9 der 14 hier vor- ▶

test Fernseher 2 + 10 + 12/2015

www.test.de	Mittlerer Ladenpreis in Euro	DVB-T2 HD	Bild	Ton	Handhabung	Vielseitigkeit	Umwelteigenschaften	test-QUALITÄTSURTEIL
Gewichtung			40 %	20 %	20 %	10 %	10 %	100 %
122 bis 127 cm (48 bis 50 Zoll) Bilddiagonale								
Samsung UE48JU7590	1510	■	+	+	+	++	○	GUT (1,8)
Panasonic TX-50CXW804	1920	■	+	+	+	++	+	GUT (2,1)
Samsung UE48JU6450	750	■	+	+	+	+	○	GUT (2,1)
LG 49LF6309	685	■	+	+	+	+	+	GUT (2,2)
LG 49UF7709	1010	■	+	○	+	+	+	GUT (2,3)
Philips 48PFK6300	820	❑	+	+	○	○	+	BEFRIED. (2,6)
Panasonic TX-50CSW524	700	❑	○	○	+	+	++	BEFRIED. (2,7)
Grundig 48 VLX 8580 BL	935	❑	○	○*)	○	+	+	BEFRIED. (3,1)
140 cm (55 Zoll) Bilddiagonale								
Samsung UE55JS9090	2830	■	+	++	+	++	○	GUT (1,7)
LG 55EG9609	4700	■	+	+	+	+	○	GUT (1,8)
LG 55UG8709	2200	■	+	+	+	+	+	GUT (1,8)
Sony KD-55X9305C	2870	■	+	++	○	++	+	GUT (2,1)
Sony KD-55S8505C	1960	■	+	+	○	++	+	GUT (2,3)
Panasonic TX-55CRW854	2800	■	○	+	+	++	+	BEFRIED. (2,6)
Grundig 55 VLX 8580 BL	860	❑	⊖*)	⊖	○	+	+	AUSREICH. (3,6)

Bewertungsschlüssel der Prüfergebnisse: ++ = Sehr gut (0,5–1,5). + = Gut (1,6–2,5). ○ = Befriedigend (2,6–3,5). ⊖ = Ausreichend (3,6–4,5). — = Mangelhaft (4,6–5,5). **Bei gleichem Qualitätsurteil Reihenfolge nach Alphabet.**
***) Führt zur Abwertung.** ■ = Ja. ❑ = Nein.

Einkauf der Prüfmuster: Oktober 2014 bis August 2015.

gestellten Modelle der Größenklasse 102 bis 109 Zentimeter (40 bis 43 Zoll) mit UHD: Hisense, LG 40UF675V und 43UF7709, Loewe Art 40 UHD und Connect 40 UHD, Panasonic TX-40CXW704 und TX-43CXW754 sowie Samsung UE40JU6550 und UE40JU6580.

Der Unterschied ist kaum zu sehen

Ein entscheidender Kaufgrund ist die heftig beworbene ultrahohe Auflösung allerdings nicht. Bei normalem Sehabstand nimmt das menschliche Auge den Unterschied praktisch nicht wahr. Bei Fernsehern der 55-Zoll-Klasse (140 Zentimeter Bilddiagonale) ist er nur bis etwa 100 Zentimeter Abstand deutlich zu sehen. Der typische Sitzabstand beträgt aber etwa das Doppelte der Bilddiagonale, in diesem Beispiel knapp drei Meter. Da verpufft die Detailfülle von UHD so gut wie ungesehen.

Ungeachtet des wohl auch im Jahr 2016 knappen Angebots von UHD-Filmen, wird diese Auflösung bei Fernsehern ab 102 Zentimeter Bilddiagonale sicherlich bald Standard sein. Das hat zumindest keine Nachteile mehr, wie noch bei UHD-Fernsehern aus dem Testjahrgang 2014. Die konnten Bewegungen nicht immer flüssig und störungsfrei darstellen. Den auffälligen Mangel zeigte aktuell im Testlabor nur noch der Fernseher von Hisense. ■ **Anbieter Seite 264**

Unser Rat

Die ansehnlichsten Fotobücher lieferten **Saturn** und die Drogeriekette **Müller** (Standardfotobuch: 30,90 Euro, Premiumfotobuch: 36,90 Euro) sowie **Pixum** (Standard: 31,98 Euro, Premium: 37,98 Euro).
Deutlich günstiger ist das Premiumfotobuch bei **Lidl** zu haben. Es kostet in unserer Auswahl mit 22,90 Euro am wenigsten – und bietet immerhin eine befriedigende Qualität.

Für Anspruchsvolle

11/2015 Die moderne Version des Fotoalbums kommt als Digitaldruck oder, teurer, als Echt-Fotobuch. Das ist aber nicht immer Premium.

Dicke Folianten aus Kunstleder. Verwackelte Schnappschüsse. Schief geklebte Fotoecken. All das ist Geschichte. Das Album des digitalen Zeitalters heißt Fotobuch. Laut Werbung können selbst Ungeübte sie mit ein paar Klicks zusammenstellen. Doch ist die Herstellung der Bücher wirklich so simpel? Wie verlässlich arbeiten die Anbieter? Und lohnt das Investment in teure Luxus-Editionen?

Wir testeten bei zwölf Anbietern sowohl die Standardbücher (Digitaldruck) als auch die exklusiveren Premium Varianten mit chemischen Abzügen auf Fotopapier. Pixum, Saturn und Müller lieferten die besten Fotobücher – Standard wie Premium. Benutzerfreundlichkeit, Service und Bildqualität überzeugten allerdings nicht überall. Vor allem von Premium hatten wir uns mehr erwartet.

Technik für Bequeme

Alle Programme liefen fehlerfrei und führten intuitiv zum Ziel. Service für Eilige: Die Software verteilt die Bilder auf Wunsch automatisch auf den Buchseiten. Viele Kunden gestalten ihre Fotobücher aber lieber individuell – mit Fotomontagen oder Schwarzweiß-Optik und korrigieren Bildfehler selbst. Bei Myphotobook jedoch lassen sich weder die im Blitzlicht rot aussehenden Augen korrigieren noch Bilder schärfen.

Achtungserfolg für Standardbücher

Im Digitaldruck sind Fotobücher durchschnittlich sechs Euro billiger als die Pre- ▶

Video im Buch
Gute Fotos sind eine schöne Sache. Besondere Momente, etwa Babys erste Krabbelversuche, geben bewegte Bilder aber besser wieder. Das Cewe-Labor speichert (ab 1,99 pro Jahr) Kunden-Videos im Internet und druckt einen sogenannten QR-Code in die Fotobücher. Das Smartphone übersetzt die Würfel-Grafik des QR-Codes in einen Internet-Link zum Film und lädt das Video herunter.

6 Fotobücher

test Fotobücher: Bestellung per Internet 11/2015

www.test.de	Preis Standardfotobuch A4 (Euro) / Seiten[1]	davon Versand- und Bearbeitungskosten (Euro)	Preis Premiumfotobuch A4 glänzend (Euro) / Seiten[1]	davon Versand- und Bearbeitungskosten (Euro)	Standardfotobuch (Digitaldruck)	Premiumfotobuch (Fotoabzug)	Abwicklung	Website	Mängel in den AGB	test-QUALITÄTS-URTEIL
Gewichtung					30 %	30 %	20 %	20 %	0 %	100 %
Fotoservice. saturn.de	30,90 / 26	3,95	36,90 / 26	3,95	+	+	++	+	keine	GUT (2,1)
Pixum.de	31,98 / 26	4,99	37,98 / 26	4,99	+	+	++	+	keine	GUT (2,1)
Mueller.de / foto	30,90 / 26	3,95	36,90 / 26	3,95	+	+	++	+	keine	GUT (2,2)
Aldifotos.de	18,24 / 24	3,29	23,24 / 26	3,29	○	○	+	+	keine	BEFRIED. (2,6)
Lidl-fotos.de	17,90 / 24	2,95	22,90 / 26	2,95	○	○	+	+	keine	BEFRIED. (2,6)
Fotokasten.de[3)]	34,94 / 28	4,95	39,94 / 24	4,95	○	○	○	+	sehr gering	BEFRIED. (2,7)
Fotoquelle.de	24,94 / 24	3,95	30,94 / 26	3,95	○	○	+	○	gering	BEFRIED. (2,7)
Fotoservice. mediamarkt.de	17,94 / 24	2,99	27,94 / 24	2,99	○	+	+	○	gering	BEFRIED. (2,7)
Fotobuch.de	29,80 / 24	4,90	34,80 / 26	4,90	○	○	○	+	entfällt[2)]	BEFRIED. (2,9)
PosterXXL.de	25,99 / 24	5,99	35,98 / 24	5,99	○	○	○	○	sehr gering	BEFRIED. (2,9)
Myphotobook.de	29,90 / 24	4,95	33,90 / 24	4,95	○	○	○	○	gering	BEFRIED. (3,2)
Rossmann-Fotowelt.de[4)]	22,54 / 24	2,59	29,54 / 26	2,59	○	○	+	○	deutlich*)	BEFRIED. (3,3)

Bewertungsschlüssel der Prüfergebnisse: ++ = Sehr gut (0,5–1,5). + = Gut (1,6–2,5). ○ = Befriedigend (2,6–3,5). ⊖ = Ausreichend (3,6–4,5). — = Mangelhaft (4,6–5,5). **Bei gleichem Qualitätsurteil Reihenfolge nach Alphabet.**
Mängel in den AGB (allgemeine Geschäftsbedingungen): keine, sehr gering, gering, deutlich, sehr deutlich.
Alle bieten zusätzliche Produkte wie Kalender und Leinwände.
Alle Fotobücher können auch automatisch gestaltet werden.
***) Führt zur Abwertung.**
1) Minimal mögliche Seitenzahl.
2) Keine AGB für Privatkunden. Vorteil: Es gilt das BGB.
3) Laut Anbieter Gestaltungseditor inzwischen verändert.
4) Geprüft wurde die Variante: Rossmann Fotobuch.
Einkauf der Prüfmuster: Juni bis September 2015.

miumvarianten. Bücher mit Fotoabzügen punkten mit satten Farben und brillanten, kontrastreichen Bildern. Sie zeigen auch nicht das Punktraster der Digitaldrucke. Bei automatischer Optimierung litten aber zum Beispiel Architekturfotos mit feinen Strukturen. Makel fanden wir auch bei den automatisch optimierten Premiumprodukten von Fotobuch und Media Markt: Der blaue Himmel zeigte Abstufungen statt eines glatten Verlaufs. Das sah bei anderen Büchern deutlich besser aus. ■ **Anbieter Seite 264**

Unser Rat

Testsieger bei den geprüften kleinen Kompakten sind **Canon PowerShot SX710 HS** (280 Euro) und **Nikon Coolpix S9900** (268 Euro). Bei den großen punktet die **Nikon Coolpix P900** mit 75-fach-Zoom (630 Euro). Beste hochwertige Kompakte ist die **Sony Cyber-shot DSC-RX10 II** für 1 560 Euro. Die beste Systemkamera mit Wechselobjektiv **Panasonic Lumix DMC-GX8A** kostet 2 000 Euro.

Die Beste für Sie

2015 Neue Kamera gesucht? Die Datenbank www.test.de/kameras der Stiftung Warentest zeigt alle Modelle. Hier sind die besten aus 2015.

Smartphones machen gute Fotos, aber Kameras toppen sie darin. Kleine Kompaktkameras mit 30-fach-Zoom setzen auch entfernte Motive groß ins Bild. Das schaffen Smartphones nicht. Hochwertige Kompakte mit lichtstarkem Objektiv liefern selbst bei wenig Licht brillante Bilder, hier müssen iPhone und Galaxy passen. Große Systemkameras mit Wechselobjektiv und Zubehör lassen sich für optimale Aufnahmen trimmen: Auch diese Möglichkeit bietet das sonst vielseitige Smartphone nicht.

Bildstabilisierung verbessert

Es gibt also genug Gründe für eine Kamera. Auch für eine neue, denn sie sind in den vergangenen Jahren noch besser geworden. Vor allem die Bildstabilisierung haben die Anbieter perfektioniert. Panasonic kombiniert beispielsweise die Stabilisierung im Objektiv mit der Stabilisierung im Kameragehäuse. Das neue Topmodell bei den Systemkameras, die Panasonic Lumix GX8A, eine spiegellose Systemkamera mit elektronischem Sucher, gleicht Bewegungen mehrfach aus und erreicht damit ein Sehr Gut im Test. Nicht nur in der Bildstabilisierung – auch im Qualitätsurteil. Die neue Olympus OM-D E-M5 Mark II ist in der Bildstabilisierung ebenfalls besser als ihre gute Vorgängerin M5. Sehr gut funktioniert der Verwacklungsschutz auch bei der Nikon D7200, einer Spiegelreflexkamera mit optischem Sucher *(siehe Tabelle Seite 132)*. ▶

Welche Kamera für wen?

Für Reise und Alltag: Kompaktkameras fotografieren mit Zoom – besser als jedes Smartphone, Seite 128/129.
Für Abenteurer: eine wasserdichte Kompaktkamera, siehe Seite 129.
Für Kreative: hochwertige Kompaktkameras mit manuellen Funktionen, siehe Tabelle Seite 130.
Für Anspruchsvolle: eine Systemkamera mit Wechselobjektiven wächst mit Ihren Ansprüchen, Seite 131/132.

test Kleine Kompaktkameras 2015 (bis 4 cm tief)

www.test.de/kameras	Mittlerer Preis ca. (Euro)	Tiefe ca. (cm)	Zoomfaktor (Messwert)	Bild	Video	Blitz	Monitor	Handhabung	test-QUALITÄTSURTEIL
Gewichtung				40 %	10 %	10 %	10 %	30 %	100 %
Canon PowerShot SX710 HS	280	3,5	27,4	+	+	+	+	○	GUT (2,3)
Nikon Coolpix S9900	268	4,0	29,4	+	○	○	+	+	GUT (2,3)
Panasonic Lumix DMC-TZ71	340	3,7	28,1	+	+	+	+	+	GUT (2,4)
Nikon Coolpix S7000	169	2,7	19,2	+	○	○	○	○	GUT (2,5)
Canon PowerShot N2	269	3,2	7,8	+	+	⊖	+	○	BEFRIEDIGEND (2,6)
Nikon Coolpix S6900	190	2,8	11,1	+	⊖	○	○	○	BEFRIEDIGEND (2,6)
Sony Cyber-shot DSC-WX500	355	3,6	28,8	○	+	○	○	○	BEFRIEDIGEND (2,6)
Canon Ixus 275 HS	191	2,3	11,5	+	○	○	○	○	BEFRIEDIGEND (2,7)
Canon PowerShot SX610 HS	184	2,7	17,4	+	○	○	+	○	BEFRIEDIGEND (2,7)
Panasonic Lumix DMC-TZ58	219	3,1	18,9	○	+	○	+	○	BEFRIEDIGEND (2,7)
Canon Ixus 165	111	2,2	7,7	○	⊖	○	○	○	BEFRIEDIGEND (3,1)
Canon Ixus 170	120	2,3	11,3	○	⊖	○	○	○	BEFRIEDIGEND (3,1)
Sony Cyber-shot DSC-HX90	400	3,6	28,9	⊖	+	○	○	+	BEFRIEDIGEND (3,2)
Sony Cyber-shot DSC-HX90V	420	3,6	28,9	⊖	+	○	○	+	BEFRIEDIGEND (3,2)
Canon Ixus 160	94	2,2	7,7	○	⊖	○	○	○	BEFRIEDIGEND (3,3)
Nikon Coolpix L31	70	2,9	4,8	○	⊖	○	○	⊖	BEFRIEDIGEND (3,4)
Panasonic Lumix DMC-SZ10	137	3,0	11,6	○	⊖	○	○	⊖	BEFRIEDIGEND (3,4)
Nikon Coolpix S3700	114	2,0	7,5	○	⊖	○	⊖	○	BEFRIEDIGEND (3,5)
Nikon Coolpix S2900	89	2,0	4,7	⊖	○	○	⊖*)	○	AUSREICHEND (3,6)

Bewertungsschlüssel der Prüfergebnisse: ++ = Sehr gut (0,5–1,5). + = Gut (1,6–2,5). ○ = Befriedigend (2,6–3,5). ⊖ = Ausreichend (3,6–4,5). — = Mangelhaft (4,6–5,5). **Bei gleichem Qualitätsurteil Reihenfolge nach Alphabet.**
***) Führt zur Abwertung.** **Einkauf der Prüfmuster:** 2014/2015.

Kompakte mit starkem Zoom

Kompaktkameras punkten in erster Linie mit ihrem starken Zoom. Das Non-Plus-Ultra markiert die Nikon Coolpix P900 mit 75-fach-Zoom *(siehe Tabelle rechts oben)*. Die große Kompakte liefert das Gebirgspanorama ebenso wie Teleaufnahmen vom Gipfelkreuz. Die P900 kann Motive bis zu 38 mal näher heranholen als das menschliche Auge. Noch erstaunlicher sind die Testsieger bei den kleinen Kompakten *(siehe Tabelle oben)*. Die Modelle von Canon und Nikon sind kaum vier Zentimeter dick, haben aber schon ein 30-faches Zoom von Weitwinkel bis Tele. Solche kleinen Kameras sind perfekt für Alltag und Reise.

Ein Hingucker der besonderen Art ist die Olympus Stylus TG4 *(siehe Tabelle rechts)*. Diese Kompaktkamera ist wasserdicht bis 15 Meter und macht tolle Fotos, selbst bei wenig Licht. Ein LED-Licht hilft bei Nahaufnahmen. Im Modus „Focus Stacking" kombiniert die TG4 mehrere Serienbilder zu einem Foto mit besonders großer Schärfentiefe. Das funktioniert gut und ist sehr nützlich: unser Kauftipp für Abenteurer. ▶

test Größere Kompaktkameras 2015 (dicker als 4 cm)

www.test.de/kameras	Mittlerer Preis ca. (Euro)	Tiefe ca. (cm)	Zoomfaktor (Messwert)	Bild	Video	Blitz	Monitor	Handhabung	test-QUALITÄTSURTEIL
Gewichtung				40 %	10 %	10 %	10 %	30 %	100 %
Nikon Coolpix P900	630	14,4	75,4	+	⊖	+	+	+	GUT (2,2)
Nikon Coolpix P610	340	11,4	48,5	+	○	+	+	+	GUT (2,3)
Olympus Stylus SH-2	299	4,4	23,4	+	⊖	○	+	+	GUT (2,4)
Nikon Coolpix L840	195	9,6	37,4	+	○	○	+	○	BEFRIEDIGEND (2,6)
Canon PowerShot SX530 HS	279	9,3	43,4	○	○	+	○	○	BEFRIEDIGEND (2,7)
Fujifilm FinePix S9800	236	12,5	50,3	+	⊖	+	+	○	BEFRIEDIGEND (2,7)
Fujifilm FinePix S9900W	300[1)]	12,5	50,3	+	⊖	+	+	○	BEFRIEDIGEND (2,8)
Canon PowerShot SX410 IS	184	8,6	35,9	○	⊖	○	○	○	BEFRIEDIGEND (2,9)
Nikon Coolpix L340	149	8,3	26,9	+	⊖	○	+	⊖	BEFRIEDIGEND (3,0)
Rollei Powerflex 260	133	8,7	24,3	○	○	○	○	○	BEFRIEDIGEND (3,0)

Bewertungsschlüssel der Prüfergebnisse: ++ = Sehr gut (0,5–1,5). + = Gut (1,6–2,5). ○ = Befriedigend (2,6–3,5). ⊖ = Ausreichend (3,6–4,5). — = Mangelhaft (4,6–5,5). **Bei gleichem Qualitätsurteil Reihenfolge nach Alphabet.**
1) Laut Anbieter. **Einkauf der Prüfmuster:** 2014/2015.

test Kompaktkameras, wasserdichte 2015

www.test.de/kameras	Mittlerer Preis ca. (Euro)	Mit GPS (Geodaten)	Wasserdicht bis (m)[1)]	Bild	Video	Blitz	Monitor	Handhabung	test-QUALITÄTSURTEIL
Gewichtung				40 %	10 %	10 %	10 %	30 %	100 %
Olympus Stylus TG-4	400	■	15	+	⊖	○	++	+	GUT (2,3)
Nikon Coolpix AW130	286	■	30	+	○	○	+	○	GUT (2,5)
Olympus Stylus TG-860	269	■	15	+	⊖	○	+	○	BEFRIEDIGEND (2,9)
Ricoh WG-5 GPS	264	■	14	○	○	○	+	○	BEFRIEDIGEND (3,1)
Nikon Coolpix S33	99	❑	10	○	○	○	○	⊖	BEFRIEDIGEND (3,2)
Panasonic Lumix FT30	138	❑	8	○	⊖	⊖	○	○	BEFRIEDIGEND (3,2)
Ricoh WG-30	210	❑	12	⊖	○	○	○	○	BEFRIEDIGEND (3,3)
Ricoh WG-30W	232	❑	12	⊖	○	○	○	○	BEFRIEDIGEND (3,3)
Fujifilm FinePix XP80	178	■	15	⊖	⊖	⊖	○	○	AUSREICHEND (3,6)
Rollei Sportsline 100	114	❑	10	○	—	○	○	—	AUSREICHEND (3,9)

Bewertungsschlüssel der Prüfergebnisse: ++ = Sehr gut (0,5–1,5). + = Gut (1,6–2,5). ○ = Befriedigend (2,6–3,5). ⊖ = Ausreichend (3,6–4,5). — = Mangelhaft (4,6–5,5). **Bei gleichem Qualitätsurteil Reihenfolge nach Alphabet.**
■ = Ja. ❑ = Nein.
1) Laut Anbieter. **Einkauf der Prüfmuster:** 2014/2015.

test Hochwertige Kompaktkameras 2015

www.test.de/kameras	Mittlerer Preis ca. (Euro)	Zoomfaktor (gemessen)	Sucher optisch / elektronisch	Bild	Video	Blitz	Sucher	Monitor	Handhabung	test-QUALITÄTSURTEIL
Gewichtung				40%	10%	5%	5%	10%	30%	100%
Sony Cyber-shot DSC-RX10 II	1560	7,8	❑/■	+	++	○	++	++	+	**GUT (1,6)**
Leica V-Lux (Typ 114)[1]	1100	13,0	❑/■	+	++	++	++	++	+	**GUT (1,7)**
Sony Cyber-shot DSC-RX100 IV	1090	2,7	❑/■	+	++	++	++	++	+	**GUT (1,7)**
Canon PowerShot G3 X mit Aufstecksucher EVF-DC1	1120	23,3	❑/■[2]	+	++	++	++	++	+	**GUT (1,8)**
Canon PowerShot G3 X	830	23,3	❑/❑[3]	+	++	++	Entfällt	++	+	**GUT (1,9)**
Leica D-Lux (Typ 109)[1)4)]	995	2,9	❑/■	+	+	+	++	++	+	**GUT (1,9)**
Panasonic Lumix DMC-LX100[4]	680	2,6	❑/■	+	+	+	++	++	+	**GUT (1,9)**
Canon PowerShot G7 X	495	4,6	❑/❑	+	++	+	Entfällt	+	+	**GUT (2,0)**
Fujifilm X100T	1180	1,0	■/■[5]	+	○	+	++	++	+	**GUT (2,0)**
Fujifilm X30	450	4,0	❑/■	+	○	+	++	+	+	**GUT (2,0)**
Panasonic Lumix DMC-FZ 300	570	21,8	❑/■	○	++	+	++	++	+	**GUT (2,0)**
Olympus Stylus 1S	500	10,7	❑/■	+	○	○	++	++	+	**GUT (2,2)**
Ricoh GR M2	800	1,0	❑[6]/❑	+	○	○	Entfällt	++	+	**GUT (2,2)**
Ricoh GR M2 mit Aufstecksucher GV-2	950	1,0	■[7]/❑	+	○	○	+	++	+	**GUT (2,2)**
Leica X (Typ 113)[1]	2450[8]	1,0	❑/◨[9]	+	+	+	Entfällt	+	○	**GUT (2,3)**
Leica X (Typ 113) mit Aufstecksucher Visoflex[1]	2280[10]	1,0	❑/■[11]	+	+	+	++	+	○	**GUT (2,3)**
Leica X-E (Typ 102)[1]	1490[12]	1,0	❑/❑	○	Entfällt	+	Entfällt	+	○	**BEFRIEDIGEND (2,6)**
Canon PowerShot SX60 HS	435	54,3	❑/■	○	○	+	+	+	○	**BEFRIEDIGEND (2,7)**
Fujifilm XQ2	330	3,7	❑/❑	○	⊖	○	Entfällt	+	+	**BEFRIEDIGEND (2,7)**

Bewertungsschlüssel der Prüfergebnisse: ++ = Sehr gut (0,5–1,5). + = Gut (1,6–2,5). ○ = Befriedigend (2,6–3,5). ⊖ = Ausreichend (3,6–4,5). — = Mangelhaft (4,6–5,5). **Bei gleichem Qualitätsurteil Reihenfolge nach Alphabet.**
■ = Ja. ❑ = Nein. ◨ = Optional.
1) Inklusive Lizenz für Adobe Photoshop Lightroom (nach Registrierung der Kamera zum Herunterladen). **2)** Elektronischer Aufstecksucher Canon EVF-DC1 im Gesamtpreis enthalten. **3)** Elektronischer Aufstecksucher Canon EVF-DC1 als Sonderzubehör erhältlich. **4)** Mit Aufsteckblitz. **5)** Hybridsucher, umschaltbar. **6)** Optischer Aufstecksucher Ricoh GV-2 als Sonderzubehör erhältlich. **7)** Optischer Aufstecksucher Ricoh GV-2 im Gesamtpreis enthalten. **8)** Nicht lieferbar. **9)** Elektronischer Aufstecksucher Leica Visoflex als Sonderzubehör erhältlich, Preis: zirka 450 Euro. **10)** Preis laut überregionaler Handelserhebung. **11)** Elektronischer Aufstecksucher Leica Visoflex im Gesamtpreis enthalten, Einzelpreis: zirka 450 Euro.
12) Preis laut Leica Store. **Einkauf der Prüfmuster:** 2014/2015.

test Systemkameras ohne Sucher 2015

www.test.de/kameras	Mittlerer Preis ca. (Euro)	Sucher als Sonderzubehör	Bild	Video	Blitz	Sucher	Monitor	Handhabung	test-QUALITÄTSURTEIL
Gewichtung			40%	10%	5%	5%	10%	30%	100%
Panasonic Lumix DMC-GF7K[1]	440	❑	+	+	+	Entfällt	++	+	GUT (1,9)
Samsung NX500 + 16-50 PZ OIS	605	❑	+	+	+		++	+	GUT (2,0)
Fujifilm X-A2 + XC 16-50 OIS II	500	❑	+	○	+		+	+	GUT (2,1)
Sony Alpha 5100 + E 16-50 PZ OSS	520	❑	+	+	○		+	+	GUT (2,1)
Olympus Pen E-PL7 + 14-42 II R[2]	500	◨[3]	+	○	+		+	+	GUT (2,2)
Canon EOS M3 + EF-M 18-55 IS STM	600	◨[4]	+	○	+		+	+	GUT (2,3)
Olympus Pen E-PL7 + ED 14-42 EZ[2]	560	◨[3]	+	○	+		+	+	GUT (2,3)
Nikon 1 J5[5]	440	❑	+	○	○		+	+	GUT (2,5)
Pentax Q-S1 + 5-15 ED AL IF	390	❑	⊖	+	○		+	○	BEFRIED. (2,9)

Bewertungsschlüssel der Prüfergebnisse: ++ = Sehr gut (0,5–1,5). + = Gut (1,6–2,5). ○ = Befriedigend (2,6–3,5). ⊖ = Ausreichend (3,6–4,5). — = Mangelhaft (4,6–5,5). **Bei gleichem Qualitätsurteil Reihenfolge nach Alphabet.** ❑ = Nein. ◨ = Optional. **1)** Mit Objektiv G Vario 12-32. **2)** Mit Aufsteckblitz. **3)** Elektronischer Aufstecksucher Olympus VF-4 als Sonderzubehör für ca. 300 Euro. **4)** Elektronischer Aufstecksucher Canon EVF-DC1 als Sonderzubehör für ca. 275 Euro. **5)** Mit Objektiv 1 Nikkor VR 10-30 PD-Zoom. **Einkauf der Prüfmuster:** 2014/2015.

test Systemkameras mit Sucher 2015 – Teil I

www.test.de/kameras	Mittlerer Preis ca. (Euro).	Bild	Video	Blitz	Sucher	Monitor	Handhabung	test-QUALITÄTSURTEIL
Gewichtung		40%	10%	5%	5%	10%	30%	100%
Spiegellos mit elektronischem Sucher								
Panasonic Lumix DMC-GX8A[1]	2000	+	++	❑	++	++	+	SEHR GUT (1,5)
Samsung NX1 mit Handgriff+NX 16-50 S ED OIS[2]	2790	+	++	○	++	++	++	GUT (1,6)
Sony Alpha 7 II + SEL FE 28-70 OSS	1830	++	++	❑	++	+	+	GUT (1,6)
Olympus OM-D E-M5 Mark II + ED 12-40 Pro	1800	+	+	+	++	++	+	GUT (1,7)
Panasonic Lumix DMC-GX8K[3]	1300	+	+	❑	++	++	+	GUT (1,7)
Panasonic Lumix DMC-G70K[3]	780	+	+	○	++	++	+	GUT (1,8)
Samsung NX1 + NX 16-50 PZ ED OIS[2]	1700	+	+	○	++	++	+	GUT (1,8)
Olympus OM-D E-M5 Mark II + ED 12-50 EZ	1300	+	○	+	++	++	+	GUT (1,9)
Fujifilm X-T10 + XC 16-50 OIS II	805	+	⊖	++	++	++	+	GUT (2,0)
Panasonic Lumix DMC-GM5K[4)5)]	610	+	+	○	++	++	+	GUT (2,0)
Fujifilm X-T10 + XF 18-55 R LM OIS	1100	+	⊖	○	++	++	+	GUT (2,1)

Bewertungsschlüssel der Prüfergebnisse: ++ = Sehr gut (0,5–1,5). + = Gut (1,6–2,5). ○ = Befriedigend (2,6–3,5). ⊖ = Ausreichend (3,6–4,5). — = Mangelhaft (4,6–5,5). **Bei gleichem Qualitätsurteil Reihenfolge nach Alphabet.** ❑ = Nein. **1)** Mit Objektiv G X Vario 12-35. **2)** Mit Adobe Photoshop Lightroom 5 auf CD. **3)** Mit Objektiv G Vario HD 14-42. **4)** Mit Objektiv G Vario 12-32. **5)** Mit Aufsteckblitz. **Einkauf der Prüfmuster:** 2014/2015.

test Systemkameras mit Sucher 2015 – Teil II

www.test.de/kameras	Mittlerer Preis ca. (Euro).	Bild	Video	Blitz	Sucher	Monitor	Handhabung	test-QUALITÄTSURTEIL
Gewichtung		40 %	10 %	5 %	5 %	10 %	30 %	100 %
Spiegelreflex mit optischem Sucher								
Nikon D7200 + AF-S DX 18–55 G VR II	1070	+	++	+	++	+	+	GUT (1,8)
Canon EOS 7D Mark II + EF-S 18-55 IS STM	1720	+	+	++	++	++	+	GUT (1,9)
Nikon D7200 + AF-S DX 18-105 G ED VR	1150	+	++	+	++	+	+	GUT (1,9)
Canon EOS 7D Mark II + EF-S 15-85 IS USM	2100	+	+	+	++	++	+	GUT (2,0)
Nikon D5500 + AF-S DX 18-55 G VR II	740	+	+	+	++	++	+	GUT (2,0)
Nikon D7200 + AF-S DX 18-140 G ED VR	1250	+	++	+	++	+	+	GUT (2,0)
Canon EOS 5D Mark III + EF 24-105 L IS USM	3250	+	+	Entfällt	++	++	+	GUT (2,1)
Canon EOS 750D + EF-S 18-55 IS STM	700	+	+	+	++	+	+	GUT (2,1)
Canon EOS 760D + EF-S 18-135 IS STM	965	+	+	+	++	+	+	GUT (2,1)
Nikon D5500 + AF-S DX 18-105 G ED VR	850	+	+	+	++	++	+	GUT (2,1)
Nikon D750 + AF-S 24-120 G ED VR	2340	○	+	++	++	++	+	GUT (2,1)
Canon EOS 750D + EF-S 18-135 IS STM	930	○	+	○	++	+	+	GUT (2,2)
Nikon D7200 + AF-S DX 16–80 E ED VR	2120	○	++	+	++	+	+	GUT (2,2)
Nikon D750 + AF-S 24-85 G ED VR	2250	○	+	++	++	+	+	GUT (2,2)
Nikon D810 + AF-S 24-120 G ED VR	3700	○	+	+	++	+	+	GUT (2,2)
Pentax K-3 II + smc DA 18-135 ED AL IF DC WR	1400	+	○	Entfällt	++	+	+	GUT (2,2)
Pentax K-S1 + DA L 18-55 AL	385	+	○	+	++	+	+	GUT (2,2)
Pentax K-S2 + DA L 18-50 DC WR RE	680	+	○	○	++	+	+	GUT (2,2)
Canon EOS 7D Mark II + EF-S 18-135 IS STM	1800	○	+	+	++	++	+	GUT (2,3)
Pentax K-3 II + smc DA 16-85 ED DC WR	1630	+	○	Entfällt	++	+	+	GUT (2,3)
Pentax K-3 II + smc DAL 18-55 AL WR	1100	+	○	Entfällt	++	+	+	GUT (2,3)
Canon EOS 6D + EF 24-105 L IS USM	2350	○	+	Entfällt	++	++	+	GUT (2,4)

Bewertungsschlüssel der Prüfergebnisse: ++ = Sehr gut (0,5–1,5). + = Gut (1,6–2,5). ○ = Befriedigend (2,6–3,5). ⊖ = Ausreichend (3,6–4,5). — = Mangelhaft (4,6–5,5). **Bei gleichem Qualitätsurteil Reihenfolge nach Alphabet.** **Einkauf der Prüfmuster:** 2014/2015.

Hochwertig auch ohne System

Hochwertige Fotos verbinden viele mit Spiegelreflex- oder Systemkameras. Die sind zwar gut, müssen aber nicht sein. Es gibt hochwertige Kompaktkameras, die alle Ansprüche erfüllen. Die Sony Cyber-shot RX10 II ist ein feines Beispiel dafür. Sie hat ein lichtstarkes Objektiv mit einer durchgängigen Blendenöffnung von 2,8, speichert Rohdaten und bietet alle manuellen Funktionen für kreative Fotos. Ihre Videos sind atemberaubend. Mit einer Auslöseverzögerung unter 0,2 Sekunden stellt die RX10 II manche Systemkamera in den Schatten. Unser Kauftipp für anspruchsvolle Fotofreunde, die auf Wechselobjektive verzichten können. Diese und andere hochwertige Kompakte in der Tabelle auf Seite 130. ■ **Anbieter Seite 264**

Unser Rat

Der **Kathrein UFSconnect 916** für 250 Euro und der **Technisat Digit Isio S2** für 254 Euro teilen sich den ersten Platz im Test. Beide haben einen Doppelempfänger (Twin Tuner). Unter den Modellen mit einem Empfänger überzeugen der **Humax HD Nano Eco** für 113 Euro sowie die **Samsung Media Box HD+** für 119 Euro. Viel günstiger ist der ganz passable **Strong SRT 7004** für 46 Euro.

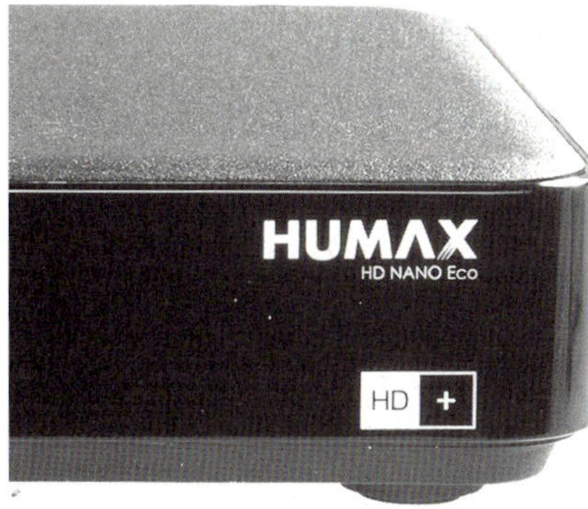

Doping für alte Fernseher

6/2015 Sat-Receiver rüsten in die Jahre gekommene TV-Geräte mit neuen Funktionen aus. Drei Merkmale sind beim Kauf besonders wichtig.

Ein aktueller Sat-Empfänger wirkt auf ergraute Fernseher wie eine Frischzellenkur. Mithilfe des Receivers erlebt der Oldie seinen zweiten Frühling und hat plötzlich ungeahnte Dinge drauf: Er kann etwa Videos aus dem Internet abspielen und Sendungen aufzeichnen. TV-Geräte ohne eingebauten Sat-Tuner sind auf einen Receiver angewiesen, um überhaupt Fernsehsender zu empfangen. Den günstigsten der zwölf Receiver im Test gibts schon für 46 Euro – wer einen der vier guten kaufen möchte, muss aber mindestens 113 Euro hinblättern.

Qualitätsunterschiede sind gering

Die Bild- und Tonqualität ist bei allen Geräten im Test insgesamt gut oder sehr gut. Auch in puncto Handhabung unterscheiden sich die geprüften Modelle nur wenig, lediglich der Technisat und der Kathrein stechen positiv hervor. Angesichts dieser geringen Differenzen kommt es bei der Entscheidung für ein Modell vor allem auf die Ausstattung an. Folgende drei Merkmale sollte jeder Käufer unbedingt im Blick haben.

Anzahl der eingebauten Empfänger

Soll der Receiver zwei eingebaute Empfänger haben oder reicht einer? Ein Gerät mit Twin Tuner – also zwei Empfängern – bietet den Vorteil, dass der Besitzer eine Sendung sehen und gleichzeitig noch eine andere aufnehmen kann. Mit vier von zwölf Geräten im Test ist das möglich – meist müssen dann aber auch zwei Kabel vom Receiver zur Sat-Anlage auf dem Dach führen. ▸

Probleme beim Aufnehmen

Wer mit einem Sat-Receiver Sendungen aufzeichnen möchte, stößt oft auf Hürden. Beim Easy one und beim Strong kostet die Aufnahmefunktion extra. Die externe Festplatte, auf der die Sendungen gespeichert werden, muss der Nutzer häufig erst formatieren – das erfordert einige technische Kenntnisse. Zudem lassen sich die Aufnahmen nicht immer ohne Spezialsoftware am PC verwenden.

test Sat-Empfänger 6/2015

www.test.de	Mittlerer Preis ca. (Euro)	Bild und Ton	Empfindlichkeit	Handhabung	Umwelteigenschaften	Vielseitigkeit	test-QUALITÄTSURTEIL
Gewichtung		20 %	15 %	40 %	10 %	15 %	100 %
Single Tuner							
Humax HD Nano Eco	113	++	+	○	+	⊖	**GUT (2,5)**
Samsung Media Box HD+ GX-SM550SH	119	++	+	○	+	⊖	**GUT (2,5)**
Comag SL65HD+	73	++	+	○	○	○	**BEFRIED. (2,6)**
Easy one HX 60 HD+	73	++	+	○	+	⊖	**BEFRIED. (2,7)**
Opticum HD 405 Plus	89	+	+	○	+	⊖	**BEFRIED. (2,7)**
Strong SRT 7004	46	++	+	○	+	⊖	**BEFRIED. (2,7)**
Xoro HRS 8590 Lan	59	+	+	○	+	⊖	**BEFRIED. (2,7)**
Telestar digiHD TS 2	63	+	+	○	+	⊖	**BEFRIED. (2,8)**
Twin Tuner							
Kathrein UFSconnect 916	250	++	+	+	+	○	**GUT (2,3)**
Technisat Digit Isio S2	254	+	○	+	⊖	○	**GUT (2,3)**
Digitalbox Imperial HD 6i Twin	118	+	+	○	○	⊖	**BEFRIED. (2,7)**
Megasat HD 935 Twin	99	+	+	○	+	⊖	**BEFRIED. (2,8)**

Bewertungsschlüssel der Prüfergebnisse: ++ = Sehr gut (0,5–1,5). + = Gut (1,6–2,5). ○ = Befriedigend (2,6–3,5). ⊖ = Ausreichend (3,6–4,5). — = Mangelhaft (4,6–5,5). **Bei gleichem Qualitätsurteil Reihenfolge nach Alphabet.** **Einkauf der Prüfmuster:** Februar 2015.

Netzfunktionen oft eingeschränkt

Soll der Empfänger netzwerkfähig sein? Und welche Online-Funktionen soll er beherrschen? Der Humax und der Easy one sind die einzigen Modelle im Test, die gar nicht in Netzwerke eingebunden werden können. Beim Telestar muss der Kunde einen WLan-Stick dazu kaufen. Die Geräte von Comag, Megasat, Opticum, Strong und Xoro sind zwar an sich netzwerkfähig, verfügen aber nur über sehr eingeschränkte Onlinefunktionen – etwa die Abfrage von Nachrichten oder Wetterdaten aus dem Internet. Vielfältige Einsatzmöglichkeiten im Netz bieten lediglich die Geräte von Digitalbox, Kathrein, Samsung und Technisat – die Digitalbox ist allerdings das einzige Modell aus diesem Quartett, das die interaktive Fernsehtechnik HbbTV nicht unterstützt.

Private in HD nur mit wenigen möglich

Soll der Receiver auch Privatsender in Hochauflösung (HD) empfangen können? Über Satellit sind viele Privatsender wie RTL, Sat.1 und Pro 7 nur dann in HD zu sehen, wenn der Zuschauer das kostenpflichtige Angebot der Plattform HD+ nutzt. Dafür fallen nach einer kostenlosen Testphase 60 Euro pro Jahr an. Wer nicht Pay-TV-Kunde bei Sky ist, braucht für den Empfang der HD+-Sender einen HD+-fähigen Receiver samt HD+-Karte oder ein HD+-Modul. Den Geräten von Comag, Easy one, Humax und Samsung liegt eine HD+-Karte bei. In den Technisat kann ein HD+-Modul eingebaut werden. Die anderen sieben Geräte im Test bieten keine Möglichkeit, HD+ zu nutzen – wer Privatsender in HD anschauen möchte, sollte diese Modelle meiden. ■ Anbieter Seite 264

Unser Rat

Bestes DAB+-Radio ohne Internet ist das **Sony XDR-S60DBP** für 89 Euro mit gutem Klang und sehr gutem Empfang. Noch besseren Empfang bietet das **Panasonic RF-D10EG** für 76 Euro, den besten Ton das **Sonororadio** von **Sonoro** für 276 Euro. Bestes Internetradio ist das **Noxon Nova M** für 325 Euro. Noch besseren Empfang bietet das **Grundig Cosmopolit 4 Web DAB+** für 169 Euro.

Radio total

7/2015 Moderne Radios empfangen Sender per UKW, DAB+ und Internet. Ton, Empfang und Ausstattung unterscheiden sich deutlich.

Beim Zähneputzen, beim Gemüseschnippeln, beim Picknick: Das Radio steht daneben und dudelt vor sich hin, als wäre nichts gewesen. Dabei hat sich in den vergangenen Jahren beim Hörfunk viel getan. Moderne Geräte empfangen neben analogen UKW-Sendern mit ihren typischen Störgeräuschen auch den rauschfreien digitalen Hörfunk DAB+. Besser ausgestattete Modelle bringen zusätzlich übers Internet eine gigantische Senderauswahl ins Haus.

Insgesamt 18 aktuelle Radios hat die Stiftung Warentest geprüft. Die Preise reichen von 35 bis 325 Euro. Alle im Test empfangen UKW-Radio und das Digitalradio DAB+. Sieben können zusätzlich Internetradio empfangen. Der Test zeigt deutliche Unterschiede bei Ausstattung und Qualität.

Deutliche Unterschiede beim Empfang

Etliche Geräte tun sich mit dem UKW-Empfang schwer. Bei schwachem Signal finden sie nicht alle verfügbaren Sender. Und diejenigen, die sie finden, geben sie teilweise stark verrauscht wieder. Nur zwei Radios schneiden beim UKW-Empfang sehr gut ab, zwei weitere immerhin gut. Beim DAB+-Empfang zeigen sich die meisten Geräte robuster. Hier schwächeln nur zwei Radios – das 35 Euro billige Blaupunkt und das 325 Euro teure Sonoro Sonororadio.

Vom Klang der kompakten Radios sollte man keine Wunder erwarten. Doch auch innerhalb der begrenzten Möglichkeiten zeigt der Hörtest erhebliche Unterschiede. ▸

Drei Empfangswege

Das analoge **UKW**-Radio (oft auch „FM" genannt) bringt vor allem lokale und regionale Sender. Mit abnehmender Signalqualität nimmt störendes Rauschen zu. Das Digitalradio **DAB+** bietet regionale und bundesweite Sender. Bei zu schlechtem Signal bricht der Empfang einfach ab. **Internetradio** bringt Hunderte von Sendern aus aller Welt. Voraussetzung ist ein schneller Internetanschluss.

7 Digitalradios

test Digitalradios 7/2015

www.test.de	Mittlerer Preis ca. (Euro)	Ton	Empfang	Handhabung	Stromverbrauch	test-QUALITÄTSURTEIL
Gewichtung		**30 %**	**20 %**	**40 %**	**10 %**	**100 %**
mit DAB+						
Sony XDR-S60DBP	89	+	++	+	++	**GUT (1,9)**
Philips AE5220/12	78	+	+	+	++	**GUT (2,1)**
Sonoro Sonororadio	276	+	○	+	+	**GUT (2,1)**
Panasonic RF-D10EG	76	○	++	+	++	**GUT (2,2)**
Albrecht DR 900 BT	161	○	○	+	++	**GUT (2,5)**
Grundig RCD 1460 DAB+	111	○	++	○	++	**GUT (2,5)**
Pure Pop Midi	83	○	+	○	++	**GUT (2,5)**
Sangean DPR-77	99	○	++	○	++	**GUT (2,5)**
Technisat Digitradio 250	56	○	+	○	++	**BEFRIED. (2,6)**
Blaupunkt RX+ 12	35	⊖	○	○	++	**BEFRIED. (3,0)**
Dual DAB 18	44[1)]	⊖	○	○	++	**BEFRIED. (3,0)**
mit DAB+ und Internetradio						
Noxon Nova M	325	+	+	+	+	**GUT (2,1)**
Grundig Cosmopolit 4 Web DAB+	169	○	++	+	+	**GUT (2,2)**
Hama DIR 3100	168	+	+	+	○	**GUT (2,2)**
Technisat Digitradio 350 IR	170	+	+	+	+	**GUT (2,2)**
Sangean WFR-29C	213	+	+	+	○	**GUT (2,4)**
Medion Life P85035 (MD 87090)	101	+	○	+	++	**GUT (2,5)**
Soundmaster IR4000[2)]	149	○	○	⊖	+	**BEFRIED. (3,2)**

Bewertungsschlüssel der Prüfergebnisse: ++ = Sehr gut (0,5–1,5). **+** = Gut (1,6–2,5). ○ = Befriedigend (2,6–3,5). ⊖ = Ausreichend (3,6–4,5). **—** = Mangelhaft (4,6–5,5). **Bei gleichem Qualitätsurteil Reihenfolge nach Alphabet.**
1) Preis laut Anbieter. **2)** Laut Anbieter nicht mehr erhältlich.
Einkauf der Prüfmuster: April 2015.

Mit Abstand am besten klingt mit dem Sonoradio für 276 Euro eines der teuersten Geräte im Test. Die meisten anderen klingen mehr oder weniger dünn – gut genug, um im Hintergrund zu dudeln, aber nicht geeignet für konzentrierten Musikgenuss. Dafür haben die meisten einen Kopfhöreranschluss. Viele bieten zudem einen Line-Ausgang, mit dem sie sich zusätzlich an eine Stereo-Anlage anschließen lassen.

In Sachen Bedienkomfort schlagen sich die meisten Radios im Test recht ordentlich, die Unterschiede liegen vorwiegend im Detail. So haben längst nicht alle Geräte Stationstasten, auf die der Nutzer seine Lieblingssender legen kann. Die sind komfortabler, als das gesuchte Programm aus einer Favoritenliste herauszusuchen. Sieben Radios im Test kommen mit einer Fernbedienung, die meisten der Internetradios lassen sich zudem per Smartphone-App fernsteuern. Nur beim Soundmaster ist die Handhabung wirklich schwach: Es reagiert langsam und unzuverlässig auf Eingaben und nervt mit unübersichtlicher Menüführung. ■ **Anbieter Seite 265**

Unser Rat

Bang & Olufsen Beoplay A2 klingt am besten, ist aber groß, wiegt etwa ein Kilo und kostet 340 Euro. Nicht ganz so gut im Ton, aber kräftig spielt **Loewe Speaker 2go** für 224 Euro auf. Kleiner, leichter und vielfältig zu koppeln ist **Ultimate Ears Boom** für 156 Euro. Ins Wandergepäck passt der **Harman/Kardon Esquire Mini**, 150 Euro: Gewicht 240 Gramm und Ladefunktion fürs Handy.

Das neue Kofferradio

6/2015 Funklautsprecher machen mobil – und jede Menge Spaß. Dank Akku auch bei Sport und Spiel. Musik liefert das Smartphone via Funk.

Rund und bunt, klein und flach – neben einem mobilen Bluetooth-Lautsprecher sieht die klassische HiFi-Anlage alt aus. Die neue Gerätegattung vereint Akku, Verstärker und Lautsprecher in einem Gehäuse. Über Bluetooth sendet das Smartphone Musik oder Internetradio an die Funkboxen.

Etliche Funklautsprecher verbinden sich auch paarweise. Dann bieten sie entweder Stereo oder Sound für die Partygäste weiter hinten. Andere Modelle vertragen schon mal einen Wasserspritzer und können mit ins Bad. So geht Musik heute. Die kleinen Boxen liefern aber nur Kofferradioklang. Unterwegs ist das kein Makel. Zuhause bleibt die HiFi-Anlage das Maß der Dinge.

Besser als das Smartphone

Wer sich für einen Bluetooth-Lautsprecher interessiert, sollte den Einsatzzweck beachten: Wie transportabel soll das Modell sein? Wie wichtig sind Klang und Lautstärke? Immerhin: Besser als die Lautsprecher eines Smartphones klingt jedes der 20 geprüften Modelle. Der große und schwere, besonders teure Beoplay A2 von Bang & Olufsen erreicht beim Ton sogar die Notes sehr gut – gemessen an dem, was die dem Kofferradio verhaftete Gerätegattung leisten kann.

Im Wandergepäck zählen jedes Gramm und jeder Millimeter Gehäusegröße. Der flache Esquire Mini von Harman/Kardon wiegt nur 240 Gramm und punktet mit einer Zusatzfunktion: Dieser Bluetooth-Lautsprecher kann das Smartphone aufladen. ▶

Bluetooth saugt den Akku leer

Die Betriebsdauer hängt nicht nur von der Lautstärke, sondern auch von der Art der Verbindung zum Smartphone ab. Bluetooth kann die Spieldauer verkürzen. Das bemerkten wir insbesondere bei Bang & Olufsen und Sound2Go. Diese Funklautsprecher spielen am analogen Audiokabel deutlich länger als via Bluetooth. Die anderen Boxen reagieren weniger auf die Art der Verbindung.

test Funklautsprecher (Bluetooth) 6/2015						
www.test.de	Mittlerer Preis ca. (Euro)	Ton	Handhabung	Stabilität	Akku	test-QUALITÄTSURTEIL
Gewichtung		**65 %**	**10 %**	**5 %**	**20 %**	**100 %**
Bang & Olufsen Beoplay A2	340	++	+	++	+	**GUT (1,7)**
Bowers & Wilkins T7	340	○	○	++	++	**GUT (2,3)**
JBL Charge2	127	+	⊖	++	○	**GUT (2,4)**
Loewe Speaker 2go	224	+	+	++	⊖	**GUT (2,4)**
Ultimate Ears Boom	156	○	○	++	+	**GUT (2,4)**
Creative Soundblaster Roar	150	+	○	++	○	**GUT (2,5)**
Bose Soundlink Colour	109	○	+	++	○	**BEFRIEDIGEND (2,6)**
JBL Flip2	81	+	○	++	⊖	**BEFRIEDIGEND (2,6)**
Bose Soundlink Mini	162	○	+	++	○	**BEFRIEDIGEND (2,7)**
Jawbone Mini Jambox	111	○	+	++	○	**BEFRIEDIGEND (2,7)**
Philips BT3500[1)]	59	○	+	++	○	**BEFRIEDIGEND (2,7)**
Beats Pill	173	○	+	++	⊖	**BEFRIEDIGEND (2,9)**
Denon Envaya Mini DSB-100	119	○	+	++	○	**BEFRIEDIGEND (2,9)**
Sony SRS-X2	83	○	+	++	○	**BEFRIEDIGEND (2,9)**
Harman / Kardon Esquire Mini	150	○	+	++	○	**BEFRIEDIGEND (3,0)**
Sound2Go Big Bass XL Universe[2)]	65	○	+	++	○	**BEFRIEDIGEND (3,1)**
Xqisit xqS10	72[3)]	⊖*)	○	+	+	**BEFRIEDIGEND (3,1)**
Bose Soundlink III	250	○	○	++	○	**BEFRIEDIGEND (3,2)**
Grundig GSB 200 NFC[4)]	96	⊖*)	○	++	++	**BEFRIEDIGEND (3,4)**
Sony BSP10	79	⊖*)	○	++	○	**AUSREICHEND (3,8)**

Bewertungsschlüssel der Prüfergebnisse: ++ = Sehr gut (0,5–1,5). + = Gut (1,6–2,5). ○ = Befriedigend (2,6–3,5). ⊖ = Ausreichend (3,6–4,5). — = Mangelhaft (4,6–5,5). **Bei gleichem Qualitätsurteil Reihenfolge nach Alphabet.**
***) Führt zur Abwertung.**
1) Laut Anbieter durch Nachfolger Philips BT3600 ersetzt. **2)** Laut Anbieter durch Nachfolger Sound2Go Big Bass XL ersetzt. **3)** Onlinepreis ohne Versandkosten (Stand: 20.04.2015). **4)** Laut Anbieter nicht mehr erhältlich.
Einkauf der Prüfmuster: 12/2014 bis 1/2015.

Das saugt zwar Saft aus dem Akku des Funklautsprechers und mindert seine Spieldauer, kann unterwegs aber hilfreich sein. Sechs weitere, schwerere Lautsprecher im Test laden ebenfalls Smartphones. Das sind Bang & Olufsen, Beats, Creative, Grundig, JBL Charge2 und Loewe.

Musik für bis zu 40 Stunden

Zwischen schlappen 5 Stunden beim JBL Flip2 und beachtlichen 40 Stunden beim Ultimate Ears Boom hielten die Lautsprecher im Test durch. Die Zeiten beziehen sich auf das Zuspiel via Bluetooth und die Musikwiedergabe mit einem konstanten Schalldruckpegel von 60 Dezibel. Die Lautstärke entspricht der einer angeregten Unterhaltung in der Gruppe. Laut genug, zumal eine höhere Lautstärke die Spieldauer verkürzt.

Die Geräte sind auch zuhause mobil. Badewannen-Carusos nehmen den Denon oder die Boxen von Grundig und Sound2Go mit ins Bad und schmettern unter der Dusche fröhlich Arien mit. In den Beregnungstest schickten wir alle 20 Lautsprecher. Keiner fiel aus. Respekt. ■ **Anbieter Seite 265**

Unser Rat

Der **Philips SHE8100** für 26,70 Euro klingt und sitzt erstaunlich gut. Allerdings verknotet das Kabel leicht. Das passiert beim **Sennheiser Momentum In-Ear (M2 IEi)** für 99 Euro nicht. Er klingt als einziger im Test sogar sehr gut. Kräftigen Bass für weniger Geld bieten **Sony MDR-EX650AP** (64,50 Euro, Vorteil: sitzt gut) und **Teufel Move** (80 Euro, Vorteil: Acht Wochen Probezeit).

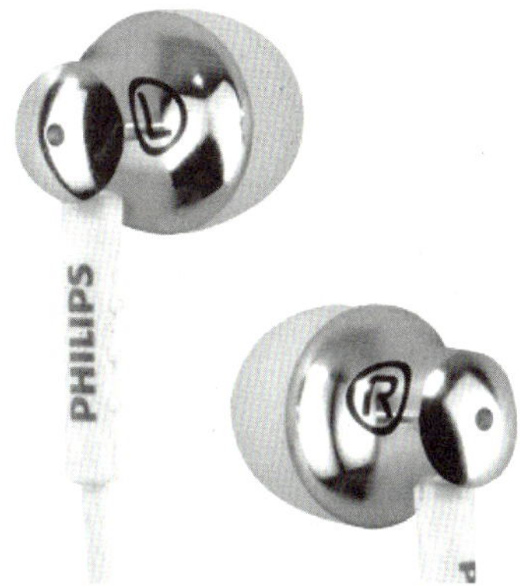

Toller Klang für wenig Geld

8/2015 Ein unscheinbarer 27-Euro-Kopfhörer spielt fast auf dem Niveau des 99 Euro teuren Testsiegers. Er klingt erstaunlich gut.

Der beste Kopfhörer im Test, der Sennheiser Momentum In-Ear mit sehr gutem Ton, glänzt auch mit einem Gehäuse in Klavierlackoptik. Dafür waren unsere Prüfer aber blind. Sie lauschten nur konzentriert. Die Tester gaben den meisten In-Ohr-Kopfhörern, englisch „In-Ear", eine gute Note für den Ton. Neben dem Momentum klingt der zweite geprüfte Sennheiser für knapp 75 Euro erstaunlich gut, der nur rund 27 Euro teure Philips SHE8100 aber auch. Im letzten Test *(test 5/2014)* klang kein aufliegender, großer Kopfhörer so stark. 15 der 18 Kopfhörer zwischen knapp 20 und rund 180 Euro schneiden am Ende gut ab, der Rest befriedigend.

Kleine Größe, toller Klang – das ist eine Kunst, aber keine Hexerei. Die schallerzeugenden Membranen der Ohrhörer messen nur ein paar Millimeter, doch Musik blasen sie direkt ins Ohr. Selbst tiefe Töne verpuffen nicht ungehört, weil Polster aus Silikon oder Schaumstoff meist den Gehörgang verschließen. Sie verleihen Smartphones und Musikspielern Hifi-Klang. Harmonisch – das heißt in allen Hörbeispielen von Rock & Pop, Klassik und Jazz bis zum Hörspiel mindestens gut – klingen sieben: beide Beyerdynamic, der billigste und der teuerste Philips, beide Sennheiser sowie der 65-Euro-Sony.

Eingepasst

Beim Hörspiel einschlafen, beim Aufwachen den Wetterbericht hören: Dafür eignet sich vor allem der 19-Euro-Sony. Er drückt besonders wenig in Seitenlage auf dem ▸

Druck im Ohr

In-Ohr-Hörer zu tragen, ist etwas speziell. Wer zum Schlafen Ohrstöpsel nimmt, dürfte mit ihnen klarkommen. Knackpunkt ist der Druck im Ohrkanal. Ein lose sitzender Ohrstöpsel verdirbt den Klang und mindert die Abschirmung störender Geräusche. Deshalb liefern die Anbieter verschiedene Ohrpolster mit – mindestens drei, maximal acht Paare. Im Zubehörhandel gibt es weitere Größen.

FOTO: STIFTUNG WARENTEST

7 In-Ohr-Kopfhörer

test In-Ohr-Kopfhörer 8/2015							
www.test.de	Mittlerer Preis ca. (Euro)	Ton	Handhabung	Störeinflüsse	Haltbarkeit	Schadstoffe	test-QUALITÄTS-URTEIL
Gewichtung		55 %	30 %	5 %	5 %	5 %	100 %
Sennheiser Momentum In-Ear (M2 IEi)	99,00	++	+	+	+	++	GUT (1,8)
Sony MDR-EX650AP	64,50	+	+	+	+	++	GUT (1,9)
Philips SHE8100	26,70	+	○	+	++	++	GUT (2,0)
Sennheiser CX 5.00G	74,50	+	+	+	+	++	GUT (2,0)
Teufel Move	80,00[1)]	+	+	○	+	++	GUT (2,1)
Beyerdynamic DX 160 iE	99,00	+	+	○	+	○	GUT (2,2)
Bose Soundtrue in-ear headphones	94,50	○	+	○	++	++	GUT (2,3)
Philips Fidelio S2	122,00	+	○	○	++	++	GUT (2,3)
Sony MDR-EX110LP	19,30	○	+	○	+	++	GUT (2,3)
AKG K376	91,50	+	○	○	++	++	GUT (2,4)
Beyerdynamic MMX 102 iE	73,50	+	○	+	○	++	GUT (2,4)
Bowers & Wilkins C5 Serie 2	179,00	+	○	+	++	++	GUT (2,4)
Philips Fidelio S1	84,00	+	○	○	+	++	GUT (2,4)
Sony XBA-H1	88,50	○	+	+	++	++	GUT (2,4)
JBL Synchros S200a	82,50	+	○	+	+	○	GUT (2,5)
Denon AH-C120MA	83,50	○	+	○	++	○	BEFRIEDIGEND (2,8)
Pioneer SE-CX8	179,00	○	○	○	++	++	BEFRIEDIGEND (2,8)
Panasonic RP-HJX20	79,50	○	⊖	+	++	++	BEFRIEDIGEND (3,0)

Bewertungsschlüssel der Prüfergebnisse: ++ = Sehr gut (0,5–1,5). + = Gut (1,6–2,5). ○ = Befriedigend (2,6–3,5). ⊖ = Ausreichend (3,6–4,5). — = Mangelhaft (4,6–5,5). **Bei gleichem Qualitätsurteil Reihenfolge nach Alphabet.**
1) Preis laut Anbieter. **Einkauf der Prüfmuster:** April 2015.

Kissen. Fast schon schmerzhaft in dieser Beziehung fanden einige Prüfer den Sennheiser Momentum sowie die sehr großen Panasonic und Pioneer. Die Prüfer haben auch beim Nachbarn mitgehört – so wie es Reisende in Bus und Bahn erleben. Nach außen blieb jeder zweite Kopfhörer erfreulich leise, fünf dagegen strahlen viel Schall ab.

Unbequem

Bei vier Modellen fanden unsere Prüfer mehrheitlich kein optimal passendes Polster für ihre Ohren, obwohl verschiedene Größen beilagen *(siehe Kasten „Druck im Ohr")*. Das könnte auch beim Testsieger stören: Der Sennheiser Momentum passte nicht allen. Die unterschiedlichen Nutzer kamen am besten klar mit Philips SHE8100, Sony MDR-EX110LP, Sony MDR-EX650AP und Teufel. Kleine und winklige Ohrkanäle sind eine Herausforderung. Mit dem falschen Polster kann der Knopf im Ohr drücken. Wer seinem Lieblingshörer unbedingt die Treue halten will, findet vielleicht im Zubehörhandel passende Polster oder bitten beim Hörgeräteakustiker um Hilfe. ■ **Anbieter Seite 265**

Unser Rat

Den besten Gesamteindruck hinterlassen die rundum gute **Denon N9 Ceol** für 495 Euro und die klangstarke **Yamaha Pianocraft MCR-N560D** für 470 Euro. Den besten Sound liefert **Teufel Kombo 22** für 249 Euro. Sie klingt fast so gut wie eine große HiFi-Anlage, hat aber nur UKW-Radio, streikt oft bei fehlerhaften CDs. Besser ausgestattet ist die Nr. 2 im Hörtest: **Sony CMT-SX7B**, 540 Euro.

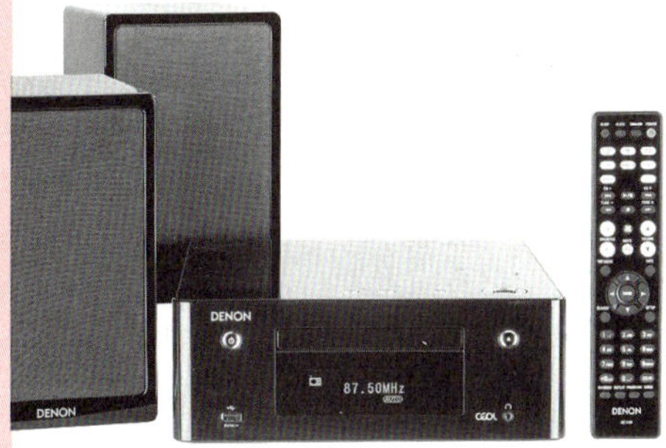

Kleine Boxen, großer Klang

12/2015 Viele Mini-HiFi-Anlagen klingen erstaunlich gut. Smartphone, Internetradio und WLan machen die kleine Anlage modern.

Große HiFi-Anlagen mit Standboxen sind ein bisschen aus der Mode gekommen. Funklautsprecher und Mini-Anlagen sind in. Vor allem die Minis überzeugen: Sie sparen nicht nur Platz, sie klingen auch gut. Egal ob im Wohnzimmer oder in der Küche, stimmungstechnisch heizen die kleinen Anlagen ordentlich ein. Die 14 Modelle im Test spielen nicht nur Radio und CD; sondern auch Musik vom Smartphone, meist drahtlos per Bluetooth oder WLan (Funk). Sechs Anlagen lassen sich mit LAN-Kabel oder per WLan ins heimische Netzwerk einbinden. Sie musizieren dann von Festplatte, Tablet oder Smartphone und streamen Musik von Diensten wie Spotify, Apple Music oder Deezer direkt aus dem Internet. Der Aufbau der Streaming-Verbindung und die Steuerung erfolgt per App mit Tablet oder Smartphone.

Auch für Klassik und Jazz

Für 200 bis 550 Euro sind die Mini-HiFi-Anlagen eine Alternative zu Funklautsprechern. Die Anlagen klingen ausgewogener und nicht so basslastig wie die meisten WLan-Lautsprecher. Mini-Anlagen sind auch für Klassik und Jazz geeignet, Funklautsprecher eher für Pop.

11 Mini-Anlagen im Test klingen gut, drei immerhin befriedigend. Den besten Gesamteindruck hinterlassen Denon und Yamaha, den ersten Platz im Hörtest belegt die Teufel Kombo 22. Sie spielt fast so hingebungsvoll wie eine klassische HiFi-Anlage mit deutlich größeren Lautsprechern. ▶

Fast so gut wie eine große
Mini-HiFi-Anlagen haben zwei separate Lautsprecherboxen. Dadurch können sie eine breitere Stereowirkung entfalten als Kompaktanlagen mit integrierten Lautsprechern (auch All-in-one-Anlagen genannt). Micro-Anlagen und ihre Boxen sind noch kleiner als Mini-Anlagen. Größere Lautsprecher haben aber mehr Potential, Bässe zum Beispiel klingen durch mehr Volumen besser.

FOTO: STIFTUNG WARENTEST

test Mini-HiFi-Anlagen 12/2015

www.test.de	Mittlerer Preis ca. (Euro)	Ton	Verstärker	CD-Spieler	Radio	Netzwerk- und USB-Funktionen	Handhabung	Vielseitigkeit	Stromverbrauch	test-QUALITÄTSURTEIL
Gewichtung		35 %	5 %	10 %	10 %	10 %	15 %	10 %	5 %	100 %
Denon N9 Ceol	495	+	+	+	+	+	+	++	+	**GUT (1,9)**
Yamaha Pianocraft MCR-N560D	470	+	+	+	+	+	+	++	○	**GUT (1,9)**
Onkyo CS-N765	530	+	+	+	+	○	+	++	+	**GUT (2,1)**
Panasonic SC-PMX100B	540	+	+	+	+	○	○	++	+	**GUT (2,1)**
Onkyo CS-265DAB	295	+	+	+	+	○	+	⊖	++	**GUT (2,2)**
Sony CMT-SX7B	540	+	+	+	+	○	○	+	+	**GUT (2,2)**
Grundig M 2300 DAB+	298	+	+	++	+	○	○	○	++	**GUT (2,3)**
Panasonic SC-PMX70B	258	+	+	+	+	○	○	○	++	**GUT (2,3)**
Pioneer X-CM42BTD	197	+	+	+	+	○	+	○	++	**GUT (2,3)**
Philips BTB7150/10	261	+	+	+	+	○	○	○	○	**GUT (2,5)**
Pioneer X-HM72D[1]	465	○*)	+	++	+	+	+	++	+	**GUT (2,5)**
Sony CMT-SBT100B	234	○	+	+	○	+	+	○	+	**GUT (2,5)**
Teufel Kombo 22	249[2]	+	+	○	○	⊖	○	⊖	++	**GUT (2,5)**
Philips BTM5120	200	○	+	+	+	○	○	⊖	++	**BEFRIEDIGEND (2,7)**

Bewertungsschlüssel der Prüfergebnisse: ++ = Sehr gut (0,5–1,5). + = Gut (1,6–2,5). ○ = Befriedigend (2,6–3,5). ⊖ = Ausreichend (3,6–4,5). — = Mangelhaft (4,6–5,5). **Bei gleichem Qualitätsurteil Reihenfolge nach Alphabet.**
***) Führt zur Abwertung.**
1) Laut Anbieter Auslaufmodell.
2) Preis laut Anbieter-Webseite.
Einkauf der Prüfmuster: August 2015.

Welches ist ihr Wunschmodell?

Denon CeolN9: Gehäuse in edler Klavierlackoptik, schönes großes Display, WLan, Bluetooth, Webradio, diese Anlage kann gefallen. Beste Handhabung im Test.

Yamaha MCR560D: Schwere Boxen, Tieftöner mit weißer Membran, edel und gut. Klingt ausgewogen über alle Frequenzen. Einzige Schwäche: hohe Leistungsaufnahme im Timer- und Netzwerkbetrieb.

Onkyo CS-N765: Radio mit bestem UKW-Empfang, aber ohne Uhr und Timer, nicht als Weckradio verwendbar. Netzwerkanbindung mit LAN-Kabel, Internetradio.

Panasonic SC-PMX100B: Mit drei Lautsprechern pro Box für tiefe bis mittlere, hohe und superhohe Töne. Klingt gut, Netzwerkfähig, Webradio aber nur über App.

Sony CMT-SX7B: Nummer zwei im Hörtest, klingt sehr gut. Neigt bei extremer Lautstärke aber zum Klirren. Netzwerk, ohne Webradio. Schwachpunkt Handhabung: viele Funktionen nur über Menü, Fernbedienung spartanisch, sehr gut mit App.

Teufel Kombo 22: Nummer eins im Hörtest, klingt sehr gut, kommt der Referenzanlage nah. Ausstattung jedoch mager: kein Kopfhöreranschluss, kein Netzwerk, nur UKW-Radio. Mäßige Fehlerkorrektur bei CDs, Display schwach. ■ **Anbieter Seite 265**

Unser Rat

Am besten klingt die Soundbar **Bose CineMate 15** (580 Euro). Zur Bassbox müssen Sie hier ein Kabel ziehen. **LG LAC 850M** (400 Euro) und **Samsung HW-J650** (485 Euro) sind drahtlos verbunden. Sie lassen sich sogar ins heimische WLan-Netz einbinden. Die besten Soundplates im Test sind **JBL Cinema Base** (263 Euro) und **Sony HT-XT3** für 460 Euro. Ebenfalls gut ist **Teufel Cinebase** (600 Euro).

Mehr Bass für den Fernseher

11/2015 Soundbars und Soundplates bringen Bässe, die dem Fernseher fehlen. Manche übertreiben es. Sie dröhnen bei tiefen Tönen.

Flachen Fernsehern fehlt der Körper für druckvolle Bässe. Kinofilme verlieren dadurch an Atmosphäre. Auch Musik wird erst zum Erlebnis, wenn der Fernseher Hilfe bekommt: durch separate Lautsprecher für besseren Ton. Am einfachsten funktioniert das mit einer Soundbar oder Soundplate: Vom Verstärker bis zu den Lautsprechern steckt hier alles drin. Einfach per HDMI-Kabel mit dem Fernseher verbinden, fertig.

Mit Bassbox oder ohne?

Zu den schlanken Soundbars gehört jeweils eine separate Box für die Bässe. Sie ist im Preis enthalten und bekommt ihr Signal über Funk (Bluetooth). Nur bei der Bose CineMate 15 muss der Fernsehzuschauer noch ein Kabel zwischen Soundbar und Subwoofer ziehen. Dafür klingt sie aber auch am besten und spielt sehr ordentliche Bässe – nicht zu stark und nicht zu schwach.

Bei den Soundplates sind die Basslautsprecher im Gerät eingebaut, ein zusätzlicher Subwoofer ist nicht erforderlich. Klanglich macht die Konstruktion keinen Unterschied: Es gibt gute Soundbars mit externem Subwoofer und gute Soundplates ohne separate Bassbox. Der Käufer folgt am besten seinen Vorlieben und seiner Einrichtung. Hängt der Fernseher an der Wand, bietet sich eine Soundbar an. Die meisten lassen sich auch an die Wand hängen. Bei einer Soundplate geht das nicht. Sie braucht ausreichend Platz auf dem Sideboard oder im Regal, der Fernseher kommt obendrauf. ▶

So peppen Sie den Ton auf

Soundbar: Einfach vor den Fernseher legen. Die separate Bassbox können Sie frei im Raum platzieren. Achten Sie darauf, dass die Soundbar nicht ins Fernsehbild ragt und den Sensor für die Fernbedienung nicht verdeckt.

Soundplate: Fernseher einfach draufstellen. Achten Sie darauf, dass die Soundplate auf das Gewicht Ihres Fernsehers ausgelegt ist. Auch der Standfuß muss passen.

test Soundbars und Soundplates 11/2015

www.test.de	Mittlerer Preis ca. (Euro)	Ton	Handhabung	Stromverbrauch	Vielseitigkeit	test-QUALITÄTSURTEIL
Gewichtung		60 %	25 %	10 %	5 %	100 %
Soundbars (kommen vor den Fernseher – Basslautsprecher separat zur freien Aufstellung)						
LG LAC 850M	400	+	+	○	+	GUT (2,2)
Samsung HW-J650	485	+	+	○	+	GUT (2,2)
Bose CineMate 15	580	+	○	○	⊖	GUT (2,3)
LG LAC 650H	281	+	+	+	+	GUT (2,3)
Philips HTL6145C/12	405	○	+	○	+	GUT (2,5)
Samsung HW-J450	205	○	+	○	+	GUT (2,5)
Sony HT-CT380	286	○	+	○	+	BEFRIEDIGEND (2,6)
JBL Cinema SB350	265	○	○	+	+	BEFRIEDIGEND (3,1)
Panasonic SC-HTB485	236	⊖	+	○	○	BEFRIEDIGEND (3,2)
Soundplates (kommen unter den Fernseher – Basslautsprecher eingebaut)						
JBL Cinema Base	263	+	○	++	+	GUT (2,3)
Sony HT-XT3	460	+	+	+	+	GUT (2,3)
Teufel Cinebase	600[1)]	+	○	+	○	GUT (2,5)
Philips HTL5130B/12	272	○	+	+	+	BEFRIEDIGEND (2,6)
Yamaha SRT-1000	410	○	+	+	○	BEFRIEDIGEND (2,6)
Bose Solo 15	405	+	○	+	⊖	BEFRIEDIGEND (2,7)
Panasonic SC-ALL30T	370	⊖*)	+	+	○	BEFRIEDIGEND (3,1)
Sony HT-XT100	194	⊖*)	+	++	○	BEFRIEDIGEND (3,1)
Panasonic SC-HTE200	293	⊖*)	+	+	○	BEFRIEDIGEND (3,2)

Bewertungsschlüssel der Prüfergebnisse: ++ = Sehr gut (0,5–1,5). + = Gut (1,6–2,5). ○ = Befriedigend (2,6–3,5). ⊖ = Ausreichend (3,6–4,5). — = Mangelhaft (4,6–5,5). **Bei gleichem Qualitätsurteil Reihenfolge nach Alphabet.**

***) Führt zur Abwertung.**

1) Preis laut Anbieter-Webseite. **Einkauf der Prüfmuster:** Juni/Juli 2015.

Besser als jeder Fernseher

Von den 18 Modellen im Test schneiden 9 gut ab, der Rest ist befriedigend. Die billigste Soundbar im Test, Samsung HW-J450, ist für rund 205 Euro zu haben, die günstigste Soundplate, Sony HT-XT100, kostet etwa 194 Euro. Geräte mit gutem Ton gibt es zwischen 263 und 600 Euro. Die Ausgabe lohnt sich. Gute Soundbars und Soundplates sorgen für einen besseren Ton – besser als billigere Modelle und besser als jeder Fernseher. Die Testsieger klingen ausgewogen, liefern brillante Höhen und satte Bässe. Ein Genuss ist das vor allem bei höherer Lautstärke und Programmen mit viel Dynamik. Wer nur Talkshows sieht und leise hört, kann sich die Ausgabe sparen. Bei Spielfilmen, Sport live und Musik bringen Soundsysteme mehr Atmosphäre. Echten Kinosound mit Raumklangeffekt erleben Filmfreunde aber erst mit einer 5.1-Heimkinoanlage.

Pluspunkt der Soundbars und Soundplates: Sie spielen neben Fernsehton und Kinoton von Blu-ray oder DVD auch Musik von Tablet oder Smartphone. Modelle mit WLan können den Ton sogar streamen, vom heimischen Netzwerkserver oder direkt aus dem Internet. ■ **Anbieter Seite 265**

Unser Rat

Beste Akku-Bohrschrauber: **Bosch PSR 18 LI-2** (187 Euro) und **Obi/Lux ABS-18 Li** (110 Euro, mit nur einem Akku). Bester Schlagbohrschrauber: **Bosch PSB 18 LI-2** (239 Euro). Bei den Schlagbohrmaschinen mit Kabel liegt **Bosch PSB 1000-2 RCE** (185 Euro) vorn. Preisgünstig: **Ryobi RPD1010** für 100 Euro. Beste Wahl bei den Bohrhämmern ist der **Bosch PBH 2800 RE** (154 Euro).

Für Beton und dicke Bretter

3/2015 Akku-Bohrschrauber, Schlagbohrmaschine oder Bohrhammer? Der Vergleichstest zeigt, welches Werkzeug wo am besten arbeitet.

Bei diesem Systemvergleich mussten insgesamt 37 zum Teil sehr unterschiedliche Maschinen gegeneinander antreten. Sie schraubten und bohrten um die Wette. Dabei zeigten sich selbst bei teuren Modellen teils gravierende Mängel. Am Ende ist das Gesamtergebnis aber erfreulich: Jedes zweite Modell schneidet im Test gut ab. In allen Produktkategorien kommen Werkzeuge von Bosch auf die vorderen Plätze, bei den Schlagbohrmaschinen etwa ist die Bosch PSB 1000-2 RCE Testsieger. Es gibt aber auch gute und zum Teil preisgünstigere Alternativen.

Besser mit zwei Gängen

Wenn es um das Eindrehen von Schrauben geht, loben die Tester vor allem die klaren Vorzüge der Akku-Bohrschrauber. In ihrer Paradedisziplin erzielen sie fast durchweg gute Noten. Bis zu 80 Millimeter lange und 8 Millimeter dicke Schrauben versenkten sie problemlos in Kiefernholz, und zwar schnell, präzise und komfortabel. Empfehlenswert auch zum Schrauben ist der Kauf einer Zwei-Gang-Maschine.

Große Unterschiede gibts beim Bohren. Dicke Metallbleche konnten die Prüfer am schnellsten mit Schlagbohrmaschinen löchern – bei ausgeschaltetem „Schlag": 5 Millimeter schaffen sie in durchschnittlich 13 Sekunden. Akku-Bohrschrauber brauchen oft doppelt so lange. Für Präzisionsbohrungen im Bohrständer eignen sich am besten Schlagbohrmaschinen, die ohne Spiel gut „rundlaufen", wie Bosch, Makita und Kress. ▶

Zum Bohren hochschalten

Der erste Gang der Maschinen eignet sich, um gefühl- und kraftvoll Schrauben zu versenken. Der zweite mit hohem Drehzahlbereich ist für schnelles Bohren. Je größer der Bohrdurchmesser oder je härter das Material, desto eher kommen auch dafür der erste Gang und geringere Drehzahl infrage. Vorsicht: je kräftiger das Drehmoment, desto heftiger die Reaktion, wenn der Bohrer verklemmt.

FOTO: ANBIETER

test Bohrhämmer 3/2015

www.test.de	Mittlerer Preis ca. (Euro)	Funktion	Handhabung	Dauerprüfung	Schadstoffe	Sicherheit	test-QUALITÄTSURTEIL
Gewichtung		50 %	35 %	10 %	5 %	0 %	100 %
Bosch PBH 2800 RE	154	+	+	++	++	+	GUT (2,0)
Dewalt D25124K[1]	292	○*)	+	++	++	+	GUT (2,2)
Makita HR2610[2]	263	○	+	+	+	+	GUT (2,3)
Metabo KHE 2650	273	○	+	++	⊖*)3)	+	BEFRIEDIGEND (3,4)
AEG KH 24 XE	177	○	+	⊖*)	++	+	AUSREICHEND (4,0)
Kress 800 PPE[4]	244	+	+	⊖*)	++	+	AUSREICHEND (4,5)

Bewertungsschlüssel der Prüfergebnisse: ++ = Sehr gut (0,5–1,5). + = Gut (1,6–2,5). ○ = Befriedigend (2,6–3,5). ⊖ = Ausreichend (3,6–4,5). — = Mangelhaft (4,6–5,5).

***) Führt zur Abwertung.**

1) Laut Anbieter Auslaufmodell. Restbestände im Handel.

2) Laut Anbieter nicht mehr im Sortiment. Restbestände im Handel.

3) Griff enthält erhöhte Mengen an Naphthalin. Das steht im Verdacht, Krebs zu erzeugen.

4) Laut Anbieter inzwischen geändert.

Einkauf der Prüfmuster: Juli und August 2014.

test Schlagbohrmaschinen 3/2015

www.test.de	Mittlerer Preis ca. (Euro)	Funktion	Handhabung	Dauerprüfung	Schadstoffe	Sicherheit	test-QUALITÄTSURTEIL
Gewichtung		50 %	35 %	10 %	5 %	0 %	100 %
Bosch PSB 1000-2 RCE	185	+	+	++	++	+	GUT (1,9)
Ryobi RPD1010	100	○	+	++	++	+	GUT (2,2)
Makita HP2071J	267	+	○	++	++	+	GUT (2,4)
AEG SB 22-2 E[1]	177	○	○	+	++	+	BEFRIEDIGEND (2,7)
Dewalt DWD024KS	99	○	○	+	++	+	BEFRIEDIGEND (3,0)
Kress 850 SB-2	227	○*)	+	+	++	+	BEFRIEDIGEND (3,0)
Ryobi RPD680	70	⊖*)	+	+	++	+	BEFRIEDIGEND (3,2)
Metabo SBE 1000	249	○	○	++	⊖*)2)	+	BEFRIEDIGEND (3,4)
Skil 6290AA	50	⊖	⊖	○	++	+	BEFRIEDIGEND (3,5)
Worx WX311.1	130	○	○	+	++	⊖*)3)	AUSREICHEND (4,0)
Black&Decker KR911BK[1]	110	⊖	○	—*)	++	+	MANGELHAFT (4,6)
Obi / Lux SBM-1050[1]	100[4]	○	○	—*)	++	+	MANGELHAFT (5,3)
Hitachi DM 20V[1]	199[4]	⊖	○	—*)	++	+	MANGELHAFT (5,4)

Bewertungsschlüssel der Prüfergebnisse: ++ = Sehr gut (0,5–1,5). + = Gut (1,6–2,5). ○ = Befriedigend (2,6–3,5). ⊖ = Ausreichend (3,6–4,5). — = Mangelhaft (4,6–5,5).

Bei gleichem Qualitätsurteil Reihenfolge nach Alphabet.

***) Führt zur Abwertung.**

1) Laut Anbieter Auslaufmodell. Restbestände im Handel.

2) Griff enthält erhöhte Mengen an Naphthalin. Das steht im Verdacht, Krebs zu erzeugen.

3) Falls das Bohrfutter blockiert, ist das Rückdrehmoment („der Rückschlag") an den Griffen so stark, dass es zum Beispiel bei Arbeiten auf einer Leiter zum Unfall kommen könnte.

4) Von uns bezahlter Einkaufspreis.

Einkauf der Prüfmuster: Juli und August 2014.

test Akkugeräte 3/2015

www.test.de	Mittlerer Preis ca. (Euro)	Funktion	Handhabung	Dauerprüfung	Schadstoffe	Sicherheit	test-QUALITÄTSURTEIL
Gewichtung		50 %	35 %	10 %	5 %	0 %	100 %
Akku-Bohrschrauber							
Bosch PSR 18 LI-2[1]	187	+	+	++	++	+	GUT (1,9)
Fein ABS 14 C	299	+	+	++	++	+	GUT (1,9)
Metabo BS 18 Li	249	+	+	++	++	+	GUT (1,9)
AEG BS18C LI-402C	330	+	+	+	++	+	GUT (2,0)
Metabo BS 14,4 Li	200	+	+	++	++	+	GUT (2,0)
Obi / Lux ABS-18 Li	110[2]	+	+	++	++	+	GUT (2,0)
Ryobi RCD18022L	190	+	+	++	○	+	GUT (2,1)
Worx WX156[3]	120	○*)	+	++	++	+	GUT (2,2)
AEG BS 14 C LI-152 C[3]	175[2]	○*)	+	++	++	+	GUT (2,3)
Einhell RT-CD 18/1 Li[3]	130	○*)	+	++	++	+	GUT (2,5)
Skil 2531AB[1]	140	○	+	+	++	+	GUT (2,5)
Hitachi DS 18DSFL[3]	179[2]	○*)	+	++	+	+	BEFRIEDIGEND (2,7)
Kress 144 AFB 1,5 Set II[3]	285[2]	+	+	++	++	⊖*)4)	AUSREICHEND (4,0)
Akku-Schlagbohrschrauber							
Bosch PSB 18 LI-2[1]	239	+	+	++	++	+	GUT (1,8)
Maktec MT081E	169	⊖	○	⊖*)	++	+	AUSREICHEND (3,7)
Black&Decker EGBL188KB	170	−	○	−*)	++	+	MANGELHAFT (5,0)
Akku-Bohrhammer							
Bosch Uneo Maxx[1]	159	○	+	++	+	+	GUT (2,4)

Bewertungsschlüssel der Prüfergebnisse: ++ = Sehr gut (0,5–1,5). + = Gut (1,6–2,5). ○ = Befriedigend (2,6–3,5). ⊖ = Ausreichend (3,6–4,5). − = Mangelhaft (4,6–5,5). **Bei gleichem Qualitätsurteil Reihenfolge nach Alphabet.**

***) Führt zur Abwertung.**
1) Laut Anbieter inzwischen geändert.
2) Von uns bezahlter Einkaufspreis.
3) Laut Anbieter Auslaufmodell. Restbestände im Handel.
4) Kunststoffmaterial des Akkus ist zu leicht entflammbar.

Einkauf der Prüfmuster: Juli und August 2014.

Bei Beton und hartem Gestein schlägt die Stunde der Bohrhämmer. Deren pneumatische Hammerfunktion ermöglicht zügiges Arbeiten. Die getesteten Modelle bohren mit speziellem SDS-plus-Bohrfutter. Ihr typisches Merkmal sind längliche Kerben am Schaft. Die ermöglichen, dass sich die Bohrerspitze nicht nur dreht, sondern sich zusätzlich beim Bohren mit „Schlag" vor und zurück bewegen („hämmern") kann.

Der Test deckt in allen Gruppen Schwachpunkte auf: Sieben Maschinen blieben beim Dauertest relativ frühzeitig auf der Strecke, vier davon so, dass sie auf das Gesamturteil mangelhaft abgewertet wurden. Sieben Schlagbohrmaschinen schwächeln ausgerechnet in der Disziplin Schlagbohren. Zwei Akku-Schlagbohrschrauber scheitern in Beton. Zweimal erwiesen sich Griffe als schadstoffbelastet. ■ Anbieter Seite 266

Unser Rat

Für Geldbeutel und Umwelt sind Durchlauferhitzer der teuerste Weg zu Warmwasser. Wer keine Alternative wie etwa eine Gastherme hat, sollte ein elektronisches Gerät wählen, etwa **Clage DLX Electronic 21** (280 Euro), **Stiebel Eltron DHB 21 ST** (380 Euro) oder **Vaillant Electronic VED E 21/7** (450 Euro). Vergleichbar gut, aber deutlich teurer sind vollelektronische Durchlauferhitzer.

Mit Strom zum Warmwasser

1/2015 Die schwierigste Aufgabe eines Durchlauferhitzers ist es, Warmduscher so gut wie möglich vor einem Kälteschock zu bewahren.

Menschen, die ihr Leitungswasser mit einem Durchlauferhitzer erwärmen, kennen oft ein Problem: Duscht eine Person, sollte kein anderer sich an einem zweiten Wasserhahn bedienen. Sonst wird der Warmduscher kalt erwischt, die Wassertemperatur sinkt – ein Manko vor allem hydraulisch geregelter Durchlauferhitzer. Weiterer Nachteil der strombetriebenen Geräte: Sie verursachen sehr hohe Kosten.

Andere Geräte, etwa Gasthermen, erhitzen Wasser zwar preiswerter – in Häusern ohne Gasanschluss oder Solaranlage können Durchlauferhitzer aber sinnvoll sein. Weil sie meist nahe an der Zapfstelle hängen, kommt schnell warmes Wasser aus dem Hahn – das bedeutet mehr Komfort. Wegen niedriger Anschaffungskosten können sie sich sogar rechnen. Das gilt aber nur, wenn der Wasserverbrauch sehr niedrig ist – etwa in Ferienwohnungen oder Gartenhäuschen, die nicht jeden Tag genutzt werden.

Elf Durchlauferhitzer haben unsere Prüfer getestet: acht elektronische, zwei vollelektronische und, zum Vergleich ein typisches Modell mit herkömmlicher hydraulischer Technik. Das Gerät landet erwartungsgemäß am Ende des Feldes. Es verbraucht am meisten Strom und reagiert am schlechtesten auf Druck- oder Durchflussschwankungen. Überraschend: Die teuren vollelektronischen Geräte können sich beim Warmwasserkomfort nicht vom Rest des Feldes absetzen. Preiswerte elektronische Standardmodelle schneiden gut ab.

Komfort verdoppeln
Nutzen Sie Duschköpfe mit Durchflussmengenbegrenzer, zum Beispiel solche mit dem „Blauen Engel". So sparen Sie Wasser und Strom bei gleichem Komfort. Außerdem schützt Sie das vor kalten Überraschungen, wenn ein zweiter Wasserhahn aufgedreht wird – allerdings nur, wenn dort ebenfalls eine Spararmatur installiert ist. So stößt der Durchlauferhitzer erst später an seine Leistungsgrenze.

FOTO: STIFTUNG WARENTEST

test Durchlauferhitzer 1/2015

www.test.de	Mittlerer Preis ca. (Euro)	Warmwasserkomfort	Umwelteigenschaften	Handhabung	Sicherheit	test-QUALITÄTSURTEIL
Gewichtung		**40 %**	**35 %**	**20 %**	**5 %**	**100 %**
Elektronisch						
Clage DLX Electronic 21	280	+	⊖*)	+	+	**BEFRIEDIGEND (3,3)**
Stiebel Eltron DHB 21 ST[1]	380	+	⊖*)	+	+	**BEFRIEDIGEND (3,3)**
Vaillant Electronic VED E 21/7[2]	450	++	⊖*)	+	+	**BEFRIEDIGEND (3,3)**
AEG DDLE Easy 21	249	+	⊖*)	+	+	**BEFRIEDIGEND (3,4)**
Dimplex Ecotronic DEE 2103[3]	330	+	⊖*)	+	+	**BEFRIEDIGEND (3,4)**
Junkers ED 21-2 E[3]	445	+				**BEFRIEDIGEND (3,4)**
Siemens Electronic DE21401[3]	395	+	⊖*)	+	+	**BEFRIEDIGEND (3,4)**
Thermoflow Elex 21 Elektronisch	178	○	⊖*)	○	⊖	**AUSREICHEND (3,7)**
Vollelektronisch						
Stiebel Eltron DHE 18/21/24 SL	890	+	⊖*)	+	+	**BEFRIEDIGEND (3,3)**
Vaillant Electronic exclusiv VED E 21/7 E[2]	935	++	⊖*)	+	+	**BEFRIEDIGEND (3,3)**
Hydraulisch						
Beispielhaft geprüftes hydraulisches Gerät	150 - 340	○	⊖*)	+	+	**AUSREICHEND (3,9)**

Bewertungsschlüssel der Prüfergebnisse: ++ = Sehr gut (0,5–1,5). + = Gut (1,6–2,5). ○ = Befriedigend (2,6–3,5). ⊖ = Ausreichend (3,6–4,5). — = Mangelhaft (4,6–5,5). **Bei gleichem Qualitätsurteil Reihenfolge nach Alphabet.**
***) Führt zur Abwertung.**
1) Laut Anbieter inzwischen geändert. **2)** Laut Anbieter Gebrauchsanleitung geändert. **3)** Laut Anbieter Produkt geändert.
Einkauf der Prüfmuster: August 2014.

Schlechte Umweltbilanz

Dass kein Durchlauferhitzer das Qualitätsurteil gut oder sehr gut erhält, liegt vor allem an bescheidenen Umweltwerten. Zwar haben alle einen hohen elektrischen Wirkungsgrad, da sie nur sehr wenig Wärme über Gerät und Leitung verlieren. Ihr Energieverbrauch ist jedoch enorm. Am teuersten ist hierbei das hydraulische Modell.

Teure Zusatzfunktionen

Die beiden vollelektronischen Durchlauferhitzer im Test sind programmierbar. Das bedeutet: Verschiedene Nutzer können über Display oder Fernbedienung eine Wunschtemperatur eingeben. Sogar Verläufe während des Duschens sind möglich. Diese Technik hat ihren Preis: Die Modelle von Stiebel Eltron und Vaillant kosten um die 900 Euro, mehr als das Dreifache der günstigen elektronischen. Beim Warmwasserkomfort schlägt sich der satte Aufpreis jedoch nicht nieder. Die vollelektronischen Modelle schneiden nur in etwa so gut ab wie die drei besten elektronischen. Das elektronische Standard-Gerät von Vaillant für 450 Euro hält sogar im Warmwasserkomfort dem Vergleich mit dem besten vollelektronischen Gerät stand.

Den schlechtesten Schutz vor plötzlichen Temperaturschocks bietet der billige Thermoflow mit Schwankungen von mehr als sechs Grad. Problematisch ist auch sein fehlender Verbrühschutz. Er erhitzt das Wasser auf bis zu 70 Grad. ■ Anbieter Seite 266

Unser Rat

Kleine Gefrierschränke. Sehr schnell frieren die Einbaugeräte Liebherr IGN 1654-20 und Miele FN 30402 i für etwa 810 und 1 110 Euro ein. **Große Schränke.** Punktgleich landen Bauknecht GKN 2173 (760 Euro) und Liebherr GNP 3666-20 (1 140 Euro) vorn. Letzterer friert etwas langsamer ein, warnt aber sehr gut bei Störungen. **Truhen.** Einzige Gute ist Liebherr GTP 2356/22B (645 Euro).

Zügig frosten, sicher lagern

8/2015 Gemüsegärtner brauchen einen besonders starken Einfrierer. Für Freunde von Fertigkost ist die Energieeffizienz wichtiger.

Wo oft Frisches in die Kälte kommt, lohnt sich ein Gefriergerät mit starker Superfrost-Funktion. Denn je zügiger Speisen einfrieren, desto länger und besser halten sie sich. Die stärksten Geräte in dieser Disziplin sind jedoch nicht die energieeffizientesten. All jene, die vor allem Tiefkühlware aus dem Supermarkt lagern, können sich die Superfrost-Funktion sparen – zugunsten eines Modells, das die kalte Kost mit möglichst geringem Stromverbrauch sicher lagert. Der Vergleich lohnt sich. Oft kostet der Strom auf 15 Jahre Nutzungszeit gerechnet mehr als das Gerät selbst.

Zwei Schnellfrierer, vier Sparfroster

Im Test müssen sich 25 Gefriertruhen und -schränke bewähren. Am schnellsten frieren zwei kleine Einbauschränke von Liebherr und Miele ein. Allerdings verbrauchen sie in ihrer Größenklasse am meisten Strom. Stark beim Sparen sind drei gute Geräte: die großen Schränke von Liebherr und Bauknecht sowie die Liebherr-Truhe. Keiner von ihnen friert jedoch sehr gut ein.

Fällt der Strom aus, bekommt der Nutzer bei einigen Geräten schwerlich mit, wenn sich das Innere erwärmt – etwa bei den Beko-Modellen, Bomann, Amica, Bosch, Koenic, Constructa und der AEG-Truhe. Sie zeigen zu hohe Temperaturen schlecht oder gar nicht an. Vor allem bei Truhen ist eine hörbare Warnung wichtig – sie stehen oft abseits im Keller. Im schlimmsten Fall rottet das Essen tagelang vor sich hin. ■ Anbieter Seite 266

Die Turbofunktion

Mit einer Schnellgefrierfunktion, auch Superfrost genannt, kühlen viele Kältekisten frische Lebensmittel schnell und dadurch schonend auf minus 18 Grad. Das Gerät läuft dabei auf Hochtouren und zieht dafür mehr Strom. Für große Mengen ist es hilfreich, die Funktion 24 Stunden vorher zu aktivieren. Bei Obst, etwa Beeren oder Kirschen, ist Superfrosten auch für kleinere Portionen sinnvoll.

test Gefriergeräte 8/2015

www.test.de	Mittlerer Preis ca. (Euro)	Einfrieren	Temperaturstabilität beim Lagern	Geräusche und Vibrationen	Stromverbrauch	Handhabung	Verhalten bei Störungen	test-QUALITÄTSURTEIL
Gewichtung		15 %	15 %	5 %	30 %	20 %	15 %	100 %
Kleine Gefrierschränke								
Liebherr IGN 1654-20	810	++	++	++	○	+	○	**GUT (2,0)**
Miele FN 30402 i	1110	++	++	++	○	+	○	**GUT (2,0)**
AEG A71100TSWO	305	+	++	○	+	+	⊖*)	**BEFRIEDIGEND (2,7)**
AEG A71108TSWO	355	Baugleich mit AEG A71100TSWO.						**BEFRIEDIGEND (2,7)**
AEG A71109TSWO	415							**BEFRIEDIGEND (2,7)**
Liebherr GP1486-20	510	○*)	++	+	++	○	⊖	**BEFRIEDIGEND (2,7)**
Miele F 12020 S-3	605	○*)	++	+	++	○	⊖	**BEFRIEDIGEND (2,7)**
Siemens GI18DA65 / 03	485	++	++	+	+	○	⊖*)	**BEFRIEDIGEND (2,8)**
Bosch GID18A65 /02	455	Baugleich mit Siemens GI18DA65/03.						**BEFRIEDIGEND (2,8)**
Neff G5624X8 / 02	445							**BEFRIEDIGEND (2,8)**
Beko FSE 1073	247	++	++	○	+	⊖	—*)	**AUSREICHEND (4,0)**
Blomberg FTM 1531	310	Baugleich mit Beko FSE 1073.						**AUSREICHEND (4,0)**
Bomann GS 199	210	○	+	+	+	○	—*)	**AUSREICHEND (4,0)**
Amica GS 15424 W	196	+	++	○	+	⊖	—*)	**AUSREICHEND (4,1)**
Große Gefrierschränke								
Bauknecht GKN 2173	760	+	++	+	++	+	○	**GUT (1,9)**
Liebherr GNP 3666-20	1140	○*)	++	++	++	+	++	**GUT (1,9)**
Constructa CE729EW30	510	+	++	+	++	+	—*)	**BEFRIEDIGEND (3,0)**
Bosch GSN54AW41	805	⊖*)	++	+	++	+	⊖	**BEFRIEDIGEND (3,1)**
Siemens GS54NAW41	835	Baugleich mit Bosch GSN54AW41.						**BEFRIEDIGEND (3,1)**
Koenic KUF 22606	500	○	++	+	+	+	—*)	**AUSREICHEND (3,8)**
Gefriertruhen								
Liebherr GTP 2356 / 22B	645	○*)	++	+	++	+	+	**GUT (1,8)**
Bauknecht GTE 280	460	○*)	++	+	++	○	+	**BEFRIEDIGEND (2,7)**
Beko HSA 24530	305	○	+	++	++	○	—*)	**BEFRIEDIGEND (3,2)**
Beko HSA 24531	299	Baugleich mit Beko HSA 24530.						**BEFRIEDIGEND (3,2)**
AEG A92300HLWO	425	—*)	++	+	++	○	⊖	**AUSREICHEND (4,3)**
AEG A92309HLWO	500	Baugleich mit AEG A92300HLWO.						**AUSREICHEND (4,3)**

Bewertungsschlüssel der Prüfergebnisse: ++ = Sehr gut (0,5–1,5). + = Gut (1,6–2,5). ○ = Befriedigend (2,6–3,5). ⊖ = Ausreichend (3,6–4,5). — = Mangelhaft (4,6–5,5). **Bei gleichem Qualitätsurteil Reihenfolge nach Alphabet.**
***) Führt zur Abwertung.** **Einkauf der Prüfmuster:** Januar/Februar 2015.

Unser Rat

Unter den vollintegrierten Geschirrspülern schneidet der sehr leise **Neff S51N65X6EU** (685 Euro) am besten ab – dicht gefolgt von **Constructa CG4A52V8** (460 Euro), der sehr sauber reinigt. Unter den teilintegrierten Geschirrspülern liegen **Bosch SMI68N25EU** (515 Euro), **Constructa CG4A52J5** (450 Euro) und **Neff S41N65N6EU** (700 Euro) gleichauf.

Blitzblank im Sparprogramm

5/2015 Viele Maschinen spülen normal verschmutztes Geschirr auch im Sparprogramm sauber. Drei bis vier Stunden Laufzeit schrecken aber ab.

Die Europäische Union mischt sich in vieles ein – auch ins Geschirrspülen. Seit Ende 2012 müssen alle neuen Spülmaschinen beim Einschalten das umweltfreundliche Ecoprogramm vorschlagen. In dem Sparprogramm verbrauchen sie meist am wenigsten Strom und Wasser, eine Maschine sogar weniger als 6 Liter. Dafür spülen sie drei bis vier Stunden lang.

Fürs Geschirr ist Eco keine schlechte Wahl: Acht der zwölf geprüften Geräte spülen normal verschmutztes Geschirr in diesem Programm sauber oder sehr sauber. Nur aus der Maschine von Ikea kommen manche Teile mit größeren Resten von Spinat oder Haferbrei zurück. Etwas sauberer spült sie im Automatikprogramm.

Auch für andere Spüler gilt: Reinigt Eco nicht sauber genug, kann Automatik besser sein. Schneller geht es auch. Es dauert zwei bis drei Stunden. Je nach Beladung spülen die Programme mit 47 bis 65 Grad warmem Wasser. Trübungssensoren passen die Wassermenge an die Schmutzmenge an, indem sie die Partikel im Spülwasser messen. Ist es stark getrübt, wechselt das Gerät zwischendurch das Wasser und erhöht, wenn nötig, zusätzlich die Temperatur.

Auf niedrigen Verbrauch getrimmt

Für den Test haben wir Geschirrspüler der meistverkauften Klasse ausgewählt: Sie tragen das Energielabel A++, beim Energieverbrauch das zweitbeste unter Geschirrspülern. Das Label berücksichtigt Strom- und Wasser-

Für ein strahlendes Ergebnis

- Spülen Sie nicht vor, entfernen Sie Speisereste mit Küchenkrepp.
- Beladen Sie die Körbe so, dass das Wasser jedes Teil erreicht. Stark verschmutztes Geschirr gehört in den unteren Korb.
- Für normal verschmutztes Geschirr reicht Eco. Geschirr, auf dem rohes Fleisch lag, braucht 60 Grad. Ein Intensivprogramm einmal pro Monat entfernt Ablagerungen.

FOTO: BISCHOF & BROEL / KAMPHAUSEN

test Geschirrspüler (Einbau, vollintegriert, 60 cm breit) 5/2015

www.test.de	Mittlerer Preis ca. (Euro)	Betriebskosten in 10 Jahren laut Nutzerprofil ca. (Euro)[1]	Sparprogramm (Eco)	Automatikprogramm	Kurzprogramm	Handhabung	Sicherheit	Geräusch	test-QUALITÄTSURTEIL
Gewichtung			20 %	20 %	20 %	20 %	10 %	10 %	100 %
Neff S51N65X6EU	685	1210	+	+	+	+	+	++	GUT (2,1)
Bosch SMV68N20EU	515	1140	+	+	+	+	+	+	GUT (2,2)
Siemens SN66P080EU	535	1140	Baugleich mit **Bosch SMV68N20EU**						GUT (2,2)
Constructa CG4A52V8	460	1190	+	+	+	+	+	+	GUT (2,2)
Miele G 4970 SCVi[2]	980	1155	+	+	+	+	+	+	GUT (2,3)
AEG F78600VI1P[3]	690	1175	○	○	○	+	+	+	GUT (2,5)
Beko DIN 5930	425	1360	+	○	○	+	+	+	GUT (2,5)
Indesit DIFP 28T9 A EU	360	1160	○	○	Entfällt	○	+	+	BEFRIED. (2,6)
Amica EGSP 14386V	340	1155	⊖*)	+	Entfällt	+	+	○	BEFRIED. (2,8)
Bauknecht GSX81454 A++	485	1300	○	○	⊖*)	○	+	+	BEFRIED. (2,9)
Ikea Välgjord Art.-Nr.: 702.834.87	550	1050	⊖*)	○	Entfällt	+	+	+	BEFRIED. (2,9)
Zanussi ZDT16016FA[4]	440	Entfällt[5]	○	–*)	Entfällt	+	+	⊖	MANGELH. (4,9)

Bewertungsschlüssel der Prüfergebnisse: ++ = Sehr gut (0,5–1,5). + = Gut (1,6–2,5). ○ = Befriedigend (2,6–3,5). ⊖ = Ausreichend (3,6–4,5). – = Mangelhaft (4,6–5,5). **Bei gleichem Qualitätsurteil Reihenfolge nach Alphabet.**
***) Führt zur Abwertung.**
1) Grundlage der Berechnung pro Jahr: 280 Spülgänge einer Maschine mit 13 Gedecken. Davon 90 Spülgänge im Sparprogramm, 75 im Automatikprogramm mit normaler Anschmutzung (100 %), 25 im Automatikprogramm mit starker Anschmutzung (150 %) und 90 im Kurzprogramm. Bei Maschinen ohne Kurzprogramm wurde zur Hälfte mit dem Sparprogramm und zur Hälfte mit dem Automatikprogramm gerechnet. Bei Maschinen mit 9, 10, 12, 14 und 15 Gedecken wurde die Anzahl der Spülgänge angepasst. Pro Spülgang wurde ein Multitab mit 0,10 Euro berechnet. Strompreis 0,28 Euro/kWh, Wasserpreis 3,85 Euro/m³. **2)** Laut Anbieter Produkt mittlerweile geändert. **3)** Laut Anbieter inzwischen geändert.
4) Laut Anbieter Produkt mittlerweile nicht mehr erhältlich. **5)** Für das Automatikprogramm nicht ermittelbar.
Einkauf der Prüfmuster: Oktober/November 2014.

verbrauch, Trocknungsklasse und Geräusch beim Spülen im Ecoprogramm. Die Entwickler trimmen ihre Maschinen in diesem Spülgang auf einen möglichst niedrigen Verbrauch. Sie lassen das Geschirr mit weniger und weniger warmem Wasser reinigen: bei 44 bis 59 Grad. Um damit sauber zu spülen, müssen die Maschinen lange laufen.

Ob die Geräte in anderen Programmen sparsam arbeiten, spielt für das Energielabel keine Rolle. Extremes Beispiel: Die Bauknecht-Maschine verbraucht im Ecoprogramm 0,88 Kilowattstunden, bei gleicher Anschmutzung mit Automatik annähernd 40 Prozent mehr. Ihr Wasserverbrauch steigt sogar auf mehr als das Doppelte.

Weniger als 6 Liter im Sparprogramm – diesen mit Abstand niedrigsten Wasserverbrauch im Test schafft Bauknecht unter anderem mit einem Wasserrecyclingsystem: Die Maschine speichert Wasser in einem Tank und nutzt es beim nächsten Spülen wieder. ▶

test Geschirrspüler (Einbau, teilintegriert, 60 cm breit) 5/2015

www.test.de	Mittlerer Preis ca. (Euro)	Betriebskosten in 10 Jahren laut Nutzerprofil ca. (Euro)[1]	Sparprogramm (Eco)	Automatikprogramm	Kurzprogramm	Handhabung	Sicherheit	Geräusch	test-QUALITÄTSURTEIL
Gewichtung			20 %	20 %	20 %	20 %	10 %	10 %	100 %
Bosch SMI68N25EU	515	1140	+	+	+	+	+	+	**GUT (2,1)**
Siemens SN56P580EU	545	1140	Baugleich mit Bosch SMI68N25EU						**GUT (2,1)**
Constructa CG4A52J5	450	1190	+	+	+	+	+	+	**GUT (2,1)**
Neff S41N65N6EU	700	1210	+	+	+	+	+	++	**GUT (2,1)**
Miele G 4920 SCi[2]	885	1155	+	+	+	+	+	+	**GUT (2,3)**
Bauknecht GSI 81454 A++ PT	455	1300	○	○	⊖*)	+	+	+	**BEFRIED. (2,9)**

Bewertungsschlüssel der Prüfergebnisse: ++ = Sehr gut (0,5–1,5). + = Gut (1,6–2,5). ○ = Befriedigend (2,6–3,5). ⊖ = Ausreichend (3,6–4,5). — = Mangelhaft (4,6–5,5). **Bei gleichem Qualitätsurteil Reihenfolge nach Alphabet.**
***) Führt zur Abwertung.**
1) Grundlage der Berechnung pro Jahr: 280 Spülgänge einer Maschine mit 13 Gedecken. Davon 90 Spülgänge im Sparprogramm, 75 im Automatikprogramm mit normaler Anschmutzung (100 %), 25 im Automatikprogramm mit starker Anschmutzung (150 %) und 90 im Kurzprogramm. Bei Maschinen ohne Kurzprogramm wurde zur Hälfte mit dem Sparprogramm und zur Hälfte mit dem Automatikprogramm gerechnet. Bei Maschinen mit 9, 10, 12, 14 und 15 Gedecken wurde die Anzahl der Spülgänge angepasst. Pro Spülgang wurde ein Multitab mit 0,10 Euro berechnet. Strompreis 0,28 Euro/kWh, Wasserpreis 3,85 Euro/m³. **2)** Laut Anbieter Produkt mittlerweile geändert. **Einkauf der Prüfmuster:** Oktober/November 2014.

Perfekt ist der Sparmeister nicht. Geschirr kommt nach dem Ecoprogramm mit kleinen Speiseresten aus der Maschine. Mit 13,3 Litern Wasser, die sie im Automatikprogramm braucht, spült sie sauberer.

Wasser vom vorherigen Durchgang heben inzwischen viele Spüler auf. Zusätzlich ziehen sie im Ecoprogramm meist zwischen 9 und 10 Liter Frischwasser und reinigen damit oft besser als Bauknecht.

Wasser und Strom für 27 bis 39 Cent

Die Sparvorgaben der EU entlasten auch den Geldbeutel: Ein Eco-Spülgang kostet 27 bis 30 Cent für Strom und Wasser, das Automatikprogramm bei gleicher Anschmutzung 32 bis 39 Cent. Sparspüler geben im Jahr 10 bis 34 Euro weniger aus als Automatikanwender. Ein kleiner Schritt für den Haushalt, aber ein großer für die Umwelt, wenn viele mitmachen.

Nutzer mögen Automatik und Eco

Trotzdem nutzen laut einer Umfrage auf test.de nur 43 Prozent der mehr als 4000 Teilnehmer Ecoprogramme. 47 Prozent schalten Automatik ein. Knapp 24 Prozent der Umfrageteilnehmer gaben an, niemals das Sparprogramm zu wählen. Mehrere fürchten um das Leben ihres Spülers: „Auf Rat meines Kundendienstes bin ich vom Ecoprogramm wieder abgegangen. Wegen der niedrigen Temperatur sammeln sich Fettreste und die Schläuche verstopfen."

Das könnte tatsächlich passieren. In Programmen mit niedrigerer Temperatur können sich Fette und Keime im Spüler und in Schläuchen ansammeln. Das ist aber kein Grund, das Ecoprogramm zu meiden. Es gibt Hilfe. Ein oft um 70 Grad heißes Intensivprogramm putzt diesen Schmutz weg – es sollte spätestens alle vier Wochen einmal laufen. ■

Anbieter Seite 266

Unser Rat

Konzentrate spülen am besten. **Pril Kraft-Gel Ultra** für 0,95 Euro ist Testsieger (alle Preise je 100 Spülgänge). Sehr gut reinigen auch **Fairy Ultra Plus** (0,81 Euro) und **Norma Saubermax Mega Power** (0,47 Euro). Für zarte Spülhände eignen sich die guten **Pril Original** (1,06 Euro) und **Fit Original** (0,85 Euro). Speziell als hautfreundlich beworbene sensitive Mittel spülten bestenfalls mittelmäßig.

Der große Unterschied

7/2015 Die besten Produkte im Test reinigen kraftvoll, schonen die Haut und sind hochergiebig. Andere gehen baden, sie sind mangelhaft.

Im Test waren 28 Spülmittel vertreten, darunter Konzentrate, klassische und sensitive Produkte. Konzentrate enthalten weniger Wasser, damit im Verhältnis mehr fettlösende Tenside als klassische Spülmittel. Sensitive sollen beim Abwasch besonders hautverträglich sein.

Konzentrate sind Spülmeister

Das Ergebnis: Drei Konzentrate entfernen Speisereste am besten. Elf Spülmittel im Test sind gut, darunter auch klassische. Etliche sind befriedigend und ausreichend, drei mangelhaft. Die meisten Produkte entfernen frische Speisereste problemlos. Wegen ihrer hohen Reinigungskraft schaffen die Besten im Test mit 5 Liter korrekt dosiertem Abwaschwasser mehr als 40 fettige Teller, bevor ihre Wirkung deutlich nachlässt. Palmolive und Ecover säubern damit gerade mal 13 bis 17 Teller (je nach Speiseresten).

Härtetest: Angetrocknete Speisereste

Große Mühe bereiten angetrocknete Speisen, etwa stärkehaltige Nudelreste. Hier schaffen nur drei Mittel ein Gut, fünf schneiden hier sogar mangelhaft ab. Hartnäckiges Fett entfernt nur Fairy Ultra sehr gut, immerhin sechs weitere Mittel gut.

Sensitive nicht immer hautverträglicher

Ein aufwendiger Pflastertest zeigt: Sensitive-Spülmittel schonen die Haut nicht unbedingt besser als klassische wie Pril Original oder Fit Original. ■ Anbieter Seite 266

Spülen wie ein Profi

Entfernen Sie grobe Speisereste am besten mit einem Papiertuch. Das hilft Spülmittel sparen und entlastet das Abwasser. Verkrustetes lässt sich nach dem Einweichen mit heißem Wasser und etwas Spülmittel leichter entfernen. Füllen Sie dafür etwas Spülmittel in eine Pumpflasche und verdünnen Sie es mit Wasser. So dosieren sie sparsam, wenn Sie einzelne Geschirrteile spülen.

FOTO: STIFTUNG WARENTEST

test Handgeschirrspülmittel I 7/2015

www.test.de	Produktart	Mittlerer Preis ca. (Euro) / Inhalt (ml) / Dosierempfehlung laut Anbieter (ml)[1]	Preis für 100 Spülgänge ca. (Euro)	Reinigungskraft	Hautverträglichkeit	Handhabung	Umwelteigenschaften	test-QUALITÄTSURTEIL
Gewichtung				60 %	20 %	10 %	10 %	100 %
Pril Kraft-Gel Ultra	Konzentrat	1,59 / 500 / 3	0,95	++	+	+	+	SEHR GUT (1,3)
Fairy Ultra Plus Konzentrat	Konzentrat	1,22 / 450 / 3	0,81	++	+	+	+	SEHR GUT (1,4)
Norma / Saubermax Mega Power[2]	Konzentrat	0,79 / 500 / 3	0,47	++	+	+	+	SEHR GUT (1,5)
Aldi (Nord) / Akuta Original Konzentrat[3]	Konzentrat	0,79 / 500 / 3	0,47	+	+	+	+	GUT (1,8)
Lidl/ W5 Ultra Power	Konzentrat	0,79 / 500 / 3	0,47	+	+	○	+	GUT (1,8)
Pril Original	Klassik	1,59 / 750 / 5	1,06	+	++	+	+	GUT (1,8)
Aldi Süd / Alio Ultra Classic Konzentrat[4]	Konzentrat	0,79 / 500 / 3	0,47	+	+	+	+	GUT (1,9)
Netto Marken-Discount / Priva Spülmittel Konzentrat Power Plus[5]	Konzentrat	0,79 / 500 / 3	0,47	+	+	+	+	GUT (1,9)
Edeka Gut & Günstig Spülmittel Konzentrat[5]	Konzentrat	0,79 / 500 / 3	0,47	Gleich mit Netto Marken-Discount / Priva Spülmittel Konzentrat Power Plus				GUT (1,9)
Rossmann / Domol Spülmittel Power	Konzentrat	0,99 / 500 / 3	0,59	+	○	+	++	GUT (1,9)
Fit Original	Klassik	0,85 / 500[6] / 5	0,85	+	++	+	+	GUT (2,0)
dm / Denkmit Spülmittel ultra Plus	Konzentrat	0,75 / 500 / 2	0,30	○	+	+	++	GUT (2,5)
Rewe / Ja! Spülmittel Konzentrat Ultra-Original[2][7]	Konzentrat	0,79 / 500 / 3	0,47	○	+	+	+	GUT (2,5)
Penny Blik Geschirrspülmittelkonzentrat Ultra-Original[2][7]	Konzentrat	0,79 / 500 / 3	0,47	Gleich mit Rewe / Ja! Spülmittel Konzentrat Ultra-Original				GUT (2,5)

Bewertungsschlüssel der Prüfergebnisse: ++ = Sehr gut (0,5–1,5). + = Gut (1,6–2,5). ○ = Befriedigend (2,6–3,5). ⊖ = Ausreichend (3,6–4,5). — = Mangelhaft (4,6–5,5). **Bei gleichem Qualitätsurteil Reihenfolge nach Alphabet.**

1) Bezogen auf 5 Liter Spülwasser.
2) Hergestellt von Beromin.
3) Hergestellt von Gallon.
4) Hergestellt von Dalli.
5) Hergestellt von Chemolux.
6) Auch in anderen Packungsgrößen erhältlich.
7) Laut Anbieter Rezeptur und Kennzeichnung geändert.

Einkauf der Prüfmuster: Dezember 2014 bis Januar 2015.

test Handgeschirrspülmittel II 7/2015

www.test.de	Produktart	Mittlerer Preis ca. (Euro) / Inhalt (ml) / Dosierempfehlung laut Anbieter (ml)[1]	Preis für 100 Spülgänge ca. (Euro)	Reinigungskraft	Hautverträglichkeit	Handhabung	Umwelteigenschaften	test-QUALITÄTSURTEIL
Gewichtung				60%	20%	10%	10%	100%
Pril Sensitive Aloe Vera	Sensitiv	1,59 / 500 / 5	1,59	○	++	+	○	**BEFRIED. (2,6)**
Aldi Süd / Alio Original[2]	Klassik	0,85 / 1000 / 4	0,34	○	++	○	+	**BEFRIED. (2,7)**
Edeka / Gut & Günstig Geschirrspülmittel Citrus[3]	Klassik	0,99 / 1000 / 5	0,50	○	++	⊖	+	**BEFRIED. (2,7)**
Netto Marken-Discount / Priva Spülmittel Citrus[3]	Klassik	0,99 / 1000 / 5	0,50	Gleich mit bei Edeka / Gut & Günstig Geschirrspülmittel Citrus				**BEFRIED. (2,7)**
Fit Balsam mit Aloe Vera	Sensitiv	0,85 / 500[4] / 5	0,85	○	++	+	+	**BEFRIED. (2,7)**
Lidl / W5 Sensitive	Sensitiv	0,79 / 500 / 5	0,79	○	+	○	+	**BEFRIED. (2,7)**
dm / Denkmit Spülmittel Zitronen-Frische	Klassik	0,85 / 1000 / 3	0,26	○	+	+	+	**BEFRIED. (2,8)**
Kaufland / K-Classic Spülmittel Zitrone5)	Klassik	0,85 / 1000 / 3	0,26	⊖*)	++	+	+	**AUSREICH. (3,6)**
Rossmann / Domol Sensitiv Balsam	Sensitiv	0,79 / 500 / 3	0,47	⊖*)	+	+	++	**AUSREICH. (4,0)**
Frosch Aloe Vera Handspül-Lotion Sensitiv[5]	Sensitiv	1,39 / 500 / 4	1,11	⊖*)	++	○	○	**AUSREICH. (4,1)**
Frosch Spülmittel[5]	Klassik	1,39 / 750 / 4	0,74	⊖*)	++	+	++	**AUSREICH. (4,2)**
Ecover Hand-Spülmittel Zitrone & Aloe Vera	Sensitiv	1,75 / 500[4] / 3[6]	1,05	–*)	++	+	++	**MANGELH. (4,7)**
Palmolive Original[7]	Klassik	1,48 / 750 / 4	0,79	–*)	+	⊖	○	**MANGELH. (4,7)**
Palmolive Original Ultra konzentriert[7]	Konzentrat	1,53 / 500 / 2	0,61	–*)	+	⊖	○	**MANGELH. (4,8)**

Bewertungsschlüssel der Prüfergebnisse: ++ = Sehr gut (0,5–1,5). + = Gut (1,6–2,5). ○ = Befriedigend (2,6–3,5). ⊖ = Ausreichend (3,6–4,5). – = Mangelhaft (4,6–5,5). **Bei gleichem Qualitätsurteil Reihenfolge nach Alphabet.**

***) Führt zur Abwertung.**

1) Bezogen auf 5 Liter Spülwasser.
2) Hergestellt von Beromin.
3) Hergestellt von Chemolux.
4) Auch in anderen Packungsgrößen erhältlich.
5) Laut Anbieter Rezeptur geändert.
6) Dosierempfehlung laut Anbieter: 1 Spritzer. Mit 3 ml auf 5 Liter geprüft.
7) Laut Anbieter Kennzeichnung geändert.

Einkauf der Prüfmuster: Dezember 2014 bis Januar 2015.

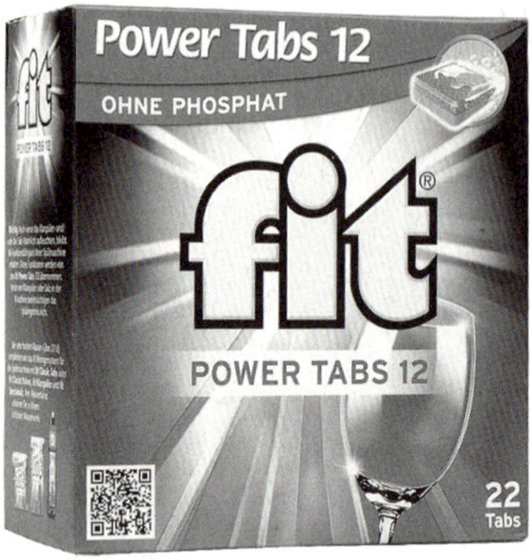

Unser Rat

Somat Gold für 20 Cent (alle Preise je Tab) reinigt am besten. Es enthärtet mit Phosphaten, schneidet bei den Umwelteigenschaften befriedigend ab. Die phosphatfreien **Fit Power Tabs 12** für 23 Cent spülen schonend sauber, ohne Schlieren und Kalkflecken, und belasten Gewässer nur wenig. Gut und umweltschonend spülen auch **dm Denkmit Nature** (10 Cent), **Fit Grüne Kraft Alles in1** (23 Cent).

Fit für die Zukunft

5/2015 Das Testergebnis ist eine kleine Sensation. Einige Multitabs, die ohne gewässerbelastende Phosphate auskommen, reinigen gut.

Die meisten Maschinengeschirrspülmittel enthalten noch Phosphate. Die verhindern, das sich Kalk auf Maschine und Geschirr niederschlägt, tragen aber zur Überdüngung der Flüsse und Seen bei. Nach einer EU-Verordnung sollen sie bis zum Januar 2017 aus Spülmaschinenmitteln verschwinden. Die Aufgabe ist lösbar. Einige der besten Tabs kommen ohne Phosphate aus, reinigen Geschirr umweltschonender und besser als viele geprüfte, phosphathaltige Mittel. Elf Tabs sowie drei mit wasserlöslicher Folie umhüllte Gele waren im Test vertreten. Alle Mittel enthalten Klarspüler und Salzersatz zum Enthärten des Wassers – auch die sechs phosphatfreien Produkte.

Ein umweltschonender Testsieger

Gleich drei phosphatfreie Tabs landen in der Spitzengruppe: zwei der Zittauer Firma Fit und ein Mittel der Drogeriemarktkette dm. Fit Power Tabs 12 erringt wegen seiner ausgewogenen Leistung sogar den Testsieg – zusammen mit Somat Gold, der weiterhin mit Phosphaten enthärtet. Insgesamt sechs Multitabs schneiden gut ab. Acht Mittel überzeugen dagegen nicht, darunter alle geprüften Gelkissen.

Ersatzstoffe schwer zu finden

In Multifunktionsreinigern ließen sich Phosphate bisher nur schwer ersetzen. Die Ersatzstoffe führten oft zu unerwünschten Nebenwirkungen wie Kalkbeläge oder pulvrige Ablagerungen. Phosphate enthärten sehr

Salz und Klarspüler sparen

Bei hartem Wasser bis 21 Grad deutscher Härte können Sie Multifunktionsreiniger nutzen. Sie enthalten meist genug Salzersatz und Klarspüler. Leuchten die Nachfüllanzeigen Ihres Geschirrspülers auf, können Sie das ignorieren oder mit spezieller Tabtaste oder Programmierung ausschalten. Bei mehr als 21 Grad Wasserhärte brauchen auch Multitabs Spülmaschinensalz und Klarspüler.

FOTO: STIFTUNG WARENTEST

test Geschirrspülmittel 5/2015

www.test.de	Mittlerer Preis ca. (Euro) / Spülgänge pro Packung	Preis pro Spülgang ca. (Euro)	Reinigen	Klarspülen	Kalkbeläge verhindern (Salzfunktion)	Trocknen	Materialschonung	Umwelteigenschaften	Verpackung	test-QUALITÄTSURTEIL
Gewichtung			30 %	15 %	15 %	15 %	10 %	10 %	5 %	100 %
Multitabs										
Fit Power Tabs 12	4,95 / 22[1)]	0,23	+	+	+	○	+	+	○	GUT (2,2)
Somat Gold	8,00 / 40[1)]	0,20	+	○	+	+	○	○	○	GUT (2,2)
dm / Denkmit Nature[2)]	2,85 / 30	0,10	+	○	+	+	○	+	++	GUT (2,3)
Finish Powerball Alles in 1 Turbo[3)]	5,05 / 27[1)]	0,19	+	○	+	+	+	○	⊖	GUT (2,4)
Fit Grüne Kraft Alles in 1	4,95 / 22[1)]	0,23	+	○	+	○	○	+	○	GUT (2,4)
Rossmann / Domol 12in1	4,00 / 55	0,07	○	+	+	+	+	○	+	GUT (2,4)
Norma / Saubermax Power 11	2,75 / 30	0,09	○	○	++	+	+	○	○	BEFRIED. (2,6)
Penny / Blik Faktor 12[4)]	2,75 / 40	0,07	○							AUSREICH. (3,9)
Rewe / Ja! 12-in-1[4)]	2,75 / 40	0,07	○	○	++	⊖*)	+	○	+	AUSREICH. (3,9)
Finish Powerball Pur & Klar Quantum[5)6)]	5,25 / 22[1)]	0,24	○	○	+	⊖*)	○	○	+	AUSREICH. (4,0)
Rossmann / Domol Ökologisch[6)]	4,00 / 40	0,10	○	⊖	+	⊖	–*)	+	++	MANGELH. (5,0)
Multi-Gelkissen										
Somat Multi Gel Tabs[7)]	5,00 / 22[1)]	0,23	⊖*)	+	○	⊖	○	○	○	AUSREICH. (4,2)
Actiff Gel-Caps All in 1[6)]	3,30 / 24	0,14	⊖	+	○	⊖	–*)	⊖	+	MANGELH. (5,0)
dm / Denkmit All in 1 Liquid Power-Tabs[2)]	3,45 / 30	0,12	⊖	+	○	⊖	–*)	⊖	+	MANGELH. (5,0)

Bewertungsschlüssel der Prüfergebnisse: ++ = Sehr gut (0,5–1,5). + = Gut (1,6–2,5). ○ = Befriedigend (2,6–3,5). ⊖ = Ausreichend (3,6–4,5). – = Mangelhaft (4,6–5,5). **Bei gleichem Qualitätsurteil Reihenfolge nach Alphabet.**
***) Führt zur Abwertung.**
1) Auch in anderen Packungsgrößen erhältlich. **2)** Laut Anbieter Verpackung geändert. **3)** Promotionsverpackung (ansonsten nur 24 Tabs zum gleichen Preis). **4)** Laut Anbieter inzwischen geändert. **5)** Promotionsverpackung (ansonsten nur 18 Tabs zum gleichen Preis). **6)** Laut Anbieter nicht mehr erhältlich. **7)** Laut Anbieter Produkt geändert.
Einkauf der Prüfmuster: September/Oktober 2014.

wirkungsvoll Wasser und verbessern die Waschleistung. Einige Unternehmen setzen in Multitabs auf den Ersatzstoff Methylglycindiessigsäure (MGDA), auch der phosphatfreie Testsieger. Es verhindert wirksam Beläge und ist leicht biologisch abbaubar.

Gelkissen sind nicht empfehlenswert

Die drei Gelkissen reinigen nur ausreichend. Tee-Ränder etwa bleiben nach dem Spülen in den Tassen zurück. Der Grund: Bleichmittel lassen sich nicht in flüssigen Reinigern einbinden. ■ Anbieter Seite 266

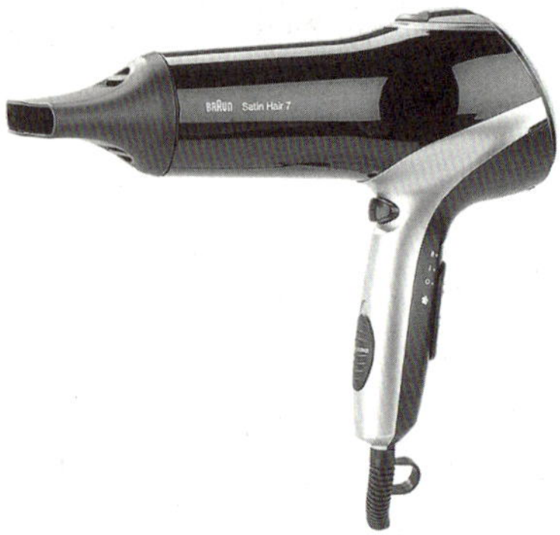

Unser Rat

Unter den Haartrocknern mit Ionenfunktion schneidet **Braun HD710** für etwa 37 Euro als einziger sehr gut ab. Er glättet statisch aufgeladene Haare am besten. Gut und deutlich günstiger sind die Modelle von **Edeka, Grundig** und **Real** für je zirka 20 Euro. Unter den Föhnen ohne Ionenfunktion schneiden nur zwei gut ab. Einer ist ein echtes Schnäppchen: **Ok OHD 202-S** für etwa 10 Euro.

Mähnen zähmen

1/2015 Föhne mit Ionenfunktion sollen für weiches, gesundes und glänzendes Haar sorgen. Das ist zu viel versprochen, zeigt der Test.

Haartrockner mit Ionentechnologie sollen geladene Mähnen zähmen, das Haar glätten und gepflegt glänzen lassen, so die Werbung. Die Wirksamkeit der Technologie ist jedoch umstritten. Erstmals hat die Stiftung Warentest nun untersucht, was der unsichtbare Ionenstrahl wirklich kann.

Im Labor traten elf Haartrockner mit Ionenfunktion sowie fünf Föhne ohne dieses Merkmal gegeneinander an. Testsieger ist ein Modell mit Ionenfunktion. Unter drei Zweitplatzierten steht auch ein Gerät ohne die neue Technik: Der Ok ist ein Schnäppchen für 10 Euro. Er föhnt rundum gut.

Braun trocknet am besten

Der Preis sagt anscheinend wenig über die Qualität der Trockner aus: Eines der teuersten Modelle im Test, der Vidal Sassoon, produzierte zwar schicke Frisuren, scheiterte an der Sicherheitsprüfung. Auch ärgerlich: Bei vier Geräten, die Ionentechnik versprechen, wirkte sie kaum.

Wie gut Ionen wirken können, zeigte im Test der Braun HD710. Er föhnte fliegendes Haar glatt und schnitt als einziger sehr gut ab. Auch beim Praxis- und Friseurtest übertrumpfte er die Konkurrenz: Zehn Probandinnen mit unterschiedlichen Haarlängen prüften dabei, welches Gerät die schönste Frisur zaubert. Zwei Profis beurteilten das Föhnergebnis bei 25 weiteren Frauen. Am Braun lobten sie vor allem, dass er die Haare nicht austrocknet und spröde pustet. Mit ihm ließen sie sich zudem sehr leicht frisieren.

Teilchen gegen fliegende Haare

Im Ionen-Föhn erzeugt ein Generator ein elektrisches Feld mit hoher Spannung. Darin entstehen negativ geladene Moleküle, die der Luftstrom mitreißt. Sie sollen beim Föhnen jene positiv geladenen Teilchen auf dem Kopf neutralisieren, die Haare fliegen lassen. Im Labor schafften dies etliche Modelle. Allerdings sorgen sie weder für nachweislich mehr Volumen noch für weniger sprödes Haar.

test Haartrockner 1/2015

www.test.de	Mittlerer Preis ca. (Euro)	Frisier-ergebnis	Funk-tion	Hand-ha-bung	Techni-sche Prüfung	Sicher-heit	test-QUALITÄTSURTEIL
Gewichtung		**30 %**	**25 %**	**25 %**	**10 %**	**10 %**	**100 %**
Mit Ionenfunktion							
Braun Satin Hair 7 HD710[1)]	37,00	++	++	+	++	++	**SEHR GUT (1,5)**
Philips HP8232	29,00	+	+	+	+	++	**GUT (1,8)**
Remington AC5911	40,00	+	+	+	+	++	**GUT (1,8)**
Edeka RCY-103 Pi	20,00	+	+	+	+	++	**GUT (2,0)**
Grundig HD 6080	20,00	+	+	+	++	++	**GUT (2,0)**
Real / Alaska HD 2008ACI[2)]	20,00	+	+	+	+	○	**GUT (2,1)**
AEG HTD 5595[3)]	27,50	+	+	○	+	○	**GUT (2,5)**
Bosch PHD5767	36,00	+	⊖*)	+	++	++	**BEFRIEDIGEND (2,9)**
Rowenta Expertise Pro 2300 CV7720	33,00	+	⊖*)	+	○	++	**BEFRIEDIGEND (3,2)**
Babyliss Le Pro Light 2100W 6610E[4)]	41,00	+	⊖*)	○	+	++	**BEFRIEDIGEND (3,3)**
Lidl / Silvercrest IAN 96264 SHTD 2200 A1[5)]	10,00[6)]	+	⊖	+	⊖*)	++	**AUSREICHEND (4,0)**
Ohne Ionenfunktion							
Ok OHD 202-S[7)8)]	10,00	+	+	+	+	++	**GUT (1,8)**
Severin HT 0139	27,50	+	+	+	+	++	**GUT (2,0)**
Bomann HTD 843 CB[3)9)]	20,00	Ist baugleich mti Clatronic HTD 3363					**MANGELHAFT (5,0)**
Clatronic HTD 3363[3)9)]	11,00	+	+	○	⊖	–*)	**MANGELHAFT (5,0)**
Vidal Sassoon Infra Radiance VSDR5835E	37,50	+	++	○	+	–*)	**MANGELHAFT (5,0)**

Bewertungsschlüssel der Prüfergebnisse: ++ = Sehr gut (0,5–1,5). + = Gut (1,6–2,5). ○ = Befriedigend (2,6–3,5). ⊖ = Ausreichend (3,6–4,5). – = Mangelhaft (4,6–5,5). **Bei gleichem Qualitätsurteil Reihenfolge nach Alphabet.**
***) Führt zur Abwertung.**
1) Auch mit Diffusor als HD730 für 44,50 Euro erhältlich. **2)** Laut Anbieter durch Nachfolger HD 2013ACI ersetzt.
3) Laut Anbieter Gebrauchsanleitung inzwischen geändert. **4)** Laut Anbieter durch Nachfolger 6610DE ersetzt.
5) Laut Anbieter inzwischen geändert **6)** Preis bei Filial-Aktionen. Im Onlineshop 11 Euro ohne Versandkosten.
7) Exklusiv erhältlich bei Media Markt und Saturn. **8)** Laut Anbieter Auslaufmodell.
9) Laut Anbieter nicht mehr erhältlich. **Einkauf der Prüfmuster:** Juni/Juli 2014.

Beim AEG-Modell bemängelten alle Testerinnen das hohe Gewicht.

400 Stunden Dauerprüfung

Im Dauertest mussten die Föhne zeigen, ob sie täglichen Belastungen standhalten. Zwei Modellen setzte die 400-stündige Prozedur zu: Beim Clatronic und dem baugleichen Bomann deformierte sich durch die Hitze das Plastikgehäuse, und das Gebläse begann zu lärmen. Die Kabelbiegeprüfung gab den beiden den Rest. Auch beim vermeintlichen Edelgerät von Vidal Sassoon brach das Kabel. Alle drei kassieren für den Totalausfall ein Mangelhaft in puncto Sicherheit. ■

Anbieter Seite 266

Unser Rat

Testsieger sind die für Leder und Textilien geeigneten Treibgassprays **Deichmann Nässe Blocker** für 3,20 Euro (Preise je 100 Milliliter) und **Imprägnol Langzeit Imprägnierung** (0,75 Euro). Die Pumpsprays **Fibertec Blue Guard Spray-On** für 3 Euro und **Granger's Xtreme Repel** für 5,10 Euro schützen Textilien gut. Fluorfreies **Toko Eco Textile Proof** für 3,40 Euro weist Regen gut ab, Ölschmutz nicht.

Keine Angst vor Regenwetter

9/2015 Eine gute Imprägnierung verhindert, dass sich Jacken oder Schuhe bei Regen vollsaugen. 9 von 18 Mitteln schneiden gut ab.

Um Kleidung und Schuhe gegen Wasser und Schmutz zu imprägnieren, stehen Spezialmittel für Textilien zur Wahl sowie Universalmittel, die sich zusätzlich für Leder eignen. Sie alle enthalten Imprägnierstoffe wie Fluorcarbonharze, Wachse oder Paraffine, die in Alkohol, Benzin oder Wasser gelöst sind. Nach dem Auftragen verdunsten die Lösemittel. Die schützenden Substanzen umhüllen Leder und Gewebefasern.

Im Test waren 11 Universal- und 7 Spezialmittel vertreten, darunter Sprays, Sprühschäume und Wash-Ins – in der Maschine einwaschbare Imprägniermittel (Preise: etwa 1 bis 6 Euro pro 100 ml). Am besten wirken Treibgas- und Pumpsprays: Neun sind gut. Wash-Ins schützen bestenfalls befriedigend, drei Sprühschäume nur ausreichend.

Imprägnierstoffe in der Diskussion

Als klassische Imprägnierstoffe dienen Fluorcarbonharze (PFC). Sie weisen Wasser, Fett und Schmutz ab. Kehrseite der Medaille: Viele können sich in der Umwelt, einige im Organismus anreichern. Im Test kommen vier Produkte für Textilen nach Anbieterangaben ohne Fluorchemie aus: das Pumpspray von Toko, Deichmann Hitec Schaum sowie die Wash-ins von Nikwax und Sympatex. Sie weisen Öl erwartungsgemäß schlecht ab. Hier sind fluorhaltige Produkte im Vorteil. Toko bewährt sich im Beregnungstest. Deichmann-Schaum und die zwei fluorfreien Wash-ins lassen Wasser immerhin befriedigend abperlen. ■ **Anbieter Seite 266**

Zum Sprühen nach draußen

Fein sprühende Treibgassprays können bei falscher Anwendung zu Lungenschäden führen. Beachten Sie Sicherheits- und Gebrauchshinweise. Imprägnieren Sie am besten nur im Freien – auch wegen des intensiven Geruchs der meisten Produkte. Treibgassprays und Sprühschäume enthalten zudem leicht brennbare Gase wie Butan oder Propan, die explosive Gemische bilden können.

FOTO: STIFTUNG WARENTEST

test Imprägniermittel 9/2015

www.test.de	Produktart	Mittlerer Preis ca. (Euro) / Inhalt (ml)	Preis für 100 ml ca. (Euro)	Imprägnieren	Handhabung	Sicherheit	test-QUALITÄTSURTEIL
Gewichtung				60 %	20 %	20 %	100 %
Für Leder und Textilien							
Deichmann Nässe Blocker	Treibgasspray	7,95 / 250	3,20	+	+	+	**GUT (1,8)**
Imprägnol Langzeit Imprägnierung[1)]	Treibgasspray	2,99 / 400	0,75	+	++	+	**GUT (1,8)**
Ballistol Pluvonin Waterstop[2)]	Treibgasspray	8,90 / 500[3)]	1,78	+	++	○	**GUT (2,2)**
Ballistol Biker-Wet-Protect Imprägnierspray[2)]	Treibgasspray	4,90 / 200	2,45	Gleich mit Ballistol Pluvonin Waterstop			**GUT (2,2)**
Scotchgard Universal-Protector	Treibgasspray	7,95 / 300	2,65	+	+	○	**GUT (2,2)**
Collonil Carbon Pro	Treibgasspray	15,00 / 300	5,00	+	+	+	**GUT (2,3)**
Solitaire Nano Plus	Treibgasspray	13,00 / 400	3,25	+	++	○	**GUT (2,3)**
Centralin All Spray Imprägnierer	Treibgasspray	2,79 / 400[3)]	0,70	○	++	○	**BEFRIED. (2,8)**
Solitaire 3fach Imprägnierschaum	Sprühschaum	11,00 / 200	5,50	⊖*)	○	○	**AUSREICH. (3,6)**
Gabor Water Protect Schaum	Sprühschaum	10,00 / 200	5,00	Gleich mit Solitaire 3fach Imprägnierschaum			**AUSREICH. (3,6)**
Erdal Protect Xtreme Imprägnier-Schaumspray	Sprühschaum	3,95 / 400	0,99	⊖*)	○	+	**AUSREICH. (3,7)**
Für Textilien							
Fibertec Blue Guard Spray-On	Pumpspray	15,00 / 500	3,00	+	○	+	**GUT (2,3)**
Granger's Xtreme Repel	Pumpspray	14,00 / 275	5,10	+	⊖	○	**GUT (2,4)**
Nikwax TX.Direct Wash-In	Wash-In	4,95 / 100[3)]	4,95	○	+	+	**BEFRIED. (2,6)**
Sympatex Spezial-Imprägnierung	Wash-In	4,95 / 100	4,95	Gleich mit Nikwax TX.Direct Wash-In			**BEFRIED. (2,6)**
Toko Eco Textile Proof	Pumpspray	17,00 / 500	3,40	○	+	○	**BEFRIED. (2,6)**
Deichmann Hitec Schaum	Sprühschaum	4,95 / 200	2,48	○	⊖	+	**BEFRIED. (3,0)**
Hey Sport Impra Wash-In	Wash-In	12,00 / 250	4,80	⊖*)	+	○	**AUSREICH. (4,1)**

Bewertungsschlüssel der Prüfergebnisse: ++ = Sehr gut (0,5–1,5). + = Gut (1,6–2,5). ○ = Befriedigend (2,6–3,5). ⊖ = Ausreichend (3,6–4,5). — = Mangelhaft (4,6–5,5). **Bei gleichem Qualitätsurteil Reihenfolge nach Alphabet.**

***) Führt zur Abwertung.**

1) Laut Anbieter Verpackung und Produktname geändert.

2) Laut Anbieter Rezeptur geändert.

3) Auch in anderen Packungsgrößen erhältlich.

Einkauf der Prüfmuster: April 2015.

Unser Rat

Branchenprimus Nespresso landet auf den Spitzenplätzen: **De'Longhi Nespresso U EN 110** für 106 Euro und **Krups Nespresso Inissia XN 1005** für 92 Euro sowie deren Baugleichheiten. Aus den passenden Kapseln für je 37 Cent fließt leckerer Kaffee. Auch ein Schnäppchen überzeugt: **Delica Cremesso Compact One** für 68 Euro mit den dazugehörigen Kapseln für 25 Cent pro Stück.

Die besten Mini-Automaten

11/2015 Sie brühen Kaffee auf die Schnelle. Die besten Kapselmaschinen stammen von De'Longhi, Krups und einem preiswerten Dritten.

Einfacher als mit Kapselautomaten ist Kaffee kaum zu brühen: Kapsel einlegen, Knopf drücken, schon fließt der Wachmacher in die Tasse. In jede Maschine passen jedoch nur spezielle Hülsen: in die Cafissimo nur die von Tchibo, in das Bosch-Gerät nur Tassimo, in die AEG nur Lavazza. Maschine und Kapsel bilden eine Einheit, an die sich der Käufer bindet – und die schnell ins Geld gehen kann.

Zwölf Geräte treten gegeneinander an. Welches brüht aromatischen Espresso und Kaffee mit optimaler Temperatur? Wie lange dauert das und wie komfortabel lassen sich die Maschinen bedienen?

Der Espresso ist oft nicht heiß genug

Die Delica-Maschine ist die Schnellste: In nur rund 25 Sekunden heizt sie auf und brüht die erste Tasse Espresso. Bis zum ersten Kaffee dauert es 44 Sekunden. Mehr als doppelt so lange müssen Nutzer des Tchibo-Geräts auf den ersten Kaffee warten. Der fließt gemächlich in mehr als 1,5 Minuten in die Tasse. Immerhin heiß genug wird die erste Portion Kaffee bei allen. Optimal ist es, wenn das Getränk etwa 70 bis 75 Grad misst. Die erste Tasse Espresso kommt hingegen aus fast allen Geräten zu kühl.

Um zu prüfen, wie nutzerfreundlich die Maschinen sind, zapfen die Tester aus jedem Geräte 180 Getränke. Nur Krups Nespresso Inissia sowie Cremesso Compact One zicken etwas: Die Kapseln lassen sich nicht immer mühelos einlegen. Bei der Inissia verklemmen zudem die Hülsen vereinzelt.

Günstige Geräte, teure Kapseln

Kapselautomaten sind vergleichsweise günstig, aber die Kapseln gehen schnell ins Geld. Täglich vier Espressi aus Nespresso-Kapseln kosten im Jahr über 500 Euro – deutlich mehr als das Doppelte der gleichen Menge loser Kaffeebohnen. Für Vieltrinker kann sich ein Espressovollautomat lohnen. Der günstigere der zwei Sieger des letzten Tests, Saeco Molito HD 8769, kostet aktuell zirka 685 Euro.

FOTO: A. PLEWINSKI

test Kaffee-Kapselmaschinen 11/2015

www.test.de	Mittlerer Preis ca. (Euro)	Preis pro Kapsel ca. (Cent)[1]	Sensorische Beurteilung	Brühen	Täglicher Gebrauch	Stromverbrauch[2]	Geräusch	Geruch des Geräts	Schadstoffe und Sicherheit	test-QUALITÄTSURTEIL
Gewichtung			30 %	30 %	25 %	5 %	5 %	5 %	0 %	100 %
De'Longhi Nespresso U EN 110	106	37	+	+	+	+	+	++	Es gab keine Beanstandungen.	GUT (2,0)
Krups Nespresso XN 250	121	37	Baugleich mit De'Longhi Nespresso U EN 110							GUT (2,0)
Krups Nespresso Inissia XN 1005	92	37	++	+	○	+	+	++		GUT (2,1)
De'Longhi Nespresso EN 80	102	37	Baugleich mit Krups Nespresso Inissia XN 1005							GUT (2,1)
Delica Cremesso Compact One	68	25	+	+	+	+	+	++		GUT (2,2)
De'Longhi Dolce Gusto MiniMe EDG 305	88	27	○	+	+	○	+	++		GUT (2,4)
Krups Dolce Gusto MiniMe KP 120	87	27	Baugleich mit De'Longhi Dolce Gusto MiniMe EDG 305							GUT (2,4)
Tchibo / Saeco Cafissimo Tuttocaffé HD8602/81	99	27	○	+	+	○	+	++		GUT (2,4)
Aldi Süd / Expressi K-fee 117	70[3]	17	○	+	+	○	+	++		BEFRIED. (2,6)
Bosch Tassimo Vivy TAS125	40	30	+	○	+	+	○	+		BEFRIED. (2,6)
Krups Dolce Gusto Circolo KP 510	157	27	○	○	+	○	+	++		BEFRIED. (2,6)
AEG Lavazza a Modo Mio Magia LM6000	199	38	+	+	+	○	+	⊖*)		BEFRIED. (3,0)

Bewertungsschlüssel der Prüfergebnisse: ++ = Sehr gut (0,5–1,5). **+** = Gut (1,6–2,5). **○** = Befriedigend (2,6–3,5). **⊖** = Ausreichend (3,6–4,5). **—** = Mangelhaft (4,6–5,5). **Bei gleichem Qualitätsurteil Reihenfolge nach Alphabet.**
***) Führt zur Abwertung.**
1) Für die geprüfte Kaffeesorte. **2)** Alle Verbrauchswerte ermittelt mit Werkseinstellung.
3) Von uns bezahlter Einkaufspreis. **Einkauf der Prüfmuster:** Juni/Juli 2015.

Schwacher Espresso von Aldi Süd

Für jedes System wählen die Tester häufig verkaufte Espresso- und Kaffeesorten und lassen sich aus jeder Maschine die gebrühten Getränke aus neutralen weißen Tassen auf der Zunge zergehen. Der Espresso aus den günstigen Expressi-Kapseln von Aldi Süd ist schwach und wässrig. Er bildet das Schlusslicht beim Espresso. Den besten kleinen Schwarzen brühen Nespresso Inissia von Krups und das baugleiche Gerät von De'Longhi. Er ist kräftiger als der von der Konkurrenz – ohne zu bitter zu sein oder ein austrocknendes Mundgefühl zu hinterlassen. Beim Kaffee schneiden viele gut ab.

AEG müffelt nach Chemie

Beim AEG-Gerät bemerken die Tester einen unangenehmen chemischen Geruch – im Neuzustand und nach Gebrauch. Die Analyse ergibt einzelne geruchsintensive, aber unschädliche Substanzen. Bosch Tassimo müffelt am Anfang leicht, im Laufe der Prüfungen aber nicht mehr. ■ Anbieter Seite 266

Unser Rat

Die besten Kochfelder sind Induktionsgeräte: **Bosch PIB645B17E** (650 Euro), **Siemens EH645BB17** (1 180 Euro), **Siemens EH675FN27E** (1 140 Euro) und **Neff T54T86N2** (975 Euro). Die beiden Letztgenannten bieten flexible Kochzonen. Gute strahlungsbeheizte Kochfelder sind **Miele KM 5812** (860 Euro) sowie **Siemens ET645HN17** (590 Euro). Einige günstigere Modelle sind kaum schlechter.

Feuer unterm Topf

2/2015 Mit Induktionsgeräten lässt sich oft besser kochen als auf Wärmestrahlung. Im Test schlägt ein 650-Euro-Modell eines für 3800 Euro.

Wer einen Gasherd hat, schwört oft darauf: Die Hitze ist sofort da und stufenlos regelbar, umweltschonend ist diese Art zu kochen auch. Er erfordert jedoch einen Gasanschluss im Haus, den es oft nur in Großstädten gibt. Durchgesetzt haben sich auch deshalb Elektrokochfelder, vom Glaskeramikfeld mit Wärmestrahlung bis zum modernen Induktionsherd mit flexiblen Kochzonen. Im Test von 22 Glaskeramikkochfeldern lässt es sich auf den Induktionsherden Bosch PIB645B17E und Siemens EH645BB17 am besten kochen. Das Gerät von Bosch ist mit 650 Euro günstig – das ebenbürtige von Siemens kostet fast doppelt so viel. Das mit 3800 Euro teuerste Gerät im Test dagegen, das Induktionskochfeld Gaggenau CX480100, liegt nur im Mittelfeld. Es schwächelt bei der Wärmeverteilung.

Wärmestrahlung meist nur Mittelmaß

Die meisten Kochfelder mit Wärmestrahlung sind nur befriedigend. Das liegt vor allem an mittelmäßigen Ergebnissen in den praktischen Kochprüfungen. Nur Miele KM 5812 und Siemens ET645HN17 – die zu den teuersten strahlungsbeheizten Geräten im Test zählen – schneiden gut ab.

Für den Vergleich der Systeme haben die Prüfer exemplarisch auch drei Gaskocher in die praktischen Prüfungen einbezogen. Deren Testergebnisse fallen sehr ähnlich aus.

Der größte Unterschied zwischen Wärmestrahlung, Induktion und Gas besteht in der Kochzeit. Induktionsfelder heizen die Töpfe

Abstand halten bei Induktion
Beim Kochen mit Induktion entstehen magnetische Streufelder. Halten die Geräte die Grenzwerte ein, besteht laut Bundesamt für Strahlenschutz (BfS) keine Gesundheitsgefahr. Das BfS empfiehlt einen Abstand von 5 bis 10 Zentimeter zum Herd, um die Belastung möglichst gering zu halten. Träger von Herzschrittmachern sollten sich mit ihrem Arzt beraten, da Streufelder die Geräte stören können.

sehr schnell auf. Wärmestrahlungsfelder und Gaskocher brauchen länger. Am meisten Geduld ist beim Gasherd gefragt.

Induktionsherde sparen Strom

Induktionsfelder brauchen zudem etwa ein Fünftel weniger Strom als strahlungsbeheizte Platten. Das ist gut für die Umwelt. Im Geldbeutel ist das nicht unbedingt zu spüren: Viele Induktionsfelder sind so teuer, dass sich die Stromersparnis gegenüber den Wärmestrahlungsfeldern auch nach zehn Jahren intensiver Nutzung nicht auszahlt. Beim Testsieger von Bosch ergänzen sich der günstige Kaufpreis und sein geringer Stromverbrauch dagegen äußerst vorteilhaft.

Gas und Induktion sind fein zu regeln

Mit Gaskochern lässt es sich intuitiver kochen als mit der etwas trägen Wärmestrahlung, da sie sofort reagieren, wenn man am Regler dreht. Induktionskochfelder sind aber ebenso fein zu regeln. Wer mit Gas kocht, muss damit leben, dass die Hitze am Topfboden ungleichmäßig ankommt: am Flammenkranz viel, in der Mitte der Kochstelle wenig.

Ähnliche Temperaturgefälle wie bei Gaskochern gibt es bei einigen Induktionsgeräten. Unter der Glasplatte der Kochfelder liegen Spulen, die ein elektromagnetisches Feld im Topfboden erzeugen und ihn so aufheizen. Sie springen nur an, wenn ein magnetisierbarer Topf über ihnen steht. In der Mitte der Spule liegt ein Sensor zur Topferkennung. An dieser Stelle wird der Topf nicht erhitzt. Gut wärmeleitende Töpfe gleichen das beim Kochen aus, in anderen kann leicht etwas anbrennen.

Flexible Zonen für Töpfe in Übergröße

Besonders wichtig ist die Topferkennung bei Kochfeldern mit Flächeninduktion. Bei ihnen können sich mehrere Spulen großflächig im Rechteck zusammenschalten. Das erlaubt es, Töpfe in allen Größen und Formen auf den Herd zu stellen – vom ovalen Fischbräter bis zur rechteckigen Grillplatte. Beim teuren Gaggenau ist die gesamte Oberfläche eine einzige Kochzone mit vielen kleinen Spulen. Töpfe dürfen an jeder beliebigen Stelle stehen. Allerdings funktioniert die Topferkennung bei runden Töpfen nicht optimal. Spulen am Rand springen nicht immer an.

Brummen im Topf bei Induktion

Als störend empfanden die Tester die Geräusche einiger Induktionsfelder. Beim Ankochen brummte es im Topf teilweise für einige Minuten, wenn die Geräte mit voller Leistung heizten. Wer sich Ruhe am Herd wünscht, sollte bei der Wahl seines Kochers darauf achten. ■ Anbieter Seite 266

test Kochfelder (Gas) 2/2015

www.test.de	Mittlerer Preis ca. (Euro)	Gaskosten für 10 Jahre ca. (Euro)[1]	Kochen	Gasverbrauch[2]	Handhabung
Amica KMG 13168 F[3]	278	417	⊖	+	+
Siemens ER626PB70D	700	584	⊖	+	+
Bosch PRP626B70E	560	Baugleich mit Siemens ER626PB70D			

Bewertungsschlüssel der Prüfergebnisse: ++ = Sehr gut (0,5–1,5). + = Gut (1,6–2,5). ○ = Befriedigend (2,6–3,5). ⊖ = Ausreichend (3,6–4,5). — = Mangelhaft (4,6–5,5).

1) Starke Nutzung pro Monat: 40 Mal 1,5 Liter Wasser erhitzen, 10 Mal Schmelzen und Warmhalten, 20 Mal Kochen auf einer Kochstelle, 8 Mal Kochen auf vier Platten. Gaspreis: 7 Cent/kWh.

2) Starke Nutzung, Bewertungsskala für Gas über Primärenergiefaktoren (PE) umgerechnet: PE Strom = 2,72; PE Gas = 1,3.

3) Laut Anbieter durch Nachfolger KMG 13169 F ersetzt.

Einkauf der Prüfmuster: August/September 2014.

test Kochfelder (Wärmestrahlung/Induktion) 2/2015

www.test.de	Mittlerer Preis ca. (Euro)	Stromkosten für 10 Jahre ca. (Euro) 1)	Kochen	Stromverbrauch 2)	Handhabung	Sicherheit	Geräusch beim Ankochen 3)	test-QUALITÄTSURTEIL
Gewichtung			45 %	15 %	30 %	5 %	5 %	100 %
Wärmestrahlung								
Miele KM 5812	860	1003	+	+	+	○	++	GUT (2,4)
Siemens ET645HN17	590 4)	1116	○	○	+	○	++	GUT (2,4)
Bosch PKN645D17	635 4)	1102	○	○	+	○	++	BEFRIED. (2,6)
Constructa CA323352	370 4)	1064	○	○	+	⊖*)	++	BEFRIED. (2,6)
AEG HK654070XB	380	1052	○*)	○	+	○	++	BEFRIED. (2,7)
Ikea Daglig Art.-Nr.: 702.228.18	239	1114	○	○	+	○	++	BEFRIED. (2,7)
Amica KMC 13284 E	259	1184	○	○	+	⊖	++	BEFRIED. (2,8)
Zanussi ZEV6646XBA	360	1002	○	+	+	⊖*)	++	BEFRIED. (2,8)
Beko HIC 64503 TX	287	1213	⊖*)	○	+	○	++	BEFRIED. (3,2)
Induktion								
Bosch PIB645B17E	650	814	+	+	+	+	○	GUT (1,8)
Siemens EH645BB17	1180	812	+	+	+	+	+	GUT (1,8)
Siemens EH675FN27E	1140	888	+	+	+	+	+	GUT (1,9)
Neff T54T86N2	975	926	+	+	+	+	++	GUT (2,1)
Gaggenau CX480100	3800	874	○*)	+	+	+	++	BEFRIED. (2,6)
Miele KM 6347	1430	957	○*)	+	+	+	○	BEFRIED. (2,7)
Miele KM 6117	1150	821	○*)	+	+	+	○	BEFRIED. (2,8)
AEG HK654250XB 5)	540	851	○	+	+	+	⊖*)	BEFRIED. (3,0)
Ikea Folklig Art.-Nr.: 502.916.19	299 6)	815	○	+	+	+	⊖*)	BEFRIED. (3,1)
AEG HK764403XB 7)	735	857	○	○	+	+	⊖*)	BEFRIED. (3,2)

Bewertungsschlüssel der Prüfergebnisse: ++ = Sehr gut (0,5–1,5). + = Gut (1,6–2,5). ○ = Befriedigend (2,6–3,5). ⊖ = Ausreichend (3,6–4,5). — = Mangelhaft (4,6–5,5). **Bei gleichem Qualitätsurteil Reihenfolge nach Alphabet.**

***) Führt zur Abwertung.**

1) Starke Nutzung. Strompreis: 28 Cent/kWh.

2) Starke Nutzung pro Monat: 40 Mal 1,5 Liter Wasser erhitzen, 10 Mal Schmelzen und Warmhalten, 20 Mal Kochen auf einer Kochstelle, 8 Mal Kochen auf vier Platten. Zusätzlich Standbyleistung.

3) Bei maximaler Leistung.

4) Zusatzkosten für Anschlusskabel.

5) Laut Anbieter durch Nachfolger ersetzt.

6) Preis laut Anbieter-Webseite.

7) Laut Anbieter durch Nachfolger AEG HKM76400 X-B ersetzt.

Einkauf der Prüfmuster: August/September 2014.

Unser Rat

Viele Funktionen und Zubehör bietet **Kenwood Cooking Chef KM096** (1120 Euro). Ambitionierte Hobbyköche können sich damit austoben, brauchen aber Stauraum in der Küche. **Krups Prep & Cook** (775 Euro) bereitet Speisen am besten zu – allerdings nur für kleine Haushalte. Der Garkorb fasst nur eine Portion. Größere Haushalte versorgt **KitchenAid Artisan Cook Processor** (970 Euro).

Drei schlagen Thermomix

12/2015 Fans lieben ihren Thermomix: Die Küchenmaschine hackt, knetet, rührt und kocht. Im Test schafft sie es aber nur auf Platz vier.

Dieser Rührer ist ein Mythos. Wohl keine Küchenmaschine hat eine so eingeschworene Fangemeinde wie der 1110 Euro teure Thermomix mit eingebauter Heizung. Mehr als eine Million Geräte seines aktuellen Modells hat Vorwerk laut eigenen Angaben bereits verkauft, trotz langer Lieferzeiten. Aber ist der Bestseller auch der Beste? Die Stiftung Warentest hat drei Standmixer und fünf Küchenmaschinen mit Kochfunktion gegen den Thermomix antreten lassen. Ihre Preise reichen von 95 bis 1 120 Euro.

Thermomix schafft es nur auf Platz vier. Für ihn sprechen die integrierten Rezepte und die intuitive Handhabung. Aber mit Kenwood, KitchenAid und Krups gelingen kalte Zubereitungen besser als mit dem Thermomix, Kenwood und Krups lassen ihn auch beim Kochen hinter sich. Vor allem sind sie leiser. Der Thermomix lärmt nämlich. Gulasch zum Beispiel rührt er fast eineinhalb Stunden lang. Am Ohr des Kochs kommt ein Schalldruck von durchschnittlich 64 Dezibel an. Das ist zu laut für eine entspannte Unterhaltung in der Küche. Im Krups köchelt Gulasch mit 47 Dezibel, spürbar leiser. Das menschliche Ohr nimmt zirka zehn Dezibel Unterschied als Halbierung der Lautstärke wahr.

Cremiges Süppchen top, Eintopf hopp

Eine Hauptaufgabe der kochenden Küchenmaschinen ist es, warme Speisen zuzubereiten. Pürierte Suppen wie Spargelcreme bekommen alle gut hin, KitchenAid und ▶

Reinigung als Zeitfresser
Die beim Kochen gesparte Zeit verfliegt mitunter beim Reinigen. Die Töpfe von Jupiter und KitchenAid dürfen nicht in den Geschirrspüler. Die Messer von GourmetMaxx und Jupiter sind schwer zu reinigen. Noch komplizierter machen es die Mixer von Moulinex und Russell Hobbs: Ihre Krüge lassen sich nicht auseinandernehmen. Reste müssen unter den Messern herausgekratzt werden.

test Küchenmaschinen 12/2015

www.test.de	Mittlerer Preis ca. (Euro)	Kochen	Kalte Zubereitungen	Handhabung	Belastbarkeit	Umwelteigenschaften	Sicherheit	test-QUALITÄTSURTEIL
Gewichtung	·	20 %	20 %	35 %	10 %	10 %	5 %	100 %
Küchenmaschinen mit Kochfunktion								
Kenwood Cooking Chef KM096	1 120	+	+	+	+	○	○	GUT (2,4)
KitchenAid Artisan Cook Processor 5KCF0103	970	○	+	+	++	○	+	GUT (2,4)
Krups Prep & Cook HP 5031	775	+	+	○	++	○	+	GUT (2,4)
Vorwerk Thermomix TM5	1 110[1)]	○	+	+	++	–*)	+	BEFRIED. (2,9)
Jupiter Thermomaster Art.-Nr. 881001	520	+	+	+	+	–*)	○	BEFRIED. (3,2)
GourmetMaxx Mix & more Thermo 9 in 1 - KA-6510	250[1)]	+	+	○	⊖	⊖*)	○	BEFRIED. (3,5)
Standmixer mit Kochfunktion								
Moulinex Soup & Co LM903116	212	○	⊖	○	+	⊖*)	○	BEFRIED. (3,5)
Russell Hobbs Soup & Blend Art.-Nr. 21480-56	95	○	⊖	○	⊖	⊖*)	+	AUSREICH. (3,9)
Gastroback Cook & Mix Plus Art.-Nr. 41020	128	+	⊖	○	⊖	⊖	–*)	MANGELH. (5,0)

Bewertungsschlüssel der Prüfergebnisse: ++ = Sehr gut (0,5–1,5). + = Gut (1,6–2,5). ○ = Befriedigend (2,6–3,5). ⊖ = Ausreichend (3,6–4,5). – = Mangelhaft (4,6–5,5). **Bei gleichem Qualitätsurteil Reihenfolge nach Alphabet.**
***) Führt zur Abwertung.**
1) Von uns bezahlter Einkaufspreis. **Einkauf der Prüfmuster:** Februar bis Juni 2015.

Russell-Hobbs sogar sehr gut. Erhitzen, pürieren – nach 30 bis 40 Minuten sind die meisten Geräte fertig. Das sind keine Wunderleistungen. Mit Kochtopf und Pürierstab gelingt das ähnlich gut und schnell.

Anspruchsvoller ist Minestrone, ein italienischer Eintopf mit viel buntem Gemüse und Nudeln. Die einzelnen Zutaten sollten sichtbar bleiben. Thermomix hackt Zwiebeln und Gemüse in Sekunden klein. Nach 33 Minuten serviert die Maschine eine Suppe mit sehr groben Stücken und ansonsten sämiger Konsistenz. Kein Augenschmaus.

Kenwood, KitchenAid und Krups lassen den Koch das Gemüse per Hand schnippeln. Das dauert zwar länger, dafür sind die Stücke mundgerecht und halbwegs gleichmäßig. Unsere selbstgeschnittene und -gekochte Referenzsuppe kommt sieben Minuten später auf den Tisch als aus dem Thermomix, sieht aber appetitlicher aus.

Manches gelingt, manches missrät

Vorwerk garantiert, dass Rezepte aus Thermomix-Kochbüchern gelingen. Das klappt nicht immer. Wir garten gleichzeitig Brokkoli und tiefgekühlten Lachs in den Dampfschalen. Thermomix, Kenwood und KitchenAid brachten rohen, in der Mitte zum Teil gefrorenen Lachs auf die Teller. Im Rezept stand nicht, dass wir frischen Lachs verwenden sollten. ■ Anbieter Seite 266

Unser Rat

Als **Ersatz für 60-Watt-Glühlampen** stehen viele gute LEDs mit warmweißem Licht zur Auswahl (siehe Tabelle Seite 174). Die Preise sind inzwischen so niedrig, dass sich der Kauf oft schon nach einem Jahr rentiert. Auch **warmweiße LED-Kerzen** für den Kronleuchter werden immer günstiger (Tabelle Seite 172). **Lampen mit besonders guter Farbwiedergabe** finden Sie auf Seite 173.

Gut beleuchtet

4 + 10 + 12/2015 Ob Birnen- oder Kerzenform – noch nie waren LED-Lampen so günstig und so gut. Und sie sparen enorm viel Strom.

LEDs sind echte Sparlampen. Sie leben lange und senken im Vergleich zur herkömmlichen Glühlampe die Stromkosten um bis zu 90 Prozent. Hinzu kommt, dass die Preise für LEDs beständig fallen. Kostete der Testsieger von Toshiba im April 2014 noch knapp 30 Euro, gab es eine ähnlich helle und ebenso gute Toshiba-Lampe im April 2015 bereits für knapp 7 Euro.

Strahlend hell und effizient

Geprüft haben die Tester LED-Lampen in Birnen- und in Kerzenform aus Baumärkten, Fachgeschäften und Internetshops, außerdem drei LED-Spots und zwei Kompaktleuchtstofflampen. Alle sparen Strom: Die effizienteste – die Vosla LED-Kerze – setzt 1 Watt in 109 Lumen um. Bei der Tochiba E-Core LED A60 sind es 105 Lumen. Zum Vergleich: Eine herkömmliche 60-Watt-Glühbirne schafft nur etwa 10 Lumen pro Watt.

Damit Möbel, Bilder und Teppiche richtig zur Geltung kommen, sollte die Zimmerbeleuchtung – wie Tageslicht – feinste Farbunterschiede darstellen. Maß für die Farbwiedergabe ist der Farbwiedergabeindex. Er steht als Ra-Wert oder CRI (Color Rendering Index) auf der Packung. Je höher er ist, desto besser lassen sich Farbnuancen unterscheiden. Maximal möglich ist ein Ra-Wert von 100, das schaffen bisher nur Glühlampen. Der Spot Osram LED Parathom Pro Par16 advanced Cool White erzielt mit 96 den besten Wert in den Tests. Sein Licht lässt sich mit bloßem Auge nicht mehr von Glühlampenlicht unterscheiden. Das gilt auch für die Xavax High Line LED-Kerze mit Ra-Wert 91. ▶

Muntermacher oder Einschlafhilfe

Tageslichtweiße Lampen sind nichts fürs Schlafzimmer. Sie empfehlen sich am Arbeitsplatz, in der Küche oder für die Garage. Die Wirkung auf den Schlaf-wach-Rhythmus ist bei ihnen mehr als doppelt so groß wie bei warmweißen Lichtquellen. Das menschliche Auge reagiert auf den höheren Blaulichtanteil, die Ausschüttung des Hormons Melatonin wird gebremst. Das macht munter.

test Lampen in Kerzenform (E14, 300 - 470 Lumen)[6] 12/2015

www.test.de	Mittlerer Preis ca. (Euro)	Stromkosten für eine Lichtmenge von 1 Million Lumenstunden ca. (Euro)[1]	Lichttechnik, Energieeffizienz	Praxistest	Deklaration	test-QUALITÄTSURTEIL
Gewichtung			60 %	20 %	20 %	100 %
Vosla LED-Kerze Art.-Nr.: 50021	6,50	2,60	++	++	++	SEHR GUT (1,3)
Melitec LED-Lampe L88 Art.-Nr.: L88	7,00[2]	3,10	+	++	++	SEHR GUT (1,5)
Xavax High Line LED Art.-Nr.: 00112203	9,00	3,90	+	++	++	SEHR GUT (1,5)
Ledon LED Art.-Nr.: 28000510	14,00	4,10	+	++	++	GUT (1,6)
Megaman LED Crystal Dimmbar Art.-Nr.: MM21051	15,00	3,30	+	++	++	GUT (1,6)
Bauhaus / Voltolux LED Art.-Nr.: 22673284	6,95	3,40	+	++	++	GUT (1,7)
Osram LED Star Classic EAN: 4 052899 911970	7,00	3,60	+	++	++	GUT (1,7)
Philips LED Dimmbar EAN: 8 718291 741923	9,00	3,50	+	++	++	GUT (1,7)
Toshiba LED E-Core Art.-Nr.: LDC003D2760-EUC	6,95[3]	3,30	+	+	++	GUT (1,8)
XQ-lite LED Kerze Art.-Nr.: XQ13188	5,65	3,70	+	++	++	GUT (1,8)
Ikea Ledare LED Art.-Nr.: 102.880.58	5,00	4,10	+	+	○	GUT (2,0)
Paulmann LED Art.-Nr.: 282.92	8,00	3,80	+	++	○	GUT (2,0)
Müller-Licht HD-LED Dimmbar Art.-Nr.: 24606	9,00	5,00	+	⊖*)	○	BEFRIED. (3,5)
dm / Profissimo High Power LED Dimmbar[4] Art.-Nr.: 6870	7,95	4,40	+	⊖*)	○	AUSREICH. (3,6)
Hellweg / Flector LED-Leuchtmittel Kerze Art.-Nr.: 572903	6,00	3,40	+	⊖*)	○	AUSREICH. (3,8)
Hornbach / Flair LED Art.-Nr.: 5597162	6,95	2,70	+	⊖*)	○	AUSREICH. (3,9)
Lightme LED[5] Art.-Nr.: LM85107	7,00	4,80	+	–*)	⊖	AUSREICH. (4,2)

Bewertungsschlüssel der Prüfergebnisse: ++ = Sehr gut (0,5–1,5). + = Gut (1,6–2,5). ○ = Befriedigend (2,6–3,5). ⊖ = Ausreichend (3,6–4,5). – = Mangelhaft (4,6–5,5). **Bei gleichem Qualitätsurteil Reihenfolge nach Alphabet.**

***) Führt zur Abwertung.**

1) Eine Million Lumenstunden entsprechen etwa der Lichtmenge, die kerzenförmige Halogenglühlampen (als Ersatz für herkömmliche 40-Watt-Glühbirnen) während 2600 Brennstunden abgeben. Deren Kosten würden dabei ca. 21 Euro betragen (Strompreis: 28 Cent/kWh).

2) Preis laut Anbieter-Webseite. Von uns bezahlter Einkaufspreis als Aktionsware ca. 5 Euro.

3) Von uns bezahlter Einkaufspreis. **4)** Laut Anbieter Auslaufmodell. Restbestände im Handel.

5) Laut Anbieter Produkt technisch geändert, Design und Artikelnummer bleiben jedoch gleich. Restbestände im Handel.

6) Deklariert. Ersatz für herkömmliche 25- oder 40-Watt-Glühbirnen. **Einkauf der Prüfmuster:** Mai/Juni 2015.

Ob eine Lampe eher gelblich-warmes oder bläulich-kühles Licht erzeugt, liegt an ihrer Lichtfarbe. Die wird als Farbtemperatur deklariert und in Kelvin angegeben. Gemütlich wird es im Wohnzimmer bei warmweißem Licht mit etwa 2700 Kelvin. Am Schreibtisch, in der Bastelecke oder im Werkstattbereich eignet sich hingegen aufmunternde tageslichtweiße Beleuchtung mit mehr als 5300 Kelvin besser. ▶

test Lampen (meist hoher Farbwiedergabewert)[9] 10/2015

www.test.de	Mittlerer Preis ca. (Euro)	Stromkosten für eine Lichtmenge von 1 Million Lumenstunden ca. (Euro)[1]	Lichttechnik, Energieeffizienz	Praxistest	Deklaration	Sicherheit	test-QUALITÄTSURTEIL
Gewichtung			60 %	20 %	20 %	0 %	100 %
E27-Schraubsockel, warmweiß, 600 bis 810 Lumen							
Xavax High Line LED Art.-Nr.: 00112198	11,00	3,20	++	++	++	++	SEHR GUT (1,5)
Ledon LED Lamp A66[2] Art.-Nr.: 28000286	19,10[3]	4,10	+	++	++	++	GUT (1,7)
Vosla VosLED EAN: 4 250686 552485	20,00	3,00	++	++	○[4]	++	GUT (1,8)
Greenlife LED MD 15311 EAN: 4 015625 153112	7,00	3,10	+	++	○[5]	++	GUT (1,9)
Osram LED Superstar A60 Advanced exclusive for Bauhaus EAN: 4 052899 929388	8,95	3,90	+	++	○[6]	++	GUT (1,9)
Ikea Ledare LED Art.-Nr.: 102.662.21	7,00	5,00	+	++	○	++	GUT (2,0)
dm / Profissimo High Power LED Art.-Nr.: 6788	7,95	4,50	+	–*)	⊖[6]	++	AUSREICH. (4,2)
Müller-Licht HD-LED[2] Art.-Nr.: 24605	13,00	7,70	+	–*)	○	++	AUSREICH. (4,2)
E27-Schraubsockel, tageslichtweiß, 600 bis 1620 Lumen							
Viva-Lite Fullspectrum Daylight LED EAN: 9 421900 287956	30,00	3,80	+	++	○[4]	++	GUT (1,8)
Ikea Ledare LED 5000 Kelvin Art.-Nr.: 902.871.06	8,00	3,00	+	++	○	++	GUT (2,0)
Philips Tornado Cool Daylight (Kompaktleuchtstofflampe) EAN: 8 727900 926002	9,00	4,30	○	++	○[7]	○	BEFRIED. (2,6)
Megaman Nature Color WL130 (Kompaktleuchtstofflampe) Art.-Nr.: MM30305	10,90	6,20	○	○	⊖*)7)	○	AUSREICH. (3,7)
Spots mit GU10-Sockel, warm- und neutralweiss, 230 bis 345 Lumen							
Lightme LED HighCRI Par16 Art.-Nr.: LM85111	10,00	3,80	+	++	○[8]	++	GUT (2,0)
Osram LED Parathom Pro Par16 advanced Cool White EAN: 4 052899 902268	18,00	5,00	+	++	○	++	GUT (2,0)
Philips Master LEDspot[2] EAN: 8 718291 682295	30,00	6,10	+	+	+	++	GUT (2,0)

Bewertungsschlüssel der Prüfergebnisse: ++ = Sehr gut (0,5–1,5). + = Gut (1,6–2,5). ○ = Befriedigend (2,6–3,5). ⊖ = Ausreichend (3,6–4,5). — = Mangelhaft (4,6–5,5). **Bei gleichem Qualitätsurteil Reihenfolge nach Alphabet.**

***) Führt zur Abwertung.**

1) Berechnet mit einem Strompreis von 28 Cent/Kilowattstunde und den nach 1500 Brennstunden gemessenen Werten von Lichtstrom (Lumen) und Leistungsaufnahme (Watt). Zum Vergleich: Bei einer 60-Watt-Glühbirne (mit ca. 600 Lumen) liegen die Stromkosten bei 26 Euro.

2) Laut Anbieter Auslaufprodukt, Restbestände im Handel. **3)** Von uns bezahlter Einkaufspreis. **4)** Kein Hinweis auf der Verpackung, dass Dimmen nicht mit allen Dimmern problemlos funktioniert. **5)** Kleiner gemessener Halbwertswinkel (relativ gerichtete Lichtausstrahlung), aber großer Ausstrahlungswinkel deklariert. **6)** Kleiner gemessener Halbwertswinkel (relativ gerichtete Lichtausstrahlung), aber Deklaration fehlt. **7)** Auf der Lampe keine Hinweise zu Quecksilber.

8) Der gemessene Farbwiedergabeindex Ra bzw. CRI ist deutlich schlechter als der deklarierte. **9)** Laut Deklaration.

Einkauf der Prüfmuster: Januar/Februar 2015.

test Lampen (E27-Sockel, ca. 800 Lumen)[2] 4/2015

www.test.de	Mittlerer Preis ca. (Euro)	Lichttechnik, Energieeffizienz	Praxistest	Deklaration	Sicherheit	test-QUALITÄTSURTEIL
Gewichtung		60 %	20 %	20 %	0 %	100 %
Mediamarkt-Saturn / Isy LED lamp[1)]	8,00	+	++	++	+	**GUT (1,6)**
Osram LED Star Classic A60[1)]	8,00	+	++	++	+	**GUT (1,6)**
Toshiba E-Core LED A60[1)]	6,95	+	++	++	+	**GUT (1,6)**
Megaman LED Classic	9,95	+	++	++	+	**GUT (1,7)**
Philips LED[1)]	7,00	+	+	++	+	**GUT (1,7)**
Bauhaus / Voltolux LED[1)]	5,95	+	+	++	+	**GUT (1,8)**
Samsung LED Classic[1)]	6,50	+	+	++	+	**GUT (1,9)**
Paulmann LED[1)]	10,00	+	++	○	+	**GUT (2,0)**
Lightme LED	6,00	+	+	○	+	**GUT (2,1)**
Hellweg / Flector LED Klassik	9,00	+	+	○	+	**GUT (2,2)**
Hornbach / Flair LED[1)]	5,95	+	+	○	+	**GUT (2,3)**
Müller-Licht LED[1)]	8,00	+	⊖*)	+	+	**BEFRIEDIGEND (3,4)**
XQ-Lite LED	8,00	+	⊖*)	○	+	**AUSREICHEND (4,0)**
Bioledex Araxa[1)]	10,00	○	–*)	⊖	+	**AUSREICHEND (4,2)**
Conrad / Renkforce LED[1)]	7,00	+	–*)	⊖	+	**AUSREICHEND (4,2)**

Bewertungsschlüssel der Prüfergebnisse: ++ = Sehr gut (0,5–1,5). + = Gut (1,6–2,5). ○ = Befriedigend (2,6–3,5). ⊖ = Ausreichend (3,6–4,5). – = Mangelhaft (4,6–5,5). **Bei gleichem Qualitätsurteil Reihenfolge nach Alphabet.**
***) Führt zur Abwertung. 1)** Laut Anbieter Auslaufmodell; Restbestände im Handel.
2) Deklariert. Ersatz für herkömmliche 60-Watt-Glühbirnen. **Einkauf der Prüfmuster:** Okt./Nov. 2014.

Sowohl die Lebensdauer als auch die Helligkeit müssen Anbieter auf der Verpackung angeben. Nach unseren Erfahrungen schwächeln die meisten LEDs entweder relativ kurz nach dem Start – oder sie leben sehr lange. Im Gegensatz zu Glühbirnen sterben LEDs in der Regel nicht abrupt. Sie dunkeln über die Jahre allmählich ab. Manche LED im Test altert jedoch vorschnell. Schon nach 1500 Stunden erweisen sich einige als trübe Funzeln. Zu Erkennen ist das in den Tabellen am Urteil für den Praxistest. Es lautet in diesen Fällen mangelhaft.

Es gibt inzwischen auch dimmbare LEDs. Allerdings passen Lampe und Dimmer nicht immer zusammen. Die meisten Anbieter weisen auf der Verpackung darauf hin, dass sie passende Dimmer-Marken auf ihrer Website verraten – aber nicht jeder. Es empfiehlt sich, mit dem Händler ein Umtauschrecht zu vereinbaren. Manchmal ist es zudem schwierig, eine bestimmte Lampe im Handel zu finden. Hier kann es sich lohnen, direkt bei den Anbietern nach Bezugsquellen zu fragen oder Online-Preissuchmaschinen zu nutzen. ■ Anbieter Seite 266

Unser Rat

Keine der Unterfederungen im Test bringt mehr als eine Spanplatte. Teils verschlechtern sie die Liegeeigenschaften der Matratzen sogar. Das gilt vor allem für Schläfer in Rückenlage. Wer kein verstellbares Kopf- oder Fußteil braucht, sollte einen einfachen, möglichst **starren Rost** wählen. Wichtig: Etwa die Hälfte der Matratze soll von unten Luft bekommen, sonst droht Schimmel.

Teuer kaufen? Selbst bauen!

10/2015 Zehn Lattenroste müssen sich mit einer Spanplatte und einem gezimmerten Rost messen lassen – und scheitern kläglich.

Liegeluxus vom Allerfeinsten" biete ein 800-Euro-Modell im Test, so der Hersteller. Ähnlich tönen andere Anbieter. Im Prüflabor finden die Tester von Liegeluxus keine Spur. Im Gegenteil. Die Liegeeigenschaften der Matratzen sind auf den Lattenrosten insgesamt schlechter als auf einer starren Spanplatte, auf der im Prüflabor die Qualität von Matratzen geprüft wird.

Spanplatte versus Hightech

Mit vier verschiedenen Matratzen wurde jeder Lattenrost geprüft: mit einer dünnen und dicken aus Kaltschaum, einer aus Latex und einer mit Taschenfederkern. Die Tester maßen jeweils, wie gut Personen unterschiedlichen Körperbaus abgestützt werden. Vergleichsmaßstab war die Spanplatte: Sorgt ein Rost für vergleichbar gute Matratzeneigenschaften wie die feste Unterlage, soll er das Qualitätsurteil befriedigend bekommen. Das gelingt allerdings keinem der zehn Prüflinge in allen Punkten.

Rückenschläfer liegen auf den Rosten fast immer schlechter als auf der harten Platte. Die Latten oder Teller geben im Bereich des Rumpfes oder der Schulter zu sehr nach. Das kann für die Seitenlage sinnvoll sein, wenn die Schultern so weit einsinken, dass die Wirbelsäule eine gerade Linie bildet. Nachteilig ist es, wenn sich die Person von der Seite auf den Rücken dreht, was im Schlaf oft vorkommt. Dann sinkt der Oberkörper auf mehreren der geprüften Federungen zu tief ein und liegt niedriger als die Beine. ▸

So bauen Sie selbst

Der Lattenrost sollte für Standardbetten 89,5 x 198 Zentimeter groß sein. Zunächst die Hölzer für den Rahmen mit je einem Holzdübel und einer Schraube verbinden. Dann 14 Latten (8 x 88 x 1,8 cm) mit Holzdübeln auf dem Rahmen befestigen. Zwischen ihnen 6 Zentimeter Abstand lassen. Das Material kostet etwa 35 Euro. Eine ausführliche Anleitung steht auf www.test.de/lattenrost-bauen.

test Lattenroste 10/2015

www.test.de	Mittlerer Preis für 90 x 200 cm ca. (Euro)	Einfluss auf die Liegeeigenschaften[1)]	Haltbarkeit	Handhabung	Sicherheit	Deklaration und Werbung	test-QUALITÄTSURTEIL
Gewichtung		40 %	20 %	15 %	15 %	10 %	100 %
Handel							
Froli Viado	620	⊖*)	++	+	+	⊖	AUSREICHEND (3,7)
Irisette Smartflex KF	380	⊖*)	++	⊖	+	⊖	AUSREICHEND (3,7)
Swissflex uni 12 bridge _25	800[3)]	⊖*)	++	○	+	○	AUSREICHEND (3,8)
Hülsta Level Flex II	755	⊖*)	++	+	+	○	AUSREICHEND (3,9)
Malie Olympus KF	149[3)]	⊖*)	++	⊖	+	⊖	AUSREICHEND (3,9)
Lattoflex 330	1060	⊖*)	++	○	+	⊖	AUSREICHEND (4,1)
Dormiente Ergo Natural Z[4)]	750	⊖*)	++	⊖	++	⊖	AUSREICHEND (4,2)
Dunlopillo Ergo Fit KF	249[3)]	⊖*)	++	⊖	+	⊖	AUSREICHEND (4,3)
Ikea / Luröy	12	⊖*)	++	–	++	⊖	AUSREICHEND (4,3)
Optimo Ergoline Performance Flex KFS	470	⊖*)	++	⊖	+	⊖	AUSREICHEND (4,4)
Eigenbau							
Lattenrost Eigenbau	35	○	++	++	++	Entfällt	NICHT VERGEBEN[2)]

Bewertungsschlüssel der Prüfergebnisse: ++ = Sehr gut (0,5–1,5). + = Gut (1,6–2,5). ○ = Befriedigend (2,6–3,5). ⊖ = Ausreichend (3,6–4,5). — = Mangelhaft (4,6–5,5). **Bei gleichem Qualitätsurteil Reihenfolge nach Alphabet.**

***) Führt zur Abwertung.**

1) Bewertung:
+ = Liegeeigenschaften verbessern sich im Vergleich zur starren Unterlage.
○ = Keine oder nur minimale Veränderungen. ⊖ = Liegeeigenschaften verschlechtern sich.
— = Liegeeigenschaften verschlechtern sich deutlich.

2) Kein Qualitätsurteil vergeben, weil nur Teilprüfungen durchgeführt. **3)** Von uns bezahlter Einkaufspreis.

4) Laut Anbieter seit August 2015 geändert. **Einkauf der Prüfmuster:** März/April 2015.

Eigenbau sticht Konkurrenz aus

Ist es wirklich so schwer, eine gute Unterlage zu konstruieren? Nach den Erfahrungen unserer Prüfer sollte ein Lattenrost möglichst starr sein, die Matratze belüften und keine zu großen Abstände zwischen den Latten aufweisen. Die im Test verwendete Spanplatte bietet für den Hausgebrauch zu wenig Lüftung, der Matratze droht Schimmel. Die Prüfer griffen daher zu Brettern, Säge und Bohrer und bauten einen Versuchsrost. Er musste sich zentralen Prüfungen aus unserem Untersuchungsprogramm stellen.

Das Vorhaben gelang. Der Eigenbau bewahrte die Liegeeigenschaften zweier Prüfmatratzen. Die Haltbarkeits- und Sicherheitsprüfung überstand er problemlos. Rechnet man die Ergebnisse der Beispielmessungen zusammen, ergäbe das den Testsieg für den Eigenbau.

Nicht in allen Prüfpunkten enttäuschten die Bettfederungen: Allesamt sind sehr haltbar. Ihnen schadet es weder, wenn ein Gewicht von 25 Kilogramm auf sie kracht, noch wenn eine 140-Kilo-Walze im Labor 60 000 Mal über sie rollt. ■ Anbieter Seite 266

Unser Rat

Erste Wahl für Freunde von gemütlichem, warmem Licht ist die LED-Lichterkette von **Idena** (16 Euro). Ähnlich warm und heller leuchtet das ebenfalls sichere Modell von **Logo** (19 Euro). Wer kaltweißes, bläuliches Licht bevorzugt, wählt am besten die besonders stabile **Osram**-Kette (23,90 Euro). Besonders hell erstrahlt der LED-Lichtschlauch von **GEV** (20 Euro) mit warmweißer Lichtfarbe.

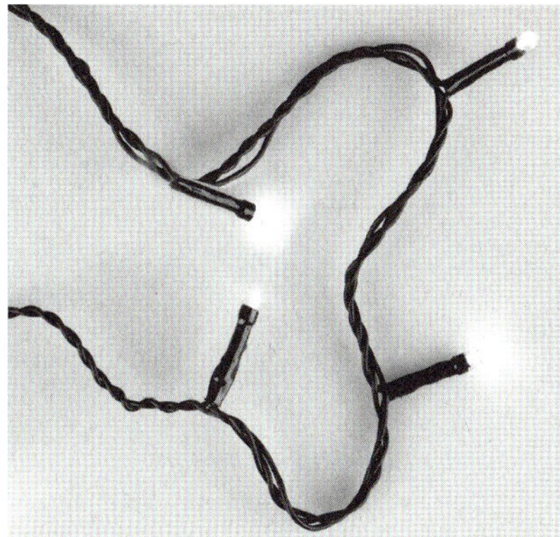

Im Lichterglanz

12/2015 Moderne Weihnachtsbeleuchtung sorgt dank LED-Technik mit wenig Strom für ein besinnliches Flair – mit Sicherheit.

Lichterketten werden heutzutage immer seltener mit Glühlampen verkauft. LEDs verdrängen sie zunehmend. Zu Recht. Die moderne Technik schneidet im Test besser ab – sie funktioniert viel stromsparender und ist sicherer. Insgesamt 18 exemplarisch ausgewählte Weihnachtsbeleuchtungen haben wir untersucht. Nur drei sind mit klassischen Glühlämpchen bestückt. Von diesen weisen zwei Mängel bei Stabilität und Sicherheit auf. Von den 15 getesteten LED-Produkten glänzen acht mit guter Energieeffizienz. Etwas funzelig leuchten die drei batteriebetriebenen LED-Deko-Lichter.

1 000 Stunden für 2 oder für 37 Euro

Als größten Stromfresser entlarvt der Test den Globo-9-Meter-Lichtschlauch. Seine 324 Glühlämpchen haben eine mickrige Lichtausbeute. Für 1 000 Brennstunden, das entspricht etwa sechs Wochen lang rund um die Uhr, summieren sich die Stromkosten auf rund 37 Euro. Das ist mehr als ein kleiner, sparsamer Kühlschrank im ganzen Jahr an Energiekosten verursacht.

Ein Umstieg auf LEDs reduziert den Energieverbrauch drastisch: Bei den meisten geprüften Lichterketten kosten 1 000 Brennstunden nur ein bis zwei Euro. Pro Watt erzeugt eine Leuchtdiode oft sechs- bis zehnmal so viel Licht wie eine Glühlampe. Da muss sich niemand mit einem schlechten Öko-Gewissen plagen – auch wenn er eine längere oder gleich mehrere Ketten ans Stromnetz hängt. ■

Anbieter Seite 266

Schon mal im Laden testen
Lassen Sie sich die Weihnachtsbeleuchtung möglichst vor dem Kauf im Laden vorführen. So gehen Sie sicher, dass Ihnen die Lichtfarbe gefällt und dass tatsächlich alle Lampen wie gewünscht leuchten. Im Test funktionierten einzelne Prüfmuster von vornherein nicht. Außerdem sollten Sie vorsorglich schnuppern: Lichter in Innenräumen sollen glitzern und nicht nach Chemie stinken.

8 Lichterketten

test Lichterketten 12/2015

www.test.de	Preis ca. (Euro)	Stromkosten für 1000 Stunden ca. (Euro)[1]	Gesamtlänge (m)	Lampenanzahl	Stabilität und Sicherheit	Umwelteigenschaften
Lichterketten mit LEDs						
Idena 80er LED Lichterkette Art.-Nr.: 832.5058 /CF	16,00	0,80	15,7	80	+	+
Logo LED Außenlichterkette 80 warm-weiße LEDs NAN:1524355	19,00	1,80	11,9	80	+	○
Merxx LED-Makrolichterkette Art.-Nr.: 80451-08	14,00[2]	1,20	25,1	80	+	○
Osram Christmas LED 40 LED CW GN #41066	23,90	0,90	16,1	40	+	○
Dänisches Bettenlager / Bettenwelt LED-Lichterkette 160 x LED Art.-Nr.: 36358002	20,00[3]	1,00	26,7	160	○	+
Konstsmide LED Lichterkette Art.-Nr.: 3612-110	29,00	2,30	29,8	120	○	○
Dehner LED-Lichterkette Für den Außen- und Innenbereich Art.-Nr.: 1826759	25,00	1,20	27,8	100	○	+
Lex light 200er LED-Lichterkette Art.-Nr.: LK003WG	22,00	3,10	29,9	200	○	+
Lumineo Outdoor & Indoor LED Rice lights Type: 494241	8,00	0,30	5,9	40	○	+
Bauhaus / Tween Light Christmas LED Lichterkette für Innen und Außen Bahag No. 2014 9479; BX7380	18,00	1,90	21,5	80	○	○
Kaufland LED-Lichterkette 850/ 0879336/ 1752460	15,00	1,30	30,0	200	○	+
Lichterketten mit Glühlampen						
Hellum Weihnachtsbeleuchtung für außen, 15teilig Art.-Nr.: 841510	48,50	11,80	13,4	15	○	–
Deco Heitmann Lichterkette klar, 20 + 2, Typ 27 Art.-Nr.: 90578	13,00	5,20	6,0	20	–	–
Lichtschlauch mit LEDs						
GEV LED-Lichtschlauch-Set 10697 Art.-Nr.: 010697	20,00	3,00	7,4	180	+	○
Lichtschlauch mit Glühlampen						
Globo Lighting 9 Meter[4] 38951	13,00	37,30	10,6	324	⊖	–
LED-Deko-Beleuchtung mit Batterien						
Innocom 10er Set LED-Baumkerzen mit Batterien und Fernbedienung[5] Art.-Nr.: 121358	30,00	12,00[6]	Entfällt	10	+	+
Self Import Agencies 96 LED Beleuchtung Model: AX8-215220	12,00	[7]	7,7	96	+	+
Ikea Önskan 002.772.15 21777	1,99	4,00[8]	2,2	10	⊖[9]	+

Bewertungsschlüssel der Prüfergebnisse: ++ = Sehr gut (0,5–1,5). + = Gut (1,6–2,5). ○ = Befriedigend (2,6–3,5). ⊖ = Ausreichend (3,6–4,5). – = Mangelhaft (4,6–5,5).

Reihenfolge nach Urteil für Stabilität und Sicherheit (2,4–5,0). Bei gleichem Urteil Reihenfolge nach Alphabet.

1) Berechnet mit einem Strompreis von 28 Cent pro Kilowattstunde. **2)** Aktionspreis. **3)** Preis laut Anbieter.
4) Laut Anbieter Auslaufmodell; Restbestände im Handel. **5)** Online bestellt bei Elv.de (Bestell-Nr. 68-121358).
6) Laut Anbieterangabe reicht eine AA-Zelle bis 180 Stunden, für 1000 Stunden sind je Kerze also sechs nötig. Im Test hielten die mitgelieferten Batterien länger. Geschätzte Gesamtkosten: 6 bis 12 Euro (berechnet mit 0,20 Euro je AA-Zelle).
7) Batteriekosten im Prüfzeitraum nicht zu ermitteln: Verschiedene Programme wählbar (z. B. mit Timer); geringer Stromverbrauch. Muss mit drei AA-Zellen (je 0,20 Euro) bestückt werden. **8)** Da die LEDs im Test nach 100 Brennstunden sichtbar dunkler wurden, werden für 1000 Stunden 10 x 2 AA-Zellen (mit je 0,20 Euro) berechnet.
9) Drei von sechs Prüfmustern funktionierten von Anfang an nicht. **Einkauf der Prüfmuster:** Oktober 2015.

Unser Rat

Die Kaltschaummatratze **Bodyguard H3** von **Bett1.de** (200 Euro) ist die beste Matratze aller Tests seit 2009. Auf ihr liegen alle Körperbautypen in Rücken- wie in Seitenlage bequem. Sie hat aber sehr lange Lieferzeiten. Ebenfalls für alle Schläfertypen gut sind die Tonnen-Taschenfederkernmatratzen **Musterring Orthomatic Perfekt TT** (600 Euro) sowie **Schlaraffia Viva Plus Aqua** (450 Euro).

Selten gut gebettet

4 + 10/2015 Zwei Taschenfederkernmatratzen passen zu jedem Körpertyp. Kaltschaummodelle bieten meist nur mittelmäßige Qualität.

Hersteller und Händler versprechen eine Menge für die Taschenfederkernmatratzen, die den Test durchlaufen haben. Vieles ist Wortgeklingel. Besonders neugierig waren die Prüfer auf die „4-Sterne-Boxspringmatratze" von f.a.n.

Boxspringbetten sind ein teurer Trend in der Möbelbranche. Die f.a.n.-Matratze für 600 Euro scheint dagegen ein Schnäppchen zu sein. Im Test enttäuscht sie, nicht nur, weil sie bei näherem Hinsehen nicht mehr ist als eine normale Tonnen-Taschenfederkernmatratze, die lediglich etwas höher gebaut ist. Dazu schafft sie auch nur ein schwach befriedigendes Gesamturteil. Auf ihr können nur kleine Menschen in Seitenlage bequem schlafen. Im Vergleich mit den Testsiegern, von denen einer sogar deutlich günstiger ist, bleibt vom scheinbaren Schnäppchen keine Spur.

Zwei gute Matratzen

Die Testsieger Musterring Orthomatic Perfekt TT und Schlaraffia Viva Plus Aqua ragen heraus. Sie haben gute Liegeeigenschaften für alle Körpertypen, die Maßstab unserer Prüfungen sind *(siehe Kasten unten)*. Diese Allround-Eigenschaften gelten bei den beiden Modellen außerdem für Seiten- wie für Rückenschläfer. So ein Ergebnis erreichten in den Tests seit 2013 insgesamt nur vier weitere Matratzen. Die meisten untersuchten Matratzen haben ihre Stärken und Schwächen je nach Körpergröße und Gewichtsverteilung des Nutzers. ▶

Die HEIA-Typologie
Je nach Körperbau des Menschen müssen Matratzen unterschiedliche Eigenschaften haben. Die Stiftung Warentest prüft daher nach vier Körperbau-Profilen: **H**-Typen und **E**-Typen sind größer und schwerer als **I**- und **A**-Typen. Entscheidend ist, wie breit oder schmal jeweils Schultern, Bauch, Taille und Hüften sind. Welchem Typ Sie am am ehesten entsprechen, erfahren Sie unter: **www.test.de/heia**

FOTO: STIFTUNG WARENTEST

test Taschenfederkernmatratzen 4/2015

www.test.de	Mittlerer Preis ca. (Euro)	Liegeeigenschaften	Schlafklima	Haltbarkeit	Bezug	Gesundheit und Umwelt	Handhabung	Deklaration und Werbung	test - QUALITÄTSURTEIL
Gewichtung		35 %	5 %	20 %	10 %	10 %	10 %	10 %	100 %
Musterring Orthomatic Perfekt TT	600[1)]	+	+	+	+	○	○	+	**GUT (2,3)**
Schlaraffia Viva Plus Aqua	450	+	+	○	+	+	+	+	**GUT (2,3)**
Matratzen Direct[2)] MFO / Pro Life Classic 7-Zonen-TTFK-Matratze[3)]	400	+	+	○	+	+	+	○	**GUT (2,5)**
Matratzen Direct Bettina Classic 7-Zonen-TTFK-Matratze[4)]	400	Ist gleich mit Matratzen Direct[2)]/ MFO / Pro Life Classic 7-Zonen-TTFK-Matratze							**GUT (2,5)**
Badenia Irisette Trendline BT 380 TFK[5)]	350	Ist gleich mit Badenia Irisette Elba TFK							**BEFRIED. (2,6)**
Badenia Irisette Elba TFK	350	+	+	+	++	○	○	⊖	**BEFRIED. (2,6)**
f.a.n. ProAktiv Plus T[6)]	350	Ist gleich mit QVC Bodyflex XXL 7-Zonen TTFK-Matratze							**BEFRIED. (2,7)**
QVC Bodyflex XXL 7-Zonen TTFK-Matratze[4)]	350	+	+	○	+	○	+	⊖	**BEFRIED. (2,7)**
Breckle Happy Pocket[8)5)]	450	Ist gleich mit Vito Rubin							**BEFRIED. (2,8)**
Breckle TFK Micro[8)5)]	450	Ist gleich mit Vito Rubin							**BEFRIED. (2,8)**
Vito Rubin[6)7)]	450	○	+	○	+	+	○	⊖	**BEFRIED. (2,8)**
Malie TFK 2000 Gold	490	+	+	○	+	+	○	—*)	**BEFRIED. (2,9)**
Breckle TopGel Spring 7-Zonen-Matratze[5)8)]	800	+	+	○	+	+	○	—*)	**BEFRIED. (3,0)**
Dunlopillo Aerial TTFK Elegance	600	Ist gleich mit Dunlopillo Aerial TTFK Royal							**BEFRIED. (3,0)**
Dunlopillo Aerial TTFK Royal[5)9)]	600	+	+	+	+	○	○	—*)	**BEFRIED. (3,0)**
f.a.n. 4-Sterne Boxspringmatratze	600	○	+	+	+	○	○	—*)	**BEFRIED. (3,4)**
f.a.n. Boxspringmatratze Regent T	600	Ist gleich mit f.a.n. 4-Sterne Boxspring-matratze							**BEFRIED. (3,4)**

Bewertungsschlüssel der Prüfergebnisse: ++ = Sehr gut (0,5–1,5). + = Gut (1,6–2,5). ○ = Befriedigend (2,6–3,5). ⊖ = Ausreichend (3,6–4,5). — = Mangelhaft (4,6–5,5). **Bei gleichem Qualitätsurteil Reihenfolge nach Alphabet.**
***) Führt zur Abwertung. 1)** Preis mit Bezug 967. **2)** Vormals MFO. Seit 1. Juni 2014 Umfirmierung in Matratzen Direct. **3)** Laut Anbieter Produktbezeichnung in Bettina Classic 7-Zonen-TTFK-Matratze geändert. **4)** Art.-Nr. 810437. Laut Anbieter kein Bestand mehr vorhanden. **5)** Laut Anbieter nicht mehr erhältlich. **6)** Laut Anbieter baugleich mit Breckle TFK Micro und Breckle Happy Pocket. **7)** Laut Anbieter Auslaufmodell. **8)** Exklusiv beim Dänischen Bettenlager erhältlich. **9)** Exklusiv bei Karstadt erhältlich. Laut Anbieter Bezug geändert. **Einkauf der Prüfmuster:** September bis November 2014.

Leichte haben es leichter

Gut zu liegen ist wohl das wichtigste Kriterium für die Wahl einer Matratze. Wie bereits in den vorangegangenen Tests haben es Frauen und Männer der Typen I und A bei den im Jahr 2015 untersuchten Modellen am leichtesten, eine für ihren Körperbau gut geeignete Matratze zu finden. Das heißt: eine Unterlage, auf der sie weder zu tief einsinkende Schultern fürchten müssen noch ein zu wenig gestütztes Becken oder einen nächtlichen Rundrücken.

test Kaltschaummatratzen 10/2015

www.test.de		Mittlerer Preis für 90 x 200 cm ca. (Euro)	Liegeeigenschaften	Schlafklima	Haltbarkeit	Bezug	Gesundheit und Umwelt	Handhabung	Deklaration und Werbung	test-QUALITÄTSURTEIL
Gewichtung			35 %	5 %	20 %	10 %	10 %	10 %	10 %	100 %
Bett1.de Bodyguard H3[1]		200	+	+	++	++	+	++	+	GUT (1,8)
Swissflex Versa 20 Geltex Inside	auf starrer Unterlage	860[2]	+	+	+	+	○	+	⊖	GUT (2,5)
	auf Lattenrost Uni 12 Bridge _25	1 660[2]	+	+	+	+	○	+	⊖	GUT (2,5)
Allnatura Vitastar-Plus mit Bezug Hygiene		770	+	+	○	+	○	○	○	BEFRIED. (2,6)
Schlaraffia Cura 65 Geltex Inside		1 000[2]	+	+	++	+	+	○	—*)4)	BEFRIED. (2,6)
Schlaraffia Platin 240 Geltex Inside		1 000[2]	Ist gleich mit Schlaraffia Cura 65 Geltex Inside.							BEFRIED. (2,6)
Billerbeck Airtec Senso Classic		700	○	+	○	++	○	○	⊖	BEFRIED. (2,7)
Dormabell CTS 1200		800	+	+	○	+	○	+	⊖	BEFRIED. (2,7)
Röwa Ecco2 Sensitive 16[4]		800	+	+	○	+	+	○	○	BEFRIED. (2,7)
Dunlopillo AquaLite 2500[3]	auf starrer Unterlage	600[2]	○	+	○	+	○	○	⊖	BEFRIED. (2,8)
	auf Unterfederung Dunlopillo Ergo Fit KF	850[2]	+	+	○	+	○	○	⊖	BEFRIED. (2,7)
Lattoflex Compact IS	auf starrer Unterlage	1 090	+	+	+	++	+	+	—*)5)	BEFRIED. (2,9)
	auf Unterfederung Lattoflex 330	2 150	+	+	+	++	+	+	—*)5)	BEFRIED. (2,9)
Technogel Piacere[3]		1 390	+	+	○	++	○	⊖*)	⊖	BEFRIED. (2,9)
Metzeler Airline Delight		900	○	+	+	+	⊖*)	○	⊖	BEFRIED. (3,1)
Werkmeister Premium Pur 18 LS[4]		970[2]	+	+	○	++	○	○	—*)6)	BEFRIED. (3,1)
f.a.n. Artone Premium VS		700	○	+	⊖*)	+	+	+	⊖	AUSREICH. (3,7)
Matratzen Concord MLine Slow Motion III[4]		880[2]	○	+	⊖	+	○	⊖*)	⊖	AUSREICH. (3,8)

Bewertungsschlüssel der Prüfergebnisse: ++ = Sehr gut (0,5–1,5). + = Gut (1,6–2,5). ○ = Befriedigend (2,6–3,5). ⊖ = Ausreichend (3,6–4,5). — = Mangelhaft (4,6–5,5). **Bei gleichem Qualitätsurteil Reihenfolge nach Alphabet.**

***) Führt zur Abwertung.**

1) Veröffentlicht in test 7/2015. **2)** Von uns bezahlter Einkaufspreis. **3)** Preis laut Internetrecherche.
4) Laut Anbieter Auslaufmodell. Restbestände im Handel. **5)** Unter anderem, weil die Härtegradangabe fehlt.
6) Unter anderem wegen starker Abweichung vom angegebenen Härtegrad. **Einkauf der Prüfmuster:** Februar bis April 2015.

Feuchtigkeit ist ein Problem

Bei Federkernmatratzen kann dank ihrer inneren Struktur aus Metallfedern, Hohlräumen und Schaumstoff Feuchtigkeit leichter abtransportiert werden als bei Kaltschaum- und Latexmatratzen. Sie sind deshalb grundsätzlich eine gute Wahl für starke Schwitzer. Die aktuell untersuchten Federkernmatratzen haben jedoch fast sämtlich Probleme mit der Haltbarkeit im Zusammenspiel von Feuchtigkeit und Wärme. Alle verloren an Höhe, viele wurden mit der Zeit deutlich weicher. ▶

Lediglich die Produkte von Matratzen Direct, Hukla und f.a.n. behielten im Dauerwalzversuch weitgehend den Härtegrad vom Testbeginn bei, wobei die f.a.n.-Matratze ohnehin sehr weich ist.

Viele falsche Härtegrade

Deklariert ist die f.a.n. mit dem Härtegrad 3, das heißt: eher fest. Der Anbieter hält sich also nicht annähernd an die Normierungsvorgaben für eine einheitliche Einordnung der Härte. Damit ist er in schlechter Gesellschaft: Fast alle Federkern- und Kaltschaummatratzen sind mit einem Härtegrad der Stufe 3 oder „fest" gekennzeichnet. Bestätigen konnten die Prüfer dies nur bei drei Modellen.

Teure Kaltschaummatratzen

Keine der 14 Kaltschaummatratzen aus dem im Oktober veröffentlichten Test bietet für jeden Körpertypen gute Liegeeigenschaften – trotz hoher Preise von 600 bis 1390 Euro. Die meisten eignen sich nur für einzelne Typen oder nur für Rückenschläfer oder Seitenschläfer. Als für jeden Typ gut erweist sich hingegen die Bodyguard-Matratze des Onlinehändlers Bett1.de, untersucht als Aktionsware außer der Reihe. Sie ist die beste Matratze aller Tests seit 2009, zum Preis von 200 Euro. Der Anbieter verkauft die Matratze weiterhin, hat aber sehr lange Lieferzeiten.

Lattenrost-Problem

Im Handel wird oft erzählt, Matratzen könnten ihre Liegeeigenschaften erst auf einem passenden Lattenrost voll entfalten. Ob das zutrifft, haben wir an Beispielen geprüft: Wir testeten drei Matratzen sowohl auf einer starren Standardunterlage als auch auf der jeweils vom Hersteller oder Händler empfohlenen Unterlage. Die Swissflex Versa 20 Geltex Inside bietet großen, schweren Rückenschläfern auf dem empfohlenen Lattenrost sogar schlechtere Liegeeigenschaften als auf der starren Standardunterlage. Bei der Lattoflex Compact IS ändert sich für meisten nichts, weder zum besseren, noch zum schlechteren. Die Liegeeigenschaften der Dunlopillo Aqualite 2500 verbesserten sich auf der vom Hersteller empfohlenen Unterlage – um 0,1 Notenpunkte. ■

Anbieter Seite 266

Tipps für den Matratzenkauf

Probeliegen. Nehmen Sie sich Zeit, das Liegegefühl auf einer Matratze vor dem Kauf zu ergründen. Die Probezeit sollten Sie, wenn möglich, auf die ersten Nächte zuhause ausdehnen. Vereinbaren Sie mit dem Händler vorher eine Rückgabemöglichkeit für den Fall, dass Sie etwas stören sollte.

Reklamieren. Weist Ihre Matratze Liegemulden oder aufgerissene Nähte auf, greift die gesetzliche Gewährleistung. Defekte Matratzen können bis zu zwei Jahre nach dem Kauf reklamiert werden, auch ohne Rücknahmegarantie des Händlers.

Onlinefallen. Versandhandel ist praktisch, birgt aber Risiken. Probeliegen ist erst nach Auslieferung möglich, und es gibt schwarze Schafe unter den Anbietern. Lassen Sie sich deshalb garantieren, dass Sie die Matratze kostenlos zurückgeben können. Manche Anbieter holen sie selber wieder ab. Prüfen Sie, ob der Online-Händler ein seriöses Impressum hat und eine Kundenbetreuung.

Allergien. Hausstauballergiker brauchen abnehmbare, waschbare Bezüge. Hilfreich sind zusätzliche milbendichte Bezüge.

Unser Rat

Vier von zehn Pfannen schneiden gut ab, richtig schlecht ist keine. Den ersten Platz teilen sich drei Modelle – die günstige **Tefal Gourmet Series** für 60 Euro, die widerstandsfähige **Gastrolux Biotan Plus** für 109 Euro und **Protect Alux Premium** von **Fissler** für 95 Euro. Ebenfalls gut und mit 50 Euro recht günstig ist die **Stromberg Profi** von **Karstadt**. Alle vier sind auch für Induktionsherde geeignet.

Schonend brutzeln

3/2015 Kunststoffbeschichtungen halten einiges aus. Mehr als die Hälfte der Pfannen überstehen die Härtetests fast unbeschadet.

Wer mal Eier in einer blanken Pfanne aus Eisen oder Edelstahl zubereitet hat, kennt das Problem: Innerhalb kürzester Zeit klebt die Masse fest und die Reinigung wird zur Tortur. Besonders für Eierspeisen sind antihaftbeschichtete Pfannen daher perfekt. Versiegelungen aus Kunststoff bestehen meist aus Polytetrafluorethylen (PTFE), besser bekannt unter der eingetragenen Marke Teflon der Firma Dupont. Die Beschichtung hat einen Nachteil: PTFE ist hitzeanfällig und verträgt nur um die 230 Grad. Viele Köche greifen deshalb zu unbeschichteten Pfannen, um Fleisch oder Bratkartoffeln scharf anzubraten. Das ist aber nicht unbedingt erforderlich. Den Testköchen gelingen mit dem versiegelten Bratgeschirr vorzüglich gebräunte Steaks.

Die Teuerste ist abgeschlagen

Dank ihrer Beschichtung brauchen die Pfannen zum Braten wenig bis gar kein Fett. Auch eingebrannte Reste gehören der Vergangenheit an – solange die Versiegelung die tägliche Küchenarbeit übersteht. Das gelingt in den Härtetests nicht jedem Modell. Die Gastrosus nutzt stark ab, und das Essen bleibt teilweise kleben. Anderen machen die Strapazen erstaunlich wenig aus. Die Modelle von Gastrolux, BSF und Le Creuset erweisen sich im Abriebtest als widerstandsfähig. Schlusslicht ist die teuerste: Der Griff der WMF wird heiß, sie kippelt und verteilt die Wärme ungleichmäßig. Bis auf ein Modell sind alle für Induktionsherde geeignet. ▶

Nicht überhitzen
Kunststoffversiegelungen eignen sich für schonendes Braten, etwa von Fisch, Gemüse und Eierspeisen. Vorsicht bei scharfem Anbraten: Ab etwa 200 Grad lösen sich kleine PTFE-Partikel. Für Menschen giftige Dämpfe entstehen bei über 360 Grad, so das Bundesinstitut für Risikobewertung. Pfannen deshalb nie leer auf Gas- oder Induktionsherden aufheizen. Sie werden schnell extrem heiß.

FOTO: KNUT KOOPS

test Pfannen mit Antihaftbeschichtung aus Kunststoff 3/2015

www.test.de	Mittlerer Preis ca. (Euro)[1]	Beschichtung	Braten	Handhabung	Grifftemperatur und -gestaltung	test-QUALITÄTSURTEIL
Gewichtung		35 %	35 %	25 %	5 %	100 %
Fissler Protect Alux Premium Art.-Nr. 159-103-28-100	95	○	+	+	+	GUT (2,3)
Gastrolux Biotan Plus[2)] Art.-Nr. 17128	109	+	○	+	+	GUT (2,3)
Tefal Gourmet Series Art.-Nr. E94106	60	+	+	+	+	GUT (2,3)
Karstadt / Stromberg Profi[3)] Art.-Nr. 930L-028	50	+	+	○	++	GUT (2,4)
Gastrosus Industar Art.-Nr. 163059-28	53	○*)	+	+	+	BEFRIEDIGEND (2,6)
Real / Steinbach Salinas[4)5)] Art.-Nr. C20628	16	○	○*)	+	+	BEFRIEDIGEND (2,8)
BSF Rom[6)] Art.-Nr. 74020-280-0	50	+	○	○	⊖*)	BEFRIEDIGEND (3,0)
Ikea / Trovärdig Art.-Nr. 502.701.79	30	+	○	+	⊖*)	BEFRIEDIGEND (3,0)
Le Creuset Pfanne flach Art.-Nr. 96200 128000000	115	+	○	+	⊖*)	BEFRIEDIGEND (3,0)
WMF Profi Resist Art.-Nr. 17 5628 6411	119	○	⊖*)	+	⊖	BEFRIEDIGEND (3,2)

Bewertungsschlüssel der Prüfergebnisse: ++ = Sehr gut (0,5–1,5). + = Gut (1,6–2,5). ○ = Befriedigend (2,6–3,5). ⊖ = Ausreichend (3,6–4,5). — = Mangelhaft (4,6–5,5). **Bei gleichem Qualitätsurteil Reihenfolge nach Alphabet.**

***) Führt zur Abwertung.**

1) Preis gilt für Pfannendurchmesser 28 cm. **2)** Korrigiert am 12.06.2015. **3)** Pfanne unter dieser Bezeichnung seit Jahren im Handel. Geprüfte Version seit 2012 erhältlich. **4)** Laut Anbieter nicht induktionsgeeignet. **5)** Laut Anbieter inzwischen geändert. **6)** Laut Anbieter durch Nachfolger BSF Hamburg Plus Art.-Nr. 74079-286 ersetzt.

Einkauf der Prüfmuster: Sept. bis Nov. 2014.

155 Grad Unterschied in einer Pfanne

Für ebenmäßig gebräuntes Bratgut sollte der Boden die Hitze vom Herd gleichmäßig verteilen. Im Labor braucht das schwere Modell von BSF leer acht Minuten, um 200 Grad zu erreichen. Die Pfanne von Real kommt in einer Minute auf diese Temperatur. Dementsprechend niedrig ist ihr Energiebedarf. WMFs Profi Resist erwärmt sich noch schneller. Die teure Pfanne verteilt die Hitze jedoch ungleichmäßig. Ganze 155 Grad liegen nach dem Aufheizen zwischen der heißesten und der kältesten Stelle. Ihr Boden liegt nicht ganz flach auf, sie kippelt.

Heiße Griffe und feine Risse

Etliche Pfannen liegen gut in der Hand, lassen sich leicht reinigen und besitzen stabile Griffe. Bei vier Modellen braucht der Koch Topflappen: Neben dem Metallgriff der WMF werden auch die von BSF, Ikea und Le Creuset heißer als tolerierbare 55 Grad.

Der größte Feind von beschichtetem Bratgeschirr ist Metallbesteck. Schnell durchziehen feine Kratzer die relativ weiche Kunststoffschicht. Für die Gesundheit ist das ungefährlich. Werden Partikel verschluckt, scheidet der Körper sie unverdaut aus. ■

Anbieter Seite 266

Unser Rat

Testsieger ist der teure **Vorwerk Kobold VR200** für 750 Euro. Etwas schwächer reinigt der insgesamt gute, 650 Euro teure **iRobot Roomba 880.** Saugroboter eignen sich eher für die tägliche Reinigung als fürs gründliche Putzen. Selbstständigkeit ist ihre Stärke. Verstaubter Teppichboden führt sie an ihre Grenzen: Selbst wenn der Teppich sauber erscheint, schlummert relativ viel Staub in der Tiefe.

Autonome Kleinsauger

2/2015 Ersetzen können sie einen Bodenstaubsauger nicht – ergänzen schon. Zwei der sieben geprüften Saugroboter machen ihre Sache gut.

Um mit guten Bodenstaubsaugern konkurrieren zu können, fehlt selbst den besten autonomen Putzhelfern die Saugkraft. Der stärkste Roboter holt nicht einmal halb so viel Staub aus dem Teppichboden heraus wie ein großes Gerät. Nach den Maßstäben für Bodenstaubsauger beurteilt, hätten alle Testkandidaten schlecht abgeschnitten. Deshalb durchliefen sie ein separates Prüfprogramm und wurden als eigene Produktgruppe bewertet. Das ergibt alleine schon deshalb Sinn, weil die zwischen 129 und 750 Euro teuren Saugroboter anders als von Menschen geführte Staubsauger selbstständig navigieren und reinigen.

Der teuerste Roboter im Test gewinnt

Am besten klappt der Hausputz mit dem Vorwerk Kobold VR200. Es kostet zwar stolze 750 Euro, kommt dafür aber tief in die Ecken und räumt sie leer. Als einziger unter den Kandidaten nimmt der Testsieger Mineral- und Grobstaub von Teppichboden vergleichsweise gut auf. Der Teppich sieht sauber aus. Nur zwei weitere Modelle erzielen zumindest auf Holzboden durchgängig gute und sehr gute Noten. Die meisten autonomen Kleinsauger reichen aber mit ihren Rundungen nicht tief genug in die Ecken hinein. In den Winkeln bleibt Schmutz zurück.

Den Saugrobotern auf der Spur

Saugroboter sollen den Boden während der Putztour möglichst vollständig abfahren. Dabei dürfen sie weder Möbel, Teppiche ▸

Den Weg frei machen

Hochflorige Teppiche und zugestellte Räume erschweren den Einsatz eines Saugroboters. Je freier er fahren kann, desto besser kann er reinigen. Auch der Weg zur Ladestation muss freigeräumt sein, damit der Roboter ungehindert zu ihr zurückkehren kann. Reinigen Sie am besten nach jedem Einsatz den Staubbehälter sowie regelmäßig Seiten- und Hauptbürsten, Sensoren und Filter.

test Saugroboter 2/2015

www.test.de	Mittlerer Preis (Euro)	Reinigen	Navigation	Handhabung	Umwelteigenschaften	Haltbarkeit	test-QUALITÄTSURTEIL
Gewichtung		30 %	30 %	15 %	15 %	10 %	100 %
Vorwerk Kobold VR200	750[1)]	+	+	+	⊖	++	GUT (2,1)
iRobot Roomba 880[2)]	650	+	+	+	⊖	++	GUT (2,4)
LG VR6270LVMB	510	○	○	+	○	++	BEFRIEDIGEND (2,7)
Samsung NaviBot VR10F71[3)]	610	○	○	○	○	++	BEFRIEDIGEND (2,8)
Miele Scout RX1[4)]	555	⊖*)	+	○	○	++	BEFRIEDIGEND (3,3)
Dirt Devil Navigator M608	177	⊖	–*)	○	⊖	+	AUSREICHEND (4,0)
Vileda Relax Cleaning Robot[4)]	129	⊖	–	⊖	⊖	–*)	MANGELHAFT (5,0)

Bewertungsschlüssel der Prüfergebnisse: ++ = Sehr gut (0,5–1,5). + = Gut (1,6–2,5). ○ = Befriedigend (2,6–3,5). ⊖ = Ausreichend (3,6–4,5). – = Mangelhaft (4,6–5,5). ***) Führt zur Abwertung.**
1) Preis laut Anbieter. **2)** Laut Anbieter Auslaufmodell. **3)** Laut Anbieter nicht mehr erhältlich.
4) Laut Anbieter inzwischen geändert. **Einkauf der Prüfmuster:** Juli/August 2014.

noch sich selbst beschädigen. Wie gut sie Hindernisse erkennen und bewältigen, welche Wege sie zurücklegen, zeigen sie in einem speziell möblierten 20 Quadratmeter großen Prüfraum. In der Zimmerdecke eingebaute Kameras verfolgen den Spurenverlauf und übertragen die Daten an einen Computer. Eine grafische Auswertung offenbart, wo der Sauger hingefahren ist und was er ausgelassen hat.

Systematische oder zufällige Strategie

Sensor- und softwaregestützt bewegen sich die kleinen Putzhelfer entweder wie zufällig oder systematisch durch den Prüfraum. Beide Strategien können erfolgreich sein. So fährt etwa der gut bewertete iRobot Roomba 880 so lange kreuz und quer über den zu reinigenden Boden, bis er ihn nahezu flächendeckend abgesaugt hat. Andere, wie die Geräte von LG, Miele, Samsung, orientieren sich zusätzlich mit Lasertechnologie (Vorwerk) oder Kamera. Miele und Vorwerk arbeiten die Fläche Bahn für Bahn systematisch ab. LG und Samsung lassen dagegen auf ihrer Tour trotz Kamera kleinere Bereiche aus.

Zwei fahren sich fest

Mit Hindernissen kommen die meisten Saugroboter prima klar. Steht etwas im Weg, drehen sie um und suchen sich einen anderen Weg. Im Prüfraum klettern sie über Schwelle und Teppich, umkurven Stuhl- und Tischbeine, einen Stehlampensockel und verheddern sich nicht im herumliegenden Lampenkabel. Der Dirt Devil und der Vileda Relax sitzen im Test jedoch regelmäßig fest. Sie kassieren deshalb im Prüfpunkt „Hindernisse überwinden“ die Note mangelhaft.

Für die tägliche Reinigung

Trotz mancher Schwäche der Saugroboter: Die meisten Besitzer sind laut einer test.de-Umfrage von Mai 2014 mit ihrem Gerät zufrieden. Wer in gut aufgeräumten Räumen lebt und bereit ist, etwas mehr Geld hinzulegen, kann die kleinen Haushaltshilfen sinnvoll für die tägliche Reinigung zwischendurch einsetzen. Autonom drehen sie ihre Runden. Geht dem Akku währenddessen der Saft aus, finden sie zur Ladestation, docken dort zum Tanken an und setzen danach ihre Arbeit fort. ■ Anbieter Seite 266

Unser Rat

Gut mit Staubbeutel sind **Siemens VSQ8SEN72C** (205 Euro), **Kärcher VC 6 Premium** (279 Euro), **Miele Complete C3** (199 Euro), **Philips FC 9197/91 Performer Pro Eco** (171 Euro), **Eio Pro Nature Eco+** (111 Euro) und die baugleiche Aktionsware **Aldi (Nord)/Quigg** (80 Euro). Mit Staubbox gut: **Bosch BGS6ALL** (270 Euro). Sie alle saugen gut, alle außer Eio und Quigg halten Staub effektiv im Gerät.

Meister aller Düsen

6/2015 Von 17 Geräten unterhalb der 900-Watt-Marke sind 7 gut. Die Angaben der Energielabel weichen aber oft von den Testergebnissen ab.

Staubsauger saugen nur mit hohen Wattzahlen gut – so hat es die Branche jahrzehntelang erzählt. Die EU-Kommission beendete die Märchenstunde im September 2014. Per Ökodesign-Richtlinie zog sie Stromfressern den Stecker. Maximal 1600 Watt dürfen neue Staubsauger seither aus der Steckdose saugen, ab September 2017 nur noch 900 Watt. Um die Sauberkeit seiner Teppiche und Dielenböden muss sich trotzdem niemand sorgen. Eine ganze Reihe der Sauger im Test ist gut – allesamt sparsame Geräte unterhalb der 900-Watt-Mark.

Gut und leise – mit Beutel oder Box

Am Ende schneiden sieben Modelle gut ab, sechs mit klassischem Staubbeutel und eins mit Staubbox. Bei den Beutellosen vorn liegt der Siemens VSQ8SEN72C, gefolgt von Kärcher, Miele, Philips, Eio und Quigg. Testsieger bei den Staubbox-Modellen ist der Bosch BGS6ALL. Alle saugen gut auf Teppich und überzeugen meist auch auf Hartboden sowie beim Saugen von Polstern. Beim Manövrieren zeigen sie keine größeren Schwächen. Erfreulich: Die gedrosselten Motoren verursachen oft weniger Lärm – ein positiver Nebeneffekt der Ökodesign-Richtlinie. So leise waren gute Staubsauger selten.

Mit 111 bis 279 Euro gehören die besten allerdings zu den teureren Produkten. Nur der Eio Pro Nature Eco+ ist mit 111 Euro ein Schnäppchen. Als Aktionsware bot Aldi (Nord) ein baugleiches Modell sogar für 80 Euro an. Ein hoher Preis ist allerdings kein Garant für

Energielabel kein Qualitätsgarant
Am Energielabel allein lässt sich die Qualität eines Staubsaugers nicht abschätzen, da wichtige Aspekte fehlen. So bezieht sich die Reinigungsklasse auf Hartboden nur auf Böden mit Ritzen, also etwa Dielen. Wir testen sowohl auf Teppich, Dielen und glattem Hartboden wie Laminat. Hinzu kommen Prüfungen zur Faseraufnahme, zur Manövrierbarkeit sowie zur Haltbarkeit von Motor und Gehäuse.

FOTO: STIFTUNG WARENTEST

test Bodenstaubsauger 6/2015

www.test.de	Mittlerer Preis ca. (Euro)	Saugen	Handhabung	Umwelteigenschaften	Haltbarkeit	test-QUALITÄTSURTEIL
Gewichtung		45 %	30 %	15 %	10 %	100 %
Mit Beutel						
Siemens VSQ8SEN72C	205	+	+	++	++	GUT (1,8)
Kärcher VC 6 Premium[1]	279	+	+	++	++	GUT (2,0)
Miele Complete C3 Ecoline Plus[2]	199	+	+	+	++	GUT (2,1)
Philips FC9197/91 Performer Pro Eco	171	+	+	++	++	GUT (2,1)
Aldi (Nord) / Quigg Pro Nature Eco+[3] **A**	80[4]	Baugleich mit Eio Pro Nature Eco+				GUT (2,2)
Eio Pro Nature Eco+	111	+	+	+	++	GUT (2,2)
AEG Uogreen ultraone öko[5]	213	O*)	+	++	++	BEFRIEDIGEND (2,7)
Miele Complete C1 Ecoline[6]	157	O*)	+	+	++	BEFRIEDIGEND (2,7)
Bosch BGL3B110	84	O*)	+	O	++	BEFRIEDIGEND (2,8)
Siemens VS06B112A[7]	91	O*)	+	O	++	BEFRIEDIGEND (3,1)
Thomas Crooser Parquet 2.0	240	O*)	+	++	++	BEFRIEDIGEND (3,1)
Hoover Athos AT70_AT30	137	O*)	O	O	++	BEFRIEDIGEND (3,4)
Philips FC8322/09 Power Life	80	O	+	–*)	O	AUSREICHEND (4,2)
Mit Staubbox						
Bosch BGS6ALL	270	+	O	++	++	GUT (2,0)
Dirt Devil DD 2220	78	O*)	O	O[8]	++	BEFRIEDIGEND (2,7)
Dyson DC37C Allergy	335	⊖*)	O	⊖	++	AUSREICHEND (3,9)
Singer SVCT 3311 Eco	96[9]	⊖	O	–*)	++	AUSREICHEND (4,4)

Bewertungsschlüssel der Prüfergebnisse: ++ = Sehr gut (0,5–1,5). + = Gut (1,6–2,5). O = Befriedigend (2,6–3,5). ⊖ = Ausreichend (3,6–4,5). – = Mangelhaft (4,6–5,5). **Bei gleichem Qualitätsurteil Reihenfolge nach Alphabet.**
***) Führt zur Abwertung.** A = Aktionsware.
1) Laut Anbieter Gebrauchsanleitung geändert. **2)** Laut Anbieter durch Nachfolger Miele Complete C3 Excellence Red Ecoline und Miele Complete C3 Excellence White Ecoline ersetzt. **3)** Aktionsware Aldi (Nord) im Februar 2015.
4) Von uns bezahlter Einkaufspreis. **5)** Laut Anbieter durch Nachfolger Uogreen + ersetzt.
6) Laut Anbieter nicht mehr erhältlich. **7)** Laut Anbieter Bodendüse geändert.
8) Korrigiert am 26. Juni 2015. **9)** Preis laut Anbieter. **Einkauf der Prüfmuster:** Okt./Nov. 2014, Aktionsware Febr. 2015.

Qualität: Mit 335 Euro ist der Dyson DC37C Allergy teuerster im Test – er saugt am schlechtesten und gehört zu den lautesten. Umgekehrt: Wer weniger als 100 Euro ausgeben will, muss mit geringerer Reinigungskraft, viel Krach oder schlechter Filterwirkung rechnen.

Die Ökodesign-Richtlinie verpflichtet Anbieter, ihre Sauger mit einem Energielabel zu versehen. Es ordnet die Geräte in Energieeffizienzklassen von A bis G ein. Zudem gibt es Auskunft über die Reinigungswirkung auf Teppich und Hartboden sowie die Staubemission – ebenfalls in Skalen von A bis G. Die Reinigungsklassen decken sich allerdings selten mit unseren Prüfergebnissen. Teilweise gibt es große Unterschiede zwischen den Labelangaben und dem, was das Prüflabor herausfand. So saugen Modelle mit einem A für beste Staubaufnahme mitunter schlechter als Geräte mit einem niedrigeren Label. ■ Anbieter Seite 266

Unser Rat

Von 15 Trocknern mit Wärmepumpe sind 14 gut. Knapp vorn liegen **AEG T67680IH3** (675 Euro), **Grundig GTA 38261 G** (765 Euro) und **Miele TMB 640 WP** (1 130 Euro), von denen AEG und Grundig am sparendsten trocknen. Kaum schlechter ist der deutlich günstigere **Zanussi ZDH7332PZ**. Mit 450 Euro rechnet er sich auch für Wenignutzer im Vergleich zu Trocknern ohne Wärmepumpe.

In trockenen Tüchern

9/2015 14 von 15 Trocknern mit Wärmepumpe sind gut. Die energiesparenden Geräte können sich auch für kleine Haushalte rechnen.

Flauschige Handtücher – das allein ist für manchen Grund genug, seine Wäsche in den Trockner zu stecken. Die Fasern werden weich und locker, da sie in der warmen Luft stetig herumwirbeln. Alle 15 geprüften Kondensationstrockner sind mit moderner Wärmepumpentechnik ausgestattet. Sie kosten zwischen 450 Euro bei Zanussi und 1130 Euro bei Miele.

Nur Candy fällt aus der Reihe

Bis auf einen schneiden alle Trockner im Test gut ab. Die Gesamtnoten unterscheiden sich um weniger als eine halbe Note. Im wichtigsten Prüfpunkt, der Trockenwirkung, nehmen sie sich alle kaum etwas. Auch die Ergebnisse der Handhabungstests ähneln sich. Nur das Modell von Candy fällt aus der Reihe. Scharfe Plastikgrate im Türbereich zeugen von schlechter Verarbeitung.

Ob schranktrocken oder bügelfeucht – die meisten Geräte trocknen gut bis sehr gut. Allein Candy hatte beim Programm „Baumwolle bügelfeucht“ leichte Schwierigkeiten, die erwünschte Restfeuchte zu erreichen. Mal war die Wäsche zu feucht, mal zu trocken – beides stört beim Bügeln.

Für eine volle Ladung schranktrockene Wäsche brauchen die meisten Geräte zwischen zwei und zweieinhalb Stunden, für bügelfeuchte Wäsche etwa eine halbe Stunde weniger. Der AEG benötigt im Schranktrockenprogramm mehr als drei Stunden, um seine Schäfchen ins Trockene zu bringen. Nutzer können die Laufzeiten über ▸

Lohnt sich schon für Singles

Kondensationstrockner ohne Wärmepumpe sind zwar oft günstiger in der Anschaffung, brauchen aber viel mehr Energie als Modelle mit Wärmepumpe. In großen Haushalten gleicht sich der höhere Kaufpreis durch gesparte Stromkosten schon nach wenigen Jahren aus. Mittlerweile kosten einige Wärmepumpentrockner so wenig, dass sie sich über die Lebensdauer auch für kleine Haushalte rechnen.

FOTO: STIFTUNG WARENTEST

test Wäschetrockner mit Wärmepumpe 9/2015

www.test.de	Mittlerer Preis ca. (Euro)	Stromkosten in 10 Jahren ca. (Euro)[1]	Trocknen	Umwelteigenschaften	Handhabung	Sicherheit und Verarbeitung	test-QUALITÄTSURTEIL
Gewichtung			50 %	15 %	30 %	5 %	100 %
AEG T67680IH3	675	253	+	+	+	+	**GUT (1,8)**
Grundig GTA 38261 G	765	243	+	++	+	+	**GUT (1,8)**
Miele TMB 640 WP	1130	315	+	+	+	+	**GUT (1,8)**
Miele TMB 540 WP	1000	315	Baugleich mit Miele TMB 640 WP				**GUT (1,8)**
Miele TMC 640 WP	1120	315	Baugleich mit Miele TMB 640 WP				**GUT (1,8)**
Zanussi ZDH7332PZ	450	409	+	+	+	+	**GUT (1,9)**
LG RC 8055 AH1Z	610	328	+	+	+	+	**GUT (2,0)**
Samsung DV80H8100HW/EG	865	311	+	+	+	+	**GUT (2,0)**
Zanker KDH8333P	560	438	+	+	+	+	**GUT (2,0)**
Bosch WTW87560	705	313	+	+	+	+	**GUT (2,1)**
Bosch WTW8756A	800	313	Baugleich mit Bosch WTW87560				**GUT (2,1)**
Siemens WT47W560	700	313	Baugleich mit Bosch WTW87560				**GUT (2,1)**
Siemens WT47W56A	800	313	Baugleich mit Bosch WTW87560				**GUT (2,1)**
Gorenje D8ECO	700	249	+	++	○	+	**GUT (2,1)**
Candy GCH 970 NA1T	635	438	+	+	○	⊖*)	**AUSREICH. (4,3)**

Bewertungsschlüssel der Prüfergebnisse: ++ = Sehr gut (0,5–1,5). + = Gut (1,6–2,5). ○ = Befriedigend (2,6–3,5). ⊖ = Ausreichend (3,6–4,5). — = Mangelhaft (4,6–5,5). **Bei gleichem Qualitätsurteil Reihenfolge nach Alphabet.**
***) Führt zur Abwertung.**
1) Grundlage der Berechnung: Trockenwäsche pro Jahr 348 kg Baumwolle schranktrocken, 116 kg Baumwolle bügelfeucht, 116 kg Pflegeleicht; Strompreis 0,28 Euro/kWh. **Einkauf der Prüfmuster:** Januar/Februar 2015.

eine Sonderfunktion etwas verkürzen – auf Kosten eines höheren Stromverbrauchs. Am schnellsten trocken ist alles mit den geprüften Bosch-Siemens- und Miele-Modellen.

Bei der Ausstattung lohnt es sich, etwas genauer hinzusehen. Manchem Gerät fehlt eine Anzeige für den Trockengrad der Wäsche, bei anderen lässt sich der Türanschlag nicht wechseln. Zanussi bietet keine Restlaufanzeige.

Verstopfte Pumpe bei Bosch

Trockner von Bosch-Siemens und LG reinigen ihren Kondensator mithilfe von Kondenswasser selbst. Das klingt praktisch, funktionierte bei Bosch-Siemens aber offenbar nicht immer reibungslos. Die Stiftung Warentest erreichte eine Reihe von Leserzuschriften, die von Problemen berichten. Teilweise schon nach zwei bis drei Betriebsjahren, so die Vorwürfe, würden die Geräte ausfallen, da Flusen sie verstopften. Die Folge seien teure Reparaturen von bis zu 350 Euro.

Bosch-Siemens-Hausgeräte (BSH) teilte auf Anfrage mit, bei Trocknern mit Selbstreinigung aus dem ersten Fertigungszeitraum seien Funktionsbeeinträchtigungen bekannt. Seit Herbst 2011 sei eine überarbeitete Baureihe auf dem Markt. Das Unternehmen empfiehlt Verbrauchern, deren BSH-Trockner ausfällt, den Werkskundendienst zu konsultieren. Je nach Ursache könne man „gegebenenfalls Betroffenen auch Kulanzregelungen“ anbieten. ■ **Anbieter Seite 266**

Unser Rat

Gute Waschmaschinen gibt es für jeden Geldbeutel. Die günstigste ist **Beko WYA 71483 LE** für 395 Euro. Am besten wäscht, spült, schleudert **AEG Lavamat L79485FL** (720 Euro). **Siemens WM16Y892** (1 210 Euro) und auch **Miele WMH 120 WPS** (1 340 Euro) dosieren Waschmittel automatisch. Der Testsieger ist nicht mehr zu haben: **Samsung** hat das Modell aus dem Programm genommen.

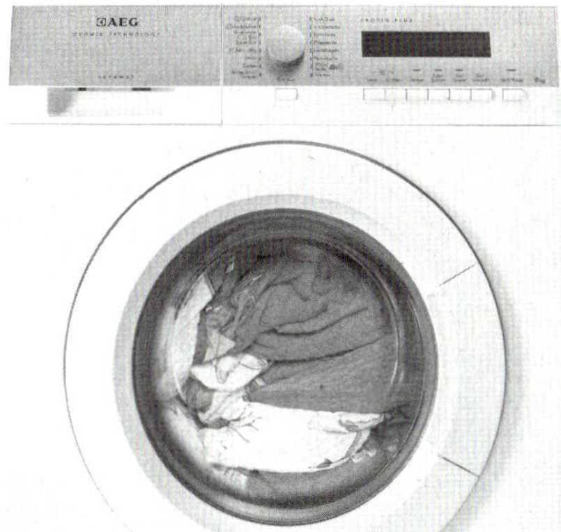

Je voller, desto toller

11/2015 Alle Maschinen im Test tragen das beste Energielabel A+++. Geld sparen sie allerdings nur mit voller Trommel und langer Waschzeit.

Ein Gerät mit dem höchsten Energielabel A+++ gibt dem Besitzer ein gutes Gefühl. Vielleicht kostet es bei der Anschaffung etwas mehr als andere, dafür verspricht es Strom und Wasser zu sparen, sein ganzes Waschmaschinenleben lang.

Im Alltag kommt es oft anders. Denn wer wäscht immer im Sparprogramm? Allein darüber sagt das Label etwas aus. In anderen Programmen ist von Energieeffizienz oft wenig zu spüren. Zwölf Waschmaschinen für sieben bis acht Kilo Wäsche mit Energielabel A+++ haben wir geprüft. Fast alle Maschinen sind empfehlenswert. Und doch kann es sich lohnen, genauer hinzusehen. Je nach Nutzergewohnheit erweisen sich verschiedene als Spar- oder Waschmeister.

Halb beladen, drei Viertel Energie

Das gilt zum Beispiel für alle, die ihre Maschine nicht immer voll beladen, also für fast alle Nutzer. In einer Studie der Universität Bonn gaben nur 7,5 Prozent der Befragten an, bis an die Grenze der Überladung Wäsche in die Trommel zu stopfen. Maximal beladen ist die Maschine oft erst, wenn sich die Tür gerade noch zudrücken lässt. Bei halber Füllung senken zwar die meisten Maschinen den Energieverbrauch – aber lediglich auf 70 bis 80 Prozent des Stroms für eine volle Ladung. Nur der AEG Lavamat und das teurere von zwei Siemens-Modellen halbieren bei halber Menge den Verbrauch.

Tipp: Für die Wäsche kleiner Haushalte reichen Fünf- bis Sechs-Kilo-Trommeln. ▶

Automatisch dosieren

Miele WMH 120 WPS und Siemens-WM16Y892 dosieren Waschmittel selbst. Sie erkennen, wie voll sie beladen sind, und ziehen entsprechend mehr oder weniger Waschmittel. Das Miele-Waschmittel kostet pro voller Ladung 1,20 Euro – mehr als doppelt so teuer wie herkömmliche Markenwaschmittel. In einem Zusatztest entfernte es Flecken schlechter bei 60 Grad als gute Pulvervollwaschmittel.

test Waschmaschinen 11/2015

www.test.de	Mittlerer Preis ca. (Euro)	Waschen	Dauerprüfung	Handhabung	Umwelteigenschaften	Schutz vor Wasserschäden	test-QUALITÄTSURTEIL
Gewichtung		40 %	20 %	15 %	15 %	10 %	100 %
Samsung WF76F7E6P4W[2]	545	+	++	+	+	++	GUT (1,8)
Miele WMH 120 WPS	1340	+	+	+	+	++	GUT (1,9)
Siemens WM16Y892[2]	1210[1]	+	++	+	+	++	GUT (1,9)
AEG Lavamat L79485FL	720	+	++	+	○	+	GUT (2,0)
Bauknecht WA Plus 874 DA	600[1]	+	++	○	+	++	GUT (2,0)
Beko WYA 71483 LE	395	+	++	+	+	+	GUT (2,0)
Haier HW80-B14266	645	+	++	+	+	++	GUT (2,0)
Whirlpool AWO 8S784	550[1]	+	++	○	+	++	GUT (2,1)
LG F14U2QCN2	530	○*)	++	+	○	++	GUT (2,2)
Candy GV 147 TC3	410	+	++	○	○	+	GUT (2,4)
Siemens WM14Y54A	775	+	⊖*)	+	+	++	AUSREICH. (4,0)
Bosch WAY2854A	800	Baugleich mit Siemens WM14Y54A					AUSREICH. (4,0)

Bewertungsschlüssel der Prüfergebnisse: ++ = Sehr gut (0,5–1,5). + = Gut (1,6–2,5). ○ = Befriedigend (2,6–3,5). ⊖ = Ausreichend (3,6–4,5). — = Mangelhaft (4,6–5,5). **Bei gleichem Qualitätsurteil Reihenfolge nach Alphabet.**

***) Führt zur Abwertung.**

1) Von uns bezahlter Einkaufspreis.

2) Laut Anbieter nicht mehr erhältlich.

Einkauf der Prüfmuster: November und Dezember 2014.

Nur für 16 Prozent ihrer Waschgänge nutzen die Deutschen das Ecoprogramm, ergab die Bonner Studie. Viel häufiger schalten sie Normalprogramme ein, die mitunter zwei- bis dreimal so viel Energie verbrauchen. Auch Kurzprogramme laufen mit 11 Prozent relativ oft. Sie eignen sich meist nur für leicht verschmutzte Wäsche.

Nur 27 Grad im 60-Grad-Programm

Stark unterscheiden sich Wassertemperaturen im 60-Grad-Ecoprogramm: Einige Maschinen erreichen nicht annähernd 60 Grad. In der Haier maßen wir 42 Grad, in der LG nur 30. Einen neuen Niedrigrekord stellt AEG auf: 27 Grad – so lau hat noch keine untersuchte Maschine im 60-Grad-Energiesparprogramm gewaschen. Hinter der Abkühlung steckt Absicht: Damit senken Hersteller den Energieverbrauch, auf den es fürs Energielabel ankommt. Der meiste Strom geht fürs Heizen des Wassers drauf.

Der Test zeigt: Trotz ihrer 27 Grad im 60-Grad-Ecoprogramm säubert die AEG die Wäsche ordentlich. Selbst Flecken von Blut, Hautfett, Kakao, Öl und Rotwein entfernt sie vollständig. Auch in den anderen Maschinen des Tests mit Niedertemperatur im 60-Grad-Labelprogramm wird die Wäsche sauber. Die Geräte gleichen die fehlende Hitze aus, indem sie deutlich länger laufen.

Für gesunde Menschen sind die Niedrigtemperaturen auch hygienisch vermutlich kein Problem. Textilien von Menschen mit Pilzerkrankungen und Darmviren sollten allerdings mit einem bleichehaltigen Pulver im 60-Grad-Normalprogramm gereinigt werden. ■ **Anbieter Seite 266**

Unser Rat

Keiner der Tischfilter ist empfehlenswert. Schlecht schneiden sie bei ihrer Hauptfunktion ab: Leitungswasser zu enthärten. Spätestens nach der Hälfte der angegebenen Filterkapazität senken alle die Wasserhärte nur noch mangelhaft. Zumindest am Anfang gelingt das **Klin-Tec Pure Water** für etwa 20 Euro sowie den **Brita**-Modellen **Elemaris** (ca. 34 Euro) und **Marella** (ca. 19 Euro) einigermaßen.

Besser frisch zapfen

5/2015 Sie verheißen weicheres Wasser, weniger Kalkbeläge, mehr Teegenuss. Die meisten Wasserfilter schaffen das nur für wenige Liter.

Wasserfilter lassen sich offenbar nur weich gespült verkaufen. „Jederzeit reines Wasser", heißt es bei Cleansui, das Filtrat sei besonders wohlschmeckend. Stets weiches Wasser verspricht Brita. Viele vage Worte. Konkrete Versprechen sind rar. Vielleicht aus Sorge, sie nicht halten zu können. Meist nicht unbegründet, wie der Test von neun Filtern zeigt. Für 10 bis 34 Euro sind die Kannen zu haben, das große Gerät von Eva für stolze 185 Euro. Dazu kommen die Kosten für Kartuschen, die bei den meisten Filtern aus hygienischen Gründen etwa einmal im Monat getauscht werden sollen.

Gut filtert keiner

Für das Geld bekommen Kunden wenig geboten. Kein Modell ist gut, zwei sind sogar mangelhaft: der Eva-Filter wegen Schadstoffen und der BWT Penguin wegen mangelhafter Filterfunktion.

Vor allem an ihrer Hauptaufgabe scheitern die Modelle: die Wasserhärte zu verringern. Maximal bis zur Hälfte der versprochenen Kapazität senken sie das 16 bis 17 Grad harte Prüfwasser verlässlich unter 10 Grad – härter sollte es bei Teeverkostungen nicht sein. Wirklich weiches Wasser filtern einzig Klin-Tec und die Brita-Filter, allerdings nur am Anfang ihrer Kapazität.

Kupfer und Blei selten ein Problem

Besser als beim Entkalken sind die Filter beim Reduzieren von Schadstoffen. Den meisten gelingt es, Blei und Kupfer deutlich zu ▸

Trinkwasser in Deutschland

Zu 99 Prozent fließt das Nass klar und rein aus dem Hahn, zeigt der Trinkwasserbericht des Umweltbundesamts. Kommt es bei Kontrollen zu Auffälligkeiten, sind meist coliforme Bakterien schuld. Oft treten sie sporadisch auf und sind bei Nachkontrollen verschwunden. Sowohl für Bakterien als auch Metalle gilt: das in den Rohren stehende Wasser kurz ablaufen lassen, bis kaltes nachströmt.

FOTO: STIFTUNG WARENTEST

test Kleine Wasserfilter 5/2015

www.test.de	Mittlerer Preis ca. (Euro)	Preis einer Kartusche ca. (Euro)[1]	Kosten gefiltertes Wasser ca. (Cent/Liter)[2]	Filterfunktion	Einträge durch den Filter	Handhabung	Verbrauchskosten	Deklaration	test-QUALITÄTSURTEIL
Gewichtung				**50 %**	**10 %**	**25 %**	**10 %**	**5 %**	**100 %**
Klin-Tec Pure Water	20	10	5,0	○	+	+	○	⊖*)	**BEFRIED. (3,2)**
Brita Elemaris 2,4 l	34	7	6,7	○*)	+	+	○	○	**BEFRIED. (3,4)**
Brita Marella 2,4 l	19	7	6,7	○*)	+	+	○	○	**BEFRIED. (3,4)**
Aqua Select Plus Shark, Multimax-Series[3]	10	5	2,5	⊖	+	○	+	⊖*)	**AUSREICH. (3,9)**
Cleansui CP305E[4][5]	30	7	5,1	⊖*)	+	+	○	⊖	**AUSREICH. (3,9)**
Müller / Cleanpac Maxi 2,5 l[3]	13	3	1,9	⊖	+	○	+	⊖*)	**AUSREICH. (3,9)**
AEG AquaSense AWFLJL1	20	6	4,0	⊖*)	○	⊖	○	⊖	**AUSREICH. (4,4)**
BWT Penguin 2,7 l Mg2+ silberfrei	26	6	4,2	—*)	○	+	○	○	**MANGELH. (4,8)**
EVA-Filter 700 PLC 7 l[6]	185[7]	147	10,9	⊖[8]	—*)	—	⊖	⊖	**MANGELH. (5,5)**

Bewertungsschlüssel der Prüfergebnisse: ++ = Sehr gut (0,5–1,5). + = Gut (1,6–2,5). ○ = Befriedigend (2,6–3,5). ⊖ = Ausreichend (3,6–4,5). — = Mangelhaft (4,6–5,5). **Bei gleichem Qualitätsurteil Reihenfolge nach Alphabet.**

***) Führt zur Abwertung.**

1) Berechnet aus einem Gebinde mit drei oder weniger Kartuschen.

2) Mit Kapazität der Kartusche laut Anbieter berechnet. **3)** Laut Anbieter inzwischen geändert.

4) Geprüft mit CPC5AC3 und Mikrofilter CPC5MF (15 Euro), der jährlich gewechselt werden muss.

5) Laut Anbieter Auslaufmodell mit Nachfolger Cleansui Water Filter Jug Design by Guzzini.

6) Laut Anbieter nicht mehr erhältlich. **7)** Von uns bezahlter Einkaufspreis.

8) Nach ca. 110 Litern wegen langer Filtrierzeit abgebrochen. **Einkauf der Prüfmuster:** März/April 2014.

senken. Klin-Tec, Eva, die beiden Brita-Filter sowie Cleansui verringern zudem chlororganische Stoffe deutlich, etwa Rückstände einiger Pestizide. Ein aktueller Bericht des Umweltbundesamts zeigt aber, dass Trinkwasser fast immer einwandfrei ist.

Versilbert oder verkeimt

Trinkwasser ist nicht steril. Vorhandene Keime können sich im Filter vermehren, vor allem wenn er nicht im Kühlschrank steht. Vorsorglich sind viele Kartuschen mit Silberionen versetzt, die Bakterien hemmen. Das ist gut für die Hygiene, allerdings landet dafür bis zu 15 Mikrogramm Silber im Liter Wasser. Ob davon gesundheitliche Risiken ausgehen, ist uns nicht bekannt. Als sicher gilt: Trinkwasser ist hierzulande so gut, dass Silber überflüssig ist. Die Modelle von AEG, BWT, Eva und Cleansui geben kaum oder kein Silber ab. Außer dem Letztgenannten verkeimen sie leichter. BWT kennt die Problematik und empfiehlt, die Kartusche wöchentlich auszukochen – das Prozedere erscheint jedoch wenig alltagstauglich. ■

Anbieter Seite 266

Unser Rat

Die **Original Löwe 8.107** (mit Amboss) für 45 Euro hat sich am besten durchgebissen. Auf Platz zwei und preisgünstig: **Gardena Comfort 8787** (22 Euro). Beste Astschere im Test ist die **Fiskars Power Gear L94** (73 Euro). Preisgünstige gute Alternativen bieten **Gardena** (30 Euro), **Bauhaus** (32 Euro) und **Siena Garden** (34 Euro). Klein, handlich und gut ist die **Original Löwe 31.050** (57 Euro).

Die besten Abschneider

7/2015 Von 31 Gartenhelfern schneiden 14 gut ab. Die besten Gartenscheren kürzen Zweige fast mühelos. Astscheren erledigen das Grobe.

Rosen in Form bringen, Apfelbäume auslichten oder Verblühtes entfernen – die für diesen Test ausgewählten Gartenscheren eignen sich für so ziemlich alle Gartenarbeiten. Die meisten Anbieter werben mit maximalen Schneiddurchmessern von 20 Millimetern oder mehr. Doch die Tester raten zur Vorsicht: In der Praxis nutzen diese Angaben wenig, da sie nichts über das Material aussagen. Dicke Stängel von Dahlien schaffen alle. Bei trockenem Hartholz in ähnlicher Stärke muss eine Astschere ran.

Löwe beißt sich durch

Die Prüfer ermittelten den Kraftaufwand im Neuzustand sowie nach 3000 Schnitten durch Buchenholzstäbe. Am kraftsparendsten schneidet die Original Löwe 8.107. Sie ist auch gut im Hinblick auf das Schnittbild. Die Wolf Garten Comfort Plus RS 2500 überzeugt ebenfalls in beiden Disziplinen.

Von Fiskars, Gardena, Lifetime, Löwe und Wolf sind sowohl Amboss- als auch Bypass-Scheren im Test. Der Vergleich zeigt, dass die Ambossmodelle, die mit einer Schneide auf einen glatte Metallfläche treffen, im Schnitt etwas kraftsparender arbeiten. Sie eignen sich daher relativ gut für trockenes hartes Holz. Dagegen sollen die zwei Klingen von Bypass-Scheren frische Pflanzenfasern sauberer kappen, näher am Stamm schneiden und bessere Schrägschnitte ermöglichen. Im Test sind die Unterschiede jedoch relativ gering. Viele Gärtner nutzen beide Scherentypen – je nach Bedarf. Mit 180 Gramm ▶

Richtig pflegen

Nach jedem Gebrauch sollten Sie die Schneiden mit einem trockenen Tuch abwischen. So richten Schmutz und Feuchtigkeit keinen Schaden an. Etwas Öl schützt vor Rost, macht die Gelenke leichtgängig und hilft beim Schnitt. Geht eine Schere kaputt, muss sie nicht zwangsläufig auf den Schrott. Mehrere Hersteller bieten Ersatzteile an. Hilfreiche Videos gibt es etwa unter felco.de (Rubrik: Pflege).

test Astscheren 7/2015

www.test.de	Mittlerer Preis ca. (Euro)	Schneiden	Haltbarkeit	Handhabung	Sicherheit	Schadstoffe im Griff	test-QUALITÄTSURTEIL
Gewichtung		**45 %**	**20 %**	**25 %**	**5 %**	**5 %**	**100 %**
Über 50 cm lang							
Fiskars Power Gear L94	73,00	+	+	○	+	++	**GUT (2,0)**
Gardena Classic 680 B	30,00	+	++	○	+	++	**GUT (2,2)**
Berger Astschere 4270	76,00	+	+	○	+	○	**GUT (2,3)**
Siena Garden Premium Bypass Astschere	34,00	+	+	+	+	++	**GUT (2,3)**
Bauhaus Getriebeastschere BHASB-2 675	32,00	+	○	○	+	++	**GUT (2,4)**
Wolf Garten Power Cut RR 550	33,00	+	○	○	+	++	**BEFRIED. (2,6)**
Bahco P140-F	47,50	○	○	○	+	++	**BEFRIED. (2,7)**
Obi / Lux-Tools Comfort AS-B38 NF	20,00	Entfällt[1]	—*)	○	+	++	**MANGELH. (4,7)**
Bis 50 cm lang							
Original Löwe 31.050	57,00	+	++	+	++	++	**GUT (2,1)**
Felco 200A-50[2]	92,50	○	++	○	++	—*)[3]	**MANGELH. (5,2)**
Mit Teleskopfunktion							
Gardena Comfort 650 BT	53,00	○	+	+	+	++	**GUT (2,4)**
Lidl / Florabest Teleskop-Astschere[2][4]	7,00[5]	+	⊖*)	○	++	++	**BEFRIED. (3,2)**

Bewertungsschlüssel der Prüfergebnisse: ++ = Sehr gut (0,5–1,5). + = Gut (1,6–2,5). ○ = Befriedigend (2,6–3,5). ⊖ = Ausreichend (3,6–4,5). — = Mangelhaft (4,6–5,5). **Bei gleichem Qualitätsurteil Reihenfolge nach Alphabet.**

***) Führt zur Abwertung.**

1) Nicht bewertet, da die Prüfmuster bereits versagten, bevor 3000 Schnitte erreicht waren.

2) Laut Anbieter inzwischen geändert.

3) Hohe Konzentration des problematischen Weichmachers Diethylhexylphthalat (DEHP) im Griffmaterial. Die Substanz kann über Hautkontakt in den menschlichen Organismus gelangen und die Fruchtbarkeit beeinträchtigen. Schutzhandschuhe tragen.

4) Aktionsware von Lidl in unserem Einkaufszeitraum.

5) Von uns bezahlter Einkaufspreis.

Einkauf der Prüfmuster: Januar bis April 2015.

beste Leichte ist die Original Löwe 14.104. Noch weniger wiegen die Fiskars P43 und P44, die auch kraftsparend schneiden, sich aber eher für weiche und dünne Materialien eignen; an größeren Herausforderungen scheitern sie im Dauertest.

Auf der Strecke geblieben

Bei der Dauerprüfung mussten die Einhandgartenscheren 6000 Mal ein Zentimeter dicke Buchenholzstäbe durchtrennen. Die Astscheren hatten mit zwei Zentimeter dicken Hölzern zu kämpfen. Für die Besten im Test war dies kein Problem. Hingegen spreizten sich zum Beispiel bei der leichten Astschere von Obi/Lux die Klingen. Das Schneiden kann dann so anstrengend werden, dass die Griffe brechen. Urteil: mangelhaft.

Praktisch sind Astscheren mit Teleskopfunktion. Eine gute Wahl ist die Gardena comfort 650 BT mit maximaler Grifflänge von 90 Zentimetern. ■ Anbieter Seite 269

test Gartenscheren 7/2015

www.test.de	Mittlerer Preis ca. (Euro)	Schneiden	Haltbarkeit	Handhabung	Sicherheit	Schadstoffe im Griff	test-QUALITÄTSURTEIL
Gewichtung		45 %	20 %	25 %	5 %	5 %	100 %
Mit Amboss oder mit zwei Schneiden (Bypass-Technik)							
Original Löwe 8.107	45,00	+	++	+	+	++	GUT (1,8)
Gardena Comfort 8787	22,00	+	++	+	+	++	GUT (2,1)
Original Löwe 14.104	30,00	+	++	○	+	++	GUT (2,1)
Gardena Comfort 8790	30,00	+	++	○	+	++	GUT (2,2)
Felco 6	49,00	○	++	○	+	++	GUT (2,3)
Wolf Garten Comfort Plus RS 2500	18,00	+	○	+	+	++	GUT (2,3)
Bauhaus Gartenschere Komfort Alu BHGSB 200	17,00	+	+	○	+	++	GUT (2,4)
Wolf Garten Comfort Plus RR 2500	18,00	+	○	○	+	++	BEFRIED. (2,6)
Fiskars Single Step P25	14,00	○	⊖*)	○	+	++	BEFRIED. (3,5)
Fiskars Single Step P26	14,00	○	⊖*)	○	+	++	BEFRIED. (3,5)
Siena Garden Bypass-Schere 2-SF	20,00	⊖*)	+	○	+	++	BEFRIED. (3,5)
Berger Gartenschere 1766	39,50	⊖*)	+	○	+	++	AUSREICH. (3,9)
Connex FLOR70325	19,00	⊖	–*)	⊖	+	++	AUSREICH. (4,4)
Kaufland / K-Classic Countryside Bypass Gartenschere[1]	2,74	+	–*)	○	+	++	AUSREICH. (4,5)
Obi / Lux-Tools Comfort GS-B20 A	14,00	Entfällt[2]	–*)	○	○	++	MANGELH. (4,7)
Lifetime Garden Gartenscheren-Set (Amboss)[3][4]	4,00[5]	Entfällt[2]	–*)	○	○	++	MANGELH. (4,9)
Lifetime Garden Gartenscheren-Set (Bypass)[3][4]	4,00[5]	–*)	–	○	○	++	MANGELH. (5,0)
Mit speziellem Griff[6]							
Fiskars P43	23,00	○	–*)	○	+	++	AUSREICH. (4,5)
Fiskars P44	23,00	Entfällt[2]	–*)	○	+	++	AUSREICH. (4,5)

Bewertungsschlüssel der Prüfergebnisse: ++ = Sehr gut (0,5–1,5). + = Gut (1,6–2,5). ○ = Befriedigend (2,6–3,5). ⊖ = Ausreichend (3,6–4,5). – = Mangelhaft (4,6–5,5). **Bei gleichem Qualitätsurteil Reihenfolge nach Alphabet.**

***) Führt zur Abwertung.**

1) Laut Anbieter inzwischen geändert.

2) Nicht bewertet, da die Prüfmuster bereits versagten, bevor 3000 Schnitte erreicht waren.

3) Aktionsware von Netto Markendiscount in unserem Einkaufszeitraum.

4) Laut Anbieter nicht mehr erhältlich.

5) Von uns bezahlter Einkaufspreis für das Set mit Amboss und Bypass.

6) Für kleine Hände.

Einkauf der Prüfmuster: Januar bis April 2015.

Unser Rat

Die besten Pflanzen verschickte Testsieger **Schlüter**. Ebenfalls gute test-Qualitätsurteile erzielten **Gärtner Pötschke, Baumschule Horstmann** und **Pflanzmich**. Auch **Otto** bietet gutes Grün, doch das Angebot ist begrenzt und relativ teuer. Wer schöne Exemplare selbst aussuchen möchte, sollte vor Ort einkaufen. Im Test schnitten die Gartencenter von **Bauhaus, Hornbach** und **Obi** gut ab.

Erfüllte Blütenträume

4/2015 Sträucher und Stauden aus dem Paket wachsen meist ordentlich bis prächtig. Der Test zeigt, wer die besten Pflanzen liefert.

Im Gartencenter hat jeder Kunden es selbst in der Hand, die besten Pflanzen auszuwählen. Anders beim Versandhandel. Da kauft er die „Katze im Sack“ und riskiert obendrein Transportschäden. Ist die Paketware also grundsätzlich schlechter? Klare Antwort: Nein. Versender können gleichwertige Qualität liefern. Allerdings schafften dies im Test nicht alle Anbieter.

2500 Pflanzen gehegt und gepflegt

Geprüft haben die Tester acht Pflanzenversender sowie, zum Vergleich, die Gartencenter der Baumarktketten Bauhaus, Hornbach und Obi. Insgesamt kauften Testkunden rund 2500 Pflanzen – von Dahlien über Rosen bis zu Johannisbeeren. Gartenbauexperten hegten und pflegten sie und beobachteten, wie sie sich entwickeln. Das Ergebnis ist durchwachsen: Die Qualität der frisch gekauften Ware ließ mitunter zu wünschen übrig. Doch bei optimaler Pflege blühten viele Pflänzchen auf. Am Ende lauteten die test-Qualitätsurteile achtmal gut, zweimal befriedigend und einmal ausreichend.

Ein Versender klar vorn

Die im Paket gelieferten Zierpflanzen des Testsiegers Schlüter waren insgesamt von besserer Qualität als die aus den Baumärkten. Die grüne Ware mehrerer anderer Versender hatte zuweilen Mängel. Sie kam zum Beispiel zu klein, zu nass, mit zu wenig durchwurzelten Ballen. Auf einigen Pflanzen haftete Schimmelpilzbelag. Vereinzelt wurden falsche Sorten verschickt.

Nur die harten für den Garten
Der Kauf von Pflanzen per Versandhandel funktioniert oft gut. Aber: Denken Sie auch an Gartenbaubetriebe in Ihrer Region. Meist sind die Gewächse an Klima und Boden angepasst, und die Mitarbeiter beraten kompetent. Setzen Sie auch auf gute Nachbarschaft: Verschenken Sie abgeteilte Stauden, wenn Sie Ihre Pflanzen auslichten. Und lassen Sie umgekehrt auch sich selbst beschenken.

FOTO: FOTOLIA / HELDER ALMEIDA, STIFTUNG WARENTEST (M)

test Pflanzenkauf 4/2015

www.test.de	Preis pro Warenkorb ca. (Euro)[1]	Qualität der Zierpflanzen	Qualität der Nutzpflanzen	Verfügbarkeit gewünschter Sorten	Begleitinformationen an der Pflanze	Zweckmäßigkeit der Verpackung	Datenverschlüsselung beim Bestellvorgang	Mängel in den AGB	test-QUALITÄTSURTEIL
Gewichtung		45 %	30 %	10 %	5 %	5 %	5 %	0 %	100 %
Pflanzenversender									
Schlüter	141	+	+	+	○	++	++	keine	GUT (1,8)
Gärtner Pötschke	131[2]	○	+	+	+	+	++	keine	GUT (2,3)
Otto	156[3]	+	+	⊖	⊖	+	++	keine	GUT (2,3)
Baumschule Horstmann	138[4]	+	+	+	○	++	+	keine	GUT (2,4)
Pflanzmich	126	+	+	+	⊖	+	○	gering	GUT (2,5)
Ahrens+Sieberz	115	○	+	++	⊖	+	++	keine	BEFRIED. (2,6)
Baldur-Garten	111[2]	○	+	⊖[5]	○	+	++	keine	BEFRIED. (2,6)
Bakker	82	⊖	–	○	+	○	++	sehr gering	AUSREICH. (3,8)
Gartencenter von Baumärkten									
Bauhaus	149	+	+	○	○	Entfällt	Entfällt	Entfällt	GUT (2,1)
Hornbach	86	+	+	○	○	Entfällt	Entfällt	Entfällt	GUT (2,1)
Obi	103	+	+	○	+	Entfällt	Entfällt	Entfällt	GUT (2,1)

Bewertungsschlüssel der Prüfergebnisse: ++ = Sehr gut (0,5–1,5). + = Gut (1,6–2,5). ○ = Befriedigend (2,6–3,5). ⊖ = Ausreichend (3,6–4,5). – = Mangelhaft (4,6–5,5). **Bei gleichem Qualitätsurteil Reihenfolge nach Alphabet.**
Mängel in den AGB (allgemeine Geschäftsbedingungen): keine, sehr gering, gering, deutlich, sehr deutlich.
1) Einkaufspreise für 8 Geranien, 3 Fackellilien, 3 Lavendel, 2 Bodendeckerrosen, 2 Edelrosen, 6 Erdbeeren, 4 Himbeer- und 2 Johannisbeerpflanzen ohne Versandkosten. Bei den Gartencentern wurden auch die Preise der Pflanzen berücksichtigt, die nur in geringer Anzahl erhältlich waren. **2)** Ohne Fackellilien. **3)** Ohne Lavendel und Johannisbeeren.
4) Ohne Geranien. **5)** Fast alle gewünschten Pflanzen waren erhältlich. Aber die Blüten der Bodendeckerrose entsprachen in Farbe und Form nicht der beschriebenen Sorte „The Fairy". Statt Mohn kam bei einer von drei Bestellungen ein ganz anderes, gelb blühendes Gewächs. **Einkauf der Prüfmuster:** Mai und Juni 2014.

Keine Angst vorm Bestellen

Eine Saison lang bis in den Herbst hinein beobachteten die Experten die Pflänzchen, um die spannende Frage zu beantworten: Führt Stress beim Versenden womöglich zu Spätschäden? Die Versuchsergebnisse sind ermutigend und machen Lust auf die kommende Gartensaison. So entwickelten sich Erdbeeren, Dahlien und Fackellilien zu den Prachtstücken der Testfläche. Der Test beweist, dass die untersuchten Pflanzen mehrere Tage im Paket gut überstehen können. Die Kunden sollten die Lieferung aber immer gründlich kontrollieren. Abgebrochene Haupttriebe, falsche Sorten, Schädlingsbefall oder Fäulnis sind Reklamationsgründe. Da Versender ganzjährig verkaufen, können die Pflanzen aber naturgemäß nicht immer in voller Blütenpracht oder übersät mit Früchten eintreffen. Da hilft dann die alte Gärtnerweisheit: Nach der Blüte ist vor der Blüte. ■

Anbieter Seite 269

Unser Rat

Für zwei bis vier Esser eignen sich Kontaktgrills: **Tefal Optigrill GC702D** (173 Euro) grillt gut mit Automatikprogrammen, dicke Würste brauchen aber lange. Schneller liefert der **Philips HD4467** (78 Euro) sehr gleichmäßig gebräuntes Grillgut. Mehr Platz bieten Flächengrills: Auf den **Rommelsbacher BBQ 2002** (88 Euro) passen zehn Würste, auf den **Tefal TG8000** (141 Euro) sogar zwölf.

Heißes Vergnügen

6/2015 Nicht jeder kann oder will über Glut rösten. Auch Elektrogrills liefern leckere Steaks. Zwei Geräte sind allerdings mangelhaft.

Jedes Jahr feiern Villarriba und Villabajo ein großes Grillfest. Villabajo heizt mit Holzkohle. Es raucht, es stinkt und dauert lange, bis das erste Steak auf dem Grill liegt. Villarriba dagegen knipst Elektrogrills an. Die heizen schnell auf, rauchen und riechen kaum. Während Villabajo noch vorglüht, serviert Villarriba schon 7 bis 15 Minuten nach dem Einschalten perfekt gebräunte Steaks. Der Test vergleicht 16 Elektrogrills: Flächengrills, bei denen die Hitze nur von unten kommt, sowie Kontaktgrills, die gleichzeitig von oben und unten heizen.

Die meisten Elektrogrills kommen schnell auf Touren. Lämpchen signalisieren, wann sie einsatzbereit sind. Der sogenannte Turbogrill von Gourmet Maxx meldet schon nach gut einer Minute Betriebsbereitschaft. Zu diesem Zeitpunkt herrschen auf den Grillplatten laue 70 Grad Celsius. Tatsächlich braucht der Gourmet Maxx viel länger, um seine maximale Temperatur zu erreichen: gerade mal 135 Grad – zum scharfen Angrillen zu wenig. Fleisch und Würste garen zwar durch, bleiben außen aber blass. Ganz anders der Flächengrill Q1400 von Weber: Er heizt fast 29 Minuten auf – ähnlich lange wie viele Holzkohlegrills. Nach dieser Zeit herrschen 330 Grad Celsius auf dem Rost. Steaks bekommen ein gleichmäßiges Muster, Würste bräunen von allen Seiten.

Auf Wunsch blutig oder medium

Eine neue Grilltechnik nutzt der Optigrill von Tefal. Er bietet sechs Automatikprogramme

Drei Grilltipps

- Marinieren Sie Ihr Grillgut. Marinaden geben zusätzlichen Geschmack und sorgen für zartes Fleisch. Fertig mariniertes Grillfleisch enthält oft Stabilisatoren und Aromastoffe.
- Am Anfang brauchen Steaks hohe Temperaturen für die Kruste. Anschließend grillen sie bei mittlerer Hitze zum gewünschten Garpunkt.
- Grillen Sie mit geschlossenem Deckel. Das spart Strom und Zeit.

FOTO: LOX FOTO

test Elektrogrills 6/2015

www.test.de	Mittlerer Preis ca. (Euro)	Grillen	Handhabung	Sicherheit	Verarbeitung	Stromverbrauch	test-QUALITÄTSURTEIL
Gewichtung		40 %	35 %	10 %	5 %	10 %	100 %
Kontaktgrills							
Tefal Optigrill GC702D	173	+	+	++	+	+	GUT (2,2)
Philips HD4467	78	+	+	+	+	++	GUT (2,3)
Clatronic KG 3571	44	○	+	+	+	++	GUT (2,4)
De'Longhi CGH 902 C	109	+	+	+	○	+	GUT (2,4)
Severin KG 2392	84	○	+	+	○	++	GUT (2,4)
Tristar GR-2849	69 1)	○	+	○	+	++	GUT (2,4)
Russell Hobbs 20840-56	60	○ *)	+	+	+	++	BEFRIED. (2,9)
Beem Pro Multi Grill	85	○ *)	+	+	○	++	BEFRIED. (3,0)
Gourmet Maxx Turbo Grill 2)	37	⊖ *)	+	○	+	++	AUSREICH. (3,8)
Flächengrills							
Rommelsbacher BBQ 2002	88	○	+	+	+	+	GUT (2,4)
Tefal TG8000	141	○	+	+	+	+	GUT (2,4)
Cloer 6720	97	○	○	+	+	+	BEFRIED. (2,6)
Weber Q1400	271	+	○	+	+	⊖	BEFRIED. (2,7)
Steba VG 200	71	○ *)	○	○	+	+	BEFRIED. (3,0)
Philips HD6360 3)	115	○	+	– *)	+	+	MANGELH. (5,0)
Severin PG 8527	70	○	○	– *)	○	+	MANGELH. (5,0)

Bewertungsschlüssel der Prüfergebnisse: ++ = Sehr gut (0,5–1,5). + = Gut (1,6–2,5). ○ = Befriedigend (2,6–3,5). ⊖ = Ausreichend (3,6–4,5). – = Mangelhaft (4,6–5,5). **Bei gleichem Qualitätsurteil Reihenfolge nach Alphabet.**

***) Führt zur Abwertung.**

1) Preis laut Anbieter.

2) Laut Anbieter durch Nachfolger 03781 Kochwerk Turbogrill 2in1 ersetzt.

3) Laut Anbieter nicht mehr erhältlich.

Einkauf der Prüfmuster: Januar 2015.

von Fisch über Sandwiches, Geflügel bis Steaks. Er misst die Dicke des Fleisches und passt Grilldauer und -temperatur jeweils an. Sein LED-Licht signalisiert den Garzustand von blutig bis durchgegart. Jeder bekommt sein Wunschsteak.

Fast immer garen Elektrogrills preiswerter als ihre Gas- und Holzkohle-Brüder. Für eine Ladung Fleisch ziehen sie Strom für 4 bis 16 Cent. Nur der Weber-Flächengrill mit seiner langen Aufheizzeit verbraucht 1,8 Kilowattstunden. Das entspricht 52 Cent Stromkosten – günstige Holzkohle kostet ähnlich viel.

Splitter statt Steak

Für die Sicherheitsprüfung heizten die Grills so lange mit voller Leistung und kurzgeschlossenem Thermostat, bis die zusätzliche eingebaute Temperatursicherung ansprang. Die meisten Geräte überstanden das schadlos. Doch bei den Flächengrills von Philips und Severin zersprangen die Glasdeckel nach sechs bis sieben Minuten. Heiße Glassplitter flogen auf die Grillplatte, Rauch stieg auf. Die Temperatursicherung reagierte zu spät. Für beide lautet das test-Qualitätsurteil mangelhaft. ■ Anbieter Seite 270

Unser Rat

Mit gutem Qualitätsurteil bestanden drei Helme die Prüfungen: **Melon Urban Active** für 70 Euro, **KED Crom** und **Nutcase Street Gen3,** beide je 80 Euro. Der Nutcase schneidet im Unfallschutz am besten ab, der KED lässt sich unter den guten Modellen am besten handhaben. Radfahrer können auch zu den Helmen mit befriedigendem Unfallschutz greifen, sofern sie gut passen.

Für alle Fälle

8/2015 Die Stiftung Warentest prüft Fahrradhelme jetzt strenger als in der Vergangenheit. Nur drei Modelle schnitten im Test gut ab.

Stürzt ein Radfahrer ungeschützt auf den Kopf, ist die Gefahr schwerer Gehirnverletzungen groß. Es kann auch tödlich enden. Fahren mit Helm mindert die Risiken deutlich. Kopfverletzungen sind dann selten. Das bestätigen Studien des Instituts für Rechtsmedizin München und und des Universitätsklinikums Münster. Die Mediziner werteten Unfälle mit 543 verletzten und 117 getöteten Radfahrern aus. Sie stellten fest, dass das Risiko für schwere Verletzungen nicht nur mit der Geschwindigkeit steigt, sondern auch mit dem Alter des Fahrers.

Die Forschungsergebnisse zeigen auch, dass die bisher üblichen Normprüfungen für Fahrradhelme den Schutz vor Aufschlägen auf Stirn und Schläfenpartien zu wenig berücksichtigen. Die Auswirkungen heftiger Drehbewegungen aufs Gehirn wurden bislang gar nicht untersucht.

Um zu beurteilen, welche Folgen die neuen Erkenntnisse für die Tests von Fahrradhelmen haben, hat die Stiftung Warentest zweimal zur Beratung geladen, unter anderem an der Studie beteiligte Wissenschaftler, Fachleute aus der Industrie und aus dem zuständigen Normungsgremium. Anschließend erarbeiteten Wissenschaftler der Stiftung ein neues, strengeres Prüfprogramm.

Mehr Sicherheit ist möglich

Die 3 besten von 18 Fahrradhelmen, die das Prüfprogramm durchlaufen haben, meistern es bereits passabel. Sie schaffen ein gutes Qualitätsurteil: KED Crom, Melon Urban

So sitzt der Helm richtig

Ein Helm soll waagerecht sitzen. Der Kopf darf nach dem Spannen des Kopfrings nur an gepolsterten Stellen die Helmschale berühren. Die Gurtbänder sollen fingerbreit unter dem Ohr zusammenlaufen – und zwar so weit vor dem Ohr, dass der Riemen mit dem Schloss unter dem Kinn liegt und nicht gegen den Hals drückt. Der Kinnriemen wird so gespannt, dass er locker am Kinn anliegt.

FOTO: ANBIETER

test Fahrradhelme 8/2015

www.test.de	Mittlerer Preis ca. (Euro)	Unfall-schutz	Hand-habung, Komfort	Hitzebe-ständigkeit	Schad-stoffe	test-QUALITÄTSURTEIL
Gewichtung		**50 %**	**30 %**	**10 %**	**10 %**	**100 %**
Melon Urban Active	70	○	○	+	++	**GUT (2,4)**
KED Crom	80	○*)	+	○	○	**GUT (2,5)**
Nutcase Street Gen3	80	+	○	+	++	**GUT (2,5)**
Alpina E-Helm Deluxe	115	○*)	+	+	++	**BEFRIEDIGEND (2,6)**
Specialized Centro	65	○*)	++	+	++	**BEFRIEDIGEND (2,6)**
Uvex City v	120	○	○	+	++	**BEFRIEDIGEND (2,6)**
Bell Muni1)	70	○	+	++	++	**BEFRIEDIGEND (2,7)**
Uvex i-vo cc	70	○*)	+	+	++	**BEFRIEDIGEND (2,7)**
Abus Hyban	49	○	+	+	++	**BEFRIEDIGEND (2,8)**
Abus Pedelec	85	○	++	+	++	**BEFRIEDIGEND (2,8)**
Alpina Panoma	45	○*)	++	+	++	**BEFRIEDIGEND (2,8)**
Lidl / Crivit City-Fahrradhelm	16 2)	○*)	+	+	+	**BEFRIEDIGEND (2,8)**
Carrera Foldable Helmet	80 3)	○	○	++	++	**BEFRIEDIGEND (3,0)**
Giro Sutton	80	○	○	++	+	**BEFRIEDIGEND (3,2)**
Giro Sutton Mips	100	○*)	○	+	++	**BEFRIEDIGEND (3,2)**
Fischer Profex City FZ-0064)	30	○*)	⊖	○	+	**BEFRIEDIGEND (3,3)**
POC Crane	120	⊖*)	+	++	++	**AUSREICHEND (3,6)**
TSG Evolution	55	⊖*)	⊖	+	++	**AUSREICHEND (3,8)**

Bewertungsschlüssel der Prüfergebnisse: ++ = Sehr gut (0,5–1,5). + = Gut (1,6–2,5). ○ = Befriedigend (2,6–3,5). ⊖ = Ausreichend (3,6–4,5). — = Mangelhaft (4,6–5,5). **Bei gleichem Qualitätsurteil Reihenfolge nach Alphabet.**

***) Führt zur Abwertung.**

1) Art.-Nr. 7041438 mit Reflektoren, andere: ohne Reflektoren.

2) Onlinepreis.

3) Von uns bezahlter Einkaufspreis.

4) Art.-Nr. 86126 (mit Schirm und Licht).

Einkauf der Prüfmuster: März/April 2015.

Active sowie Nutcase Street Gen3. Alle anderen geprüften Exemplare mindern immerhin das Verletzungsrisiko gegenüber Fahren ohne Helm deutlich. Doch die Experten sind überzeugt: Die untersuchten Modelle sind nicht das Ende des Machbaren. Noch bessere Unfallsicherheit ist möglich.

Der Helm muss passen

Die besten Helme schützen wenig, wenn sie nicht passen. Deshalb sollte kein Kopfschutz ohne Anprobe gekauft werden, zumal die Größenangaben der Anbieter nicht immer mit der tatsächlichen Größe übereinstimmen. Weiche Polster stützen die Helmschale auf dem Kopf ab. Es darf keine Stelle geben, die ungepolstert auf den Schädel drückt. Das kann auf Dauer richtig weh tun.

In Mode sind Helme mit großen Flächen und kleinen Lüftungsöffnungen. Solche Modelle belüften den Kopf bestenfalls befriedigend wie Melon und POC, fünf sogar nur ausreichend. Gemütlichradlern kann das genügen. Ambitionierte brauchen hingegen mehr, sonst wird ihnen schnell zu warm unter der Schale. ■ Anbieter Seite 270

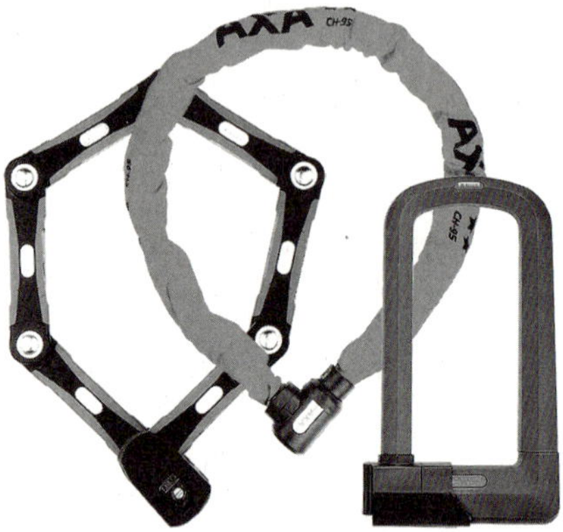

Unser Rat

Testsieger ist das Bügelschloss **Abus uGrip Plus 501** für 83 Euro. **Fischer „Safe"** für 30 Euro und **Zéfal K-Traz U14** für 36 Euro sind fast ebenso gut. Mehr Flexibilität beim Anschließen ermöglichen das Faltschloss **Abus Bordo Granit X Plus 6500** für 125 Euro und die Kette **Axa Cherto Compact 95** für 25 Euro. Alle geprüften Panzerkabel eignen sich allenfalls als ergänzende Zweitsicherung.

Wo Diebe kläglich scheitern

5/2015 An guten Bügel-, Falt- und Kettenschlössern beißen sich selbst schwere Bolzenschneider die Zähne aus.

Mehr als 300 000 mal pro Jahr schlagen Fahrraddiebe in Deutschland zu. Schlechte Schlösser erleichtern ihnen die Arbeit. Im Test mussten 30 Bügel-, Falt-, Ketten- und Panzerkabelschlösser zeigen, wie gut sie brutalen und intelligenten Aufbruchsversuchen Stand halten. Nur jedes Vierte erzielt am Ende ein gutes test-Qualitätsurteil. Andere Modelle sind oft recht leicht zu knacken, enthalten Schadstoffe oder rosten und werden daher abgewertet.

Brutal oder intelligent

Die Anforderungen für das test-Qualitätsurteil gut sind hoch. In den Testlabors sind drei Prüfer vor allem „fürs Grobe" zuständig und gehen mit Bolzenschneider, Säge und anderen Werkzeugen brutal zur Sache. Sie suchen gezielt nach Schwachpunkten – genau wie erfahrene Fahrraddiebe, die es auf hochwertige Räder abgesehen haben. Ein anderer Experte konzentriert sich auf seine geschickten Hände und versucht, den Schließmechanismus intelligent zu überlisten – auch mit Hilfe professioneller Werkzeuge. Messgeräte liefern genaue Daten, etwa zur exakten Schneidfestigkeit der verwendeten Kettenglieder.

Knacken gegen die Uhr

Kein Fahrradschloss bietet absolute Sicherheit. Doch Fahrraddiebe stehen unter Zeitdruck. Je länger sie auffällig mit Werkzeugen hantieren, desto höher ist ihr Risiko, ertappt zu werden. Aufbruchsversuche sind zudem

Besser oben anschließen
Sichern Sie Ihr Fahrrad an stabilen Abstellanlagen, Laternenpfählen oder Gittern, die mindestens so widerstandsfähig sind wie das Schloss selbst. Bringen Sie Ihr Schloss an einer hohen Position an. So kann der Dieb sein Werkzeug nicht am Boden abstützen. Besonders effektiv schützt ein relativ großes Schloss, mit dem sich nicht nur der Rahmen, sondern auch ein Rad anschließen lässt.

test Bügel- und Faltschlösser 5/2015

www.test.de	Mittler Preis ca. (Euro)	Aufbruchs-sicherheit	Hand-habung	Halt-barkeit	Schad-stoffe	test-QUALITÄTSURTEIL
Gewichtung		70 %	20 %	5 %	5 %	100 %
Bügelschlösser						
Abus uGrip Plus 501	83	+	○	++	++	GUT (1,9)
Fischer Bügelschloss „Safe" 85851	30	+	○	++	+	GUT (2,0)
Zéfal K-Traz U14	36[1)]	+	○	++	○	GUT (2,0)
Abus Granit Plus 470	73	+	○	++	+	GUT (2,1)
Abus Granit X Plus 540	98	+	○	++	○	GUT (2,1)
Knog Strong man	85	+	⊖	++	++	GUT (2,2)
Onguard 8003 Pitbull Std	33	+	○	+	–*)2)	MANGELH. (4,9)
Sekura Locks for life KB 04.13[3)]	15	○	○	++	–*)2)	MANGELH. (5,0)
Trelock BS 550[3)]	70	+	○	++	–*)2)	MANGELH. (5,0)
Kryptonite New York Lock M18-WL[3)]	79[1)]	+	⊖	++	–*)2)	MANGELH. (5,2)
Faltschlösser						
Abus Bordo Granit X Plus 6500	125	+	○	++	++	GUT (2,1)
Abus Bordo Big 6000	88	○	○	+	++	BEFRIED. (2,8)
Abus uGrip Bordo 5700	50	⊖	○	+	++	AUSREICH. (3,6)
M-Wave Faltschloss	40	⊖	○	+	++	AUSREICH. (3,7)
Trelock FS 455 cops compact[4)]	75	⊖	○	+	++	AUSREICH. (3,7)
Trelock FS 500 Toro[5)]	100	⊖	○	++	+	AUSREICH. (3,7)
Masterlock 8260DPRO	70	–*)	○	+	++	MANGELH. (5,3)
Tchibo Faltbares Fahrradschloss[3)6)]	18[7)]	–*)	○	+	++	MANGELH. (5,5)

Bewertungsschlüssel der Prüfergebnisse: ++ = Sehr gut (0,5–1,5). + = Gut (1,6–2,5). ○ = Befriedigend (2,6–3,5). ⊖ = Ausreichend (3,6–4,5). – = Mangelhaft (4,6–5,5). **Bei gleichem Qualitätsurteil Reihenfolge nach Alphabet.**
***) Führt zur Abwertung.**
1) Von uns bezahlter Einkaufspreis. **2)** Hohe Konzentration des problematischen Weichmachers Diethylhexylphthalat (DEHP) in der Kunststoffbeschichtung. **3)** Laut Anbieter nicht mehr erhältlich. **4)** Laut Anbieter durch Nachfolgemodell ersetzt. Restbestände im Handel. **5)** Laut Anbieter inzwischen geändert. **6)** Aktionsware im März 2015.
7) Preis laut Anbieter-Webseite. **Einkauf der Prüfmuster:** Dezember 2014 bis März 2015.

anstrengend. An hochwertigen Schlössern verzweifeln Diebe frühzeitig und kapitulieren entnervt. Im Idealfall lassen sie sich sogar von vornherein abschrecken. Bei den Tests tickt immer die Stoppuhr: Für jeden Knackversuch stehen exakt 180 Sekunden zur Verfügung. Ob oder wie schnell ein Schloss zu knacken ist, macht die Unterschiede aus. Beurteilt wird auch der Schwierigkeitsgrad. Im Vergleich erweisen sich Bügelschlösser als am widerstandsfähigsten. Flexibler und weniger sperrig sind Falt- und Kettenschlösser. Hier erzielen lediglich zwei Produkte das test-Qualitätsurteil gut.

Schadstoffen auf der Spur

Wer zum Fahrradschloss greift, sollte sich nicht sorgen müssen, mit Schadstoffen in Berührung zu kommen. Einige Modelle sind in dieser Hinsicht unsichere Kandidaten. So entdeckten die Chemiker in den Kunststoffbeschichtungen von vier Bügelschlössern

10 Fahrradschlösser

test Ketten- und Panzerkabelschlösser 5/2015

www.test.de	Mittler Preis ca. (Euro)	Aufbruchs-sicherheit	Hand-habung	Halt-barkeit	Schad-stoffe	test-QUALITÄTS URTEIL
Gewichtung		70 %	20 %	5 %	5 %	100 %
Kettenschlösser						
Axa Cherto Compact 95[1]	25[2]	+	○	++	++	GUT (2,0)
Trelock BC 515[3]	70	○	○	+	++	BEFRIEDIGEND (2,7)
Abus Ivy Chain 9100	77	○	⊖	○	++	BEFRIEDIGEND (2,8)
Abus Ivera Chain 7210	52	⊖*)	○	+	++	AUSREICHEND (3,7)
Axa Cherto 100	46[2]	+	⊖	⊖*)	+	AUSREICHEND (3,7)
BBB PowerChain BBL-14	40[2]	⊖	⊖	++	○	AUSREICHEND (3,7)
Fischer 85866	20	⊖	○	+	+	AUSREICHEND (3,8)
Rex 758[4]	15	⊖	○	+	+	AUSREICHEND (3,8)
Masterlock Reflective 8394DPROREF	60	⊖	⊖	++	+	AUSREICHEND (4,1)
Panzerkabelschlösser						
Abus Iven 8200	47	⊖	○	○	++	BEFRIEDIGEND (3,4)
Trelock PK 480[3]	53	⊖	○	+	○	BEFRIEDIGEND (3,5)
Zéfal K-Traz A25	43[2]	⊖	○	+	–*)5)	MANGELHAFT (5,2)

Bewertungsschlüssel der Prüfergebnisse: ++ = Sehr gut (0,5–1,5). + = Gut (1,6–2,5). ○ = Befriedigend (2,6–3,5). ⊖ = Ausreichend (3,6–4,5). – = Mangelhaft (4,6–5,5). **Bei gleichem Qualitätsurteil Reihenfolge nach Alphabet.**

***) Führt zur Abwertung.**

1) Laut Anbieter inzwischen geändert (Kettengliedstärke jetzt 9 statt 8 mm und schwarz statt rot).

2) Von uns bezahlter Einkaufspreis.

3) Laut Anbieter inzwischen geändert.

4) Laut Anbieter Auslaufmodell. Restbestände im Handel.

5) Hohe Konzentration des problematischen Weichmachers Diisobutylphthalat (DIBP) in der Kunststoffummantelung.

Einkauf der Prüfmuster: Dezember 2014 bis März 2015.

große Mengen des problematischen Weichmachers Dietylhexylphthalat (DEHP). Über Hautkontakt kann diese Chemikalie in den menschlichen Organismus gelangen und reproduktionstoxisch wirken, also die Fruchtbarkeit beeinträchtigen.

Unterschiedlich haltbar

Die auf Dauer größten Feinde einer Fahrradsicherung sind neben Dieben auch Dreck, Rost und verbogene Schlüssel. Die Tester überprüften die Stabilität der Schlüssel und kontrollierten, ob sie im verbogenen Zustand noch funktionieren. Das klappte nicht immer. Auch gegen das Eindringen von Schmutz sind die Schließzylinder unterschiedlich gut geschützt. Das Kettenschloss Axa Cherto 100 kann so stark rosten, dass der Schließmechanismus versagt.

Leicht und sicher

Als nutzerfreundlichstes gutes Schloss erweist sich das Abus Granit Plus 470, das trotz seiner Größe mit nur 1,2 Kilogramm relativ leicht und zugleich sicher ist. Das erleichtert im wahrsten Sinne des Wortes die Mitnahme auf längeren Touren. Obendrein hat der Schlüssel – wie auch andere – ein LED-Licht. So findet der Besitzer im Dunkeln den Weg ins Schloss. ■ **Anbieter Seite 270**

Unser Rat

Drei Stand-Fahrradergometer liegen mit nahezu gleich guten Ergebnissen vorn. Der günstigste unter ihnen ist **Finnlo Exum III** für 485 Euro. Es folgt der **Horizon Comfort 5i** für zirka 600 Euro. Der **Kettler E3** ist mit rund 700 Euro etwas teurer, schneidet im Prüfpunkt „Trainieren" aber etwas besser ab. Ebenfalls gut und noch besser beim „Trainieren" ist das Liegerad **Kettler RE 7** für rund 1 600 Euro.

Strampeln für die Fitness

1/2015 Fast alle Ergometer eignen sich gut fürs Ausdauertraining. Vier Geräte disqualifizieren sich aber wegen verbotener Schadstoffe.

Schon 15 Minuten Bewegung am Tag reichen aus, um das Herz-Kreislauf-System in Schwung zu bringen und das Wohlbefinden zu steigern. Dafür ist es nicht einmal nötig, vor die Haustür zu gehen. Fahrradergometer sind eine gute Alternative zu Radeln, Laufen, Nordic Walking, Skilanglauf oder Schwimmen. Gegenüber Heimtrainern haben Ergometer den Vorteil, dass der Nutzer eine genau definierte Belastung, definiert in Watt, einstellen kann – Voraussetzung für ein optimiertes, auch ärztlich überwachtes Training.

Genaue Anzeigen, runder Lauf

Elf solcher Fahrradtrainer mit Leistungsanzeige haben wir geprüft, zwei davon sind Liegeräder. Fast alle Ergometer hinterließen beim Trainieren einen guten Eindruck: Sie laufen angenehm rund und machen so gut wie kein Geräusch. Viele glänzen zudem mit genauen Anzeigen für Drehzahl und Leistung. Gleich sechs Modelle verdarben sich ihr Qualitätsurteil jedoch wegen verbotener Schadstoffe in den Griffen.

Beim Prüfpunkt Trainieren gab es fast nur gute Noten, ausgenommen für Intersport/Energetics. Dieser zwingt Nutzer nicht nur in eine Sitzposition, die die Tester als unangenehm empfanden. Auch die Handschalen-Pulsabnehmer sind ungünstig positioniert. Sie lassen sich nur mit angewinkelten Handgelenken umfassen. Dadurch wird der Trainierende in eine Zwangshaltung gebracht, die den Spaß am Sport stark trübt. ▶

Gift in den Griffen

Das Thema Schadstoffe scheinen einige Anbieter nicht mit dem nötigen Ernst zu behandeln. So tauchen Substanzen, deren Herstellung und Verwendung in Europa seit Jahren verboten ist, plötzlich wieder auf. Ein Beispiel dafür sind kurzkettige Chlorparaffine. Diese umweltgefährlichen Stoffe dienen als Weichmacher in Kunststoffen. Sie können in der Natur nicht abgebaut werden.

FOTO: ANBIETER

test Fahrradtrainer 1/2015

www.test.de	Mittlerer Preis in Euro ca.	Trainieren	Handhabung	Technische Prüfung	Sicherheit	Schadstoffe in den Griffen	test-QUALITÄTSURTEIL
Gewichtung		45 %	20 %	25 %	5 %	5 %	100 %
Standergometer							
Finnlo Exum III	485	+	+	++	+	+	GUT (2,0)
Kettler E3	700	+	+	++	+	+	GUT (2,0)
Horizon Comfort 5i	600	+	+	+	+	+	GUT (2,1)
Sport Tiedje / Cardiostrong BX[1] 50[1]	600	+	+	○	+	○	BEFRIED. (2,7)
Life Fitness C1 mit Go Konsole	1100	+	⊖	○	+	⊖*)2)	BEFRIED. (3,2)
Intersport / Energetics Ergometer ct 950hx[3]	450	○	+	+	++	–*)4)	MANGELH. (4,9)
Christopeit EMS 6[5]	380	+	+	+	○	–*)4)	MANGELH. (5,0)
Rex Los Angeles BX-400E[5]	400	+	+	++	+	–*)4)	MANGELH. (5,3)
Tunturi Fitness Go 70	550	+	⊖	○	+	–*)4)	MANGELH. (5,4)
Liegeergometer							
Kettler RE 7	1600	+	+	++	++	+	GUT (1,8)
Horizon Comfort Ri	900	+	+	+	+	⊖*)6)	BEFRIED. (2,7)

Bewertungsschlüssel der Prüfergebnisse: ++ = Sehr gut (0,5–1,5). + = Gut (1,6–2,5). ○ = Befriedigend (2,6–3,5). ⊖ = Ausreichend (3,6–4,5). – = Mangelhaft (4,6–5,5). **Bei gleichem Qualitätsurteil Reihenfolge nach Alphabet.**
***) Führt zur Abwertung.**
1) Laut Anbieter inzwischen geänderte Gebrauchsanleitung.
2) Griffe enthalten eine hohe Konzentration an Diethylhexylphthalat. **3)** Laut Anbieter durch Nachfolger CT 955 hx ersetzt.
4) Griffe enthalten eine hohe Konzentration an kurzkettigen Chlorparaffinen. **5)** Laut Anbieter nicht mehr erhältlich.
6) Griffe enthalten eine hohe Konzentration an Diisononylphthalat. **Einkauf der Prüfmuster:** Juli bis September 2014.

Besonders beliebt bei den Prüfern waren die Liegeräder von Horizon und Kettler. Sie sind zwar teuer und sperrig. Das Training auf ihnen ist aber angenehm, nicht zuletzt wegen der stützenden Rückenlehne. Die schonende Sitzposition erleichtert vor allem älteren und schwereren Personen den Sport.

Ungenaue Pulsanzeige

In der technischen Prüfung offenbarten sich Unterschiede, etwa bei der Genauigkeit der Leistungsanzeige, die für Ergometer unerlässlich ist. Finnlo Exum und die beiden Kettler-Modelle erreichen sogar nahezu die Genauigkeit medizinischer Geräte. Tunturi Go 70 zeigt dagegen bei hohen Leistungen deutlich zu viel an. Und bei Christopeit und Sport Tiedje lassen sich geringe Leistungen von 25 bis 50 Watt nicht einstellen.

Auch für das Training im Pulsprogramm muss die Messung exakt sein. Doch die Übertragung ist nicht immer einwandfrei. Am ungenauesten sind Sensoren an den Handgriffen. Am zuverlässigsten funktioniert die Pulsmessung über einen Brustgurt. Über einen Empfänger verfügen alle Geräte. Der Gurt muss oft dazugekauft werden.

Aus der Reihe tanzt eines der teuersten Modelle im Test: Am Life Fitness für 1100 Euro lässt sich der Widerstand nur in Stufen einstellen. Die Leistung ändert sich je nach Kurbeldrehzahl. Das Modell ist deshalb kein Ergometer, obwohl es oft als solches angeboten wird. ■

Anbieter Seite 270

Unser Rat

Der beste Anbieter für Hotelbuchungen im Internet ist **HRS.** Kaum schlechter sind **Expedia** und **Hotels.com.** Bei den Portalen für Ferienwohnungen und -häusern liegt **Casamundo** vorn. Knapp dahinter folgen **HolidayInsider** und **Atraveo.** Von den Privatzimmer-Portalen schneidet nur **9flats.com** gut ab. Auf diesem Portal kann die Mehrzahl der Objekte direkt gebucht werden.

Die Tricks der Vermittler

9/2015 Immer mehr Deutsche buchen ihr Urlaubsdomizil im Internet. Das klappt oft gut. Verbraucher können aber auch in Fallen tappen.

Unser Test von 21 Portalen für Ferienunterkünfte zeigt: Fündig werden Urlauber auf allen Seiten – mit einer mal mehr, mal weniger komfortablen Suche. Einige Anbieter versuchen, Nutzern Zusatzleistungen wie eine Versicherung aufzudrängen. Acht Portale haben wir wegen rechtlicher Probleme abgewertet. Manche Anbieter haben keine Niederlassung in Deutschland. Mögliche Folge: Verbraucher müssen im Schadensfall vor ausländischen Gerichten klagen.

Vollsortimenter und Spezialisten

Im Test vertreten sind Vermittler von Hotelzimmern, von Ferienwohnungen und -häusern sowie Portale, die Privatzimmer und -wohnungen im Programm haben. Die Grenzen sind oft fließend. So findet man bei Booking.com und HRS das volle Sortiment: neben Hotelzimmern auch Ferienwohnungen, Apartments, Privatzimmer und sogar Bauernhöfe. Andererseits gibt es für diejenigen, die sich nur für Ferienwohnungen und -häuser interessieren, eigene Portale, zum Beispiel die weitgehend identischen HRS-Ableger HRS Holidays und HolidayInsider sowie das zu Booking.com gehörende Ferienhaus- und Ferienwohnungsportal Villas.com.

Knackpunkt Suche

Anhand von fünf fiktiven Reisevorhaben, etwa Städtereisen, Strand- oder Erholungsurlaub, haben wir auf den Portalen nach passenden Unterkünften gesucht. Nicht bei allen Hotel-Portalen konnten wir nach ▶

Achtung Abofalle

Hotelreservierung.de fragte bei den Suchen nicht, ob man eine Versicherung abschließen möchte, sondern: „Soll die Buchung kostengünstig stornierbar sein?“ Wer die Versicherung abschließt, erwirbt gleich ein Jahrespaket. Der Vertrag verlängert sich „stillschweigend“ um ein Jahr, wenn er nicht fristgerecht schriftlich gekündigt wird. Die Prämie verdoppelt sich im zweiten Jahr nahezu.

test Portale für Ferienunterkünfte 9/2015

www.test.de	Suche	Buchung und Stornierung	Website	Defizite im Kleingedruckten	test-QUALITÄTSURTEIL
Gewichtung	30 %	40 %	30 %	0 %	100 %
Portale für Hotelzimmer					
HRS	○	+	+	keine	GUT (2,3)
Expedia	○	+	+	keine	GUT (2,4)
Hotels.com	○	○	++	gering	GUT (2,4)
eHotel	⊖*)	++	+	gering	GUT (2,5)
HotelDE	○	++	+	deutlich*)	BEFRIEDIGEND (2,6)
Booking.com	○	+	+	deutlich*)	BEFRIEDIGEND (2,7)
Venere.com	⊖*)	+	○	deutlich*)	BEFRIEDIGEND (3,4)
Hotelreservierung.de	⊖*)	○	+	keine	AUSREICHEND (3,6)
Otel.com	⊖	○	○	sehr deutlich*)	AUSREICHEND (4,3)
Portale für Ferienhäuser und -wohnungen					
Casamundo	+	+	+	keine	GUT (2,0)
HolidayInsider[1]	+	+	+	sehr gering	GUT (2,1)
Atraveo	+	+	+	gering	GUT (2,2)
BestFewo	○	+	+	gering	GUT (2,3)
e-Domizil	+	+	+	deutlich*)	GUT (2,3)
FeWo-direkt	+	Nicht bewertet[2]	+	gering	GUT (2,4)
Tourist-online.de	+	+	+	deutlich*)	GUT (2,5)
Villas.com[3]	○	+	+	deutlich*)	BEFRIEDIGEND (2,6)
Housetrip	○	Nicht bewertet[2]	○	sehr gering	BEFRIEDIGEND (2,9)
Portale für Privatzimmer und -wohnungen					
9flats.com	○	+	○	gering	GUT (2,5)
Wimdu	○	Nicht bewertet[2]	○	sehr gering	BEFRIEDIGEND (2,7)
Airbnb	○	Nicht bewertet[2]	○	deutlich*)	BEFRIEDIGEND (3,5)

Bewertungsschlüssel der Prüfergebnisse: ++ = Sehr gut (0,5–1,5). + = Gut (1,6–2,5). ○ = Befriedigend (2,6–3,5). ⊖ = Ausreichend (3,6–4,5). — = Mangelhaft (4,6–5,5).
Bei gleichem Qualitätsurteil Reihenfolge nach Alphabet.
Defizite im Kleingedruckten: keine, sehr gering, gering, deutlich, sehr deutlich.
***) Führt zur Abwertung.**
1) Gehört zu HRS. **2)** Anteil direkt buchbarer Angebote im Test unter 50 %, daher nicht bewertet.
3) Gehört zu Booking.com. **Erhebungszeitraum:** Mai bis Juli 2015

den gewünschten Kriterien wie etwa Fitnessraum oder Barrierefreiheit suchen. Die Ferienhaus-Portale lösen das viel besser.

Kaum nachvollziehbar ist die Reihenfolge der Ferienunterkünfte in der Trefferliste. Nach welchen Kriterien die ersten Angebote ausgewählt sind, die zum Beispiel „Empfehlung" oder „Bestseller" heißen, erfährt der Nutzer kaum. Arglose Verbraucher orientieren sich aber daran. Wer eine Unterkunft sucht, sollte die Trefferliste immer nach eigenem Gusto neu sortieren. Meist ist das nach Preis, Gästebewertung oder Entfernung möglich. ■

Anbieter Seite 270

Unser Rat

Die günstigste Tagesration für einen 15 Kilo schweren Modellhund bieten unter den Testsiegern **Rossmann/ Winston** (93 Cent) und **Kaufland/ K-Classic** (98 Cent). Weitere sehr gute, noch erhältliche Feuchtfutter: **Netto Marken-Discount/Pablo** (1,23 Euro pro Tag), **Edeka/Herzhafte Bissen** (1,56 Euro), **Aldi (Nord)/Baldo** (1,71 Euro) und die Markenfutter **Cesar** (3,75 Euro) und **Hill's** (5,80 Euro).

Jedes zweite mangelhaft

3/2015 Nur knapp jedes dritte Feuchtfutter im Test versorgt den geliebten Vierbeiner optimal. Oft kommen Kalzium, Vitamine & Co. zu kurz.

Wer die ansprechenden Etiketten vieler Hundefutter betrachtet, glaubt, sein Tier kulinarisch zu verwöhnen. Terra Canis bietet etwa „Huhn mit Tomaten, Amaranth & Basilikum". Naturplus Activa verspricht „eine hochwertig und bedarfsgerecht zusammengestellte Zutatenliste". Der Test von 30 Feuchtfuttern für ausgewachsene Hunde zeigte jedoch: Fast jedes zweite Futter scheitert am richtigen Nährstoffmix, den Hunde brauchen, um fit zu bleiben. Gleich 15 Futter schnitten mangelhaft ab. Als „Alleinfutter" hätten sie den gesamten Nährstoffbedarf abdecken müssen.

Acht haben den Dreh raus

Acht Futter im Test beherrschen die richtige Rezeptur, günstige von Drogerien, Handelsketten und Discountern wie auch Markenprodukte. Sie bekamen die Note sehr gut: Sie versorgen Hunde ausgewogen und nennen meist die richtigen Futtermengen. Schadstoffe fanden die Tester in ihnen nicht – dafür aber bei zwei Futtern Pferdefleisch. Sie enthielten im Vergleich viel Kadmium.

Wie setzt sich optimales Futter zusammen? Viele Hundebesitzer glauben: Je mehr Fleisch im Futter ist, umso besser. Wichtiger als Filet und Muskelfleisch sind aber Schlachtnebenprodukte wie Leber, Herz und Innereien. Sie sind nicht etwa minderwertige Abfälle, sondern wichtige Nährstoffquellen. Ob die Zutaten von Rind, Pferd, Rentier oder Kaninchen stammen, ist für die Ernährung des Hundes zweitrangig. ■ Anbieter Seite 270

Komplexer Nährstoffbedarf
Hunde brauchen Mineralstoffe, Vitamine, Fettsäuren und Eiweiß. Ihr Bedarf an Kalzium ist etwa dreimal so hoch wie der des Menschen. Enthält das Futter zu wenig Kalzium, leidet langfristig das Skelett. Folgen sind ein morscher Kiefer und brüchige Knochen. Neben Kupfer für die Blutbildung ist für Hunde auch Linolsäure wichtig. Diese ungesättigte Fettsäure sorgt für ein gepflegtes Fell.

test Feuchtfutter für Hunde I 3/2015

www.test.de	Inhalt (g) / Mittlerer Preis ca. (Euro)	Mittlerer Preis pro Tagesration ca. (Euro)	Ernährungsphysiologische Qualität	Fütterungshinweise	Schadstoffe	Deklaration und Werbeaussagen	test-QUALITÄTSURTEIL
Gewichtung			60%	20%	10%	10%	100%
Alleinfutter mit Fleisch							
Netto Marken-Discount / Pablo Pastete mit Wild (MHD: 26.05.2016)	400 / 0,59	1,23	++	++	+	+	SEHR GUT (1,2)
Pedigree Pastete mit 5 Sorten Fleisch[1] (MHD: 26.05.2016)	400 / 0,99	2,31	++	++	+	+	SEHR GUT (1,2)
Rossmann / Winston Schlemmertopf mit Wild (MHD: 27.05.2015)	400 / 0,46	0,93	++	++	++	+	SEHR GUT (1,2)
Edeka / Herzhafte Bissen Feine Pastete mit Geflügel (MHD: 26.05.2016)	300 / 0,59	1,56	++	+	++	+	SEHR GUT (1,3)
Aldi (Nord) / Baldo Wellness Delikate Fleischstückchen mit Aloe Vera[2] (MHD: 03.05.2016)	300 / 0,59	1,71	++	+	++	+	SEHR GUT (1,4)
Hill's ideal balance mit zartem Huhn und Gemüse (MHD: 02.2016)	363 / 2,39	5,80	++	++	++	○	SEHR GUT (1,4)
Kaufland / K-Classic Feine Fleischmahlzeit mit Ente & Kalb, Adult (MHD: 24.02.2016)	415 / 0,55	0,98	++	+	++	+	SEHR GUT (1,4)
Cesar Klassiker mit zartem Kalb und Geflügel[3] (MHD: 21.11.2015)	300 / 1,49	3,75	++	+	++	○	SEHR GUT (1,5)
Rewe / ja! Pastete mit 5 Sorten Fleisch[4] (MHD: 01.05.2016)	300 / 0,59	1,73	++	+	++	⊖	GUT (1,7)
Aldi Süd / Romeo Select feine Pastete mit Rind & Landgemüse (MHD: 09.05.2016)	300 / 0,59	1,54	+	○	+	+	GUT (2,2)
Lidl / Orlando Pastete mit Rind & Leber (MHD: 28.05.2016)	300 / 0,59	1,54	+	○	+	+	GUT (2,2)
Penny / Spurty Premium Dinner mit Rind[4] (MHD: 19.03.2016)	300 / 0,59	1,69	+	⊖	+	+	GUT (2,4)
dm / Dein Bestes mit 5 Sorten Geflügel, klassisch[5] (MHD: 18.06.2016)	400 / 0,50	1,01	+	++	++	—*)	BEFRIEDIGEND (2,6)
Fressnapf / Bioplan Paté mit Rind, Kartoffeln & Spinat (MHD: 23.01.2016) Bio	400 / 1,49	2,79	++	—*)	+	○	BEFRIEDIGEND (3,1)
Aus der Heimat Hundenahrung mit Rind und Einkorn[6] (MHD: 05.12.2015)	400 / 2,39	4,00	○	—*)	+	⊖	AUSREICHEND (4,4)

Bewertungsschlüssel der Prüfergebnisse: ++ = Sehr gut (0,5–1,5). + = Gut (1,6–2,5). ○ = Befriedigend (2,6–3,5). ⊖ = Ausreichend (3,6–4,5). — = Mangelhaft (4,6–5,5). **Bei gleichem Qualitätsurteil Reihenfolge nach Alphabet.**
***) Führt zur Abwertung.** MHD = Mindesthaltbarkeitsdatum.
1) Produkt laut Anbieter inzwischen nicht mehr erhältlich. **2)** Laut Anbieter Produktbezeichnung in Alnutra Wellness Delikate Fleischstückchen mit Aloe Vera geändert. **3)** Laut Anbieter nur noch in der 150-Gramm-Schale für 69 Cent erhältlich. **4)** Laut Anbieter inzwischen u.a. Fütterungsempfehlungen geändert. **5)** Laut Anbieter inzwischen Rezeptur verändert. **6)** Laut Anbieter inzwischen geändert.

Einkauf der Prüfmuster: Juni bis Juli 2014.

test Feuchtfutter für Hunde II 3/2015

www.test.de	Inhalt (g) / Mittlerer Preis ca. (Euro)	Mittlerer Preis pro Tagesration ca. (Euro)	Ernährungsphysiologische Qualität	Fütterungshinweise	Schadstoffe	Deklaration und Werbeaussagen	test-QUALITÄTSURTEIL
Gewichtung			60 %	20 %	10 %	10 %	100 %
Alleinfutter mit Fleisch							
Pure Instinct Strong Mustang[1] (MHD: 01.04.2016)	400 / 1,99	5,00	++	–	–*)	○	**MANGELHAFT (4,8)**
Animonda Gran Carno Adult Rind pur[1] (MHD: 05.05.2016)	400 / 1,19	1,46	–*)	–*)	+	○	**MANGELHAFT (5,0)**
Bozita Happen in Gelee mit Rentier[2] (MHD: 17.12.2015)	480 / 1,45	2,91	–*)	○	++	–*)	**MANGELHAFT (5,0)**
Christopherus Erwachsener Hund Rind + Herz[3] (MHD: 25.03.2016)	400 / 1,25	1,82	–*)	⊖	+	○	**MANGELHAFT (5,0)**
Das Futterhaus / Activa Gold Zartes Kalb mit Möhrchen[4] (MHD: 28.04.2016)	400 / 1,29	1,76	–*)	+	+	⊖	**MANGELHAFT (5,0)**
Fressnapf / Premiere Best Meat Truthahn mit Gemüse Adult (MHD: 27.02.2016)	400 / 0,99	2,19	–*)	–*)	+	+	**MANGELHAFT (5,0)**
Fressnapf / Real Nature Adult Dog Rind mit Kartoffeln und Schwarzkümmelöl (MHD: 19.05.2016)	400 / 1,79	2,39	–*)	++	+	○	**MANGELHAFT (5,0)**
Happy Dog 100 % Rind[5] (MHD: 01.07.2015)	400 / 2,29	3,40	–*)	–*)	+	–*)	**MANGELHAFT (5,0)**
Herrmann's Bio Rind mit Süßkartoffeln (MHD: 12.03.2016) Bio	400 / 2,95	6,40	–*)	–*)	++	⊖	**MANGELHAFT (5,0)**
Naturplus Activa Adult 70 % Rind (MHD: 28.05.2016)	400 / 1,79	2,61	–*)	++	+	⊖	**MANGELHAFT (5,0)**
O'Canis Pferdefleisch mit Gemüse & Leinsamen[4] (MHD: 17.02.2016)	400 / 2,99	5,40	–*)	–*)	○	○	**MANGELHAFT (5,0)**
Rinti Kennerfleisch mit Geflügelherzen[3] (MHD: 05.04.2017)	400 / 1,09	1,69	–*)	○	+	○	**MANGELHAFT (5,0)**
Terra Canis Huhn mit Tomaten, Amaranth & Basilikum (MHD: 10.03.2017)	400 / 2,79	3,80	–*)	+	++	○	**MANGELHAFT (5,0)**
Vegetarisches Alleinfutter							
Biopur Alleinfuttermittel mit Dinkel & Zucchini[6)7] (MHD: 10.03.2016) Bio	400 / 2,99	4,90	–*)	–*)	++	○	**MANGELHAFT (5,0)**
Yarrah Adult Dog food Vegetarisch with rosehips[8] (MHD: 19.05.2016) Bio	150 / 0,99	6,40	–*)	–*)	++	○	**MANGELHAFT (5,0)**

Bewertungsschlüssel der Prüfergebnisse: ++ = Sehr gut (0,5–1,5). + = Gut (1,6–2,5). ○ = Befriedigend (2,6–3,5). ⊖ = Ausreichend (3,6–4,5). – = Mangelhaft (4,6–5,5). **Bei gleichem Qualitätsurteil Reihenfolge nach Alphabet.**

***) Führt zur Abwertung.** MHD = Mindesthaltbarkeitsdatum.

1) Laut Anbieter inzwischen Rezeptur verändert. **2)** Laut Anbieter durch Nachfolger Bozita Naturels Rentier ersetzt.
3) Laut Anbieter inzwischen Rezeptur und Fütterungsempfehlungen geändert. **4)** Laut Anbieter inzwischen geändert.
5) Laut Anbieter durch Nachfolger Happy Dog Rind pur ersetzt. **6)** Für erwachsene Hunde.
7) Produkt laut Anbieter inzwischen geändert. **8)** Laut Anbieter inzwischen Rezeptur geändert.

Einkauf der Prüfmuster: Juni bis Juli 2014.

Unser Rat

Der **Hase** von **Senger Tierpuppen** (58 Euro) besteht den Test auf Sicherheit und Schadstoffe mit der Note 1,0. Sechs Kuscheltiere schneiden gut ab: **Smiki Hund** von **Spiele Max** (15 Euro), **Bob der Bär Affenbaby** von **Galeria Kaufhof** (7 Euro), **Lamm** von **Kik** (5 Euro), **Sigikid Katze Sweety** (27 Euro), **Oetinger Natur Mein Bio Kuschelbär** (15 Euro) und **Schmidt Spiele Elefant** (13 Euro).

Nur wenige zum Kuscheln

12/2015 Zwei Drittel der Teddys, Plüschkatzen und Stoffmäuse im Test fallen durch – wegen gerissener Nähte oder gefährlicher Schadstoffe.

Kaum ein anderes Spielzeug kommt schon Babys über Stunden so nah wie das liebste Stofftier. Doch nur acht der 30 untersuchten Teddys, Katzen oder Plüschmäuse sind empfehlenswert. Beim Rest reißen Nähte zu schnell auf oder aber beispielsweise Plüsch, Etikett oder Mähne enthalten gefährliche Schadstoffe. Als größte Spielverderber im Schmusezoo entpuppen sich krebserzeugende polyzyklische aromatische Kohlenwasserstoffe, kurz PAK.

Drei scheitern an rechtlichen Vorgaben

Jedes Kuscheltier im Test musste im Labor eine Reihe von Belastungstests bestehen – entsprechend den mechanisch-physikalischen Anforderungen der Spielzeugnorm. In einem Standardtest halten drei Produkte den Zugkräften des Prüfgeräts aber nicht lange genug stand. Ihre Nähte reißen bei dieser Prüfung an Armen, Ohren oder Füßen so weit auf, dass Kinder die Füllung mit den Fingern herauspulen und in den Mund stecken könnten. Sie entsprechen damit nicht den rechtlichen Vorgaben.

Mit Schadstoffen belastet

21 Stofftiere enthalten kritische Mengen an gesundheitsgefährdenden Substanzen. Ganze 19 von ihnen sind mit kritischen Mengen an polyzyklischen aromatischen Kohlenwasserstoffen belastet, die meisten mit dem krebserzeugenden PAK Chrysen oder dem früher in Mottenkugeln verwendeten PAK Naphthalin. Er steht unter Verdacht, Krebs zu erzeugen. ■ **Anbieter Seite 270**

Im Geschäft testen

Wackeln und ziehen Sie schon im Laden an Knopfaugen, Etiketten oder Nähten. Halten sie? Riecht das Stofftier unangenehm? Lassen Sie es besser liegen. Achten Sie auf Pflegehinweise: Sie sollten ein Plüschtier aus hygienischen Gründen in der Maschine waschen können, am besten bevor Sie es Ihrem Kind geben. Gegen polyzyklische aromatische Kohlenwasserstoffe hilft Waschen leider nicht.

test Plüschtiere I (empfehlenswerte) 12/2015

www.test.de	Preis ca. (Euro)	SICHERHEIT UND SCHADSTOFFE[1]
Senger Tierpuppen Schlenkertier Hase, beige	58,00	**sehr gut (1,0)**
Spiele Max / Smiki Hund 25 cm Art.-Nr. 4765841	15,00	**gut (1,6)**
Galeria Kaufhof / Bob der Bär, Affenbaby EAN 4333098615006	7,00	**gut (1,7)**
Kik Lamm Art.-Nr. 1927200	5,00	**gut (1,7)**
Sigikid Katze Sweety Art.-Nr. 38370	27,00	**gut (1,7)**
Oetinger Natur Mein Bio Kuschelbär EAN 4260160894451	15,00	**gut (2,2)**
Schmidt Spiele Die Sendung mit dem Elefanten, Elefant Art.-Nr. 42189	13,00	**gut (2,4)**
Heunec Janosch Tigerente, 27 cm Art.-Nr. 794979	15,00	**befriedigend (3,1)**

Bewertungsschlüssel der Prüfergebnisse: Sehr gut (0,5–1,5). Gut (1,6–2,5). Befriedigend (2,6–3,5). Ausreichend (3,6–4,5). Mangelhaft (4,6–5,5).

Reihenfolge nach dem Gruppenurteil Sicherheit und Schadstoffe, bei gleichem Urteil nach Alphabet.

1) Das Gruppenurteil Sicherheit und Schadstoffe umfasst die Sicherheit vor direkten Gefahren wie verschluckbare Kleinteile, Strangulationsgefahr, Entflammbarkeit und die Sicherheit vor gesundheitsgefährdenden Schadstoffen.

Einkauf der Prüfmuster: Mai bis Juli 2015.

test Plüschtiere II (nicht empfehlenswerte) 12/2015

www.test.de	Preis ca. (Euro)	Mängel	SICHERHEIT UND SCHADSTOFFE[1]
Toys"R"Us Bär mit parfümierten Ohren (Erdbeere)[2] Art.-Nr. 5F60866	10,00	**Schadstoffe:** Ohren enthalten **Duftstoffe**, darunter in geringen Mengen allergenen Benzylalkohol.	**ausreichend (4,0)**
Die Spiegelburg Pferdefreunde, Pferd Johnny, 20 cm[2] Art.-Nr. 11400	13,00	**Schadstoffe:** Sattel und Trense enthalten **Chrysen (PAK)**, Augen deutliche Mengen **Naphthalin (PAK).**	**mangelhaft (4,6)**
Kösen Felsenpinguin, klein[3] Art.-Nr. 729208	76,50	**Schadstoffe:** Fußoberseite enthält **Formaldehyd** in zu hohen und **NPE** in deutlichen Mengen, Fußunterseite mit deutlichen Mengen an **PAK**.	**mangelhaft (4,6)**
Nici Ayumi Secret, schwarz, 20 cm Art.-Nr. 37046	15,00	**Schadstoffe:** Schleife enthält **Chrysen (PAK)**, Etikett deutliche Mengen **PAK**. Nase **nicht schweiß- und speichelecht**.	**mangelhaft (4,6)**
Nici Der kleine Drache Kokosnuss, Schlenker, 25 cm Art.-Nr. 37925	18,00	**Schadstoffe:** Orangefarbener Plüsch enthält **Chrysen (PAK)**. Rückenkamm und Klauen mit deutlichen Mengen **NPE**.	**mangelhaft (4,6)**
Nici Shaun das Schaf, Schlenker, 25 cm Art.-Nr. 33104	14,90	**Schadstoffe:** Cremefarbener Plüsch enthält **Chrysen (PAK)**.	**mangelhaft (4,6)**

Bewertungsschlüssel der Prüfergebnisse: Sehr gut (0,5–1,5). Gut (1,6–2,5). Befriedigend (2,6–3,5). Ausreichend (3,6–4,5). Mangelhaft (4,6–5,5). **Reihenfolge nach dem Gruppenurteil Sicherheit und Schadstoffe, bei gleichem Urteil nach Alphabet.** NPE = Nonylphenolethoxylate. PAK = Polyzyklische aromatische Kohlenwasserstoffe.

1) Das Gruppenurteil Sicherheit und Schadstoffe umfasst die Sicherheit vor direkten Gefahren wie verschluckbare Kleinteile, Strangulationsgefahr, Entflammbarkeit und die Sicherheit vor gesundheitsgefährdenden Schadstoffen.

2) Laut Anbieter Auslaufmodell. Restbestände im Handel. **3)** Laut Anbieter Produkt verändert.

Einkauf der Prüfmuster: Mai bis Juli 2015.

test Plüschtiere II (nicht empfehlenswerte) 12/2015

www.test.de	Preis ca. (Euro)	Mängel	SICHERHEIT UND SCHADSTOFFE[1)]
Sigikid Beasts Metusa Leo, klein Art.-Nr. 38355	35,00	**Schadstoffe:** Beasts-Etikett enthält deutliche Mengen an **Naphthalin (PAK)**.	**mangelhaft (4,6)**
Sterntaler Spieltier Mabel Art.-Nr. 3001401	12,00	**Schadstoffe:** Plüsch und Textilien enthalten deutliche Mengen an **Naphthalin (PAK)**.	**mangelhaft (4,6)**
Sunkid Frosch Art.-Nr. 12823	10,00	**Schadstoffe:** Roter Textilmund enthält **Chrysen (PAK)** und deutliche Mengen **NPE**.	**mangelhaft (4,6)**
Teddy Hermann Teddy gold Art.-Nr. 911234	22,00	**Schadstoffe:** Etikett enthält **Chrysen (PAK)**, Plüschschnauze deutliche Mengen **Naphthalin (PAK)**.	**mangelhaft (4,6)**
Tedi Kuschelfreunde Teddybär mit Flicken Art.-Nr. 6944000	10,00	**Schadstoffe:** Braune Nase enthält **Phthalat DIBP**.	**mangelhaft (4,6)**
Ty Frizzy Fang blau, 15 cm EAN 008421371327	7,00	**Schadstoffe:** Blaue Plüschmähne enthält **Chrysen (PAK)**.	**mangelhaft (4,6)**
Woolworth / Smily Teddybär, braun Art.-Nr. 134419/00	5,00	**Schadstoffe:** Augen enthalten deutliche Mengen an **Naphthalin (PAK)**.	**mangelhaft (4,6)**
Althans Eule, 18 cm Art.-Nr. 55767	19,00	**Schadstoffe:** Plüschrücken und Etikett enthalten **Chrysen (PAK)**.	**mangelhaft (4,7)**
Ebulobo Kleiner Louloup EAN 3760172870142	20,00	**Schadstoffe:** Plüsch enthält **Chrysen (PAK)**.	**mangelhaft (4,7)**
Simba Disney Winnie the Pooh Tigger, 25 cm Art.-Nr. 5875526	10,00	**Schadstoffe:** Plüsch enthält **Chrysen (PAK)**.	**mangelhaft (4,7)**
Vivid Leo Lausemaus Kuschelfreund Art.-Nr. 40252.3000	13,00	**Schadstoffe:** Brauner und weißer Plüsch enthalten **Chrysen (PAK)**.	**mangelhaft (4,7)**
Nanu-Nana Teddybär mit Herz EAN 2004203000049	2,95	**Schadstoffe:** Plüsch enthält **Chrysen (PAK)**.	**mangelhaft (4,8)**
Ikea Lilleplutt Katze grau-weiß Art.-Nr. 002.604.51	5,00	**Schadstoffe:** Barthaare enthalten hohe Mengen an **Naphthalin (PAK)**.	**mangelhaft (5,2)**
Karstadt / Kuschelwuschel, Pegasus Cerise, 20 cm EAN 2246104906956	10,00	**Füllwatte kann herausgezogen werden:** Ohr- und Armnaht zu schnell, zu weit gerissen.[3)] Schadstoffe: Schwanz und Mähne enthalten **Chrysen (PAK)**.	**mangelhaft (5,5)**
Käthe Kruse Drache Kuno Spieltier[2)] Art.-Nr. 0181159	27,00	**Füllwatte kann herausgezogen werden:** Fußnähte zu schnell, zu weit gerissen.[3)] Schadstoffe: Folie im Flügel enthält **DEHP**[3)], ein Etikett deutliche Mengen **Naphthalin (PAK)**.	**mangelhaft (5,5)**
Steiff Hoppi Schlenker-Hase, 26 cm Art.-Nr. 280344	50,00	**Füllwatte kann herausgezogen werden:** Unterarmnähte zu schnell, zu weit gerissen.[3)]	**mangelhaft (5,5)**

Bewertungsschlüssel der Prüfergebnisse: Sehr gut (0,5–1,5). Gut (1,6–2,5). Befriedigend (2,6–3,5). Ausreichend (3,6–4,5). Mangelhaft (4,6–5,5).
Reihenfolge nach dem Gruppenurteil Sicherheit und Schadstoffe, bei gleichem Urteil nach Alphabet.
DEHP = Diethylhexylphthalat. DIBP = Diisobutylphthalat. NPE = Nonylphenolethoxylate.
PAK = Polyzyklische aromatische Kohlenwasserstoffe. **1)** Das Gruppenurteil Sicherheit und Schadstoffe umfasst die Sicherheit vor direkten Gefahren wie verschluckbare Kleinteile, Strangulationsgefahr, Entflammbarkeit und die Sicherheit vor gesundheitsgefährdenden Schadstoffen. **2)** Laut Anbieter Auslaufmodell. Restbestände im Handel. **3)** Verstößt gegen rechtliche Vorgaben.
Einkauf der Prüfmuster: Mai bis Juli 2015.

Unser Rat

Der Kinderwagen begleitet Baby und Eltern auf allen Wegen. Daher sind kindgerechte Gestaltung, einfache Handhabung und schadstofffreie Verarbeitung wichtig. Am besten erfüllt **Britax Go** diese Kriterien. Mit 915 Euro zählt er zur Oberklasse. Rund ein Drittel kostet **Turbo 6S** von **ABC-Design** (330 Euro). Er schafft ein Befriedigend, allerdings ist seine Tragetasche für große Babys recht klein.

Fürs Baby nur der Beste

2/2015 Nur ein Kinderwagen ist gut. Die anderen engen Babys ein oder enthalten Schadstoffe. Zwei der Teuersten schneiden mangelhaft ab.

Vom Säugling bis zum Kleinkind von etwa dreieinhalb Jahren sollen sich die 14 Kombi-Kinderwagen eignen, die die Stiftung Warentest geprüft hat. Doch nur einer schneidet gut ab. Bei den anderen engen entweder die Tragetaschen die kleinen Passagiere ein. Oder die Sitze sind nicht kindgerecht gebaut. Oder Schadstoffe belasten Eltern und Kind. Acht Gefährte schneiden ausreichend ab, weil sie Babys nicht genug Platz einräumen. Zwei Wagen sind mangelhaft: Joolz Day Earth für 950 Euro und Stokke Trailz für 970 Euro. Grund sind Schadstoffe im Bezug und in den Griffen.

Dass es ohne Schadstoffe geht, beweist Naturkind. Schurwolle statt Polyesterwatte polstert die Tragetasche. Eine Echtholzplatte stützt den Rücken. Die Griffe bestehen aus Kork statt aus Kunststoff. Besser geht es nicht. Dennoch: Frei von Schadstoffen zu sein, reicht nicht für einen guten Kinderwagen. Die Insassen müssen darin auch komfortabel liegen und sitzen. An der kindgerechten Gestaltung scheitert Naturkind – genauso wie viele andere Modelle.

Platzmangel verhindert Babys Schlaf

14 Stunden und länger schlummern Babys pro Tag. Im Schlaf regenerieren sie und verarbeiten Erlebtes. Aufgabe der Eltern ist es, ihnen eine angenehme Schlafumgebung zu schaffen – zuhause und unterwegs im Kinderwagen. Doch die meisten Tragetaschen sind zu eng, zu kurz oder beides. Ein sechsmonatiges Kind mit Windel, Schneeanzug, Fußsack zwängen sie regelrecht ein. Manche

Sitze sollten mitwachsen

Zwischen dem Alter von sechs Monaten und drei Jahren wachsen Kinder rund 30 Zentimeter. Sind die Sitze eines Kinderwagens noch zu tief, können für schmächtige Kinder sitzverkleinernde Kissen helfen. Kaum Abhilfe gibt es, wenn für große Kinder die Lehnen zu kurz sind, der Kopf darüber hinaus ragt und nicht abgestützt ist. Auch Fußstützen sollten mitwachsen und verstellbar sein.

test Kinderwagen 2/2015

www.test.de	Mittlerer Preis ca. (Euro)	Kindgerechte Gestaltung	Handhabung	Haltbarkeit	Sicherheit	Schadstoffe	test-QUALITÄTSURTEIL
Gewichtung		45 %	35 %	5 %	5 %	10 %	100 %
Britax Go	915	+	+	++	+	+	**GUT (2,4)**
Knorr-Baby Voletto Sport[1]	600	○	○	++	○	⊖	**BEFRIED. (3,1)**
ABC-Design Turbo 6S[2]	330[3]	○	○	++	○	○	**BEFRIED. (3,2)**
Hauck Malibu XL All in One[4][5]	299	○	○	++	+	⊖	**BEFRIED. (3,4)**
Bugaboo Cameleon3 Base	970	⊖*)	⊖	++	+	⊖	**AUSREICH. (4,0)**
Gesslein F6 Air+[1][6]	680	⊖*)	+	++	○	○	**AUSREICH. (4,0)**
Hartan Topline S[7]	600	⊖*)	○	++	○	+	**AUSREICH. (4,0)**
Maxi-Cosi Mura 4 Plus[8]	630	⊖*)	○	++	+	⊖	**AUSREICH. (4,0)**
Mutsy Evo[1]	570	⊖*)	○	++	○	+	**AUSREICH. (4,0)**
Naturkind Terra plus[9]	880	⊖*)	○	++	○	++	**AUSREICH. (4,0)**
Peg Perego Book Pop-Up Modular[4][10]	1000	⊖*)	○	++	+	+	**AUSREICH. (4,0)**
Teutonia BeYou V2[11][12]	915	⊖*)	○	++	+	+	**AUSREICH. (4,0)**
Joolz Day Earth[1]	950	○	+	++	○	–*)	**MANGELH. (4,6)**
Stokke Trailz[1]	970	○	○	+	+	–*)	**MANGELH. (4,8)**

Bewertungsschlüssel der Prüfergebnisse: ++ = Sehr gut (0,5–1,5). + = Gut (1,6–2,5). ○ = Befriedigend (2,6–3,5). ⊖ = Ausreichend (3,6–4,5). – = Mangelhaft (4,6–5,5).
Bei gleichem Qualitätsurteil Reihenfolge nach Alphabet.
***) Führt zur Abwertung. 1)** Laut Anbieter inzwischen geändert. **2)** Laut Anbieter durch Nachfolger Turbo 6 ersetzt.
3) Onlinepreis ohne Versandkosten (Stand: 16.12.2014). **4)** Auto-Kindersitz im Lieferumfang enthalten.
5) Laut Anbieter durch Nachfolger Hauck Miami 4 Trio-Set ersetzt. **6)** Geprüft mit Tragetasche C1-Lift.
7) Geprüft mit Softtragetasche. **8)** Geprüft mit faltbarem Kinderwagenaufsatz.
9) Laut Anbieter durch Nachfolger Classic ersetzt. **10)** Geprüft mit Gestell S.
11) Geprüft mit Tragetasche Vario Plus. **12)** Laut Anbieter durch Nachfolger BeYou V3 ersetzt.
Einkauf der Prüfmuster: August bis November 2014.

Aufsätze sind so kurz, dass großgeratene Babys in ihnen schon nach vier Monaten mit den Füßen anstoßen. So fallen Babys schwieriger in den Schlaf.

Zwischen Liegen und Sitzen

Ist die Tragetasche zu klein, satteln Babys auf die Sitzeinheit um. Doch manche Sitze eignen sich erst für Kinder ab neun Monaten. Frühestens ab dem 7. Monat lernen Babys, sich aufzusetzen. Erst dann können sie im Sitz fahren. Bis dahin sollen sie flach liegen. Für die Übergangszeit ist es daher wichtig, dass sich der Sitz möglichst flach legen lässt. Dieses Liegebedürfnis ignorieren Bugaboo, Joolz und Stokke. In ihnen sitzen Kinder stets im festen Winkel von rund 100 Grad, im Britax wahlweise zwischen 90 und 116 Grad. Eltern stehen somit vor einem Dilemma: Sollen sie den Nachwuchs in die Tragetasche zwängen oder verfrüht hinsetzen?

Nicht nur Kinder, auch Eltern müssen mit dem Gefährt zurechtkommen. Große Eltern schätzen höhenverstellbare Schieber. Andernfalls laufen sie krumm. Die meisten Schieber eignen sich nur für kleine und mittelgroße Erwachsene. ■ **Anbieter Seite 270**

Unser Rat

Im Praxistest liefen viele Neutral- und Stabilitätslaufschuhe mit einer guten Note ins Ziel – ein Stabilschuh sogar mit sehr gut. Die Produktionsbedingungen überzeugen weniger: Kein Anbieter zeigt insgesamt sehr gutes oder gutes Engagement für Mitarbeiter und Umwelt. Den idealen Laufschuh für alle gibt es nicht. Für die Wahl des Schuhtyps ist wichtig, wie stark die Ferse nach innen einknickt.

Der Weg zum richtigen Schuh

8/2015 Die besten Modelle für verschiedene Fuß- und Läufertypen. Die größten Probleme in den Fabriken: wenig Lohn und viele Überstunden.

Welcher Schuh passt zu wem? Wir haben 17 Paar Herrenlaufschuhe geprüft – Neutral- und Stabilitätslaufschuhe sowie einen Barfußlaufschuh. Die Gruppen unterscheiden sich vor allem in der Stützfunktion. Läufer haben je nach Anatomie, Trainingszustand und Laufpensum unterschiedliche Anforderungen. Deshalb haben wir kein zusammenfassendes test-Qualitätsurteil vergeben, sondern beschreiben wichtige Aspekte wie dämpfende und stützende Eigenschaften für jeden Schuh.

Neutralschuhe für Neutralläufer

Erste Frage vor dem Kauf: Wie knickt meine Ferse beim Laufen ein? Knickt sie nur wenig nach innen ein, bezeichnen Orthopäden das als normale Pronation. Sie ist ein natürlicher Dämpfungsmechanismus zum Schutz vor hohen Stoßbelastungen. Für Läufer mit normaler Pronation eignen sich Neutralschuhe, wenn sie keine anderen Fußfehlstellungen oder orthopädischen Probleme haben.

Wer beim Laufen dagegen stark nach innen einknickt – Überpronation genannt –, sollte es mit Stabilitätslaufschuhen probieren. Sie sollen den Fuß stützen. Bei ausgeprägter Überpronation werden Sehnen, Gelenke und Bänder erheblich beansprucht, was zu Beschwerden im Fuß, Knie oder in der Hüftregion führen kann.

24 erfahrene Läufer, je zur Hälfte Normalläufer und Überpronierer, liefen im Praxistest mit jedem Schuh fünf Kilometer. Mit den meisten Modellen kamen die Läufer gut

Worauf es beim Kauf ankommt
Lassen Sie sich im Fachgeschäft oder vom Orthopäden beraten. Wichtig: Fußtyp, Beinachse, Gewicht, sportliche Ziele, Lauferfahrung. Laufen Sie mehrere Modelle Probe. Der Schuh sollte vorn eine Daumenbreite Luft haben, fest sitzen und nicht drücken. Wenig trainierte Sportler brauchen eine gute Stoßdämpfung. Weniger gedämpfte, oft leichtere Schuhe erlauben Fortgeschrittenen mehr Tempo.

test Laufschuhe für Herren 8/2015

www.test.de	Mittlerer Preis ca. (Euro)	Stützfunktion, gemessen im Labortest[1)]	Stoßdämpfung, gemessen im Labortest[1)]	Beurteilung im Praxistest	Druckverteilung im Labortest	Beurteilung durch Orthopäden	Haltbarkeit
Neutrallaufschuhe							
Asics Gel-Cumulus 16	130	Mittel	Ausgeprägt	+	O	+	+
New Balance 880 V4	130	Mittel	Ausgeprägt	+	++	+	O
Adidas Supernova Glide Boost 7	130	Gering	Mittel	+	+	+	+
Saucony Ride 7	130	Mittel	Mittel	+	++	+	+
Brooks Defyance 7	130	Mittel	Mittel	+	+	O	+
Mizuno Wave Ultima 6	130	Mittel	Sehr ausgeprägt	+	O	+	+
Salomon X-Scream 3D	130	Mittel	Sehr ausgeprägt	+	+	+	+
Reebok One Cushion 2.0	110	Mittel	Mittel	+	O	+	+
Nike Air Zoom Elite 7	130	Gering	Gering	O	O	O	+
Lunge Vivo[2)]	180	Ausgeprägt	Mittel	O	+	O	⊖
Stabilitätslaufschuhe							
Asics GT-1000 3	120	Ausgeprägt	Ausgeprägt	++	+	+	+
Mizuno Wave Inspire 11	135	Sehr ausgeprägt	Ausgeprägt	+	+	+	+
Adidas Supernova Sequence Boost 7	130	Ausgeprägt	Mittel	+	+	+	⊖
Saucony Guide 8	135	Ausgeprägt	Mittel	+	++	+	O
Brooks Adrenaline GTS 15	130	Ausgeprägt	Ausgeprägt	+	O	+	+
Nike Zoom Structure 18	130	Sehr ausgeprägt	Mittel	O	O	+	+
Besonderheit							
Nike Free 5.0	115	Mittel	Sehr gering	O	⊖	+	⊖

Bewertungsschlüssel der Prüfergebnisse: ++ = Sehr gut (0,5–1,5). + = Gut (1,6–2,5). O = Befriedigend (2,6–3,5). ⊖ = Ausreichend (3,6–4,5). — = Mangelhaft (4,6–5,5).

Reihenfolge nach Bewertung im Praxistest. Bei gleichem Urteil nach Alphabet.

1) Die Stützfunktion und die Stoßdämpfung wurden nicht bewertet, da die Anforderungen individuell sehr unterschiedlich sind. Abstufung: sehr ausgeprägt, ausgeprägt, mittel, gering, sehr gering.

2) Laut Anbieter Fersenfutter geändert. **Einkauf der Prüfmuster:** Dez. 2014 bis Febr. 2015.

zurecht. Den Stabilschuh von Asics fanden sie sogar sehr gut. Lediglich vier Schuhe bewerteten sie mit befriedigend.

Beim Laufen wirken zwei- bis dreimal höhere Kräfte als beim Gehen. Stoßdämpfung schont die Fuß-, Knie- und Hüftgelenke. Sie ist bei den geprüften Laufschuhen sehr gering bis sehr ausgeprägt. Die von den Läufern am besten bewerteten Modelle haben eine ausgeprägte Dämpfung.

Die meisten Schuhe erwiesen sich als gut haltbar, etwa bei der Scheuerbeständigkeit von Fersenfutter und Einlegesohle. Schwächen bei der Biegefestigkeit der Sohlen zeigten der Lunge-Neutralschuh, der Adidas-Stabilschuh und der Nike-Barfußschuh. ▸

test **Laufschuhe[1]: Unternehmensverantwortung[2] (CSR) 8/2015**

www.test.de	Unternehmenspolitik	Konfektion[3]	Sohlenproduktion[3]	Zulieferer Komponenten (Ober- und Innenschuh)[4]	Transparenz	test-CSR-ENGAGEMENT
Gewichtung	15 %	25 %	25 %	25 %	10 %	100 %
Adidas Supernova Glide Boost 7	+	+	+	−	+	BEFRIEDIGEND
Brooks Defyance 7	○	+	+	○	++	BEFRIEDIGEND
Reebok One Cushion 2.0	+	+	+	−	+	BEFRIEDIGEND
Salomon X-Scream 3D	⊖	+	+	−	+	BEFRIEDIGEND
Asics Gel-Cumulus 16	⊖	⊖	⊖	−	⊖	AUSREICHEND
Lunge Vivo	⊖	○	○	−	+	AUSREICHEND
Mizuno Wave Ultima 6	−	−	−	−	−	MANGELHAFT[5]
New Balance 880 V4	−	−	−	−	−	MANGELHAFT[5]
Nike Air Zoom Elite 7	−	−	−	−	−	MANGELHAFT[5]
Saucony Ride 7	−	−	−	−	−	MANGELHAFT[5]

Bewertungsschlüssel der Prüfergebnisse:
++ = Sehr gut. + = Gut. ○ = Befriedigend. ⊖ = Ausreichend. − = Mangelhaft.
Reihenfolge nach CSR-Engagement. Bei gleicher Bewertung Reihenfolge nach Alphabet.
1) Für Herren. **2)** Für Mitarbeiter und Umweltschutz. **3)** Überprüfung vor Ort, wenn vom Anbieter ermöglicht.
4) Bewertung von Fragebogen und Dokumentenprüfung. **5)** Anbieter verweigert Auskunft. Informationen aus Kundenanfragen und Internetauftritt ausgewertet.
Untersuchungszeitraum: Januar bis Juni 2015.

Die Fabriken in Asien

Wir haben alle Anbieter gebeten, uns die Tore ihrer Produktionsstätten zu öffnen und Unterlagen zu Löhnen, Arbeitsbedingungen und Umweltschutz zur Verfügung zu stellen. Nur fünf haben es getan: Adidas, Brooks, Reebok und Salomon, die in Asien produzieren lassen, sowie Lunge, der in Deutschland fertigt. Asics hat drei unserer vier Fragebögen zur Unternehmensverantwortung (CSR: Corporate Social Responsibility) beantwortet, die Fabriken aber blieben verschlossen. Mizuno, New Balance, Nike und Saucony haben den Blick hinter die Kulissen verweigert.

Die Fabriken, die wir in Asien besuchen durften, haben uns positiv überrascht. Beim Umweltschutz waren die Verhältnisse besser als bei Lunge in Deutschland. Vor allem die Arbeitsbedingungen in Vietnam und Indien, wo Reebok und Salomon produzieren, haben die Prüfer beeindruckt. An einigen Stellen drückt der Schuh aber noch: So haben die Anbieter meist nur die Sohlenhersteller und die Konfektionäre, die den Schuh zusammensetzen, im Blick. Wie es weiter unten in der Lieferkette aussieht, wissen sie oft nicht. Problematisch sind auch die geringen Löhne, wodurch sich viele Arbeiter zu massiven Überstunden gezwungen sehen.

Exzessive Überstunden, wenig Geld

Um etwas über die Fabriken der Verweigerer zu erfahren, haben wie in China mit Arbeitern gesprochen, die für Nike und Saucony fertigen. Einige berichteten von exzessiven Überstunden, geringen und vorenthaltenen Löhnen sowie Mängeln beim Gesundheitsschutz. Arbeiter eines Saucony-Zulieferers erzählten, weder kranken- noch unfallversichert zu sein. ■ Anbieter Seite 270

Unser Rat

Die beste Kaufberatung im Test bot der Berliner Laufladen **Spreeläufer,** dicht gefolgt vom **Niendorfer Laufladen** in Hamburg. Insgesamt schneiden die kleinen Spezialläden etwas besser ab als die überregionalen Sportfachhändler, unter denen nur **Runners Point** ein knappes Gut erreicht. Schwächen zeigen einige Läden bei der für die Schuhauswahl sehr wichtigen Laufanalyse.

Besser beim Spezialisten

4/2015 Kleine Fachgeschäfte beraten oft besser als große Sportfachhändler. Trotzdem werden häufig passende Schuhe verkauft.

Hunderte Laufschuhe von etwa 40 Anbietern füllen die Regale des Fachhandels. Ohne professionelle Beratung finden Freizeitsportler nur mit Glück Modelle, die für sie optimal geeignet sind. Wie hilft der Fachhandel bei der Auswahl? Fünf geschulte Tester baten als Kunden in Berlin, Hamburg und München um Laufanalyse und ausführliche Beratung und kauften je ein empfohlenes Paar Laufschuhe. Ein Orthopäde und ein Biomechaniker überprüften danach, ob die Schuhe für die Kunden geeignet waren.

Laufbandanalyse nur bei der Hälfte

Ergebnis: 11 der 16 getesteten Händler verkaufen gut geeignete Schuhe. Die kleinen Laufläden beraten tendenziell besser als die überregionalen Sportfachhändler. Nur knapp die Hälfte der Geschäfte setzte zur Laufanalyse ein Laufband mit Monitor ein. Nur jeder dritte Berater betrachtete den Kunden beim Laufen auf stabilem Untergrund.

Beides zusammen, darin sind sich Experten einig, erlaubt die bestmögliche Analyse. Auch alte Schuhe verraten viel. Doch für das genutzte Paar der Testkunden interessierte sich nur jeder zweite Verkäufer, ein Drittel warf nicht einmal einen Blick auf ihre Füße. Ob der neue Schuh passt – auch das müssen die Verkäufer am Fuß prüfen, machten sie aber nicht immer.

Vor allem in den überregionalen Fachgeschäften scheint es Berührungsängste zu geben. Einige Berater zeigten mehr oder weniger deutlich, dass sie keine Lust hatten,

Umtausch möglich

Viele Geschäfte tauschen Laufschuhe um oder nehmen sie zurück, wenn der Kunde damit nicht klarkommt. Gesetzliche Pflicht ist das nicht, sondern Kulanz. Nur wenige Verkäufer sprechen das Thema von sich aus an. Manche bleiben vage: „Komm vorbei, wenn du Probleme hast." Andere haben feste Fristen. Runners Point wirbt zum Beispiel mit einem Rückgaberecht von vier Wochen.

FOTO: LOX FOTO

test Kaufberatung Laufschuhe 4/2015				
www.test.de	Preisspanne der empfohlenen Schuhe (Euro, gerundet)	Beratung	Eignung der Laufschuhe	test-QUALITÄTSURTEIL
Gewichtung		**50 %**	**50 %**	**100 %**
Überregionale Sportfachhändler				
Runners Point	124 bis 159	○	+	**GUT (2,5)**
Sportscheck	80 bis 130	○	○	**BEFRIEDIGEND (2,9)**
Karstadt Sports	89 bis 130	○	+	**BEFRIEDIGEND (3,0)**
Intersport[1)]	80 bis 180	○	○	**BEFRIEDIGEND (3,1)**
Laufläden Berlin				
Spreeläufer	120 bis 160	+	+	**GUT (2,0)**
Lang und Laufladen	125 bis 140	+	+	**GUT (2,2)**
Laufart	99 bis 150	++	○*)	**GUT (2,3)**
Long Distance	90 bis 130	○	+	**BEFRIEDIGEND (2,7)**
Laufläden Hamburg				
Niendorfer Laufladen	100 bis 130	+	+	**GUT (2,1)**
Lunge Laufladen	125 bis 140	○	+	**GUT (2,4)**
Hamburger Laufladen	95 bis 140	○	+	**BEFRIEDIGEND (2,6)**
Laufwerk Hamburg	110 bis 160	○*)	+	**BEFRIEDIGEND (2,7)**
Laufläden München				
ErtlRenz	140 bis 180	+	+	**GUT (2,2)**
Sport Ruscher	130	+	+	**GUT (2,5)**
Inteam	117 bis 130	○	○	**BEFRIEDIGEND (2,8)**
Laufbar	130 bis 180	+	○*)	**BEFRIEDIGEND (3,0)**

Bewertungsschlüssel der Prüfergebnisse: ++ = Sehr gut (0,5–1,5). + = Gut (1,6–2,5). ○ = Befriedigend (2,6–3,5). ⊖ = Ausreichend (3,6–4,5). — = Mangelhaft (4,6–5,5).
***) Führt zur Abwertung. 1)** Getestet wurden nur Geschäfte mit markeneigener Laufanalyse Schuh Coach.
Erhebungszeitraum: November 2014 bis Januar 2015.

Fragen zu beantworten. Auffällig oft kam das bei Karstadt Sports vor.

Kein Rat zur Achillessehne

Mitunter waren die Verkäufer nicht kundig genug für die Zusatzfragen der Testkunden. Während fast alle beim Thema Blasenbildung eine Antwort versuchten, wussten viele keinen Rat zu Problemen mit der Achillessehne. Auch zu Knieschmerzen fiel etlichen nicht viel ein.

Ein überraschendes Ergebnis des Tests ist, dass gute Berater nicht immer einen guten Laufschuh empfehlen – und umgekehrt. Mitunter verkauften Händler nach einer mittelmäßigen Beratung sogar Schuhe, die in der Passform und den biomechanischen Eigenschaften optimal waren.

Es kommt vor, dass sich ein Läufer an gut geeignete Laufschuhe erst gewöhnen muss. Mitunter stützen sie die Füße auf neue Weise, es läuft sich in ihnen anders als in ausgetretenen Vorgängern. Zwei Wochen oder einige Dutzend gejoggte Kilometer kann es dauern, bis ein Sportler sich in Laufschuhen wohlfühlt. ■ Anbieter Seite 270

Unser Rat

Fünf Reisebüroanbieter liegen vorn: **First Reisebüro, Lufthansa City Center, Reiseland, Thomas Cook** und **Tui Travel Star.** First Reisebüro und Lufthansa City Center beraten Kunden gut. Tui Travel Star unterbreitete durchweg sehr gut zu den Kundenwünschen passende Reiseangebote. Einen sehr guten Service boten Lufthansa City Center, Reiseland, Thomas Cook sowie **Tui Reisecenter.**

Buchen ohne Fluchen

2/2015 Die Reiseangebote, die den Testkunden empfohlen wurden, passen meist. Die Beratung könnte aber besser sein.

Wer im Reisebüro bucht, zahlt in der Regel nicht mehr als Onlinekunden und kann eine Menge Zeit sparen. So lautet das Ergebnis unserer Untersuchung von 15 Reisebüroanbietern, die bundesweit als Kette, Franchisepartner oder in Kooperation unter einem gemeinsamen Namen auftreten. Bei jedem Anbieter prüften die Tester die Beratung in fünf Büros für fünf unterschiedliche Reisewünsche: eine ärztlich begleitete Rundreise durch Südafrika, eine Mittelmeer-Kreuzfahrt für eine vierköpfige Familie, eine Indien-Rundreise mit Badeurlaub, einen Last-minute-Tauchurlaub und eine Familienreise in die Türkei.

Meist passen die Angebote

Jeder Anbieter sollte für die Reisewünsche mindestens ein passendes Angebot unterbreiten. Vorher mussten sie dafür den Bedarf erkunden – Reiseziel, Zeitraum, Budget, Mitreisende, Anforderungen an die Unterkunft. Die Vorschläge sollten alle wichtigen Informationen enthalten: Abflugort und -zeit, Unterkunft, Reisegesamtpreis, Stornierungsbedingungen. Ergebnis: Zehn Anbieter schneiden gut ab, vier befriedigend, einer ausreichend.

Kollege kommt nicht

Bei 3 der 75 Testfälle mussten die Reiseberater passen. Mit Indien kenne sie sich nicht aus, sagte zum Beispiel die Mitarbeiterin eines Holiday-Land-Reisebüros mit Bedauern. Da der Kollege, den sie empfahl, auch ▶

Preise wie im Internet

Entgegen der allgemeinen Vermutung kosten klassische Pauschalreisen im Reisebüro nicht mehr als bei Onlinebuchungen. Die Prüfer haben die Preise der empfohlenen Reisen unmittelbar nach Verlassen des Reisebüros mit denen im Internet verglichen. Sie waren gleich. Grund ist, dass sich die Reisebüros aus denselben Datenbanken bedienen wie die Onlineanbieter.

test Reisebüros 2/2015

www.test.de	Beratung	Reiseangebot (Passgenauigkeit, Informationen)	Service	test-QUALITÄTSURTEIL
Gewichtung	40 %	40 %	20 %	100 %
First Reisebüro	+	+	+	GUT (2,0)
Lufthansa City Center	+	+	++	GUT (2,0)
Reiseland	○	+	++	GUT (2,0)
Thomas Cook	○	+	++	GUT (2,0)
Tui Travel Star	○	++	+	GUT (2,0)
DER Deutsches Reisebüro	○	+	+	GUT (2,2)
Karstadt Reisebüro	○	+	+	GUT (2,3)
Flugbörse	○	+	+	GUT (2,4)
Hapag-Lloyd Reisebüro	○	+	+	GUT (2,4)
Tui Reisecenter	○	+	++	GUT (2,5)
Sonnenklar Reisebüro	⊖	+	+	BEFRIEDIGEND (2,6)
Alltours Reisecenter	○	+	+	BEFRIEDIGEND (2,7)
DERpart	⊖	+	+	BEFRIEDIGEND (2,8)
Holiday Land	⊖	○	+	BEFRIEDIGEND (3,2)
L'tur	⊖	⊖	○	AUSREICHEND (4,1)

Bewertungsschlüssel der Prüfergebnisse: ++ = Sehr gut (0,5–1,5). + = Gut (1,6–2,5). ○ = Befriedigend (2,6–3,5). ⊖ = Ausreichend (3,6–4,5). — = Mangelhaft (4,6–5,5). **Bei gleichem Qualitätsurteil Reihenfolge nach Alphabet.**
Erhebungszeitraum: September/Oktober 2014.

nach 30 Minuten Wartezeit nicht erschien, wurde diese Testaufgabe nicht erfüllt.

Am besten quer durch alle untersuchten Ketten sind die Berater den Kreuzfahrtwünschen nachgekommen. Diese Schiffsreisen sind begehrt und haben mit die höchsten Wachstumsraten im Tourismus. Reisebüros werden mit Informationen und Schulungsangeboten geradezu bombardiert. Die Prüfanforderungen erfüllten am besten Reisen mit Schiffen von Aida und Tui Cruises.

Tauchreise kein Problem

Die zweitbesten Ergebnisse lieferten die Berater zur Last-minute-Tauchreise. Für die Vorgaben der Testkunden, vor allem für ihr Preislimit, kamen nur die Tauchreviere am Roten Meer in Ägypten infrage. Das war auch weniger erfahrenen Reisebüromitarbeitern klar. Mit den Fernreisen taten sich viele Expedienten dagegen schwer. Die Rundreise durch das indische Rajasthan mit einem Badeaufenthalt zu kombinieren, stellte etliche vor Probleme. Die Beratungen dauerten in diesem Fall lange. Bis zu 90 Minuten zog sich die Suche nach passenden Angeboten hin. Bei Südafrika war die Betreuung durch einen Arzt das Problem.

Freundliche Berater

Auch wenn sie bisweilen etwas überfordert wirkten, waren fast alle Berater freundlich und bemühten sich sehr, die Fragen der Testkunden zu beantworten. Oft nutzten sie für die Analyse des Kundenbedarfs eine Checkliste. Einige Berater legten bei der Suche jedoch eigene Kriterien an, beispielsweise einen besonders günstigen Preis, und vergaßen darüber die speziellen Wünsche des Kunden. ■

Anbieter Seite 270

Unser Rat

Mit einem glatt guten VKI-Testurteil empfiehlt sich **Uvex hlmt 300** (200 Euro) als Testsieger. Nur wenig schlechter schneidet der 100 Euro teurere **Kask Style** (300 Euro) ab. Bei der Wahl eines Helmes sollte nicht allein das Testergebnis entscheiden. Er muss auch richtig sitzen, soll nicht drücken und sich gleichmäßig anschmiegen. Im Zweifel ist ein befriedigender Helm besser als keiner.

Nur nicht oben ohne

1/2015 Helme mit integriertem Windschutz für die Augen bieten Skifahrern besonderen Komfort auf der Piste – speziell Brillenträgern.

Skifahren kann für Brillenträger zum Problem werden. Ein herkömmlicher Helm samt eng sitzender, separater Skibrille passt mit vielen Sehhilfen nur schwerlich zusammen.

Das ist Schnee von gestern. Als moderne Lösung bieten sich Helme an, bei denen ein fest montiertes Visier vor Sonne, Wind und Wetter schützt. Dieses Schutzvisier hat nicht nur Vorteile für Fehlsichtige, die ihre Korrekturbrille meist problemlos hinter der Kunststoffscheibe tragen können, sondern auch für alle anderen: Das Sichtfeld unter diesen Helmen ist meist größer als das von Skibrillen, und die extra beschichteten Visiere beschlagen nicht so schnell.

Die Sieger im Testlauf

Das Konzept funktioniert. Das bestätigt die österreichische Partnerorganisation der Stiftung Warentest, der Verein für Konsumenteninformation (VKI). Er hat erstmals Visierhelme geprüft. Von den sieben untersuchten Modellen erreichten vier ein Gut, der Rest ein Befriedigend.

Neben der Sicherheit und Haltbarkeit der Helme untersuchten die Prüfer unter anderem den UV-Schutz der Visiere. Sechs Personen bewerteten, wie gut die Helme in der Praxis funktionieren, etwa Auf- und Absetzen, Tragekomfort und Belüftung.

Die besten Ergebnisse insgesamt erreichten CP, HMR, Kask und Uvex. HMR wird in zahlreichen Farbvarianten und mit zwei verschiedenen Visieren angeboten. Minus- ▸

Die Vorteile der Visierhelme
Wer auf eine Brille als Sehhilfe angewiesen ist, kann praktisch jede Brille hinter dem Visier tragen. Die Visiere beschlagen längst nicht so schnell wie eine eng am Kopf anliegende Skibrille. Wer mal schnell freie Sicht haben muss, kann das Visier mit einem einzigen Griff öffnen – und braucht dazu nur eine Hand. Das große, um den Kopf herumgeführte Visier lässt Blicke aus dem Augenwinkel besser zu.

FOTO: BERGMANN FOTO

Skihelme mit Visier						1/2015
www.test.de	Mittlerer Preis ca. (Euro)	Technische Prüfung	Gebrauchs-anleitung	Hand-habung	Schad-stoffe	VKI-TESTURTEIL[1)]
Gewichtung		45 %	5 %	45 %	5 %	100 %
Uvex hlmt 300	200	+	○	+	○	GUT (2,0)
Kask Style	300[2)]	+	+	+	○	GUT (2,2)
CP Curako	200[3)]	+	○	+	○	GUT (2,3)
HMR H2 mit Visier V0097	400[3)]	○*)	○	+	○	GUT (2,3)
Alpina Jump JV	200	○*)	○	+	+	BEFRIEDIGEND (2,8)
Slokker Balo	300[2)]	⊖*)	+	+	⊖*)	BEFRIEDIGEND (3,1)
Bollé Backline Visor Soft	200	⊖*)	+	+	+	BEFRIEDIGEND (3,3)

Bewertungsschlüssel der Prüfergebnisse: ++ = Sehr gut (0,5–1,5). + = Gut (1,6–2,5). ○ = Befriedigend (2,6–3,5). ⊖ = Ausreichend (3,6–4,5). — = Mangelhaft (4,6–5,5). **Bei gleichem Qualitätsurteil Reihenfolge nach Alphabet.**
***) Führt zur Abwertung.**
1) Das VKI-Testurteil wurde in die Semantik der Stiftung Warentest überführt.
2) Preis laut Internetrecherche. **3)** Preis laut VKI. **Einkauf der Prüfmuster:** Juli/August 2014.

punkte beim ihm: Sein Kinnriemen gibt erst spät nach. Das kann kritisch werden, wenn der Skifahrer mit dem Helm irgendwo hängenbleibt. Das untersuchte Visier ist zwar kratzempfindlich, aber zugleich das einzige im Testfeld, das hundertprozentig vor ultravioletten Strahlen (UV) schützt.

Wer drückt, fliegt raus

Jeder Kopf ist anders, nicht jede Schutzschale passt zu jedem Kopf und nicht jedes Visier zu jedem Gesicht und über jede Nase. Darum sollten Interessenten Helme vor dem Kauf anprobieren und dabei eine Weile tragen. Der Kopfschutz darf nirgends drücken, das Polster muss sich gleichmäßig anschmiegen. Drückt ein Helm mit gutem Testergebnis, lohnt es sich, andere Einstellungen und Größen zu probieren. Hilft das nicht, bleibt nur ein anderes Modell. Selbst ein mittelmäßiger Helm ist sicherer als Skifahren oben ohne.

Wer hinter dem Visier eine Brille tragen will, sollte sie beim Helmkauf dabei haben. Ihr Gestell sollte auf keinen Fall am Visier anliegen. Das könnte das Visier verkratzen und in der Folge die Sicht einschränken. Die Polster des Helms sollten zudem nicht die Brillenbügel an den Kopf drücken. Das kann auf Dauer Schmerzen verursachen.

Empfindliche Scheiben

Visiere sind stoß- und kratzempfindlich. Außen und innen. Umsicht ist nicht nur beim Ablegen während einer Brettljause geboten. Sondern auch beim Putzen: Schon wenn der Nutzer Schnee und Nässe mit dem Skihandschuh oder einem Papiertaschentuch abwischt, kann das Visier Schaden nehmen. Besser ist es, die Scheibe mit einem Brillenputztuch abzutupfen. Zuhause helfen dann Spülmittel und trocknen lassen.

Andere Visiere für anderes Wetter

Die Visiere sind bei allen untersuchten Helmen austauschbar. Das ist nicht nur hilfreich, wenn sie Kratzer bekommen. Es eröffnet auch die Möglichkeit, andersfarbig beschichtete Varianten auszuprobieren, zum Beispiel für verschiedene Wetteranforderungen oder Lichtverhältnisse. Wechselvisiere kosten ab 30 Euro aufwärts. Bei manchen Modellen klappt der Tausch der Kunststoffscheibe im Handumdrehen ohne Werkzeug, bei anderen ist ein Schraubendreher nötig. ■

Anbieter Seite 270

Unser Rat

Maxi-Cosi Pebble Plus (260 Euro) ist die beste Babyschale aus den Tests des Jahres. Die besten Sitze für Kinder ab 9 Kilo sind **Cybex Pallas M-fix** (280 Euro) und **Joie Trillo Shield** (120 Euro). Ab 15 Kilo: **Britax Römer Kid II** (99 Euro) und **Kidfix SL** (119 Euro). Beste i-Size-Sitze sind **Maxi-Cosi Pebble Plus mit 2wayfix** (470 Euro) für Kinder bis 75 und **Concord Reverso** (380 Euro) bis 105 Zentimeter Größe.

Sorglos reisen

6 + 11/2015 Mehrere neue Babyschalen schützen die Jüngsten effektiv bei Unfällen. Auch für größere Kinder fanden wir gute Sitze.

Autokindersitze testet die Stiftung Warentest seit einer gefühlten Ewigkeit. Für die Tests 2015 wurde das Prüfprogramm überarbeitet. Es berücksichtigt neue Erkenntnisse zur Unfallsicherheit und technische Entwicklungen.

Unter anderem stammt die Testkarosserie nun aus der aktuellen Baureihe des VW Golf. Beim Seitenaufprall sind die Bedingungen strenger als gesetzlich vorgeschrieben: Der Crash erfolgt nicht der Norm entsprechend im rechten Winkel zur Karosserie, sondern schräg, wie es bei sehr vielen Unfällen vorkommt. Zudem sind nun die Dummys mit einem weiteren Sensor versehen. Er misst, welche Last beim Aufprall auf Bauchhöhe einwirkt. Die Ergebnisse sind besonders interessant für Sitze mit einem sogenannten Fangkörper vor dem Bauch des Kindes. Solche Modelle sind im Test vertreten. Besondere Probleme traten bei ihnen nicht auf.

Wenige fielen durch

Erfreulich viele Sitze bewältigten das strengere Prüfprogramm gut. Praktisch alle hielten den Kräften in der Unfallsimulation stand. Anschmiegsame Gurtsysteme und dämpfende Polster halten die Last auf den Kinderkörper in Grenzen. Ein Mangelhaft im Qualitätsurteil wegen der Unfallsicherheit kassierte nur der Sitz Hauck Varioguard. Die Babyschalen Casualplay Sono Fix, Simple Parenting Doona sowie die Schalen von Cybex und Cosatto schnitten wegen Schadstoffen im Bezug mangelhaft ab. ■ **Anbieter Seite 273**

Möglichst lange rückwärts sitzen

Ein Baby ist gut geschützt, wenn seine Sitzschale entgegen der Fahrtrichtung montiert ist. Dadurch verringert sich die Last auf Hals und Wirbelsäule bei der häufigsten Unfallart – einem Frontalaufprall. Experten empfehlen Rückwärtssitzen mindestens bis das Kind sicher laufen kann. Erst dann können Hals und Nacken auch in Fahrtrichtung einem Aufprall einigermaßen widerstehen.

FOTO: STIFTUNG WARENTEST

test Autokindersitze 6+11/2015

www.test.de	Mittlerer Preis ca. (Euro)	Für Kinder von (kg)	Befestigung des Sitzes: Isofix / Autogurt	Unfallsicherheit	Handhabung	Ergonomie	Schadstoffe	test-QUALITÄTSURTEIL
Gewichtung				50 %	40 %	10 %	0 %	100 %
Von der Geburt bis 13 kg Körpergewicht								
Maxi-Cosi Pebble Plus	260	0 bis 12	□/■	++	+	+	++	GUT (1,6)
Cybex Cloud Q	230	0 bis 13	□/■	++	+	+	○	GUT (1,9)
Cybex Cloud Q mit Isofix-Basis Base Q-fix	340	0 bis 13	■/■	+	+	+	○	GUT (2,0)
Graco SnugFix mit SnugFix Isofix-Basis	320[1)]	0 bis 13	■/■	+	+	+	++	GUT (2,0)
Graco SnugFix	193[1)]	0 bis 13	□/■	+	○ *)	+	++	GUT (2,4)
Simple Parenting Doona+	330	0 bis 13	□/■	○ *)	+	+	++	GUT (2,4)
Simple Parenting Doona+ mit Isofix-Basis	460	0 bis 13	■/□	○ *)	+	+	++	GUT (2,5)
Casualplay Sono Fix mit Isofix-Basis	330[2)]	0 bis 13	■/□	○	○	+	— *)	MANGELH. (4,6)
Cybex Aton 4	170	0 bis 13	□/■	++	+	+	— *)	MANGELH. (4,6)
Cybex Aton 4 mit Aton Base 2	270	0 bis 13	□/■	++	+	+	— *)	MANGELH. (4,6)
Cybex Aton 4 mit Aton Base 2-fix	290	0 bis 13	■/■	+	+	+	— *)	MANGELH. (4,6)
Cosatto Hold	219[1)]	0 bis 13	□/■	+	○	+	— *)	MANGELH. (4,7)
Cosatto Hold mit Basis	330[1)]	0 bis 13	□/■	+	+	+	— *)	MANGELH. (4,7)
Cosatto Hold mit Isofix-Basis	380[1)]	0 bis 13	■/□	+	+	+	— *)	MANGELH. (4,7)
Simple Parenting Doona[3)]	330	0 bis 13	□/■	○	+	+	— *)	MANGELH. (5,4)
Simple Parenting Doona mit Isofix-Basis[3)]	460	0 bis 13	■/□	○	+	+	— *)	MANGELH. (5,4)
Von der Geburt bis 18 kg Körpergewicht								
Cam Gara 0.1	109	0 bis 18	□/■	⊖ *)	○	+	○	AUSREICH. (4,0)
Hauck Varioguard[4)]	249	0 bis 18	■/■	— *)	○	+	⊖	MANGELH. (5,5)
Von 9 kg bis 18 kg / 36 kg Körpergewicht								
Cybex Pallas M-fix	280	9 bis 36	■/■	+	+	+	+	GUT (2,1)
Joie Trillo Shield	120	9 bis 36	■/■	+	+	○	++	GUT (2,1)
Britax Römer King II LS	199	9 bis 18	□/■	○ *)	+	+	++	GUT (2,3)
Casualplay Multiprotector Fix II	310[2)]	9 bis 36	■/■	○ *)	+	+	+	GUT (2,3)
Inglesina Amerigo I-Fix	500	9 bis 18	■/■	○ *)	+	+	+	GUT (2,4)

Bewertungsschlüssel der Prüfergebnisse: ++ = Sehr gut (0,5–1,5). + = Gut (1,6–2,5). ○ = Befriedigend (2,6–3,5). ⊖ = Ausreichend (3,6–4,5). — = Mangelhaft (4,6–5,5). **Bei gleichem Qualitätsurteil Reihenfolge nach Alphabet.**
***) Führt zur Abwertung.** ■ = Ja, □ = Nein.
1) Mittlerer Onlinepreis ohne Versandkosten (Stand: 30.09.2015). **2)** Mittlerer Onlinepreis ohne Versandkosten (Stand: 16.11.2015). **3)** Laut Anbieter durch Nachfolgemodell ersetzt. **4)** Laut Anbieter inzwischen geändert.
Einkauf der Prüfmuster: Januar bis Juli 2015.

test Autokindersitze 6 + 11/2015

www.test.de	Mittlerer Preis ca. (Euro)	Für Kinder von	Befestigung des Sitzes: Isofix / Autogurt	Unfallsicherheit	Handhabung	Ergonomie	Schadstoffe	test-QUALITÄTSURTEIL
Gewichtung				50 %	40 %	10 %	0 %	100 %
Von 9 kg bis 18 kg/36 kg Körpergewicht								
Maxi-Cosi Tobi	210	9 bis 18 kg	❑/■	○*)	+	+	+	GUT (2,4)
Britax Römer King II ATS	249	9 bis 18 kg	❑/■	○*)	+	+	++	GUT (2,5)
Cybex Pallas M	250	9 bis 36 kg	❑/■	○*)	+	+	+	GUT (2,5)
Peg Perego Viaggio1 Duo-Fix K TT	279	9 bis 18 kg	■/■	+	○	+	⊖*)	BEFRIED. (2,6)
Chicco Oasys 1 Isofix	249	9 bis 18 kg	■/❑	○*)	+	+	++	BEFRIED. (2,7)
Heyner Multiprotect Aero[1]	110	9 bis 36 kg	❑/■	○	○*)	+	○	BEFRIED. (3,2)
Chicco Gro-Up 123	159	9 bis 36 kg	❑/■	⊖*)	+	+	++	BEFRIED. (3,4)
Kiwy SLF123 Q-fix[1]	195	9 bis 36 kg	■/■	○*)	○	+	+	BEFRIED. (3,4)
Recaro Young Sport Hero	230	9 bis 36 kg	❑/■	○	○*)	○	++	BEFRIED. (3,4)
Von 15 kg bis 36 kg Körpergewicht								
Britax Römer Kidfix SL	119	15 bis 36 kg	■/■	+	++	+	++	GUT (1,8)
Britax Römer Kidfix SL Sict	149	15 bis 36 kg	■/■	+	+	+	++	GUT (1,8)
Britax Römer Kid II	99	15 bis 36 kg	❑/■	+	++	+	++	GUT (1,8)
Cybex Solution M	150	15 bis 36 kg	❑/■	+	+	+	+	GUT (1,8)
Cybex Solution M-fix	180	15 bis 36 kg	■/■	+	+	+	+	GUT (1,8)
Kiddy Smartfix	219	15 bis 36 kg	■/■	+	++	+	++	GUT (1,8)
Joie Trillo LX	90	15 bis 36 kg	■/■	+	+	+	++	GUT (2,0)
Heyner Maxiprotect Aero	85	15 bis 36 kg	❑/■	+	+	+	○	GUT (2,1)
i-Size bis 105 cm Körpergröße								
Maxi-Cosi Pebble Plus mit Isofix-Basis 2wayfix	470	45 bis 75 cm	■/❑	+	++	+	++	GUT (1,6)
Concord Reverso	380	40 bis 105 cm	■/❑	++	+	+	++	GUT (1,7)
Maxi Cosi 2wayPearl mit Isofix-Basis 2wayFix	480	67 bis 105 cm	■/❑	+	+	+	+	GUT (2,2)
Maxi Cosi Axissfix	400	61 bis 105 cm	■/❑	+	+	+	++	GUT (2,2)
Joie i-Anchor mit i-Anchor-Fix-Basis[2]	300	40 bis 105 cm	■/❑	○	○*)	○	++	BEFRIED. (2,8)

Bewertungsschlüssel der Prüfergebnisse: ++ = Sehr gut (0,5–1,5). + = Gut (1,6–2,5). ○ = Befriedigend (2,6–3,5). ⊖ = Ausreichend (3,6–4,5). — = Mangelhaft (4,6–5,5). **Bei gleichem Qualitätsurteil Reihenfolge nach Alphabet.**

***) Führt zur Abwertung.** ■ = Ja, ❑ = Nein.

1) Laut Anbieter inzwischen geändert.

2) Laut Anbieter Auslaufmodell.

Einkauf der Prüfmuster: Januar bis Juli 2015.

Unser Rat

Carsharing lohnt sich vor allem in Ballungsgebieten mit einem gut ausgebauten Nahverkehrsnetz. Alle Anbieter schneiden gut ab – bis auf zwei, deren Noten wegen unerlaubter Klauseln im Kleingedruckten abgewertet wurden. Das beste Angebot mit festen Stationen haben **Flinkster** und **Cambio**. Die Freefloating-Flotten **Car2go, DriveNow** und **Multicity** fahren ebenfalls vorn mit.

Mieten für Minuten

7/2015 Die Auto-Kurzzeitmiete funktioniert. Buchen und Abrechnen klappen meist gut. Mängel finden sich nur im Kleingedruckten.

Je nach Bedarf das passende Fahrzeug zur Hand, das ist eines der Versprechen von Carsharing-Anbietern. Um zu prüfen, wie gut sie es halten, waren unsere Tester in 15 Städten unterwegs. Bei jedem Anbieter unternahmen sie zehn Testfahrten, wenn der Fuhrpark es ermöglicht auch mit einem Möbeltransporter und einem Elektromobil. Zusätzlich haben sie je 30 Mal geprüft, ob tatsächlich Autos zur Verfügung standen. Ergebnis: Wo Carsharing angeboten wird, funktioniert es recht ordentlich. Im Test schneiden neun Anbieter gut ab, zwei befriedigend – wegen ärgerlicher Mängel in den allgemeinen Geschäftsbedingungen.

Zwei Varianten

Etabliert haben sich zwei Carsharing-Varianten: Beim klassischen Modell stehen die Autos auf einem festen Parkplatz. Nutzer holen sie ab, nach der Fahrt bringen sie sie dorthin zurück. Die zweite Variante ist flexibler, deutlich teurer und nur in großen Städten zu finden. Das Modell heißt Freefloating. Kunden orten eines der irgendwo in der Stadt geparkten Autos via Computer, mobiler Website oder App. Nach der Fahrt stellen sie es an einem beliebigen Parkplatz innerhalb des Nutzungsgebiets ab.

Beide Varianten haben Vor- und Nachteile. Am besten fahren Verbraucher, die beide wechselseitig nutzen können. Book-n-Drive, Car2go und Stadtmobil bieten in wenigen Städten feste Stationen und Freefloating parallel an. Flinkster, größter Anbieter des

Versicherungsschutz

Carsharing-Autos sind haftpflicht- und vollkaskoversichert. Für Schäden am Mietauto kommt die Vollkaskoversicherung auf. Bei einem selbstverschuldeten Unfall muss sich der Kunde mit 500 bis 1 500 Euro an den Reparaturkosten beteiligen. Zahlt er etwa 25 bis 90 Euro im Jahr zu, kann er die Selbstbeteiligung auf 200 bis 300 Euro senken, bei einigen auch auf null – zu höheren Kosten.

test Carsharing 7/2015

www.test.de	Buchen	Fahren	Kundenservice	Mängel in den AGB	test-QUALITÄTSURTEIL
Gewichtung	40 %	40 %	20 %	0 %	100 %
Flinkster	++	+	+	gering	GUT (1,7)
Multicity[1)]	++	+	○	gering	GUT (1,9)
Cambio	++	+	○	gering	GUT (2,0)
Car2go	+	+	+	sehr gering	GUT (2,1)
DriveNow	+	+	+	gering	GUT (2,1)
Drive Carsharing	+	+	○	gering	GUT (2,2)
Greenwheels	+	+	+	gering	GUT (2,2)
Stadtmobil[2)]	+	+	○	gering[3)]	GUT (2,2)
Book-n-Drive Carsharing	+	+	+	deutlich*)	GUT (2,4)
Teilauto	+	+	○	deutlich*)	BEFRIEDIGEND (2,8)
CiteeCar	○	+	○	deutlich*)	BEFRIEDIGEND (2,9)

Bewertungsschlüssel der Prüfergebnisse: ++ = Sehr gut (0,5–1,5). + = Gut (1,6–2,5). ○ = Befriedigend (2,6–3,5). ⊖ = Ausreichend (3,6–4,5). — = Mangelhaft (4,6–5,5). **Bei gleichem Qualitätsurteil Reihenfolge nach Alphabet.**
***) Führt zur Abwertung.**
Mängel in den AGB (allgemeine Geschäftsbedingungen):
keine, sehr gering, gering, deutlich, sehr deutlich.
1) Ausschließlich Elektrofahrzeuge.
2) Unternehmen besteht aus regionalen Verbünden. Im Test wurden drei Verbünde geprüft.
3) AGB des Anbieters Stadtmobil Rhein-Ruhr. **Erhebungszeitraum:** Februar bis Juni 2015.

Stationsmodells, und Freefloater Car2go haben 2015 eine Kooperation gestartet. Kunden können mit einer Registrierung beide Vermietflotten nutzen.

Wenn auch nicht immer in der vorgesehenen Kategorie, waren für alle Fahrten im Test Autos verfügbar – meist in maximal zwei Kilometer Entfernung. Blitzsauber waren nicht alle, grob verschmutzt nur einzelne. Alle Fahrzeuge ließen sich einfach öffnen – meist mit der Kundenkarte, bei vier Anbietern auch über die App.

Unzulässige Klauseln

Bei einigen Anbietern sollen Kunden für Schäden in voller Höhe selbst haften, wenn sie etwa bei einem Unfall die Polizei nicht hinzugezogen oder das „Null-Promille-Gebot" nicht eingehalten haben. Solche Klauseln im Kleingedruckten sind nicht immer zulässig. Auch Regeln für pauschalen Schadenersatz bei verspäteter Rückgabe oder Verstößen gegen das Rauchverbot im Auto sind nicht immer erlaubt, etwa wenn die Höhe die des üblichen Schadens übersteigt.

Tarife und Sonderkonditionen

Beim Carsharing mit festen Parkplätzen richten sich die Tarife meist nach Nutzungsdauer und gefahrenen Kilometern. Für längere Strecken oder Zeiten bieten einige Vermieter zusätzlich günstigere Pauschalen an.

Die stationsunabhängigen Anbieter rechnen meist pro Minute ab. Car2go bietet auch Stunden- und Tagestarife an, längere Strecken werden aber teuer: Ab dem 51. Kilometer kostet jeder weitere Kilometer 29 Cent. Bei DriveNow können Kunden für längere Fahrten Stundenpakete buchen: für 3, 6, 9 oder 24 Stunden. ■ **Anbieter Seite 273**

Unser Rat

Die iOS-Variante von **Tomtom Europa** (70 Euro) navigiert am besten. Unter den Android-Apps liegen **Google Maps** und **Here** (beide gratis) sowie **Tomtom Europa** vorn. Die Android-Version von Tomtom wurde allerdings inzwischen durch die neue App **Tomtom Go Mobile** ersetzt – sie kostet 20 Euro pro Jahr (45 Euro für 3 Jahre) und führt ähnlich gut durch den Straßenverkehr wie die alte App.

Offline fahren, Daten sparen

5/2015 Wer ohne Internetverbindung navigiert, schont sein Mobilfunk-Datenvolumen. 14 der 19 geprüften Apps bieten einen Offline-Modus.

Von 19 Apps im Test sind 8 gratis. Ein schlagkräftiges Argument der Apps gegenüber Navi-Geräten – zumal 15 der 19 Programme gut durch den Verkehr leiten.

Wer sich für eine App entscheidet, sollte vor allem überlegen, ob er damit online oder offline navigieren möchte. Beides hat Vorteile: Online können Apps Live-Verkehrsdaten empfangen – beispielsweise Informationen über Staus und Gefahrenstellen. Der Offline-Modus schont das Mobilfunk-Datenvolumen – insbesondere im Ausland ist das wichtig, da sonst Roaming-Gebühren anfallen. Bis auf die Programme von Apple, Google und Waze bieten alle Apps im Test einen Offline-Modus. Der Nutzer muss sich die Karten dann vor der Fahrt runterladen – am besten im heimischen WLan, um sein Mobilfunkdatenvolumen nicht zu belasten.

Live-Daten kosten mitunter extra

Einige Anbieter bitten für Live-Daten extra zur Kasse. Pro Jahr fallen bei Copilot 10 Euro an, bei V-Navi 17 Euro, bei Sygic 20 Euro und bei Tomtoms iOS-Variante 24 Euro. Navigon verlangt 20 Euro, allerdings nur einmalig und nicht jährlich wie die Konkurrenten. Bei den anderen Apps sind die Live-Dienste gratis. Einzige Ausnahme ist Mapfactor: Diese App bietet gar keine Live-Dienste.

Akku nach zwei bis vier Stunden leer

Die Apps unterscheiden sich stark darin, wie sehr sie den Akku des Smartphones belasten. Mit der iOS-Variante von Navigon hält

Datenverkehr im Straßenverkehr
Immerhin: Keine App erhielt für ihr Datensendungsverhalten die Bewertung „sehr kritisch“. Sechs Android- und drei iOS-Apps sind allerdings „kritisch“: Sie analysieren zum Beispiel das Nutzerverhalten oder senden Daten an Dritte – und das teilweise auch noch unverschlüsselt. Was die Wahrung der Privatsphäre betrifft, sind die Apps deutlich problematischer als Navigationsgeräte.

FOTO: ANBIETER, STIFTUNG WARENTEST (M)

test Navigations-Apps 5/2015

www.test.de	Preis ca. (Euro)[1]	Navigation	Handhabung	Nutzungszeit mit Akku	Vielseitigkeit	Datensendungsverhalten[2]
Android (geprüft auf Samsung Galaxy S 5)						
Google Maps	Kostenlos	+ (2,1)	+	○	⊖	**kritisch**
Here [3]	Kostenlos	+ (2,1)	+	○	+	**kritisch**
Tomtom Europa[4]	69	+ (2,1)	○	+	+	**unkritisch**
Navigon Europe	60	+ (2,2)	○	+	+	**kritisch**
Sygic GPS Navigation Europe	20	+ (2,2)	+	+	+	**kritisch**
Copilot Premium Europa	44	+ (2,4)	+	+	+	**kritisch**
Mapfactor GPS Navigation	Kostenlos	○ (2,8)	⊖	○	+	**kritisch**
Waze	Kostenlos	○ (2,9)	+	+	⊖	**entfällt**[5]
iOS (geprüft auf Apple iPhone 6)						
Tomtom Europa	70	+ (1,8)	○	+	+	**unkritisch**
Navigon Europe	80	+ (2,1)	○	⊖	+	**unkritisch**
Google Maps	Kostenlos	+ (2,3)	+	○	⊖	**unkritisch**
Map and Route V-Navi	20[6]	+ (2,3)	○	○	○	**kritisch**
Sygic GPS Navigation Europe	20	+ (2,3)	+	○	+	**kritisch**
Copilot Premium Europa	44	+ (2,4)	+	+	+	**unkritisch**
Apple Karten	Kostenlos	+ (2,5)	○	+	⊖	**unkritisch**
Scout GPS Navigation	5[7]	+ (2,5)	+	○	+	**kritisch**
Waze	Kostenlos	○ (2,9)	+	○	⊖	**entfällt**[5]
Windows Phone (geprüft auf Nokia Lumia 930)						
Navigon Europe	80	+ (2,3)	○	+	+	**unkritisch**
Here Drive+	Kostenlos	○ (2,6)	+	○	○	**unkritisch**

Bewertungsschlüssel der Prüfergebnisse: ++ = Sehr gut (0,5–1,5). + = Gut (1,6–2,5). ○ = Befriedigend (2,6–3,5). ⊖ = Ausreichend (3,6–4,5). — = Mangelhaft (4,6–5,5).
Reihenfolge nach Urteil Navigation, bei gleichem Urteil nach Alphabet.
Datensendungsverhalten: unkritisch, kritisch, sehr kritisch.
1) Für App und Karten für Europa. **2)** Das Urteil bezieht sich auf die im gesendeten Datenstrom identifizierten Daten.
3) Getestet wurde die Beta-Version. Die inzwischen verfügbare Vollversion war zum Testzeitpunkt noch nicht erhältlich.
4) Nicht mehr erhältlich – ersetzt durch die App Tomtom Go Mobile. Neu ist dabei, dass Live-Verkehrsdaten zur Grundausstattung gehören. Für die App fallen regelmäßig Abogebühren anstelle eines einmaligen Kaufpreises an (1 Jahr: 20 Euro; 3 Jahre: 45 Euro). Eine Gratis-Nutzung ist nur mit starken Einschränkungen möglich. **5)** Nicht bewertbar. Die App verlangt viele Zugriffsrechte auf Nutzerdaten, der Datenstrom ist aber gut verschlüsselt. **6)** Kostenlos für Nutzer der App „Gelbe Seiten" oder „Das Telefonbuch". **7)** Preis bezieht sich auf App mit Karten für Europa. App mit Karte für nur ein Land ist gratis erhältlich.
Download der Apps: Januar 2015.

das iPhone 6 mit nur zwei Stunden den Minusrekord. Positiv fallen Tomtom mit 210 Minuten und Copilot mit satten 230 Minuten auf Laufzeit auf. Die Windows-App von Navigon ermöglicht mit dem Nokia Lumia fast vier Stunden Betrieb. Unter den Android-Programmen zieht Google Maps am meisten Strom: Nach 130 Minuten ist der Akku leer. Am längsten geht es mit Waze: 225 Minuten. Der Akku lässt sich bei allen per Adapter am Zigarettenanzünder während der Fahrt aufladen. ■

Anbieter Seite 273

Unser Rat

Tomtom navigiert am besten. Das **Go 50** für 150 Euro bietet zuverlässige Fahrempfehlungen, übersichtliche Karten und ist schnell einsatzbereit. Leichter bedienen lässt sich das **Becker Professional.6** (239 Euro). Beide ermöglichen einen Live-Dienst – aber nur via Smartphone. Wer ihn an Bord des Navis haben will, greift zum Tomtom Go 6000 aus dem Test 2/2014 mit dem besten Live-Dienst.

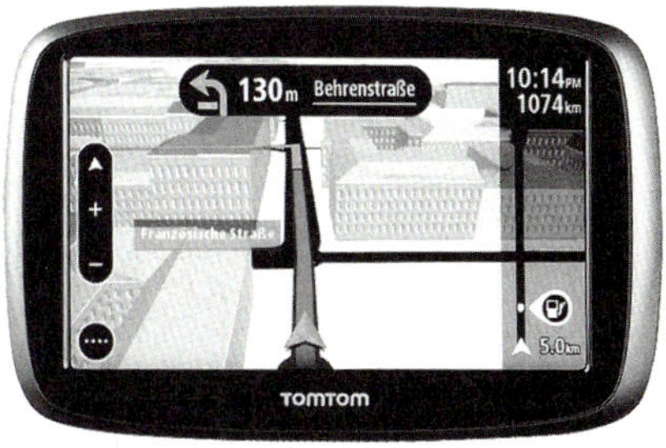

Freie Fahrt voraus

2/2015 Kostenlose Karten-Updates, Echtzeit-Verkehrsinfos, verlässliche Navigation – die aktuellen Geräte bieten einiges.

Navigationsgeräte lotsen ihre Nutzer mittlerweile sicher von A nach B und lassen sich meist auch anständig handhaben. Außerdem warten aktuelle Navis mit Extras auf, die ältere nicht bieten. Bei fast allen neuen Geräten gehört die kostenlose Aktualisierung der Karten dazu. Etliche Geräte ermöglichen zudem einen leistungsfähigen Live-Verkehrsdienst. Er erfasst den aktuellen Verkehrsfluss und schlägt bei Staus Ausweichrouten vor. Welcher der Verkehrsdienste am meisten Zeit spart, haben wir ebenfalls geprüft *(siehe Kasten rechts)*.

Große Anbieter machen das Rennen

Die Navis im Test überzeugen fast durchweg – 12 der 15 Modelle schneiden gut ab. Geräte großer Anbieter befinden sich qualitativ auf der Überholspur. Die Ergebnisse sind eindeutig. Beste Navigation: Tomtom. Leichteste Handhabung: Becker. Höchste Vielseitigkeit: Becker und Garmin. Die Navis von Blaupunkt und Mio leisten sich Schwächen bei der Navigation. Falk schrammt mit befriedigender Handhabung und Verarbeitung knapp am guten Gesamturteil vorbei. Nicht alle Geräte sind jedoch Schnellzünder. Ein ausgeschaltetes Navi zu starten und die schnellste Route für eine Fahrtstrecke von etwa 100 Kilometern zu berechnen, dauert bei Mio fast zwei Minuten, bei Blaupunkt knapp anderthalb. Auch Becker-Navis gönnen sich etwas mehr als eine Minute. Dass es zügiger geht, beweist das Garmin Nüvi 56 in 16 Sekunden. ■ Anbieter Seite 273

Zeit sparen mit Live-Dienst
Attraktiv sind Live-Dienste vor allem für Vielfahrer. Die meiste Fahrtzeit sparten unsere Testfahrer mit Tomtom Traffic – etwa vier Minuten pro Stunde. Mit der Handy-App Google Maps gewannen sie stündlich drei Minuten. Becker Link2Live Pro Dienste verkürzte die Fahrtzeit um zwei Minuten in der Stunde, Garmin Live Traffic um eine. Für längere Strecken lohnt sich einer der besseren Dienste.

test Navigationsgeräte 2/2015

www.test.de	Mit Live-Dienst	Mittlerer Preis ca. (Euro)	Navigation	Handhabung	Verarbeitung	Nutzungszeit mit Akku	Vielseitigkeit	test-QUALITÄTSURTEIL
Gewichtung			45 %	35 %	5 %	5 %	10 %	100 %
Bildschirmdiagonale etwa 12,7 cm (5 Zoll)								
Tomtom Go 50	Tomtom Traffic (via Smartphone)	150	+	+	+	⊖	+	**GUT (2,2)**
Garmin Nüvi 2599 LMT-D[1]	Garmin Live Traffic (via DAB+ oder Smartphone)	188	+	+	++	⊖	+	**GUT (2,3)**
Tomtom Go 500 Speak & Go[2]	Tomtom Traffic (via Smartphone)	184	+	+	++	⊖	+	**GUT (2,3)**
Becker Active.5 LMU plus[3]		108	○	+	+	⊖	+	**GUT (2,4)**
Garmin Nüvi 56 LMT[1]		130	+	+	+	⊖	+	**GUT (2,4)**
Tomtom Start 50		129	+	○	+	⊖	+	**GUT (2,4)**
Mio Spirit 6970LM		150[4]	○	○	○	⊖	+	**BEFRIED. (2,9)**
Blaupunkt Travelpilot 52 EU LMU[5]		149	○	○	○	○	+	**BEFRIED. (3,2)**
Bildschirmdiagonale etwa 15,2 cm (6 Zoll)								
Becker Professional.6 LMU[3]	Becker Link2Live Pro (via Smartphone)	239	+	+	+	⊖	+	**GUT (2,1)**
Garmin Nüvi 2699 LMT-D[1]	Garmin Live Traffic (via DAB+ oder Smartphone)	217	+	+	++	⊖	+	**GUT (2,2)**
Tomtom Go 60	Tomtom Traffic (via Smartphone)	170	+	+	+	⊖	+	**GUT (2,2)**
Tomtom Go 600 Speak & Go[6]	Tomtom Traffic (via Smartphone)	223	+	+	++	○	+	**GUT (2,2)**
Tomtom Start 60		149	+	+	+	⊖	+	**GUT (2,3)**
Garmin Nüvi 66 LMT[1]		157	+	+	+	⊖	+	**GUT (2,5)**
Falk Neo 640 LMU		149	+	○	○	⊖	+	**BEFRIED. (2,6)**

Bewertungsschlüssel der Prüfergebnisse: ++ = Sehr gut (0,5–1,5). + = Gut (1,6–2,5). ○ = Befriedigend (2,6–3,5). ⊖ = Ausreichend (3,6–4,5). — = Mangelhaft (4,6–5,5). **Bei gleichem Qualitätsurteil Reihenfolge nach Alphabet.**
Alle haben: Ansagen von Straßennamen („Text to speech"), Karteneinschub für microSD-Karte.
1) Laut Anbieter inzwischen geändert. **2)** Laut Anbieter durch Nachfolger Go 510 ersetzt. **3)** Laut Anbieter Softwareupdate verfügbar. **4)** Onlinepreis ohne Versandkosten (Stand: 16. Dezember 2014). **5)** Laut Anbieter durch Nachfolger Blaupunkt TravelPilot TP54 EU LMU ersetzt. **6)** Laut Anbieter durch Nachfolger Go 610 ersetzt. **Einkauf der Prüfmuster:** Bis Okt. 2014.

Unser Rat

Beste 185er Reifen sind **Continental Contip PremiumContact 5** (65 Euro), **Goodyear Efficient Grip** (62 Euro) und **Nokian Line** (45 Euro). Bei den 205er Pneus fahren **Michelin Primacy 3** (93 Euro) **Goodyear Efficient Grip Performance** (84 Euro), **Continental ContiPremiumContact 5** (88 Euro), **Dunlop Sport BluResponse** (84 Euro) sowie **Pirelli Cinturato P7 Blue** (91 Euro) vorn.

Eco nicht auf Zack

3/2015 Auf jedem zweiten Reifen im Test prangen Wörter wie Eco, Blue oder Energy. Gut und zugleich besonders sparsam ist allerdings keiner.

Mag sein, dass der kräftig gesunkene Benzinpreis den Spritverbrauch ein wenig aus dem Blick geraten ließ. Doch Energiesparen bleibt für Umwelt und Geldbeutel sinnvoll. Das haben wohl auch die Reifenanbieter erkannt: Auf rund jedem zweiten Reifen prangen mittlerweile Wörter wie Eco, Blue, Efficient Verde oder Energy. Diese Begriffe suggerieren einen niedrigen Energieverbrauch und geringen Verschleiß. Aber längst nicht jedes Eco-Modell erweist sich als Spritsparer, einige verbrauchen sogar mehr als Standardreifen.

Insgesamt 35 Sommerreifen für Kleinwagen sowie für Kompakt- und Mittelklasse-Pkw wurden geprüft. Von Bridgestone, Continental, Hankook und Michelin sind in der Kompaktklasse gleich zwei Varianten vertreten: Eco und Standard.

Bei allen vier Marken schneiden die Standardreifen klar besser ab als ihre Eco-Geschwister. 6 von 19 Eco-Reifen schaffen zwar ein gutes test-Qualitätsurteil, verbrauchen aber auf der Teststrecke nicht unbedingt weniger Sprit als die guten ohne Eco.

FOTO: B. AMETSBICHLER

Zwölf Meter später

Bei Regen scheiden sich dann die Sommerreifen: 10 der 19 Eco-Modelle bremsen auf nasser Fahrbahn nicht gut; aber auch 10 von 16 Standardreifen. Schlechtester Reifen im Test ist der Nankang Eco-2 Green Sport. Bei einer Vollbremsung aus Tempo 80 kommt er zwölf Meter später zum Stehen als der Nassbrems-Primus, der Solus HS51, vom Koreanischen Anbieter Kumho. ▸

Sommerreifen im Winter

Winterreifen sind bei Eis- und Schneeglätte sowie Schneematsch Pflicht. Wer dagegen verstößt, riskiert 60 Euro und einen Punkt in Flensburg. Einen Zeitraum für die Pflicht nennt die Straßenverkehrsordnung nicht. Autofahrer, die bei Winterwetter auf Sommerreifen einen Unfall bauen, setzen auch ihren Versicherungsschutz aufs Spiel. Der Kfz-Haftpflichtversicherer kann sie in Mithaftung nehmen.

test — Sommerreifen 185/60 R14 H — 3/2015

www.test.de	Mittlerer Preis ca. (Euro) pro Reifen	Nasse Fahrbahn	Trockene Fahrbahn	Verschleißfestigkeit	Kraftstoffverbrauch	Geräusch	Schnelllaufprüfung	test-QUALITÄTSURTEIL
Gewichtung		40 %	20 %	20 %	10 %	10 %	0 %	100 %
Kleinwagengröße 185/60 R14 H (maximal 210 km/h)								
Continental ContiPremiumContact 5	65	+	+	+	+	○	Alle Reifen haben die Schnelllaufprüfung bestanden.	GUT (2,2)
Goodyear Efficient Grip Performance	62	+	+	+	+	⊖		GUT (2,2)
Nokian Line[1]	45	+	+	++	+	⊖		GUT (2,2)
Dunlop Sport BluResponse	62	+	+	+	+	⊖		GUT (2,3)
Vredestein Sportrac 5	52	+	+	+	+	⊖		GUT (2,3)
Hankook Kinergy Eco K425[2]	57	+	+	+	+	⊖		GUT (2,4)
Firestone Firehawk TZ300alpha	54	○*)	+	+	+	⊖		BEFRIEDIGEND (2,6)
Michelin Energy Saver+	69	○	○*)	++	+	⊖		BEFRIEDIGEND (2,6)
Sava Intensa HP	48	○	○*)	++	○	⊖		BEFRIEDIGEND (2,6)
Pirelli Cinturato P1 Verde	64	+	+	++	○*)	⊖		BEFRIEDIGEND (2,7)
Infinity Ecosis	38	○	○*)	○	+	○		BEFRIEDIGEND (3,0)
Yokohama BluEarth AE-01	45	○*)	+	+	+	⊖		BEFRIEDIGEND (3,1)
GT Radial Champiro Eco[3]	47	○*)	○	+	+	○		BEFRIEDIGEND (3,4)
Semperit Comfort-Life 2	54	○*)	○	++	+	⊖		BEFRIEDIGEND (3,4)
Kumho Ecowing ES01 KH27[4]	39	⊖*)	+	++	++	○		AUSREICHEND (3,9)
Matador Stella 2 MP 16	49	–*)	○	+	+	○		MANGELHAFT (4,8)

Bewertungsschlüssel der Prüfergebnisse: ++ = Sehr gut (0,5–1,5). + = Gut (1,6–2,5). ○ = Befriedigend (2,6–3,5). ⊖ = Ausreichend (3,6–4,5). – = Mangelhaft (4,6–5,5). **Bei gleichem Qualitätsurteil Reihenfolge nach Alphabet.**

***) Führt zur Abwertung.**

1) Keine Nachprüfung, da das Modell bei Stichproben im Handel nicht vorgefunden wurde. **2)** Laut Anbieter inzwischen geändert. **3)** Laut Anbieter durch Nachfolger ersetzt. **4)** Laut Anbieter ab DOT 4014 neuer Name: Kumho Ecsta HS51.

Einkauf der Prüfmuster: Mai/Juni und August/September 2014.

Große Unterschiede im Verschleiß

Für die Wirtschaftlichkeit zählt neben dem Spritverbrauch und dem Kaufpreis auch, wie lange ein Reifen hält. Bei der Verschleißfestigkeit sind die Unterschiede deutlich. Der Michelin Primacy 3, Testsieger für Kompakt- und Mittelklassewagen, verschleißt sehr wenig. Das trifft auch auf seinen Bruder zu, den Michelin Energy Saver+.

Nur halb so lange wie diese beiden hält der Kumho Solus HS51 aus derselben Gruppe. Angenommen, ein Satz der Michelin-Reifen hält bei einem Fahrer 50 000 Kilometer, dann schafft der von Kumho nur die Hälfte. Wie lange Reifen letztendlich mitmachen, hängt auch vom Fahrstil des Autobesitzers ab. Der Gesetzgeber schreibt eine Mindestprofiltiefe von 1,6 Millimeter vor. Spätestens an dieser Grenze ist der Reifen verschlissen.

Nachgekauft und verglichen

Die Tests für diese Untersuchung fanden im Sommer 2014 statt. Das war nötig, um die Reifen bei warmen Witterungsbedingungen zu prüfen, für die sie gemacht sind. Entsprechend früh mussten sie beschafft werden.

test Sommerreifen 205/55 R16 V — 3/2015

www.test.de	Mittlerer Preis ca. (Euro) pro Reifen	Nasse Fahrbahn	Trockene Fahrbahn	Verschleißfestigkeit	Kraftstoffverbrauch	Geräusch	Schnelllaufprüfung	test-QUALITÄTSURTEIL
Gewichtung		40 %	20 %	20 %	10 %	10 %	0 %	100 %
Kompakt- und Mittelklassewagengröße 205/55 R16 V (maximal 240 km/h)								
Michelin Primacy 3	93	+	++	++	+	○	Alle Reifen haben die Schnelllaufprüfung bestanden.	GUT (1,9)
Goodyear Efficient Grip Performance	84	+	+	+	+	○		GUT (2,1)
Continental ContiPremiumContact 5	88	+	++	+	+	○		GUT (2,2)
Dunlop Sport BluResponse	84	+	+	+	+	○		GUT (2,2)
Pirelli Cinturato P7 Blue	91	+	+	+	+	⊖		GUT (2,2)
Bridgestone Turanza T001[1]	86	+	+	+	+	○		GUT (2,3)
Fulda EcoControl HP	70	○*)	+	+	+	○		BEFRIEDIGEND (2,7)
Hankook Ventus Prime2 K115[1)2)]	74	○*)	+	+	+	○		BEFRIEDIGEND (2,7)
Semperit Speed-Life[3]	76	○*)	○	+	+	○		BEFRIEDIGEND (2,7)
Vredestein Sporttrac 5	59	○*)	+	+	+	○		BEFRIEDIGEND (2,7)
Falken ZIEX ZE914 Ecorun[1]	61	○	+	○*)	+	○		BEFRIEDIGEND (2,8)
Nokian Line	60	+	+	○*)	+	○		BEFRIEDIGEND (2,8)
Bridgestone Ecopia EP001S[4]	97	○*)	+	○	+	+		BEFRIEDIGEND (3,0)
Continental ContiEcoContact 5	90	○*)	+	+	+	+		BEFRIEDIGEND (3,2)
Michelin Energy Saver+	93	○*)	+	++	+	○		BEFRIEDIGEND (3,2)
Hankook Kinergy Eco K425[5]	75	○*)	○	○	+	+		BEFRIEDIGEND (3,3)
Kumho Solus HS51[1)6)]	59	+	+	○*)	+	○		BEFRIEDIGEND (3,3)
Kleber Dynaxer HP 3[1]	75	○*)	+	++	+	○		BEFRIEDIGEND (3,5)
Nankang Econex Eco-2 Green Sport[7]	70	–*)	○	+	+	○		MANGELHAFT (5,5)

Bewertungsschlüssel der Prüfergebnisse: ++ = Sehr gut (0,5–1,5). + = Gut (1,6–2,5). ○ = Befriedigend (2,6–3,5). ⊖ = Ausreichend (3,6–4,5). – = Mangelhaft (4,6–5,5). **Bei gleichem Qualitätsurteil Reihenfolge nach Alphabet.**

***) Führt zur Abwertung.**

1) Keine Nachprüfung, da das Modell bei Stichproben im Handel nicht vorgefunden wurde.
2) Laut Anbieter ab DOT 2214 geändert. **3)** Laut Anbieter durch Nachfolger Semperit Speed-Life 2 ersetzt.
4) Laut Anbieter nur noch Restbestände im Handel. **5)** Laut Anbieter inzwischen geändert. **6)** Laut Anbieter ab DOT 4014 unter neuer Bezeichnung Kumho Ecsta HS51 angeboten. **7)** Laut Anbieter inzwischen durch Nachfolger Nankang Econex Eco-2+ Green Sport ersetzt. **Einkauf der Prüfmuster:** Mai/Juni sowie August/September 2014.

Um sicherzustellen, dass zum Erscheinen des Tests nicht veränderte Reifen verkauft werden, haben wir die Modelle später anonym im Handel nachgekauft und auf der Teststrecke mit den anderen verglichen.
Für sechs Modelle war keine Nachprüfung möglich, da wir im Handel nur Produkte mit geänderten Angaben auf dem EU-Reifenlabel gefunden haben. Wir gehen davon aus, dass der Anbieter Design oder Material geändert hat. Eine Prüfung hätte kaum Übereinstimmung feststellen können. In der Tabelle sind diese Reifen mit einer Fußnote gekennzeichnet. ■ Anbieter Seite 273

Unser Rat

Von 35 getesteten Winterreifen sind 5 gut. Von den Kleinwagenreifen der Größe 165/70 R14 T sind das **Goodyear Ultragrip 9** (64 Euro), **Michelin Alpin A4** (67,50 Euro) und **Dunlop SP Winter Response 2** (65 Euro), bei den Reifen für Kompakt- und Mittelklasseautos, Größe 205/55 R16 H, **Continental Contiwintercontact TS 850** (102 Euro) und **Yokohama W.drive V905** (88,50 Euro).

Schwach bei Nässe

10/2015 Bei Schnee und Eis, aber auch bei Regen müssen Winterreifen für Sicherheit sorgen. Das schafft im Test nur jeder siebte.

Während sich viele Winterreifen bei Schnee und auf trockener Straße bewähren, ist ihre Leistung bei Nässe eher mäßig oder schlecht. Von 35 geprüften Modellen erreichten 27 gute Noten für das Fahren im Schnee – aber gerade mal 12 bekamen ein Gut auf nasser Fahrbahn. Einige Winterreifen fielen ganz durch: Aeolus und Mentor bremsten mangelhaft. Aeolus, Linglong und Mentor zeigten eine unzureichende Seitenführung, zudem war ihr Handling, das subjektive Sicherheitsempfinden der Fahrer, schlecht. Auch Avon war in diesem Punkt mangelhaft.

Reifen für Klein- und Kompaktwagen

Getestet wurden zwei Größen: Mit den schmaleren Reifen der Größe 165 fahren Kleinwagen wie Skoda Fabia oder Nissan Micra. Mit den breiteren der Größe 205 fahren Kompakt- und Mittelklasseautos wie Ford Mondeo, VW Passat oder Audi A3.

Insgesamt gut auf Eis, Schnee, bei Nässe und auf trockener Fahrbahn fuhren sich die 165er Reifen Dunlop SP Winter Response 2, Goodyear Ultragrip 9 und Michelin Alpin A4, von den 205ern erreichten das Continental Contiwintercontact TS 850 sowie Yokohama W.drive V905.

Der Qualitätsunterschied zwischen guten und schlechten Modellen zeigt sich eindrucksvoll beim Bremsen auf nasser Fahrbahn: Zwischen bestbremsenden Kleinwagenreifen, Continental TS 850, und dem schlechtesten, dem Mentor, lagen im Test 13 Meter Bremsweg. ■ Anbieter Seite 273

Winterreifen im Sommer

Ein Bußgeld und einen Punkt in Flensburg riskiert, wer bei Eis und Schnee mit Sommerreifen unterwegs ist. Umgekehrt ist es erlaubt, mit Winterreifen im Sommer zu fahren. Ratsam ist es nicht. Denn die Gummimischung von Winterreifen ist auf niedrige Temperaturen ausgelegt. Bei sommerlicher Wärme verschlechtert sich die Seitenführung deutlich und der Bremsweg wird länger.

test Winterreifen 165/70 R14 T — 10/2015

www.test.de	EU Reifenlabel Nasshaftung / Rollwiderstand	Mittlerer Preis ca. (Euro)	Mittlerer Preis pro Reifensatz ca. (Euro)[1]	Nasse Fahrbahn	Schnee	Trockene Fahrbahn	Eis	Verschleißfestigkeit	Kraftstoffverbrauch	Geräusch	Schnelllaufprüfung	test-QUALITÄTSURTEIL
Gewichtung				**30 %**	**20 %**	**15 %**	**10 %**	**10 %**	**10 %**	**5 %**	**0 %**	**100 %**
Goodyear Ultragrip 9	B / E	64,00	321	+	+	+	+	+	+	○	**Alle Reifen haben die Schnelllaufprüfung bestanden.**	**GUT (2,2)**
Michelin Alpin A4	C / F	67,50	335	+	+	+	+	++	+	○		**GUT (2,2)**
Dunlop SP Winter Response 2	B / C	65,00	325	+	+	+	+	+	+	○		**GUT (2,3)**
Fulda Kristall Montero 3	C / E	51,50	271	○*)	+	+	+	+	+	○		**BEFRIED. (2,6)**
Bridgestone Blizzak LM001	C / E	58,00	297	○	+	+	○*)	++	+	○		**BEFRIED. (2,7)**
Continental Contiwintercontact TS 850	C / E	67,00	333	+	+	+	○*)	++	+	○		**BEFRIED. (2,7)**
Falken Eurowinter HS449	C / F	50,00	265	○	○*)	+	+	+	+	○		**BEFRIED. (2,7)**
Uniroyal MS plus 77	C / E	53,00	277	+	+	○	○*)	+	+	○		**BEFRIED. (2,9)**
Pirelli Winter Snowcontrol Serie 3	B / F	62,50	315	+	○	○*)	+	+	+	○		**BEFRIED. (3,0)**
Semperit Master-Grip 2	C / E	52,00	273	○	+	+	○*)	+	+	○		**BEFRIED. (3,0)**
Barum Polaris 3	C / F	48,50	259	○*)	+	+	○	+	+	○		**BEFRIED. (3,1)**
Firestone Winterhawk 3	C / E	52,00	273	○*)	+	+	○	++	+	○		**BEFRIED. (3,5)**
Matador MP54 Sibir Snow	C / F	46,50	251	⊖*)	+	○	○	+	+	○		**AUSREICH. (3,6)**
Aeolus Snowace AW02	C / F	47,50	255	–*)	+	○	○	+	+	⊖		**MANGELH. (5,5)**
Linglong Green-Max Winter HP	C / F	43,50	239	–*)	○	○	+	+	+	○		**MANGELH. (5,5)**
Mentor M200[2]	C / F	44,00	241	–*)	○	○	○	++	+	⊖		**MANGELH. (5,5)**

Bewertungsschlüssel der Prüfergebnisse: ++ = Sehr gut (0,5–1,5). + = Gut (1,6–2,5). ○ = Befriedigend (2,6–3,5). ⊖ = Ausreichend (3,6–4,5). – = Mangelhaft (4,6–5,5). **Bei gleichem Qualitätsurteil Reihenfolge nach Alphabet.**

***) Führt zur Abwertung.**

1) Einschließlich 65 Euro für Montage auf Stahlfelgen sowie Entsorgung der Altreifen.

2) Laut Anbieter Produktion inzwischen eingestellt. Restbestände im Handel. **Einkauf der Prüfmuster:** 11/2014 bis 4/2015.

test Winterreifen 205/55 R16 H 10/2015

www.test.de	EU Reifenlabel Nasshaftung / Rollwiderstand	Mittlerer Preis ca. (Euro)	Mittlerer Preis pro Reifensatz ca. (Euro)[1]	Nasse Fahrbahn	Schnee	Trockene Fahrbahn	Eis	Verschleißfestigkeit	Kraftstoffverbrauch	Geräusch	Schnelllaufprüfung	test-QUALITÄTSURTEIL
Gewichtung				30 %	20 %	15 %	10 %	10 %	10 %	5 %	0 %	100 %
Continental Contiwintercontact TS 850	C / C	102,00	473	+	+	+	+	++	+	○	**Alle Reifen haben die Schnelllaufprüfung bestanden.**	**GUT (2,0)**
Yokohama W.drive V905	C / E	88,50	419	+	+	+	+	+	+	○		**GUT (2,4)**
Goodyear Ultragrip 9	C / C	99,00	461	+	+	○*)	+	+	+	+		**BEFRIED. (2,7)**
Nokian WR D3	C / C	86,50	411	○*)	+	+	+	+	+	○		**BEFRIED. (2,9)**
Bridgestone Blizzak LM001	C / E	92,00	433	+	+	+	○*)	+	+	○		**BEFRIED. (3,0)**
Falken Eurowinter HS449	C / F	73,00	357	○	○	+	+	○*)	○	○		**BEFRIED. (3,0)**
Vredestein Snowtrac 5	C / E	88,50	419	○	+	+	+	○*)	+	○		**BEFRIED. (3,0)**
Firestone Winterhawk 3	C / E	82,00	393	○*)	○	+	○	+	+	○		**BEFRIED. (3,1)**
Fulda Kristall Control HP	C / E	84,00	401	○*)	+	+	○	+	+	⊖		**BEFRIED. (3,1)**
Barum Polaris 3	C / F	75,50	367	○	+	○*)	+	+	+	○		**BEFRIED. (3,2)**
BF Goodrich g-Force Winter	C / C	89,50	423	○*)	+	+	+	++	+	○		**BEFRIED. (3,2)**
Michelin Alpin 5	B / E	104,00	481	+	+	○*)	+	+	+	⊖		**BEFRIED. (3,2)**
Sava Eskimo HP	C / E	73,50	359	○*)	+	+	○	+	+	○		**BEFRIED. (3,2)**
Semperit Speed-Grip 2	C / E	86,00	409	+	+	○*)	+	+	+	○		**BEFRIED. (3,2)**
Kumho Wintercraft WP51	C / F	76,00	369	○*)	+	○	+	+	+	○		**BEFRIED. (3,3)**
Viking Snowtech II	C / F	74,50	363	○	+	○*)	+	+	+	⊖		**BEFRIED. (3,3)**
Kleber Krisalp HP2	C / C	83,00	397	○*)	+	+	○	++	+	⊖		**BEFRIED. (3,4)**
Toyo Snowprox S953	C / E	75,50	367	○*)	○	+	○	+	+	⊖		**BEFRIED. (3,5)**
Avon Ice Touring ST[2]	B / E	69,50	343	–*)	○	+	○	+	+	⊖		**MANGELH. (4,8)**

Bewertungsschlüssel der Prüfergebnisse: ++ = Sehr gut (0,5–1,5). + = Gut (1,6–2,5). ○ = Befriedigend (2,6–3,5). ⊖ = Ausreichend (3,6–4,5). – = Mangelhaft (4,6–5,5). **Bei gleichem Qualitätsurteil Reihenfolge nach Alphabet.**
***) Führt zur Abwertung. 1)** Einschließlich 65 Euro für Montage auf Stahlfelgen sowie Entsorgung der Altreifen.
2) Laut Anbieter Auslaufmodell. **Einkauf der Prüfmuster:** 11/2014 bis 4/2015.

Unser Rat

Am besten belegt ist der Nutzen der Akupunktur bei Schmerz, etwa chronischen Kopf-, Nacken-, Rücken-, Gelenkschmerzen und Migräne, sowie Übelkeit. Auch sonst kann die Methode einen Versuch lohnen. Achten Sie aber darauf, ob sie die Beschwerden lindert. Mit etwa 30 bis 70 Euro pro Sitzung kann sie ins Geld gehen. Krankenkassen zahlen sie nur in bestimmten Fällen (siehe Kasten unten).

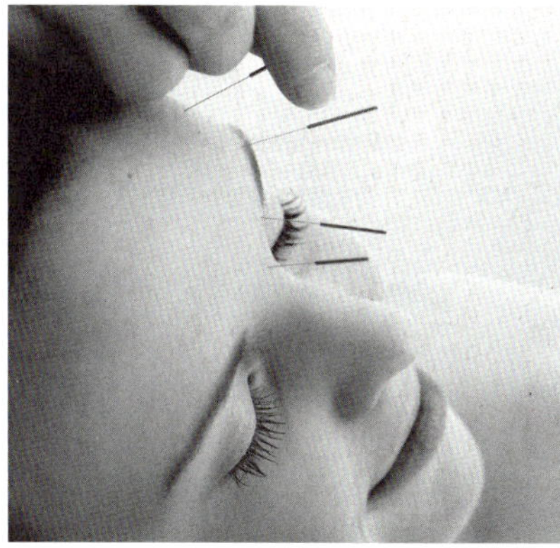

Piksen statt Pillen

7/2015 Die chinesische Nadelkur ist beliebt und vor allem bei chronischen Schmerzen im Einsatz. Kassen erstatten sie in einigen Fällen.

Bestechend: Bei der Akupunktur sollen feine Nadeln an festgelegten Punkten der Haut den Fluss der Lebensenergie Qi anregen und die Gesundheit fördern. Die fernöstliche Methode hat jahrtausendealte Tradition und verbreitete sich auch im Westen.

Schmerzen im Fokus

Auf den Webseiten von Akupunkteuren und Fachgesellschaften stehen oft lange Listen von Einsatzgebieten. Auch die Weltgesundheitsorganisation hat 2002 einen Katalog veröffentlicht. Doch für viele Verheißungen fehlen Belege aus aussagekräftigen Studien. Am besten bewiesen ist der Nutzen bei Schmerzen sowie Übelkeit *(siehe Unser Rat)*. Das zeigen Auswertungen der Cochrane Collaboration – ein weltweites Netzwerk unabhängiger medizinischer Forscher.

Der genaue Wirkmechanismus der Akupunktur ist unklar. Studien deuten darauf hin, dass der Körper als Reaktion schmerzstillende und entspannende Botenstoffe freisetzt. Nicht einmal 10 Prozent der Akupunktierten haben laut deutschen Daten Nebenwirkungen wie Schmerzen oder kleine Blutergüsse und Blutungen. Behandler sollten sterile Einmalnadeln verwenden – und sachkundig vorgehen. Ausgebildete Ärzte stehen etwa unter www.daegfa.de oder www.dgfan.de. Heilpraktiker und Hebammen sollten Patienten, wenn nötig, für schulmedizinische Untersuchungen und Therapien an einen Arzt verweisen. Oft gehört auch gesunde Lebensweise ins Gesamtkonzept. ■

Wann Kassen zahlen

Akupunktur ist seit 2007 in zwei Bereichen reguläre Leistung gesetzlicher Krankenkassen: bei chronischen Knieschmerzen durch Arthrose sowie bei chronischen Schmerzen des unteren Rückens. Ausschlaggebend waren große deutsche Studien. Patienten sollten bei ihrer Kasse oder in der Praxis nachfragen, ob ein Arzt die Behandlung abrechnen darf. Er braucht bestimmte Zusatzqualifikationen.

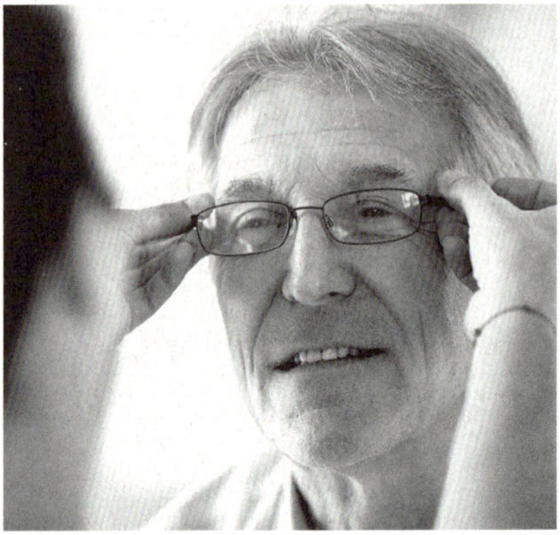

Unser Rat

Alle Augenoptiker schnitten im Test ähnlich und bestenfalls befriedigend ab. **Aktivoptik** lag bei den Ketten knapp vorn. **Apollo-Optik** und **Fielmann**, die Branchenriesen, waren kaum schlechter und im Schnitt etwas günstiger. Die Brillen der Onlineanbieter **Brille24** und **Mister Spex** konnten mit denen der Konkurrenz mithalten. Persönliche Betreuung ist aber oft sinnvoll (siehe Kasten unten).

Blick- kontra Klickkontakt

1/2015 Sind Brillen aus dem Internet okay? Oder haben stationäre Augenoptiker die Nase vorn? Acht Ketten und zwei Webshops im Test.

Clever Brillen kaufen", steht auf der Startseite des Onlineshops. Der nächste Klick führt hinein in die Warenwelt. Kunden können an dutzenden von Modellen entlang scrollen, Fassungen am Bildschirm auswählen, auf hochgeladenen Porträtfotos platzieren. Anblick genehm? Dann heißt es: Brillenwerte eintippen, Gläser wählen, „Bezahlen" drücken – und nach einigen Tagen kommt das Päckchen mit der neuen Brille.

Ketten und Webshops im Test

Funktioniert das System? Sitzen Brillen, ohne dass ein Fachmann sie feinjustiert? Oder haben stationäre Augenoptiker doch die Nase vorn? Für die Untersuchung der Stiftung Warentest gaben fünf fehlsichtige Kunden insgesamt 50 Brillen in Auftrag: je fünf in Filialen von acht großen Optikerketten sowie bei den Webshops von Brille24 und Mister Spex. Der Test mit unabhängigen Experten zeigt: Bei Sehtests und Fertigungsqualität überzeugen die Optiker, bei der Beratung hingegen kaum. Das Gesamturteil lautet meist befriedigend, für die Kette Eyes + More nur ausreichend. Sie beriet mangelhaft, war aber sonst fachlich mit der Konkurrenz vergleichbar.

Ketten und Webshops im Test

Auch die Brillen der Webshops konnten mithalten – selbst bei Testern mit höherer Fehlsichtigkeit oder Gleitsichtbedarf. Mister Spex eröffnet Onlinekunden zwei Wege zur Brille: ausschließlich per Internet oder zusätzlich ▶

Vis-à-vis-Betreuung oft sinnvoll

Wer seine Brille online kauft, kann laut unserem Test kräftig sparen. Menschen mit komplizierten Sehproblemen profitieren aber von der Betreuung von Angesicht zu Angesicht. Gleiches gilt, wenn etwa Augen oder Ohren verschieden hoch sitzen. Auch wenn jemand wenig Erfahrung mit Brillen hat, nützt persönliche Beratung. Kunden sollten sie aktiv einfordern und Infos hinterfragen.

FOTO: FOTOLIA / GOODLUZ

test Augenoptiker 1/2015

www.test.de	Website	Von uns bezahlte Preise		Qualität der Brillen	Fachliche Beratung und Information	Kundenorientierung	test-QUALITÄTSURTEIL
		Für Einstärkenbrillen (Euro, gerundet)	Für Gleitsichtbrillen (Euro, gerundet)				
Gewichtung				50 %	30 %	20 %	100 %
Stationäre Kettenbetriebe							
Aktivoptik	aktivoptik.de	270 bis 360	700 bis 869	+	⊖	+	BEFRIED. (2,6)
Apollo-Optik	apollo.de	198 bis 298	538 bis 918	+	⊖	+	BEFRIED. (2,7)
Abele-Optik	abele-optik.de	276 bis 473	530 bis 1000	+	⊖	+	BEFRIED. (2,8)
Fielmann	fielmann.de	287 bis 346	598 bis 879	+	⊖	+	BEFRIED. (2,8)
Optiker Bode	optiker-bode.de	304 bis 412	598 bis 896	+	⊖	+	BEFRIED. (2,8)
Matt Optik	mattoptik.de	328 bis 378	648 bis 968	+	⊖	○	BEFRIED. (2,9)
Pro Optik	prooptik.de	181 bis 238	500 bis 955	+	⊖	+	BEFRIED. (2,9)
Eyes + More	eyesandmore.com	115	213 bis 215	+	—*)	+	AUSREICH. (3,7)
Webshop mit Vor-Ort-Unterstützung							
Mister Spex[1]	misterspex.de	138 bis 139	228 bis 433	+	⊖	+[2]	BEFRIED. (2,8)
Reiner Webshop							
Brille24[3]	brille24.de	45[4]	105 bis 155[4]	○	⊖	○[5]	BEFRIED. (3,2)

Bewertungsschlüssel der Prüfergebnisse: ++ = Sehr gut (0,5–1,5). + = Gut (1,6–2,5). ○ = Befriedigend (2,6–3,5). ⊖ = Ausreichend (3,6–4,5). — = Mangelhaft (4,6–5,5). **Bei gleichem Qualitätsurteil Reihenfolge nach Alphabet.**
***) Führt zur Abwertung.**
1) Inanspruch genommen mit Partneroptikern.
2) Nur wenn ein Partneroptiker in Anspruch genommen wird.
3) Laut Anbieter mittlerweile mehr Optionen bei der Glasauswahl.
4) Inklusive Versandkosten.
5) Berücksichtigt unter anderem, dass die Fehlsichtigkeit nicht bestimmt wird. **Erhebungszeitraum:** Juni bis August 2014.

mit Partneroptikern vor Ort. Die führen Sehtests durch und passen Brillen an. Wir nutzten die Möglichkeit. Das ist zwar aufwendig, hilft aber, die Qualität der Brille zu sichern. Brille24 betreut Kunden rein virtuell und bietet wichtige augenoptische Leistungen wie Sehtests nicht an. Kunden müssen dafür eventuell zum Augenarzt oder zu einem niedergelassenen Optiker.

Großes Preisgefälle im Test

Im Test waren die beiden Webshops und die Kette Eyes + More am günstigsten – mit Abstand. Alle drei Firmen betonen, dass sie hochwertige Gläser verkaufen: dünner Kunststoff, gehärtet, superentspiegelt. Unsere Gutachter fanden keine Material- und Fertigungsmängel. Brillengläser für den deutschen Markt müssen ohnehin bestimmte Normen erfüllen. Kostendämpfend kann wirken, wenn ein Anbieter arbeitsintensive augenoptische Dienstleistungen wie Beratung, Sehtest und Anpassung nicht erbringen muss..

Wer bisher selten oder nie eine Brille brauchte, dem nützt eine persönliche Beratung und Brillenanpassung vor Ort *(siehe Kasten S. 243)*. Erfahrene Brillenkäufer ohne besondere Anforderungen können aber auch online einkaufen und sparen, wie der Test gezeigt hat. ■

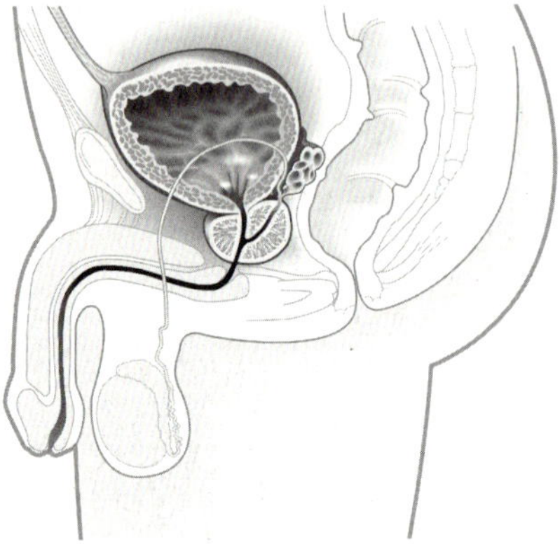

Unser Rat

Keiner der 20 Ärzte im Test beriet umfassend und ausgewogen zur Früherkennung von Prostatakrebs. Gängige Untersuchungen sind wissenschaftlich umstritten. Sie können einzelne Leben retten – aber auch unnötig Angst machen und zu riskanten Behandlungen führen. Männer sollten das bedenken, kritisch nachfragen und notfalls vor ihrer Entscheidung einen zweiten Arzt zurate ziehen.

Mann muss abwägen

4/2015 Untersuchungen sollen Prostatakrebs früh erkennen – und sind umstritten. Gut zu wissen, doch: Viele Ärzte im Test berieten schlecht.

Zur Prostatakrebs-Früherkennung gehen – oder nicht? Keine einfache Frage. Gängige Tests sind wissenschaftlich umstritten. Damit Männer informiert entscheiden können, müssen Ärzte zu den Vor- und Nachteilen aufklären. Klappt das? Die Stiftung Warentest schickte geschulte Tester zu zehn Allgemeinmedizinern und zehn Urologen.

Nicht alle Tumore sind gefährlich

Ergebnis: Kein Arzt beriet umfassend und ausgewogen. Viele, vor allem die Urologen, stellten Prostatakrebs übertrieben bedrohlich dar, die Früherkennung hingegen zu positiv. Das gilt besonders für den oft selbst zu zahlenden PSA-Test *(siehe Kasten rechts)*. Dass er die Sterblichkeit an Prostatakrebs verringert, ist bisher nicht eindeutig durch Studien belegt. Darauf wiesen aber nur zwei Urologen und vier Allgemeinmediziner hin.

Der geringe Erfolg des PSA-Tests hängt damit zusammen, dass Prostatakrebs meist erst in späteren Lebensjahren entsteht und langsam wächst, Männern also auch unentdeckt selten schadet. Tumore werden oft unnötig behandelt. Auf diese Gefahr wiesen nur sechs Ärzte hin. Dabei bergen die Behandlungen Risiken. So können OP und Bestrahlung impotent und inkontinent machen. Das müssen Männer bei ihrer Entscheidung pro oder kontra Früherkennung wissen. Nur so können sie abwägen, was bei ihnen individuell schwerer wiegt: die Angst vor einer unentdeckten Krebserkrankung – oder die vor unnötigen Sorgen und Therapien. ■

Was beim PSA-Test passiert

Der PSA-Test fahndet nach prostataspezifischem Antigen (PSA) im Blut. Das Eiweiß der Prostata kann wegen Krebs erhöht sein, aber auch aus anderen Gründen. Bei erhöhten Werten empfiehlt sich zunächst ein zweiter Test, dann eine Gewebeprobe. Im Fall von Krebs kann die Meinung eines anderen Urologen helfen. Unter www.krebsinformationsdienst.de gibt es Infos und telefonische Beratung.

ILLUSTRATION: AXEL KOCK

Unser Rat

Linsen sollte man individuell anpassen lassen. Im Testgebiet, Sachsen und Thüringen, schnitten nur spezialisierte Institute und erfahrene Optiker gut ab: das **Kontaktlinseninstitut Pro-Sehen** (Zwickau), das **Contactlinsen-Institut Ecke** (Dresden), **Optikstudio Marion Müller** (Leipzig) und **Augenoptik Bettzüge** (Erfurt). Die Optikerketten im Test überzeugten nicht, **Fielmann** war immerhin befriedigend.

Bei Linsen durchblicken

12/2015 Wer empfiehlt geeignete Kontaktlinsen und passt sie gut an? Erfahrene und spezialisierte Optiker schlugen im Test die großen Ketten.

Gut drei Millionen Kontaktlinsenträger gibt es in Deutschland. Welche Linse ist für wen die richtige? Soll sie weich oder hart sein? Empfehlen sich Tages-, Monats- oder Jahreslinsen? Von der Augengröße und -form, der Art der Fehlsichtigkeit, auch von der Tränenflüssigkeit und den Bedürfnissen des Trägers hängt es ab, welche Kontaktlinse die beste Wahl ist. Wir wollten wissen, wie gut Augenoptiker ihr Handwerk verstehen und ob sie die Linsen optimal für den Kunden auswählen und anpassen.

27 Fälle im Test

Im Test waren neun Optiker. Bei jedem ließen sich drei Testpersonen mit unterschiedlichen Anforderungen Kontaktlinsen anpassen. Nach jeder der 27 Anpassungen prüfte ein augenoptischer Fachgutachter die bedarfsgerechte Wahl der Linsen – etwa, ob Größe oder Stärke stimmten.

Vier der neun Anbieter schnitten gut ab, drei befriedigend, zwei nur ausreichend. Die vier Besten verfügen über viel Erfahrung: Zwei sind spezialisierte Kontaktlinseninstitute, die anderen beiden inhabergeführte Augenoptikergeschäfte, die regelmäßig Linsen anpassen. Sie berieten gut bis sehr gut, untersuchten die Kunden meist gründlich und passten in fast allen Fällen bedarfsgerechte Linsen gut bis sehr gut an.

Keine Optikerkette schneidet gut ab

Die Optikerketten im Test können da nicht mithalten. Fielmann erreicht ein befriedi- ▶

An die Nutzungszeit halten

Tageslinsen gehören nach einmaligem Tragen in den Müll. Und auch wer nur jeden zweiten Tag Monatslinsen trägt, sollte sie nicht länger als bis vier Wochen nach dem Öffnen der Packung nutzen. Sonst sind Komplikationen wie Hornhautentzündungen programmiert. Denn mit der Zeit verändert sich die Oberfläche weicher Linsen. Keime und Kosmetikinhaltsstoffe können sich an- und einlagern.

FOTO: LOX FOTO

test Kontaktlinsenanpassung durch Augenoptiker 12/2015

www.test.de	Website	Standort	Anpassen der Kontaktlinsen	Fachliche Beratung und Information	Kundenorientierung	test-QUALITÄTSURTEIL
Gewichtung			55 %	30 %	15 %	100 %
Kontaktlinseninstitut Pro-Sehen	Pro-sehen.de	Zwickau	++	++	+	**GUT (1,6)**
Contactlinsen-Institut Ecke	Contactlinsen.de	Dresden	+	+	++	**GUT (2,0)**
Augenoptik Bettzüge	Augenoptik-bettzuege.de	Erfurt	+	+	++	**GUT (2,1)**
Optikstudio Marion Müller	Optikstudio-mueller.de	Leipzig	+	+	+	**GUT (2,1)**
Contactlinsen Institut Claudia Becker	Contactlinsen-becker.de	Leipzig	○	○	○	**BEFRIEDIGEND (3,0)**
Fielmann	Fielmann.de	Augenoptikerkette: Filialen in allen Bundesländern	○	○	○	**BEFRIEDIGEND (3,0)**
Augenoptik Brückner	Augenoptik-brueckner.de	Dresden	○	⊖	○	**BEFRIEDIGEND (3,3)**
Apollo	Apollo.de	Augenoptikerkette: Filialen in allen Bundesländern	⊖	○	⊖	**AUSREICHEND (3,6)**
Pro Optik	Prooptik.de	Augenoptikerkette: Filialen in 10 Bundesländern[1)]	⊖	○	○	**AUSREICHEND (3,7)**

Bewertungsschlüssel der Prüfergebnisse: ++ = Sehr gut (0,5–1,5). + = Gut (1,6–2,5). ○ = Befriedigend (2,6–3,5). ⊖ = Ausreichend (3,6–4,5). — = Mangelhaft (4,6–5,5). **Bei gleichem Qualitätsurteil Reihenfolge nach Alphabet.**
1) Filialen in folgenden Bundesländern: Baden-Württemberg, Bayern, Bremen, Hessen, Niedersachsen, Nordrhein-Westfalen, Rheinland-Pfalz, Sachsen, Schleswig-Holstein, Thüringen. **Erhebungszeitraum:** April bis Oktober 2015.

gendes Gesamturteil. Apollo und Pro Optik schnitten nur ausreichend ab: Die Mitarbeiter führten teilweise wichtige Augenuntersuchungen nicht durch, wählten nicht immer den passenden Linsentyp, und nie saßen die Linsen optimal. Zudem trafen unsere Testpersonen oft auf wechselnde und nicht vorbereitete Mitarbeiter.

Die Vielfalt nicht genutzt

Die meisten Anbieter nutzen die Material-, Größen- und Formenvielfalt an Linsen nicht genug. Auch wichtige Untersuchungen führten die Optiker nicht immer durch. In 6 der 27 Fälle analysierten sie zum Beispiel nicht den Tränenfilm, achtmal vermaßen sie die Augen und Hornhaut nicht. Dass die Linsen dann nicht immer richtig sitzen oder schlecht verträglich sind, verwundert nicht.

Laut Arbeitsrichtlinien für Augenoptiker sollte die erste Kontrolle bei einer Erstanpassung innerhalb von 14 Tagen stattfinden. Nur vier der neun Anbieter hielten die Frist immer ein. Auch über weitere regelmäßige Kontrollen nach dem Verkauf informierten die Optiker im Test nicht immer ausreichend – ein Risiko für die Augengesundheit ihrer Kunden. ■

Unser Rat

Was tun bei Fußpilz? Die Arzneimittelexperten der Stiftung Warentest bewerten Breitband-Antimykotika als zur Behandlung **geeignet**. Das sind Antipilzmittel, die gegen viele Pilzarten gleichermaßen wirken. Dazu zählen etwa Wirkstoffe aus der Gruppe der Imidazole oder der Allylamine. Auch für Nagelpilz gibt es rezeptfreie Medikamente. **Geeignet** sind die Wirkstoffe Amorolfin und Ciclopirox.

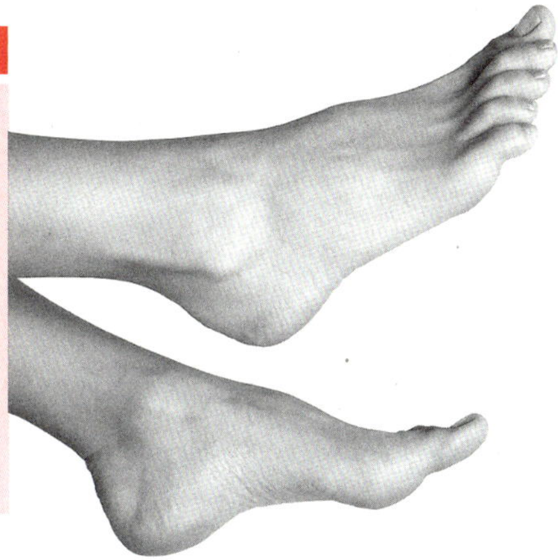

Fuß gefasst

5/2015 Die Pilzinfektion ist hartnäckig, aber gut mit rezeptfreien Mitteln behandelbar. Wichtig ist, diese konsequent anzuwenden.

Fußpilz kann jeden treffen. Er ist hartnäckig, ansteckend und weit verbreitet. Mindestens jeder zehnte Erwachsene hat ihn. Männer sind öfter betroffen als Frauen, Ältere häufiger als Jüngere. Ein erhöhtes Risiko haben Menschen mit Vorerkrankungen wie Diabetes, Immunschwäche oder Durchblutungsstörungen. Auch Sportler sind stärker pilzgefährdet.

Nagelpilz langwieriger als Fußpilz

Ist man einmal infiziert, verschwindet Fußpilz meist nicht von allein. Rezeptfreie Mittel aus der Apotheke, als Creme oder Gel aufgetragen, bekämpfen den Pilz erfolgreich. Geeignet sind Breitband-Antimykotika, dazu zählen Wirkstoffe aus der Gruppe der Imidazole oder der Allylamine.

Fußpilz ist meist nach wenigen Wochen bekämpft. Anders sieht es aus, wenn er sich auf einen Nagel ausgeweitet hat. Dann dauert die Therapie deutlich länger. Die Stiftung Warentest bewertet die Wirkstoffe Amorolfin und Ciclopirox bei Nagelpilz als geeignet. Sie werden als Nagellack aufgetragen.

Bei erstmaligem Auftreten zum Arzt

Bei ersten Anzeichen eines Nagelpilzes sollte ein Arzt aufgesucht werden. Fußpilz kann auch ohne ärztlichen Rat behandelt werden – wenn sicher ist, dass es sich um Fußpilz handelt. Treten die Symptome das erste Mal auf, ist ein Arztbesuch ratsam, um andere Hautkrankheiten auszuschließen. Das gilt auch, wenn sich Beschwerden nach zweiwöchiger Selbstmedikation nicht bessern. ■

So beugen Sie vor

Wählen Sie atmungsaktive Schuhe und Strümpfe, wechseln Sie die Strümpfe täglich. Nach Dusche oder Bad besonders die Zehenzwischenräume gründlich trocknen. Wo viele Menschen barfuß gehen, besteht hohe Ansteckungsgefahr. Tragen Sie im Schwimmbad, in der Sauna und im Hotelzimmer Bade- oder Hausschuhe. Sind Familienmitglieder infiziert, ist das auch zuhause geboten.

Unser Rat

Sie können in der Praxis, telefonisch oder schriftlich um Ihre Unterlagen bitten. Wenn Praxismitarbeiter fragen, wofür Sie Ihre Akte brauchen, müssen Sie keinen speziellen Grund nennen. Fehlt etwas in den Unterlagen, haken Sie nach. Wenn Sie keine Einsicht bekommen, berufen Sie sich auf das Bürgerliche Gesetzbuch Paragraf 630g. Einen Musterbrief finden Sie unter www.test.de/patientenakte.

Begrenzter Blick in die Karten

8/2015 Patienten haben das Recht, ihre Krankenunterlagen beim Arzt einzusehen. Einfach durchzusetzen ist das aber nicht. Das zeigt der Test.

Es ist absolut nicht üblich, Unterlagen aus der Patientenakte herauszugeben." Das bekam eine unserer Testpersonen in der Praxis ihres Hausarztes zu hören, als sie nach einer Kopie ihrer Akte fragte. Es mag nicht üblich sein, doch es ist ihr Recht: Patienten steht es zu, ihre Akte beim Arzt einzusehen – von wenigen Ausnahmen abgesehen *(siehe Kasten)*. Seit 2013 ist der Anspruch im Patientenrechtegesetz verankert und steht im Bürgerlichen Gesetzbuch. Einfach durchzusetzen ist das Recht aber nicht, wie unsere Stichprobe zeigt.

Schlechte Kopien, fehlende Angaben

Zwölf geschulte Tester aus verschiedenen Orten baten bei ihren Ärzten um eine Kopie ihrer Patientenakte: drei bei Hausärzten, drei bei Frauen-, drei bei Augen- und drei bei Zahnärzten. Fachärzte prüften, ob die Unterlagen vollständig waren. Die Lesbarkeit wurde auch bewertet.

Größtenteils vollständige und dazu lesbare Unterlagen bekamen nur drei der zwölf Tester. Fünf Mal fehlten jegliche Notizen des Arztes. Manchmal waren die Kopien so schlecht, dass Teile nicht zu erkennen waren.

Pflicht zur Dokumentation

Jeder Arzt in Deutschland ist verpflichtet, genau zu notieren, wie er die Beschwerden von Patienten behandelt – auf Papier oder

Wann Ärzte ablehnen dürfen

Das ist nur in seltenen Fällen möglich – etwa wenn Ärzte befürchten, dass Informationen aus der Akte den Patienten psychisch stark belasten könnten oder wenn vertrauliche Angaben über Dritte in den Papieren stehen. Eine Ablehnung müssen Ärzte aber begründen. Allein mit dem Argument, in der Akte stünden subjektive Wertungen über den Patienten, dürfen sie sich nicht weigern. Mediziner dürfen ausnahmsweise Teile der Akte zurückhalten, wenn ihr Persönlichkeitsrecht erheblich betroffen ist.

am Rechner. Auch Röntgenbilder, Laborwerte, Operationsberichte und Briefe von überweisenden Kollegen befinden sich in der Akte. Das alles dient Ärzten als Gedächtnisstütze, beweist im Zweifel aber auch, welche Untersuchungen und Therapien sie veranlasst haben – und welche nicht. In der Regel müssen Mediziner die Akten zehn Jahre lang aufbewahren.

Für wen die Akte wichtig sein kann

Es gibt Gründe, in seine Akte sehen zu wollen. Stefan Palmowski von der Unabhängigen Patientenberatung Deutschland sagt: „Nicht immer versteht man als Patient, was der Arzt gesagt hat, oder erinnert sich im Nachhinein an alles." Die Akte kann hilfreich sein, um nachzuvollziehen, was mit einem los ist. Andere, die umziehen oder den Arzt wechseln, möchten den neuen Behandler vielleicht über bisherige Diagnosen und Untersuchungen informieren. Auch möglich: Wer nach einem Unfall oder für eine Zweitmeinung zu verschiedenen Ärzten geht, will vermeiden, zweimal dieselbe Untersuchung machen zu müssen. Manche Kranke sind auch daran interessiert, dass ihre Therapeuten zusammenarbeiten und möchten den Überblick behalten.

Belege bei vermutetem Arztfehler

Nicht zuletzt kann die Patientenakte ein Beweisstück sein, wenn man einen Behandlungsfehler vermutet. In der Regel muss der Patient ihn belegen. Ist die Akte lückenhaft, liegt die Beweispflicht aber beim Arzt. Dann gilt im Zweifel: Was nicht dokumentiert ist, ist auch nicht geschehen.

Patientenrechte sind ein Beratungsschwerpunkt der Unabhängigen Patientenberatung Deutschland (UPD), die ab 2016 nach einem umstrittenen Vergabeverfahren ein Privatunternehmen als Träger haben wird. In ihrem „Monitor Patientenberatung 2014" steht: Fast 3700 Mal in einem Jahr gaben die Experten der UPD Antworten auf Fragen zum Thema Einsicht in die Krankenunterlagen. In etwa jedem vierten Fall ging es um eine Beschwerde. Patientenberater Palmowski weiß aus Erfahrung: „Es kommt regelmäßig vor, dass Patienten Akten nicht oder nur scheibchenweise bekommen."

7 Akten fast leer oder lückenhaft

Diese Erfahrung machten auch die Tester. Einer musste dreimal telefonisch nachhaken und bekam seine Unterlagen erst, als er noch mal in die Praxis ging. Sieben der zwölf erhaltenen Akten sind nahezu leer oder weisen zumindest große Lücken auf – das konnten die meisten Tester übrigens selbst gut einschätzen.

Dreimal überreichte das Personal nur ein Blatt Papier. Bei einem Augenarzt bekam eine Probandin einen Linsenpass für eine eingesetzte Kunstlinse – keine Befunde, keinen OP-Bericht, nichts. Aber selbst die 29 Seiten einer Hausarztpraxis waren nicht vollständig: Sie enthielten zwar Arztbriefe und Befunde, aber keine Aufzeichnungen zur Behandlung. Bei zwei anderen Testern waren die Röntgenaufnahmen nicht vorhanden, die laut Akte angefertigt wurden.

Positiv ist, dass sich in keinem Fall Hinweise auf nachträgliche Änderungen fanden und die meisten Tester nichts oder maximal 20 bis 50 Cent pro kopierter Seite zahlen mussten – mit einer Ausnahme: Ein Tester bekam keine Kopie der Akte, sondern einen einseitigen Bericht über seinen aktuellen Zustand – für stolze 14,40 Euro. Die Kranken- und Behandlungsgeschichte lässt sich damit nicht nachvollziehen.

Patientenanfragen sind eher selten

Die Stichprobe lässt den Eindruck zurück, dass manche Ärzte sich ungern in die Karten schauen lassen. Der Rechtsanspruch des Patienten scheint nicht in allen Praxen angekommen zu sein. Nach Erfahrung der Ärztekammer Nordrhein sind Anfragen nach der Patientenakte etwas Ungewöhnliches im Praxisalltag. Dass Patienten Einsicht haben möchten, sei eher die Ausnahme. ■

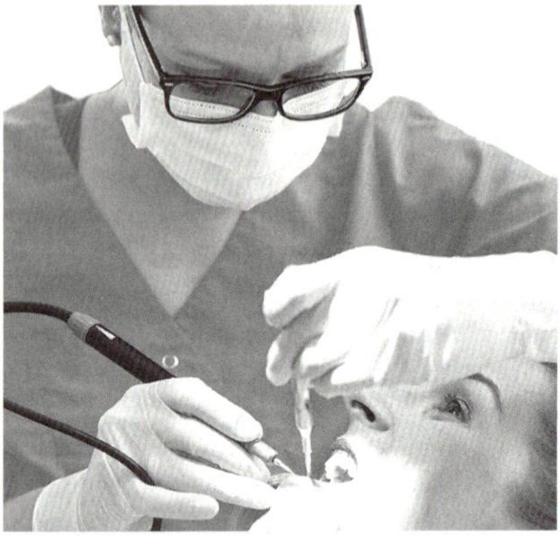

Unser Rat

Eine Profi-Zahnreinigung lohnt, wenn sie gründlich gemacht wird – und Zahnstein und weiche Beläge auf Zähnen und in Zwischenräumen dabei vollständig entfernt werden. Fragen Sie vorab nach den **Kosten.** Informieren Sie sich über die **Schritte** einer Zahnreinigung (siehe S. 253). Zur Kontrolle können Sie Ihre Zähne zuhause **anfärben.** Sie sind unzufrieden? Lassen Sie **nachbessern.**

Weit aufmachen, bitte!

7/2015 Entfernen Profis Zahnbeläge perfekt? Der Test zeigt: In den meisten Praxen hätte das Reinigungsergebnis besser ausfallen können.

Die Reinigungskur für gesunde Beißer ist eine geräuschvolle Prozedur. Da ist zunächst das Pfeifen, wenn es Zahnsteinrändern an den Kragen geht. Dann das Kratzen, wenn weiche Beläge dran glauben müssen. Schließlich das gleichmäßige Summen einer rotierenden Bürste, die die Zahnoberflächen poliert. Der Kunde muss diese individuelle Gesundheitsleistung (IGeL) selbst zahlen – manchmal bis zu einem dreistelligen Betrag *(siehe Kasten rechts)*. Im Idealfall verlässt er die Zahnarztpraxis mit sauberen, glatten Zähnen, Fluoridgeschmack im Mund und der Motivation, künftig zuhause noch gründlicher zu putzen. Doch zahlt sich die Reinigung durch den Profi aus? Die Stiftung Warentest schickte zehn Probanden in Berlin und Nordrhein-Westfalen los.

Testpatienten in Praxen unterwegs

Die Testpersonen ließen ihre Zähne in sieben Zahnarztpraxen und in drei auf Prophylaxe-Leistungen spezialisierten Zentren reinigen. Davor und auch danach beurteilten Experten den Zustand der Zähne der Probanden und ihrer Mundhygiene: Wie gründlich wurden Zahnstein und weiche Beläge (Plaque) auf und zwischen den Zähnen entfernt? Bekamen die Testpersonen Tipps für die Mundpflege zuhause?

Zwischenräume: zu wenig Sorgfalt

Die teuren Besuche beim Profi enttäuschten. Keine der zehn Zahnreinigungen erreichte ein optimales Ergebnis. Am schlechtesten

So rechnet der Zahnarzt
Grundlage ist die Gebührenordnung für Zahnärzte. Die Kosten für eine Zahnreinigung hängen vom Schweregrad ab, den der Arzt bestimmt. Das schlägt sich im Steigerungsfaktor nieder: Er liegt bei 1,0 bis 3,5. Die Abrechnung erfolgt oft je Zahn. Beim einfachen Satz kommt ein Kunde bei 28 Zähnen auf rund 44 Euro. Beim 2,3-fachen Satz für einen mittleren Schweregrad sind es etwa 100 Euro.

entfernten die Fachkräfte die Beläge in den Zahnzwischenräumen. Im Durchschnitt verblieb etwa die Hälfte des Belags zwischen den Zähnen. Das offenbarten die Nachkontrolle und das Anfärben der Zähne der Testpersonen mit einer Färbelösung.

So wenig Gründlichkeit ist mangelhaft: Gerade schwer zugängliche Stellen im Mund sollte ein Profi ordentlich säubern. Neben dem Zahnarzt dürfen nur fortgebildete Fachkräfte die Zahnreinigung ausführen: zahnmedizinische Prophylaxe-Assistenten, Fachassistenten oder Dentalhygieniker.

Zahnoberflächen: Reste von Plaque

Etwas besser sah es bei den glatten Zahnflächen der Probanden aus. Doch auch hier rückten die Fachkräfte einem Drittel des Belags nicht zu Leibe – ebenso kein befriedigendes Ergebnis. In der Mundhöhle treffen abertausende Bakterien auf Essensreste und zersetzen sie. Weiche Beläge, die Plaque, bilden sich so täglich neu. Wird dieser Teppich auf den Zähnen bei der Zahnreinigung nicht wirksam entfernt, kann er schließlich den Zahn angreifen.

Zahnstein: nur viermal völlig entfernt

Am gründlichsten beseitigten die Fachkräfte Zahnstein. Bei vier der zehn Probanden im Test entfernten sie ihn vollständig, bei fünf zu mehr als 70 Prozent. Zahnstein entsteht, wenn Plaque durch Mineralien aus dem Speichel verhärtet. Er ist sozusagen verkalkte Plaque, kann gelblich bis schwarz aussehen und bildet sich vor allem an der Innenseite der unteren Frontzähne.

Eine umfassende Zahnreinigung braucht Zeit. Die kürzesten Sitzungen im Test dauerten je eine halbe Stunde: Beläge wurden dabei am schlechtesten entfernt.

Patient kann Ergebnis kontrollieren

Kunden verlassen die Zahnarztpraxis oft zufrieden. Freundliche Assistentinnen, moderne Instrumente, Wohlfühlelemente wie das Eincremen der Mundwinkel – all das gibt ihnen ein gutes Gefühl. Wie sauber ihre Zähne wirklich sind, können sie nur beurteilen, wenn sie zeitnah nach der Reinigung die Probe aufs Exempel machen: mit Färbetabletten oder Plaque-Spülungen aus der Apotheke oder dem Drogeriemarkt. Diese machen Zahnbelag sichtbar. Wem das Ergebnis nicht ausreicht, der sollte seinen Unmut kundtun: Bei unzufriedenen Kunden muss der Zahnarzt nachbessern.

Schritte einer Zahnreinigung kennen

Auch hilfreich: Wer die wichtigsten Elemente einer Zahnreinigung kennt, kann während der Sitzung nachhaken, ob an alles gedacht wurde. Zu Beginn ist es üblich, dass die zahnärztliche Fachkraft den Zustand der Zähne und der Mundhygiene analysiert. Wo sitzen Beläge? Blutet das Zahnfleisch? Gibt es Zahnersatz? Daraus leitet sie das weitere Vorgehen ab. Vor und während der Reinigung sollte die Assistentin auf Putzfehler und Problemzonen aufmerksam machen, zur richtigen Zahnpflege motivieren und Putztechniken demonstrieren.

Von Schleifpapier bis Schallgerät

Für die Entfernung der weichen Beläge greift die Fachkraft zu Gummikelchen oder Bürstchen oder zu einem Pulver-Wasserstrahl-Gerät. Wer bereits Karies oder freiliegende Zahnhälse hat, sollte auf das Pulver-Wasserstrahl-Gerät verzichten. Zwischen den Zähnen wird dem Belag mithilfe von Zahnseide oder einer Art Schleifpapier zu Leibe gerückt. Zahnstein entfernt die Fachassistentin mit einem Schallgerät oder hakenartigen Handinstrumenten.

Mit Fluorid gegen Karies

Zu den letzten Schritten einer Zahnreinigung gehören die Politur und das Auftragen des Schutzlacks. Die Politur soll raue Stellen glätten und der Neubildung von Plaque und Zahnstein entgegenwirken. Der fluoridhaltige Schutzlack soll schließlich Karies vorbeugen. ■

Unser Rat

Alle geprüften Pflanzenpräparate für die Wechseljahre bekamen die Bewertung wenig geeignet: Nahrungsergänzungsmittel mit **Soja** und **Rotklee** sowie Arzneimittel mit **Traubensilberkerze** und **Rhapontikrhabarber**. Rezeptpflichtige Hormone sind bei belastenden Beschwerden denkbar – niedrig dosiert und kurz, da sie langfristig schaden können. Auch hilfreich: eine gesunde Lebensweise.

Strategien für den Wandel

8/2015 Pflanzenpräparate für die Wechseljahre schnitten im Test schlecht ab. Wann Hormone infrage kommen und was sonst hilft.

Ungefähr in der Lebensmitte durchleben Frauen eine Umbruchphase. Die Eierstöcke bilden immer weniger weibliche Geschlechtshormone. Irgendwann sind Schwangerschaften auf natürlichem Wege nicht mehr möglich; die Regelblutung bleibt aus. Etwa jede dritte Frau bemerkt den Übergang so gut wie gar nicht. Ein Drittel spürt leichte, ein Drittel massive Beschwerden. Manche bekommen rezeptpflichtige Hormonpräparate. Doch die können langfristig Risiken bergen, etwa das Risiko für Schlaganfall, Herzinfarkt und Brustkrebs erhöhen. Seit das 2002 bekannt wurde, verordnen Ärzte sie viel seltener.

Pflanzenpräparate auf dem Prüfstand

Alternativ stehen rezeptfreie pflanzliche Präparate zur Wahl, etwa mit Soja, Rotklee oder Traubensilberkerze. Sie heißen zum Beispiel „Meno Aktiv" oder „Menofemina" und tragen die Wechseljahre, fachsprachlich Menopause, schon im Namen. Manche versprechen „Wohlbefinden", „Ausgeglichenheit" oder „Vitalität". Experten der Stiftung Warentest haben pflanzliche Präparate getestet. Das Fazit: wenig geeignet.

Die Hoffnung, dass die Mittel helfen, hat mit Japanerinnen zu tun: Sie leiden selten an Wechseljahresbeschwerden. Forscher führten das auf sojareiche Ernährung zurück. Es könnte allerdings auch an genetischen oder kulturellen Gründen liegen. Zudem gibt es in Fernost von Kindheit an viel Soja – nicht erst in den Wechseljahren.

Hormone mit Vorsicht einsetzen
Rezeptpflichtige Hormone kommen fast nur bei sehr belastenden Hitzewallungen und Schweißausbrüchen in den Wechseljahren infrage: möglichst niedrig dosiert und kurz, also ein bis zwei, höchstens fünf Jahre. Ist das der Fall, bewertet die Stiftung Warentest sie als geeignet. Frauen sollten sie nach ärztlicher Rücksprache ab und zu schrittweise absetzen und prüfen, ob Beschwerden noch bestehen.

FOTO: THINKSTOCK

Ähnlich wie weibliche Hormone

Trotz derlei Einwänden gegen die Theorie vom vorbeugenden Soja bieten Firmen Nahrungsergänzungsmittel mit Extrakten aus Soja oder Rotklee an. Beide Pflanzen enthalten Isoflavone, die ähnlich wirken können wie weibliche Geschlechtshormone.

Solche Phytohormone oder Phytoöstrogene kommen in einigen weiteren Gewächsen vor, etwa in Rhapontikrhabarber. Sein Extrakt ist in Deutschland ebenfalls erhältlich – in Form rezeptfreier Arzneimittel. Das gilt ferner für Inhaltsstoffe der Traubensilberkerze. Auch sie könnten in die hormonelle Regulation eingreifen. Allerdings ist der genaue Wirkmechanismus noch unklar.

Arznei- und Nahrungsergänzungsmittel sehen ähnlich aus. Medikamente sind aber viel besser überwacht. Sie brauchen für die Zulassung Studienbelege für Qualität, Wirksamkeit und Unbedenklichkeit.

Nur einige Monate auf eigene Faust

Die Stiftung Warentest geht noch strenger vor. Sie prüft, ob aussagekräftige klinische Studien den Nutzen belegen. Für die getesteten pflanzlichen Arznei- und Nahrungsergänzungsmittel fanden unsere Experten keinen ausreichenden Nachweis, dass sie bei Wechseljahresbeschwerden helfen. Alle Präparate bekamen die Bewertung „wenig geeignet“ – zumal Belege fehlten, dass sie auch bei Langzeitanwendung nicht schaden. Wegen hormonartiger Wirkungen könnten sie das komplizierte biologische Gleichgewicht im Körper verändern – auch negativ. So stehen Phytohormone aus Soja und Rotklee im Verdacht, das Risiko für Schilddrüsenerkrankungen und Brustkrebs zu erhöhen.

„Zur Sicherheit würde ich die Mittel bei Frauen, die Brustkrebs hatten oder haben, nicht einsetzen“, sagt Gynäkologin Dr. Maria Beckermann, langjährig tätig für den Arbeitskreis Frauengesundheit. Arznei mit Rhapontikrhabarber oder Traubensilberkerze sollten Frauen laut Beipackzettel ohne ärztliche Rücksprache nur einige Monate anwenden. Auch über Jahre oder vorbeugend Soja- oder Rotklee-Pillen zu schlucken, ist wegen möglicher Risiken nicht angesagt.

Hormone kurz und niedrig dosiert

Immer gilt: Wer ein Pflanzenpräparat ausprobiert, sollte darauf achten, ob es nach einigen Wochen subjektiv etwas bringt. „Bei wirklich schlimmen Beschwerden“, so Beckermann, „eignet sich eine ärztlich verordnete Hormontherapie besser, weil sie nachweislich nützt.“ Sie sollte möglichst niedrig dosiert und kurz sein, was oft ausreicht *(siehe Kasten links unten)*. Ein Vorteil: Die Zusammensetzung der Hormonpräparate ist bekannt. Pflanzenextrakte hingegen können verschieden stark wirkende Phytoöstrogen-Unterformen in verschiedenen Mengen enthalten – auch in sehr hohen. Auf der Packung fehlen oft genaue Angaben dazu. Bei den getesteten stand zum Beispiel nur „150 mg Extrakt“ oder „50 mg Isoflavone“.

Viele geprüfte Nahrungsergänzungsmittel wiesen weitere Inhaltsstoffe wie Eisen, Magnesium, B-Vitamine aus. Ihr Nutzen in den Wechseljahren ist laut unseren Experten allerdings fraglich.

Im Wandel gelassen bleiben

Ob mit oder ohne Präparate – Gelassenheit und gesunde Lebensweise tun in den Wechseljahren gut. Sport wirkt günstig auf Kreislauf, Psyche und Körpergefühl. Zudem schützt er vor Osteoporose infolge sinkender Hormonspiegel, da er die Knochen stärkt. Kräftigen lassen sie sich auch mit Kalzium, etwa durch Milch und Milchprodukte.

Grundsätzlich ist gesunde Kost mit viel Obst, Gemüse, Seefisch, Vollkorn und Pflanzenölen zu empfehlen. Das schützt Herz und Kreislauf und hält schlank. Entspannungsübungen können Stress vermindern – und damit auch stressbedingte Hitzeattacken. Und wenn sie doch kommen: Viele altbekannte Tipps wie Ventilator, Fächer oder kaltes Wasser über die Handgelenke sind durchaus wirkungsvoll. ■

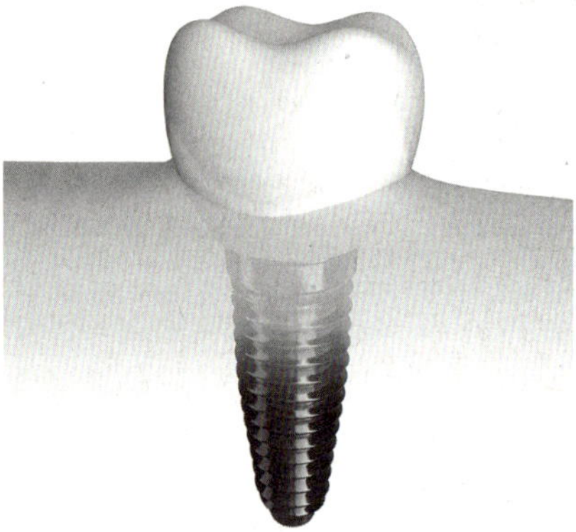

Unser Rat

Implantate können sinnvoll sein, um Zahnlücken zu schließen oder Prothesen zu verankern. Bei Risikofaktoren wie Rauchen oder Parodontitis kommen sie aber eher nicht infrage (siehe Kasten unten). Generell gilt: Verlassen Sie sich nicht einfach auf einen Implantologen, sondern hinterfragen Sie Empfehlungen. Ebenfalls hilfreich ist eine zahnärztliche Zweitmeinung. Patienten haben ein Recht darauf.

Einen Zahn zulegen

10/2015 Im Praxistest mussten sich 15 Implantologen beweisen: Die Beratung war oft schlecht, Behandlungspläne bargen unnötige Risiken.

Ungefähr eine Million Implantate setzten deutsche Zahnärzte pro Jahr. Sie pflanzen dabei eine oder mehrere künstliche Zahnwurzeln in den Kiefer und befestigen daran sichtbaren Zahnersatz wie eine Krone. Das gilt als elegante Lösung für Lücken im Gebiss. Doch ärztliche Leitlinien für den Eingriff gibt es kaum. Er birgt Risiken – vor allem, wenn er nicht fachgerecht abläuft. Die Stiftung Warentest wollte wissen, wie die Spezialisten Patienten beraten und wie sinnvoll die Behandlungspläne sind.

Praxistest bei 15 Spezialisten

Drei Personen mit komplizierten Dentalproblemen suchten je fünf Zahnärzte auf, die sich auskennen sollten: Oralchirurgen oder ähnlich Qualifizierte, die laut ihrer Darstellung im Internet Komplettversorgung anbieten – von der OP-Planung bis zum Feinschliff am Zahnersatz auf dem Implantat. Zum Termin brachten die Tester Röntgenaufnahmen ihrer Gebisse mit, baten um eine Zweitmeinung und sagten, der erste Zahnarzt habe Implantate empfohlen. Alle Ärzte gaben eine Einschätzung ab. Die meisten erstellten Kostenvoranschläge, die ein zahnmedizinischer Gutachter bewertete. Er hielt in allen drei Fällen Implantate für die beste Wahl, aber auch Standardlösungen wie Brücken oder Prothesen für möglich.

Der Test brachte deutliche Schwächen ans Licht. Nur zwei der vorliegenden Behandlungspläne waren einigermaßen in Ordnung, alle anderen schlecht. Ein Arzt zum Beispiel

Risikofaktoren ansprechen

Risikofaktoren können Probleme bei Implantaten verursachen. Sagen Sie dem Zahnarzt, wenn Sie chronische Krankheiten haben, regelmäßig Arzneien nehmen oder rauchen. Er sollte zudem prüfen, ob ein Aufbau des Kieferknochens nötig ist und Entzündungen an Zahnwurzeln vorliegen. Diese sind vor der OP zu behandeln. Implantate erfordern penible Mundhygiene und häufige Kontrollen.

FOTO: ISTOCKPHOTO

empfahl Implantate ohne den dringend erforderlichen Knochenaufbau. So findet das Implantat jedoch keinen Halt. Ein anderer sah beim selben Fall eine Spreizung des Kiefers vor – wodurch Teile des Knochens leicht abbrechen. Ein dritter plante eine Konstruktion, die den Kräften im Mund beim Kauen nicht wirklich gewachsen ist.

Fünf Ärzte unterließen wichtige Voruntersuchungen, etwa auf Zahnwurzelentzündung (Parodontitis). Neun informierten lückenhaft über Nachteile von Implantaten. Nur fünf veranschaulichten das Erklärte am Modell. Alternativen zum Implantat umrissen 14 der 15 Ärzte nur grob oder sprachen sie gar nicht an – obwohl das zu einer umfassenden Patientenaufklärung gehört.

Hohe Kosten für künstliche Wurzeln

Implantate sind teuer. Auch die Behandlungspläne im Test sahen hohe Preise vor. Der Patient im dritten Fall sollte 12700 bis 15100 Euro berappen. Private Krankenkassen erstatten die Kosten je nach Tarif, gesetzliche steuern wenig bei, im konkreten Fall 1430 Euro. Der Festzuschuss richtet sich nach dem Befund und deckt die Hälfte der Regelversorgung ab, zum Beispiel eine Brücke oder Prothese aus einfachem Material. Implantate zählen nicht zur Regelversorgung. Ärzte dürfen sie meist privat abrechnen; auch erhöhte Kosten fürs Labor sind möglich. Wirtschaftliche Interessen können bei Empfehlungen eine Rolle spielen.
Tipp: Patienten sollten sich die geplante Behandlung genau erklären lassen. Hilfreich ist eine Zweitmeinung. Patienten haben ein Recht darauf. Auch zahnärztliche Vereinigungen beraten unentgeltlich, zu finden etwa auf www.zahnarzt-zweitmeinung.de.

Die Vor- und Nachteile abwägen

Implantate bieten Vorteile, wenn Zähne neben der Lücke intakt sind. Für die herkömmliche Versorgung, eine Brücke, müsste der Arzt sie abschleifen, also gesunde Substanz opfern. Auch wenn herausnehmbare Prothesen schlecht halten, Kauen oder Sprechen erschweren, kommt eine Konstruktion auf Implantaten infrage. Das verhindert zudem womöglich, dass sich der Kieferknochen abbaut, da er wegen Zahnlosigkeit nicht mehr normal belastet wird. Dieses Argument, so Kritiker, gelte aber allenfalls bei vielen fehlenden Zähnen, nicht bei Einzelzahnlücken.

Operation mit Risiken

Andererseits können Implantate Probleme bereiten. Das Einsetzen mag leicht scheinen, doch handelt es sich um eine OP mit Risiken. Ärzte sollten umfassend fortgebildet sein. Oralchirurgen etwa haben gute Voraussetzungen. Manchmal kann der Zahnarzt jemand empfehlen. Manche kooperieren mit Kollegen, die das Implantat setzen, und kümmern sich selbst um die weitere Versorgung.

Wie lange Implantate halten, ist noch relativ unklar. Eine schwedische Studie, die 2015 erschien, bezog 596 Personen ein. Alle hatten im Jahr 2003 Implantate erhalten – meist gleich mehrere. Bei annähernd 8 Prozent der Teilnehmer ging bis 2012 mindestens ein Implantat wieder verloren. Es heilte entweder nicht ein oder musste wegen Spätkomplikationen wie Entzündungen wieder aus dem Kiefer herausoperiert werden.

Penible Mundhygiene essentiell

Viele Gründe können das Einheilen oder den Halt im Kiefer torpedieren *(siehe Kasten links)*. Patienten sollten sie ansprechen und um Voruntersuchungen bitten, etwa auf Parodontitis. Die begünstigt eine Entzündung am Implantat, die Periimplantitis. Sie lässt sich schwer behandeln, kann den Knochen zerstören. Bei 10 Prozent aller Implantate entsteht laut deutschen Daten in den ersten fünf Jahren eine Periimplantitis. Die Rate steigt bei Risikofaktoren auf fast 30 Prozent.
Tipp: Ärzte und Patienten sollten den Eingriff dann besonders gut abwägen. Zudem erfordern die künstlichen Zähne penible Reinigung. Wer denkt, sie sind ja tot, machen also keine Arbeit, liegt gründlich daneben. ■

Anbieter

Tarife für Anrufe aus dem deutschen Festnetz: **0800** Kostenfrei; **01801** 3,9 Cent/Min.; **01802** 6,0 Cent/Anruf; **01803** 9,0 Cent/Min.; **01805** und **01807** 14 Cent/Min.; **01806** 20 Cent/Anruf.; Kosten aus dem Mobilfunknetz dürfen 0,42 Cent/Min. oder 0,60 Cent/Anru nicht überschreiten. **09001** Kosten laut Ansage, maximal 3 Euro/Min.

Ernährung

3Glocken
Newlat
Oberwerder Damm 11–21
20539 Hamburg
Tel. 040/781060
www.3glocken.de

Abenstaler Quelle
Brauerei Horneck
Horneck 7
84094 Elsendorf
Tel. 08753/503
www.brauerei-horneck.de

Abtswinder
Gewürzstr. 1–3
97355 Abtswind
Tel. 09383/97110
www.abtswinder.de

Aldi (Nord)/Bauernglück/D'Antelli/Genuss Krone/Gut Bio/Mama Mancini/Moreno/Mucci Premium/Reichsgraf/Rookhus/Westminster Tea
Postfach 130110
45291 Essen
Tel. 0201/85930
www.aldi-nord.de

Aldi Süd/Cucina/Expressi/Expressi Tee/Grandessa/Kim/Müller-Fleisch/Müller Fleisch (Bio)/Norfisk Delikatessen Premium/Riggano/Westcliff/Wintertraum
Postfach 100152
45401 Mülheim a.d.R.
Tel. 0208/99270
www.aldi-sued.de

Alnatura
Darmstädter Str. 63
64404 Bickenbach, Bergstraße
Tel. 06257/93220
www.alnatura.de

Altenburger
Remsaer Str. 21a
04600 Altenburg
Tel. 03447/85260
www.senf.de

Argan Argan
Tastygoods UG
Am Alten Wehr 9
61118 Bad Vilbel
Tel. 06101/4999711
www.arganargan.de

Argand'Or
Ferdinandstr. 9
61348 Bad Homburg
Tel. 06172/4999710
www.argandor.de

Bad Liebenwerda
Mineralquellen
Am Brunnenpark 1–4
04924 Bad Liebenwerda
Tel. 035341/980
www.mineralquellen.de

Bahlsen
Postfach 105
30001 Hannover
Tel. 0511/9600
www.Bahlsen.com

Bamboo Garden
Theodor Kattus
Industriestr. 25
49201 Dissen am Teutoburger Wald
Tel. 05421/3090
www.kattus.de

Barilla
Gustav-Heinemann-Ufer 72
50968 Köln
Tel. 0221/841680
www.barilla.de

Baumann's Senfmanufaktur
Hans Baumann
Auerstr. 6
84558 Kirchweidach
Tel. 08623/985518
www.baumann-senf.de

Bautz'ner Senf
Großdubrauer Str. 36
02625 Bautzen
Tel. 035935/2700
www.bautzner.de

Bernbacher
Lise-Meitner-Str. 5
85662 Hohenbrunn
Tel. 08102/896480
www.bernbacher.de

Bio+
Vion Convenience
Nordring 13
63762 Großostheim
Tel. 06026/5060
www.vionfoodgroup.com

Bio Planète
Huilerie Moog
Rue de Limoux
11150 Bram
Frankreich
Tel. 0033/468/767060
www.bioplanete.com

Bio-verde
Isana Naturfeinkost
Gewerbering 22
86922 Eresing
Tel. 08193/93270
www.bio-verde.de

Biozentrale
Holzmühlenweg 4
84384 Wittibreut-Ulbering
Tel. 08574/96100
www.biozentrale.de

Bofrost
An der Oelmühle 6
47638 Straelen
Tel. 02834/707180
www.bofrost.de

Born
Wenigemarkt 11
99084 Erfurt
Tel. 0361/740340
www.born-feinkost.de

Botterbloom Classic
R&R Ice Cream
Postfach 6141
49094 Osnabrück
Tel. 0541/99990
www.rr-icecream.de

Brändle Vita
P. Brändle
Robert-Bosch-Str. 10
72186 Empfingen
Tel. 07485/97790
www.braendle.de

Buitoni
60523 Frankfurt/M.
www.buitoni.de

Byodo
Leisederstr. 2
84453 Mühldorf am Inn
Tel. 08631/36290
www.byodo.de

Carolinen
Mineralquellen Wüllner
Postfach 180264
33692 Bielefeld
Tel. 05202/84090
www.carolinen.de

Casa Romantica
Mantua Surgelati
Neue Str. 21
21244 Buchholz in der Nordheide
Tel. 04181/929200

Chinesischer Grüner Tee
AsRopa Food
Berliner Str. 6
21509 Glinde
Tel. 040/36166800
www.vinhloi.de

Christinen
Gehring-Bunte
Brockhagener Str. 200
33649 Bielefeld
Tel. 0521/556140
www.christinen.de

Cremesso
Suisse Cafe
Alfred-Nobel-Str. 6
97080 Würzburg
Tel. 0931/9708455
www.cremesso.de

Cremissimo
Unilever
Strandkai 1
20457 Hamburg
Tel. 040/34930
www.unilever.de

Dallmayr Capsa
Alois Dallmayr Kaffee
Postfach 100461
80078 München
Tel. 089/21350
www.dallmayr.de

De Cecco
Zollhof 4
40221 Düsseldorf
Tel. 0211/30018570
www.dececco.de

DE Senseo
Jacobs Douwe Egberts
Langemarckstr. 4–20
28199 Bremen
Tel. 0800/5736736
www.senseo-capsules.de

Dennree/Königshofer
Hofer Str. 11
95183 Töpen
Tel. 09295/180
www.dennree.de

Develey
Ottobrunner Str. 45
82008 Unterhaching
Tel. 089/611020
www.develey.de

dm/Das gesunde Plus
Carl-Metz-Str. 1
76185 Karlsruhe
Tel. 0721/55920
www.dm.de

Dr. Oetker/Die Ofenfrische/Ristorante/Traditionale
Dr. August Oetker
Lutterstr. 14
33617 Bielefeld
Tel. 0521/1550
www.oetker.de

Dr. Quendt
Offenburger Str. 1
01189 Dresden
Tel. 0351/436160
www.dr-quendt.de

Dresdner Backhaus
Ihre Backmanufaktur
Huttenstr. 2b
01309 Dresden
Tel. 0351/4350870
www.dresdnerstollen.de

Eberswalder
Joachimsthaler Str. 100
16230 Britz
Tel. 03334/2730
www.eberswalder.de

Edeka/Gut & Günstig/Selection
22291 Hamburg
Tel. 040/63770
www.edeka.de

Eden
Heirler Cenovis
Postfach 1380
78303 Radolfzell am Bodensee
Tel. 07732/8071
www.heirler-cenovis.de

Eismann
Seibelstr. 36
40822 Mettmann
Tel. 02104/2190
www.eismann.de

Elisabethen Quelle
Hassia Mineralquellen
Gießener Str. 18–30
61118 Bad Vilbel
Tel. 06101/4030
www.hassia.com

Emcur
Mainzer Str. 1c
56130 Bad Ems
Tel. 02603/936400
www.emcur.com

Emil Reimann
Marie-Curie-Str. 11
01139 Dresden
Tel. 0351/272880
www.emil-reimann.de

Ensinger Sport
Ensinger
Mineral-Heilquellen
Horrheimer Str. 28–36
71665 Vaihingen-Ensingen
Tel. 07042/28090
www.ensinger.de

Extaler Mineralquell
Riha WeserGold
Behrenstr. 44–64
31737 Rinteln
Tel. 05751/4040
www.riha.de

Fandler
Prätis 1
8225 Pöllau
Österreich
Tel. 0043/3335/2263
www.fandler.at

Felsensteiner
Mineralquellen
H. Hövelmann
Postfach 180168
47171 Duisburg
Tel. 0203/99190
www.mineralquellen-hoevelmann.de

Florida Eis
Am Zeppelinpark 53
13591 Berlin
Tel. 030/36403550
www.floridaeis.de

Friedrichs
Gottfried Friedrichs
Hermann-Wüsthof-Ring 7
21035 Hamburg
Tel. 040/398280
www.gottfried-friedrichs.de

Frische Paradies/ Vidal Hohenunkel
Lärchenstr. 80
65933 Frankfurt/M.
Tel. 069/3510260
www.frischeparadies.de

Fürst Bismarck
Schönningstedter Str. 1
21521 Aumühle
Tel. 04104/698188

Gaensefurther Schloss Quelle
Schlossbrunnen
Wüllner
Gänsefurth 1
39444 Hecklingen
Tel. 03925/92710
www.gaensefurther.de

Galeria Kaufhof/Lust auf Genuss
Leonhard-Tietz-Str. 1
50676 Köln
Tel. 0221/2230
www.galeria-kaufhof.de

Gepa
Postfach 260147
42243 Wuppertal
Tel. 0202/266830
www.gepa.de

Gildo Rachelli
Demeter
Felderzeugnisse
Postfach 1263
64660 Alsbach-Hähnlein
Tel. 06257/93400
www.felderzeugnisse.de

Glashäger
Schwaaner Chaussee 1
18209 Bad Doberan
Tel. 038203/7000
www.glashaeger.de

Häagen Dazs
General Mills
Osterbekstr. 90c
22083 Hamburg
Tel. 040/6894140
www.haagen-dasz.de

Händlmaier
Luise Händlmaier
Eschenbacher Str. 2
93057 Regensburg
Tel. 0941/695540
www.haendlmaier.de

Harzer Grauhof
Harzer Brunnen
Am Gräbicht 30
38644 Goslar
Tel. 05321/5660
www.harzer-grauhof.de

Hasa
Lindenallee 20
39288 Burg
Tel. 03921/48280
www.hasa-burg.de

Imogti
Uhlandstr. 14
10623 Berlin
Tel. 030/63376807
www.imogti.com

International Collection
Importhaus Wilms
Am Klingenweg 6A
65396 Walluf
Tel. 06123/99900
www.importhaus-wilms.de

Jacobs Momente
siehe DE Senseo
Tel. 01806/262623
www.jacobs.de

Jamie Oliver
Viva Foods
40 Pinbrook Court
Venny Bridge EX4 8JQ
Grossbritannien

KaDeWe
The KaDeWe Group
Tauentzienstr. 21–24
10789 Berlin
Tel. 030/21212466
www.kadewe.de

Kaiser's Tengelmann/ A&P/Birkenhof
Wissollstr. 5–43
45478 Mülheim a.d.R.
Tel. 0208/37770
www.kaisers-tengelmann.de

Karstadt Feinkost/ Perfetto
Stolberger Str. 92
50933 Köln
Tel. 0221/1495141
www.perfetto.de

Kaufland/K-Classic/ Purland
Rötelstr. 35
74172 Neckarsulm
Tel. 0800/1528352
www.kaufland.de

Krone Fisch
Daimlerstr. 3
61449 Steinbach, Ts.
Tel. 06171/6350
www.krone-gmbh.com

Kuchenmeister
Coesterweg 31
59494 Soest
Tel. 02921/78080
www.kuchenmeister.de

Kühne
Carl Kühne
Kühnehöfe 11
22761 Hamburg
Tel. 040/853050
www.kuehne.de

Kunella
Postfach 100633
03006 Cottbus
Tel. 0355/23151
www.kunella-feinkost.com

Kusmi Tea
Orientis Gourmet
32–34 rue Marbeuf
75008 Paris
Frankreich
Tel. 0033/235130849
www.kusmitea.com/de

Lafer Confiserie Collection
Johann Lafers
Table d'Or
Hauptstr. 3
55452 Guldental
Tel. 06707/94950
www.lafer.de

Laschinger Seafood
Edlmairstr. 9
94469 Deggendorf
Tel. 0991/3721040
www.laschinger.de

La Tourangelle
Feinkost Dittmann
Reichold Feinkost
August-Horch-Str. 4–8
65582 Diez
Tel. 06432/9550
www.feinkost-dittmann.de

Lavazza
Ziegelhüttenweg 43
60598 Frankfurt/M.
Tel. 069/63155163
www.lavazza.de

Lichtenauer Mineralquellen
Brunnenstr. 11
09244 Lichtenau
Tel. 037206/650
www.lichtenauer.com

Lidl/Bellarom/Biotrend/ Combino/Favorina/Gelatelli/Landjunker/Lord Nelson/Odin Seafoods/ Trattoria Alfredo
Stiftsbergstr. 1
74167 Neckarsulm
Tel. 0800/4353361
www.lidl.de

Lieken Urkorn
Auf'm Halskamp 11
49681 Garrel
Tel. 04474/8910
www.lieken-urkorn.de

Löwensenf
Kieshecker Weg 240
40468 Düsseldorf
Tel. 0211/41590
www.loewensenf.de

Magnum
siehe Cremissimo

Mamma lucia
Eterna
Hanauer Landstr. 411
60314 Frankfurt/M.
Tel. 069/3803110
www.mamma-lucia.de

Mazola
Peter Kölln
Postfach 629
25306 Elmshorn
Tel. 04121/6480
www.koelln.de

Meßmer
Am Bauhof 13–15
21218 Seevetal
Tel. 04105/5040
www.messmer.de

Mövenpick
Nestle Schöller
90419 Nürnberg
Tel. 069/66718888
www.moevenpick-eis.de

Monschauer Senf Mühle
Breumo
Laufenstr. 118
52156 Monschau
Tel. 02472/2245
www.senfmuehle.de

Nescafé Dolce Gusto
Nestlé
Lyoner Str. 23
60523 Frankfurt/M.
Tel. 069/66713740
www.nestle.de

Nespresso
siehe Nescafé Dolce Gusto

Netto Marken-Discount/ Cafèt/Captains Tea/Gut Ponholz/Mamma Gina/ Mondo Italiano/ Romanza/Santa Claus in Town
Postfach 1180
93139 Maxhütte-Haidhof
Tel. 09471/3200
www.netto-online.de

Neuco
Heirler Cenovis
Postfach 1380
78303 Radolfzell am Bodensee
Tel. 07732/8071
www.heirler-cenovis.de

Niederegger
Postfach 2117
23509 Lübeck
Tel. 0451/53010
www.niederegger.de

Nordsee
Postfach 101248
27512 Bremerhaven
Tel. 0471/1302
www.nordsee.com

Anbieter

Norfisk (Bio)
Norfisk Berlin
Boschweg 6
12057 Berlin
Tel. 030/68370960
www.norfisk.de

Norfisk
Norfisk Wismar
Am Seeufer 5
23970 Wismar
Tel. 03841/227170
www.norfisk.de

Norma/Captains Tea/ Goldora/Gut Bartenhof/ Romanza/Villa Gusto
Heisterstr. 4
90441 Nürnberg
Tel. 0911/97390
www.norma-online.de

Original Selters
Selters Mineralquelle
Aug. Victoria
Seltersweg 1
35792 Löhnberg
Tel. 06471/6090
www.selters.de

Original Wagner/Die Backfrische/Steinofen/ Unsere Natur
Nestlé Wagner
Ernst-Wagner-Str. 48
66620 Nonnweiler
Tel. 06873/6651234
www.wagner-pizza.de

Packlhof
Metzgerei Packlhof
Am Mühlbach 3
82547 Eurasburg
Tel. 08179/8822
www.packlhof.de

Penny/Berida/ Captains Tea/Douceur/ Mühlenhof/Rios
50603 Köln
Tel. 0221/20199959
www.penny.de

Quieta
Bad Heilbrunner
Postfach 40
83667 Bad Heilbrunn
Tel. 08046/91990
www.bad-heilbrunner.de

Rapunzel
Rapunzelstr. 1
87764 Legau
Tel. 08330/5290
www.rapunzel.de

Real/Der Meistermetz-ger/Quality/Tip
Schlüterstr. 5
40235 Düsseldorf
Tel. 0800/5035418
www.tip-discount.de

Rewe/Bio/ Beste Wahl/ja!
50603 Köln
Tel. 0221/1490
www.rewe-group.com

Rheinfels Quelle
siehe Felsensteiner
www.rheinfelsquellen.de

Riesa
Merzdorfer Str. 21–25
01591 Riesa
Tel. 03525/72030
www.teigwaren-riesa.de

Römerwall
siehe Felsensteiner
www.roemerwall.de

Roggenkamp Organics
Roggenkamp's Hof
Daimlerstr. 6–8
33442 Herzebrock-Clarholz
Tel. 05245/929790
www.roggenkamp-organics.com

Rosbacher
siehe Elisabethen Quelle

Rossmann/King's Crown
Isernhägener Str. 16
30938 Burgwedel
Tel. 05139/8980
www.rossmann.de

Schär
Dr. Schär AG/SPA
Winkelau,9
39014 Burgstall
Italien
Tel. 0039/473/293300
www.drschaer.com/de

Schwerter Senfmühle
Frank Peisert
Ruhrstr. 16
58239 Schwerte
Tel. 02304/776111
www.schwerter-senfmuehle.de

Seitz glutenfrei
Eschenwasen 7
78549 Spaichingen
Tel. 07424/98239934
www.seitz-glutenfrei.de

Special.T by Nestlé
siehe Nestlé Dolce Gusto
Tel. 0800/5894253
www.nestle.de

Spreequell
Bouchéstr. 12
12435 Berlin
Tel. 030/687125
www.spreequell.de

Staatl. Fachingen
Brunnenstr. 11
65626 Fachingen
Tel. 06432/983464
www.fachingen.de

Starbucks Coffee
Arnulfstr. 19
80335 München
Tel. 089/551555900
www.starbucks.de

Strauss Innovation
Elisabeth-Selbert-Str. 13
40764 Langenfeld
Tel. 02173/990001
www.strauss-innovation.de

Stührk
Alter Kirchweg 31
25709 Marne
Tel. 04851/9070
www.stuehrk.de

Tassimo/Jacobs
siehe DE Senseo
Tel. 01806/876876
www.tassimo.de

Tea Gschwendner
Heidestr. 26
53340 Meckenheim
Tel. 02225/92140
www.teegschwendner.de

Tee Handelskontor Bremen
Holzapfel & Cie.
Dederingstr. 10
12107 Berlin
Tel. 030/322961690
www.thk-bremen.de

Teekanne
Kevelaerer Str. 21–23
40549 Düsseldorf
Tel. 0211/50850
www.teekanne.de

Tchibo Cafissimo
Überseering 18
22297 Hamburg
Tel. 0800/7007035
www.tchibo.de

Thomy
Nestlé
41415 Neuss
Tel. 069/66712828
www.thomy.de

Thüringer Waldquell
Kasseler Str. 76
98574 Schmalkalden
Tel. 03683/6800
www.twq.de

Tonoli
Gritto Werke
Kühnehöfe 11
22761 Hamburg
Tel. 040/853050

Top Mare
siehe Krone Fisch

Vadossi
Sächsische und Dresdner Back- und Süßwaren
Fabrikstr. 4
01445 Radebeul
Tel. 0351/8375210
www.vadossi.de

Vitaquell
Pinneberger Chaussee 60
22523 Hamburg
Tel. 040/572020
www.vitaquell.de

Kosmetik

3 Suisses
Gingo Biloba
68 Rue d' Hauteville
75010 Paris
Frankreich

Abtei
Omega Pharma
Benzstr. 25
71083 Herrenberg
Tel. 07032/9154200
www.abtei.de

Aldi (Nord)/Ombra Suncare/SHG dent
Eckenbergstr. 16a
45307 Essen
Tel. 0201/85930
www.aldi-nord.de

Annemarie Börlind
Börlind
Lindenstr. 15
75365 Calw
Tel. 07051/60000
www.boerlind.com

Arganhain
Phyto Treasures
Parkstr. 3
13187 Berlin
Tel. 030/32525456
www.arganhain.de

Artdeco
Postfach 1120
85749 Karlsfeld
München
Tel. 08131/39001
www.artdeco.de

Astor
Coty Beauty
Rheinstr. 4e
55116 Mainz
Tel. 06131/3060
www.coty.com

Bebe
Johnson & Johnson
Postfach 210465
41430 Neuss
Tel. 02137/9360
www.bebe.de

Beurer Janosch
Söflinger Str. 218
89077 Ulm
Tel. 0731/39890
www.beurer.de

Bi-Oil
Delta Pronatura
Postfach 1148
63323 Egelsbach
Tel. 06103/40450
www.delta-pronatura.de

Biotherm
siehe L'Oréal
Tel. 02131/6611510
www.biotherm.de

Blend-a-med
Procter & Gamble
65824 Schwalbach am Taunus
Tel. 06196/8901
www.de.pg.com

Blendax
siehe Blend-a-med

Blistex
siehe Bi-Oil
https://blistex.de

Bombastus
Bombastus-Werke
Wilsdruffer Str. 170
01705 Freital
Tel. 0351/658030
www.bombastus-werke.net

Braun Oral-B
Frankfurter Str. 145
61476 Kronberg, Ts.
Tel. 0800/27286463
www.braun.de

Caelo
Caesar & Loretz
Herderstr. 31
40721 Hilden
Tel. 02103/49940
www.caelo.de

Carmex
DMV
Dieselstr. 3–7
31812 Bad Pyrmont

Tel. 0 52 81/6 05 20
www.dmv-py.de

Carrera SpongeBob
Aquarius
Adalperostr. 29
85737 Ismaning
Tel. 0 89/54 80 18 50
www.carrera-products.com

Catrice
Cosnova
Am Limespark 2
65843 Sulzbach/Ts.
Tel. 0 61 96/76 15 60
www.cosnova.com

Clarins
Postfach 15 62
82317 Starnberg
Tel. 0 81 51/2 60 30
www.clarins.de

Colgate/Colgate Barbie
Colgate-Palmolive
Beim Strohhause 17
20097 Hamburg
Tel. 0 40/7 31 90
www.colgate.de

Denn's Biomarkt/ Yalia
Hofer Str. 11
95183 Töpen
Tel. 0 92 95/1 80
www.dennree.de

Dentagard
siehe Colgate

dm/Alverde/Alverde Naturkosmetik/Balea/ Dontodent/Ebelin/ Ebelin professional/ P2 Hands & Nails/ Sundance
Postfach 10 02 33
76232 Karlsruhe
Tel. 07 21/5 59 20
www.dm-drogerie markt.de

Douglas/nails hands feet/Douglas Sun
Kabeler Str. 4
58099 Hagen
Tel. 0 23 31/69 00
www.douglas.de

Dove
Unilever
Strandkai 1
20457 Hamburg
Tel. 0 40/3 49 30
www.dove.de

Dr. Hauschka
Wala Heilmittel
Postfach 11 91
73085 Bad Boll
Tel. 0 71 64/93 00
www.wala.de

Dresdner Essenz Naturell
Li-iL
Leipziger Str. 300
01139 Dresden
Tel. 03 51/89 41 20
www.dresdner-essenz.com

Eco
Hildesheimer Str. 353
30880 Laatzen
Tel. 0 51 02/91 39 84
www.eco-naturkosmetik.de

Edeka/Elkos sun
22291 Hamburg
Tel. 0 40/6 37 70
www.edeka.de

Elkadent
Dental-Kosmetik
Postfach 10 08 55
01078 Dresden
Tel. 03 51/8 00 53 00
www.dental-kosmetik.de

Elmex
siehe Colgate

Essence
Cosnova
Am Limespark 2
65843 Sulzbach, Ts.
Tel. 0 61 96/76 15 60
www.cosnova.com

Eucerin
Beiersdorf
20245 Hamburg
Tel. 0 40/4 90 90
www.beiersdorf.de

Florena
siehe Eucerin
www.florena.de

Garnier Ambre Solaire
siehe L'Oréal
www.garnier.de

Jislaine
Schwenckestr. 101
20255 Hamburg
Tel. 0 40/18 04 14 01
www.jislaine.de

Jolifin
Bahnhofstr. 51a
64832 Babenhausen
Tel. 0 60 73/7 24 81 15
www.jolifin.com

Kaufland/K-Classic
Rötelstr. 35
74172 Neckarsulm
Tel. 0 800/1 52 83 52
www.kaufland.de

Kiko
Kurfürstendamm 212
10719 Berlin
Tel. 0 30/20 65 91 50
www.kikocosmetics.com

Labello
siehe Florena
www.labello.de

La Roche-Posay
siehe L'Oréal
Tel. 02 11/43 78 01
www.larocheposay.de

Lancôme
siehe L'Oréal
Tel. 02 11/6 61 15 00
www.lancome.de

Lavera
Laverana
Berliner Str. 1–3
30952 Ronnenberg
Tel. 05 11/54 54 97 01
www.lavera.de

Lidl/Cien/Cien Sun/ Dentalux
Stiftsbergstr. 1
74167 Neckarsulm
Tel. 0 800/4 35 33 61
www.lidl.de

Logodent
Logocos
Zur Kräuterwiese
31020 Salzhemmendorf
Tel. 0 51 53/8 09 00
www.logona.de

L'Oréal
Georg-Glock-Str. 18
40474 Düsseldorf
Tel. 02 11/54 47 71 91
www.loreal.de

Kaufmann's
Walter Kaufmann Nachf.
Schwabenheimer Weg 123
55543 Bad Kreuznach
Tel. 06 71/7 22 82
www.kaufmanns-creme.de

Mac
Estée Lauder
Mac Division
Domagkstr. 10
80807 München
Tel. 0 800/6 64 78 11
www.maccosmetics.de

Manhattan
siehe Astor

Max Factor
Procter & Gamble
65824 Schwalbach/Ts.
Tel. 0 61 96/89 01
www.de.pg.com

Maybelline Jade
siehe L'Oréal
Tel. 02 11/54 47 79 68
www.maybelline.de

Medipharma Cosmetics
Dr. Theiss Naturwaren
Michelinstr. 10
66424 Homburg
Tel. 0 68 41/70 90
www.naturwaren-theiss.de

Meridol
siehe Colgate Müller/CV Face/Lavozon/Sensident
Albstr. 92
89081 Ulm
Tel. 07 31/17 40
www.mueller.eu

Netto Marken-Discount/Diadent
Postfach 11 80
93139 Maxhütte-Haidhof
Tel. 0 800/2 00 00 15
www.netto-online.de

Nivea/Nivea Sun
siehe Eucerin
www.nivea.de

Norma/Dentabella
Heisterstr. 4
90441 Nürnberg
Tel. 09 11/9 73 90
www.norma-online.de

Olaz
Procter & Gamble
65824 Schwalbach am Taunus
Tel. 0 61 96/89 01
www.de.pg.com

Penaten
siehe Bebe
www.penaten.de

Penny + Rewe/Today Sun/Penny Alldent
Penny
50603 Köln
Tel. 02 21/20 19 99 59
www.penny.de

Philips Sonicare
Lübeckertordamm 5
20099 Hamburg
Tel. 0 40/8 08 01 09 80
www.philips.de

Piz Buin
Johnson & Johnson
Postfach 21 04 65
41430 Neuss
Tel. 0 21 37/93 60
www.jnjgermany.de

Primavera
Naturparadies 1
87466 Oy-Mittelberg
Tel. 0 83 66/8 98 80
www.primaveralife.com

Real Quality
Schlüterstr. 7a
40235 Düsseldorf
Tel. 0 800/5 03 54 18
www.real.de

Regina
Reinex
Bladenhorster Str. 114
44575 Castrop-Rauxel
Tel. 0 23 05/92 39 20
www.reinexchemie.de

Rossmann/ Altapharma/Isana/ Perlodent/Perlodent Med/Rival de Loop/ Sunozon/Wellness & Beauty
Isernhägener Str. 16
30938 Burgwedel
Tel. 0 51 39/89 80
www.rossmann.de

Sante
Logocos
Zur Kräuterwiese
31020 Salzhemmendorf
Tel. 0 51 53/8 09 06
www.sante.de

Satina
Labori International BV
Minervum 7475
4817 ZP Breda
Niederlande
Tel. 00 31/76/5 87 06 35
www.satina.de

Scholl
Reckitt Benckiser
Theodor-Heuss-Anlage 12
68165 Mannheim
Tel. 06 21/3 24 60
www.reckittbenckiser.de

Schwarzkopf 3 Wetter taft
Henkel
40191 Düsseldorf
Tel. 02 11/79 70
www.henkel.de

Signal
siehe Dove
www.unilever.de

Swiss O-Par
Rufin cosmetic
Postfach 13 08

30834 Langenhagen
Tel. 05 11/74 00 90
www.rufin.de

TeeProSyn
Rudolf Lenhart
Liststr. 2
71336 Waiblingen
Tel. 0 71 51/9 87 02 30
www.lenhart-kosmetik.de

Theramed
Henkel
40191 Düsseldorf
Tel. 02 11/79 70
www.henkel.de

Tiroler Nussöl
Dermapharm
Türkenstr. 25/12
1090 Wien
Österreich
Tel. 00 43/1/3 19 30 01
www.dermapharm.at

Yves Saint Laurent
Postfach 30 06 62
40406 Düsseldorf
Tel. 0 21 31/6 61 15 30
www.ysl.com/de

Yves Rocher
Albstadtweg 10
70567 Stuttgart
Tel. 07 11/7 83 40
www.yves-rocher.de

Computer

Acer
Kornkamp 4
22926 Ahrensburg
Tel. 0 800/2 24 49 99
www.acer.de

Agfaphoto
EBP
Bösch 80a
6331 Hünenberg
Schweiz
Tel. 00 41/6 15/00 09 60
www.suplies.agfaphoto.com

Alcatel
TCT Mobile
Fritz-Vomfelde-Str. 34
40547 Düsseldorf
Tel. 0 69/92 03 21 10
www.alcatelonetouch.com

Amazon
Amazon Kindle Shop
Amazon.de
Marcel-Breuer-Str. 12
80807 München
Tel. 0 800/3 63 84 69
www.amazon.de

Amazon Instant Video/ Amazon Prime
Domagkstr. 28
80807 München
www.amazon.de/kundenservice
www.amazon.de/aiv

AOC
Plaggenbahn 42
46282 Dorsten
Tel. 0 800/0 00 08 21
www.aoc-europe.com

Apple
Arnulfstr. 19
80335 München
Tel. 0 800/2 00 01 36
www.apple.de

Apple iTunes
Tel. 0 800/6 64 54 51
www.apple.com/de/support/itunes/contact

Archos
Konrad-Zuse-Str. 22
41516 Grevenbroich
Tel. 0 69/66 80 51 44
www.archos.com

Armor
Feldbachacker 10
44149 Dortmund
Tel. 02 31/65 60 08 01
www.armor-print.com

Asus
Harkortstr. 21–23
40880 Ratingen
Tel. 0 21 02/5 78 95 57
www.asus.de

Avast!
Gollierstr. 70
80339 München
www.avast.de

AVG
Akima Media
Garmischer Str. 8
80339 München
Tel. 0 89/17 95 91 80
www.avg.de

Avira
Kaplaneiweg 1
88069 Tettnang
Tel. 0 75 42/50 00
www.avira.de

BenQ
Essener Str. 5
46047 Oberhausen
Tel. 0 180 3/23 20 02
www.benq.de

Bitdefender
TechnoPark Schwerte
Lohbachstr. 12
58239 Schwerte
Tel. 0 23 04/94 51 60
www.bitdefender.de

Blaupunkt
Baros
Kleine Düwelstr. 21
30171 Hannover
Tel. 05 11/9 88 71 85
www.blaupunkt.de

Brother
Im Rosengarten 14
61118 Bad Vilbel
Tel. 0 61 01/80 50
www.brother.de

BullGuard
c/o Mazars
Theodor-Stern-Kai 1
60596 Frankfurt/M.
www.bullguard.com

Canon
Europark Fichtenhain A10
47807 Krefeld
Tel. 0 69/29 99 36 80
www.canon.de

Dell
Main Airport Center
Unterschweinstiege 10
60549 Frankfurt/M.
Tel. 0 800/5 33 55 60 41
www.dell.de

Denver
Niedernhart 1a
94113 Tiefenbach
Tel. 0 85 46/3 04 00 70
www.denver-electronics.com

Eizo
Helmut-Grashoff-Str. 18
41179 Mönchengladbach
Tel. 0 21 61/8 21 00
www.eizo.de

Epson
Otto-Hahn-Str. 4
40670 Meerbusch
Tel. 0 21 59/53 80
www.epson.de

Eset
Talstr. 84
07743 Jena
Tel. 0 36 41/3 11 41 00
www.eset.de

F-Secure
Zielstattstr. 44
81379 München
Tel. 0 69/66 98 31 31
www.f-secure.de

G Data
Königsallee 178b
44799 Bochum
Tel. 02 34/9 76 20
www.gdata.de

Garmin
Parkring 35
85748 Garching b. München
Tel. 0 89/8 58 36 40
www.garmin.de

Hisense
Heerdter Lohweg 51
40549 Düsseldorf
Tel. 02 11/5 42 06 20
www.hisense.de

HP
Schickardstr. 32
71034 Böblingen
Tel. 0 70 31/1 40
www.hp.com/de

HTC
Zeil 83
60313 Frankfurt/M.
Tel. 0 69/1 70 77 64 82
www.htc.de

Huawei
Hansaallee 205
40549 Düsseldorf
Tel. 02 11/8 82 54 80 00
www.huaweidevices.de

Icarus
Icarus Reader
c/o DistriRead b.v.
Luchthavenweg 81
Office 1.39a
5657 EA Eindhoven
Niederlande
Tel. 00 31/40/3 04 00 10
www.icarusreader.com

Iiyama
Werner-von-Siemens-Str. 4
85296 Rohrbach/Ilm
Tel. 0 84 42/9 62 90
www.iiyama.com/de

Ink Swiss
Internetmarketing Bielefeld
Am Lenkwerk 3
33609 Bielefeld
Tel. 0 800/2 27 00 00
www.druckerzubehoer.de

Kaspersky
Despag-Str. 3
85055 Ingolstadt
Tel. 08 41/98 18 90
www.kaspersky.de

KMP
Postfach 12 50
84302 Eggenfelden
Tel. 0 87 21/77 30
www.kmp.com

Kobo
Kobo Europe S.A.
2, Rue du Fosse
1536 Luxembourg
Luxemburg
Tel. 0 03 52/24 61/63 33
www.kobo.de

Kyocera
Otto-Hahn-Str. 12
40670 Meerbusch
Tel. 0 21 59/91 80
www.kyoceramita.de

Lenovo
Gropiusplatz 10
70563 Stuttgart
Tel. 0 800/5 51 13 30
www.lenovo.com

LG
Berliner Str. 93
40880 Ratingen
Tel. 0 21 02/7 00 80
www.lg.com/de

McAfee
Ohmstr. 1
85716 Unterschleißheim
Tel. 0 89/3 70 70
www.mcafee.de

Maxdome
Medienallee 7
85774 Unterföhring
Tel. 0 89/41 14 24 12
www.maxdome.de

Media Markt Videodownloadshop
Media Markt E-Business
Wankelstr. 5
85046 Ingolstadt
Tel. 08 41/6 34 45 45
http://video-download.mediamarkt.de

Medion
Am Zehnthof 77
45307 Essen
Tel. 0 800/0 63 34 66
www.medion.com

Microsoft/Microsoft Xbox Video
Konrad-Zuse-Str. 1
85716 Unterschleißheim
Tel. 0 180 6/67 22 55
www.microsoft.de
http://video.xbox.com

Motorola
Telco Kreisel 1
65510 Idstein
Tel. 0 800/5 03 00 11
www.motorola.com/mobility

Netflix
Keizersgracht 440
1016 GD Amsterdam
Niederlande
www.netflix.de

Norton by Symantec
Konrad-Zuse-Platz 2–5
81829 München
Tel. 089/943020
www.norton.de

Nvidia
Adenauerstr. 20 A4
52146 Würselen
Tel. 02405/4780
www.nvidia.de

Odys
Axdia
Formerweg 9
47877 Willich-Münchheide
Tel. 02154/8826101
www.odys.de

Panda Security
Postfach 990102
47228 Duisburg
Tel. 02065/9610
www.pandasecurity.com

Peach
3T Supplies
Chaltenbodenstr. 6
8834 Schindellegi
Schweiz
Tel. 0041/44/7876830
www.3ppp3.ch

Pearl/iColor
Pearlstr. 1–3
79426 Buggingen
Tel. 07631/360200
www.pearl.de

Pelikan
Werftstr. 9
30163 Hannover
Tel. 0511/69690
www.pelikan-printing.com

Pebble
925 Alma Street
Palo Alto, CA 94301
USA
www.pebble.com

Philips
MMD
Prins Bernhardplein 200
1097 Amsterdam
Niederlande
Tel. 069/66404383
www.philips.de

Pocketbook
Pocketbook Readers
Richard-Wagner-Str. 11
01445 Radebeul
Tel. 0351/79556300
www.pocketbook.de

Ricoh
Vahrenwalder Str. 315
30179 Hannover
Tel. 0511/67420
www.ricoh.de

Samsung
Am Kronberger Hang 6
65824 Schwalbach
Tel. 01806/7267864
www.samsung.de

Snap by Sky
Sky
Medienallee 26
85774 Unterföhring
Tel. 01806/110000
www.sky.de

Sony
Kemperplatz 1
10785 Berlin
Tel. 069/95086319
www.sony.de

Sony Mobile
Bennigsen-Platz 1
40474 Düsseldorf
Tel. 0211/99342020
www.sonymobile.de

Sony Video Unlimited
Sony
Kemperplatz 1
10785 Berlin
Tel. 06102/7713001
www.sonyentertainmentnetwork.com/de-de/video-unlimited

Telekom Videoload
Deutsche Telekom
Postfach 101152
64211 Darmstadt
Tel. 0800/5446060
www.videoload.de

Tolino
Deutsche Telekom
T-Online-Allee 1
64295 Darmstadt
Tel. 0800/5446060
www.tolino.de

Toshiba
Hammfelddamm 8
41460 Neuss
Tel. 02131/5240400
www.toshiba.de

Trekstor
Kastanienallee 8–10
64653 Lorsch
Tel. 06251/550400
www.trekstor.de

Trend Micro
Zeppelinstr. 1
85399 Hallbergmoos
Tel. 0811/88990700
www.trendmicro.de

Videociety
Esplanade 28
20354 Hamburg
Tel. 040/46001890
www.videociety.de

Watchever
Reinhardtstr. 58
10117 Berlin
Tel. 030/234569990
www.watchever.de

Xerox
Hammer Landstr. 91
41460 Neuss
Tel. 02131/22480
www.xerox.com

Telefon

1&1
Elgendorfer Str. 57
56410 Montabaur
Tel. 0721/9600
www.1und1.de

AEG
Industrievertretung Schweiger
Im Frauental 14
92224 Amberg
Tel. 09621/67710
www.ivsgmbh.de

Angelcare
Funny Handel
Schiessstr. 46
40549 Düsseldorf
Tel. 0211/4403160
www.funny-handel.de

AOL
Brandstwiete 4
20457 Hamburg
www.aol.de

Apple
Arnulfstr. 19
80335 München
Tel. 0800/6645451
www.apple.com/de

Audioline
Hellersbergstr. 2a
41460 Neuss
Tel. 02131/79900
www.amplicomms.com

AVM
Alt-Moabit 95
10559 Berlin
Tel. 030/399760
www.avm.de

Blackberry
Niederkasseler Lohweg 18
40547 Düsseldorf
Tel. 0211/97199600
http://de.blackberry.com

BlackBerry Messenger
siehe BlackBerry
Tel. 0202/69358448
http://de.blackberry.com/bbm.html

ChatSecure
The Guardian Project
https://guardianproject.info/apps/chatsecure

Congstar
Weinsbergstr. 70
50823 Köln
Tel. 01806/507500
www.congstar.de

Deutsche Telekom
Landgrabenweg 151
53227 Bonn
Tel. 0800/3301000
www.telekom.de

E-Plus
Telefónica
Georg-Brauchle-Ring 23–25
80992 München
Tel. 01806/224455
www.base.de

Facebook Messenger
Facebook
Caffamacherreihe 7
20355 Hamburg
https://de-de.messenger.com

Freenet
Deelbögenkamp 4c
22297 Hamburg
Tel. 01803/010431
www.freenet.de

Gigaset
Seidlstr. 23
80335 München
Tel. 089/7220
www.gigaset.com

GMX
Brauerstr. 48
76135 Karlsruhe
Tel. 0900/1000877
www.gmx.net

Google
ABC-Str. 19
20354 Hamburg
Tel. 040/808179000
www.google.de

Grundig
Sagemcom
Mergenthaler-allee 55–59
65760 Eschborn, Ts.
Tel. 06196/95450
www.sagemcom.com

Kabel BW
Im Breitspiel 2–4
69126 Heidelberg
Tel. 0711/54888150
www.kabelbw.de

Kabel Deutschland
Betastr. 6–8
85774 Unterföhring
Tel. 0800/2787000
www.kabeldeutschland.de

Handyreparatur123
Jentower
Leutragraben 1
07743 Jena
Tel. 03641/3100323
www.handyreparatur123.de

Hartig+Helling
Olympia Business Systems
Zum Kraftwerk 1
45527 Hattingen
Tel. 02324/68010
www.olympia-vertrieb.de

Hoccer
Kleiststr. 23–26
10787 Berlin
Tel. 030/21001350
http://hoccer.com/de

HTC
Zeil 83
60313 Frankfurt/M.
Tel. 0691/70776482
www.htc.com/de

Huawei
Hansaallee 205
40549 Düsseldorf
Tel. 0800/77886633

Letsfix
Carl-Heydemann-Ring 67a
18437 Stralsund
Tel. 03831/673839
www.letsfix.de

LG
Berliner Str. 93
40880 Ratingen
Tel. 01806/115411
www.lg.com/de

Line
Line Corporation
27th Floor Shibuya Hikarie
2–21–1 Shibuya,
Shibuya-ku,
Tokyo
150–8510
Japan
http://line.me/de

Anbieter

Mail.de
Münsterstr. 3
33330 Gütersloh
Tel. 05241/7434982
https://mail.de

Mailbox.org
Heinlein Support
Schwedter Str. 8/9
10119 Berlin
Tel. 030/4050510
https://mailbox.org

Microsoft
Konrad-Zuse-Str. 1
85716 Unterschleißheim
Tel. 01806/672255
www.microsoft.de

Motorola
Telco Kreisel 1
65510 Idstein
Tel. 0800/5030011
www.motorola.com/mobility

Motorola (Schnurlostelefone)
SGW
Bredeneyer Str. 2b
45133 Essen
Tel. 0201/4517130
www.sgwglobal.com

Motorola (Babyfone)
Binatone Electronics
Floor 23A, 9 Des Voeux Road West
Sheung Wan
Hong Kong
Volksrepublik China
www.motorola.de

Motorola Nexus: Google
ABC-Str. 19
20354 Hamburg
Tel. 040/808179000
www.google.de

Nokia
Balcke-Dürr-Allee 2
40882 Ratingen
Tel. 069/668009990
www.nokia.de

Nuk
Mapa
Industriestr. 21–25
27404 Zeven
Tel. 04281/730
www.mapa.de

O2
Telefónica
Georg-Brauchle-Ring 23–25
80992 München
Tel. 089/787979409
www.o2online.de

Panasonic
Winsbergring 15
22525 Hamburg
Tel. 01805/015142
www.panasonic.de

Peaq
Media-Saturn-Holding
Wankelstr. 5
85046 Ingolstadt
Tel. 01805/456565
www.peaq-online.de

Philips
Gibson Innovations
Banksstr. 4
20097 Hamburg
Tel. 040/808010987
www.philips.de

Philips In.Sight
Lübeckertordamm 5
20099 Hamburg
Tel. 040/808010980
www.philips.de

Philips Avent
Woox
Banksstr. 4
20097 Hamburg
Tel. 040/808010987
www.philips.de

Phonecare
Salierring 30
50677 Köln
Tel. 0221/6776432
www.phonecare.com

Posteo
Methfesselstr. 38
10965 Berlin
Tel. 030/346493249
https://posteo.de

Reer
Postfach 1639
71206 Leonberg
Tel. 07152/928520
www.reer.de

Samsung
Am Kronberger Hang 6
65824 Schwalbach
Tel. 01806/7267864
www.samsung.de

Signal
siehe TextSecure

Sony
Sony Mobile Communications
Bennigsen-Platz 1
40474 Düsseldorf
Tel. 0211/99334202020
www.sonymobile.com

Switel
Telgo
Route d'Englisberg 11
1763 Granges-Paccot FR
P.O. 128
Schweiz
www.switel-babies-kids.com

Tele2
In der Steele 39
40599 Düsseldorf
Tel. 0211/40824082
www.tele2.de

Telefónica O2
Georg-Brauchle-Ring 23–25
80992 München
Tel. 089/787979444
www.o2online.de

Telekom
Deutsche Telekom
T-Online-Allee 1
64295 Darmstadt
Tel. 0800/5446060
www.t-online.de

Telekom (Tarife)
Landgrabenweg 151
53227 Bonn
Tel. 0800/3303000
www.telekom.de

TextSecure
Open Whisper Systems
https://whispersystems.org

Threema
Staldenbachstr. 11
8808 Pfäffikon
Schweiz
https://threema.ch/de

Topcom
Tristar
Postfach 1051
59463 Ense
Tel. 02938/5491130
www.tristar.eu

Viber
Viber Media, S.á.r.l.
2, Rue des Fossé
1536 Luxembourg
Luxemburg
www.viber.com/de

Vodafone
Ferdinand-Braun-Platz 1
40549 Düsseldorf
Tel. 0800/1721212
www.vodafone.de

Web.de
Brauerstr. 48
76135 Karlsruhe
Tel. 0900/1932330
www.web.de

WhatsApp
WhatsApp Inc.
Castro Street; 850 Suite 120–219
Mountain View CA 94041
Vereinigte Staaten von Amerika
www.whatsapp.com

Yahoo Mail
Yahoo! Emea Ltd.
Pinnacle 1 East Point Business Park
Alfie Byrne Road
Dublin 3
Irland
https://de.yahoo.com

Yota
Mergenthalerallee 10–12
65760 Eschborn
www.yotaphone.com

Bild

Aldifotos.de
Medion
Am Zehnthof 77
45307 Essen
Tel. 01805/999332
www.aldifotos.de

Blaupunkt
Breitscheider Weg 117 a
40885 Ratingen
Tel. 02102/1459516
www.blaupunkt.de

Canon
Europark Fichtenhain A10
47807 Krefeld
Tel. 069/29993680
www.canon.de

Comag
Zillenhardtstr. 41
73037 Göppingen
Tel. 07161/503060
www.comag-ag.de

Digitalbox
siehe Telestar

Easy one
SetOne
Rebgartenweg 27
79576 Weil am Rhein
Tel. 07621/986860
www.setone.eu

Fotobuch.de
Fomanu
Im Wiesengrund 1
92660 Neustadt
Tel. 09602/944244
www.fotobuch.de

Fotokasten.de
Anton-Schmidt-Str. 5
71332 Waiblingen
Tel. 01805/006111
www.fotokasten.de

Fotoquelle.de
Orwo Net
Röntgenstr. 3
06766 Bitterfeld-Wolfen
Tel. 03494/369904
www.fotoquelle.de

Fotoservice.mediamarkt.de
MediaMarkt e-Business
Wankelstr. 5
85046 Ingolstadt
Tel. 0800/7238217
http://fotoservice.mediamarkt.de

Fotoservice.saturn.de
Media-Saturn
Wankelstr. 5
85046 Ingolstadt
Tel. 0841/6342000
http://fotoservice.saturn.de

Fujifilm
Benzstr. 2
47533 Kleve
Tel. 00800/38543854
www.finepix.de

Grundig
Beuthener Str. 41
90471 Nürnberg
Tel. 0911/590597 30
www.grundig.de

Hisense
Heerdter Lohweg 51
40549 Düsseldorf
Tel. 0211/54206231
www.hisense.de

Humax
Bahnhofstr. 18
85774 Unterföhring
Tel. 01806/778870
www.humax-digital.de

Kathrein
Postfach 100444
83004 Rosenheim
Tel. 08031/184641
www.kathrein.com

Leica
Oskar-Barnack-Str. 11
35606 Solms
Tel. 06442/2080
http://de.leica-camera.com

LG
Berliner Str. 93
40880 Ratingen
Tel. 01806/115411
www.lg.com/de

Lidl-fotos.de
Targa
Coesterweg 45
59494 Soest
Tel. 02 11/54 69 17 55
www.lidl-fotos.de

Loewe
Industriestr. 11
96317 Kronach
Tel. 0 92 61/9 95 00
www.loewe.de

Megasat
Industriestr. 4a
97618 Niederlauer
Tel. 0 97 71/63 56 71 00
www.megasat.tv

Metz
Postfach 12 67
90506 Zirndorf
Tel. 09 11/9 70 60
www.metz.de

Mueller.de/foto
Albstr. 92
89081 Ulm-Jungingen
Tel. 04 41/18 13 19 04
www.mueller.de/foto

Myphotobook.de
Oranienstr. 183
10999 Berlin
Tel. 0 180 5/84 68 46
www.myphotobook.de

Nikon
Tiefenbroicher Weg 25
40472 Düsseldorf
Tel. 02 11/9 41 40
www.nikon.de

Olympus
Wendenstr. 14–18
20097 Hamburg
Tel. 0 40/23 77 30
www.olympus.de

Opticum
Hauptstr. 12
14979 Großbeeren
Tel. 03 37 01/3 38 87
www.opticum-gmbh.de

Panasonic
Winsbergring 15
22525 Hamburg
Tel. 0 40/55 55 88 55
www.panasonic.de

Pentax
Ricoh Imaging
Am Kaiserkai 1
20457 Hamburg
Tel. 0 40/5 32 01 33 33
www.ricoh-imaging.de

Philips
TP Vision Europe B.V.
Steindamm 96
20099 Hamburg
Tel. 0 69/66 80 10 10
www.philips.de/tv

Pixum.de
Diginet
Industriestr. 161
50999 Köln
Tel. 0 22 36/88 66 88
www.pixum.de

PosterXXL
Infanteriestr. 11a
80797 München
Tel. 0 180 6/80 64 44
www.posterXXL.de

Rossmann-Fotowelt.de
Isernhägener Str. 16
30938 Burgwedel
Tel. 0 800/36 86 93 58
www.rossmann-fotowelt.de

Samsung
Am Kronberger Hang 6
65824 Schwalbach
Tel. 0 180 6/7 26 78 64
www.samsung.de

Sony
Kemperplatz 1
10785 Berlin
Tel. 0 69/95 08 63 19
www.sony.de

Strong
Franz-Josefs-Kai 1
1010 Wien
Österreich
Tel. 00 43/1/5 81 02 32
www.strong.tv

TCL
121 rue d´Aguessau
92100 Boulogne-Billancourt
Frankreich
www.tcl.eu/de/home

Technisat
Julius-Saxler-Str. 3
54550 Daun
Tel. 0 39 25/92 20 18 00
www.technisat.de

Telefunken
Bockenheimer Landstr. 101
60325 Frankfurt/M.
Tel. 0 69/60 00
www.telefunken.de

Telestar
Telestar-Digital
Am Weiher 14
56766 Ulmen
Tel. 0 26 76/9 52 00
www.telestar.de

Toshiba
Hammfelddamm 8
41460 Neuss
Tel. 0 21 31/5 24 09 99
www.toshiba.de

Xoro
MAS Elektronik
Weidegrund 3
21614 Buxtehude
Tel. 0 41 61/80 02 40
www.xoro.de

Ton

AKG
Harman
Postfach 19 20
74009 Heilbronn
Tel. 0 71 31/48 00
www.harman.com

Albrecht
Alan Electronics
Daimlerstr. 1k
63303 Dreieich
Tel. 0 61 03/9 48 10
www.albrecht-audio.de

Bang & Olufsen
Dr.Carl von Linde-Str. 2
82049 Pullach i. Isartal
Tel. 0 89/75 90 50
www.bang-olufsen.com

Beats
Apple Europe Inc.
1 Hannover Street
LONDON
W1S 1YZ
Grossbritannien

Beyerdynamic
Postfach 13 20
74003 Heilbronn
Tel. 0 71 31/61 70
www.beyerdynamic.de

Blaupunkt
M3 Electronics
Gutenbergstr. 5
65830 Kriftel
Tel. 0 61 92/97 70 20
www.blaupunkt.de

Bose
Postfach 11 25
61362 Friedrichsdorf
Tel. 0 61 72/7 10 40
www.bose.de

Bowers & Wilkins
B & W Group
Kleine Heide 12
33790 Halle
Tel. 0 52 01/8 71 70
www.bowers-wilkins.de

Creative
Unit 1, Block 4B,
Blanchardstown
Corporate Park
Dublin 15
Irland
Tel. 0 03 53/18 97/57 00
http://de.creative.com

Denon
An der Kleinbahn 18
41334 Nettetal
Tel. 0 21 57/1 20 80
www.denon.de

Dual
DGC
Graf-Zeppelin-Str. 7
86899 Landsberg am Lech
Tel. 0 81 91/9 15 77 70
www.dual.de

Grundig
Beuthener Str. 41
90471 Nürnberg
Tel. 09 11/59 05 97 30
www.grundig.de

Hama
Dresdner Str. 9
86653 Monheim
Tel. 0 90 91/50 20
www.hama.de

Harman/Kardon
Parkring 3
85748 Garching bei München
Tel. 0 72 48/71 11 32
www.harmankardon.de

Jawbone
11th Floor
Newcombe House
London
W11 3LQ
Grossbritannien
Tel. 06 95/1 70 97 42
www.jawbone.com

JBL
siehe Harman/Kardon

LG
Berliner Str. 93
40880 Ratingen
Tel. 0 180 6/11 54 11
www.lg.com/de

Loewe
Industriestr. 11
96317 Kronach
Tel. 0 92 61/9 95 00
www.loewe.de

Medion
Am Zehnthof 77
45307 Essen
Tel. 0 800/0 63 34 66
www.medion.com

Noxon
Steyler Str. 121
41334 Nettetal
Tel. 0 21 57/3 02 71 51
www.noxonradio.de

Onkyo
Gutenbergstr. 3
82178 Puchheim
Tel. 0 81 42/42 08 11
www.eu.onkyo.com

Panasonic
Winsbergring 15
22525 Hamburg
Tel. 0 40/55 55 88 55
www.panasonic.de

Philips
Gibson Innovations
Banksstr. 4
20097 Hamburg
Tel. 0 40/8 08 01 09 87
www.philips.de

Pioneer
Hanns-Martin-Schleyer-Str. 35
47877 Willich
Tel. 0 21 54/91 30
www.pioneer.de

Pure
Friedrich-Ludwig-Jahn-Str. 2–14
64589 Stockstadt am Rhein
Tel. 0 61 58/87 88 72
www.pure.com

Samsung
Am Kronberger Hang 6
65824 Schwalbach
Tel. 0 180 6/7 26 78 64
www.samsung.de

Sangean
Sangean Europe B. V.
Ankerkade 20 NL
5928 PL Venio
Niederlande
Tel. 00 31/77/3 82 93 44
www.sangean.eu

Sennheiser
Am Labor 1
30900 Wedemark
Tel. 0 51 30/60 00
www.sennheiser.de

Sonoro
Sonoro audio
Nordkanalallee 94
41464 Neuss
Tel. 0 21 31/8 83 41 41
www.sonoro-audio.de

Sony
Kemperplatz 1
10785 Berlin
Tel. 0 69/95 08 63 19
www.sony.de

Anbieter

Sony SRS-X2
Kemperplatz 1
10785 Berlin
Tel. 069/95086319
www.sony.de

Sony BSP 10
Sony Mobile
Communications
Bennigsen-Platz 1
40474 Düsseldorf
Tel. 0211/99342020
www.sonymobile.de

Sound2Go
Mobiset
Rösrather Str. 333
51107 Köln
Tel. 0221/989520
www.mobiset.de

Soundmaster
Wörlein
Gewerbestr 12
90556 Cadolzburg
Tel. 09103/71670
www.woerlein.com

Technisat
Julius-Saxler-Str. 3
54550 Daun
Tel. 03925/92201800
www.technisat.de

Teufel
Budapester Str. 44
10787 Berlin
Tel. 030/3009300
www.teufel.de

Ultimate Ears
Logitech
Clarita-Bernhard-Str. 18
81249 München
Tel. 089/244162000
www.logitech.de

Xqisit
Strax
Belgische Allee 52–54
53842 Troisdorf
Tel. 02241/951270
www.strax.com

Yamaha
Siemensstr. 22–34
25462 Rellingen
Tel. 04101/3030
www.yamaha.de

Haushalt

Actiff
McBride
Rue Moulin Masure 6
7730 Estaimpuis
Belgien
Tel. 0032/56482482
www.mcbride.co.uk

AEG (Bohrmaschinen)
Techtronic Industries
Itterpark 2
40724 Hilden
Tel. 02103/9600
www.ryobitools.eu
www.aeg-powertools.de

AEG (Durchlauferhitzer)
EHT Haustechnik
Markenvertrieb AEG
Gutenstetter Str. 10
90449 Nürnberg
Tel. 0911/9656250
www.aeg-haustechnik.de

AEG (Großgeräte)
Electrolux
Postfach 1036
90327 Nürnberg
Tel. 0911/3232010
www.aeg.de

AEG (Haartrockner)
ETV
Industriering Ost 40
47906 Kempen
Tel. 02152/519971
www.aeg-etv.de

AEG (Kleingeräte)
siehe AEG (Großgeräte)
Tel. 0911/3232525

Aldi (Nord)/Akuta/Quigg
Postfach 130110
45291 Essen
Tel. 0201/85930
www.aldi-nord.de

Aldi Süd/Alio/ Expressi K-fee
Postfach 100152
45401 Mülheim a.d.R.
Tel. 02202/4609000
www.mein-expressi.de

Allnatura
Am Flugplatz 2
73540 Heubach
Tel. 07173/71690
www.allnatura.de

Amica
Lüdinghauser Str. 52
59387 Ascheberg
Tel. 02593/95670
www.amica-internatio
nal.de

Aqua Select
Kabelkamp 11
30179 Hannover
Tel. 0511/9661366
www.aquaselect.com

Babyliss
Friolzheimer Str. 3
70499 Stuttgart
Tel. 0711/8060970
www.babyliss.com

Badenia/Irisette
Niederschopfheimer
Str. 1
77948 Friesenheim-
Oberschopfheim
Tel. 07808/890
www.badenia-bettcom
fort.de

Ballistol
F. W. Klever
Hauptstr. 20
84168 Aham
Tel. 08744/96990
www.ballistol.de

Bauhaus/Tween Light/ Voltolux
Bahag
Gutenbergstr. 21
68167 Mannheim
Tel. 0621/39050
www.bauhaus.info

Bauknecht
Industriestr. 48
70565 Stuttgart
Tel. 0711/8888900
www.bauknecht.de

Beko
Thomas-Edison-Platz 3
63234 Neu-Isenburg
Tel. 06102/71820
www.beko-deutsch
land.de

Billerbeck
Eppinger Str. 40–44
76703 Kraichtal
Tel. 07250/750
www.billerbeck.info

Bioledex
Del-Ko
Werner-von-Siemens-
Str. 6
86159 Augsburg
Tel. 0821/2275652
www.bioledex.de

Black & Decker
Black-und-Decker-Str. 40
65510 Idstein
Tel. 06126/210
www.blackanddecker.de

Blomberg
siehe Beko
www.blomberg.de

Bomann
Postfach 100150
47878 Kempen
Tel. 02152/89980
www.bomann.de

Bosch
Geschäftsbereich
Elektrowerkzeuge
Postfach 100156
70745 Leinfelden-
Echterdingen
Tel. 01803/335799
www.bosch-do-it.de

Bosch
BSH Hausgeräte
Postfach 830101
81701 München
Tel. 089/459000
www.bosch-home.de

Braun
61466 Kronberg, Ts.
Tel. 0800/27286463
www.braun.de

Breckle TopGel
Lange Lage 6–8
37154 Northeim
Tel. 05551/60970
www.breckle.de

Breckle Happy Pocket/ TFK Micro
Quellenstr. 2
07570 Weida
Tel. 036603/710102
www.breckle-weida.de

Brita
Heinrich-Hertz-Str. 4
65232 Taunusstein
Tel. 0800/5001919
www.brita.de

BSF
Zwilling J.A. Henckels
Grünewalder
Str. 14–22
42657 Solingen
Tel. 0212/8820
www.zwilling.com

BWT
Spiegelgasse 13
65183 Wiesbaden
Tel. 0611/450435 30
www.bwt-filter.com

Candy
Candy Hoover
Postfach 101362
40833 Ratingen
Tel. 02102/4590
www.candy-hoover.de

Centralin
Postfach 100354
40803 Mettmann
Tel. 02104/14080
www.centralin.com

Clage
Pirolweg 1–5
21337 Lüneburg
Tel. 04131/89010
www.clage.de

Clatronic
Postfach 100240
47897 Kempen
Tel. 02152/20060
www.clatronic.de

Cleansui
Verbatim
Düsseldorfer Str. 13
65760 Eschborn
Tel. 06196/90010
www.verbatim.de

Collonil
Salzenbrodt
Hermsdorfer Str. 70
13437 Berlin
Tel. 030/4140440
www.collonil.com

Conrad/Renkforce
Klaus-Conrad-Str. 1
92240 Hirschau
Tel. 01805/312111
www.conrad.de

Constructa
Constructa-Neff
Carl-Wery-Str. 34
81739 München
Tel. 089/459004
www.constructa.com

Dänisches Bettenlager/ Bettenwelt
Stadtweg 2
24976 Handewitt
Tel. 04630/975579
www.daenischesbet
tenlager.de

Deco Heitmann
Brauns Heitmann
Lütkefeld 15
34414 Warburg
Tel. 05641/950
www.heitmann-deco.de

Dehner
Donauwörther Str. 3–5
86641 Rain
Tel. 09090/770
www.dehner.de

Deichmann
Deichmannweg 9
45359 Essen
Tel. 0201/8676 00
www.deichmann.com

Delica
Hafenstr. 120
4127 Birsfelden
Schweiz
Tel. 0931/9708455

De'Longhi
Geschäftsbereich
Kenwood
Carl-Ulrich-Str. 4

63263 Neu-Isenburg
Tel. 0 180 5/22 55 21
www.delonghi.com

Dewalt
Postfach 12 02
65502 Idstein
Tel. 0 61 26/2 11
www.dewalt.de

Diamona
Daimlerstr. 19
38446 Wolfsburg
Tel. 0 53 61/8 50 20
www.diamona.de

Dimplex
Glen Dimplex
Am Goldenen Feld 18
95326 Kulmbach
Tel. 0 92 21/70 92 01
www.dimplex.de

Dirt Devil
Royal Appliance
Jagenbergstr. 19
41468 Neuss
Tel. 0 21 03/6 09 00
www.dirtdevil.de

dm/Denk mit/Profissimo
Postfach 10 02 33
76232 Karlsruhe
Tel. 07 21/5 59 20
www.dm-drogerie
markt.de

Dormabell
Bettenring
Echterdinger Str. 115
70794 Filderstadt
Tel. 07 11/70 95 80
www.dormabell.de

Dormiente
Futons Betten
Am Zimmerplatz 3
35452 Heuchelheim
Tel. 06 41/96 21 30
www.dormiente.com

Dunlopillo
Brentanostr. 7–8
63755 Alzenau
Tel. 0 60 23/9 68 00
www.dunlopillo.de

Dyson
Lichtstr. 43 b
50825 Köln
Tel. 02 21/50 60 00
www.dyson.de

Ecover
Stammheimer Str. 41
70435 Stuttgart
Tel. 07 11/3 51 45 50
www.ecover.de

Edeka/Gut&Günstig
22291 Hamburg
Tel. 0 40/6 37 70
www.edeka.de

Einhell
Wiesenweg 22
94405 Landau a. d. Isar
Tel. 0 99 51/94 20
www.einhell.de

Eio
Glen Dimplex Eio
Otto-Bergner-Str. 28
96515 Sonneberg
Tel. 0 36 75/87 92 75
www.glendimplex.de

Erdal
Werner & Mertz
Rheinallee 96
55120 Mainz
Tel. 0 61 31/9 64 01
www.werner-mertz.de

Eva-Filter
Aquadec
Hamburger Str. 92
28205 Bremen
Tel. 04 21/4 98 77 47
www.eva-filter.de

Fairy
Procter & Gamble
65824 Schwalbach,Ts.
Tel. 0 61 96/89 01
www.de.pg.com

f.a.n.
Frankenstolz
Industriestr. 1–3
63814 Mainaschaff
Tel. 0 60 21/70 80
www.frankenstolz.de

f.a.n Artone
KHG
Am Rondell 1
12529 Schönefeld
Tel. 0 30/3 74 44 02
www.khg-home.de

Fein
C. & E. Fein
Hans-Fein-Str. 81
73529 Schwäbisch
Gmünd
Tel. 0 71 73/18 30
www.fein.de

Fibertec
Anton-Kux-Str. 2
41460 Neuss
Tel. 0 21 31/1 33 30 76
www.fibertec.info

Finish
Reckitt Benckiser
Darwinstr. 2–4
69115 Heidelberg
Tel. 06 22/19 98 20
www.reckittbenckiser.de

Fissler
Harald-Fissler-Str. 1
55743 Idar-Oberstein
Tel. 0 67 81/40 30
www.fissler.de

Fit
Am Werk 9
02788 Zittau
Tel. 03 58 43/26 30
www.fit.de

Froli
Liemker Str. 27
33758 Schloß Holte-
Stukenbrock
Tel. 0 52 07/9 50 00
www.froli.com

Frosch
Werner & Mertz
Postfach 43 40
55033 Mainz
Tel. 0 61 31/9 64 01
www.frosch.de

Gabor
Bergal, Nico & Soitaire
Rheinallee 96
55120 Mainz
Tel. 0 61 31/9 64 04
www.bns-mainz.de

Gaggenau
Carl-Wery-Str. 34
81739 München
Tel. 0 89/45 90 03
www.gaggenau.com

Gastroback
Gewerbestr. 20
21279 Hollenstedt
Tel. 0 41 65/2 22 50
www.gastroback.de

Gastrolux
Max-Planck-Ring 33
65205 Wiesbaden
Tel. 0 61 22/5 10 01
www.gastrolux.com

Gastrosus
Josef Schulte-Ufer
Hauptstr. 56
59846 Sundern
Tel. 0 29 33/98 10
www.schulte-ufer-kg.com

GEV
Heidehofweg 16
25499 Tangstedt
Tel. 0 180 5/95 85 55
www.gev.de

Globo Lighting
St. Peter 38
9184 St. Jakob/Rosenthal
Österreich
Tel. 00 43/4 25 33 20 50
www.globo-lighting.com

Gorenje
Postfach 20 09 53
80009 München
Tel. 0 89/50 20 70
www.gorenje.de

GourmetMaxx
DS Produkte
Stormarnring 14
22145 Stapelfeld
Tel. 0 40/67 57 30
www.dspro.de

Granger's
Rheinallee 96
55120 Mainz
Tel. 0 61 31/9 64 08
www.grangers.de

Greenlife
Medion
Am Zehnthof 77
45307 Essen
Tel. 0 180 5/63 34 66
www.medion.de

Grundig
Beuthener Str. 41
90471 Nürnberg
Tel. 09 11/59 05 97 30
www.grundig.de

Haier
Heart
Neumeyerstr. 30
90411 Nürnberg
Tel. 09 11/5 80 54 69
www.haier-heart.eu

Hellum
Gärtnerleite 11
96450 Coburg
Tel. 0 95 61/8 56 80
http://hellum.de

Hellweg/Flector
Zeche Oespel 15
44149 Dortmund
Tel. 02 31/9 69 60
www.hellweg.de

Hey Sport
Schweizer Effax
Westring 24
48356 Nordwalde
Tel. 0 25 73/9 37 30
www.hey-sport.de

Hitachi
Siemensring 34
47877 Willich
Tel. 0 21 54/4 99 30
www.hitachi-powerto
ols.de

Hoover
siehe Candy
www.hoover.de

Hornbach/Flair
Hornbachstr. 11
76879 Bornheim
Tel. 0 63 48/60 00
www.hornbach.de

Hülsta
Hüls-Werke
Karl-Hüls-Str. 1
48703 Stadtlohn
Tel. 0 25 63/8 60
www.huelsta.de

Idena
Iden
Wilhelm-Kabus-Str. 75
10825 Berlin
Tel. 0 30/5 47 07 00
www.idena.de

Ikea/Ledare/Önskan/Trovärdig
Am Wandersmann 2–4
65719 Hofheim
Tel. 0 61 92/9 39 99 99
www.ikea.de

Imprägnol
Brauns-Heitmann
Postfach 11 63
34401 Warburg
Tel. 0 56 41/9 50
www.brauns-heitmann.de

Indesit
Trakehner Str. 7–9
60487 Frankfurt/M.
Tel. 0 69/6 05 00 50
www.indesit.de

Innocom
Ehnkenweg 9
26125 Oldenburg
Tel. 04 41/93 36 90
www.innocom-gmbh.de

Irisette
Harald Schultz
Pagenstecherstr. 136
49090 Osnabrück
Tel. 05 41/12 60 88 89
www.schultz-schlafkul
tur.de

iRobot
Robopolis
Neumann-Reichardt-Str.
27–33, Haus 14
22041 Hamburg
Tel. 0 40/3 86 86 57 30
www.robopolis.com

Junkers
Bosch Thermotechnik
Junkersstr. 20–24
73249 Wernau
Tel. 0 71 53/30 60
www.junkers.com

Jupiter
Raiffeisenstr. 8
73249 Wernau
Tel. 0 71 53/55 93 00
www.jupiter-gmbh.de

Kärcher
Alfred Kärcher
Postfach 1 60
71349 Winnenden
Tel. 0 71 95/1 40
www.kaercher.de

Karstadt/Stromberg
Theodor-Althoff-Str. 2
45133 Essen
Tel. 02 01/72 71
www.karstadt.de

Kaufland/K-Classic
Rötelstr. 35
74172 Neckarsulm
Tel. 0 800/1 52 83 52
www.kaufland.de

Kenwood
De'Longhi
Carl-Ulrich-Str. 4
63263 Neu-Isenburg
Tel. 0 61 02/5 99 95 00
www.kenwoodworld.de

KitchenAid
PO Box 19
2018 Antwerpen 11
Belgien
Tel. 0 800/5 03 50 05
www.kitchenaid.de

Klin-Tec
Objektplanung Stellwag
Landsberger Str. 400
81241 München
Tel. 0 89/5 68 27 68 80
www.klin-tec.de

Koenic
Imtron
Wankelstr. 5
85046 Ingolstadt
Tel. 0 89/95 89 70 97
www.koenic-online.de

Konstsmide
In der Wässerscheid 44
53424 Remagen
Tel. 0 26 42/9 36 20
www.konstsmide.de

Kress
Hechinger Str. 48
72406 Bisingen
Tel. 0 74 76/8 70
www.kress-elektrik.com

Krups
Groupe SEB
Herrnrainweg 5
63067 Offenbach
Tel. 0 69/8 50 40
www.krups.de

Lattoflex
Thomas GmbH
Walkmühlenstr. 93
27432 Bremervörde
Tel. 0 47 61/97 90
www.lattoflex.com

Le Creuset
Einsteinstr 44
73230 Kirchheim
Tel. 0 70 21/9 74 90
www.lecreuset.de

Ledon
Ledon Lamp
Millennium Park 6
6890 Lustenau
Österreich
Tel. 00 43/55 77/2 15 50
www.ledon-lamp.com

Lex
Linder
Mackstr. 42
88348 Saulgau
Tel. 0 75 81/48 30 50
www.linder-exclusive.
com

LG
Berliner Str. 93
40880 Ratingen
Tel. 0 21 02/7 00 80
www.lg.de

Liebherr
Memminger Str. 77
88416 Ochsenhausen
Tel. 0 73 52/92 80
www.liebherr.com

Lidl/Silvercrest/W5
Stiftsbergstr. 1
74167 Neckarsulm
Tel. 0 800/4 35 33 61
www.lidl.de

Lightme
siehe Megaman
www.lightme.eu

Lumineo
Kaemingk
Broekstraat 13
7122 MN Aalten
Niederlande
www.kaemingk.com

Makita
Makita-Platz 1
40885 Ratingen
Tel. 0 21 02/1 00 40
www.makita.de

Maktec
siehe Makita

Malie
Mecklenburgisches
Matratzenwerk
Gewerbegebiet 1
19417 Warin
Tel. 03 84 82/63 10
www.malie.de

Matratzen Concord/ MLine
Horbeller Str. 19
50858 Köln
Tel. 0 22 34/9 64 41 00
www.matratzen-con
cord.de

Matratzen Direct/MFO/ ProLife/Bettina
Aachener
Str. 1053–1055
50858 Köln
Tel. 02 21/50 06 08 10
www.mfo-matratzen
markt.de

Mediamarkt-Saturn/ Isy
Imtron
Wankelstr. 5
85046 Ingolstadt
Tel. 08 41/6 34 46 60
www.isy-online.eu

Megaman
IDV
Birkenweiherstr. 2
63505 Langenselbold
Tel. 0 61 84/9 31 90
www.megaman.de

Melitec
Oesterweg 22
59469 Ense
Tel. 0 29 38/9 72 50
www.melitec.de

Merxx
An der Trave 19
23923 Selmsdorf
Tel. 03 88 23/5 40 00
www.merxx.de

Metabo
Metabo-Allee 1
72622 Nürtingen
Tel. 0 70 22/7 20
www.metabo.de

Metzeler
Postfach 16 53
87686 Memmingen
Tel. 0983 31/83 00
www.metzeler-schaum.
de

Miele
Carl-Miele-Str. 29
33332 Gütersloh
Tel. 0 52 41/8 90
www.miele.de

Moulinex
siehe Krups
www.moulinex.de

Müller/Cleanpac
89068 Ulm
Tel. 07 31/17 40
www.mueller.de

Müller-Licht
Göbelstr. 61/63
28865 Lilienthal
Tel. 0 42 98/9 37 00
www.mueller-licht.de

Musterring
Hauptstr. 134–140
33378 Rheda-
Wiedenbrück
Tel. 0 52 42/59 21 01
www.musterring.de

Neff
Postfach 83 01 01
81701 München
Tel. 0 89/45 90 04
www.neff.de

Netto Marken-Discount/Priva
Postfach 11 80
93139 Maxhütte-
Haidhof
Tel. 0 94 71/32 07 55
www.netto-online.de

Nikwax
East Sussex
TN5 6DF
Grossbritannien
Tel. 0 800/1 80 25 30
www.nikwax.de

Norma/Saubermax
Heisterstr. 4
90441 Nürnberg
Tel. 09 11/9 73 90
www.norma-online.de

Obi/Lux
Emil Lux
Emil-Lux-Str. 1
42929 Wermelskirchen
Tel. 0 21 96/76 40 00
www.lux-tools.com

Ok
Imtron
Wankelstr. 5
85046 Ingolstadt
Tel. 08 41/6 34 30 03
www.imtron.eu

Optimo
Industriezeile 10
5280 Braunau/Inn
Österreich
Tel. 00 43/77 22/8 26 20
www.optimo.at

Osram
Marcel-Breuer-Str. 6
80807 München
Tel. 0 89/6 21 30
www.osram.de

Palmolive
Colgate-Palmolive
Beim Strohhause 17
20097 Hamburg
Tel. 0 40/73 19 10 42
www.colgate.de

Paulmann
Quezinger Feld 2
31832 Springe-Völksen
Tel. 0 50 41/99 80
www.paulmann.de

Penny/Blik
50603 Köln
Tel. 02 21/20 19 99 59
www.penny.de

Philips
Lübeckertordamm 5
20099 Hamburg
Tel. 0 40/8 08 01 09 80
www.philips.de

Philips
Philips Lighting
Lübeckertordamm 5
20099 Hamburg
Tel. 0 800/74 45 47 75
www.philips.com

Pril
Henkel
40191 Düsseldorf
Tel. 02 11/79 70
www.henkel.de

QVC/Bodyflex
Plockstr. 30
40221 Düsseldorf
Tel. 02 11/30 07 51 11
www.qvc.de

Real/Alaska/Steinbach
Schlüterstr. 7
40235 Düsseldorf
Tel. 0 800/5 03 54 18
www.real.de

Remington
Varta
Alfred-Krupp-Str. 9
73479 Ellwangen
Tel. 0 79 61/8 37 70
www.remington.de

Rewe/ja!/Logo
50603 Köln
Tel. 02 21/14 90
www.rewe-group.com

Rossmann/Domol
Isernhägener Str. 16
30938 Burgwedel
Tel. 0 51 39/89 80
www.rossmann.de

Röwa
Rössle & Wanner
Postfach 11 60
72109 Mössingen

Tel. 07473/70120
www.roewa.de

Rowenta
Groupe SEB
Postfach 101664
63016 Offenbach/M.
Tel. 069/85040
www.rowenta.de

Russel Hobbs
Varta
Alfred-Krupp-Str. 9
73479 Ellwangen
Tel. 07961/830
www.russel-hobbs.de

Ryobi
Techtronic Industries
Itterpark 2
40724 Hilden
Tel. 02103/9600
www.ryobitools.eu

Samsung
Am Kronberger Hang 5
65824 Schwalbach,Ts.
Tel. 01806/7267864
www.samsung.de

Schlaraffia
Recticel
Schlaraffiastr. 1–10
44867 Bochum
Tel. 09001/101318
www.schlaraffia.de

Scotchgard
Reno
Industriegebiet West
66987 Thaleischweiler Fröschen
Tel. 0800/73669358
www.reno.de

Self Import Agencies
P.O.Box 37211
1030 AE Amsterdam
Niederlande

Severin
Röhre 27
59846 Sundern
Tel. 02933/9820
www.severin.de

Siemens
SEG Hausgeräte
Carl-Wery-Str. 34
81739 München
Tel. 089/459009
www.siemens-home.de

Singer
VSM
An der RaumFabrik 34
76227 Karlsruhe
Tel. 0721/40010
www.singerdeutschland.de

Skil
Robert Bosch
Postfach 100156
70745 Leinfelden-Echterdingen
Tel. 01803/335799
www.skil.de

Solitaire
siehe Gabor Shoe Care
www.bns-mainz.de

Somat
Henkel
40191 Düsseldorf
Tel. 0211/7970
www.henkel.de

Stiebel Eltron
Dr.-Stiebel-Str. 33
37603 Holzminden
Tel. 05531/7020
www.stiebel-eltron.de

Swissflex
Recticel Bedding
Talstr. 72
4112 Flüh
Schweiz
Tel. 0041/735/3535
www.swissflex.com

Sympatex
Feringastr. 7a
85774 Unterföhring
Tel. 089/9400580
www.sympatex.com/de

Tchibo/Saeco
Überseering 18
22297 Hamburg
Tel. 0800/7007035
www.tchibo.de

Technogel
Gewerbegebiet „Alte Gärtnerei"
37339 Berlingerode
Tel. 5527/8480
www.technogelsleeping.com/de

Tefal
Groupe SEB
Theodor-Stern-Kai 1
60596 Frankfurt/M.
Tel. 069/85040
www.tefal.de

Thermoflow
Quantex Group BV
De Beemd
Gildestraat 13
6883 DB Velp (GLD)
Niederlande
Tel. 0031/26/3195162
www.quantexgroup.com

Thomas
Robert Thomas
Metall- u. Elektrowerke
Postfach 1820
57279 Neunkirchen
Tel. 02735/7880
www.robert-thomas.net

Toko
Swix Sport
Junkersstr. 1
82178 Puchheim
Tel. 089/84936910
www.toko.ch/de

Toshiba
Hammfelddamm 8
41460 Neuss
Tel. 02131/15801
www.toshiba.eu/lighting

Vaillant
Berghauser Str. 40
42859 Remscheid
Tel. 02191/180
www.vaillant.de

Vidal Sassoon
Helen of Troy House
1–4 Jessops Riverside
South Yorkshire S9 2RX
Grossbritannien
Tel. 0044/1142420405
www.hot-europe.com

Vileda
Im Technologiepark 19
69469 Weinheim
Tel. 06201/80871000
www.vileda.de

Vito
Begros Einkaufsverband
Graf-Zeppelin-Str. 5
46149 Oberhausen
Tel. 0208/994930
www.vito-moebel.de

Viva-Lite
Light-Office NZ Ltd.
Postfach 1212
73644 Winterbach
Tel. 01805/444883
www.viva-lite.de

Vorwerk
Mühlenweg 17–37
42270 Wuppertal
Tel. 0202/5643727
www.vorwerk-kobold.de

Vorwerk Thermomix
Mühlenweg 17–37
42270 Wuppertal
Tel. 0202/5643745
www.thermomix.de

Vosla
L.-F.-Schönherr-Str. 15
08523 Plauen
Tel. 03741/396700
www.vosla.com

Werkmeister
Siebenstücken 3–5
24558 Henstedt-Ulzburg
Tel. 04193/779460
www.werkmeister-matratze.de

Whirlpool
siehe Bauknecht
www.whirlpool.de

Worx
Positec
Konrad-Adenauer-Ufer 37
50668 Köln
Tel. 0221/1397270
www.positecgroup.com

WMF
Eberhardstr.
73309 Geislingen
Tel. 07331/251
www.wmf.de

Xavax
Hama
Dresdner Str. 9
86653 Monheim
Tel. 09091/5020
www.xavax.eu

XQ-lite
Smartwares Safety & Lighting
Dieselstr. 9
59823 Arnsberg
Tel. 02931/52960
www.smartwaressafetylighting.eu

Zanker
siehe AEG
www.zanker.de

Zanussi
Electrolux Hausgeräte
Fürther Str. 246
90429 Nürnberg
Tel. 0911/3230
www.zanussi.de

Garten

Ahrens + Sieberz
Hauptstr. 440
53721 Siegburg
Tel. 02242/88911713
www.as-garten.de

Bahco
SNA Europe
Willettstr. 10
40822 Mettmann
Tel. 02104/83383220

Bakker
Bakker Holland
22922 Ahrensburg
Tel. 04102/499111
www.bakker-holland.de

Baldur-Garten
Albert-Einstein-Allee 4–6
64625 Bensheim
Tel. 06251/103366
www.baldur-garten.de

Bauhaus
Bahag
Gutenbergstr. 21
68167 Mannheim
Tel. 0621/39050
www.bauhaus.info

Baumschule Horstmann
Bergstr. 5
25582 Hohenaspe
Tel. 04892/8993400
www.baumschule-horstmann.de

Berger
Julius Berger
Kohlfurther Str. 4–6
42349 Wuppertal
Tel. 0202/247590
www.berger-garten.de

Connex
Conmetall
Hafenstr. 26
29223 Celle
Tel. 05141/18100
www.conmetall.de

Felco
Postfach 1352
71688 Freiberg
Tel. 07141/6857575
www.felco.eu

Fiskars
Oststr. 23
32051 Herford
Tel. 05221/935299
www.fiskars.com

Gardena
Hans-Lorenser-Str. 40
89079 Ulm
Tel. 0731/49123
www.gardena.com

Gärtner Pötschke
Beuthener Str. 4
41564 Kaarst
Tel. 01805/861100
www.poetschke.de

Hornbach
Hornbachstr. 11
76879 Bornheim
Tel. 06348/6000
www.hornbach.de

Kaufland/K-Classic
Rötelstr. 35
74172 Neckarsulm
Tel. 0800/1528352
www.kaufland.de

Lifetime Garden
Edco Eindhoven B.V.
Postbus 5605
JB Eindhoven
Niederlande
Tel. 0031/40/2501111
www.edco.nl

Lidl/Florabest
Stiftsbergstr. 1
74167 Neckarsulm
Tel. 0800/4353361
www.lidl.de

Obi/Lux
Emil Lux
Emil-Lux-Str. 1
42909 Wermelskirchen
Tel. 02196/764000
www.obi.de

Original Löwe
Gebr. Schröder
Wischhofstr. 1–3
24148 Kiel
Tel. 0431/6005490
www.original-loewe.de

Otto
Werner-Otto-Str. 1–7
22179 Hamburg
Tel. 040/64610
www.otto.de

Pflanzmich
Elbchaussee 136
22763 Hamburg
Tel. 04101/378010
www.pflanzmich.de

Schlüter
Gustav Schlüter
Bahnhofstr. 5
25335 Bokholt-Hanredder
Tel. 04123/2021
www.garten-schlueter.de

Siena Garden
H. Gautzsch
Dornierweg 12
48155 Münster
Tel. 0251/6870
www.gautzsch-gruppe.de

Wolf Garten
MTD Products
Industriestr. 23
66129 Saarbrücken
Tel. 06805/79202
www.wolf-garten.com

Freizeit

9flats.com
Hongkongstr. 7
20457 Hamburg
Tel. 030/98321 6799
www.9flats.com

ABC Design
Dr. Rudolf-Eberle-Str. 29
79774 Albbruck
Tel. 07753/93930
www.abc-design.de

Abus
Aug. Bremicker Söhne
Postfach 220
58290 Wetter
Tel. 02334/6341270
www.abus.de

Adidas
Adi-Dassler-Platz 1–2
91074 Herzogenaurach
Tel. 09132/8490
www.adidas.de

Airbnb
The Watermarque
Building, South Lotts
Road Ringsend
Dublin 4
Irland
Tel. 030/30808380
www.airbnb.de

Aldi (Nord)/Baldo
Postfach 130110
45291 Essen
Tel. 0201/85930
www.aldi-nord.de

Aldi Süd/Romeo Select
Postfach 100152
45401 Mülheim a.d.R.
Tel. 0208/99270
www.aldi-sued.de

Alltours Reisecenter
Reisecenter Alltours
Dreischeibenhaus 1
40211 Düsseldorf
Tel. 0211/54278700
www.alltours-reisecenter.de

Alpina
Hirschbergstr. 8–10
85254 Sulzemoos
Tel. 08135/994700
www.alpina-sports.de

Althans
Horber Str. 4
96465 Neustadt
Tel. 09568/92260
www.althans.de

Animonda
Animonda petcare
Weiße Breite 3a
49084 Osnabrück
Tel. 0541/770760
www.animonda.de

Asics
Hansemannstr. 67
41468 Neuss
Tel. 0800/1826673
www.asics.de

Atraveo
Parsevalstr. 7a
40468 Düsseldorf
Tel. 0211/668878100
www.atraveo.de

Aus der Heimat
siehe Animonda

Axa
Stenman
An der Silberkuhle 1
58239 Schwerte
Tel. 02304/9762613
http://axabikesecurity.com

BBB
Sport Import
Industriestr. 39
26188 Edewecht
Tel. 04405/92800
www.sportimport.de

Beem
Dieselstr. 19–21
61191 Rosbach v. d. Höhe
Tel. 06003/91138888
www.beem.de

Bell
siehe Giro

BestFewo
BestSearch Media
Kurfürstenstr. 21
14467 Potsdam
Tel. 0331/5856530
www.bestfewo.de

Biopur
Bruchstr. 13
67098 Bad Dürkheim
Tel. 06322/987298
www.biopur.de

Bollé
Bushnell Performance Optics
An der Alten Spinnerei 1
83059 Kolbermoor
Tel. 08031/233480
www.bolle-europe.de

Booking.com
Herengracht 5
1017 CE Amsterdam
Niederlande
Tel. 0031/70770/3884
www.booking.com

Bozita
Lantmännen Bozita
Rungedamm 31
21035 Hamburg
Tel. 040/73430791
www.bozita.de

Britax
Britax Römer
Postfach 3449
89024 Ulm
Tel. 0731/93450
www.britax-roemer.de

Brooks
Martin-Luther-King-Weg 28
48155 Münster
Tel. 0251/135300
www.brooksrunning.de

Bugaboo
Paasheuvelweg 9a-b
1105 BE Amsterdam
Niederlande
Tel. 0211/97190502
www.bugaboo.com

Carrera
Safilo S.P.A
Via VII Strada,15
35129 Padova
Italien
www.carreraworld.com

Casamundo
Drehbahn 7
20354 Hamburg
Tel. 040/60940900
www.casamundo.de

Cesar
Mars
Postfach 1280
27281 Verden (Aller)
Tel. 04231/940
www.mars.de

Christopeit
Top-Sports Gilles
Friedrichstr. 55
42551 Velbert
Tel. 02051/60670
www.christopeit-sport.com

Christopherus
Allco Heimtierbedarf
Müggenort 21
27321 Thedinghausen
Tel. 04233/93200
www.allco-online.de

Clatronic
Industriering Ost 40
47906 Kempen
Tel. 02152/20060
www.clatronic.de

Cloer
Postfach 1420
59704 Arnsberg
Tel. 02932/6297660
www.cloer.de

CP-Fashion Sports
Lohwissstr. 42
8123 Ebmatingen
Schweiz
Tel. 0041/43/3662080

Das Futterhaus/ Activa Gold
Animal Quality
Eisenstr. 16
30916 Isernhagen
Tel. 05665/9986126
www.animal-quality.de

De'Longhi
Carl-Ulrich-Str. 4
63263 Neu-Isenburg
Tel. 01805/225521
www.delonghi.com

DER Deutsches Reisebüro
Emil-von-Behring-Str. 2
60439 Frankfurt/M.
Tel. 069/95882216
www.der.com

DERpart
Emil-von-Behring-Str. 2
60439 Frankfurt/M.
Tel. 069/95884500
www.derpart.com

Die Spiegelburg
Coppenrath Verlag
Hafenweg 30
48155 Münster
Tel. 0251/414110
www.coppenrath.de

dm/Dein Bestes
Carl-Metz-Str. 1
76185 Karlsruhe
Tel. 0721/55920
www.dm.de

Ebulobo
Exklusives für Kids
Am Schönblick 31
86482 Aystetten
Tel. 0821/48678800
www.exklusivesfuerkids.de

Edeka/Herzhafte Bissen
22291 Hamburg
Tel. 040/63770
www.edeka.de

e-Domizil
Taunusstr. 21
60329 Frankfurt/M.

Tel. 069/74305100
www.e-domizil.de

eHotel
Greifswalder Str. 208
10405 Berlin
Tel. 030/473730
www.ehotel.de

ErtlRenz
Ertl/Renz
Brienner Str. 13
80333 München
Tel. 089/622868822
www.ertlrenz.de

Expedia
Komturstr. 18
12099 Berlin
Tel. 069/945192320
www.expedia.de

FeWo-direkt
HomeAway
Baseler Str. 10
60329 Frankfurt/M.
Tel. 069/80884172
www.fewo-direkt.de

Finnlo
Hammer Sport
Von-Liebig-Str. 21
89231 Neu-Ulm
Tel. 0731/974880
www.hammer-sport.de

First Reisebüro
TUI
Karl-Wiechert-Allee 23
30625 Hannover
Tel. 0511/5670
www.first-reisebuero.de

Fischer
Inter-Union
Postfach 2160
76811 Landau in der Pfalz
Tel. 06341/2840
www.inter-union.de

Flugbörse
TVG Touristik
Landsberger Str. 88
80339 München
Tel. 089/25251800
www.flugboerse.de

Fressnapf/Bioplan/ Premiere/Real Nature
Westpreußenstr. 32–38
47809 Krefeld
Tel. 0800/1990990
www.fressnapf.de

Galeria Kaufhof/ Bob der Bär
Leonhard-Tietz-Str. 1
50676 Köln
Tel. 0221/2230
www.galeria-kaufhof.de

Gesslein
Redwitzer Str. 33
96257 Redwitz
Tel. 09264/99510
www.gesslein.de

Giro
Grofa
Postfach 1274
65517 Bad Camberg
Tel. 06434/20080
www.grofa.com

Gourmet Maxx
ds-produkte
Stormarnring 14
22145 Stapelfeld
Tel. 038851/314650
www.service-shopping.de

Hamburger Laufladen
Ohlsdorfer Str. 60
22297 Hamburg
Tel. 040/18191211
www.hamburger-laufladen.de

Hapag-Lloyd Reisebüro
TUI
Karl-Wiechert-Allee 23
30625 Hannover
Tel. 0511/5670
www.hapag-lloyd-reisebuero.de

Happy Dog
Interquell
Südliche Hauptstr. 38
86517 Wehringen
Tel. 08234/96220
www.happydog.de

Hartan
Mühlenweg 1
96242 Sonnefeld
Tel. 09266/9690
www.hartan.de

Hauck
Frohnlacher Str. 8
96242 Sonnefeld
Tel. 09562/986120
www.hauck.de

Herrmann's
Am Ölfeld 6
85617 Aßling
Tel. 08092/8502500
www.herrmanns-manufaktur.com

Heunec
Am Moos 11
96465 Neustadt
Tel. 09568/8550
www.heunec.de

Hill's
Hill's Pet Nutrition
Beim Strohhause 17
20097 Hamburg
Tel. 0800/4455773
www.hillspet.de

HMR
Falkenschuh Schnake
Neue Balinger Str. 11
72336 Balingen
Tel. 07433/16989
www.falkenschuh.de

HolidayInsider
Linprunstr. 16
80335 München
Tel. 0761/88581178
http://de.holidayinsider.com

Holiday Land
Thomas Cook Touristik
Thomas-Cook-Platz 1
61440 Oberursel, Ts.
Tel. 06171/6500
www.holidayland.de

Horizon
Johnson Health Tech.
Europaallee 51
50226 Frechen
Tel. 02234/9997100
www.horizonfitness.eu

HotelDE
Hugo-Junkers-Str. 15–17
90411 Nürnberg
Tel. 0911/598320
www.hotel.de

Hotelreservierung.de
Unister Travel Retail
Barfußgäßchen 12
04109 Leipzig
Tel. 0341/65050839 00
www.hotelreservierung.de

Hotels.com
hotels.com, excpedia.com Ltd
407 St. John Street
London
EC1V 4EX
Grossbritannien
Tel. 069/945192074
http://de.hotels.com

Housetrip
5th FloorCorinthian House
279 Tottenham Court Road
London
WC1T7RJ
Grossbritannien
www.housetrip.de

HRS
HRS Hotel Reservation Service
Robert Ragge
Blaubach 32
50676 Köln
Tel. 0221/2077600
www.hrs.de

Ikea
Am Wandersmann 2–4
65719 Hofheim
Tel. 06192/9399999
www.ikea.de

Inteam
Belgradstr. 3
80796 München
Tel. 089/309430
www.inteam-münchen.de

Intersport/Energetics
Wannenäckerstr. 50
74078 Heilbronn
Tel. 07131/2880
www.intersport.de

Joolz
Nieuwe Herengracht 51–53
1011 RN Amsterdam
Niederlande
Tel. 0031/20/6304887
Tel. 0031/20/6304889
www.my-joolz.de

Karstadt/Kuschelwuschel/Sports
Theodor-Althoff-Str. 2
45133 Essen
Tel. 0201/7271
www.karstadt.de

Karstadt Reisebüro
Karstadt Warenhaus
Zentralleitung Reisen
Theodor-Althoff-Str. 2
45133 Essen
www.karstadt-reisen.de

Kask
Via Firenze 5
BG 24060 Chiuduno
Italien
Tel. 0039/35/4427497

Käthe Kruse
Augsburger Str. 18
86609 Donauwörth
Tel. 0906/706780
www.kaethe-kruse.de

Kaufland/K-Classic
Rötelstr. 35
74172 Neckarsulm
Tel. 0800/1528352
www.kaufland.de

KED
D-H-G Knauer
Kleines Wegle 2
71691 Freiberg
Tel. 07141/7919293
www.ked-helmsysteme.de

Kettler
Heinz Kettler
Hauptstr. 28
59463 Ense-Parsit
Tel. 02307/9742111
www.kettler.net

Kik
Siemensstr. 21
59199 Bönen
Tel. 02383/9540
www.kik-textilien.de

Knog
Cosmic Sports
Leyher Str. 47
90763 Fürth
Tel. 0911/3107550
www.cosmicsports.de

Knorr-Baby
Am Schafberg 4
96489 Niederfüllbach
Tel. 09565/944980
www.knorr-baby.de

Kösen
Kösener Spielzeug
Rudelsburg-promenade 20c
06628 Naumburg
Tel. 034463/330
www.koesener.de

Kryptonite
Grofa
Postfach 1274
65517 Bad Camberg
Tel. 06434/20080
www.grofa.com

Lang und Laufladen
Augsburger Str. 27
10789 Berlin
Tel. 030/21912210
www.lang-und-lauf.de

Laufart
Bölschestr. 5
12587 Berlin
Tel. 030/64095099
www.laufart-berlin.de

Laufbar
Am Münchner Tor 1
80805 München
Tel. 089/36899920
www.lauf-bar.de

Laufwerk Hamburg
Hoheluftchaussee 42
20253 Hamburg
Tel. 040/27808777
www.laufwerk-hamburg.de

Lidl/Crivit/Orlando
Stiftsbergstr. 1
74167 Neckarsulm
Tel. 0800/4353361
www.lidl.de

Life Fitness
Siemensstr. 3
85716 Unterschleißheim
Tel. 089/3177510
www.lifefitness.de

Long Distance
Altonaer Str. 5–7
10557 Berlin
Tel. 030/36409964
www.longdistance.de

L'tur
Augustaplatz 8
76530 Baden-Baden
Tel. 07221/366701
www.ltur.com

Lufthansa City Center
Lufthansa City Center
Reisebüropartner
Lyoner Str. 36
60528 Frankfurt/M.
Tel. 069/66075100
www.lcc.de

Lunge/Lunge Laufladen
Schloßstr. 8a
19273 Düssin
Tel. 038848/221221
www.lunge.de

M-Wave
Messingschlager
Haßbergstr. 45
96148 Baunach
Tel. 09544/944445
www.messingschlager.com

Masterlock
Paul Lange & Co
Hofener Str. 114
70372 Stuttgart
Tel. 0711/258802
www.paul-lange.de

Maxi-Cosi
Dorel
Augustinusstr. 9c
50226 Frechen
Tel. 02234/96430
www.maxi-cosi.de

Melon
intelligent mobility
Rellinghauser Str. 334h
45136 Essen
Tel. 0201/17674921
www.melon-helmets.com

Mizuno
Bahnhofstr. 16
85609 Aschheim
Tel. 089/4505000
www.mizuno.de

Mutsy
Nieuwkerksedijk 14
5051 HT Goirle
Niederlande
Tel. 0031/13/5345152
www.mutsy.nl

Nanu-Nana
Lange Str. 48
26122 Oldenburg
Tel. 0441/922410
www.nanunana.de

Naturkind
Langwiesen 19
4209 Engerwitzdorf
Österreich
Tel. 0043/7235/62243
www.naturkind.at

Naturplus
siehe Das Futterhaus

Netto Marken-Discount/Pablo
Postfach 1180
93139 Maxhütte-Haidhof
Tel. 0800/2000015
www.netto-online.de

New Balance
NBR
Plange Mühle 2
40221 Düsseldorf
Tel. 0211/876374 00
www.newbalance.de

Nici
Langheimer Str. 94
96264 Altenkunstadt
Tel. 09572/72200
www.nici.de

Niendorfer Laufladen
Tibarg 56
22459 Hamburg
Tel. 040/5522798
www.niendorfer-laufladen.de

Nike
Otto-Fleck-Schneise 7
60528 Frankfurt/M.
Tel. 069/95206453
www.nike.com

Nutcase
Voss
Alte Schmiede 3
25582 Kaaks
Tel. 04893/4287250
http://de.nutcasehelmets.com

O'Canis
Polpart
Attilastr. 52–58
12105 Berlin
Tel. 030/36444401
www.ocanis.de

Oetinger Natur
Verlag Fr. Oetinger
Poppenbütteler Chaussee 53
22397 Hamburg
Tel. 040/60790902
www.oetinger.de

Onguard
E.Wiener Bike Parts
Postfach 1561
97405 Schweinfurt
Tel. 09721/65010
www.bike-parts.de

Otel.com
Met Global
West 38th Street 330
Suite 202
New York 10018
Vereinigte Staaten von Amerika
http://de.otel.com

Pedigree
siehe Cesar

Peg Perego
Rudolf-Diesel-Str. 6
85221 Dachau
Tel. 08131/51850
www.peg.de

Penny/Spurty Premium
50603 Köln
Tel. 0221/20199959
www.penny.de

Philips
Lübeckertordamm 5
20099 Hamburg
Tel. 040/808010980
www.philips.de

Poc
Panzerhalle
Siezenheimerstr. 39D
5020 Salzburg
Österreich
Tel. 0043/662/890090
www.pocsports.com

Pure Instinct
siehe Das Futterhaus

Reebok
siehe Adidas
www.reebok.de

Reiseland
Osterbekstr. 90a
22083 Hamburg
Tel. 040/27842420
www.reiseland.de

Rewe/ja!
50603 Köln
Tel. 0221/1490
www.rewe-group.com

Rex
Prophete
Lindenstr. 50
33378 Rheda-Wiedenbrück
Tel. 05242/41080
www.prophete.de

Rinti
Finnern
Bahnhofstr.11
27283 Verden (Aller)
Tel. 04231/92670
www.finnern.de

Rommelsbacher
Rudolf-Schmidt-Str. 18
91550 Dinkelsbühl
Tel. 09851/57580
www.rommelsbacher.de

Rossmann/Winston
Isernhägener Str. 16
30938 Burgwedel
Tel. 05139/8980
www.rossmann.de

Runners Point
Tiroler Str. 26
45659 Recklinghausen
Tel. 02361/30030
www.runnerspoint.com

Russel Hobbs
Varta
Alfred-Krupp-Str. 9
73479 Ellwangen
Tel. 00800/83070083
www.remington.de

Salomon
Amer Sports
Parkring 15
85748 Garching
Tel. 089/898010
www.salomon.com

Saucony
Wolverine
Lilienthalallee 40
80939 München
Tel. 089/442396411
www.saucony.de

Schmidt Spiele
Lahnstr. 21
12055 Berlin
Tel. 030/6839020
www.schmidtspiele.de

Sekura
Büchel
Niesiger Str. 115
36039 Fulda
Tel. 0661/95950
www.buechel-online.com

Senger Tierpuppen
Schulweg 3
97791 Obersinn
Tel. 09356/6169
www.senger-tierpuppen.de

Severin
Röhre 27
59846 Sundern
Tel. 02933/982371
www.severin.de

Sigikid
H. Scharrer & Koch
Am Wolfsgarten 8
95511 Mistelbach
Tel. 09201/700
www.sigikid.de

Simba
Simba Dickie Group
Werkstr. 1
90765 Fürth
Tel. 0911/976501
www.simba-dickie-group.de

Slokker
Bewa Motorsport
Im Sand 2
69427 Mudau
Tel. 6284/920910
www.brands4sport

Sonnenklar Reisebüro
TVG Touristik
Landsberger Str. 88
80339 München
Tel. 089/25251800
http://sonnenklar-reise-buero.de

Specialized
Europe B.V.
Zeddamseweg 84 B
7041 Ct's Heerenberg
Niederlande
Tel. 00800/773242549 33
www.specialized.com

Spiele Max/Smiki
Haynauer Str. 72a
12249 Berlin
Tel. 030/37433330
www.spielemax.de

Sport Ruscher
Fürstenrieder Str. 34
80686 München

Tel. 0 89/51 26 15 61
www.ruscher.de

Sportscheck
Neuhauser Str. 19–21
80331 München
Tel. 0 180 6/50 50 50
www.sportscheck.com

Sport Tiedje/ Cardiostrong
Flensburger Str. 55
24837 Schleswig
Tel. 0 46 21/4 21 08 81
www.sport-tiedje.de

Spreeläufer
Danziger Str. 35
10435 Berlin
Tel. 0 30/44 32 81 60
www.spreelaeufer.de

Steba
Postfach 60
96127 Strullendorf
Tel. 0 95 43/4 49 17
www.steba.com

Steiff
Margarete Steiff
Richard-Steiff-Str. 4
89537 Giengen an der Brenz
Tel. 0 180 5/13 11 00
www.steiff.com

Sterntaler
Werkstr. 6–8
65599 Dornburg
Tel. 0 64 36/50 90
www.sterntaler.com

Stokke
Burghaldenstr. 2
71065 Sindelfingen
Tel. 0 800/7 23 49 20
www.stokke.de

Sunkid
Seehofstr. 14–16
64653 Lorsch
Tel. 0 62 51/9 64 20
www.sunkid.de

Tchibo
Überseering 18
22297 Hamburg
Tel. 0 800/30 00 11
www.tchibo.de

Teddy Hermann
Amlingstadter Str. 5
96114 Hirschaid
Tel. 0 95 43/8 48 20
www.teddy-hermann.de

Tedi
Brackeler Hellweg 301
44309 Dortmund
Tel. 02 31/55 57 70
www.tedi-discount.com

Tefal
Groupe SEB
Herrnrainweg 5
63067 Offenbach/M.
Tel. 02 12/38 74 00
www.krups.de

Terra Canis
Friedrichstr. 1 A
80801 München
Tel. 0 89/6 93 34 15 00
www.terracanis.de

Teutonia
NWL Germany
Siemensstr. 35
32120 Hiddenhausen
Tel. 0 52 23/8 79 88 80
www.teutonia.de

Thomas Cook
Thomas-Cook-Platz 1
61440 Oberursel
Tel. 0 61 71/65 00
www.thomascook.de

Trelock
Postfach 78 80
48042 Münster
Tel. 02 51/91 99 90
www.trelock.de

Tristar
Postfach 10 51
59463 Ense
Tel. 0 29 38/5 49 11 30
www.tristar.eu

TSG
Bülachstr. 5
8057 Zürich
Schweiz
Tel. 00 41/43/9 60 17 41
www.ridetsg.com

Tourist-online.de
Friedrich-Ebert-Str. 135–137
48153 Münster
Tel. 02 51/38 48 08 00
www.tourist-online.de

Toys"R"Us
Köhlstr. 8
50827 Köln
Tel. 02 21/5 97 20
www.toysrus.de

Tui Reisecenter
Tui
Karl-Wiechert-Allee 23
30625 Hannover
Tel. 05 11/56 70
www.tui-reisecenter.de

Tui Travel Star
Travelstar
Baumschulenallee 16
30625 Hannover
Tel. 05 11/5 44 88 30
www.tui-travelstar.de

Tunturi Fitness
Magirus-Deutz-Str. 12
89077 Ulm
Tel. 07 31/40 36 17 06
www.tunturi.de

Ty
Carletto
Albert-Einstein-Str. 32
63128 Dietzenbach
Tel. 0 60 74/3 70 40 50
www.carletto.de

Uvex
Postfach 25 09
90715 Fürth
Tel. 09 11/9 77 40
www.uvex-sports.de

Venere.com
Via dei Giochi Istimici,40
00135 Rom
Italien
www.venere.com

Villas.com
Herengracht 597
1017 CE Amsterdam
Niederlande
Tel. 00 31/7 07 70/38 84
www.villas.com

Vivid
An der Mühlhecke 19–21
64569 Nauheim
Tel. 0 61 52/71 24 20
www.vivid.de

Uvex
Postfach 25 09
90715 Fürth
Tel. 09 11/9 77 40
www.uvex-sports.de

Weber
Weber-Stephen
Rheinstr. 194
55218 Ingelheim am Rein
Tel. 0 61 32/8 99 90
www.weber.com

Wimdu
Voltastr. 5
13355 Berlin
www.wimdu.de

Woolworth/Smily
Formerstr. 6
59425 Unna
Tel. 0 23 03/5 93 81 00
www.woolworth.de

Yarrah
Yarrah Organic Pet Food BV
Postbus 448
3840 AK Harderwijk
Niederlande
Tel. 00 31/3 41/43 98 50
www.yarrah.com

Zéfal
Bico
Strothweg 6
33415 Verl
Tel. 0 52 46/92 01 19

Verkehr

Aeolus
Paul-Ehrlich-Str. 38
63322 Rödermark
www.aeolus-europe.com

Apple
Tel. 0 800/2 00 01 36
www.apple.com/de

Avon
Cooper
Otto-Hahn-Str. 46
63303 Dreieich
Tel. 0 61 03/96 07 60
www.coopertires.de

Barum
siehe Continental
www.barum-reifen.de

Becker
United Navigation
Marco-Polo-Str. 1
73760 Ostfildern
Tel. 0 180 5/32 55 00
www.mybecker.com

BF Goodrich
siehe Michelin
www.bfgoodrich.de

Blaupunkt
Baros
Kleine Düwelstr. 21
30171 Hannover
Tel. 05 11/9 88 71 85
www.blaupunkt.de

Book-n-Drive Carsharing
Mühlhohle 10
65205 Wiesbaden
Tel. 06 11/7 78 77 77
www.book-n-drive.de

Bridgestone
Justus-von-Liebig-Str. 1
61352 Bad Homburg von der Höhe
Tel. 0 61 72/4 08 01
www.bridgestone.de

Britax Römer
Blaubeurer Str. 71
89024 Ulm
Tel. 07 31/9 34 50
www.britax-roemer.de

Cam
Il Mondo del Bambino S.P.A.
Via G. Micca,5
24064 Crumello del Monte
Italien
Tel. 00 39/35/4 42 46 11
www.camspa.it

Cambio
Humboldtstr. 131–137
28203 Bremen
Tel. 04 21/7 92 70 21
www.cambio-CarSharing.de

Car2go
HPC G462
70546 Stuttgart
Tel. 0 30/23 34 01 10
www.car2go.com

Casualplay
Play S.A.
Pol. Ind. Riera de Caldes
Ronda Boada Vell,6
Apartado de correos 132
08184 Palau-Solitá I Plegamans
Spanien
Tel. 00 34/9 38 64/80 27
www.casualplay.com

Chicco
Artsana
Borsigstr. 1
63126 Dietzenbach
Tel. 0 60 74/49 52 15
www.chicco.de

CiteeCar
Sachsendamm 7
10829 Berlin
Tel. 0 30/54 44 54 41
www.citeecar.com

Copilot
ALK Technologies
Landsberger Str. 155
80687 München
Tel 0 89/57 95 96 52
http://copilotgps.com.de

Continental
Büttnerstr. 25
30165 Hannover
Tel. 05 11/9 38 01
www.conti.de

Cosatto
Bentinck Mill
Bentinck Street
Farnworth
Bolton Lance
BL4 7EP
Grossbritanien

Anbieter

Cybex
Riedinger Str. 18
95448 Bayreuth
Tel. 09 21/78 51 10
www.cybex-online.com

Drive Carsharing
Ruhrauto e
Schorberger Str. 66
42699 Solingen
Tel. 02 12/64 58 40 80
www.drive-carsharing.com

DriveNow
Karlstr. 10
80333 München
Tel. 0 180 6/29 29 29
www.drive-now.com

Dunlop
siehe Goodyear

Falk
United Navigation
Marco-Polo-Str. 1
73760 Ostfildern
Tel. 0 180 5/32 55 46
www.falk-navigation.de

Falken
Berliner Str. 74–76
63065 Offenbach/M.
Tel. 0 69/24 75 25 20
www.falken-europe.de

Firestone
siehe Bridgestone
www.firestone.de

Flinkster
DB Rent
Mainzer Landstr. 169
60327 Frankfurt/M.
Tel. 0 69/26 54 05 00
www.flinkster.de

Fulda
siehe Goodyear

Garmin
Parkring 35
85748 Garching
Tel. 0 89/8 58 36 40
www.garmin.de

Goodyear
Goodyear Dunlop
Dunlopstr. 2
63450 Hanau
Tel. 0 61 81/68 01
www.goodyear-dunlop.de

Google
ABC-Str. 19
20354 Hamburg
Tel. 0 40/8 08 17 90 00
http://maps.google.de

Graco
Newell Rubbermaid –
B & PE
Emea Compliance
Halifax Avenue
Fradley Park
WS13 8SS
Grossbritanien
Tel. 00 44/
0 15 43/44 70 07

Greenwheels
Postbus 40 31
3006 AA Rotterdam
Niederlande
Tel. 0 30/31 16 01 00
www.greenwheels.de

GT Radial
Giti Tire
Auf den Seidenberg 5
53721 Siegburg
Tel. 0 22 41/1 23 94 79
www.gtradial.de

Hankook
Siemensstr. 5 a
63263 Neu-Isenburg
Tel. 0 61 02/5 99 82 00
www.hankooktire.com

Hauck
Frohnlacher Str. 8
96242 Sonnefeld
Tel. 0 95 62/98 61 20
www.hauck.de

Here
Invalidenstr. 116
10115 Berlin
Tel. 0 30/28 88 58 59
https://company.here.com

Heyner
Kurzer Weg 5
15859 Storkow
Tel. 03 36 78/67 80
www.heyner-germany.de

Infinity
Av. De Europa 19
Floor 3
28108 Madrid
Spain
Tel. 00 34/91/7 93 21 00
www.infinity-tyres.com

Inglesina
L' Inglesina Baby SpA
Via Lago Maggiore,
22–26
36077 Altavilla
Vincentina
Italien
Tel. 00 39/4 44/39 22 00
www.inglesina.com

Joie
Donaustr. 68
68199 Mannheim
Tel. 06 21/84 25 99 70
www.joiebaby.com

Kiddy
Schaumbergstr. 8
95032 Hof/Saale
Tel. 0 92 81/7 08 00
www.kiddy.de

Kiwy
Protexer Consulting
Holzhäuser Str. 11
61352 Bad Homburg
v.d. Höhe
Tel. 0 61 72/6 82 68 43
www.protexer.de

Kleber
siehe Michelin
www.kleber-reifen.de

Kumho
Brüsseler Platz 1
63067 Offenbach/M.
Tel. 0 69/9 43 31 80
www.kumhotire.de

Linglong
Inter-Sprint Banden
P.O. Box 25
4780 AA Moerdijk
Niederlande
Tel. 00 31/1 68 39 20 00
www.inter-sprint.nl

Map and Route V-Navi
Pretzfelder Str. 7–11
90425 Nürnberg
Tel. 09 11/3 07 30 60
www.mapandroute.de

Mapfactor
MapFactor, s.r.o.
Štefanikova 24
150 00 Prague 5
Tschechische Republik

Matador
siehe Continental

Maxi Cosi
Dorel
Augustinusstr. 9 c
50226 Frechen
Tel. 0 22 34/9 64 30
www.maxi-cosi.de

Mentor
siehe Avon

Michelin
Postfach 21 09 51
76159 Karlsruhe
Tel. 07 21/53 00
www.michelin.de

Mio
MiTAC Europe
Spectrum House
Beehive Ring Road
Gatwick
RH6 0LG
Grossbritannien

Multicity
Citroen
Edmund-Rumpler-Str. 4
51149 Köln
Tel. 0 22 03/2 97 20
www.multicity-carsharing.de

Nankang
Jen Ai Rd.
Taipei City
Taiwan
Tel. 0 08 86/2/27 07 10 00
www.nankang-tyre.com

Navigon
Garmin Würzburg
Beethovenstr. 1 a + b
97080 Würzburg
Tel. 09 31/3 57 30
www.garmin.com

Nokian
Neuwieder Str. 14
90411 Nürnberg
Tel. 09 11/52 75 50
www.nokiantyres.de

Peg Perego
Rudolf-Diesel-Str. 6
85221 Dachau
Tel. 0 81 31/5 18 50
www.peg.de

Pirelli
Postfach 40 14 80
80714 München
Tel. 0 89/14 90 80
www.pirelli.de

Recaro Child Safety
Guttenbergstr. 2
95352 Marktleugast
Tel. 0 92 55/7 70
www.recaro-cs.com

Römer
siehe Britax Römer

Sava
siehe Goodyear

Scout
Telenav
Fasanenstr. 81
10623 Berlin
Tel. 0 30/54 87 52 48
www.skobbler.de

Semperit
siehe Continental

Simple Parenting
2E
Vogelsanger Str. 78
50823 Köln
Tel. 02 21/69 03 88 30
www.simpleparenting.de

Stadtmobil
Berlin GmbH
Hagenauer Str. 14
10435 Berlin
Tel. 0 30/6 92 06 75 10
www.stadtmobil.de

Sygic
Sygic a.s.
CBC IV. Karadžicova 14
821 08 Bratislava
Slowakei
www.sygic.com

Teilauto
Mobility Center
Scharrenstr. 10
06108 Halle (Saale)
Tel. 03 45/44 50 00
www.teilauto.net

Tomtom
Adalperostr. 82
85737 Ismaning
Tel. 0 69/66 30 80 12
www.tomtom.com

Toyo
Halskestr. 3–5
47877 Willich
Tel. 0 21 54/8 91 11 11
www.toyo.de

Uniroyal
siehe Continental

Viking
siehe Continental
www.viking-reifen.de

Vredestein
Apollo Vredestein
Rheinstr. 103
56179 Vallendar
Tel. 02 61/8 07 66 00
www.apollovredestein.com

Waze
Google West Campus 3
1505 Salado Dr
(MTV-GWC3)
Mountain View
CA 94043
USA
www.waze.com

Yokohama
Monschauer Str. 12
40549 Düsseldorf
Tel. 02 11/5 37 40 50
www.yokohama-online.com

Tarife für Anrufe aus dem deutschen Festnetz: **0800** Kostenfrei; **01801** 3,9 Cent/Min.; **01802** 6,0 Cent/Anruf; **01803** 9,0 Cent/Min.; **01805** und **01807** 14 Cent/Min.; **01806** 20 Cent/Anruf.; Kosten aus dem Mobilfunknetz dürfen 42 Cent/Min. oder 60 Cent/Anruf nicht überschreiten.; **09001** Kosten laut Ansage, bis maximal 3 Euro/Min.

Verbraucherinstitutionen

Stiftung Warentest
10785 Berlin, Lützowplatz 11–13,
www.test.de
test-Leserservice:
Tel. 0900 1/58 37 81,
test@stiftung-warentest.de
Finanztest-Leserservice:
Tel. 0900 1/58 37 82,
finanztest@stiftung-warentest.de

Aktion Bildungsinformation (ABI) Verbraucherschutz in Bildungsfragen

70174 Stuttgart, Lange Str. 51,
Tel. 07 11/22 02 16 30,
info@abi-ev.de,
www.abi-ev.de

DHB – Netzwerk Haushalt. Berufsverband der Haushaltsführenden

53111 Bonn, Oxfordstr. 10,
Tel. 02 28/23 77 18,
dhb-netzwerk-haushalt@t-online.de,
www.dhb-netzwerk-haushalt.de

Europäisches Verbraucherzentrum Deutschland

77694 Kehl, Bahnhofplatz 3

Standort Kiel:
24103 Kiel, Andreas-Gayk-Str. 15

Tel. 078 51/99 14 80, Fax 078 51/99 14 8 11,
info@cec-zev.eu,
www.eu-verbraucher.de,
www.cec-zev.eu

VerbraucherService Bayern im KDFB

Landesgeschäftsstelle
80335 München, Dachauer Str. 5,
Tel. 0 89/51 51 87 43,
info@verbraucherservice-bayern.de,
www.verbraucherservice-bayern.de

Beratungsstellen:

91522 Ansbach, Kannenstr. 16,
(Klimaladen Ansbach),
Tel. 09 81/97 78 97 93

63739 Aschaffenburg, Dalbergstr. 15,
(Rathaus, Sitzungsgebäude),
Tel. 0 60 21/3 30 12 18

86152 Augsburg, Ottmarsgäßchen 8,
Tel. 08 21/15 70 31

96047 Bamberg, Grüner Markt 14,
Tel. 09 51/20 25 06

93413 Cham, Obere Regenstr. 15,
Tel. 0 99 71/67 53

86609 Donauwörth, Münsterplatz 4,
Tel. 09 06/82 14

91301 Forchheim, St. Martin Str. 8,
(Stadtverwaltung), Tel. 0 91 91/6 46 89

85049 Ingolstadt, Kupferstr. 24,
Tel. 08 41/95 15 99 90

80335 München, Dachauer Str. 5
Tel. 0 89/59 62 78

85375 Neufahrn, Bahnhofstr. 32,
(Rathaus), Tel. 0 81 65/9 75 11 90

94032 Passau, Ludwigsplatz 4/I,
Tel. 08 51/3 62 48

93047 Regensburg, Frauenbergl 4,
Tel. 09 41/5 16 04

92421 Schwandorf, Spitalgarten 1,
(neues Rathaus), Tel. 0 94 31/4 52 90

83278 Traunstein, Bahnhofstr. 1,
Tel. 08 61/6 09 08

97070 Würzburg, Bahnhofstr. 4–6,
Tel. 09 31/30 50 80

VerbraucherService im Katholischen Deutschen Frauenbund

Bundesgeschäftsstelle
50677 Köln, Kaesenstr. 18,
Tel. 02 21/86 09 20,
info@verbraucherservice-kdfb.de,
www.verbraucherservice-kdfb.de

Verbraucherzentrale Bundesverband (vzbv)

10969 Berlin, Markgrafenstr. 66,
Tel. 0 30/25 80 00,
info@vzbv.de, www.vzbv.de

Verbraucherzentralen

Baden-Württemberg

70178 Stuttgart, Paulinenstr. 47,
Tel. 07 11/66 91 10,
info@vz-bw.de,
www.vz-bawue.de

Telefonische Fach- und Rechtsberatung

Telekommunikation, Freizeit, Haushalt:
Mo–Fr 9–12 Uhr, Mi 15–18 Uhr,
Tel. 0900 1/77 44 41

Ernährung, Kosmetik, Hygiene:
Mo–Fr 9–12 Uhr, Mi 15–18 Uhr,
Tel. 0900 1/77 44 42

Versicherungen:
Mo–Fr 9–12 Uhr, Mi 15–18 Uhr,
Tel. 0900 1/77 44 43

Altersvorsorge, Banken, Kredite:
Mo–Fr 9–12 Uhr, Mi 15–18 Uhr,
Tel. 0900 1/7 744 44

Bauen und Wohnen:
Mo–Fr 9–12 Uhr, Mi 15–18 Uhr,
Tel. 0900 1/77 44 45

Energie:
Mo–Fr 9–12 Uhr, Mi 15–18 Uhr,
Tel. 0900 1/77 44 46

Info- und Termintelefon:
Vereinbaren Sie Ihren individuellen Termin in einer unserer Beratungsstellen:
Mo–Do 10–18 Uhr, Fr 10–14 Uhr,
Tel. 07 11/66 91 10

Beratungsstellen:
79098 Freiburg, Kaiser-Joseph-Str. 271,
Di 10–13 Uhr, Do 15–18 Uhr

88045 Friedrichshafen, Riedleparkstr. 1,
Mo 14–17 Uhr, Mi 10–13 Uhr

69115 Heidelberg, Poststr. 15
(Stadtbücherei),
Di 9–12 Uhr, Mi–Do 16–18 Uhr

89522 Heidenheim, Hintere Gasse 60,
Bürgerhaus (Altes Eichamt),
Mi 9–12 Uhr, Do 14–17 Uhr

76133 Karlsruhe, Kaiserstr. 167,
Mo 14–18 Uhr, Mi 10–14 Uhr

68161 Mannheim, Q 4, 10,
Di 14–16 Uhr, Mi 13–17 Uhr

74172 Neckarsulm, Schindlerstr. 9,
Di 10–14 Uhr, Mi 13–17 Uhr

70178 Stuttgart, Paulinenstr. 47,
Mo und Fr 10–14 Uhr,
Di und Do 10–17 Uhr, Mi 10–19 Uhr

89073 Ulm, Frauengraben 2,
Di und Do 13–17 Uhr

79761 Waldshut-Tiengen, Parkhaus Kornhaus, Di 15–17 Uhr

Terminvereinbarung Energie-Beratung:
Mo–Do 8–18 Uhr, Fr 8–16 Uhr,
Tel. 0800/8 09 80 24 00,
Mo–Do 10–18 Uhr, Fr 10–14 Uhr,
Tel. 07 11/66 91 10,
79098 Freiburg, Kaiser-Joseph-Str. 271

88045 Friedrichshafen, Riedleparkstr. 1

69115 Heidelberg, Poststr. 15
(Stadtbücherei)

89522 Heidenheim, Hintere Gasse 60
(Bürgerhaus, Altes Eichamt)

76144 Karlsruhe, Kaiserstr. 167

68161 Mannheim, Q4, 10

74172 Neckarsulm, Schindlerstr. 9
70178 Stuttgart, Paulinenstr. 47
89073 Ulm, Frauengraben 2
79761 Waldshut-Tiengen, Poststr. 2

Energie-Beratungsstützpunkte:

69412 Eberbach, Güterbahnhofstr. 4
79822 Titisee-Neustadt – OT Neustadt, Pfauenstr. 4
78532 Tuttlingen, Rathausstr. 1

Landkreis Biberach:

88400 Biberach an der Riß, Ehinger-Tor-Platz 8

Landkreis Bodensee:

88046 Friedrichshafen, Lindauer Str. 11

Landkreis Böblingen:

71034 Böblingen, Parkstr. 6

Landkreis Esslingen:

70794 Filderstadt, Brühlstr. 41
73230 Kirchheim unter Teck, Alleenstr. 1
72622 Nürtingen, Plochinger Str. 14
73240 Wendlingen am Neckar, Am Marktplatz 2
72649 Wolfschlugen, Kirchstr. 19

Landkreis Freudenstadt:

72280 Dornstetten, Marktplatz 1 + 2
72186 Empfingen, Mühlheimer Str. 2
72184 Eutingen im Gäu, Marktstr. 17
72250 Freudenstadt, Marktplatz 64
72160 Horb am Neckar, Neckarstr. 13

Landkreis Konstanz:

78267 Aach, Hauptstr. 16
78476 Allensbach, Rathausplatz 1
78351 Bodman-Ludwigshafen, Hafenstr. 5
78266 Büsingen/Hochrhein, Junkerstr. 86
78253 Eigeltingen, Krummestr. 1
78234 Engen, Marktplatz 4
78343 Gaienhofen/Bodensee, Im Kohlgarten 1
78262 Gailingen am Hochrhein, Hauptstr. 11
78244 Gottmadingen, J.-G.-Fahr-Str. 10
78247 Hilzingen, Hauptstr. 36
78355 Hohenfels/Bodens., Hauptstr. 30
78462 Konstanz, Untere Laube 24
78345 Moos, Bohlingerstr. 18
78259 Mühlhausen-Ehingen, Schloßstr. 46
78357 Mühlingen/Bodensee, Im Göhren 2
78337 Öhningen, Klosterplatz 1
78359 Orsingen-Nenzingen, Stockacher Str. 2
78315 Radolfzell am Bodensee, Fürstenbergstr. 1 a
78479 Reichenau, Münsterplatz 2
78239 Rielasingen-Worblingen, Lessingstr. 2
78224 Singen, Hohgarten 2
78256 Steißlingen, Schulstr. 19
78333 Stockach, Adenauerstr. 4
78250 Tengen, Marktstr. 1
78269 Volkertshausen, Hauptstr. 27

Landkreis Ludwigsburg:

71679 Asperg, Marktplatz 1
71691 Freiberg am Neckar, Marktplatz 2
71723 Großbottwar, Marktplatz 1
71282 Hemmingen, Münchinger Str. 5
70806 Kornwestheim, Jakob-Sigle-Pl. 1
74369 Löchgau, Hauptstr. 49
71638 Ludwigsburg, Wilhelmstr. 9/1
74385 Pleidelsheim, Marbacher Str. 5
71686 Remseck am Neckar, Neckaraue 9
71732 Tamm, Hauptstr. 100

Landkreis Lörrach:

79400 Kandern, Hauptstr. 18
79677 Schönau im Schwarzwald, Talstr. 22
79650 Schopfheim, Hauptstr. 23
79674 Todtnau, Meinrad-Thoma-Str. 7

Main-Tauber-Kreis:

97980 Bad Mergentheim, Bahnhofsplatz 1
97922 Lauda-Königshofen, Josef-Schmitt-Str. 26 a
97941 Tauberbischofsheim, Gartenstr. 2
97877 Wertheim, Mühlstr. 26

Ortenaukreis:

77855 Achern, Illenauer Alee 70
77723 Gengenbach, Victor-Kretz-Str. 2
77694 Kehl, Herderstr. 3
77933 Lahr/Schwarzwald, Rathausplatz 7
77704 Oberkirch, Eisenbahnstr. 1
77652 Offenburg, Okenstr. 23 a
77866 Rheinau, Rheinstr. 46
77746 Schutterwald, Kirchstr. 2

Ostalbkreis:

73430 Aalen, Gmünder Str. 20
73453 Abtsgmünd, Rathausplatz 1
73560 Böbingen/Rems, Dr.-Schneider-Str. 56
73441 Bopfingen, Marktplatz 1
73479 Ellwangen/Jagst, Spitalstr. 4
73460 Hüttlingen, Schulstr. 10
73547 Lorch, Hauptstr. 19
73450 Neresheim, Hauptstr. 21
73450 Oberkochen, Aalener Str. 68
73525 Schwäbisch Gmünd, Bürgerstr. 5

Stadtkreis Pforzheim:

75172 Pforzheim, Am Mühlkanal 16

Landkreis Rastatt:

76437 Rastatt, Am Schlossplatz 5

Landkreis Ravensburg:

88212 Ravensburg, Georgstr. 25

Rems-Murr-Kreis:

71573 Allmersbach im Tal, Backnanger Str. 35
71546 Aspach, Backnanger Str. 9
71549 Auenwald, Lippoldsweiler Str. 15
71404 Korb, Kirchstr. 1
71540 Murrhardt, Marktplatz 10
71570 Oppenweiler, Schlossstr. 12
73635 Rudersberg, Backnanger Str. 26
71409 Schwaikheim, Marktplatz 2–4
71332 Waiblingen, Gewerbestr. 11
71384 Weinstadt, Poststr. 17
71554 Weissach im Tal, Kirchberg 2 + 4

Landkreis Reutlingen:

72574 Bad Urach, Marktplatz 1
72581 Dettingen an der Erms, Rathausplatz 1
72829 Engstingen-Hohenstein, Graf-von-Moltke-Platz 1
72800 Eningen u. A., Rathausplatz 1
72532 Gomadingen, Marktplatz 2
72582 Grabenstetten, Böhringerstr. 10
72661 Grafenberg, Bergstr. 30
72534 Hayingen, Markstr. 1
72805 Lichtenstein, Rathausplatz 17
72537 Mehrstetten, Am Marktplatz 1
72555 Metzingen, Stuttgarter Str. 2–4
72525 Münsingen, Bachwiesenstr. 7
72539 Pfronstetten, Hauptstr. 25
72793 Pfullingen, Marktplatz 4
72124 Pliezhausen, Marktstr. 1
72764 Reutlingen, Marktplatz 22
72585 Riederich, Mittelstädter Str. 17

72587 Römerstein, Albstr. 2

72813 Sankt Johann, Schulstr. 1

72820 Sonnenbühl, Hauptstr. 2

72818 Trochtelfingen, Rathausplatz 9

72141 Walddorfhäslach, Dorfstr. 30

72827 Wannweil, Hauptstr. 11

88529 Zwiefalten, Marktplatz 3

Landkreis Rottweil:

78727 Oberndorf am Neckar, Klosterstr. 3

78628 Rottweil, Steinhauserstr. 18

78713 Schramberg, Hauptstr. 25

Landkreis Sigmaringen:

72488 Sigmaringen, Fürst-Wilhelm-Str. 12

Landkreis Schwäbisch Hall:

74572 Blaufelden, Hindenburgplatz 4

74564 Crailsheim, Spitalstr. 2 a

74405 Gaildorf, Schloß-Str. 20

74523 Schwäbisch-Hall, Neue Str. 5–7

74549 Wolpertshausen, Kuno-Haberkern-Str. 7/1

Schwarzwald-Baar-Kreis:

78166 Donaueschingen, Humboldtstr. 11

78048 Villingen-Schwenningen, Am Hoptbühl 2

Landkreis Tuttlingen:

78549 Spaichingen, Marktplatz 19

78532 Tuttlingen, Moltkestr. 7

Zollernalbkreis:

72458 Albstadt, Bleuelwiesen 12/1

72336 Balingen, Steinachstr. 11

72379 Hechingen, Marktplatz 1

Bayern

80336 München, Mozartstr. 9, Tel. 089/5527940, info@vzbayern.de, www.verbraucherzentrale-bayern.de

Alle Beratungsstellen sind per E-Mail zu erreichen: stadt@vzbayern.de (z. B. amberg@vzbayern.de)

Beratung:

Landesweites Beratungstelefon Verbraucherrecht Tel. 0900 1/8090010 Mo, Mi und Do 9–11 und 15–17 Uhr Versicherungen Tel. 0900 1/8090020, Mo, Mi und Do 9–11 und 15–17 Uhr, Krankenversicherung Tel. 0900 1/8090021, Mo 9–11 Uhr, Lebensmittel und Ernährung Tel. 0900 1/8090030, Mo, Mi, und Do 9–11 und 15–17 Uhr

Beratung zu Verbraucherrecht, Versicherungen, Altersvorsorge, Geldanlage/Kredit und Energie in allen 16 Beratungsstellen.

Energieberatungsstützpunkte in 23 weiteren Städten.

Beratungsstellen:

92224 Amberg, Herrnstr. 16, Tel. 09621/14130

86150 Augsburg, Zeugplatz 3, Tel. 0821/37866

96047 Bamberg, Theatergassen 4, Tel. 0951/28200

94469 Deggendorf, Rosengasse 10, Tel. 0991/5411

82110 Germering, Planegger Str. 9, Tel. 089/846775

82194 Gröbenzell, Danziger Str. 23

95028 Hof, Bürgerstr. 20, Tel. 09281/84680

87435 Kempten, Vogtstr. 17, Tel. 0831/21071

84028 Landshut, Neustadt 516, Tel. 0871/21338

87700 Memmingen, Ulmer Str. 9, Tel. 08331/89944

80336 München, Mozartstr. 9, Tel. 089/5527940

90403 Nürnberg, Albrecht-Dürer-Platz 6, Tel. 0911/2426501

83022 Rosenheim, Münchener Str. 36, Tel. 08031/37700

97421 Schweinfurt, Judengasse 10, Tel. 09721/21717

92637 Weiden, Herzogstr. 14, Tel. 0961/36100

97070 Würzburg, Domstr. 10, Tel. 0931/59186

Energieberatungsstützpunkte:

86551 Aichach, Tandlmarkt 13 (im Verwaltungsgebäude 1), Tel. 08251/90232

97688 Bad Kissingen, Rathausplatz 1 (im Rathaus), Tel. 0971/8070

83646 Bad Tölz, Prof.-Max-Lange-Platz 1, (im Landratsamt), Tel. 08041/505288

84489 Burghausen, Marktler Str. 15 a (im Bürgerhaus), Tel. 08677/887308

96450 Coburg, Hintere Kreuzgasse 7, Tel. 09561/807134

89407 Dillingen, Königstr. 37/38 (im Rathaus), Tel. 09071/540

84130 Dingolfing, Obere Stadt 1 (im Landratsamt), Tel. 08731/87498

91054 Erlangen, Hauptstr. 55 (beim DHB), Tel. 09131/206424

84095 Furth b. Landshut, Am Rathaus 6 (im Rathaus), Tel. 08704/91190

82538 Geretsried, Karl-Lederer-Platz 1 (im Rathaus), Tel. 08171/629815

89312 Günzburg, Schlossplatz 1 (im Rathaus), Tel. 08221/903152

86438 Kissing, Pestalozzistr. 5, (im Rathaus), Tel. 08233/7907501

96215 Lichtenfels, Kronacher Str. 28–30 (im Landratsamt), Tel. 09571/18250

83714 Miesbach, Rosenheimer Str. 3 (im Landratsamt), Tel. 08025/7043315

82418 Murnau, Schloßbergstr. 10, Tel. 08841/476174

86971 Peiting, Hauptplatz 4, Tel. 08861/59944

82377 Penzberg, Karlstr. 15, Tel. 08856/813148

95111 Rehau, Martin-Luther-Str. 1 (im Rathaus), Tel. 09283/2045

82319 Starnberg, Strandbadstr. 2 (im Landratsamt), Tel. 08151/148442

84513 Töging a. Inn, Hauptstr. 26 (im Rathaus), Tel. 086 31/900444

83301 Traunreut, Rathausplatz 3 (im Rathaus), Tel. 08669/857217

83278 Traunstein, Stadtplatz 39 (im Rathaus), Tel. 0861/65251

82362 Weilheim, Stainhartstr. 9 (im Landratsamt), Tel. 0881/6811520

Berlin

10623 Berlin, Hardenbergplatz 2, Tel. 030/214850, mail@verbraucherzentrale-berlin.de www.vz-berlin.de

Brandenburg

14473 Potsdam, Babelsberger Str. 12, Landesgeschäftsstelle, (Hier keine Beratung), Tel. 0331/298710, info@vzb.de, www.vzb.de

Beratungstelefone:

Verbraucherrecht: Mo–Fr. 9–18 Uhr, Tel. 0900 1/775770

Lebensmittel, Ernährung: Mo + Do 10–16 Uhr, Tel. 0180 5/791352

Unabhängige Patientenberatung: Mo–Fr 10–18 Uhr, Tel. 0800/0117722

Beratung zu Rundfunkbeiträgen: Mi 10–12 Uhr, Tel. 0331/98229299

Beratung zu Verträgen mit Pflege- und Behinderteneinrichtungen: Mo + Mi 9–14 Uhr, Di 13–18 Uhr Tel. 0180 3/663377

UPD-Beratungsstelle Potsdam:
14473 Potsdam, Babelsberger Str. 12
(Bahnhofspassage, Ausgang Nord)
Tel. 0331/2006560 oder
Tel. 0331/2015082/-84

Bundesweite Auskunft zur Energieeinsparung und Vermittlung von Terminen zur Energieberatung:
Mo–Do 8–18 Uhr, Fr 8–16 Uhr,
Tel. 0800/809802400

Beratungsstellen und Beratungsstützpunkte:

Landesweites Termintelefon,
Mo–Fr 9–18 Uhr,
Tel. 0331/98229995

Beratungsstellen:

14776 Brandenburg, Kurstr. 7

03046 Cottbus, Am Turm 14

16225 Eberswalde, Puschkinstr. 13, (Bürgerbildungszentrum „Antonio Amadeu")

03238 Finsterwalde, Langer Damm 41

15230 Frankfurt/O., Karl-Marx-Str. 8

15711 Königs Wusterhausen, Bahnhofstr. 3

14943 Luckenwalde, Markt 12 a

16515 Oranienburg, Albert-Buchmann-Str. 17

19348 Perleberg, Karl-Liebknecht-Str. 33, Raum 2.10

14467 Potsdam, Babelsberger Str. 18 (Hauptbahnhof Ausgang Nord, Paterre)

14712 Rathenow, Berliner Str. 15

16303 Schwedt/O., Handelsstr. 1

01968 Senftenberg, Fischreiherstr. 5

Beratungsstützpunkte:

14806 Bad Belzig, Wiesenburger Str. 6

14547 Beelitz, Poststr. 15 (Eingang Tourismus-Information)

15848 Beeskow, Mauerstr. 28 (Bibliothek)

16321 Bernau, Rudolf-Breitscheid-Str. 43 A, Kulturhof

15890 Eisenhüttenstadt, Str. der Republik 35

04910 Elsterwerda, Rathaus in der Hauptstr.

15537 Erkner, Am Kurpark 15 (DFD Beratungsstelle)

14612 Falkensee, Poststr. 31 (Bürgeramt)

15517 Fürstenwalde/Spree, Mühlenstr. 25 (Stadtteilbüro auf dem Hof)

16866 Kyritz, Perleberger Str. 10, Bibliothek (Raum der Schiedsstelle)

15907 Lübben, Gubener Str. 53, (Gaststätte Spreeblick)

03222 Lübbenau/Spreewald, Güterbahnhofstr. 57

17291 Prenzlau, Marktberg 2 (Stadtteilbüro Prenzlau)

16928 Pritzwalk, Gartenstr. 12, Haus 1, Zimmer 102

15562 Rüdersdorf, Brückenstr. 93, Bürgerzentrum „Brücke"

01968 Senftenberg, Markt 1

15344 Strausberg, Hegermühlenstr. 58, Raum E 23 (Erdgeschoss der Stadtverwaltung)

14513 Teltow, Neue Str. 3

17268 Templin, Am Markt 19 (Historisches Rathaus)

19322 Wittenberge, Bürgermeister-Jahn-Str. 21 (Bürgerzentrum)

Deutsch-Polnisches Verbraucherinformationszentrum (VIZ)
15230 Frankfurt/O., Karl-Marx-Str. 7

Bremen

28195 Bremen, Altenweg 4,
Tel. 0421/160777, Fax 0421/1607780,
info@verbraucherzentrale-bremen.de,
www.vz-hb.de

Beratungsstelle:

27568 Bremerhaven, Barkhausenstr. 16,
Tel. 0471/26194, Fax 0471/207000,
infobhv@vz-hb.de

Hamburg

20099 Hamburg, Kirchenallee 22,
Tel. 040/248320, Fax 040/24832290,
info@vzhh.de, www.vzhh.de

Hessen

60313 Frankfurt/M.,
Große Friedberger Str. 13–17,
Tel. 069/972010900,
vzh@verbraucher.de,
www.verbraucher.de

Telefonische Beratung:

Altersvorsorge: Do 10–14 Uhr,
Tel. 09001/972011

Baufinanzierung: Di 10–14 Uhr,
Tel. 09001/972011

Energieberatung: Mo–Do 8–18 Uhr,
Fr 8–16 Uhr, Tel. 0800/809802400

Lebensmittel, Ernährung: Di 10–14 Uhr,
Tel. 09001/972012

Gesundheitsdienstleistungen, Patientenrechte:
Mo 10–14 Uhr, Tel. 09001/972013

Schulden, Insolvenz: Mi 10–14 Uhr
Tel. 069/97201087

Verbraucherrecht, Telekommunikation:
Mo–Do 10–18 Uhr, Tel. 09001/972010

Beratungsstellen:

E-Mail-Adressen der Beratungsstellen:
Ort (z. B. borken)@verbraucher.de

34582 Borken, Bahnhofstr. 36 b,
Tel. 05682/730230

64283 Darmstadt, Luisenplatz 6
(Carreegalerie), Tel. 06151/279990

60313 Frankfurt/M.,
Große Friedberger Str. 13–17,
Tel. 069/972010900

36037 Fulda, Karlstr. 2,
Tel. 0661/77453

35390 Gießen, Südanlage 4,
Tel. 0641/76234

34117 Kassel, Rainer-Dierichs-Platz 1,
Tel. 0561/772934

65428 Rüsselsheim, Marktstr. 29,
Tel. 06142/63268

65185 Wiesbaden, Bahnhofstr. 36,
Tel. 0611/378081

Energiestützpunkte:

63674 Altenstadt, Frankfurter Str. 11
(Gemeindeverwaltung),
Tel. 06047/800075

34454 Bad Arolsen, Große Allee
(Rathaus), Tel. 05691/801160

36251 Bad Hersfeld, Klaustor 3
(Stadthaus Bad Hersfeld, E.Punkt),
Tel. 06621/16617

61118 Bad Vilbel, Marktplatz 2 (Haus der Begegnung), Tel. 06101/602424

34537 Bad Wildungen, Am Markt 1
(Stadtverwaltung), Tel. 05621/701319

64625 Bensheim, Hauptstr. 39
(Bürgerbüro), Tel. 069/972010900
(Termine über Servicetelefon der Verbraucherzentrale Hessen)

34582 Borken, Bahnhofstr. 36 b,
Tel. 05682/730230

63486 Bruchköbel, Hauptstr. 53
(Stadtbibliothek), Tel. 06181/975236

63654 Büdingen, Eberhard-Bauner-Allee 16 (Rathaus), Tel. 06042/884200

68642 Bürstadt, Rathausstr. 2
(Rathaus), Tel. 06206/701129

64283 Darmstadt, Luisenplatz 6
(Carree-Galerie), Tel. 06151/279990

64807 Dieburg, Albinistr. 23 (Kreishaus)
Tel. 06151/8811503

63303 Dreieich, Hauptstr. 45
(Rathaus), Tel. 06103/601479

65343 Eltville am Rhein,
Gutenbergstr. 13 (Rathaus),
Tel. 06123/697800

60313 Frankfurt/M.,
Große Friedberger Str. 13–17,
Tel. 069/972010900

61381 Friedrichsdorf, Hugenottenstr. 55 (Rathaus), Tel. 06172/7311300

36037 Fulda, Karlstr. 2, Tel. 0661/77453

64579 Gernsheim, Riedstr. 24 (Haus der Vereine), Tel. 06258/108163

35390 Gießen, Südanlage 4, Tel. 0641/76234

64347 Griesheim, Georg-Schüler-Platz 6 (Stadtbücherei), Tel. 06155/701241

36137 Großenlüder, Sankt-Georg-Str. 2, Tel. 06648/950033

64251 Groß-Gerau, Am Marktplatz 1 (Stadtverwaltung), Tel. 06152/7160

63452 Hanau, Hessen-Homburg-Platz 7 (Technisches Rathaus), Tel. 06181/295785

63150 Heusenstamm, Im Herrngarten 1 (Rathaus), Tel. 06104/6071302

34369 Hofgeismar, Am Markt 1 (Rathaus), Tel. 05671/999000

61184 Karben, Rathausplatz 1, Tel. 06039/481910

34117 Kassel, Rainer-Dierichs-Platz 1, Tel. 0561/772934

61462 Königstein im Taunus, Burgweg 5 (Rathaus), Tel. 0800/809802400 (Bundesweites Termin- und Servicetelefon der Energieberatung der Verbraucherzentralen)

61476 Kronberg, Katharinenstr. 7 (Rathaus), Tel. 06173/7030

65549 Limburg, Schiede 43 (Kreisverwaltung), Tel. 06431/296130

63533 Mainhausen, Humboldtstr. 46–48, Tel. 06182/890065

63477 Maintal-Hochstadt, Klosterhofstr. 4–6 (Stadtverwaltung), Tel. 06181/400456

35039 Marburg/Lahn, Hermann-Jacobsohn-Weg 1 (Kreisverwaltung), Tel. 06421/4056302

64720 Michelstadt, Frankfurter Str. 3 (Stadthaus), Tel. 06061/74171

64839 Münster, Mozartstr. 8 (Gemeindeverwaltung), Tel. 06071/3002113

61267 Neu-Anspach, Bahnhofstr. 26, Tel. 06081/10256010

63263 Neu-Isenburg, Frankfurter Str. 152 (Stadtbibliothek), Tel. 06102/241703

63179 Obertshausen, Schubertstr. 11 (Rathaus Hausen), Tel. 06104/7031112

61440 Oberursel, Rathausplatz 1 (Rathaus), Tel. 06171/502310

64319 Pfungstadt, Kirchstr. 12–14 (Rathaus), Tel. 06157/9881186

64354 Reinheim, Kirchstr. 24 (Im Hofgut), Tel. 06162/80533

64560 Riedstadt, Stadtteil Goddelau, Rathausplatz 1 (Rathaus), Tel. 06158/181320

63517 Rodenbach, Buchbergstr. 2 (Rathaus), Tel. 06184/59938

63110 Rodgau-Jügesheim, Hintergasse 15 (Rathaus), Tel. 06106/6931351

65428 Rüsselsheim, Marktstr. 29, Tel. 06142/63268

36277 Schenklengsfeld, Rathausstr. 2 (Gemeindeverwaltung), Tel. 06629/920211

36381 Schlüchtern, Krämerstr. 2 (Rathaus), Tel. 06661/85310

61137 Schöneck, Herrnhofstr. 7 (Technisches Rathaus), Tel. 06187/9562308

64342 Seeheim-Jugenheim, Georg-Kaist-Platz 3 (Bürgerbüro), Tel. 06257/9900

65232 Taunusstein, Aarstr. 150 (Rathaus), Tel. 06128/241271

65185 Wiesbaden, Bahnhofstr. 36, Tel. 0611/378081

34508 Willingen/Upland, OT Usseln, Sportstr. 7 (Lesesaal), Tel. 05632/401124

61200 Wölfersheim, Hauptstr. 60 (Bürgerbüro), Tel. 06036/97370

Mecklenburg-Vorpommern

18055 Rostock, Strandstr. 98, Tel. 0381/2087050, info@nvzmv.de, www.nvzmv.de

Beratungsstellen:

18273 Güstrow, Mühlenstr. 17 (Eingang Baustr.), Tel. 03843/465397

17034 Neubrandenburg, Kranichstr. 4a, Tel. 0395/5683410

18055 Rostock, Strandstr. 98, Tel. 0381/2087050

19053 Schwerin, Dr.-Külz-Str. 18, Tel. 0385/5918110

18439 Stralsund, Frankenstr. 1–2, Tel. 03831/2892610,

23966 Wismar, Scheuerstr. 2, Tel. 0385/5918110

Niedersachsen

30159 Hannover, Herrenstr. 14, Tel. 0511/911960, info@vzniedersachsen.de, www.verbraucherzentrale-niedersachsen.de, www.facebook.com/vzniedersachsen, www.twitter.com/vzniedersachsen, Zentrales Servicetelefon zur Terminvereinbarung: Tel. 0511/911960

Telefonberatung:

Internetbetrug: Tel. 0900 1/797901
Verbraucherrecht: Tel. 0900 1/797902

Versicherungen: Tel. 0900 1/797903

Banken und Baufinanzierung: Tel. 0900 1/797904

Lebensmittel: Tel. 0900 1/797905

Telefon und Internet: Tel. 0900 1/797906

Krankenversicherungen: Tel. 0900 1/797907

Energierecht: 0900 1/797908

Online-Beratung: www.verbraucherzentrale-niedersachsen.de/emailberatung

Büchershop: Tel. 0511/911960, www.verbraucherzentrale-niedersachsen.de/ratgeber

Beratungsstellen:

26603 Aurich, Wallstr. 26

38100 Braunschweig, Langer Hof 6

29221 Celle, Schuhstr. 40

37073 Göttingen, Jüdenstr. 3

30159 Hannover, Herrenstr. 14

21335 Lüneburg, Wallstr. 4

26122 Oldenburg, Julius-Mosen-Platz 5

49074 Osnabrück, Große Str. 84/85

21682 Stade, Pferdemarkt 3

26382 Wilhelmshaven, Grenzstr. 95

38440 Wolfsburg, Schillerstr. 42–44

Stützpunkte Energieberatung:

www.verbraucherzentrale-energieberatung.de/web

Nur nach vorheriger Anmeldung unter: Tel. 0800/809802400

19273 Amt Neuhaus, Sumter 1

26603 Aurich, Wallstr. 26

26160 Bad Zwischenahn, Auf dem hohen Ufer 20 (Bibliothek)

21354 Bleckede, Lauenburgerstr. 15 (im Elbtalhaus)

26919 Brake, Schrabberdeich 1 (Rathaus)

49565 Bramsche, Heinrich-Beerboohm-Platz 2

38100 Braunschweig, Langer Hof 6

27432 Bremervörde, Rathausmarkt 1 (Stadtbücherei)

21614 Buxtehude, Bertha-von-Suttner-Allee 9

29221 Celle, Schuhstr. 40

49661 Cloppenburg, Pingel-Anton 10 (Haus des Handwerks)

27472 Cuxhaven, Kapitän-Alexander-Str. 1 (Stadtbibliothek)

49401 Damme, Mühlenstr. 18 (Rathaus)

27749 Delmenhorst, Lange Str. 1 a

49356 Diepholz, Niedersachsenstr. 2

37115 Duderstadt, Markstr. 89

26160 Edewecht, Hauptstr. 86 (im Haus der Begegnung)

26931 Elsfleth, Rathausplatz (Rathaus)

26721 Emden, Ringstr. 38 a

27777 Ganderkesee, Mühlenstr. 2–4

49124 Georgsmarienhütte, Oeseder Str. 85 (Rathaus)

37073 Göttingen, Jüdenstr. 3

49170 Hagen, Martinistr. 9 (Altes Pfarrhaus)

31785 Hameln, Osterstr. 46

29386 Hankensbüttel, Goethestr. 2

30159 Hannover, Herrenstr. 14

27798 Hude, Parkstr. 53 (Rathaus)

30880 Laatzen, Marktplatz 2 (Stadthaus Laatzen)

26789 Leer, Wilhelminengang 2 (Stadtbibliothek)

27809 Lemwerder, Stedinger Str. 1

49393 Lohne, Vogtstr. 26

29439 Lüchow, Berliner Str. 5 (Haus Allerlüd)

21335 Lüneburg, Wallstr. 4

49716 Meppen, Markt 43 (Stadtverwaltung)

26954 Nordenham, An der Gate 11 (Stadtbücherei)

48529 Nordhorn, Büchereiplatz (Stadthaus II)

26122 Oldenburg, Julius-Mosen-Platz 5

49074 Osnabrück, Große Str. 84/85

37520 Osterode, Gipsmühlenweg 2–4

28870 Ottersberg, Grüne Str. 24 (Rathaus)

26871 Papenburg, Hauptkanal rechts 68/69 (Bauamt)

31224 Peine, telefonisch erfragen

49610 Quakenbrück, Friedrichstr. 37 a (Mehrgenerationenhaus)

26817 Rhauderfehn, 1. Südwieke 2 a (Rathaus)

21682 Stade, Pferdemarkt 3

31655 Stadthagen, Jahnstr. 20 (Kreishaus)

29525 Uelzen, Ripdorfer Str. 21 (Mehrgenerationenhaus)

37170 Uslar, Graftstr. 7 (Bürgerbüro)

49377 Vechta, Burgstr. 6 (Rathaus)

27283 Verden (Aller), Holzmarkt 7 (Bücherei)

49134 Wallenhorst, Rathausallee 1 (Rathaus)

26655 Westerstede, Gaststr. 4 (Apothekervilla)

27793 Wildeshausen, Am Markt 1 (Rathaus)

26382 Wilhelmshaven, Grenzstr. 95

38440 Wolfsburg, Schillerstr. 42–44

Nordrhein-Westfalen

40215 Düsseldorf, Mintropstr. 27, Tel. 02 11/3 80 90, vz.nrw@vz-nrw.de, www.vz-nrw.de

Beratungsstellen:

52064 Aachen, AachenMünchener-Platz 6, Tel. 02 41/46 30 26 01

59227 Ahlen, Westenmauer 10 (Rathaus 1. OG), Tel. 0 23 82/9 61 31 01

52477 Alsdorf, Luisenstr. 35 (LuisenPassage), Tel. 0 24 04/9 03 27 75

59755 Arnsberg, Burgstr. 5, Tel. 0 29 32/5 10 97 01

50126 Bergheim, Hauptstr. 108, Tel. 0 22 71/4 50 25 01

51465 Bergisch Gladbach, Am Alten Pastorat 32, Tel. 0 22 02/9 26 31 01

33602 Bielefeld, August-Bebel-Str. 88, Tel. 05 21/98 78 76 01

44787 Bochum, Große Beckstr. 15, Tel. 02 34/97 47 37 01

53111 Bonn, Thomas-Mann-Str. 2–4, Tel. 02 28/88 68 38 01

46236 Bottrop, Ernst-Wilczok-Platz 1, Tel. 0 20 41/5 67 16 01

50321 Brühl, Carl-Schurz-Str. 1, Tel. 0 22 32/2 06 87 01

44575 Castrop-Rauxel, Mühlengasse 4, Tel. 0 23 05/6 98 79 01

32756 Detmold, Lemgoer Str. 5, Tel. 0 52 31/7 01 59 01

46535 Dinslaken, Duisburger Str. 21, Tel. 0 20 64/4 56 47 01

41539 Dormagen, Kölner Str. 126, Tel. 0 21 33/2 85 53 01

46282 Dorsten, Julius-Ambrunn-Str. 10, Tel. 0 23 62/7 87 52 01

44135 Dortmund, Reinoldistr. 7–9, Tel. 02 31/72 09 17 01

47051 Duisburg, Friedrich-Wilhelm-Str. 30, Tel. 02 03/48 80 11 01

48249 Dülmen, Overbergplatz 3, Tel. 0 25 94/8 40 68 01

52349 Düren, Markt 2, Tel. 0 24 21/2 57 04 01

40227 Düsseldorf, Imermannstr. 51, Tel. 02 11/7 10 64 90

45127 Essen, Hollestr. 1, Tel. 02 01/64 95 74 01

53879 Euskirchen, Wilhelmstr. 37, Tel. 0 22 51/5 06 45 01

45879 Gelsenkirchen, Luitpoldstr. 17, Tel. 02 09/15 76 03 01

48599 Gronau, Konrad-Adenauer-Str. 45, Tel. 0 25 62/60 86 96 01

33330 Gütersloh, Blessenstätte 1 (Stadtbibliothek), Tel. 0 52 41/7 42 66 01

58095 Hagen, Hohenzollernstr. 8, Tel. 0 23 31/1 42 59

59065 Hamm, Nassauer Str. 33, Tel. 0 23 81/9 29 19 01

44623 Herne, Freiligrathstr. 12, Tel. 0 23 23/4 47 46

58636 Iserlohn, Theodor-Heuss-Ring 5, Tel. 0 23 71/2 19 41 01

59174 Kamen, Kirchstr. 7, Tel. 0 23 07/4 38 01 01

50667 Köln, Frankenwerft 35, Tel. 02 21/84 61 88 01

47798 Krefeld, Petersstr. 55–57, Tel. 0 21 51/4 12 11 01

40764 Langenfeld, K.-Adenauer-Platz 1, Tel. 0 21 73/8 49 25 01

57368 Lennestadt, Hundemstr. 29, Tel. 0 27 23/71 95 70

51373 Leverkusen, Dönhoffstr. 27, Tel. 02 14/31 49 12 01

59555 Lippstadt, Woldemei 36/38, Tel. 0 29 41/94 88 20

58507 Lüdenscheid, Altenaer Str. 5, Tel. 0 23 51/3 79 50 01

44532 Lünen, Kirchstr. 12, Tel. 0 23 06/3 01 38 01

45768 Marl, Bergstr. 228–230, Tel. 0 23 65/8 56 25 01

32423 Minden, Portastr. 9 (im Schinkelbau), Tel. 05 71/38 63 79 01

47441 Moers, Kirchstr. 42, Tel. 0 28 41/6 07 76 01

41236 Mönchengladbach, Bahnhofstr. 21, Tel. 0 21 66/3 98 41 01

45468 Mülheim, Leineweberstr. 54, Tel. 02 08/69 60 53 01

48143 Münster, Aegidiistr. 46, Tel. 02 51/20 86 53 01

46045 Oberhausen, Paul-Reusch-Str. 34, Tel. 02 08/91 10 86 01

33102 Paderborn, Grunigerstr. 2, Tel. 0 52 51/6 83 49 01

45657 Recklinghausen, Königswall 14, Tel. 02361/4055901

42853 Remscheid, Alleestr. 32, Tel. 02191/8424791

48431 Rheine, Auf dem Thie 34, Tel. 05971/8697001

58239 Schwerte, Westwall 4, Tel. 02304/942260

53721 Siegburg, Nogenter Platz 10, Tel. 02241/1496801

57072 Siegen, Friedrichstr. 1, Tel. 0271/80939301

59494 Soest, Nottebohmweg 2–8, Tel. 02921/910870

42651 Solingen, Werwolf 2, Tel. 0212/22657601

53840 Troisdorf, Kölner Platz 2, Tel. 02241/1495301

42551 Velbert, Friedrichstr. 107, Tel. 02051/8090181

46483 Wesel, Wilhelmstr. 5–7, Tel. 0281/47368401

58452 Witten, Bergerstr. 35 (im Bahnhof Witten), Tel. 02392/2828101

42103 Wuppertal, Schloßbleiche 20, Tel. 0202/69375801

Abfall- und Umweltberatungsstelle:

59423 Unna, Rathausplatz 21, Tel. 02303/592505

Energieberatung:

33397 Rietberg, Rathausstr. 17, Tel. 05244/905919

33415 Verl, Paderborner Str. 2 (Standesamt), Tel. 05246/81556

Rheinland-Pfalz

55116 Mainz, Seppel-Glückert-Passage 10, Tel. 06131/28480, info@vz-rlp.de, www.vz-rlp.de

Landeseinheitliche Beratungstelefone:

Banken, Baufinanzierung, Geldanlage u. private Altersvorsorge: Mo 9–13 Uhr, Mi 13–17 Uhr, Tel. 09001/7780803

Bauen + Wohnen + Energiesparen: Mo 9–13 Uhr und 14–18 Uhr, Di + Do 10–13 Uhr und 14–17 Uhr, Tel. 0800/6075600

Lebensmittel und Ernährung: Mo 9–13 Uhr, Do 13–17 Uhr, Tel. 01805/60756030

Energieversorgung (rechtliche Fragen): Mo 14–17 Uhr, Do 10–13 Uhr, Tel. 01805/60756025

Gesundheit: Di 10–13 Uhr, Tel. 01805/60756040

Pflege und Wohnen in Einrichtungen (Informations- und Beschwerdetelefon): Mo–Fr 10–13 Uhr, Do 14–17 Uhr, Tel. 06131/284841

Telekommunikation und Medien (Rechtsfragen): Mo, Mi+Do 10–16 Uhr, Tel. 09001/7780804

Digitale Medien – von Fernsehen bis Internettelefonie: Mo 10–16 Uhr, Tel. 06131/2848888

Verbraucherfragen und Reklamationen: Mo, Mi + Do 10–16 Uhr, Tel. 09001/7780801

Versicherungen und private Altersvorsorge: Mo 9–13 Uhr und Mi 13–17 Uhr, Tel. 09001/7780802 + 03

Beratungsstellen:

Die angegebenen Telefonnummern sind für Terminvereinbarungen und zur direkten Kontaktaufnahme mit den Beratungsstellen:

67655 Kaiserslautern, Fackelstr. 22, Tel. 0631/92881, vb-kl@vz-rlp.de

56068 Koblenz, Entenpfuhl 37, Tel. 0261/12727, vb-ko@vz-rlp.de

67059 Ludwigshafen, Wredestr. 33, Tel. 0621/512145, vb-lu@vz-rlp.de

55116 Mainz, Seppel-Glückert-Passage 10, Tel. 06131/284820, vb-mz@vz-rlp.de

66953 Pirmasens, Exerzierplatzstr. 1 Tel. 06331/12160, vb-ps@vz-rlp.de

54290 Trier, Fleischstr. 77, Tel. 0651/48802, vb-tr@vz-rlp.de

Beratungsstützpunkte:

55543 Bad Kreuznach, Salinenstr. 47 (Kreisverwaltung)
57581 Betzdorf, Hellerstr. 2 (Rathaus)
57627 Hachenburg, Gartenstr. 11 (Rathaus)
56812 Cochem, Brückenstr. 2 (Kreisverwaltung)
76726 Germersheim, Luitpoldplatz 1 (Kreisverwaltung)
54595 Prüm, Kalvarienbergstr. 1 (Konvikt – Haus der Kultur)

Saarland

Landesgeschäfts- und Beratungsstelle: 66111 Saarbrücken, Trierer Str. 22 (Haus der Beratung), Tel. 0681/500890, vz-saar@vz-saar.de, www.vz-saar.de

Beratungsstellen:

66763 Dillingen, Merziger Str. 46, Tel. 06831/976565

66663 Merzig, Am Gaswerk 10, Tel. 06861/5444

Sachsen

04109 Leipzig, Katharinenstr. 17, Tel. 0341/696290, vzs@vzs.de, www.verbraucherzentrale-sachsen.de

Sachsenweites Zentrales Termintelefon:
Tel. 0341/6962929

Beratungstelefon:
Tel. 09001/797777

Für Anrufer aus dem Mobilfunk:

Verbraucherrecht: Tel. 09001/0155551

Versicherungen/Geld/Baufinanzierung: Tel. 09001/0155552

Haushalt/Freizeit/Produkte: Tel. 09001/0155553

Beratungszentren:

09126 Chemnitz, Zschopauer Str. 107, Tel. 0371/431500

01307 Dresden, Fetscherplatz 3, Tel. 0351/4593484

04109 Leipzig, Katharinenstr. 17, Tel. 0341/2610450

Beratungsstellen:

08280 Aue, Bockauer Talstr. 4, Tel. 03771/251000

08209 Auerbach, Am Graben 12, Tel. 03744/219641

02625 Bautzen, Martin-Hoop-Str. 1, Tel. 03591/491036

02826 Görlitz, Demianiplatz 16/17, Tel. 03581/402262

02977 Hoyerswerda, Albert-Einstein-Str. 47, Haus D, Tel. 03571/406492

08523 Plauen, Oberer Steinweg 5, Tel. 03741/224743

01662 Meissen, Gerbergasse 5, Tel. 03521/4766770

04860 Torgau, Bäckerstr. 10, Tel. 03421/710238

02943 Weißwasser, Str. der Kraftwerker 11, Tel. 03576/242100

08056 Zwickau, Hauptstr. 23, Tel. 0375/294279

Sachsen-Anhalt

06108 Halle/Saale, Steinbockgasse 1, Tel. 0345/2980329, vzsa@vzsa.de, www.vzsa.de

Adressen

Telefonberatung:

Ratgebertelefon Lebensmittel/Ernährung: Tel. 0 180 5/70 66 00, Di + Do von 10–16 Uhr

Verbrauchertelefon Recht und Verträge: Tel. 0 900 1/77 57 70, Mo–Fr von 9–18 Uhr

Bestellservice:

Bestellungen von Ratgebern, Broschüren, Büchern: Tel. 02 11/3 80 95 55, Mo–Fr 9–16 Uhr

Auskunftstelefon Hinweise zu den Leistungen und Öffnungszeiten der VZ: Tel. 03 45/2 98 03 17, Di + Do 10–18 Uhr

Beratungsstellen:

06449 Aschersleben, Herrenbreite 9, Tel. 0 34 73/80 52 96

39179 Barleben, Ernst-Thälmann-Str. 22, Telefon über Beratungsstelle Magdeburg, Tel. 03 91/5 43 99 79

06749 Bitterfeld-Wolfen, Markt 7 (Rathaus), Telefon über Beratungsstelle Halle, Tel. 03 45/2 98 03 11

06844 Dessau-Roßlau, Johannisstr. 17, Tel. 03 40/21 28 90

38820 Halberstadt, Dominikanerstr. 17, Tel. 0 39 41/44 25 76

06108 Halle (Saale), Oleariusstr. 6 b, Tel. 03 45/2 98 03 11

39104 Magdeburg, Breiter Weg 32, Tel. 03 91/5 43 99 79

06217 Merseburg, Markt 1 Telefon über Beratungsstelle Halle, Tel. 03 45/2 98 03 11

06618 Naumburg, Neustr. 47 (Familienbildungsstätte), Telefon über Beratungsstelle Zeitz, Tel. 0 34 41/25 11 16

29410 Salzwedel, An der Mönchskirche 7, Tel. 0 39 01/2 51 53

06526 Sangerhausen, Kylische Str. 54c, Tel. 0 34 64/27 08 64

39576 Stendal, Jacobikirchhof 2, Tel. 0 39 31/71 54 57

06886 Lutherstadt Wittenberg, Lutherstr. 56, Tel. 0 34 91/40 21 08

06712 Zeitz, Altmark 9, Tel. 0 34 41/25 11 16

Schuldner- und Insolvenzberatung:

06108 Halle (Saale), Steinbockgasse 1, Tel. 03 45/2 98 03 73

Schleswig-Holstein

24103 Kiel, Andreas-Gayk-Str. 15, Tel. 04 31/59 09 90, info@vzsh.de, www.vzsh.de

Telefonische Beratung:

Finanzdienstleistungen: Mo–Do 10–18 Uhr, Tel. 0 900 1/77 54 42

Produkte: Mo + Fr 10–14 Uhr, Tel. 0 900 1/77 54 43

Verbraucherrecht: Mo–Do 10–18 Uhr, Tel. 0 900 1/77 54 41

Beratungstellen:

24939 Flensburg, Schiffbrücke 65, Tel. 04 61/2 86 04

25746 Heide, Postelweg 4, Tel. 04 81/6 17 74

24103 Kiel, Andreas-Gayk-Str. 15, Tel. 04 31/5 90 99 40

23552 Lübeck, Fleischhauer Str. 45, Tel. 04 51/7 22 48

22846 Norderstedt, Rathausallee 38, Tel. 0 40/5 23 84 55

Schuldnerberatung:

23795 Bad Segeberg, Kirchplatz 1, Tel. 0 45 51/90 84 40

24568 Kaltenkirchen, Flottkamp 13 b, Tel. 0 41 91/72 27 40

Thüringen

99085 Erfurt, Eugen-Richter-Str. 45, Tel. 03 61/55 51 40, info@vzth.de, www.vzth.de

Beratungsstellen:

04600 Altenburg, Dostojewskistr. 6, Tel. 0 34 47/50 79 16

36433 Bad Salzungen, Langenfelder Str. 8, Tel. 0 36 95/62 99 12

99817 Eisenach, Goethestr. 10, Tel. 0 36 91/8 86 83 58

99084 Erfurt, Andreasstr. 37 c, Tel. 03 61/3 46 11 11

07545 Gera, Humboldtstr. 14, Tel. 03 65/8 31 01 10

99867 Gotha, Ekhofplatz 24, Tel. 0 36 21/22 20

37308 Heilbad Heiligenstadt, Göttinger Str. 5, Tel. 0 36 06/60 28 67

07743 Jena, Unterlauengasse 5, Tel. 0 36 41/82 09 55

37327 Leinefelde-Worbis, Jahnstr. 12, Tel. 0 36 05/50 14 83

99974 Mühlhausen, Felchtaer Str. 37 Tel./Fax 0 36 01/44 00 40

99734 Nordhausen, August-Bebel-Pl. 6, Tel. 0 36 31/98 22 19

07407 Rudolstadt, Stiftsgasse 21, Tel. 0 36 72/41 30 69

98529 Suhl, Würzburger Str. 3, Tel. 0 36 81/30 49 60

99423 Weimar, Schwanseestr. 17

Schiedsstellen für Bergungs- und Abschleppdienste

Verband der Bergungs- und Abschleppunternehmen (VBA)

42279 Wuppertal, Linderhauser Str. 141, Tel. 02 02/26 65 60, info@vba-service.de www.vba-service.de

Abschleppunternehmer-Verband (ASV)

31535 Neustadt am Rübenberge, Ernst-Abbe-Ring 22, Tel. 0 50 32/6 30 61

Schiedsstellen für Textil- und Reinigungsreklamationen

14169 Berlin, Waltraudstr. 25, Textilreiniger Innung Berlin-Brandenburg, Tel. 0 30/84 71 67 06, www.textilreiniger-bb.de

01969 Dresden, Hohe Str. 6, Schiedsstelle für Textilreinigungsreklamationen, Tel. 03 51/46 33 93 20, www.verbraucherzentrale-sachsen.de/Schiedsstelle-fuer-Textilreinigung

20355 Hamburg, Holstenwall 12, Textilreiniger-Innung Hamburg, Tel. 0 40/35 27 94, www.textilreinigerinnung-hamburg.de

56073 Koblenz, Hoevelstr. 19, Textilreiniger-Innung Rheinland-Pfalz, Tel. 02 61/4 06 30 16, www.fachhandwerk.de

50667 Köln, Frankenwerft 35, Textilreiniger-Innung Köln-Bonn, Tel. 02 21/2 07 04 19, www.textilreiniger-koeln.de

81375 München, Oberauer Str. 6 Textilreiniger-Innung Tel. 0 89/56 33 27 www.btv-online.de

weitere Adressen siehe unter Deutscher Textilreinigungs-Verband, www.dtv-bonn.de

Hilfsdienste

Arbeiter-Samariter-Bund Deutschland

Bundesgeschäftsstelle 50937 Köln, Sülzburgstr. 140, Tel. 02 21/47 60 50, www.asb.de

Deutsches Rotes Kreuz

DRK-Generalsekretariat,
12205 Berlin, Carstennstr. 58,
Tel. 030/854040,
www.drk.de

Johanniter-Unfall-Hilfe

Bundesgeschäftsstelle
10785 Berlin, Lützowstr. 94,
Tel. 030/269970,
www.johanniter.de

Malteser Hilfsdienst

51103 Köln, Kalker Hauptstr. 22–24,
Tel. 0221/982201,
www.malteser.de

Alkohol und andere Suchtgefahren

Anonyme Alkoholiker Interessengemeinschaft

84177 Gottfrieding-Unterweilnbach,
Waldweg 6, Tel. 08731/325730,
www.anonyme-alkoholiker.de

Blaues Kreuz in Deutschland Bundeszentrale

42289 Wuppertal, Schubertstr. 41,
Tel. 0202/620030,
www.blaues-kreuz.de

Freundeskreise für Suchtkrankenhilfe – Bundesverband Selbsthilfeorganisation

34117 Kassel, Untere Königsstr. 86,
Tel. 0561/780413,
www.freundeskreise-sucht.de

Deutsche Hauptstelle für Suchtfragen

59065 Hamm, Westenwall 4,
Tel. 02381/90150,
www.dhs.de

Caritas Suchthilfe e.V. – Bundesverband der Suchthilfeeinrichtungen im Deutschen Caritasverband

79104 Freiburg, Karlstr. 40,
Tel. 0761/200363,
www.caritas-suchthilfe.de

Guttempler in Deutschland

20097 Hamburg, Adenauerallee 45,
Tel. 040/245880,
www.guttempler.de

Kreuzbund – Selbsthilfe- und Helfergemeinschaft für Suchtkranke und Angehörige

Bundesgeschäftsstelle
59065 Hamm, Münsterstr. 25,
Tel. 02381/672720,
www.kreuzbund.de

Familienberatung

pro familia – Deutsche Gesellschaft für Familienplanung, Sexualpädagogik und Sexualberatung, Bundesverband

60596 Frankfurt/M., Stresemannallee 3,
Tel. 069/26957790,
www.profamilia.de

Deutscher Caritasverband

79104 Freiburg, Karlstr. 40,
Tel. 0761/2000,
www.caritas.de

Verband alleinerziehender Mütter und Väter (VAMV), Bundesverband Bundesvorstand

10967 Berlin, Hasenheide 70,
Tel. 030/6959786,
www.vamv.de

Ernährungs- und Lebensmittelberatung

aid infodienst Ernährung, Landwirtschaft, Verbraucherschutz

53123 Bonn, Heilsbachstr. 16,
Tel. 0228/84990,
www.aid.de

Gesundheit

Bundesärztekammer

10623 Berlin, Herbert-Lewin-Platz 1,
Tel. 030/4004560,
www.bundesaerztekammer.de

Bundeszahnärztekammer (BZÄK)

10115 Berlin, Chausseestr. 13,
Tel. 030/400050,
www.bzaek.de

Bundesvereinigung Deutscher Apothekerverbände (ABDA)

10117 Berlin, Jägerstr. 49/50,
Tel. 030/400040,
www.abda.de

Bundesinstitut für Arzneimittel und Medizinprodukte (BfArM)

53175 Bonn,
Kurt-Georg-Kiesinger-Allee 3,
Tel. 0228/993070,
www.bfarm.de

Bundeszentrale für gesundheitliche Aufklärung (BZgA)

50825 Köln, Maarweg 149–161,
Tel. 0221/89920,
www.bzga.de

Deutsche Gesellschaft für Ernährung (DGE)

53175 Bonn, Godesberger Allee 18,
Tel. 0228/3776600,
www.dge.de

Robert Koch-Institut

13353 Berlin, Nordufer 20,
Tel. 030/187540,
www.rki.de

Stiftung für Qualität und Wirtschaftlichkeit im Gesundheitswesen (IQWiG)

50670 Köln, Im Mediapark 8 (KölnTurm),
Tel. 0221/356850,
www.iqwig.de

Aktionsbündnis Patientensicherheit

10117 Berlin, Am Zirkus 2,
Tel. 030/36428160,
www.aps-ev.de

Arbeitsgemeinschaft der Rechtsanwälte im Medizinrecht

71065 Sindelfingen, Posener Str. 1,
Tel. 07031/950550,
www.medrecht.de

Arbeitskreis Frauengesundheit in Medizin, Psychotherapie und Gesellschaft (AKF)

10713 Berlin, Sigmaringer Str. 1,
Tel. 030/86393316,
www.akf-info.de

Bundesinteressengemeinschaft Geburtshilfegeschädigter (BIG)

31655 Stadthagen, Enzer Str. 50,
Tel. 05721/890253691,
www.big-ev.de

Nationale Kontakt- und Informationsstelle zur Anregung und Unterstützung von Selbsthilfegruppen (NAKOS)

10585 Berlin, Otto-Suhr-Allee 115,
Tel. 030/31018960,
www.nakos.de

Ärztliche Schlichtungsstellen/ Gutachterkommissionen

Baden-Württemberg
Gutachterkommission für Fragen ärztlicher Haftpflicht bei der Landesärztekammer Baden-Württemberg
70597 Stuttgart, Jahnstr. 40,
Tel. 0711/769890,
www.aerztekammer-bw.de

Bayern
Gutachterstelle für Arzthaftungsfragen bei der Bayerischen Landesärztekammer

81677 München, Mühlbaurstr. 16,
Tel. 089/30904830,
www.gutachterstelle-bayern.de

Hessen
Gutachter- und Schlichtungsstelle für ärztliche Behandlungen bei der Landesärztekammer Hessen
60488 Frankfurt/M., Im Vogelgesang 3,
Tel. 069/97672-316, -161, -162
www.laekh.de,
gutachterstelle@laekh.de

Norddeutschland
Schlichtungsstelle für Arzthaftpflichtfragen der norddeutschen Ärztekammern zuständig für Berlin, Brandenburg, Bremen, Hamburg, Mecklenburg-Vorpommern, Niedersachsen, Saarland, Sachsen-Anhalt, Schleswig-Holstein und Thüringen
30173 Hannover, Hans-Böckler-Allee 3,
Tel. 0511/38024-16 oder -20,
info@schlichtungsstelle.de
www.norddeutsche-schlichtungsstelle.de

Nordrhein
Gutachterkommission für ärztliche Behandlungsfehler bei der Ärztekammer Nordrhein
40474 Düsseldorf, Tersteegenstr. 9,
Tel. 0211/43021214,
www.aekno.de

Rheinland-Pfalz
Schlichtungsausschuss zur Begutachtung ärztlicher Behandlungen Landesärztekammer Rheinland-Pfalz
55116 Mainz, Deutschhausplatz 3,
Tel. 06131/28822-72, -71, -73
www.laek-rlp.de

Sachsen
Gutachterstelle für Arzthaftungsfragen bei der Sächsische Landesärztekammer
01099 Dresden, Schützenhöhe 16,
Tel. 0351/8267133, www.slaek.de

Westfalen-Lippe
Gutachterkommission für Arzthaftpflichtfragen bei der Ärztekammer Westfalen-Lippe,
48147 Münster, Gartenstr. 210–214,
Tel. 0251/9299100, www.aekwl.de

Giftnotruf-Zentralen

Achtung bundesweit: Es gibt zur Vereinfachung eine 24-Stunden-Notfall-Zentralnummer, allerdings mit der Vorwahl der nächstgelegenen Großstadt mit einem Giftinformationszentrum (s. u.); zum Beispiel Berlin:
Tel. 030/19240

Giftnotruf der Charité – Universitätsmedizin Berlin

12203 Berlin, Hindenburgdamm 30,
Tel. 030/19240 oder
Tel. 030/30686799,
http://giftnotruf.charite.de/

Informationszentrale gegen Vergiftungen, Zentrum für Kinderheilkunde, Universitätsklinikum Bonn

53113 Bonn, Adenauerallee 119,
Tel. 0228/19240 oder
Tel. 0228/28733480 (allg. Fragen),
www.gizbonn.de

Giftnotruf Erfurt, Gemeinsames Giftinformationszentrum der Länder Mecklenburg-Vorpommern, Sachsen, Sachsen-Anhalt und Thüringen

c/o Helios Klinikum Erfurt,
99089 Erfurt, Nordhäuser Str. 74,
Tel. 0361/730730, www.ggiz-erfurt.de

Universitätsklinikum Freiburg Vergiftungs-Informations-Zentrale

79106 Freiburg, Mathildenstr. 1,
Tel. 0761/19240,
www.uniklinik-freiburg.de

Giftinformationszentrum-Nord der Länder Bremen, Hamburg, Niedersachsen und Schleswig-Holstein (GIZ-Nord), Zentrum Pharmakologie und Toxikologie der Universitätsmedizin Göttingen – Georg-August-Universität

37075 Göttingen, Robert-Koch-Str. 40,
Tel. 0551/19240,
www.giz-nord.de

Informations- und Behandlungszentrum für Vergiftungen des Saarlandes Universitätsklinikum des Saarlandes

66421 Homburg, Kirrberger Str. 100,
Tel. 06841/19240,
www.uniklinikum-saarland.de/giftzentrale

Giftinformationszentrum der Länder Rheinland-Pfalz und Hessen Universitätsmedizin

55131 Mainz, Langenbeckstr. 1,
Tel. 06131/19240,
www.giftinfo.uni-mainz.de

Abteilung für Klinische Toxikologie und Giftnotruf München – Klinikum rechts der Isar der TU München

81675 München, Ismaninger Str. 22,
Tel. 089/19240,
www.toxinfo.med.tum.de

Schlichtungsstellen

Bundesnetzagentur
für Elektrizität, Gas, Telekommunikation, Post und Eisenbahnen
53113 Bonn, Tulpenfeld 4,
Tel. 0228/140,
www.bundesnetzagentur.de

Bahnreisen & Flugreisen

söp – Schlichtungsstelle für den öffentlichen Personenverkehr
10623 Berlin, Fasanenstr. 81,
Tel. 030/644993330,
Fax 030/644993310,
www.soep-online.de

Energie

Schlichtungsstelle Energie
10117 Berlin, Friedrichstr. 133,
Tel. 030/27572400,
www.schlichtungsstelle-energie.de

Ombudsmann-Verfahren

Banken

Bundesverband deutscher Banken
10178 Berlin, Burgstr. 28,
Tel. 030/16630,
http://bankenverband.de

Genossenschaftliche Bankengruppe

Bundesverband der Deutschen Volksbanken und Raiffeisenbanken
10785 Berlin, Schellingstr. 4,
Tel. 030/20210,
www.bvr.de

Sparkassen

Deutscher Sparkassen- und Giroverband

10117 Berlin, Charlottenstr. 47,
Tel. 030/202250,
www.dsgv.de

53113 Bonn, Simrockstr. 4,
Tel. 0228/2040,
www.dsgv.de

Versicherung

Versicherungsombudsmann
10117 Berlin, Leipziger Str. 121,
Tel. 0800/3696000,
www.versicherungsombudsmann.de

Private Kranken- und Pflegeversicherung

Ombudsmann Private Kranken- und Pflegeversicherung
10052 Berlin, Postfach 060222,
Tel. 0800/2550444,
www.pkv-ombudsmann.de

Datenschutz, Informationsfreiheit

Der Bundesbeauftragte für den Datenschutz und die Informationsfreiheit
53117 Bonn, Husarenstr. 30,
Tel. 0228/9977990,
www.bfdi.bund.de

Baden-Württemberg

Der Landesbeauftragte für den Datenschutz Baden-Württemberg: Jörg Klingbeil
70173 Stuttgart, Königstr. 10 a,
Tel. 07 11/6 15 54 10,
www.baden-wuerttemberg.datenschutz.de

Bayern

Der Bayerische Landesbeauftragte für den Datenschutz:
Dr. Thomas Petri,
80538 München, Wagmüllerstr. 18,
Tel. 0 89/2 12 67 20,
www.datenschutz-bayern.de

Berlin

Berliner Beauftragter für Datenschutz und Informationsfreiheit:
Dr. Alexander Dix,
10969 Berlin, Friedrichstr. 219,
Tel. 0 30/13 88 90,
www.datenschutz-berlin.de

Brandenburg

Die Landesbeauftragte für den Datenschutz und für das Recht auf Akteneinsicht Brandenburg:
Dagmar Hartge
14532 Kleinmachnow, Stahnsdorfer Damm 77, Tel. 03 32 03/35 60,
www.lda.brandenburg.de

Bremen

Die Landesbeauftragte für Datenschutz und Informationsfreiheit:
Dr. Imke Sommer,
27570 Bremerhaven, Arndtstr. 1,
Tel. 04 21/3 61 20 10,
www.datenschutz-bremen.de

Hamburg

Der Hamburgische Beauftragte für Datenschutz und Informationsfreiheit:
Prof. Dr. Johannes Caspar,
20095 Hamburg, Klosterwall 6, Block C,
Tel. 0 40/4 28 54 40 40,
www.datenschutz-hamburg.de

Hessen

Der Hessische Datenschutzbeauftragte:
Prof. Dr. Michael Ronellenfitsch,
65189 Wiesbaden, Gustav-Stresemann-Ring 1, Tel. 06 11/1 40 80,
www.datenschutz.hessen.de

Mecklenburg-Vorpommern

Der Landesbeauftragte für Datenschutz und Informationsfreiheit Mecklenburg-Vorpommern: Reinhard Dankert,
19053 Schwerin,
Lennéstr. 1, Schloß Schwerin,
Tel. 03 85/59 49 40,
www.datenschutz-mv.de

Niedersachsen

Die Landesbeauftragte für den Datenschutz Niedersachsen:
Barbara Thiel,
30159 Hannover, Prinzenstr. 5,
Tel. 05 11/1 20 45 00,
www.lfd.niedersachsen.de

Nordrhein-Westfalen

Landesbeauftragte für Datenschutz und Informationsfreiheit Nordrhein-Westfalen:
Helga Block,
40213 Düsseldorf, Kavalleriestr. 2–4,
Tel. 02 11/38 42 40,
www.ldi.nrw.de

Rheinland-Pfalz

Der Landesbeauftragte für den Datenschutz und die Informationsfreiheit Rheinland-Pfalz:
Prof. Dr. Dieter Kugelmann,
55116 Mainz, Hintere Bleiche 34,
Tel. 0 61 31/2 08 24 49,
www.datenschutz.rlp.de

Saarland

Landesbeauftragte für Datenschutz und Informationsfreiheit:
66111 Saarbrücken, Fritz-Dobisch-Str. 12,
Tel. 06 81/94 78 10,
www.datenschutz.saarland.de

Sachsen

Der Sächsische Datenschutzbeauftragte:
Andreas Schurig,
01067 Dresden,
Bernhard-von-Lindenau-Platz 1,
Tel. 03 51/4 93 54 01,
www.saechsdsb.de

Sachsen-Anhalt

Landesbeauftragter für den Datenschutz Sachsen-Anhalt:
Dr. Harald von Bose,
39104 Magdeburg, Leiterstr. 9,
Tel. 03 91/81 80 30,
www.datenschutz.sachsen-anhalt.de

Schleswig-Holstein

Unabhängiges Landeszentrum für Datenschutz Schleswig-Holstein:
Marit Hansen,
24103 Kiel, Holstenstr. 98,
Tel. 04 31/9 88 12 00,
www.datenschutzzentrum.de

Thüringen

Thüringer Landesbeauftragter für den Datenschutz und die Informationsfreiheit:
Dr. Lutz Hasse,
99096 Erfurt, Häßlerstr. 8,
Tel. 03 61/3 77 19 00,
www.tlfdi.de

Umwelt und Energie

Bund für Umwelt und Naturschutz Deutschland (BUND)

Friends of the Earth Germany,
10179 Berlin, Am Köllnischen Park 1,
Tel. 0 30/2 75 86 40,
www.bund.net

Bundesverband Bürgerinitiativen Umweltschutz (BBU)

53113 Bonn, Prinz-Albert-Str. 55,
Tel. 02 28/21 40 32,
www.bbu-online.de

Bundesverband der Energie- und Wasserwirtschaft (BDEW)

10117 Berlin, Reinhardtstr. 32,
Tel. 0 30/3 00 19 90,
www.bdew.de

Bundesverband Erneuerbare Energie

10115 Berlin, Invalidenstr. 91,
Tel. 0 30/27 58 17 00,
www.bee-ev.de

Bund der Energieverbraucher

53572 Unkel, Frankfurter Str. 1,
Tel. 0 22 24/9 22 70,
www.energieverbraucher.de

Deutsche Gesellschaft für Sonnenenergie

10243 Berlin, Erich-Steinfurth-Str. 8,
Tel. 0 30/29 38 12 60,
www.dgs.de

Deutsche Umwelthilfe

78315 Radolfzell, Fritz-Reichle-Ring 4,
Tel. 0 77 32/9 99 50,
www.duh.de

Die Verbraucher Initiative

12435 Berlin, Elsenstr. 106,
Tel. 0 30/5 36 07 33,
http://verbraucher.org

Greenpeace

20457 Hamburg, Hongkongstr. 10,
Tel. 0 40/30 61 80,
www.greenpeace.de

Institut für Energie- und Umweltforschung Heidelberg (IFEU)

69120 Heidelberg, Wilckensstr. 3,
Tel. 0 62 21/4 76 70,
www.ifeu.org

Naturschutzbund Deutschland (NABU)

10117 Berlin, Charitéstr. 3,
Tel. 0 30/2 84 98 40,
www.nabu.de

Öko-Institut

79017 Freiburg, Postfach 17 71,
Tel. 07 61/45 29 50,
www.oeko.de

Adressen

Pestizid Aktions-Netzwerk (PAN Germany)

22765 Hamburg, Nernstweg 32,
Tel. 040/39919100,
www.pan-germany.org

Robin Wood

(Bundesgeschäftsstelle),
28199 Bremen, Langemarckstr. 210,
Tel. 0421/598288,
www.robinwood.de

Umweltbundesamt

06844 Dessau-Roßlau, Wörlitzer Platz 1,
Tel. 0340/21030,
www.umweltbundesamt.de

Verkehrsclub Deutschland

10179 Berlin, Wallstr. 58,
Tel. 030/2803510,
www.vcd.org

WWF Deutschland-Zentrale

10117 Berlin, Reinhardtstr. 18,
Tel. 030/3117770,
www.wwf.de

Darüber hinaus geben die meisten Verbraucherzentralen Auskunft über Energieeinsparungsmöglichkeiten und zu umweltgerechten Produkten. Über Energiesparmaßnahmen informieren z. B. auch viele Stadtwerke.

Mietfragen

Deutscher Mieterbund (DMB)

10179 Berlin, Littenstr. 10,
Tel. 030/223230,
www.mieterbund.de

Haus & Grund Deutschland, Zentralverband der Deutschen Haus-, Wohnungs- und Grundeigentümer

10117 Berlin, Mohrenstr. 33,
Tel.030/202160,
www.hausundgrund.de

Hilfe gegen Schwindelfirmen

Zentrale zur Bekämpfung unlauteren Wettbewerbs

61348 Bad Homburg vor der Höhe,
Landgrafenstr. 24 B,
Tel. 06172/12150,
www.wettbewerbszentrale.de

Deutscher Schutzverband gegen Wirtschaftskriminalität

61348 Bad Homburg vor der Höhe,
Landgrafenstr. 24 B,
Tel. 06172/12150,
www.dsw-schutzverband.de

Hilfe bei Spenden

Deutsches Zentralinstitut für soziale Fragen (DZI)

14195 Berlin, Bernadottestr. 94,
Tel. 030/8390010, www.dzi.de

Kreditfragen

Bundesanstalt für Finanzdienstleistungsaufsicht (BaFin)

Dienstsitz Bonn:
53117 Bonn, Graurheindorfer Str. 108,
Tel. 0228/41080,
www.bafin.de

Dienstsitz Frankfurt am Main:
60439 Frankfurt/M.,
Marie-Curie-Str. 24–28,
Tel. 0228/41080,
www.bafin.de

Schufa

65201 Wiesbaden, Kormoranweg 5,
Tel. 0611/92780,
www.schufa.de

Bundesarbeitsgemeinschaft Schuldnerberatung

34117 Kassel, Friedrichsplatz 10,
Tel. 0561/771093
(Di + Do 9–14 Uhr),
www.bag-sb.de

Sozialversicherung

Bundesversicherungsamt

53113 Bonn, Friedrich-Ebert-Allee 38,
Tel. 0228/6190,
www.bundesversicherungsamt.de

Deutsche Rentenversicherung Knappschaft-Bahn-See

44789 Bochum, Pieperstr. 14–28,
Tel. 0234/3040,
Kostenl. Servicetel. 0800/10004880
www.kbs.de

Deutsche Rentenversicherung

Bund
Kostenl. Servicetel. 0800/10004800
10709 Berlin, Ruhrstr. 2, Tel. 030/8650,
www.deutsche-rentenversicherung.de

Baden-Württemberg
Kostenl. Servicetel. 0800/100048024
76135 Karlsruhe, Gartenstr. 105,
Tel. 0721/8250,
70429 Stuttgart, Tel. 0711/8480,
www.deutsche-rentenversicherung-bw.de

Bayern Süd
Kostenl. Servicetel. 0800/100048015
84028 Landshut, Am Alten Viehmarkt 2,
Tel. 0871/810,
81737 München, Thomas-Dehler-Str. 3,
Tel. 089/67810,
www.deutsche-rentenversicherung-bayernsued.de

Berlin-Brandenburg
Kostenl. Servicetel. 0800/100048025
14059 Berlin, Knobelsdorffstr. 92,
Tel. 030/30020,
15236 Frankfurt/O., Bertha-von-Süttner-Str. 1, Tel. 0335/5510,
www.deutsche-rentenversicherung-berlin-brandenburg.de

Braunschweig-Hannover
Kostenl. Servicetel. 0800/100048010
30880 Laatzen, Lange Weihe 2,
Tel. 0511/8290,
www.deutsche-rentenversicherung-braunschweig-hannover.de

Hessen
Kostenl. Servicetel. 0800/100048012
60596 Frankfurt/M., Städelstr. 28,
Tel. 069/60520,
www.deutsche-rentenversicherung-hessen.de

Mitteldeutschland
Kostenl. Servicetel. 0800/100048090
04159 Leipzig, Georg-Schumann-Str. 146,
Tel. 0341/55055,
99097 Erfurt, Kranichfelder Str. 3,
Tel. 0367/4820,
06114 Halle, Paracelsusstr. 21,
Tel. 0345/2130,
www.deutsche-rentenversicherung-mitteldeutschland.de

Nord
Kostenl. Servicetel. 0800/100048022
23544 Lübeck (Hauptsitz), Ziegelstr. 150,
Tel. 0451/4850,
22159 Hamburg,
Friedrich-Ebert-Damm 245,
Tel. 040/53000,
17033 Neubrandenburg, Platanenstr. 43,
Tel. 0395/3700,
www.deutsche-rentenversicherung-nord.de

Nordbayern
Kostenl. Servicetel. 0800/100048018
95444 Bayreuth, Wittelsbacherring 11,
Tel. 0921/6070,
97072 Würzburg, Friedenstr. 12/14,
Tel. 0931/8020
www.deutsche-rentenversicherung-nordbayern.de

Oldenburg-Bremen
Kostenl. Servicetel. 0800/100048028
26135 Oldenburg, Huntestr. 11,
Tel. 0441/9270,
28209 Bremen, Schwachhauser Heerstr. 32–34, Tel 0421/34070
www.drv-oldenburg-bremen.de

Rheinland
Kostenl. Servicetel. 0800/100048013
40215 Düsseldorf, Königsallee 71,
Tel. 0211/93 70,

www.deutsche-rentenversicherung-rheinland.de

Rheinland-Pfalz
Kostenl. Servicetel. 0800/10004 8016
67346 Speyer, Eichendorffstr. 4–6,
Tel. 06232/170,
www.deutsche-rentenversicherung-rlp.de

Saarland
Kostenl. Servicetel. 0800/10004 8017
66111 Saarbrücken,
Martin-Luther-Str. 2–4,
Tel. 0681/30930,
www.deutsche-rentenversicherung-saarland.de

Schwaben
Kostenl. Servicetel. 0800/10004 8021
86154 Augsburg, Dieselstr. 9,
Tel. 0821/5000,
www.deutsche-rentenversicherung-schwaben.de

Westfalen
Kostenl. Servicetel. 0800/10004 8011
48147 Münster, Gartenstr. 194,
Tel. 0251/2380,
www.deutsche-rentenversicherung-westfalen.de

Handwerkskammern

52062 Aachen, Sandkaulbach 17–21,
Tel. 0241/4710,
www.hwk-aachen.de

59821 Arnsberg, Brückenplatz 1,
Tel. 02931/8770,
www.hwk-suedwestfalen.de

86161 Augsburg, Siebentischstr. 52–58,
Tel. 0821/32590,
www.hwk-schwaben.de

26603 Aurich, Straße des Handwerks 2,
Tel. 04941/17970,
www.hwk-aurich.de

95448 Bayreuth, Kerschensteinerstr. 7,
Tel. 0921/9100,
www.hwk-oberfranken.de

10961 Berlin, Blücherstr. 68,
Tel. 030/25903 01,
www.hwk-berlin.de

33613 Bielefeld, Campus Handwerk 1,
Tel. 0521/56080,
www.handwerk-owl.de

38100 Braunschweig, Burgplatz 2+2 a,
Tel. 0531/12010,
www.hwk-bls.de

28195 Bremen, Ansgaritorstr. 24,
Tel. 0421/305000,
www.hwk-bremen.de

03046 Cottbus, Altmarkt 17,
Tel. 0355/7835444,
www.hwk-cottbus.de

44139 Dortmund, Ardeystr. 93,
Tel. 0231/54930,
www.hwk-do.de

01099 Dresden, Am Lagerplatz 8,
Tel. 0351/464030,
www.hwk-dresden.de

40221 Düsseldorf,
Georg-Schulhoff-Platz 1,
Tel. 0211/87950,
www.hwk-duesseldorf.de

24937 Flensburg,
Johanniskirchhof 1–7, Tel. 0461/8660,
www.hwk-flensburg.de

60325 Frankfurt/M.,
Bockenheimer Landstr. 21,
Tel. 069/971720,
www.hwk-rhein-main.de

79098 Freiburg, Bismarckallee 6,
Tel. 0761/218000,
www.hwk-freiburg.de

07545 Gera, Handwerkstr. 5,
Tel. 0365/82250,
www.hwk-gera.de

06110 Halle, Gräfestr. 24,
Tel. 0345/29990,
www.hwkhalle.de

20355 Hamburg, Holstenwall 12,
Tel. 040/359050,
www.hwk-hamburg.de

30175 Hannover, Berliner Allee 17,
Tel. 0511/348590,
www.hwk-hannover.de

74072 Heilbronn, Allee 76,
Tel. 07131/7910,
www.hwk-heilbronn.de

31134 Hildesheim, Braunschweiger Str. 53,
Tel. 05121/1620,
www.hwk-hildesheim.de

67655 Kaiserslautern, Am Altenhof 15,
Tel. 0631/36770,
www.hwk-pfalz.de

76133 Karlsruhe, Friedrichsplatz 4–5,
Tel. 0721/16000,
www.hwk-karlsruhe.de

34117 Kassel, Scheidemannplatz 2,
Tel. 0561/78880,
www.hwk-kassel.de

56068 Koblenz, Friedrich-Ebert-Ring 33,
Tel. 0261/3980,
www.hwk-koblenz.de

50667 Köln, Heumarkt 12,
Tel. 0221/20220,
www.hwk-koeln.de

78462 Konstanz, Webersteig 3,
Tel. 07531/2050,
www.hwk-konstanz.de

04103 Leipzig, Dresdner Str. 11/13,
Tel. 0341/21880, www.hwk-leipzig.de

23552 Lübeck, Breite Str. 10/12,
Tel. 0451/15060,
www.hwk-luebeck.de

39106 Magdeburg, Gareisstr. 10,
Tel. 0391/62680,
www.hwk-magdeburg.de

68159 Mannheim, B1, 1–2,
Tel. 0621/180020,
www.hwk-mannheim.de

80333 München, Max-Joseph-Str. 4,
Tel. 089/51190,
www.hwk-muenchen.de

48151 Münster, Bismarckallee 1,
Tel. 0251/52030,
www.hwk-muenster.de

90489 Nürnberg,
Sulzbacher Str. 11–15,
Tel. 0911/53090,
www.hwk-mittelfranken.de

49088 Osnabrück,
Bramscher Str. 134–136,
Tel. 0541/69290,
www.hwk-os-el.de

14467 Potsdam, Charlottenstr. 34–36,
Tel. 0331/37030,
www.hwk-potsdam.de

93055 Regensburg, Ditthornstr. 10,
Tel. 0941/79650,
www.hwk-regensburg.de

18055 Rostock, Schwaaner Landstr. 8,
Tel. 0381/45490,
www.hwk-omv.de

66117 Saarbrücken, Hohenzollernstr.
47–49, Tel. 0681/58090,
www.hwk-saarland.de

19053 Schwerin, Friedensstr. 4 a,
Tel. 0385/74170,
www.hwk-schwerin.de

70191 Stuttgart, Heilbronner Str. 43,
Tel. 0711/16570,
www.hwk-stuttgart.de

98527 Suhl, Rosa-Luxemburg-Str. 7–9,
Tel. 03681/3700,
www.hwk-suhl.de

89073 Ulm, Olgastr. 72,
Tel. 0731/14250,
www.hwk-ulm.de

65189 Wiesbaden, Bierstadter Str. 45,
Tel. 0611/1360,
www.hwk-wiesbaden.de

97070 Würzburg, Rennweger Ring 3,
Tel. 0931/309080,
www.hwk-ufr.de

Impressum

Herausgeber und Verlag	Stiftung Warentest, Lützowplatz 11–13,10785 Berlin, Postfach 30 41 41, 10724 Berlin. Telefon: 0 30/2 63 10, Telefax: 0 30/26 31 27 27 Internet: www.test.de USt-IdNr.: DE 1367 25570
Vorstand	Hubertus Primus Weitere Mitglieder der Geschäftsleitung Dr. Holger Brackemann, Daniel Gläser
Untersuchungen	Dr. Holger Brackemann (Bereichsleiter)
	test Jahrbuch 2016
Chefredakteurin	Anita Stocker (verantwortlich)
Stellvertretender Chefredakteur und Schlussredaktion	Peter Gurr
Textredaktion	Michael Beumer, Isabella Eigner, Werner Hinzpeter, Susanne Meunier, Henning Withöft
Geld, Recht	Michael Bruns, Renate Daum, Christian Eigner, Dr. Catrin Gesellensett Lena Kamprolf, Alina Klett, Sophie Mecchia, Kirsten Schiekiera, Max Schmutzer, Ulrike Steckkönig
Computer, Telefon, Bild, Ton	Henning Withöft (Leiter), Ronald Dammschneider, Martin Gobbin, Peter Knaak, Christian Schlüter, Sandra Schwarz, Michael Wolf
Haushalt, Garten, Freizeit, Verkehr	Werner Hinzpeter (Leiter), Sebastian Brauns, Michael Koswig, Cecilia Meusel, Thomas Müller, Falk J. Murko, Herbert Noll, Stephan Scherfenberg, Claudia Till
Ernährung, Kosmetik, Gesundheit	Isabella Eigner (Leiterin), Ina Bockholt-Lippe, Nicole Merbach, Alina Reichardt, Dr. Bettina Sauer, Sara Waldau, Swantje Waterstraat
Redaktionsassistenz	Britta Ossig-Moll
Grafik	Miriam Sauerbrey, Sabrina Lenz
Produktion	Catrin Knaak, Martin Schmidt, Yuen Men Cheung
Bildredaktion	Kerstin Babrikowski, Margrit Porzelt
Verlagsherstellung	Rita Brosius (Leiterin), Susanne Beeh
Vertrieb	Dorothea Kern (Leiterin), Vertrieb Zeitschriften: Frank Beich (Leiter); DPV Deutscher Pressevertrieb GmbH, Düsternstr. 1–3, 20355 Hamburg www.dpv.de Kundenservice: Stiftung Warentest, 20080 Hamburg, Tel. 0 30/3 46 46 50 80, Mail: stiftung-warentest@dpv.de
Litho	tiff.any, Berlin
Druck und Verarbeitung	CPI Clausen & Bosse, 25917 Leck
Pressestelle	Heike van Laak (Leiterin), Ute Bränzel, Bettina Dingler, Petra Rothbart

Titel	Stiftung Warentest / M. Haase
Rücktitel	Stiftung Warentest / R. Kaiser; Mauritius Images; Shutterstock; St. Thost
Fotos	Ralph Kaiser; Michael Haase; Bang & Olufsen (S. 137); Bose (S. 143 Bosch (S. 145); Miele (S. 166); Melon (S. 202); Kettler (S. 207)

ISBN: 978-3-86851-422-3 (HC) 12,80 Euro
ISBN: 978-3-86851-423-0 (SC) 9,80 Euro

Erschienen im Dezember 2015